U0928490

珍藏本
纪念版

汉译世界学术名著丛书

巴黎公社公报集

第二集

狄玉明 何三雅 侯 健
李平沤 孟庆奎 施安宜 译

李平沤 校

商务印书馆
SINCE 1897
The Commercial Press

2017年·北京

Journal Officiel de la Commune

汉译世界学术名著丛书
（120 年纪念版·珍藏本）
出 版 说 明

2017 年 2 月 11 日，商务印书馆迎来 120 岁的生日。120 年前，商务印书馆前贤怀揣文化救国的理想，抱持“昌明教育，开启民智”的使命，立足本土，放眼寰宇，以出版为津梁，沟通中西，为中国、为世界提供最富智慧的思想文化成果。无论世事白云苍狗，潮流左右激荡，甚至战火硝烟弥漫，始终践行学术报国之志，无改初心。

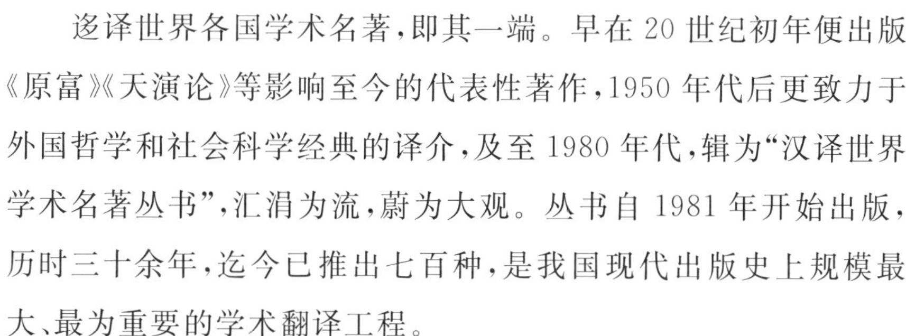

迻译世界各国学术名著，即其一端。早在 20 世纪初年便出版《原富》《天演论》等影响至今的代表性著作，1950 年代后更致力于外国哲学和社会科学经典的译介，及至 1980 年代，辑为“汉译世界学术名著丛书”，汇涓为流，蔚为大观。丛书自 1981 年开始出版，历时三十余年，迄今已推出七百种，是我国现代出版史上规模最大、最为重要的学术翻译工程。

丛书所选之书，立场观点不囿于一派，学科领域不限于一门，皆为文明开启以来，各时代、各国家、各民族的思想与文化精粹，代表着人类已经到达过的精神境界。丛书系统译介世界学术经典，引领时代思想，为本土原创学术的发展提供丰富的文化滋养，为推动中国现代学术和现代化进程做出了突出的贡献。

为纪念商务印书馆成立120周年，我们整体推出“汉译世界学术名著丛书”120年纪念版的珍藏本，寄望既利于文化积累，又便于研读查考，同时向长期支持丛书出版的译者、编者和读者致以敬意。

两甲子后的今天，商务印书馆又站在了一个新的历史时间节点上。我们不仅要铭记先辈的身影和足迹，更须让我们的步伐充满新的时代精神。这是商务人代代相传的事业，更是与国家和民族的命运始终紧密相连的事业。我们责无旁贷，必须做好我们这代人的传承与创造，让我们的努力和成果不仅凝聚成民族文化的记忆，还能成为后来人可以接续的事业。唯此，才能不负前贤，无愧来者。

商务印书馆编辑部

2017年10月

目　　录

1871 年

① 4 月 28 日公报报头及部分公报，按顺序应在原书第 401 至 405 页。原书这几页缺，此处起始页次无法确定。——译者

1871年4月16日　星期日

要　目

正式公报。——对9月4日政府[①]行为调查委员会主席的任命。——关于任命皮阿公民担任铁路总监的决定。——给营长和副营长的通知。——给骑兵的命令。——巴黎各城门对公众开放。

非正式公报。——关于战事的报告。——巴黎公社会议。——处理到期未付商业票据委员会的报告。——与此事有关的法律草案。——炮兵中央委员会的报告。——国外新闻。——共和联盟对巴黎选民的呼吁。——杂闻。——讣告。

正式公报

1871年4月15日，巴黎

巴黎公社，

考虑到弄清9月4日政府的独裁行为，尤其是他们所做的那些让巴黎投降的行为，是很重要的；

另一方面，考虑到3月18日革命以后，有一批文件和电报等

① 指1870年9月4日成立的以特罗胥为首的“国防政府”。——译者

散落到人民手中；

因此，成立了一个调查委员会，以便寻找一切有关的材料，用以判明所有那些参与9月4日政府行为的人各自承担的责任。

卡季米尔·布伊公民已被任命为调查委员会主席，由他负责组建这个委员会，并尽快公布最重要的文件。

1871年4月14日，于巴黎

执行委员会

古·特里东、奥·韦莫雷尔、沙·德勒克吕兹、阿夫里阿尔、爱·瓦扬、费里克斯·皮阿、弗·库尔奈

根据公共服务委员会、劳动和交换委员会及对外关系委员会的建议，

执行委员会，

决　定：

第一条　由保尔·皮阿公民负责铁路的监督和管理工作。

第二条　铁路公司在皮阿公民提出他认为应当查阅的图书或文件时，应立即送交给他。

执行委员会

铁路监督和管理局将临时代替铁路总局进行工作。因此，自即日起，各铁路公司应当把它们以前送交公共工程部和负责检查工作的工程师处理的事情，报请（公共工程）铁路总监办理。

巴黎公社驻财政部代表团

近来，有些营长拿账单到军需官那里去报销，让军需官用从连队军需上士手中提取的款子支付。

现在，向各营营长重申，从连队提取的款子，应由军需官负责，直接上缴国库。

给各营每月的补贴 100 法郎，给各连每月的补贴 10 法郎，已足够各营连的开销之用。

1871 年 4 月 14 日，于巴黎

瓦尔兰、儒尔德

秘书长

爱德华·麦尔里厄

1871 年 3 月 29 日至 4 月 13 日　军需官清偿的欠款

（各营清欠细账将近期在《公报》上公布）

3 月 29 日 …… 1 435 法郎 0 生丁
3 月 30 日 …… 3 172 法郎 50 生丁
3 月 31 日 …… 5 038 法郎 0 生丁
4 月 1 日 …… 7 732 法郎 25 生丁
4 月 2 日 …… 601 法郎 25 生丁
4 月 3 日 …… 19 842 法郎 60 生丁
4 月 4 日 …… 5 565 法郎 0 生丁
4 月 5 日 …… 9 219 法郎 35 生丁
4 月 6 日 …… 5 067 法郎 25 生丁
4 月 7 日 …… 7 234 法郎 70 生丁
4 月 8 日 …… 7 023 法郎 35 生丁

4 月 10 日 ……………………………………… 5 791 法郎 0 生丁
4 月 11 日 …………………………………… 12 031 法郎 50 生丁
4 月 12 日 ……………………………………… 9 911 法郎 0 生丁
4 月 13 日 ………………………………………… 8 081 法郎 25 生丁

共计 ……107 806 法郎 0 生丁

命　　令

为了避免在巴黎的街上发生事故，过去对骑兵的规定现在又重新生效。

任何骑兵、军队的传令兵或民间的信使，不得在巴黎街上骑马奔驰。

国民自卫军、警察和一般群众，均有执行本命令之责；对违犯规定的人，予以逮捕。

城防司令部　上校参谋长

同意。　　昂利

驻陆军部代表　克吕泽烈

从明天 4 月 16 日中午起，巴黎下列各城门自上午 6 时至下午 6 时对公众开放，

其他城门仍禁止通行。

凡年龄不在 19 岁至 40 岁之间的公民，均可无需通行证，自由进出火车站、克里什门、拉沙贝尔门、邦丹门、罗曼维尔门、文森门、沙朗东门、意大利门和奥尔良门。

驻陆军部代表兹告知公众，凡未持有加盖驻陆军部代表团公章的书面征用令的征用，都是非法的。

因此，对无此种征用令的征用，可予以拒绝。

国民自卫军应严厉禁止无正式征用令的人征用任何东西。

目前担任住院医生的公民，如欲参加选拔考试，可到市政府医务委员会登记。

公社从某些方面获悉，有几个开往前线的营，全体干部都到了他们的战斗岗位，唯独营长和副营长不去。

在我们目前所处的严峻情况下，当巴黎与共和国面临危险的时候，这样擅离职守是无法解释的，只能被认为是临阵脱逃。

公社认为，只需发一个简单的通知，就足以阻止这类不光彩事情的再次发生。另外，对已经到达前线的营长和副营长，也应采取严厉的措施，禁止他们返回后方。

1871年4月15日，于巴黎

初 等 教 育

巴黎20个区政府的代表们，如果你们的区里需要从事非宗教教育的男教师和女教师，你们可到设在巴黎市政府内的教育委员会去联系。

凡欲到学校和收容所工作的人，亦请到该委员会秘书处申请。

非正式公报

1871年4月15日，巴黎

4月15日上午7时

埃德将军致陆军部长克吕泽烈将军和执行委员会

战事似已全部结束；夜间战况甚烈。自夜里10时起，枪声一直未停。敌人猛烈攻打旺夫要塞。保皇党人损失惨重。

敌人已全线溃退。这是一次应当记录在公社大旗上的胜利。公社的战士们都是英雄，打起仗来像猛虎一样。我请你们对全体战士给予表扬。

我们要特别提到的，是旺夫要塞司令勒德留公民。一俟各处战报汇齐，我将向你们详细报告。

南线要塞总司令

埃德

关于4月14日至15日夜间情况的报告

驻守比塞特要塞的第一百八十五营的浦舒瓦中尉执行一次侦察任务，他发现，有一支约20名骑兵的小分队，马不停蹄地越过了贝尔埃皮奈村；此外，浦舒瓦中尉认为，贝蒂比塞特和阿伊两地已被人数众多的敌人占领。

从各方面汇集的情况看，目前，凡尔赛部队的大股兵力将集中在布日拉兰、斯索和克瓦德贝尔里。

昨夜9时，敌人全线进攻，尤其对旺夫的攻击更猛烈；双方的步枪和火炮一直射击到今晨2时30分。这时，凡尔赛兵开始后撤，但凌晨4时，他们以救护车为前导，又出现在阵地上。我们的战士以为他们是来收尸和运走伤员，因此，表现出一贯的宽厚精神，让他们一直走到离我们的阵地200米处。突然，从敌军中射来一排密集的步枪子弹，并同时从敌人沙蒂翁和布兰波里翁炮兵阵地上射来一连串炮弹。

勇敢的国民自卫军立即醒悟过来，开始以比敌人还猛烈的炮火还击敌人；要塞的大炮和机关枪也参加战斗，步兵和炮兵联合作战，终于击退了凡尔赛兵。凌晨5时，敌人四散溃逃，在阵地上留下了许多尸体。

左翼的第一百八十二营和一百六十三营与右翼的第八十六营和一百一十营，英勇地顶住了敌人的突然袭击，打得最为出色。旺夫要塞的炮兵，在勒德留上校的正确指挥下，弹无虚发，对此次胜利做出了重大贡献。伊西要塞和上布律耶尔堡的炮兵，也打得很好，应予以表扬。

1871年4月15日，于蒙鲁日

上校参谋长

A.拉塞西尔

总司令

艾·埃德

8点30分，敌人在全线发动猛烈袭击。凡尔赛兵在一挺机枪

的掩护下，前进到离我军路障（沙蒂翁路）100 米处。第一百八十二营以密集的炮火还击，重创敌军，迫使他们向后撤退。

在左翼战壕中的第一百六十三营以炮火支援路障守军。火力射击一个半小时才停止。

尽管风雨交加，敌人连续五次进攻，也五次被击退。战斗于入暮时结束。炮兵打得很好，猛烈轰击敌人。

派到要塞来的几个营，表现得很好。尽管下着雨，他们也没有停止射击；他们想追击敌人；我们下达了命令才制止了他们。

第八十六营尽管在战壕里待了四个夜晚，也打得很出色。他们得到了右翼（伊西一侧）第一百一十营的支援。

今天，这几个营已很疲惫，全身被雨水淋透，亟须休息。这一个星期来，第八十六和一百六十三营，连续作战，一直待在战壕里，因此，应紧急派其他营来替换。

上午 7 时，一切平静。第八十六营伤七人，不严重。

今晨，凡尔赛军已把他们被击毙的士兵和伤员运走。出于人道主义（其实他们不配享受人道主义对待），我们战壕里的士兵停止射击。然而，保皇党人却不仅不领这个情，反而向我们战壕里的战士开火，枪声不断，一直打到日中才止。

将军，请你注意，报告中所说的每天遭到敌人攻击的要塞不是伊西。这五天来，敌人无数次进攻的，是旺夫要塞。我手下的官兵要求更正这一点，以酬谢他们为保卫我们伟大事业而表现的勇敢和献身精神。

1871 年 4 月 15 日，于旺夫

要塞司令

勒德留

巴 黎 公 社

1871 年 4 月 14 日会议

会议主席　比约雷公民

会议于 3 时开始。

主席比约雷公民和助理茹·瓦莱斯公民在主席台就座。

在宣读上次会议记录以前，主席将下列电报告知公社委员：

陆军部致公社——战报

敌人于午夜攻打旺夫要塞，已被击退。

凌晨 1 时，一切安静。

克吕泽烈

13 日会议记录，由一名秘书宣读；在勒弗朗赛、勒德鲁瓦、瓦扬和奥斯丹四位公民提出几点修改意见后，全体通过。

按照日程，继续讨论到期票券问题。

勒弗朗赛公民代表为清理到期票券而成立的委员会宣读该会的报告；报告否决了贝雷和特里东公民提出的方案，而采纳了儒尔德公民提出的方案，但做了少许修改。

在开始讨论之前，德麦公民认为有一点似乎被遗忘了，在方案中没有提到背书人的问题。

帕里泽尔公民代表委员会中的少数发言，他向公社委员们指出他们的意见与多数人的意见的不同之处。他指责儒尔德的方案不够宽容，太偏向债权人而损害还不起债的债务人；据他说，到期票券问题应每3个月清理一次。

至于把票券分成8份，分8次付，这样定法也不妥；他预言，如果债务人头一个1/8都无法偿付的话，则其余7份到期便更无法偿付了。

同样，允许债权人去逼债务人还债，在他看来，这个办法很坏，和公社的自由精神完全矛盾。

他说，把票券分8次偿还的办法，只有利于债权人，这是他和多数人意见不同的又一个原因。

他认为，特里东的方案比较可取，如果在其中加上儒尔德方案中的第五条的话；因为加上这一条，就可防止门丁和诉讼代理人的投机行为。

泰斯公民说他赞成儒尔德的方案，因为把票券分几次偿还，他认为，就可以保证还清。

勒弗朗赛公民针对帕里泽尔公民说儒尔德的方案不够宽容和太欠考虑，发表了自己的看法；他说，他已向委员会陈述了该方案的种种特点，不能说它太欠考虑，已经给各有关方面以充分的自由，如果他们愿意妥协的话，就达成妥协，了结此事。

至于司法上的问题，该方案并不反对把诉讼费都通通取消。

委员会之所以不采纳特里东的方案，是因为它强调说：

“让债务人和债权人愿意怎么解决就怎么解决。”

比约雷公民对儒尔德的方案提出以下两点不同意见：

1.联券票如果不加背书的话，它就没有用处，而要一张张地加上背书；那是很困难的；

2.法律是在巴黎制定的，我们如何使巴黎的债权人和外省的债务人取得联系呢？反之亦然。

格鲁塞公民同比约雷公民一样，认为要一张张地加上背书，那是不可能的；他认为，该方案还有一个缺点，那就是它涉及的范围还没有大到使任何人都不能不执行法律的规定。

他认为贝雷公民的方案可以达到这个目的，由一家特定的银行发行国家的或公社的票券，以代替现在的票券就行了。

这个办法的优点是，可以把这笔已沉睡三年的巨大财富立刻投入流通。

儒尔德公民（委员会采纳的方案的制订人）对几位发言人提出的批评作了回答，他说，他特别关心的是财富的流通和商业的交易。

他认为，采用联券票就可以达到这个目的。他说，如果钱柜里的钱三年不动用，像特里东公民所建议的那样，那就根本没有办法使商业得到恢复；反之，发行一种可以流通的纸票，显然就可恢复社会的交往。

特里东公民认为，只有他提出的方案可以调和各方面的利益。

儒尔德方案的缺点是搞不付现金的联券票，而这个办法，只不过是美国在南北战争时期采用的办法的翻版。

贝雷公民认为该方案的优点是使票券可以重新流通，从而使人们可以得到重新就业的机会。

至于难以取得背书的问题，该方案允许保留原始票据，只让票券产生的资金流通。

把票券之所以分成若干份，是为了调整小商人和大商人的利益；把前者的利息定为3%的目的，是使投入流通的票据的利益有保证，有更多的收益。

反之，对大商人的利息定为6%，其目的，是用这个诱饵使他们早日把钱拿出来投入流通。

总之，他认为他的方案是社会主义的，是社会经济整顿的第一步。

儒尔德公民坚持认为：贝雷公民的方案也有困难，行不通；目前的价格太低，票据靠不住，商人不会接受联券票。

不能用一个本身尚无社会保证的新票券制度来代替现行的制度。如果要制定一个商业组织法，就应当先制定一些其他的组织法为前导；就今天来说，还没有这个基础。

至于特里东的方案，根本没有用处；三年以后，一切都走上正轨了。

贝雷公民声明，他的目的不是想开办一个银行。

帕里泽尔公民认为，不能让一个银行去搞尚在商业上流通的票券买卖。贝雷公民的方案不适用于所有一切流通中的票券，因此，这个方案是有缺点的。

至于儒尔德的方案，要采取什么办法，才能让外省和外国的商人也接受呢？接受这个方案，就会损害公社的权威。

特里东的方案不至于把债务人搞得破产，因此，他认为是唯一可接受的方案。这个方案是社会主义的。它还有一个优点是，在法律上也容许。

福都奈(昂利)公民批评儒尔德的方案;他说他赞成特里东的方案,因为这个方案能满足公众的希望,把执达吏的助手和执达吏都通通取消。

阿利克斯公民也赞成特里东的方案,因为它使有关各方有达成妥协的自由;只需对这个方案增加如下一条就行了:"公社将建立一个专门的银行,使有关各方之间的协议和交易能顺利进行,自行了结。"

弗兰克尔公民批评贝雷的方案的措施无力,企图使死人复活。

儒尔德方案规定的时间不够宽裕;如果采纳这个方案的话,则第一张联票券从1872年4月15日起就应开始兑付。再说,问题还没有弄清楚,因此他要求明天重新讨论。

儒尔德和雷惹尔公民也要求明天重新讨论;他们的意见被通过。

阿尔都尔·阿尔努公民问执行委员会委员,巴黎权利共和联合同盟派到凡尔赛去的代表,是否已经回来报告了他们此行的结果;如果报告了的话,执行委员会是如何回答他们的。

阿夫里阿尔代表执行委员会回答说,代表们已经回来,执行委员会已听取了他们的报告,但是是非正式听取的,因此没有对他们作任何回答,没有让公社承担任何义务。

韦莫雷尔公民(执行委员会委员)宣读一项得到司法委员会认可的法律草案。

这项法律草案规定,凡是逮捕人的事情,应立即通知公社驻司法部的代表。

这项法律草案的头三条，连同两条修正意见，经过布朗舍、帕里泽尔、比约雷、阿木鲁、克雷芒斯、格鲁塞、儒尔德、尚皮、勒弗朗赛、热列姆、阿夫里阿尔、普罗托、阿西和瓦莱斯公民讨论后，被通过。

第四条，即规定驻司法部代表在每一次公社会议上都要宣读一份关于上一天逮捕和搜查的报告这一条，被否决。

会议于6点55分结束。

会议秘书
安·阿尔诺、阿木鲁

报　　告

负责审查向公社提出的各项建议及到期未付的商业票据问题的委员会

（在1871年4月14日会议上宣读）

1871年4月13日会议上指派的委员会委员：克雷芒（维克多）、勒弗朗赛、帕里泽尔、泰斯、韦莫雷尔。

公民们，

我们现在就你们委派我们执行的任务提出报告，并在陈述我们的意见后，谨向你们提出委员会中多数委员认为应当采取的解决办法。

由于对普鲁士宣战以来，大多数商业票据就未偿付，致使商业和工业面临危险的局势。对于公社和有关方面应当解决此种危险局势的紧迫性。我们在此不再赘述；我们只就提交我们审议的几个方案，首先作一分析。

第一个要分析的是特里东公民的方案，因为这个方案最为激进。

这个方案，对于未偿付的票据，规定自决定公布之日起，三年不许讨付，并规定给现在的票据持有人 3% 的利息，直至完全偿清为止。

这个方案对债务人有利，使他不受债权人来讨付；在未来的债款方面，给他留有充分和债权人协商安排的余地，以缩短规定给他的期限。

第二个方案是由儒尔德公民提出的。这个方案是把未偿付的债款分成 8 个款数相同的联券票，每 3 个月偿付 1 个票。

原始票据要加背书作保证，仍由现在的持票人掌握；联券票只不过是原始票据的复本，因此应注明它们的来源。

每个联券票如果到期不付，持票人有权向出票人讨付，但讨付的金额只限于该未付的联券票。

我们研究的第三个方案是贝雷公民提出的。这个方案大体上和儒尔德的方案相似，只不过他主张建立一个特别银行，取名为“商业票据清算银行”，由公社补贴未付债款总数的 1/50，集中办理债款的清算事宜，它用新的联券票去换现在的票据持有人手中的票据，从而使它成为唯一的票据持有人。

儒尔德方案和贝雷方案的主要特点，同报上登载的大多数方案一样，是方案的制订人有一个中心思想，那就是：不仅要保障债务人的商业活动，使他不受债权人过早地强硬逼讨，而且还要照顾到全部债款的偿付和商业的复苏，通过换成联券票这个办法，使未偿付的债款可以重新得到流通。

就特里东公民的方案来说，委员会中的大多数委员认为，姑且不论它是否有绝对的把握能取得它所说的结果，单从债务人的信誉来说，也应鼓励他继续努力，还清欠款。从这一点考虑，委员会认为，特里东公民的方案不能采用。

实际上，这个方案的主要之点是，在一定时间内推迟向债务人讨回债款的时间，即使是推迟一年（方案上订的是推迟三年）我们认为，那也不合适，这对债务人今后的信誉和商业信用也是大有损害的。谁也保证不了他是否怀有不良的想法和骗人的行为。委员会认为，不能把商业上的债务问题和房租问题相提并论，特里东的方案恰恰在这一点上搞混淆了。

债权人的权利，未偿付的票据持有人的权利，同债务人权利一样，也是神圣的。交付了商品，交付了任何种类的产品，只要买方拖欠不付货款，则必然给卖方带来真正的损失，而房租的拖欠，对房产主来说，只不过没有收入，而他的资本依然原封未动，没有损失。

至于贝雷公民的方案，我们也否定了，因为它将损害公社的利益，让公社保证偿还部分债款。

这一保证，使在这种事情上毫无法律责任的公社做了一件可以说是不合情理的事情，因为，很可能有许多有能力偿还而故意拖欠不还的债款，由公社帮助去还，由银行长期予以通融，不去追讨，结果，在一定程度上等于是让纳税人代还债款。

有鉴于这些问题，委员会中的大多数委员赞同儒尔德的方案，只不过在细节上有两点修改：首先是，把欠款在两年内全部还清的起算日期从 4 月 15 日改为 7 月 15 日，并说明该欠款不计利息。

公民们，我们现在向你们提出以下草案，希望得到你们的采纳：

考虑到债权人和债务人均有绝对的权利，在尽量照顾双方相互利益的前提下，解决由于到期的商业欠款一再拖延，因而在工业和商业方面引起的种种债务问题，必须从维护信用和振兴商业出发，确定在何种限度内，债务人和债权人互相保证对方的利益，

公社决定：

第一条　拖欠到今天到期未付的各种债款：记名期票、付款通知、汇票、结账单、清偿协议书，等等，从 7 月 15 日起，在两年内偿清，债款不计利息。

第二条　到期未付的债款，分为 8 个金额相等的联券票，从上述日期起，每 3 个月付 1 个票。

第三条　上述联券票的持有人可以保有原始票据，凭注有债款性质和保证人的付款通知或汇票，按第二条的规定兑取债款。

第四条　联券票如发生拒收或拒付情事，应按类似情况实行的法规，要求偿付，但只能要求偿付到期应付的联券票。

第五条　凡获得本决定给予的缓付期的债务人，如果在这段期间采取转移、转让或隐匿财产等欺骗手段侵害债权人的权利，如果是商人，则被视为犯了假破产罪；如果不是商人，则被视为犯了诈欺罪，由债权人或公安部提出起诉，予以追究。

关于到期票据的法律草案
儒尔德方案

公社决定：

第一条　拖欠到今天到期未付的各种债款：记名期票、付款通知、汇票、结账单、清偿协议书，等等，从7月15日起，在两年内偿清，债款不计利息。

第二条　到期未付的债款，分为8个金额相等的联券票，从上述日期起，每3个月付1个票。

第三条　上述联券票的持有人可以保有原始票据，凭注有债款性质和保证人的付款通知或汇票，按第二条的规定兑取债款。

第四条　联券票如发生拒收或拒付情事，应按类似情况实行的法规，要求偿付，但只能要求偿付到期应付的联券票。

第五条　凡获得本规定给予的缓付期的债务人，如果在这段期间采取转移、转让或隐匿财产等欺骗手段侵害债权人的权利，如果是商人，则被视为犯了假破产罪；如果不是商人，则被视为犯了诈欺罪，由债权人或公安部提出起诉，予以追究。

本条不适用于因战争造成的丢失或损失的资财。

沙·贝雷公民的方案刊登在4月12日（星期三）第101期《公报》上。

塞纳炮兵部队中央委员会给巴黎公社的报告

79 年芽月[①] 12 日

公民们，

在不久前进行的大革命中，尽管炮兵的组织不够完善，但它起到了不可否认的作用。现在它仍然负有捍卫革命事业的神圣的使命。

为完成这项使命而成立的炮兵中央委员会对此项使命的重要性深有认识，因此，尽管没有任何后勤支援，但仍以顽强的毅力和多方面的技能，取得了若干成就；作为起点，可以说所取得的成就是巨大的。

由于巴黎当局可耻的投降，由于国民议会的无能和背叛，与普鲁士人做了不名誉的交易，辅助炮兵被遣散了。由于国民自卫军炮兵团高级军官背叛了民主事业，国民自卫军炮兵陷入一片混乱，完全失去了战斗力。

但是，人民珍惜艰苦奋斗取得的主权，他们看到炮兵的状况已十分危险，必须立即采取行动。

因此，在国民自卫军整顿队伍，成立中央委员会之际，辅助炮兵和国民自卫军炮兵会合在一起，选出代表，并责成他们组建塞纳炮兵。

① 此处“79 年”，排字有误，应为“71 年”，即 1871 年；芽月，法兰西共和历的第七个月，相当于公历 3 月 21 日至 4 月 18 日。——译者

这些代表组成炮兵中央委员会。委员会要做的众多工作，可分为四大类：

第一类——把两支炮兵部队加以整编和合并，按区成立区炮兵团和炮兵连。

第二类——寻找各种器械、大炮、榴弹炮、机关枪及各种弹药，把它们集中分类。

第三类——筹建炮兵服装厂和炮兵军械厂。

第四类——在公社军事委员会的协助下，制订对外防务计划。

第　一　类

成立区炮兵团的工作已基本完成。对 14 个区炮兵团的组建已进行了检查，并培训了它们的干部。其他区的炮兵团正在组建，并将在 4 月 1 日全部组建完毕。

参加炮兵的志愿人员，到今天已达到 3 500 人。

辅助炮兵与中央委员会所辖的原国民自卫军炮兵现已合并。

为了使合并后的炮兵成为一支精锐的部队，应该在两支炮兵队伍中进行清洗，只保留其中的共和分子。

对于辅助炮兵，清洗工作很容易，先解散部队，然后进行挑选；把挑选出来的人派到他们各自所属的区。

至于国民自卫军的炮兵，即人们所说的舍尔谢团，其情况则有所不同。

该团属于国民自卫军，装备齐全。这支炮兵的战士来自各个区，对他们进行筛选后，把他们编入中央委员会直属的各区的炮兵。

该团的建制仍然保留，那些危害革命的坏分子仍旧留在团里。塞纳炮兵中央委员会考虑到：

塞纳炮兵是唯一按国民自卫军联盟精神组织的炮兵部队；

是唯一被中央委员会承认的炮兵部队；

舍尔谢团阻碍塞纳炮兵中央委员会的工作并支持反动派；

该团目前仍拥有武器、弹药和粮饷；

塞纳炮兵中央委员会要求：发布一道命令，解散舍尔谢团，把该团所有的武器、弹药和粮饷上缴给炮兵中央委员会。

第　二　类

为寻找各种器械、大炮和弹药，并将它们分类保管，已任命一个军火管理委员会。

委员会对分散在各区的公园、兵工厂、非军事建筑工地和军营里的武器，已进行严格的调查。

委员会搜集到大量的火药和炮弹，为市政府大厦的大炮提供了炮弹；回忆在成立炮兵部队中央委员会那一天，人们曾想鸣炮庆祝，却连一颗炮弹也没有。

委员会用在万森要塞搜集到的武器重新武装了很多辅助炮兵。他们和原舍尔谢团的炮兵会合在一起，已经在并将继续在市政厅和委员会管辖下的各公园及兵工厂正式值勤。

鉴于目前迫切需要武器弹药以装备经过整编的炮兵，

塞纳炮兵部队中央委员会要求：

发布一道命令，命令一切持有和制造大炮、武器、弹药、器械或装备的人把这些军需品交给炮兵中央委员会统一分配。

第　三　类

由一位工程师、一位技师和一位兵工厂工人组成的制造委员会，已经开始对各兵工厂和军火作坊进行检查。

该委员会从蒙鲁日开始检查；检查报告将交中央委员会。

炮兵部队中央委员会认为，它必须拥有并领导兵工厂；因此，它要求：

发布一道命令，将各兵工厂和作坊收归炮兵中央委员会所有，并由它领导。

第　四　类

为了预防可能发生的突然事件和紧急情况，炮兵中央委员会视察了塞纳河左岸的要塞和防御工事，以防敌人从左岸进攻。

委员会察看了夏蒂翁高地的地形和周围的要塞，同时察看了北面的21、22、23、24号阵地；委员会希望公社军事委员会同意它对这些阵地所做的军事部署。

鉴于有必要就防卫手段做更广泛的研究，炮兵部队中央委员会要求掌握炮兵司令部和舍尔谢团司令部的资料。

公社委员公民们：

当炮兵部队处于混乱状态之际，国民自卫军塞纳炮兵中央委员会主动采取了上述行动，并将继续进行这些工作。

委员会对你们的爱国主义精神坚信不疑，希望你们能赞同这份报告，批准报告中提出的要求，并发布一道命令，确认国民自卫军塞纳炮兵部队中央委员会的正式成立。

巴黎公社万岁！

民主的和社会的共和国万岁！

同意。

执行委员会

爱·瓦扬、古·特里东、

费利克斯·皮阿

附记——炮兵中央委员会按：此报告已由克吕泽烈公民于1871年3月31日交给公社，经公社执行委员会批准，报告中提出的要求即作为命令执行。

国外新闻

德　国

在德累斯顿举行的一次群众大会上，一位撒克逊共和党人在与会者的热烈掌声中讲了以下这番话，昨天，柏林的《未来版》作了报道：

“我首先代表我党抗议对阿尔萨斯和洛林的兼并，抗议那些恬不知耻地自我标榜的民主主义者在这个问题上所实行的反民主主义原则，他们的行为玷污了‘民主主义者’这个名称。

“我们可以强抢别人的羊，却不可以强迫别国人归顺自己，因为人是会反抗的；我们过去之所以兼并了石勒苏威格－荷尔斯泰因，那是因为这个公国的人愚蠢地自己提出要与我们合并。

“至于阿尔萨斯人和洛林人，他们对我们的了解，比我们对易伯公国的人的了解多，他们从不像易伯公国的人那样受过奴役，他们不喜欢我们。可是我们却要兼并这两个省，这对他们不利，而且，对我们尤其不利。

“我们社会民主党人，不愿看到阿尔萨斯人和洛林人沦为不幸的公民，被别人粗暴地从他们母亲的怀中夺走！

“有人还想把瑞士、奥地利和俄国说德语的地区并入德国的版图，好像庞大的德国受的苦难还不够多，还需要大大增加似的！

“不过，俄国毋庸担忧，俾斯麦不会去攻打俄国，这只狼是不会去吞食另一只狼的！”

美　　国

在美国和英国之间久悬未决的分歧即将得到解决。负责审查双方分歧的混合委员会现已接近达成解决分歧的协议。委员会提出的初步方案，也许要在美国参议院休会前提交参议院审议。或者相反，由格兰特总统召开参议院特别会议加以批准。

今天众议院以 144 票对 46 票的多数通过了大赦案。按照这个法案，除那些投票赞成并签名支持北南分裂的美国原国会议员、陆、海军军官和制宪会议议员外，其他因参加反叛而被停止政治权利的人均一律予以赦免。对此案投反对票的人，全都是共和党人。

西　班　牙

上星期四，当左里亚部长乘火车在西班牙北方旅行时，有人向他开了一枪。不过这一枪没有击中。

几天前，负责罗马防务的军事委员会已制订了防御计划：在离罗马 5 000 米外修筑一道由 23 个工事构成的围绕罗马的防御圈。

把防御圈修筑在离罗马 5 000 米之远，其目的是不让首都受到炮火的轰击。然后在离罗马城墙 2 000 至 3 000 米远修筑由 14 个工事及土城构成的第二道防御圈。

——梵蒂冈的机关报《罗马观察报》坚信意大利政府对罗马的专横跋扈的做法绝对不会得到外交界的赞同。该报认为，欧洲各大国在这个问题上还没有最后表明它们的态度。

埃　　及

总督已复函君士坦丁堡政府，拒绝该政府提出的把红海边上修建的几个要塞和军营交给它驻扎土耳其红海海岸卫队。总督也许已下令在亚历山大和塞得港沿岸布雷。

英　　国

据伦敦《环球报》报道，基尔克尔迪纱厂约 400 工人举行罢工，要求增加工资。该报 11 日又报道说，工人已经复工，但提出在星期四以前必须满足他们的要求，否则他们将再次罢工，直至问题得到公正的解决。

人们要求我们将原人民代表在几个月前建立的中央共和联盟

向巴黎选民发出的呼吁发表于下：

鉴于目前发生的严重事件将对4月16日的公社选举产生极大的影响，中央共和联盟有义务把巴黎、共和国和法国面临的真实的形势向选民们作如实的描述。

梯也尔先生表示愿意保留“共和国的形式”，但他为了保留**他的**[1]共和国而反对共和的巴黎所采用的手段，恰恰是为推翻共和国必须采用的手段。

确实，梯也尔为了用他绝对的中央集权统治旧学说来改造巴黎，他诉诸武力。他把军队交给帝国的几个主要将领，交给那些只能靠波拿巴复辟才能当上参议员和元帅并领取可耻的高薪的人。

真正掌握进攻巴黎的军队的是这些将军。所谓国民议会的军队胜利了，实际上是那些率领士兵开进巴黎的将军们胜利了，将来主宰巴黎和法国的，是他们，而不是梯也尔先生，也不是国民议会。

通过“秩序之友”的合作和告密，把8 000至1万名巴黎最英勇的保卫者枪决之后，把3万多人抓起来，流放到卡宴之后，将军们从此就不再担心还会有人反对他们的计划，他们就可宣告复辟帝制，为了自己的利益把皇帝或皇帝的儿子重新拥上宝座。

梯也尔先生，这位共和分子，怎么安排呢？请他去圣乔治广场去：他为共和国的成立太操心劳累了，请他到那里去休息休息好了！

凡尔赛的国民议会的议员，如何对待呢？将军们将把这些乡绅通通打发到乡下去，向他们提出保证，说什么帝国将不断地成倍

[1] 着重号是原有的。——译者

提高牲畜和食品的价格，用这类谎话把他们哄骗得个个都高高兴兴地走了。

至于借口巴黎人造反便抛弃了巴黎的共和派议员，又如何处理呢？将军们将宽恕他们，因为他们保持沉默，帮助将军们欺骗了法国人，而且一次也没有揭露过梯也尔先生的《政府公报》和报纸上的无耻谎言，再加上他们抛弃巴黎，使巴黎的防务陷于瘫痪，尽管巴黎人民选他们的目的是希望他们积极维护巴黎人的权利。

如果将军们胜利了，梯也尔先生的共和政策必定是这样的结果——共和国毁灭！——帝国复辟。

如果所有的奥尔良分子，如果议会中的正统派，也就是说所有的反对帝国复辟的人，如果他们有一点政治头脑的话，他们就会立即把梯也尔先生和他那么轻率地选拔的将军赶出议会，并与为法国的自由而战的巴黎讲和，而不会愚蠢地拼命拥护一个欺负外省人的波拿巴[①]再次上台。

巴黎应该怎么办呢？巴黎应该尽全力保卫自己，应该进行选举，团结在共和国真正的卫士周围。特别要注意的是，不要使人们对目前根本不可能实现的和解抱有幻想，从而消磨斗志，失去献身精神。

是的，实现和解是根本不可能的！如果抱有这个幻想，这对于保卫巴黎来说也是危险的。我们现在处于战争状态，在战争中，权力要集中，领导要集中。如果在领导“防卫”的权力机构之外再设

① 此处的波拿巴，指拿破仑第三。——译者

立一个什么搞“和平”的机构，那是很危险的，因为，有了这个想法，尽管是无意识的，也会起分裂防卫力量的作用。

更危险的是，有人从凡尔赛回来，就在报上发表文章，说什么：“梯也尔说了：‘不管是谁，只要他放弃武装斗争，也就是说只要他放弃一切敌对态度，回自己的家里去，就不会受到任何追究’，”讲这番话，尽管是无意识的，不也会使守卫重要岗位的战士起临阵脱逃之心吗？不也会使巴黎的保卫者落入梯也尔先生宽大处理的圈套吗？

其结果必然是人们不自觉地竖起降旗，把所谓“秩序之友”都聚集在这面旗帜下，一股劲儿地要和平，甚至牺牲共和国也在所不惜。

要和平！——是的，我们要胜利的共和国接受的和平；——是的，我们要继续拥有自己的军队的巴黎为了保卫自己和维护共和国而签订的和平；——除此之外，其他一切所谓的和平都是变相的失败，过不了多久，巴黎就将被解除武装，巴黎的墙上就将出现宣告君主复辟的文告。

凡尔赛的支持者会说，你们巴黎公社的共和国，和你们那些哲学家所说的共和国不一样。公社天天都在侵犯个人自由、居住自由和新闻自由。

中央共和联盟的人说：不，我们今天不要共和国，不要，一千个不要。——如果共和国像现政权这个样了，我们将带头反对它。——不，现在还不是什么共和国的问题，现在是“战争”，我们迫于形势，只能按战争规律办事，我们很遗憾，但出自一片忠心，不能不实行一种特殊的制度，把公民的敌人，不管是暗藏的还是公开的敌人,通通打下去,因为公民们今天正在战斗,正在为明天战胜之后,建立真正的共和国而奋斗。

今日的巴黎不再是自由思想家的巴黎,不再是智者和以四海为家的人的巴黎,不再是商人和享乐者的巴黎。今日的巴黎是一个被围困的城市,巴黎人要保卫他们的城市,有了这个城市,才有法国人的自由。

让我们来研究一下一个交战国的权利,为了更加公正地加以评论,让我们把这场战争假定是在一个外国领土上打。

1866年,普鲁士20万大军与奥地利20万大军在萨多瓦相遇。战斗打响了。突然,在一方军队里,几个由敌军派出的奸细开始活动。他们对士兵们说:“我们不可能守住阵地,因为敌方的人数比我们多。比我们的军纪更严明,更英勇善战。他们的炮兵比我们强,他们的军官足智多谋;而我们的军官没有作战经验,必然让你们去送死。你们将被包围;你们的弹药和军粮的来源将被切断。我们大家都会被打死;我们投降吧!”将军听到这话会怎么办?他叫人把这些奸细抓起来枪毙了。全欧洲的人都说:“这位将军做得对。”

在巴黎,那些所谓的“秩序和和平之友”难道不是和上面所说的奸细一样吗?他们或吵吵嚷嚷,或通过报纸,散布涣散军心的谣言,说什么我们没有能力保卫巴黎,说我们的力量薄弱,我们的指挥员无能,我们的给养很快就要被切断,巴黎城将成为一座“没有煤气的城”,共和国的敌人强加的和平条约不论多么苛刻,也必须接受。

面对这些无可辩驳的事实,每天从早到晚都在发生的事实,一个肩负保卫巴黎的政权(不管这个政权叫什么名称[①])它有什么权利呢?——它有禁止散布涣散军心言论的权利,它有镇压策划妥协的阴谋家的权利:这是战争的权利,是一切负责保卫一个被围困的城市的领导人应尽的义务。

选民们,目前的形势是这样的:

巴黎正处于战争状态,巴黎正在保卫共和国,因为,如果凡尔赛的将军们取胜,他们必将恢复帝制,毁灭共和国。

如果这些赞成帝制的将军们胜利了,那将是残暴的反动派的胜利——他们将杀害巴黎的保卫者,他们愈勇敢,他们所犯的罪便愈大:忠于共和国的巴黎人将成批成批地送去流放,而屠杀巴黎人民的凶手反而得到荣誉、犒赏、勋章、地位和优厚的物质享受;这是用屠杀和放逐换来的秩序;是 1848 年六月事件[②]的再现;是 1851 年十二月悲剧[③]的重演!

本文件经中央共和联盟 1871 年 4 月 14 日会议讨论通过。

---

① 着重号是原有的。——译者

② 1848 年 6 月 23 日,巴黎工人举行武装起义,反对资产阶级独占统治地位的第二共和国政府。6 月 26 日,起义被血腥镇压。——译者

③ 1851 年 12 月 1 日,路易·波拿巴发动政变,残酷镇压左翼共和派在巴黎和外省的反抗运动。——译者

共 和 联 盟

告巴黎人民书

公民们：

请你们大家都来参加巴黎公社的补选。

在当前严峻的形势下，不允许任何人逃避公民的义务，就像不允许士兵在战斗中逃离自己的岗位一样。

巴黎将呈现一番从未见过的景象：巴黎人民站起来了，他们拿起武器，为争取公社的自由而英勇战斗，而且在战斗中从容不迫地合法行使他们经过斗争而取得的权利。

公民们，3月18日的革命开辟了一个新纪元，你们要选出一批新人。新当选者须知：他们不但要无限忠于公社，积极为公社的事业服务，而且，不管他们执行的任务多么艰巨，肩负的责任多么重要，他们都不得以某些人的罪恶行为为榜样，玩忽职守，临阵脱逃。

只有这样，你们才能保卫共和国和公社。

统一而不可分的共和国万岁！

公社万岁！

1871年4月15日，于巴黎

共和联盟

杂　　闻

昨天下午3点40分，下了一场冰雹，街道上白花花的一片雹子。这时，一股电流落到圣朱谢尔大街113号房子上。

电流只造成一些很小的物质损失。在附近的大门下避雨的行人，由于电流离他们很近，他们有几秒钟感到不舒服，幸运的是电流并没有击中他们。

昨天傍晚6时左右，巴克街82号颜料商布拉蒙公民的地窖发生火灾。据说损失极为严重。

大火引燃存放在地窖里的大量汽油和颜料，消防队及时接到警报，迅速赶到现场，很快控制了火势。

事实上，火灾引起的物质损失不大。

火灾的起因是一个店员疏忽大意，在离火很近的地方倒汽油。

我们认为下面这条消息对收不到信件的巴黎居民有些用处：

所有的寄到巴黎的信都被劫运到凡尔赛，堆放在与王子院连接的“战堡”的一条走廊里。

丢信的人可到那里去索取信件，但事先要征得邮政总局的同意。

4月9日上午，新近参加第七十六营第四连的前水兵弗里罗克公民在马约门成功地把一发炮弹射中敌方在纳伊交叉道周围的炮兵阵地时，他的腹部受重伤，肠子被打出来，惨不忍睹。人们把

他送到博荣医院时，他已奄奄一息。

一会儿以后，这个营的副营长维亚公民正要去分配他刚刚拉来的弹药时，一个弹片打中他的左腿，尽管他的腿部和脚部肿胀疼痛，但他仍继续分配弹药，坚持战斗 20 小时；最后由该营营长亲自用车送他回家。

艺术家协会

我们热忱邀请所有在巴黎的剧作家、作曲家、戏剧演员、抒情诗人于 1871 年 4 月 16 日（星期日）2 时正在普瓦索尼埃尔镇 10 号阿卡扎尔厅开会。

会议议题是讨论正式成立艺术家协会的有关事宜。

讣　　告

11 日伦敦各报刊登了著名的伦敦皇家音乐学院教授、竖琴演奏家约翰·巴西尔·查特顿逝世的消息。

1871年4月17日　星期一

要　　目

正式公报。——关于召开工会大会的决定。——关于把武器交还各区区政府的决定。——成立军事法庭。——成立国民自卫军医务处。——给各监狱典狱长和精神病院院长的通知。——给牺牲的国民自卫军战士的遗孀遗孤的通知。——关于对野战医院进行全面检查的通知。——给炮舰舰长的通知。

非正式公报。——非法侵入比利时公使馆事件。——战报。——巴黎公社会议。——到期债券问题。——国外新闻。——杂闻。——法庭。——杂录:一个中世纪时期的公社。

正 式 公 报

1871年4月16日,巴黎

巴黎公社,

鉴于不少工厂主逃避公民的义务,置劳动者的利益于不顾,抛弃了工厂;

鉴于这些工厂无人管理,致使许多对公众生活非常重要的工作中断,劳动人民的生活受到影响,

兹决定:

召集各工会开会，成立一个调查委员会；其任务是：

1. 对无人管理的工厂以及每个工厂的确切库存和生产设备作一个统计。

2. 提出一份报告，具体说明在什么条件下，各厂在工人合作协会的领导下（而不是在抛弃工厂逃走的厂主领导下）能立即恢复生产。

3. 起草一个成立工人合作协会的方案。

4. 成立一个仲裁委员会，以便在原厂主返回时，裁定最终将工厂移交给工人合作协会的条件和协会补偿厂主的份额。

调查委员会应将报告送交公社劳动和交换委员会，该会在最短期内向公社提出一份符合公社和劳动人民利益的决定草案。

1871年4月16日，于巴黎

执行委员会，

根据公社驻陆军部代表的建议，

决　定：

第一条　被解散的营，应立即把武器归还各区区政府。

第二条　外国流亡分子及被纪律委员会定为逃服兵役者，也应把武器交给各区区政府。

第三条　各区区政府应组织人员，挨街挨户进行严密的搜查，以便在最短期内收回上述武器。

第四条　各门房的值班人，如有谎报情况，应立即逮捕。

第五条　各区区政府应将收缴的各种武器送交圣托马斯-达

甘军械库。

第六条　用收缴的武器装备新成立的营。沙士波式步枪目前只发给各野战营，尔后在条件许可时，才发给所有各营。

1871年4月16日，于巴黎

执行委员会

阿夫里阿尔、库尔奈、德勒克吕兹、费里克斯·皮阿、
特里东、爱·瓦扬、韦莫雷尔

鉴于目前处于战争状态，对于一些事情需要迅速进行坚决果断的处理；

鉴于目前各团尚未成立团作战委员会，无法处理需要立即审理的特殊案件，公社驻陆军部代表被授权临时成立一个军事法庭，其成员如下：

陆军部参谋长罗塞尔上校；

城防司令部参谋长亨利上校；

军校指挥官腊祖阿上校；

埃德司令的副参谋长柯莱中校；

警察总局军事指挥官夏尔东上校；

中央委员会委员布西埃中尉；

死刑的判决，必须报请执行委员会批准。

军事法庭每天在谢尔什－米迪街的作战委员会大楼办公。

1871年4月16日，于巴黎

公社驻陆军部代表　克吕泽烈

同意。

执行委员会委员

阿夫里阿尔、弗·库尔奈、沙·德勒克吕兹、费里克斯·皮阿、古·特里东、奥·韦莫雷尔、爱·瓦扬

公社决定：

团长的职务与公社委员的职务不能兼任。

团长服从公社委员的领导。

公社委员 J.－B.克雷芒和阿西两位公民被任命为驻兵工厂代表；他们的任务是监督和搞好兵工厂的生产。

陆　军　部

医　务　处

命令：

国民自卫军的医务处由下列人员组成：

一名有监察员头衔的国民自卫军主任军医；

城防司令部派来的一名主治军医和一名助理军医；

每个团派一名主治军医；

每个营派一名少校军医，一名上尉军医和一名助理军医；

少校军医和助理军医随野战连行动；只有上尉军医留在预备连里。

现在还有主治军医、军医和助理军医的空缺，凡欲担任这些空缺职位的医学博士、军医和医学院学生，请从 4 月 17 日(星期一)起，每天上午 9 至 12 时到圣多米尼克－圣热尔曼大街 86 号陆军部医务处报名。

在各营服役的军医和助理军医可保持现有军衔，但他们必须交验医学博士的证书。

按 4 月 14 日决定的第三条规定："如果自愿参加国民自卫军的医生和医学院学生人数不够，可以招募 20 至 40 岁的男子"，这样就可以补足军医缺额。

此条规定不适用于经过考试而被任命的和正在服役的外科和内科医生、住院医生及出诊医生。

1871 年 4 月 16 日，于巴黎

驻司法部代表团

疯 人 医 院

请所有公立或私立的疯人医院院长在 20 天内将全部住院病人名单送交驻司法部代表团。

名单上须注明每个病人的年龄、性别、职业、疾病性质以及住院日期。

监　　狱

请所有监狱、拘留所或教养所的领导在4天之内将全体在押犯人的名单交给驻司法部代表团。

在此名单上须注明每个犯人被关押的日期以及被判的罪行的性质。

公社委员兼驻司法部代表　欧仁·普罗托

为了向因保卫人民权利而牺牲的战士的遗孀、遗孤发放抚恤金、补助金而成立的调查委员会向家属及各连代表发出下列通知：

公民们，

遵照巴黎公社本月10日的决定，第十一区的调查委员会已于昨天(13日)正式成立；请各连的代表注意，委员会于今日(14日)在原结婚礼堂开始办公。办公时间：每日上午9至11时，下午2至5时。

委员会请各连代表及国民自卫军家属提供有关情况，协助委员会做好这一紧急而重要的工作。

1871年4月14日，于巴黎

战地医院总监处设在维多利亚大街3号公共救护署。

该处从明日(4月16日)上午9时开始对外办公。

一切有关该处的事，请到上述地址联系。

至于总监接待为特殊事项来访的公民的时间，将另行通知。

目前暂时设立一个情报办公室和一位主任秘书接待来该处办

事的公民。

巴黎公社代表团委派尚皮公民负责把下列行业划归商业部(第四司)主管：

第一类——海鲜、淡水鱼、牡蛎、贝类动物、航运、河运、菜场和市场、养蚝场、卸货码头。

第二类——煤、木炭、各类木材、沥青、柏油、煤气厂和其他工厂。

第三类——运输业、车辆制造、邮件运输、铁路、商事诉讼和争议。

巴黎公社委派克雷芒(爱弥儿)公民负责将下列行业划归商业部(第三司)主管：

第一类——葡萄酒、酒精、甜酒、烧酒、贝尔西码头、葡萄酒仓库。

第二类——殖民地食品、糖、巧克力、茶、咖啡、罐头、糖浆、蜂蜜、饼干糕点。

第三类——面食、淀粉、奶酪、黄油、鸡蛋、奶制品、干鲜果、商店、码头仓库、菜市场和市场。

第四类——油、汽油、蜡、罐装鱼、肥皂、化学产品、毛刷、香料。

对外办公时间：上午 9 至 12 时，下午 2 至 4 时。

由旧政府任命的 20 名城区建筑师，由于拒绝工作，从今天起解职。

因此需要有人接替他们的工作。

第十一区的建筑师德让公民提出的退休申请，已得到批准。

在官方地窖里发现相当数量的上等葡萄酒，这些酒现已送到管理这类商品的商业部。请设立在巴黎城中的并已接收伤员的野战医院，将伤员人数通知商业部；该部将根据人数分配葡萄酒。

公社驻海军部代表请各舰队的指挥员注意，当前形势严峻，时间紧迫；胜负全凭指挥员的热忱、智慧和舰艇全体船员的爱国主义精神。

战舰在协助陆军方面将起到很重要的作用，各战舰应该积极行动，备好装备。指挥员应在早晨 7 时上舰，直到下午 6 时，等负责夜间值勤的指挥员吃过晚饭回舰后，才能离舰。他应向负责夜间值勤的指挥员交待工作，并向他一一清点舰上值班船员。

船员 5 时半起床；6 时吃早饭；6 时半清洗甲板；8 时升旗；9 时检查设备，做好准备工作，进行发炮演习，使每个船员熟悉自己的战斗岗位；从 10 时至 12 时，做日常工作；12 时吃午饭。

从 12 时至下午 2 时，指挥员可以不在岗位。从 2 时至 4 时进行各种训练演习，保证武器处于良好状态；5 时吃晚饭；6 时指挥员安排工作，宣布夜间值勤船员的姓名（至少有一排船员留在舰上值勤），夜间随时都要保证有两个船员守夜，一个在船头，另一个在船尾；一旦有情况，应立即向值勤指挥员报告。

我在这里提醒各指挥员注意，一个战舰若要打胜仗，首先要有严明的纪律；这一点，很容易做到，因为船员们个个都有爱国主义精神和完成任务的热心与积极性。本命令应向全体船员宣读。

1871 年 4 月 14 日，于巴黎

公社驻海军部代表拉塔皮

非 正 式 公 报

1871 年 4 月 16 日，巴黎

昨天在第八区发生了一起严重事件。

一些属于第二百四十八营的国民自卫军战士居然闯入圣奥诺雷镇街 56 号的比利时公使馆，粗暴地侵犯了一切文明国家的人民应该尊重的外交豁免权及一切外国人在法国应该得到热情接待的神圣权利。

对此事件立即进行了调查：一些罪犯已被逮捕；其他罪犯也将很快被抓获。

他们将立即被送交军事委员会处理。

东布罗夫斯基将军司令部和国民自卫军的几位军官将两面从纳伊的凡尔赛人手中夺来的旗帜交给了市政厅。

第一面旗是绿色的，上面有代表保皇党的十字；第二面旗有三种颜色，三种颜色交叉成十字。保皇党的旗子原来插在一座楼上，第二百一十营的官兵一起冲上去夺下这面旗帜。

第二面旗子是凡尔赛人的，原来插在一个街垒工事上，是由第一百三十四营第三步兵连的勒泰隆(让-费利克斯)公民夺下的,他当时正协同国民自卫军第一百一十四营战士作战。这位勇敢的公民很不愿意把他光荣夺得的战利品交出来,但最后还是决定让人把它送给市政厅。

执行委员会向这几个勇敢作战的营转达了公社对他们的祝贺。

战　　报

致公社委员

4月16日1时30分

中部,即旺夫、蒙鲁日和伊西要塞,夜里非常平静。我左翼阵地夜里也很平静。

右翼,战斗仍十分激烈。主教卫队终于在巴黎宪兵和警察的保护下越过界线。

这本来是他们的地盘,他们早就想占据了。

他们曾在纳伊教堂被围,双方打得很激烈,进行了肉搏战。

16岁的小勒里埃公民冒着枪林弹雨把公社的旗帜插到了教堂的屋顶上。

这位少年应该得到表彰。他长大准是一位真正的男子汉。

我方战士勇猛顽强,凡尔赛人无法守住这块阵地。

公社驻陆战部代表　古·克吕泽烈

纳伊司令部致驻陆军部代表

4月16日,3时

对纳伊的包围现有进展。我方占领了一个新防区;攻下三个街垒工事。在一个工事上,我们还夺得一面主教卫队的旗帜和一面野战步兵营的旗帜。

我军士气高昂;国民自卫军斗志旺盛,正向前推进。

巴黎城防司令

雅·东布罗夫斯基

驻陆军部代表致执行委员会

4月16日,纳伊

凡尔赛人被赶出教堂,并后退800米,许多人在地窖里被我军抓获。

瓦里埃哨所,11时[①]——缴获2面旗帜,抓获6名主教卫队士兵,他们曾使用手榴弹和开花弹攻打我军。

3时——敌军不断向勒瓦鲁方向射击;一个小女孩在比诺街上被打伤。

4时半——联盟国民自卫军押回几名凡尔赛伤兵,他们和我军伤员一起在野战医院得到治疗。

---

① 着重号是原有的,下同。——译者

我们钦佩东布罗夫斯基的勇气和镇定；我们还应表扬他手下的所有官兵。

1871 年 4 月 16 日，于巴黎

参谋部上尉，公社驻陆
军部代表秘书勃福尔奉
命报告

巴 黎 公 社

1871 年 4 月 15 日会议

会议主席　比约雷公民

会议于 3 时开始。

主席比约雷公民。

主席助理冈邦和克雷芒斯在主席台就座。

一位秘书宣读 14 日会议记录。此记录在贝雷公民提出一处修改意见后，被通过。

德麦公民问公社驻警察总局代表：尽管公社已做出决定，为什么在他的区里仍把去塞纳省的通行证费用定为 50 生丁，而把去法国其他地区的通行证费用定为 2 法郎。

费雷公民代表公安委员会答复说，他完全不了解这一情况，这很可能是办事人员在其中进行诈骗，不过将采取措施制止这种事情。

主席宣读郎维耶公民辞去军事委员会委员的信。

主席还宣读了关于凡尔赛人本月14日至15日夜间连吃败仗的战报。

按照日程安排，大会继续讨论到期债券问题。

贝雷公民认为，对他的方案提出的批评根本不能说明他的方案不好。

他认为成立商业银行有以下好处：一、给债务人留有清偿债款的时间。二、不管有无背书，均可保留票据的全部价值。三、使存在人们钱袋里的票据变成可流通的证券，从而有利于商业的复苏。人们问这方案将如何处理抵押借款。他认为，既然抵押借款是要偿还的债务或商务债务，那么，经过今天讨论之后可以按时间给利息。当有人提出商业银行不经管外省的过期债券，因而没有普遍性时，贝雷公民回答说：

只要巴黎公社同意成立这个银行，并说它好，外省的公社也会立刻同意并说它好的。

总之，贝雷认为，他提出的方案对清偿过期债务问题的探讨并无害处。

对三个方案的一般性讨论就此结束。在巴斯噶尔·格鲁塞公民的要求下，公社决定对草案进行研究后再投票表决。

至于几个方案的讨论顺序，公社决定：首先讨论特里东的，然后讨论儒尔德的，贝雷的放在最后讨论。

对特里东方案提出的主要意见是，它使债款陷于冻结。特里东公民答复说，他原来的方案已做了以下修改："在公社的主持下成立一个特别银行，在有关各方之间起中介人的作用。"

阿利克斯公民说他赞成特里东的方案，因为他的方案可以做到通过友好的方式,顺利解决清偿债务的问题。

至于成立商业银行的问题,他也原则上同意,因为他认为商业银行可以起中介人的作用,使人们通过友好方式清偿债券;因此他建议成立一个委员会制定这个银行的章程。

雷惹尔公民也表示赞成特里东的方案;但他倾向于采用特里东的原方案,因为他认为该方案给商人留有很大的活动余地。

他不赞成成立商业银行,他希望先任命一个委员会,专门对这个问题进行反复研究,然后再做决定。

瓦尔兰公民坚决反对成立商业银行的主意,因为他认为未偿还的债款大部分都是烂账。

他说这些未偿还的债款,最好是慢慢清偿。等这一段困难时期过去之后再考虑成立商业银行的事。

马隆公民主张把债券分成联券票,否则商人们无法立刻做出安排,他们的境况困难,最后不能不失去信用。

反之,采用联券票,就可保证做好还债的安排。

他不反对成立商业银行,他目前赞成瓦尔兰公民的意见。

帕里泽尔公民却认为,把债券分成8张联券票,并不等于给予贷款;为了使用可以使用的资金,最需要的是时间,首先要使债务人的生意好起来,债权人的利益才有保证;正因为如此,他赞成特里东公民的原方案。对于特里东所做的修改,他不赞成硬要公社负责成立一个银行。

比约雷反对特里东的方案,因为它使债券上的资金在3年内不能流通,而儒尔德的方案通过把债券分成联券票,可以使这部分资金流通,从而振兴商业。法国以后的硬币不多了,所以应该用纸票代替；如果把流通中的纸票作不动产处理，就会使商业完全陷于停顿。相反，如果把债务人的债款分8次还，他们就可以一点一点地偿还，使他们的生意摆脱困境。

格鲁塞公民告诉大家，埃德将军出席了会议，也许他有一些有关凡尔赛人进攻旺夫要塞的情况向大家报告。

公社委员举行秘密会议。

关于到期债券问题

特里东公民提出的方案

公社，

鉴于商业应该建立在相互信任，互守信用的基础上；

鉴于用诉讼的手段来处理商人之间的关系是对他们的侮辱；

鉴于无论延长多少时间或分期偿还，对商人来说都是不愉快的，而且，当前当务之急是整治经济环境，以便重新繁荣经济和振兴工业；

兹决定：

1.一切商业债券的债务，在3年内不得强要对方偿还；

2.3年后，应付的债款加付2%的利息。

特里东公民与贝雷公民商讨后，提出以下方案：

公社决定：

1.到今天为止签发的一切商业债券的债务，在3年内不得强要对方偿还。

2.建立一个由公社领导的特别银行，在有关各方之间起中介人的作用。

帕里泽尔公民提出的方案

巴黎公社，

鉴于只要战争(这是资财不能运用的原因)还在继续，大多数债务人就无力偿还任何债款；

鉴于在战争期间，不可能制定一条对于法国和外国都有法律效力的法令；

鉴于债务人的处境显然是各不相同，对所有的债务人只制定一条法令是不公平的；

鉴于只有仲裁人可以根据具体情况，采取不同的方法给以公正解决；

鉴于商业的困难是国家的灾难造成的，而债务人无法偿还也是因经济形势造成的，因此逼迫他们偿还债务实为强人所难，

兹决定：

第一条　战争期间以及战争结束后的3个月内，不得强要债务人偿还债款。

第二条　在此期间，将成立一个仲裁法庭，对债权人和债务人之间的纠纷免费进行即席裁决。

公民阿西提出的方案

在贝雷公民为解决到期债券问题而提出的方案中，我们可以了解到：

1. 只有到期的[①]债券才可向商业银行提出兑付，因此，未到期的债券，比如说还有1年的债券，其本金在1年内不计利息；

2. 商业银行对提出兑付的债券应全部偿付。当然，由于无力偿付，肯定会出现一些烂账。

烂账的数目肯定会超过1/50(由公社补贴)。因此，在1874年8月31日，不可能用现金偿还一切来银行取兑的债券，如果要全部偿还所有的票据的话，就须要公社弥补不足的部分。

根据以上所述，我认为可采取以下措施：

在一个确定的期限内，将所有未偿还的债券交到商业银行，而不问它们是否已经到期。

交债券的期限一过，就成立一个有决定权的委员会，由该会决定一个适用于一切债券的偿还比例。

比如我们估计这个比例是50%(虽然低于实际的数字，但没有什么不好，这一点，下文即将谈到)。

银行便按这个比例向债权人偿还一半的金额。具体做法是：发给他们面值尽可能小的联券票，以利于在不同的情况下使用。

到期债券的期限的延长(比如延长1年)必须公开宣布，而一切按上面所说的条件投入流通的票据，均须盖有延期1年的戳记

① 着重号是原有的，下同。——译者

和它们所代表的原债券的金额以及存放在银行里的原始债券的号码。

到了每张流通票据上盖的日期，持票人就可到商业银行兑取相当于票上金额的一半的现款；再重申一下：只兑取票上金额的一半。

与此同时，商业银行派人向债务人索取他应付的金额。

当债务结束时，也就是说到了预先确定的日期，商业银行根据所采用的或大或小的比例付给欠款，并按一定的比例，根据债权人委托商业银行经办的款额分给债权人一定的结余。结余的领取，以债权人在银行结账后给予的结账单为凭，结账单上的顺序号，应与原票上的号码相符。

以上办法的特点是：

1. 使未偿还的债券所含的资金在可能的情况下得以流通。

2. 商业银行一成立，这笔资金就可以投入流通，而不是像贝雷方案中所规定的那样，只有到期债券的资金才可以流通。

3. 赢得公众的信任，因为，我们只对我们能办到的事做出许诺，而且债券是用现金在确定的时间偿还，而且，每个债权人知道，债券偿清后，他们还可得到一定的结余。

4. 为赢得公众的充分信任，公社可以用一笔收入作为抵押，保证商业银行将偿还全部债券，其实，如果我们在计算所发票据的总金额时，使它小于商业银行将收回的债券的总金额，前面提到的保证，就可实现。

5. 债务人可延缓一定的时间偿还债务，在此期间，商业银行一成立，债权人的一部分债就可得到偿还，就可用来开展他的业务。

贝雷公民的说明

I

大家对我关于解决到期债券问题的方案提出一些意见，有的已公开发表，有的交给了我，对它们我都认真地进行了研究，我绝不是站在维护我的方案的立场上看待它们，相反，如果我发现有更好的方案，我会决心放弃自己的观点，转而赞成别人的方案；因为凡是有关公众利益的事，就不应该考虑个人，而只考虑公众的利益。

不过，首先我不得不指出，我还没有发现任何其他方案可以取代我的方案。而且所有的意见都集中在商业银行的结算方法上，有的说它的方法不好，有的说它的业务范围过于专门。

对这些意见的答复，我首先要阐明我的方案的基本原则，一般地说，这个方案的基本原则还是很巧妙的，它们在构成这一方案的三个基础之间不会造成任何矛盾，而且可以满足三方利益的要求。

因此，我认为在讨论成立商业清算银行时，最关键的一点，要看它是否能：

1.为债务人留有还债的时间；

2.取得背书，保住债券的全部价值；

3.使债权人手中有一定的流动资金，以利于商业的复苏。

以上是我的方案的总的设想，阐明了我的总的设想以后，现在来谈谈大家提出的意见。

II

不出我所料，人们首先提出：到期未付的商业债券只是我们应该清算的大量债务的一部分嘛！其他还有抵押债务，房地契据，待执行的合同，待结算的发票等等，又怎么办呢？一切遭受战争和围战之苦的人都这样问我。

想必大家也了解，人们所提出的这些事情我不是不知道。我和大家一样，我手上也有一本总账，我一心寻求的是要弄清到期未还的商业债款的数目和解决的办法，因为这是人们最关心的问题，它的解决最有利于商业迅速的复苏。首先解决最紧迫的问题，这难道不是最明智的抉择吗？

其他债务的清算，可通过其他特殊办法解决；但是，不管是什么债务，个人的，抵押的或商业的，这些都是要偿还的债务，要付清的票据，这一点，谁都明白，今天用不着再讨论，不过，要债务人还债，就须要给他一定的时间，在法律面前人人平等。我再说一遍，时间就是金钱，因此只有给以时间，才能找到还债的手段。

III

有些人就商业清算银行的职能范围提出了意见，说在巴黎成立商业银行管不了外省到期未还的债券，因此，这一方案没有普遍意义。要解决全国的商业债券问题，就必须制订一个具有普遍意义的方案。

对这些人，我可以说，在巴黎建立的商业银行确实只能考虑巴黎的商业；但是有一个无论是谁都能一看就明白的道理；如果巴黎公社说这个银行办得成功，那么共和国的其他大公社怎么会不立刻接受和照着办呢？

正是为了这个目的，我们才请巴黎公社来主办这件事情，这样做才有以下几个好处：

1.帮助商业界使商业复苏，可以通过一项既有政治意义又有经济收益的措施把公众吸引到公社周围；

2.商业银行的营业有百分之百的安全保证，还可从营业额中抽取五十分之一的资金以确保票据的价值；有了这项保证，就可使票据被人们看作是法国银行的票据；

3.使其他公社和外省看到，自己的事情自己解决，只有好处而无害处，从而调动它们的积极性。天助自助者！这样巴黎公社很快就会成为共和国所有公社的楷模。

IV

在银行发行的钞票之外，再出现一种信贷券与之同时流通，在某些人看来，这样做法很不好，现在我就来谈一谈这个问题。

把两种票混为一谈是没有根据的。银行的钞票是永久性的，而商业银行的票据，如同荒年成立的面包业银行的票据一样，是临时的，过渡性的。

商业银行和国家银行之间有何关系，如何和国家银行打交道？各界人士都向我提出这个问题。

对这个问题我只谈两点：

第一点，有关给债务人清偿债务的时间的法律最终确定后，它当然也适用于国家银行的有价证券，如同适用于其他的票据和其他的债务一样。我在前面说过，法律面前人人平等，法国银行应该像其他债权人一样遵守这个法律；在这个问题上，是不容置疑的。

第二点，至于国家银行对其内部经营应该做出的特殊规定，我在前面已经提到，可做两个假设：要么，国家银行与商业银行一点不沾边，在清算它的有价证券方面，它只需按一般的现行法律行事就可以了；要么，国家银行从商业的全盘利益或部分利益考虑，认为按商业银行的做法办理，有利于发行它的有价证券，从而与商业银行联合行事。二者必居其一。

我不用说，这两个假设中，第二个假设对各方面的当事者无疑是最有利的。事实上，每个人都明白，如果国家银行和商业银行联合起来，就可以克服重重困难，使清算到期票据的工作顺利进行，并可以大幅度增加流通资金，满足支付战争赔款的国家的急需。怎么做才最符合巴黎和国家利益，这要由国家银行去决定了。

V

总之，大家不难看出，这些意见不仅丝毫没有驳倒我提出的清算到期商业债务的方案，反而使我有机会更充分地阐述它，使人们更加理解它的意义。

至于对商业银行的做法问题提出的意见，都是一些管理和实际工作方面的细节，没有必要一一详加驳斥。商业银行目前尚不存在，它的组织工作尚待进行，因此我无法对它加以说明，但是，我提出的原则，我刚刚做的解释，已足以说明商业银行应该如何行事才能和其他所有的信贷部门的业务保持一致；商业银行唯一的意愿就是尽量从所有人的利益出发，顺利清算债务，总之，商业银行以一句法国古老的格言作为座右铭：“做生意，讲信义。”

国 外 新 闻

英　　国

从康斯坦丁堡传来一则重要新闻，萨瑟兰公爵也许已经买下了苏伊士运河。

——《环球报》报道，伦敦的共和党投票通过了一份《告伦敦人书》，并决定将它印刷和广为张贴。该书扼要介绍了巴黎公社的纲领之后说，这样的纲领，应该得到一切民主党人的支持和称赞，书中有力地驳斥了“伦敦新闻界对巴黎公社运动所做的歪曲和卑劣的报道和评论”。

——请看《雷诺周刊》用什么语言向读者报道德加尔思王子的新生婴儿的死讯：

“我们怀着由衷的喜悦心情宣布，德加尔思王子和王妃的新生婴儿在出生几个小时之后就死去，因为这样，工人阶级就不必多养一个乞丐了。”

——《伦敦交易所4月13日简报》

交易所相当活跃；各种外国证券和铁路股票的月中交割极大地促进了资金的流动，延期交割费也有很大的增加。由于有大量的流动资金，看来结算不难进行，此外新的成交额也不少。银行最近把贴现率降低0.5%，但是这个措施尽管事先没有料到，但它对金融市场几乎没有什么影响。从巴黎传来的相互矛盾的消息，也没有产生明显的影响。

英国的资金雄厚，没有任何波动。3%的长期公债现金标价为

$92\frac{3}{4}$,$92\frac{7}{8}$,期票(5月份)标价为$92\frac{7}{8}$到93。

老股票降低3%,新上市股票$91\frac{1}{8}$,$91\frac{1}{4}$。

印度铁路5%利息的股票卖$111\frac{3}{4}$,$112\frac{1}{4}$。

国外的证券行情没有变化,只是法国借款在清晨又下跌1/8,现在卖$92\frac{1}{4}$,$92\frac{1}{2}$。靠这些证券和阿根廷共和国的贷款,做成了大宗交易。铁路股票交易也很活跃。特别是伦敦和查塔姆两铁路股票的需求量很大。价格有上涨的趋势。

在贴现银行,要求结算的人有所增加。银行的利率现在是2.5%,在银行外面容易找到只要2.25%利率的贷款。

意　大　利

上星期四,法国"便利"号汽船载着100位乘客,在西维塔－韦诗亚抛锚,这些乘客下了船立即坐上驶往罗马的火车。

这件事情尽管没有任何特别的地方,但西维塔－韦诗亚当局仍然报告了政府。

瑞　　士

一份用几个版面的地道德文译出的圣威尔士人的报纸最近声称,1847年战争后,强加给桑德联合州的负担,按人口比例计算,相当于目前普鲁士向法国索取的赔款。

《海尔威第报》指出，这种说法不正确；因为50亿赔款由3 800万居民负担，大约每人负担132法郎，至于桑德联合州的负担，由于照顾该地区而加以缩减，因此不敷联合州的开支，其总数大约为370万法郎，由20.5万居民负担，平均每人18法郎。

因此与每个法国人负担的132法郎相比，这个数字要小得多，何况要费很大的劲才能收齐这笔战争赔款，作该州的支出之用。

此外，联邦既没有征收过桑德联合州的居民的现金，也没有征收过他们的实物；瑞士联邦军队也没有抢过他们的挂钟和其他贵重物品。

多瑙河公国

一切迹象表明，布加勒斯特即将发生一场危机。我们通过特殊渠道得到的消息对形势的估计要比电讯的估计严峻得多，如果这些消息属实的话，那就证明人们的看法是对的：假如宪法不修改，查理亲王只好退位。目前有政府存在，亲王的地位就不牢靠，退位是他唯一的出路。宫廷人士预料亲王退位后，公国将发生革命，因此这两个星期以来，也许已通报欧洲各大国，希望他们与宫廷人士联合一致，在此事果真发生时，采取适当的措施。

德　国

柏林4月14日

帝国国会中的自由党决定就阿尔萨斯企业界人士的处境向政

府提出质询。他们手中有大量商品，但由于两国海关关税的问题，他们的商品既不能在法国出售，也不能在德国出售。自由党决定提出质询，是为了了解联邦议会在这个问题上打算采取什么相应的措施来保护企业家的利益。

以凡尔赛政府的名义开设并为该政府服务的邮局似乎硬要办一件新鲜事儿来让我们大开眼界。

最近发生的这件事，在政府的编年史上还没有先例，通过这件事，我们应该相信我们的时代是一个无奇不有的时代，相信凡尔赛村民是善良的村民。

从 4 月 2 日便开始使用泰斯公民新办的邮局的公众，如果听说凡尔赛村民自愿取消 1790 年 8 月 10 日和 29 日以及 1791 年 7 月 10 日关于不能侵犯通信自由的法律，将大感惊异。

同样，这位为了保证每日的邮件正常递送，安排专门邮车运送发自巴黎的信件，尽量使公众感到满意的邮政总局局长，当他听到他的一个负责运送外省邮件的工作人员在特鲁瓦被捕并被秘密监禁的消息时，也大为吃惊。

大家放心，凡尔赛的先生们在邮政方面的所作所为已记录在案；如果他们的命令导致我们的邮件破天荒第一次被秘密扣压，那么，邮电总局将保留采取同样的专横措施的权利，按我们的办法办，就会回到帝国全民表决的时期，让老百姓来评论谁是谁非。

杂 闻

捍卫巴黎和救护伤员妇女联盟临时中央委员会通知全市的爱国女公民：本会将于4月17日（星期一）晚8时在第四区区政府大楼举行第三次公开会议，请一切献身于人民事业的女公民参加这次会议，与中央委员会一起努力组织好她们的工作。

会议日程：1.选举本联盟参加区中央委员会的委员；2.报告本妇女组织的宗旨。

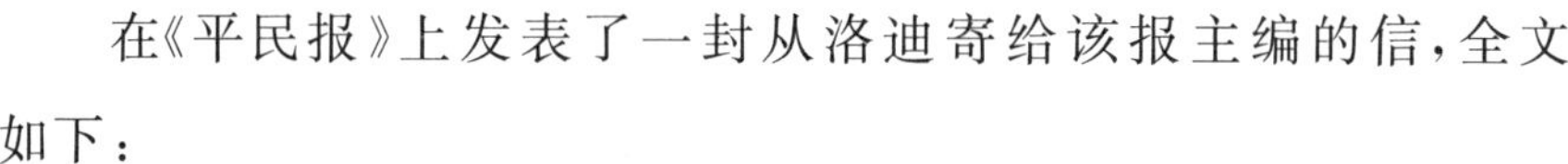

在《平民报》上发表了一封从洛迪寄给该报主编的信，全文如下：

“亲爱的比尼亚米：

我衷心感谢您用《共和历书》来代替那帮不学无术的教士编的历书。我和您一样拥护公社，既然我现在正在考虑这个问题，我要对您说，我始终认为，在洛迪或在尼斯吃顿晚饭，用不着征得巴黎或罗马的允许。

但是为了有力地抵抗强大的邻国，就应该与其他各公社联合在一起，才能使所有的公社结合成一个坚强的政治联合体，才能立于不败之地。

民主当然是与独裁水火不相容的，如果有人想当恺撒和希拉[1]那样的独裁者，我们是有理由反对的；但是，如果人们有幸遇

① 希拉（公元前138—公元前78），古罗马的军事家和政治家。他每取得一次军事后，都要进行血腥的屠杀和残暴的统治。——译者

到一个辛辛拉图士[①]或华盛顿那样的人，那么，搞一次临时性的诚实的独裁，那当然比500人的拜占庭式的独裁好得多。

由于没有一个人可以领导西班牙的轰轰烈烈的革命，这个国家每况愈下。目前法国也是由于这个原因陷入了困境。

以上是本人的拙见。

再次谢谢您寄来的报纸，您的报纸办得很不错。

G.加里巴尔迪

于卡普勒拉"

里昂的《公安报》给我们报道了在塞勒斯坦剧院发生的火灾的详细经过：

演出在晚上11点半结束。值勤消防队员按惯例检查了剧院，随后，看守人做了最后一次检查，没有发现任何可能引起火灾的现象。

子夜12点半，有人发现房顶冒出火焰。于是立刻报警；各居民区敲起紧急集合鼓，人们从四面八方赶来救火。但已经为时过晚；火遇到油画布景，迅速蔓延，以致人们只能考虑保住邻近的房屋。

消防队员果断决定，首先切断火源，他们用蒸汽泵把一股股水喷到燃烧的建筑物上。

当时的景象惊心动魄。熊熊烈火越烧越旺，恐怖的火光照亮

---

① 辛辛拉图士（公元前5世纪），古罗马的民族英雄。据传，战争期间，他弃农从政；战争胜利后，他拒绝一切荣誉，依旧回乡务农。——译者

了富尔维也尔山丘。

居民们被鼓声和号声惊醒，从城市的四面八方赶来救火。

人们尽力抢救东西，但在慌乱中他们抢救出来的恰恰是没有丝毫价值的物品。图书馆被完全烧毁：这是一个重大的损失，虽然不能说是物质上的巨大损失，但将影响剧院的工作；因为在这个图书馆里保存着塞勒斯坦剧院演出过的歌剧从首场至今的所有乐谱。

到清晨2点钟，火势被控制住；邻近的房屋没有遭到毁坏，那间喜剧院的咖啡馆、演员休息室、剧院管理处、道具仓库、杂物室和演员化妆室，也没有遭殃。

演员个人的物质损失不像人们估计得那样严重；因为每天演员都派人把他们当天晚上演出需要的服装送到他们的化妆室里，第二天再把这些用过的服装送回到他们的住所。

救火过程中发生了几件不幸事故；据说10人受重伤，15人受轻伤。

人们还说，有许多人见义勇为，奋不顾身，表现突出的有一个名叫杜帕尔罗的消防队员，还有塞纳和科玛两位先生。

塞勒斯坦剧院20年前已归市镇当局所有；它在几个保险公司保了险。

这场火灾后，剧院的演员们处境窘迫，前途未卜。听说他们最近已组织起来。由于他们的领导人拉米的积极活动，塞勒斯坦这个小小的团体正在向前发展。

法　　庭

曼恩-卢瓦尔省高级法院

（昂　热）

庭长　莫兰先生

杀　婴　案

根据起诉书的记载，本案的事实如下：

罗萨丽-安娜·谢弗罗里耶和她的兄弟在香柏莱镇一个叫大索莱的地方替父母耕种一块租田，他们的父母住在邻近的村子里。

1870年12月10日，约早晨6时，罗萨丽·谢弗罗里耶生下一女婴。她对孩子的出生没有做任何准备，而且隐瞒自己已经怀孕；甚至每天与她见面的母亲也没有觉察出来。

她的母亲在她分娩后不久来看她，发现女儿流血过多；她问女儿是怎么回事，她顺着女儿所指的地方一看，发现女儿的床上有一个婴儿，被严严实实地用几层床单藏起来。婴儿已经断气，但身子还是热的。

被告的弟弟让·奥古斯汀特·谢弗罗里耶住在楼上。那天早晨，他曾经进到楼下厨房隔壁姐姐的卧室里，但没有发现任何异常情况。

姐姐只是对他说，她病了，她不想去厨房取暖和吃早饭。

在第一次审讯时，她说因产痛，她彻夜未眠，孩子是在早晨弟弟进她卧室之前生下来的。

但是在一个月之后的第二次审讯中，她否认了第一次审讯时讲的话，她说孩子是在她弟弟看过她之后，与另外两个仆人在几步远的厨房吃饭时生下来的。

尽管卧室和厨房之间的门是开着的，但是有一张床挡着，在厨房里看不到被告所在的那个房间里发生的事情。

但不管怎么说，在场的人没有一个人听到哭声。尸体解剖证实，孩子可以说是足月生下的，发育良好，能活下来，孩子生下后曾经深深呼吸过。

医生还指出，在孩子脖子上的淤痕说明孩子活着时，遭受过暴力行为，很可能因呼吸困难，窒息而死。

但被告声称，孩子大概是在分娩时死的；她说孩子好像动了几下，但她对此不敢肯定也不能确信。她三番五次地强调说她把孩子包在毛巾被里放在她的床上时，她曾细心把孩子的头放在毛巾被外面。如果她认为孩子死了，她根本没有必要这样做。另外值得注意的一个情况是：尽管罗萨丽·谢弗罗里耶在夜晚疼痛难忍，却没有告诉她周围的任何一个人。

因此可以断定，被告不是出于疏忽，而是故意把孩子弄死的。

根据以上所说，1870 年 12 月 10 日，在香柏莱，罗萨丽·谢弗罗里耶被指控犯有蓄意杀害新生婴儿罪。

庭长先生为被告做了辩护之后，对法官们说，从辩论的情况看，他要向他们提出一个因疏忽而置人于死的附带问题。

陪审团否定了这两个问题。于是庭长宣布被告无罪，当庭释放。

杂　　录

一个中世纪时期的公社

编年史家于格·德·普瓦蒂埃说：热拉尔·德·鲁西荣伯爵和他的妻子贝尔特为了纪念“上帝的女友”玛丽·玛德莱娜，于1846年修建了韦兹莱修道院。韦兹莱修道院建在圣皮埃尔的自由地上，所以它既不属于多坦主教，也不属于桑斯大主教的管辖范围。该院的顶头上司是教皇，所以它只向教皇纳税。在路易七世时期，韦兹莱修道院院长是一个又贪财又爱讲排场的奥弗涅人，名叫彭斯·德·蒙布瓦西埃。德·奈威尔伯爵住在韦兹莱修道院的所在地，他要修道院缴纳捐税，并且想把修道院归入自己的司法管辖区，因此他与修道士们之间不断有磨擦发生。纪尧姆伯爵在第二次十字军出征的归途中，在海上遇难，当时他向玛丽·玛德莱娜起誓，如果他脱险得救，他将放弃对修道院的要求。但是当他回到家里，便把这事忘记了。

韦兹莱的居民决定利用修道院和伯爵之间的争吵取得自身的解放；组成一个公社。编年史上记载：“在韦兹莱有一个外乡人，人们叫他圣于格·德·皮埃尔……，他出身贫寒，但他凭着自己熟练的手艺发了财。”这个在编年史中被称为“出身低贱”的于格是一位智勇双全的人。在中世纪确实有少数像他这样的发了财的农奴；经过自己长年辛勤的劳动，他们有了一座可以歇息和栖身的房子之后，便开始有了野心；在漫长的冬天的夜晚，当他们坐在炉旁烤火时，便大做美梦：我既然能由穷变富，为什么不能从农奴变成自由人呢？如果我变成了自由人，就用不着担心别人夺我的财产。我可以把我的财产传给我的孩子。我将变成一个真正的人。一句话，于格·圣皮埃尔的脑子里现在是装满了各种邪恶的思想。一会儿他给伯爵送礼，拉拢他；一会儿又怂恿他用武力从教会手中把审官司的权力夺回来，说什么他的话就是最高判决，说韦兹莱人打官司要由他来审。

不久，机会果然来了。一位修道士发现一个农民在属于修道院的韦兹莱树林里砍伐树木。修道士想抢下农民手中的斧头作为物证。农民转身出手，一拳将他从马上打倒在地。修道士们“不能忍受这样的奇耻大辱”，于是把这可怜的农民的两只眼睛挖了出来。伯爵闻讯，令肇事的修道士们都来到他的公堂。修道院院长拒绝让修道士们去，说这件事归他管。双方争执，愈争愈烈。伯爵派人把修道院地里的农作物劫掠一空。于是修道院院长派代表去罗马。伯爵秘密召集镇上的头面人物，对他们说：“每当我看到这些宝贵的财富，这一望无际的葡萄园，这宽阔的河流，这肥沃的牧场，这茂密的森林，这果实累累的树木，这美丽的房屋，这一切在你们的土地上却不能给你们带来任何好处的财富，我就为你们感到愤愤不平。每当我想到这些，我就百思不解，过去阿尔托神父仅仅因为抢占两座房子，你们就把他置于死地，而如今，这个出口不逊，像恶魔一般残忍的奥弗涅外地佬，他不但勒索你们的钱财，还残害你们的人，你们对他竟然忍气吞声到如此愚蠢的地步，我完全有理由说你们是一群麻木不仁的动物……”他建议他们成立一个公社，由他来加以保护。

于是人们聚在一起开会协商，组织起来，选举头目和行政官，

成立了"一个可恶的公社"。伯爵向他们保证说，不管发生什么事情，与谁作对，不管在什么地方，在什么时候，他都永远为他们出谋划策，帮助他们。

于是在修道院院长彭斯·德·蒙布瓦西埃和在奈威尔伯爵支持下的韦兹莱居民之间的斗争揭开了序幕。彭斯逃到他的兄弟克吕尼教士那里。"镇子的居民，即那些自称是'有产者'的人，就像出洞的老鼠那样敏捷，像伯里亚那样凶猛，冲向修道院，冲向和他们的母亲一般神圣的修道院。他们挖了一道道深深的封锁壕沟，把修道院团团围住，人群像海潮一般爬上房顶。"他们夺下一座座碉楼，派自己的人看守，并把食品和武器放在里面，表示他们要长期围困的决心。不过他们对修道士的态度比较客气，允许他们在看押的情况下出入封锁圈。他们推倒修道院的围墙，拆毁篱笆，把所有属于秃顶修道士的房屋洗劫一空。

韦兹莱自由了。不过于格·德·蒙布瓦西埃在克吕尼遇到教皇的特使，从他那里得到授权把公社成员逐出教会。被逐出教会！与基督教的社团割断联系！在中世纪，一个人若受到这样的判决，就再也不能进教堂的门了，结果吓得乖乖地顺从教会的摆布，或者，陷入极度的绝望之中。既然被诅咒为魔鬼，就只好做魔鬼了。当修道院院长"把判决书送到韦兹莱"，命令一个教士宣读罗马红衣主教的判决时，教士们聚集在圣皮埃尔的大教堂里，听他当着公众的面宣读判决书，并"公布被开除出教会的那些人的名字"；说在本地区，除了孩子们可以受洗礼，临死的人可以忏悔之外，其余的人全都被禁止参加神的祭祀，无权享受教会的恩赐。当教士念完判决书时，有几个被教会判为罪人的村民，愤怒地扑到他身上。最

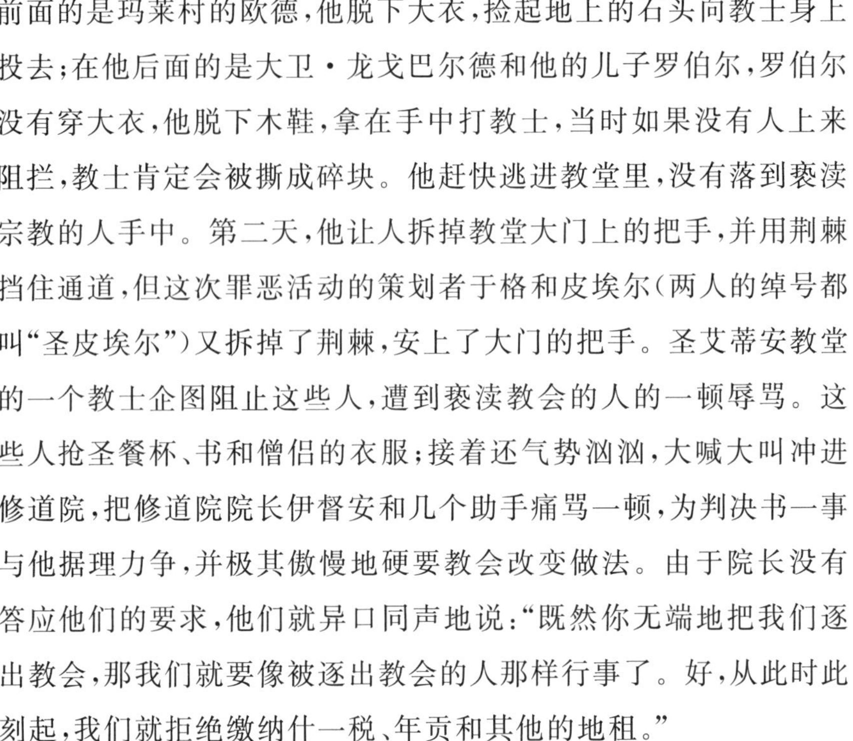

前面的是玛莱村的欧德，他脱下大衣，捡起地上的石头向教士身上投去；在他后面的是大卫·龙戈巴尔德和他的儿子罗伯尔，罗伯尔没有穿大衣，他脱下木鞋，拿在手中打教士，当时如果没有人上来阻拦，教士肯定会被撕成碎块。他赶快逃进教堂里，没有落到亵渎宗教的人手中。第二天，他让人拆掉教堂大门上的把手，并用荆棘挡住通道，但这次罪恶活动的策划者于格和皮埃尔（两人的绰号都叫“圣皮埃尔”）又拆掉了荆棘，安上了大门的把手。圣艾蒂安教堂的一个教士企图阻止这些人，遭到亵渎教会的人的一顿辱骂。这些人抢圣餐杯、书和僧侣的衣服；接着还气势汹汹，大喊大叫冲进修道院，把修道院院长伊督安和几个助手痛骂一顿，为判决书一事与他据理力争，并极其傲慢地硬要教会改变做法。由于院长没有答应他们的要求，他们就异口同声地说：“既然你无端地把我们逐出教会，那我们就要像被逐出教会的人那样行事了。好，从此时此刻起，我们就拒绝缴纳什一税、年贡和其他的地租。”

然后他们去找伯爵，为判决书的事向他诉苦。伯爵听后对他们说：“对这件事情我真是无能为力；如果他们愿意，他们对我也会这样做的。”他们回答说：“修道士不许我们去他们那里磨面了，往后我们到哪儿去磨面，到哪儿去烤面包？”伯爵说：“你们把木头放在炉子里烧，用这个办法烤面包好了。如果有人来不允许你们这样做，就把来的人活活烧死；如果磨坊主不允许你们去磨面，你们就把他们活活碾死在他的磨盘下。”

把公社的人逐出教会的判决公布以后，修道士们的处境就变得十分危险。修道院院长向奈威尔伯爵请求帮助，然而正是这个伯爵，从前教会曾经拒绝给他以司法权，而且也正是这个伯爵鼓动

“有产者”成立公社。

他极其冷淡地接待修道院院长，他说那些有产者做得很对，他还说：“这是天意，上帝希望修道士们都离开这里，而且要把修道院拆得片瓦不留！否则你们为什么要把这里的人逐出教会？”接着，他从自己身上穿的皮衣上拔下一根毛说：“即使韦兹莱整座山都坠入深渊里，我也不撒出这根毛去阻拦。我劝你去看好教会的财产和祭品，特别要注意，不许那位修道士拿走任何东西；就是因为他，我才支持这里的有产者拆毁一切，破坏一切，去反对那些支持他的做法的人。”当时，有一个居民因精神上经受不住被开除出教会的打击而死去，有产者没有请教士主持葬仪，他们打着公社的旗子将他埋葬，然后把教士赶出他的家。

公社的胜利没有持续很长时间。彭斯·德·蒙布瓦西埃院长向法国国王路易七世求助。这位国王甘当圣德尼教堂臣属，因为他正是依靠教会的支持才能打败普郎塔热奈亨利二世，保住王位的，所以他当然说修道院院长的话有道理。于是国王决定在莫莱召集一次主教和贵族大会，在会上，修道院院长和伯爵针锋相对地就这个问题展开了辩论。路易七世命令公社解散，有产者们付一笔罚金以赔偿韦兹莱修道院的损失。有产者的代表被召来，和国王、主教与贵族一起来到莫莱山上的树林里。修道院院长摆出修道院的损失的证据，然后宣布应赔偿的金额，共计16万苏之多……有产者的代表一听这惊人的数字，二话没说就跑了。现在他们只有一条路：采取暴力。兰斯的大主教站起来，硬要路易七世指定奈威尔伯爵为教会的同盟和韦兹莱的保护人。这位骄傲的伯爵当时很镇定。这个骑士、封建主，他低下头，这一羞愧的表示，实际上是答应要惩罚他所庇护的人。当人们问他是否接受已经宣布的判决时，他答道："我接受。"

伯爵不敢当面抗拒国王的命令。他打算不履行自己的诺言。他派出手下的人去通知镇上的和这一地区的所有居民带上他们能带走的财产，能逃多远就逃多远，不要等着聚集在一起才走，因为下一个月就要执行国王的判决，把在韦兹莱能找到的人都抓起来，然后，尽管他很不情愿，还是要把他们押解到巴黎，交给国王处置。看来这些人注定是要大难临头了；于是，不管是年轻人还是老人，只要是反对过教会的，都抛下妻子儿女，丢下他们的财产逃跑了，结果以往人丁兴旺的市镇，一夜之间，街面上几乎见不到人，好像强盗刚刚抢劫过一样，变得空无一人，十分荒凉。

伯爵为了给可怜的居民们多留一些时间，为自己迟迟不采取行动找一个说得过去的理由，他就佯称自己患了重病。那个写编年史的修道士写道："伯爵以为他不在，修道院院长就不敢到他的领地上来。"在星期日夜晚，修道院院长卷土重来，夺回韦兹莱修道院。教士们在院里欣喜若狂，因为他们把对手打倒了，把敌人打得一败涂地。伯爵派手下人到韦兹莱装作是去执行国王的命令，捉拿亵渎神灵的人，其实他们早就遵照伯爵的指示逃得远远的了。伯爵手下的人来到修道院对院长说，伯爵老爷一直在等他的吩咐，他想亲自把院长体面地接回修道院；他们还对他的突然归来感到很吃惊，担心他会遭到敌人的袭击；他们还说伯爵老爷这次派他们来，是为了在院长的领导下，执行对他的敌人进行报复的决定。院长说："听说你们的老爷生病了，我不想烦劳他。我只信赖上帝和至福的玛丽·玛德莱娜，我要全心全意捍卫他们的事业。我的敌人想从我手中夺走的恰恰就是上帝赐予我的。至于你们，你们知道是谁派你们来的。如果伯爵要你们做什么，你们做不做，那是你们自己的事情。我么，我耐心等待事情的结局。”

听完院长的话，伯爵手下的人说他们是被派来捉拿镇上的居民的，但他们来到这里以后，只看到妇女和儿童。院长接着问：“所以你们才派四个人来抓几千人？”一个修道士说：“好，如果你们真是到这里来捉拿那些卑鄙的叛徒，你们可以捉到 80 多个，他们就藏在附近的树林里，他们在那里拦路抢劫。”伯爵手下的人回答说：“我们走的是另一条路，我们不经过树林。”他们犹豫了一会儿便走了。

其实，修道院院长进行报复不需要他们。几个教士和几个持武器的年轻人撕掉叛教分子西蒙过去张贴的告示，并来到他的家里，把大厅打得稀烂。这所房子是在没有征得修道院的准许，不顾教士们的阻拦而擅自盖的。西蒙曾在这所房子里与教会负隅顽抗，指望自己与同伙能够取胜。教士们继续向前走，拆毁了教会的叛徒于格·芒日－班，即十恶不赦的于格·圣保罗非法在修道院房子的地上建造的榨油房。当时，那些背叛宗教的人都分散在各个村镇和伯爵的领地上，伯爵已经吩咐他的手下人和行政官要好好掩护、保护及细心照顾他们，只是禁止他们去见他，有些人走散了，在各地流浪，他们中的许多人有遭受抢劫或盗窃的危险，甚至有被抓获的危险。这些人一无所有，无家可归，他们只好在附近的树林里盖起小木房栖身，沦为盗匪，抢劫过路人和朝圣者。白天，为了躲避搜捕，他们就藏在比较安全地方的同伴那里，晚上，他们睡在树林里，派遣同伴装扮成朝圣者到镇上去找生活必需品和探听消息。这些逃犯在科尔比尼开过一次会，决定乘敌人不备，一起返回家园，以武力夺回过去因胆怯而放弃的住所。

彭斯决定追捕他们。他召募一帮外乡人，组织起一支军队。这些人特别骁勇，善使弓弩，武艺高强。他们实际上是一些到处出没的强盗，谁付钱就为谁卖命。他们日日夜夜到各家和野外去搜捕一切逃犯，一经抓到，都受严惩，或是监禁，或是拷打……修道院院长命令没收一切属于于格·圣皮埃尔的财产，拍卖他的所有财产，拆毁他的所有房屋：拆掉他的家，捣毁他的磨坊，填平他的池塘。他的房子建造得很华丽，他因而扬扬自得，把他的房子吹嘘得像天堂那样好。这一下，于格的财产全毁了，他的名声也毁了，弄得家喻户晓，遗臭万年。

其他的暴乱分子，即外号叫“疯子”的艾蒙·圣克利斯朵夫、外号叫“圣皮埃尔”的皮埃尔、法兹莱的艾蒙、茹尔的罗贝尔、雷诺·都德、诺曼底人戈蒂埃、尚－皮埃罗的戈蒂埃、杜郎·居罗、阿拉尔·克洛德和皮埃尔·加里玛尔也受到应得的惩罚。他们的房子被推倒，被烧毁；他们侵占的大量财产被抢走。

至于其他人，如厄斯塔什、西蒙·杜朗、阿尔布尔奈、大卫·于格·芒日－班、费利克斯及其他同伙，修道院院长减轻对他们的惩罚，只是让效忠教会的人把他们家里的酒拿走就了事。在抄他们的家时，还发现了盾牌和其他各种武器。还有大批的叛乱者被监禁，等待国王对他们的命运做出正确的结论。国王说：“我们终于打掉那些不敬神的人的气焰，韦兹莱的有产者再也不敢为非作歹了。”

奈威尔伯爵目睹这一切暴行，他感到气愤和羞辱。因为是他建议韦兹莱的有产者成立公社的。他能抛弃他们不管吗？但是，怎样做才不惹恼路易七世呢？圣德尼节临近了，伯爵像朝圣者一样拿起棍子，背起褡裢，去拜见国王。“他跪在国王脚前，苦苦哀求他饶恕那些被放逐的可怜的人，说这样做，也挽救了修道院本身，因为，如果镇上没有人，修道院也会门庭冷落的。他发誓，如果国王饶恕那些人，他将把他们带到国王面前，让他们完全答应修道院院长的要求，在国王的恩准下，与院长签订永久的和平协定。”

路易七世同意了。在预定的那一天，国王和彭斯·德·蒙布瓦西埃院长为一方，伯爵和被逐的人为另一方，在奥古塞尔谈判。谈判的结果对于居民来说是很苛刻的。他们永远不许组织公社，必须向修道院付4万苏的赔款，在圣安德烈节前拆掉他们房子周围的工事和围篱。“当时，他们已经一败涂地，现在只能乖乖地一一答应，还起誓要像对自己的领主那样尊敬和保护院长。”当时在场的有洛林的吉伯尔、于格·芒日-班、杜朗、阿尔布尔奈等，总共有40多人，都发誓要毫无保留地执行谈判的决定。然后院长带着这些从背叛他转变成效忠他的人回到韦兹莱。“他们和院长回到韦兹莱，高兴得又唱又跳。从此他们像被驯服的野兽一样，安安静静地住下来。”逃往别处的人听说和平协定的条件后，非常高兴。每天都有成群结伙的人回来，向院长表示对他的归顺。院长在他们之中指定几个人做财务官，负责向每个人征收摊派给他们的罚金，罚款的事就这样解决了。按照他们所保证的那样，先估计每个人的财产，算出要赔偿的损失总数后，每个人交每个利弗尔的1/10，也就是说，每20个苏交2个苏。没有一个人反对，没有一个人说一个“不”字，因为他们的傲气已被打掉，他们的力量已被粉碎。

“但是居民们仍然在犹豫，迟迟不拆掉他们房子周围的围墙，因为要他们这样做是很痛苦的，就像是用针刺他们的眼睛那样难受。”

圣诞节后，院长把他们召集起来，规定了拆毁所有工事的期限。但是到了期限，人们仍然不动。“院长让西蒙这个叛逆者拆毁他非法修筑的工事，西蒙不但置之不理，反而加紧挖新壕沟，在以前建的碉楼的周围也筑上工事。院长看到这些工事，就感到住在这些房子里的人仍然傲气十足，继续反对他，于是在复活节后的星期六那天，他召集了一些住在修道院领地上的农民和几个教士，让他们去西蒙家里推倒围墙，挖掉壕沟，拆除碉楼，此时西蒙和妻子、孩子们正在家里壁炉旁烤火。”(1155 年)

一个有几千人口的村镇就这样变成了一个荒凉的村庄；妇女和儿童饿死在家里，因为他们的丈夫和父亲、养家的壮劳力像被猎人追捕的野兽一样，躲藏在树林中。他们不敢走大道，时时提心吊胆，怕被持枪的敌人抓获。他们之中有的人又冻又饿，死在树林里。他们究竟犯了什么罪？因为他们要自由，想让自己所爱的人也获得自由；他们之中也有一些见风使舵的人接受停战协定，蒙受重新沦为奴隶的耻辱，他们失去了做人的尊严，羞愧地返回家里，目睹他们为了捍卫自主权而筑起的工事被拆毁，而不能做出丝毫的反应。记述这段可怕的故事的教士洋洋得意。修道院院长彭斯·德·蒙布瓦西埃应该心满意足了，因为一切又纳入正轨。但人民烈士的历史将永垂，令人无限怀念！当前我们所经历的是一幕重演的历史，尽管时代不同了，上场的人物的面孔和服装变了，但其他一切，依然和中世纪的情况完全一样。

艾·马雷夏尔

1871年4月18日　星期二

要　　目

正式公报。——关于到期债券的决定。——召开选拔医学院教师的会议。——成立几个新的执达员事务所。——给各位医生的通知。

非正式公报。——战报。——关于成立野战营的命令。——不得任意逮捕人。——关于巴黎食品供应的决定。——对学校工作人员的调查。——告第十一区公民书。——关于调整军事法庭程序的法令。——公社会议。——国外新闻。——杂闻。——通讯。——科学院。——在凡尔赛治疗的国民自卫军伤员的情况。——行情。

正式公报

1871年4月17日，巴黎

关于到期债券的决定

公社，

决　定：

第一条　拖到今天到期未付的各种债款：记名期票、付款通知、汇票、结账单、清偿协议书，等等，从7月15日起，在2年内偿清，债款不计利息。

第二条　到期未付的债款，分为 12 个金额相等的联券票，从上述日期起：每 3 个月付 1 个票。

第三条　上述联券票的持有人可以保有原始票据，凭注有债款性质和保证人的付款通知或汇票，按第二条的规定兑取债款。

第四条　联券票如发生拒收或拒付情况，可强行要求偿付，但只能要求偿付到期应付的联券票。

第五条　凡获得本决定给予的缓付期的债务人，如果在这段期间采取转移、转让或隐匿财产等欺骗手段侵犯债权人的权利，如果是商人，则被视为犯了假破产罪；如果不是商人，则被视为犯了诈骗罪，由债权人或公安部提出起诉，予以追究。

1871 年 4 月 16 日，于巴黎

医学院的教师不去学校，无人上课。

为了尽快结束这种状况，教育委员会决定：

1. 请在巴黎各区行医的医生和军医于 4 月 22 日（星期六）中午 12 时在各区的区政府开会，为本区选出 2 名代表。

2. 在医学院就读的学生、医院住院或不住院的见习医生，也请于 4 月 22 日（星期六）中午 12 时到医学院大阶梯教室开会，选出 10 名代表。

3. 杜普雷和朗博两位医生公民邀请他们的同行和自由开业医生开一次特殊会议，选出 3 名代表。

4. 在上述会议中选出的各方代表，将于 4 月 23 日（星期日）中午 12 时在医学院大阶梯教室开会，由会议选出的大会主席和两名助理主持，制订一项重新组织医务工作的方案。如大会认为必要，可以成立一个五人委员会,负责确定方案的基础,然后在其他代表的督促下尽快召开全体代表大会,加以讨论。

5. 此方案以及大会讨论记录,将送交设在市政厅的教育委员会,并由该会提交公社全体委员大会最后确认。

6. 请驻各区政府的代表指定一个大厅供开会时使用。

1871 年 4 月 17 日,于巴黎

公社委员兼驻教育委员会代表

驻司法部代表团

由于一些执达员事务所自行关闭,由于相当数量的政府部门的官员无故停止工作,甚至拒绝受理纯粹的民事纠纷或商业纠纷,因此很有必要设立一些新的执达员事务所。

新的执达员事务所的人数,将在几天内公布。

凡欲担任此职者,可把申请寄给驻司法部代表团。

申请人必须提供一份犯罪记录摘录,如果没有,可提供其他任何替代证明。

他们必须在申请信里附上一张民事法庭签发的任职资格证。

签字须经所在的区政府正式确认。

治安与商务法官

所有法官的任命均经选举产生,因此,治安与商务法官的任命,应尽快进行,请商界人士提前协商;选定候选人。

巴黎的选民、各区委员会、各区政府主管官员，从今日起可将他们选出的巴黎公社20个区的治安法官候选人的姓名交给驻司法部代表团。

1871年4月16日，于巴黎

公社委员兼驻司法部代表　欧仁·普罗托

为了向一切为巴黎供应食品的公民提供方便和保护，公社，

决　定：

不管是什么人，只要他们带着货物来到巴黎，在进城时都将免费得到一张出城证，证上有持证人的签名、年龄、身高和此行带来的商品数量和商品种类。

1871年4月15日，于巴黎

公社委员兼驻商业部代表　帕里泽尔

非正式公报

1871年4月17日，巴黎

战　　报

一切顺利。我炮兵摧毁了敌人的炮台。

我们打退了敌人接二连三的攻击，取得了很大的战绩。

我方无一人死亡，在昨天夜间的战斗中只伤一人。我军士气高昂，人人磨拳擦掌，准备彻底击溃凡尔赛的匪徒。

1871年4月17日，于旺夫

要塞司令　勒德留

伊西要塞，4月17日

我炮兵沉着应战，弹无虚发，从早到晚不断重创敌炮兵，凡尔赛军在夜间几次进攻之后，现已完全放弃对我要塞的进攻。

现在我炮兵正密切注视敌方动态，防备他们发动大规模进攻，我军注意节省弹药，做到每弹必命中敌军。

要塞司令　艾德蒙·梅日

关于沙·留尔耶公民被任命为舰队司令的消息毫无根据。

沙·留尔耶本人承认，由于他的错误，瓦勒里安高地落入敌手，公社不会将此职务交给一个犯此错误的人。

更正！——关于第二百四十八野战营的国民自卫军战士闯入比利时公使馆的消息，排印有误，应为第二百一十八野战营的国民自卫军，特此更正。

命　　令

从今天4月16日起，一切有关组建野战营的工作都由各区政府负责办理，由他们负责补充兵员，遴选干部，并把野战营带领到马尔士和蒙梭公园阵地。

各营一到驻地后，即交部队首长领导；归陆军部指挥。

各团团长协助各区政府的工作，但不得对野战军发布命令。

战地活动由各营自行负责。

各营的内部事务，由团长领导下的后备营负责。

驻陆军部代表　古·克吕泽烈

驻陆军部军事代表获悉，一些警卫队和国民自卫军的军官侵犯公民的个人自由，在私人住所、公共场所或道路上，在没有确凿证据或证据不足，没有正式逮捕证的情况下，任意逮捕他们认为可疑的人。

在公社还没有制订和采取有关措施之前，驻陆军部代表向所有国民自卫军军官重申，如无主管机关的正式命令，不得任意捕人，不得任意打开或关闭公共场所。

凡违犯本命令者，均将送交军事委员会惩处。

驻陆军部代表获悉，有些人在修筑不归他修筑的街垒，而且支付的费用甚高。

此项高费用，不得支付。

军事法庭

请已被正式遣散的士官或国民自卫军战士到军事法庭的所在地（舍尔什米迪监狱）参加本庭的审理工作，协助本庭审理公安部和城防司令部送交的案件。

开庭时间：今晚9时。

1871 年 4 月 17 日

庭长　罗塞尔上校

这几天，到处流传着巴黎被围困的耸人听闻的谣言。如果事实果真如此，巴黎的公民们完全有理由惊慌失措，因为肯定会出现囤积居奇、商品涨价的现象。为了辟谣，我们可以告诉公民们，我们已经和北部及东部地区签订了向巴黎提供食品的可靠的合同。

小 学 教 育

请巴黎的各小学校长，各公立幼儿园主任，按以下格式将本校教职员工的详细情况，以及他们为考虑教师和学生的利益所提的意见，一式三份，尽快送交设在市政厅的教育委员会。本通知抄送夏普塔尔、图尔果、科尔贝尔及所有受巴黎市政府资助的学校的校长，请他们也照此办理。

姓名

年龄

出生日期及地点

婚姻状况

职称

教龄

开始从教日期

家庭住址

工资

学生人数

学校的需要和为满足此需要而提出的建议

其他意见

应公民冈邦本人的要求，任命他为司法委员会的副主任委员。

政治家昂利·布里萨克公民已被任命为巴黎公社执行委员会秘书长。

驻第十一区的公社代表团

我们的很多朋友、兄弟在凡尔赛杀人犯发动的战争中丧生；还有许多人也将成为战争的牺牲品。

我们殷切地希望第十一区的爱国居民，尤其希望忠于人民的事业、对一切苦难者极富同情心的女公民，能够大力援助我们。

我们的伤员需要帮助。妇女尤其能帮助他们。希望她们按街道组织起来；希望她们向住在每一所房子里的或每一个楼层的伤员伸出援助之手；希望她们去照顾伤员；她们的工作将取得显著成效，因为她们的心将温暖他们的心。平时，我们为自己乞讨一个铜板都感到难以启齿，但现在是为战士们请求帮助，我们毫不感到羞愧。

对于女公民们的帮助，不管是多么微小，我们都表示欢迎和感激，当男人们在战壕里为保卫共和国浴血奋战时，妇女们不知疲倦的点滴工作，与男人们的战斗是同等重要的。

第十一区区政府将把正式护理证发给提出申请的妇女。

1871年4月14日，于巴黎

驻第十一区公社代表
奥·韦尔杜尔、昂·莫蒂埃阿
西、德勒克吕兹、阿夫里阿尔

为了维护纪律，为了保障胜利，第三十八营营长呼吁其他营营长共同采取下列措施：

凡未经原所在连的连长和营长的正式同意而擅自离开原所在营的战士，我们都不吸收他加入我们的营。

有许多战士至今还在利用这种办法逃避参加战斗，我们采取此措施，就可彻底杜绝这种现象，使那些不管出于什么动机利用这种方法逃避战斗的人又可以为了崇高的思想而继续战斗。崇高的思想将激励他们为反对那些打起所谓的爱国主义旗帜与我们为敌的人的偏见和谬误而战，为反对那些欺骗广大的农民，使他们忘记在巴黎这个国际城市里也有他们的父母、兄弟、姐妹和朋友的人而战。

马塞兰

位于第十三区的意大利广场，从今改为“杜瓦尔广场”。通往这个广场的大街保留原来的街名，仍叫“意大利大街”。

所有出于军事安全而关闭的公园、花园及其他的公共散步场地将从早上6点至晚上7点向公众开放。

公社秘书处提醒各位委员，今日的会议议程是讨论公社纲领。

军 事 法 庭

第一编——程序和量刑

第一章　军事法庭的程序

第一条　军事法庭的法警，由选举产生的法官、警官或代表根据委任的职权调用。

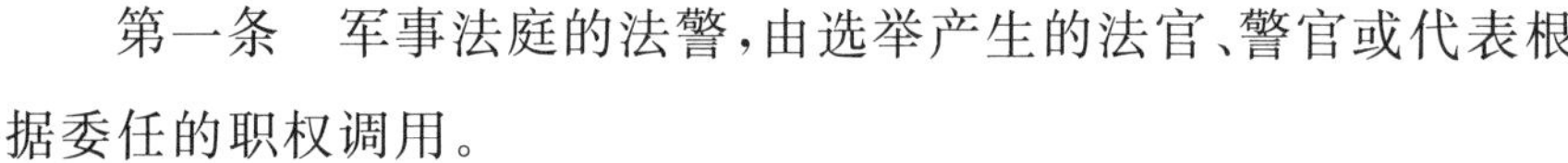

第二条　法警警官在执行任务时，可接受群众递交的检举状和控诉状。

警官应起草查看犯罪事实和现场所需要的文字材料。他们应听取现场证人或可提供线索的人的口头陈述。

他们应收缴有利于和不利于被告的武器、动产、文件和物品，总之，他们应收缴一切有助于说明事实真相的材料。

第三条　警官有逮捕被控人和立即将他送交舍尔什米迪监狱看管之权；他们应书面报告法庭，说明被控告人的姓名、身份和体貌特征。

第四条　军事法庭法警警官只有在治安法官或治安法官的代理人，或市长、市长助理，或治安专员在场的情况下，才能进入私人住宅。

第五条　军事法庭法警警官起草的每一页文件均须他本人及

在场的其他人员签名。

第六条　军事法庭法警警官应把起草的起诉书和记录连同物证及其他材料及时送交军事法庭。

第七条　按上述各条写好报告、起诉书或记录后，就可按规定程序对被控告人的重罪或轻罪提出起诉。

第八条　法庭应指定一个法官或推事负责预审；预审应迅速进行，不得拖延。

第九条　被告可以请辩护律师。被告所请的辩护律师或由法庭指派的辩护律师，均有权与被告谈话；并可查阅诉讼案卷，但不可带走。

第十条　法庭审讯应公开进行。

第十一条　庭长由法庭警官保护，出席审判的人不得携带武器。

在审理过程中如有人犯罪，不论罪行大小，均当场审判。

第十二条　庭长可命令传被告到庭。

第十三条　庭长可命令书记官宣读他认为有必要让法庭了解的材料。

第十四条　庭长在必要时可传证人到庭作证，并可下令证人提交有利于查明事实真相的材料。

第十五条　庭长应对被告提出审讯并听取证人的证词。庭长应听取推事的公诉。

庭长应听取被告和他的辩护律师的陈述；被告及其辩护律师有最后发言的权利。

庭长最后应询问被告，是否还有为自己的辩护的话要说，然后

宣布辩论结束。

第十六条　罪行的确定，应有过半数参加审讯的法官的同意；如半数同意，半数不同意，便不得给被告定罪。

第十七条　判决应当庭宣布。

第十八条　对已被宣告无罪的人，不得以同一事实再次对他提出起诉或指控。

第十九条　一切诉讼费用由公社承担。

第二十条　推事将判决书交书记官在被告和携带武器的看守面前宣读。

第二十一条　判决书应在宣读24小时之内执行。判处死刑，经执行委员会批准24小时之内执行。

第二十二条　对证人、被指控的人或被告的传讯、传唤、通知，经推事提出后，由选举产生的法官、警官或代表签发。

第二章　重罪、轻罪及量刑

第二十三条　军事法庭可判处的刑罚如下：

死刑，

强制劳动，

拘留，

徒刑，

行政降职，

降军衔，

撤职，

监禁，

罚款。

第二十四条　军事法庭判处的死刑，执行枪决。

第二十五条　法庭量刑，应按刑法和军法行事。

军事法庭的审判原则，亦适用于一切有关公共治安的案件。

1871 年 4 月 17 日，于巴黎

列・布西埃、科勒、夏尔东、
鲁、帕・昂利

巴 黎 公 社

1871 年 4 月 16 日会议

会议主席：阿尔都尔・阿尔努公民。

会议在 3 点 15 分开始。

会议主席阿尔都尔・阿尔努公民及主席助理冈邦公民和格罗米埃公民在主席台就座。

大会听取格罗米埃、腊斯都尔和布朗金的发言后，通过 15 日的大会记录。

特里东公民向到会委员报告由对外关系代表向执行委员会呈报的一起严重事件。

一些水兵及国民自卫军第二百一十八营战士侵犯了位于第八区的比利时领事馆。国民自卫军战士搜查了领事馆，甚至在领事馆内举行舞会。

格鲁塞和让－巴・克雷芒公民简短发言之后，公社决定，此事

由对外关系委员会进行调查。因为这是一个侵犯外交豁免权的行为，应在《公报》上对肇事者严加谴责。

马隆公民要求公社也要批评第八区政府，因为他们没有采取任何预防措施，对此事也没有进行阻拦。

第八区代表阿利克斯公民为区政府辩护。他指出，肇事的水兵及国民自卫军都不归第八区管。

阿夫里阿尔公民提出：公社委员不能兼任团长。

冈邦公民认为这项建议是符合公社的原则的，但在目前的情况下，不宜轻率地宣布此项建议。阿利克斯公民也持这个看法。

相反，勒弗朗赛、乌尔班和泰斯三位公民却主张公社立即采纳这项建议。

公社决定：团长的职务和公社委员的职务不能同时担任。团长受公社委员的领导。

勒弗朗赛建议向阵亡的国民自卫军战士的遗孀发国民自卫军野战连战士军饷。

梅叶公民认为发布一项法令，对于解决家属的补助问题是无济于事的；因为我们接到要求补助的申请已经非常多。我们应该采取措施，向确实有权申请补助的家属提供救济，一纸空文是不能使她们安心的。

大会听取了奥斯丹、马泰尔、格罗米埃、儒尔德、比约雷、腊斯都尔、尚皮和朗之万的发言后；按议事日程讨论下一个问题。

大会委派让－巴·克雷芒和阿西公民到兵工厂任代表，监督和推动军火的制造。

根据大会议事日程，代表们继续讨论到期债券问题。帕里泽尔公民向主席递交一个新的方案，他建议在战争期间和战后 3 个月内停止债券的清偿。

朗之万公民反对讨论帕里泽尔的方案，因为公社宣布这个问题的一般性讨论已经结束。

韦莫雷尔公民表示赞成帕里泽尔的方案的论点。但他认为最好是把到期债券的方案问题推迟到战争结束后讨论。

儒尔德公民认为自己的方案中已包含了帕里泽尔方案的内容。

他说，如果在 7 月 15 日发行联券票，不言而喻，债券的偿付只能从 10 月 15 日开始。

儒尔德公民最后说，通过讨论，我们发现：一、特里东方案主张一笔勾销。二、儒尔德的方案主张在原有的基础上承认本金，以便把这笔资金投入流通。三、只有私人才能开办贴现银行。

帕里泽尔公民坚持自己的方案，因为必须成立一个仲裁法庭，估计每个债务人的经济状况。

他说，债权人和债务人的状况是千差万别的；既然情况各不相同，则用一条单一的法令解决就不合适了。这样制定的法律将损害大多数人的利益。

维・克雷芒公民赞成儒尔德的方案。因为此方案把债款的开始偿还推迟到 10 月，而且使商人们相信在 6 个月以后他们的一部分债券可得到贴现。由于贴现的债券分成联券票，就迫使他们不能不把这些资金投入流通。

阿西公民赞同贝雷的方案，但他对成立商业银行的问题提出下列修改意见：

1. 到期未还的债券所含的资金可以投入流通。

2. 这些资金从商业银行成立之后立即开始流通，而不是像贝雷所主张的，要等到债券到期之时。

接着，阿西公民指出此方案的优点，他最后说，如果实行贝雷的方案，赤字只好由公社来弥补，而不能完全由纳税人来承担。

劳动与交换委员会委员马隆公民说，他已收到很多人的信件，他们表示赞成儒尔德的方案。

腊斯都尔公民说他同意特里东的方案，因为它在目前能够防止经济崩溃。

昂·福都奈公民也赞同特里东的方案，他认为这是一个坚决而彻底的方案。

列·弗兰克尔公民要求把儒尔德方案中"7 月 15 日"改成"1872 年 7 月 15 日"。

他说，无论如何要给小商人一定的时间以免他们陷入破产。

比约雷公民不赞成强讨债款，因为这样受害者主要是小商人和工人，而对大商人则毫无影响，而目前的形势正是大商人的愚蠢做法造成的。所以他同意儒尔德的方案，

帕里泽尔公民反对儒尔德的方案，他的理由如下：

1. 只要战争不结束，即使是联券票，债务人也难以偿付。

2. 在此期间，不可能做出一项既对法国也对外国有法律效力的决定。

3. 每个债务人的情况极不相同，因此，实行一条单一的法令是不公平的。

根据以上理由，他提出了一个新方案。

代表们提议结束一般性辩论，接着投票表决通过，宣布结束一般性辩论。

公社决定在第二天的会议上讨论儒尔德的方案。

主席宣读阿夫里阿尔公民和他的几个同事提出的意见，要求就有些工厂关闭一事进行调查。

会议就决定草案进行表决，原则上通过。

会议讨论了议事日程上的所有问题之后，于 6 点 45 分结束。

会议秘书

安·阿尔诺、阿木鲁

国 外 新 闻

比　利　时

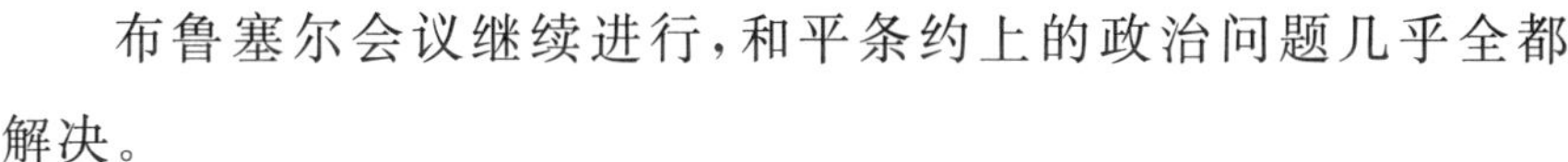

布鲁塞尔会议继续进行，和平条约上的政治问题几乎全都解决。

会议还将研究经济问题。商业部对外贸易局局长奥塞纳先生已抵达首都与各位全权代表商议。

人们估计和平条约大约可在 4 月底或 5 月初正式公布。

——冈德的缝纫工人举行罢工：他们拒绝按两年前与老板签订的协议中规定的条件工作。

——4 月 15 日的《议会回声报》刊登一条消息如下：

本报驻柏林记者发来一条电讯说，一切有关普鲁士将对巴黎进行干涉的传闻毫无根据；直到目前为止，除英国之外，我们的外交机构没有和任何国家就此事有过外交接触。

德国在观望。在法国驻扎有40万德国士兵。凡尔赛政府需要为他们每天支付120万法郎。由于无力支付,凡尔赛政府到处搜刮,以凑足这笔钱。

此间正在挑选可遣返回国的法国战俘。

俄　　国

在《派尔·麦尔新闻》上刊载一则消息:

克里米亚战争所造成的后果已不复存在,不久前在塞瓦斯托波尔前面掩埋我士兵的坟,可能是这场使我们耗资巨大、死伤惨重的战争留下的最后痕迹。根据从莫斯科发给《东方信使报》的消息,俄国似乎已把伦敦会议丢在脑后,正在加紧各种准备工作,在军事方面和经济方面都在准备。每一封信、每一份报刊都有新的消息报道。俄国的大口径铸铁炮刚刚运到奥德萨。这些炮将安放在克尔什新建的防御工事里。

德　　国

《法兰克福报》在4月10日自柏林发来的一篇通讯中对德国议会的组成做了一次很有趣的分析:

除了6名仍旧应在普鲁士选举的议员外,议会议席已满;共382名议员。从某些方面看,议席的分配发人深省。首先对议员挑选的范围之窄,就难以置信;每个地区,每个省,每个城市只能选本地区、本省或本市的人为参加议会的代表，巴伐利亚人只选巴伐利亚人，符腾堡人只选符腾堡人，巴登、萨克林、黑森、梅克伦堡只能选籍贯是本地区的人。在德国中部地区的小公国（安哈特、施瓦岑贝格的两个公国、迈宁根、瓦尔德克、雷斯、小同盟和布伦瑞克），只有 7 个国家可以在 11 名代表中选 7 名不是出生在国内的人。

总的来说，这种做法并不符合德国的统一精神。甚至清一色由普鲁士人构成的普鲁士也表现出一种奇怪的地方主义。在新普鲁士人之中，汉诺威只选举汉诺威人，石勒苏威格－荷尔斯泰因区只选举石勒苏威格－荷尔斯泰因人，拿骚只选举拿骚人，自由的法兰克福老城只选举法兰克福人。在黑森选出的魏伦德芬尼却不是黑森人。有些当选的代表在选举时不一定都住在他们被选举的地方，但他们是在此地出生并在此地长期居住过。

确实，私人关系在很大程度上有利于直接选举，人们说，即便在老普鲁士（阿尔特帕罗森），波森、波美拉尼、勃兰登堡诸省，除极少数例外（毛奇、帕托、埃格尔）都选举自己的同乡做代表。迄今为止，柏林选的议员全是柏林人；而西里西亚、萨克森和莱茵河沿岸及威斯特伐里则例外，这几个省的人根据竞选演讲选代表。

在 376 名议员中有 100 名是国家官员或领取津贴者，这就缓解了议会缺乏津贴的问题。

国家薪金和津贴是议员们的主要收入来源。39 位议员在柏林有固定的住所。从派系和等级上分析，议会选举的结果如下：

在议会的 376 个席位中，贵族占 145 席；在老普鲁士的议会中，贵族占半数以上即 107 席；巴伐利亚的 48 个席位中，贵族占 16 席。

在贵族议员中，姓氏中带“德”[①]字的有21位，29位男爵、34位伯爵、11位亲王。亲王是巴登的纪尧姆、波兰人罗曼·德·西扎尔托尔斯基和瓦拉克·罕泽里。公主有3个是霍恩洛厄家族的，此外，还有瓦尔德鲍·蔡尔公主、勒文斯坦－维尔涅、普莱斯、里诺维斯基和卡罗拉什－班坦，所有这些亲王和公主，包括霍恩洛厄，在议会中都是不起作用的人。

在议会中的贵族大多数都是反动的或拥护教权的。

中间党，或自由党，在144个议员中只有33个贵族，其中有6个男爵，3个伯爵(多纳，即国家自由党；鲍迪辛，即民主党)。

神职人员在上一届议会中力量很强，在这届议会中也仍然占有140个席位，130个天主教徒，一个新教徒(克劳索尔德，巴伐利亚进步党的成员)。

诚然，各城市代表在本届国会中不再有特殊席位，但人数相当多，有9个新老市长，12个参议员或市政参政员。特别是柏林、莱比锡、克尼希斯贝、但泽、汉诺威、希尔德斯海姆、多特蒙德、奥格斯堡、弗里堡、罗斯托克，都有代表进入国会。

德国的国会拥有现代议会政治所需要的各种“成分”，因此它几乎不需要另外一个起平衡作用的第二议院或贵族院。

前面我们已经谈了代表各城市的议员。教会在国会也有代表，布雷斯劳、弗劳恩堡、美因茨、特雷夫、班贝格、帕绍、艾克斯－拉沙贝尔的教士团都有代表进入国会。教皇有3个教会顾问在国会。此外还有13位大学教授，他们来自柏林、基尔、布雷斯劳、戈

① 姓氏中带“德”字，表示是贵族。——译者

丁根、海德堡和维尔茨堡大学。

司法界在国会有 9 位高等法院(obert tribunalrathe)的法官，其中包括上诉法院院长、总检察长；是的，普鲁士最高法院(das Preussiche ober tribunal)在国会中的代表只有赖兴士彭杰先生一人。除了这些人以外，代表司法部门的人还有 29 位二级和三级法官，41 位律师和诉讼代理人。总之，在新的帝国中，不乏司法方面的人才，不管是专职的，还是自由职业的，全都有。

在前面我们已经谈了贵族。我们还要补充一点，在国会中还有 11 位承袭贵族院议席的领主，在国会中共有 25 位领主，他们的名声都欠佳。为了便于国会和贵族院联系，贵族院在国会的人不少于 90 人。他们中的大多数人是自由党；而且在两个机构中，大多数都是普鲁士人。

最难进入国会的，当然是下属官员。在本届国会中，有 18 位普鲁士郡长(landrashe)、7 位主任(président)、7 位政府参事、6 位部参事，指望通过议会，得到晋升。

由于农民在议会中的力量比较薄弱，在这里就不多加议论。原老普鲁士，只有 79 个大地主是议员。小乡绅的席位就更少，顶多只有 6 个。

工业界对贪恋豁免权的议会不大感兴趣。最多只有 23 位议员是工商界人士(他们之中有车工师傅贝贝尔)。所谓的“工人”在新国会中一个席位也没有。所以不难想象，医生和教师的代表就很少了。

茹尔·法夫尔先生和法布里士将军在鲁昂举行的谈判和目前关于德国军队将对巴黎进行干预的流言开始引起法国舆论界的

不安。

柏林的第十三期《国民报》摆出种种论据，认为德国不会立即进攻局势动荡的法国。

另一方面，这家柏林报纸也未忽视德国出兵迅速镇压巴黎起义的可能。但是，它倾向于认为德国不会那么干。

该报还说，在目前极端关键的时刻，德国政府的表现符合德国人民的愿望，德国以这种表现使全世界人民相信，它确实如自己所说的，是一个爱好和平的民族，德国政府不会为任何一种眼前利益做出让世人改变对德国看法的事。

德国以此行动向持怀疑态度的人表明，它的胜利和强大有利于各国人民并保障世界和平。(《世纪报》)

杂　　闻

从4月11日(星期二)至4月17日(星期一)，有189人到巴黎储蓄银行存款，其中3个新存户，存款7 040法郎。

上星期有1 363个存户(其中122户已结清)到该银行共提取存款67 162法郎6生丁。

面对凡尔赛的先生们对公社的严重威胁，各区涌现出许多可歌可泣的事迹，这表明这个大城市的公民同仇敌忾，团结一致。

到格奈尔街的区政府执行公务和办理手续的公民都可以在一个大厅里看到一座共和国女神半身像，两边有两面镶金边的红旗。

在一面红旗上写道：

法兰西共和国

巴 黎 公 社

第一百六十四营

1871 年 4 月 2 日

热尔曼镇赠维莱特的兄弟们

在另一面红旗上写道：

法兰西共和国

第一百零五营

1871 年 4 月

维莱特第一百六十四营赠热尔曼镇的兄弟们。

此时在第七区区政府值勤的就是第一百六十四营。

众所周知，旺多姆圆柱是用 1805 年战争中缴获的俄奥联军的大炮熔化的青铜铸成的。铸柱体用的铜，至少熔化了 1 200 门炮。据杜洛尔和柏兰说，这座铜柱共重 180 万利弗尔①。

---

① 利弗尔，法国古重量单位，每利弗尔相当于 400 克。——译者

9月4日以后取名为“麦克马洪”的那条街(它从前叫做“莫尔尼街”)的街名又改了。

从今天起,这条街叫做“公社街”。

从外省来的志愿者不算多,而来的人都想当军官:我不知道他们还想要什么,想要安家费,想在他们牺牲后给他们的家属一笔补助金,等等。这些要求可能是正当的,但是,看来政府很难给以满足。结果,营连无法组成,志愿者满腹牢骚。有人对我说,他们之中的300人竟投奔起义军去了;这样的人,这里不欢迎!

塞纳-瓦兹省只召募了52名志愿者,当然,全部是军官!啊!对不起,其中有一名军士和一名士兵。

星期六,卢浮宫的一部分展厅重新向公众和艺术家开放。

开放的展厅有:拉卡兹厅、亨利二世厅、七壁炉厅,在这个厅展出的作品有吉里科的“美杜莎号的沉没”和路易·大卫的“萨比娜”。

所有的古物陈列厅,

陈列各种流派的绘画、精巧工艺品及粉笔画的展厅,

索瓦热展厅,即陈列意大利陶器和贝尔纳·德·帕里西陶器的厅,

陈列文艺复兴时期雕塑品的厅,

一楼陈列18和19世纪雕刻品的厅,

上述展厅10点开门。

我们已经报道过凡尔赛现役军官的情况；下面是后备役军官：

司令维诺瓦师长；参谋长德·瓦尔丹将军；炮兵司令勒内将军；工兵司令杜普埃将军；军需官史密特先生。

第一步兵师：法隆将军

第一旅：德·拉·马利乌斯将军；第三十五和第四十二团。

第二旅：德·诺亚将军；第一百和第一百一十团。

第三旅：贝尔特将军；第二十二轻步兵营，第六十四和第六十五团。

两个4门炮连；一个工兵连。

第二步兵师：布吕亚将军

第一旅：贝尔纳·德塞涅朗将军；第七十四轻步兵团；第一海军步兵团；第二海军陆战团。

第二旅：朗古里安将军；第七十五团；第二海军步兵团；第一海军陆战团。

两个4门炮连；一个工兵连。

第三步兵师：韦尔热将军

第一旅：杜普莱西将军；第二十六轻步兵营；第三十七和第七十团。

第二旅：阿尔什玛尔将军；第九十和第九十一团。

两个4门炮连；一个工兵连。

共和国（尚无旅番号）步兵和骑兵卫队。

炮兵后备队

两个榴弹炮连，两个12门炮营。

1871年4月16日（星期日）剧作家、作曲家、演员和抒情诗人在帕克拉公民的主持下举行会议，商讨任命“文艺家协会”干部的问题。

大会邀请巴黎剧团和乐队的同行于1871年4月18日3时正在阿尔卡扎尔开会，商讨成立一个新协会的问题，并选出一个委员会负责制定这个纯社会性的协会的原则和章程。

秘书　保尔·布拉尼

负责向巴黎郊区村民分配种子的英国代表诺尔科特先生向农民发出最后的紧急通知，请他们在本月20日以前尽快到他那里领取特为他们准备的种子；分配种子的工作将于本月20日结束，因为到那时播种季节即将过去。

诺尔科特先生向农民重申，根据驻商业部代表的特殊批准，由他分配的种子可以自由运出巴黎。

兹请各报刊登此通知，以告众人。

1871年4月14日，于巴黎

W.B.诺尔科特

莫加多尔街12号

通　　迅

伊西，1871年4月17日

致《公报》社长公民

公民，

今夜第一百五十三营的一位名叫德谢的战士不幸双腿中弹受伤。他的伤势严重，可能要截肢。公民，如果这位英勇的战士的妻子和儿女受到公社周到的照顾，我将十分感激您。

这一夜的战斗十分激烈。值得庆幸的是凡尔赛军已被我们打得溃不成军。

我愿借此机会告诉您，与《号召报》的报道相反，第一百五十三营到达伊西才两天，它将长期驻扎此地，因此没有必要换防。

致以兄弟般的敬礼！

营长

E.拉朗德

负伤战士德谢的地址：伊斯里巷7号。又及。

科　学　院

1871年4月17日（星期一）会议记录

主席　德洛莱先生

常务秘书埃利·德·波蒙先生宣读了上一次会议记录；经过

整理的记录被通过。

由于我们收到的论文提要只有几句话，所以难以了解向科学院提交的论文的全部内容。

一位学者（他的名字只有常务秘书知道）寄来一篇论文，论述在制造光电灯泡时使用铀基彩色玻璃可产生的作用。

他认为，这些玻璃的特性和它们产生的紫外线辐射，可以减轻甚至消除强烈的电光对在使用这种光线的车间里的工人产生的器质性致病作用。

布西耐斯克先生寄来一本研究纯几何问题的著作。

塞日先生寄来戴斯帕莱先生死后发表的实验资料，该资料记述了不同密度的液体分层放在一起，从上面加热时，液体的温度从上至下逐渐降低的情况。

他做实验用的液体是水和硝基苯。在某些条件下，温度的降低，竟出现上面是41°，下面是1.5°的现象。

他强调，在这种情况和类似的情况下，必须弄清楚不同液体的分离层的表面温度。

蒂埃里·米也格先生寄来第二封加盖封印的信，介绍了他发明的一种新的速记方法。这封信将和他不久前寄给科学院的第一封信（此信尚未拆阅）存放在一起。

帕伊安先生宣读了一篇关于某些植物的网状表皮的纤维素以及进入和填充表皮并使表皮结成钙质壳的物质。

纤维素是一种含氮的有机物，而大部分结成钙质壳的物质不是含氮的有机物。

帕伊安先生研究了纤维素和其他物质对食物产生的不同

作用。

他提醒说，加进一些脂肪性的物质可以促进不含氮的物质的吸收，目前人们建议或采用的动物催肥剂就是以这种混合物为基础的。

因此，在不含氮的物质里加入 1/3 或 1/2 重量的脂肪性物质及一定量的海盐而得到的混合物，是使牛催肥的最佳饲料。

谢弗勒尔先生指出，某些成分相似的混合物对动物的膜起的作用大不相同。

比如说，用柠檬做的汽水起的作用与柠檬酸做的汽水不一样。

这是因为柠檬果肉有一定的黏性，柠檬果肉在液体里游动，抵消酸的一部分作用。

谢弗勒尔先生简要介绍了他交给科学院的一本科学小册子，它的目的是解释人们在具体的科学研究中常常犯的一个错误，即把局部现象当作普遍现象。

确实，无论是在物理学、植物学还是在动物学方面，人们常常在尚未掌握某些理论赖以成立的全部论据时，就开始推广这些理论。

比如在物理学方面，人们往往满足于观察和研究物体的外部现象，其实要全面地确切了解这些物体，还须从化学方面去研究才行。

在动物学或植物学的研究中，人们往往根据一个或几个稳定的或不稳定的特征就确定它们的种类，而不从它们所有的属性去研究。

谢弗勒尔先生认为，为了正确地对植物或动物分类，不但要了解它们的外部特征，还要了解它们每个部分的内部结构。所以，科学院院士谢弗勒尔先生认为根据动物具有比较全面或不太全面的器官对它们进行所谓的“阶梯式”的分类，把它们分成高级动物或低级动物，这样的方法不是绝对科学的方法，因为这种分类方法只把一部分特性作为根据；比如米欧·爱德华先生就是根据研究胚胎而得出的特性来进行分类的。

因此谢弗勒尔希望博物学家在定新的植物或动物种类之前，应该全面研究它们和它们的同属植物或动物的外部或内部特征。

米欧·爱德华先生感谢谢弗勒尔先生没有忘记他关于动物分类的研究，但他表示，他和他的享有盛名的辩论对手谢弗勒尔先生的观点大相径庭。米欧·爱德华先生认为，重要的不是根据动物的全部性质和属性把大自然中的动物想当然地分成等级，认为某一种动物比另一种动物优越，而是根据两种或几种动物的某些特性，研究它们之间相似的程度。正是根据这个观点，胚胎学对于动物的分类具有重大意义。

谢弗勒尔先生说，他很高兴，通过讨论证实了他的研究目标和米欧·爱德华先生研究目标不同。他还表示他并不否认胚胎研究在动物学中的意义。但他希望不要把为寻找不同种类的动物之间的一种或数种不同特性而做的胚胎研究与为了了解每一种动物的所有特性而做的胚胎研究混为一谈。

特雷居尔先生宣读了他写的关于胚根束以及某些蕨的长在地下的芽的生长的论文。

他特别研究了西欧乌毛蕨和几种三叉蕨的根的结构，作为比较，他也研究了可以长芽的长节蔓的结构。

他观察到，胚根束的端头变细，而可以长芽的根长到一定的长度时就变粗。

至于根的内部结构，真正的根中心有一组比较粗的导管，在它两旁各有一组很细的导管。

而在长节蔓和可以长芽的根的内部，细导管组越长越大，越长越多，最后完全包围了粗导管组。

当一个根偶然长在另一个根上时，小导管组的内层的一部分长进第二个根里，形成中心部分，而原根的粗导管向第二个根发展，也差不多长到里面。

从以上所说，就足以看出长节蔓的根的差异，但是真正的根在其端头起变化，变粗，并长出芽来。

在这种情况下，这些根的内部结构也起变化，并且慢慢地变得与长节蔓的结构相像。

会议在5点半结束。

C.P.

野战医院院长亨利·诺特公民到达沙维尔之后，接着又被派往凡尔赛去接回两个受伤被俘的国民自卫军战士。他借此机会记录了在军医院的所有国民自卫军伤员及死亡人员的情况。

伤　员

巴斯蒂德（让），士兵，被释放，第二百七十营；左腿截肢。

巴赞（德西勒），咖啡商，第二百一十四营；大腿骨折；住塞丹尼街31号；已婚、无子女。

贝尔纳（夏尔），烧酒酿造商，第一百一十四营，手和膝盖中弹，住巴黎街163号（贝尔维尔），未婚。

贝特尔（努马），裁缝，第二百零四营第二连，大腿中弹；住比松街17号（贝尔维尔）；4月12日受伤。

巴尔（让），木匠，第一百二十六营第一连；头部被大刀砍伤；住特鲁瓦－夏戴尔街11号；4月5日受伤；鳏夫，有2个孩子。

比杜（弗朗索瓦），石匠，两处被刺刀刺伤；住戈拉西约兹街29号；4月5日受伤。

布瓦耶（路易），排字工人，大腿中弹；住旺达姆街9号；4月4日受伤。

库沃勒尔（茹尔），日工，第七十九营；左肋中弹；住诺尔万街16号；4月4日受伤；已婚。

库高（弗郎索瓦），泥工，第二百一十九营；肩部中弹；住什曼－韦尔街124号，已婚。

加缪（让），化学产品商人，第一百三十一营；大腿中弹；住圣保尔街19号。

夏特兰（尼古拉），鞋匠，第一百六十八营；子弹打穿右臂；住布鲁耐尔居民区，拉吉尔街，4月12日受伤。已婚，有4个孩子。

杜布勒伊（托马斯），鞋匠，第一百六十六营；左手被炮弹炸掉，住夏尔博尼埃尔街22号；夏佩尔，鳏夫，有3个孩子。

德尔佩什（菲利普），铁匠，第八十营；大腿中弹；住维奥莱街47号；格内奈尔，已婚，2个孩子。

达那（安托尼），咖啡店侍应生，第一百二十七营；头部中弹。

达拉斯（格扎维埃－欧仁），五金装配工，第一百六十八营；左大腿中弹；住巴什莱街 4 号乙；4 月 4 日受伤。

德玛（莫戴斯特），箍桶匠，第一百六十营；靠近左胸部位中弹；住利内街 27 号。已婚，有 3 个孩子。

德普莱（欧仁），车具铁匠，第一百零五营；大腿中弹；住大石子格雷耐尔小巷 12 号。

杜朗（奥古斯特），木匠，第一百九十五营；子弹打穿胳膊；住朗邦街 18 号。

达尼埃尔（路易），石匠，第二百三十四营；肩部中弹；住蒙特勒伊老街 32 号；4 月 5 日受伤。已婚；2 个孩子。

德尔福尔（让），马车夫，子弹打穿胳膊；住小鹿街 35 号。

多斯泰尔（欧仁），细木器工人，第二百零六营；两处受伤；住蒙特勒伊街 51 号，4 月 14 日受伤。

富凯（阿尔迈），盖屋顶工人；蒙鲁日的志愿兵；左大腿中弹；4 月 3 日受伤。

吉隆（夏尔），木雕工；第一百二十三营，两腿中弹；住昂右雷姆街 53 号；已婚，2 个孩子。

格拉亚尔（让），酒商，第一百一十九营；左肋中弹；住弗扬丁街 91 号；已婚，6 个孩子。

吉卢瓦（夏尔），白铁工人；大腿中弹，住枫丹奥卢瓦街 53 号。已婚，没有孩子。4 月 3 日受伤。

格罗让（尼古拉），大车制造工，第一百零五营；头部中弹；住圣多米尼克巷 16 号（大石子），已婚。4 月 3 日受伤。

戈比安（亚历山大），职员；左臂中弹，住佩凯巷 11 号。已婚，3 个孩子。

格拉马利（阿尔泰蒙），翻砂工，第一百三十一营；被刺刀刺伤；住维阿拉街 28 号。已婚，没有孩子。

戈埃德什（爱弥儿），钳工，第九十一营；胸部中弹；住布莱街，已婚，有 1 个孩子（穆罗兹）。

埃诺（路易），木匠，第六十一营；子弹打穿两腿，住克洛瓦街 15 号（第 18 区）。4 月 3 日受伤。已婚，4 个孩子。

埃尔温（奥古斯特），机械师，第一百二十三营；右腿中弹，住三界石街 28 号。鳏夫，有 3 个孩子。

埃吉（约瑟夫），印染工，第一百零二营；臀部中弹；住乌尔辛街 90 号。未成年。

伊尔德伯（雅各布），鞋匠，第二百零三营；子弹打穿右手；住克洛德－韦尔弗街 62 号（瑞士）。

于特，苦力工人；面部烧伤；住波潘古尔居民区。

雅克－让（亚历山大），里昂铁路职工，第一百二十六营；大腿受伤。

小卓利（让－克洛德），材料整理工，第二百零三营，住圣路易医院街 5 号，4 月 4 日受伤。

儒塞（皮埃尔），铺砌工，第九十三营；一处扭伤；住孔特勒斯卡尔普大道 10 号；4 月 5 日受伤；已婚，有 2 个孩子。

朱利安（路易），纸板商，第九十营；子弹打穿胳膊；4 月 14 日受伤。

利比（亚历山大），商店伙计，第一百九十二营，住梅尼尔蒙坦大道 65 号，4 月 4 日受伤。

勒费弗尔（约瑟夫），刀剪匠，第九十一营，子弹打穿胳膊；住戈台街 33 号，4 月 3 日受伤；18 岁。

勒鲁瓦（茹尔），金银器制造厂职员，第一百二十三营第四连连长；

肩部中弹；已婚，有3个孩子和岳父，住莫莱街24号。

勒盖特（康斯坦），日工，第二十六营。住布洛街7号（17区）。已婚，有1个孩子。

勒苏迪埃（让-巴甫蒂斯特），第二百零六营。4月14日伤。

莫尔莱（皮埃尔），日工，第一百三十一营；左臀部中弹；4月3日伤；住卢尔梅尔街90号。已婚，有8个孩子。

莫根（茹尔），糊墙纸工，第一百二十三营第四连；右大腿中弹。

穆拉（查理-爱弥儿），鞋匠，第一百四十六营；下颌中两颗手枪子弹；住康斯坦丁街116号，普莱桑斯。

麦托（奥古斯特），纸板工；蒙鲁日的志愿兵；膝盖中弹。住居曼路105号；19岁。

麦托（约瑟夫），砌炉工；蒙鲁日的志愿兵；子弹打穿右臂，住居曼路105号；16岁。

玛尔克（约瑟夫），铁匠；第一百六十八营；左大腿被打断；4月9日伤；住乌东街6号；已婚，有2个孩子。

帕雅尔（茹尔），排字工；第二百一十七营，腿部中一弹；住拉朗德街9号（14区）。

波安图（夏尔），锅炉工，第一百零五营。子弹打穿臀部；4月4日伤，住阿尔玛巷23号（大石子）；已婚，有2个孩子。

普努伊（贝尔纳），里昂铁路机械安装工，头部受弹伤；住夏朗东街170号。

普蒂尼（费利克斯），里昂铁路的工长。受弹伤；住夏朗东街201号。

菲利波（奥古斯特），金银器工人，第六十六营；臀部受伤；住夏尔隆街 189 号。

波埃特(茹尔),木器工人,第九十一营;头部受两处刀伤,住达姆街 108 号(巴蒂涅尔)。已婚,有 3 个孩子。

勒布森(奥古斯特),锁匠;第二百一十三营;受轻伤;住圣摩尔街 110 号,17 岁。

隆多(安德烈),车夫,第一百三十六营;子弹打穿右腿;4 月 3 日受伤,住昂费尔大道,27 号,杜苏尔太太家。

勒甘巴尔(皮埃尔),锅炉工;第一百四十七营;4 月 8 日受伤,住卢瓦尔路 80 号。

罗贝尔(弗朗索瓦),里昂的巴黎车站炼焦炉工;第一百二十六营;子弹打穿左腿,住里贝尔街 3 号(贝尔西)。

什麦德(欧仁),玉器匠,第一百九十二营;一颗子弹打穿胳臂和胸部,住奥贝尔康街 138 号,18 岁。

萨尔蒙(德吉勒),木匠,第九十一营;子弹打穿右大腿;住巴拉尼街 37 号。

萨穆尔(吉尔贝),裁剪工;第一百六十营;两处受伤,住里内街 8 号。

蒂博(普律当),箍桶匠,第一百二十六营;中一弹,住夏朗东街 193 号,鳏夫,有 2 个孩子。

韦贝尔(皮埃尔),日工,4 月 4 日受伤;住拉培路让蒂巷 137 号。

瓦朗坦(弗朗索瓦),瓦工,第一百二十七营;住沃吉拉尔大道 137 号。

维特曼(昂利),磨坊主,第二百四十三营;右肋中弹;住德帕尔西约街 10 号,靠近达盖尔街。

维吉埃(弗朗索瓦),保尔·杜邦的雇员,第七十三营,地方驻军战士;子弹打穿右臂;住夏朗东街138号。

瓦尔莱(弗朗索瓦-路易),纸张印染工,第一百九十五营;子弹打穿左肩;住圣安托万镇251号。

死亡人员

贝尔努,第九十三营;颅骨骨折,4月5日受伤,8日死亡。

戈莱特,第一百九十二营;股骨骨折;4月5日进医院,5日死亡。

勒科万(格扎维尔),右脚受伤(破伤风),4月12日受伤,13日死亡。

里塞德(阿尔贝),打下手的工人;第十三支队;胸部受伤;4月3日受伤,10日死亡。

塞扬菲(阿希尔),第六十六营第六连,大腿骨折,4月8日受伤,12日死亡。

索尼埃(雅克-弗朗索瓦),弹穿胸部,生于1818年,4月3日受伤,4日死亡。

什梅尔茨(马丹),第二百一十八营第一连;腿部受弹伤,破伤风;4月2日受伤,13日死亡。

塞芬(维克多-约瑟夫),弹穿腹部,4月4日受伤,当天死亡。

迪尔塞拉(爱德华-欧仁),蒙鲁日志愿兵,4月3日受伤,4日死亡。

樊尚斯(亚历山大),第一百一十九营第五连连副;脊髓受弹伤,4月4日受伤,7日死亡。

本名单于4月14日从1时至5时半查看每一张床时记录,于

15 日上午 9 时半完毕，于 4 月 16 日（星期日）上午 10 时交到巴黎市政厅。

H. 诺特

瓦尔·德格拉斯军事医院收到画家热尔曼（欧仁）的尸体；这位画家住玛扎格朗街 30 号（靠近枫丹白露城门）。

热尔曼是失足少年团的成员，于 1871 年 4 月 15 日在巴涅被打死。

请知道死者家属及其他有关情况的公民与军事医院院长联系，以便寻找他们。

1871年4月19日　星期三

要　　目

正式公报。——关于只能在有充分依据的情况下才执行逮捕的决定。——逮捕和审判的程序。——关于取消市政厅医务处的决定。——关于国民自卫军之间交换武器的命令。——关于市场治安的决定。——关于解散工兵连的决定。——关于住院伤员的军饷的决定。

非正式公报。——战报。——军医的任命。——军事法庭。——公社会议。——国外新闻。——《人民觉醒报》摘录。——克雷芒-托奈尔的信。——杂闻。——杂录:4月18日。——行情。

正 式 公 报

1871年4月18日,巴黎

巴黎公社,

决　定:

第一条　逮捕与审判,均以人民的名义行之。

第二条　逮捕证、判决书及传票的正本或副本,其开头的格式和措辞如下:

“巴黎公社

××检察分院(或:××法庭分院、××法庭分庭,等等)下达逮捕令(或判决书),其文如下:”

第三条　逮捕证、审判书以及传票的结尾,措辞如下:

“因此,巴黎公社命令全体警官和国民自卫军战士执行上述逮捕令(或判决书或传票)下达的事项,命令公社检查官及代理检查官立即着手办理,命令全体警官和国民自卫军战士,在按照法律程序需要他们协助时,大力协助。

为此,本逮捕令(或本判决书或本传票)已由我们(驻司法部代表、分院或分庭的院长或庭长及书记官、公社检察官、代理检察官或预审推事)签发。”

欧仁·普罗托

巴黎公社,

决　定:

第一条　执行逮捕令的法官、警官或国民自卫军战士,应即时起草书面报告,送交驻司法部代表。

报告上应列明逮捕的理由及有利于或不利于被逮捕人的证人。

违反上述规定的行为将受到严厉惩处。

上述规定也适用于依法对现行犯罪采取行动的公民。

第二条　所有监狱、拘留所或教养所的领导、监狱看守或法院书记官如果忘记在犯人入狱卡上填写逮捕的理由,将被认为犯了非法监禁罪而受到起诉。

第三条　把应加以收缴的属于被捕者的文件、有价证券和各种票据,交给物品和文件保管处。把作为物证的物品交给公社驻警察局代表。

欧仁·普罗托

驻司法部代表团

犯人假释所付的现金保证金仍交物品和文件保管处。

保证金的数额，只有公社驻司法部代表才有权确定。

1871 年 4 月 18 日，巴黎

公社委员兼驻司法部代表

欧仁·普罗托

在被围困的巴黎城中，《晚报》、《钟报》、《民论报》和《公益报》居然公开鼓吹内战，为敌人提供军事情报，并对共和国的保卫者进行诽谤，公社认为，这种行径是不能容忍的，因此下令取缔上述报纸。

由于在防御工事里值勤的公民的选票尚未送到各区选举办公室，因此今天无法公布 4 月 16 日的投票的最后结果。

鉴于在圣多米尼克－圣热尔曼街 86 号设立了一个新的医务处；因此有必要对医务部门实行统一领导；

执行委员会，

决　定：

第一条　取消市政厅的医务处。

第二条　市政厅医务处的工作人员，如果希望继续为人类和国家服务，请到圣多米尼克－圣热尔曼街的办公室办理申请。

执行委员会

弗·库尔奈、沙·德勒克吕兹、古·特里东、弗里克斯·皮阿、阿夫里阿尔、爱·瓦扬、奥·韦莫雷尔

住院伤员的军饷，可发给他们的妻子，数目可增加到 1 法郎。

医院工作人员的津贴减至 50 生丁。

1871 年 4 月 18 日，巴黎

公社驻陆军部代表

古·克吕泽烈

同意。

执行委员会

库尔奈、沙·德勒克吕兹、古·特里东、弗里克斯·皮阿、阿夫里阿尔、韦莫雷尔、瓦扬

驻陆军部代表，

鉴于必须为作战部队配备精密的速射步枪；

鉴于很多留守部队拒绝用自己的步枪交换作战连队的其他武器。

兹决定：

留守部队应将自己的步枪或其他的精密武器与作战连队的较

差的武器相交换。

对拒绝交换武器的留守部队的战士，将停止发军饷并对其大敌当前拒不服从军令的行为提出起诉。

驻陆军部代表希望，留守部队的战士们发扬爱国主义精神，无一人违反此项规定。

1871 年 4 月 17 日，巴黎

公社驻陆军部代表

克吕泽烈

第三、第四、第七和第八工兵连被遣散。从今天 4 月 18 日起，这 4 个连无权领取军饷和给养。工兵部队领导应立即重新组建 4 个工兵连，一俟组建完毕，将花名册报送陆军部后，即开始领取军饷。

1871 年 4 月 18 日，巴黎

公社驻陆军部代表

克吕泽烈

在要塞出勤的工兵领取炮兵的军饷。他们只服从工兵部队指挥员和要塞工程师的命令。

一切怠工均被视为临阵脱逃行为，送交军事法庭审判。

一切有关军队医院、附属野战医院及其他有关机构的事项，均由后勤部（医务处）直接处理，凡欲了解伤病员情况者，请到圣多米尼克街 94 号询问。

从今天开始，不得征用或查封城防司令部的医院，或至少有后勤部的命令才能进行征用或查封。

一切与马匹、车辆和马具，总之，一切与运送伤员或与运输物品有关的情况，从今日起，由后勤部统一掌握；与伤病员的护理有关的一切要求，也向后勤部提出。

1871 年 4 月 17 日，巴黎

后勤总监

G.玛伊

对外援助局

对外援助局获悉：有些面包商不接受公社发的救济面包票。

本局认为有必要向他们重申：去年 10 月 7 日的决定仍然有效，应继续执行。

凡拒不接受面包票者，将从严处理。

对外援助局局长

沙・德沃

驻前警察总局民政代表，

鉴于最近一段时间以来，很多小商贩占据位于各区规定的市场周围的空地做生意；

此等小商贩阻拦了道路，使顾客难以走近经行政部门批准并在其监督下对顾客诚实营业的摊棚；

而摊棚商人为了和小商贩竞争，把货物从摊棚挪到公共道路上；

这种现象扰乱秩序，影响交通，有可能引起严重的交通事故；

这种恶劣现象必须立即制止，我们每天都接到公众表示不满和批评的信件，因此

决　定：

第一条　摊棚商人不得在未准许的地方摆摊售货。

第二条　小商贩及其他或摆摊、或用筐、篮卖东西的人，以后不得在区市场周围卖货。

第三条　本决定由公安部第二处处长负责执行。

1871 年 4 月 18 日，于巴黎

拉乌尔·里果

注册和印花税局

1870 年 9 月 6 日的一项法令规定：

“取消报纸或其他出版物的印花税。”

这条规定适用于定期或不定期的刊物，根本不适用于为商业或私人利益而张贴的广告。

而 1816 年 4 月 28 日法令第六十九条未被废除，应该继续执行。

我们再次提醒纳税者，凡不缴纳印花税的印刷物，对印刷者罚款 50 法郎，对命人张贴者罚款 20 法郎；此法令科处的罚金是连带罚金，并强制执行。

根据刑事法第四百七十四条的规定，对张贴广告者判处违

警罪。

公社4月11日的决定第六条规定：要给那些在为保卫巴黎公社而牺牲的国民自卫军战士的遗孀遗孤发救济金，为此，特成立一个由勒弗朗赛、马隆和韦尔杜尔三位公民组成的中央调查委员会。

开办医务教学的问题已提到日程。杜普勒和朗布医生召集他们从事医务教学的同行于4月22日(下星期六)晚7时在临床医学院的阶梯教室开会，推选三位代表筹办此事。

根据公共救济局局长的决定，各医院和养老院今后应开设一个阅览室，使病人、伤员和老人能够阅读有关保卫共和国和宣传未来的社会制度的印刷品。

采取上述措施，是为了清除作家和官方图书馆里的书的不良影响；官方的书旨在腐蚀人们的灵魂，瓦解人们的爱国主义精神。

各报纸的编辑都支持我们的这个想法，立即答应免费向这些阅览室提供报纸。

贩卖牲畜的商人注意，请于每天上午10时半至12时，到圣多米尼克-圣热尔曼街60号商业部第二军需处申报可供应的牲畜头数。

非正式公报

1871年4月18日，巴黎

战　　报

陆军部致执行委员会

公民们，

昨天夜里，蒙鲁日、旺夫、伊西要塞和上布律耶尔棱堡与夏蒂翁、下莫东、布兰堡里翁的炮兵互向对方发射了几发炮弹，目前尚未掌握双方损失的详细情况。

凡尔赛的一小股部队四次强攻伊西要塞的前沿战壕，均被我军猛烈击退。

敌人对克拉玛尔车站的进攻也遭惨败，我方无一伤亡。

上校参谋拉·塞西亚
奉命签发

几家报纸转载了《自由巴黎报》的一则电讯：

“城防司令部

东布罗夫斯基向我透露，几个躲在房子里的农民杀死了我军的几个战士。这些农民被抓获并被当场枪毙。

昂利。”

这几家报纸还为上述电讯写了别有用心的评论。

公社对此也感到惊讶，因为它也是从《自由巴黎报》上得知这则消息的。

执行委员会立即召见城防司令部参谋长昂利公民；昂利说：这则消息纯属谣言。

陆军部任命：

1871 年 4 月 17 日

勒坦图里埃医生为第七十九营军医。

戈贝医生为第七十九营助理军医。

贝里奥公民为第七十九营副助理军医。

伯尼埃尔医生为第二团的主治军医。

4 月 18 日

加左医生为第九团主治军医。

加多医生为第四团主治军医。

阿里克斯医生为第八团主治军医。

玛尼埃医生为第一百三十五营军医。

皮埃拉医生为第一百三十五营助理军医。

雷蒙公民为第一百三十五营副助理军医。

维亚莱医生为第一百四十八营军医。

阿里埃医生为第一百四十八营助理军医。

伊乌夫公民为第一百四十八营副助理军医。

博蒂埃医生为第一百四十九营军医。

韦亚尔医生为第一百四十九营助理军医。

布尔斯莱公民为第一百四十九营副助理军医。

报名参加国民自卫军第二百七十一营的公民，请于 4 月 20 日 2 时正到罗凯特街 80 号加利巴尔迪大厅联系。

第二百七十一营的报名于 4 月 24 日（星期一）继续进行。原来各连的老战士也可报名参加。

报名时间：上午 8—12 时，下午 2—5 时。

为了巴黎居民的利益，我们把军事法庭的重要决定刊登如下：

第一编——程序和量刑

第一章　军事法庭的程序

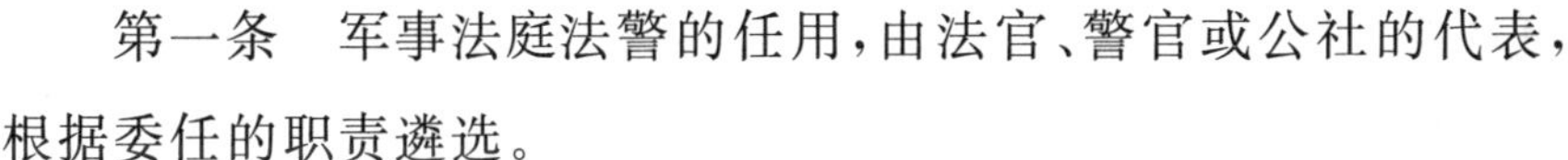

第一条　军事法庭法警的任用，由法官、警官或公社的代表，根据委任的职责遴选。

第二条　法警警官在执行任务时，可接受群众递交的检举状和控诉状。

警官应起草查看犯罪事实和现场所需要的文字材料。他们应听取现场证人或可提供线索的人的口头陈述。

他们应收缴有利于和不利于被告的武器、动产、文件和物品。总之，他们应收缴一切有助于说明事实真相的材料。

第三条　警官有逮捕被控告人和立即将他送交舍尔什米迪监狱看管之权；他们应书面报告法庭，说明被控告人的姓名、身份和体貌特征。

第四条　军事法庭法警警官只有在治安法官或治安法官的代理人，或市长、市长助理，或治安专员在场的情况下，才能进入私人住宅。

第五条　军事法庭法警警官起草的每一页文件均须他本人及在场的其他人员签名。

第六条　军事法庭法警警官应把起草的起诉书和记录连同物证及其他材料及时送交军事法庭。

第七条　按上述各条写好报告、起诉书或记录后，就可按规定程序对被控告人的重罪或轻罪提出起诉。

第八条　法庭应指定一个法官或推事负责预审；预审应迅速进行，不得拖延。

第九条　被告可以请辩护律师。被告所请的辩护律师或由法庭指派的辩护律师，均有权与被告谈话；并可查阅诉讼案卷，但不可带走。

第十条　法庭审讯应公开进行。

第十一条　庭长由法庭警官保护，出席审判的人不得携带武器。

在审理过程中，如有人犯罪，不论罪行大小，均当场审判。

第十二条　庭长可命令传被告到庭。

第十三条　庭长可命令书记官宣读他认为有必要让法庭了解的材料。

第十四条　庭长在必要时可传证人到庭作证，并可命令证人提交有利于查明事实真相的材料。

第十五条　庭长应对被告提出审讯并听取证人的证词；庭长

应听取推事的公诉。

庭长应听取被告和他的辩护律师的陈述；被告及其辩护律师有最后发言的权利。

庭长最后应询问被告是否还有为自己辩护的话要说，然后宣布辩论结束。

第十六条　罪行的确定，应有过半数参加审讯的法官的同意；如半数同意，半数不同意，便不得给被告定罪。

第十七条　判决应当庭宣布。

第十八条　对已被宣告无罪的人，不得以同一事实再次对他提出起诉或指控。

第十九条　一切诉讼费用由公社承担。

第二十条　推事将判决书交书记官在被告和携带武器的看守面前宣读。

第二十一条　判决书应在宣读后 24 小时之内执行，判处死刑，经执行委员会批准后在 24 小时内执行。

第二十二条　对证人、被指控的人或被告的传讯、传唤、通知，经推事提出后，由选举产生的法官、警官或代表签发。

第二章　重罪、轻罪及量刑

第二十三条　军事法庭可判处的刑罚如下：

死刑，

强制劳动，

拘留，

徒刑，

行政降职，

降军衔，

撤职，

监禁，

罚款。

第二十四条　军事法庭判处的死刑，执行枪决。

第二十五条　法庭量刑，就按刑法和军法行事。

军事法庭的审判原则，亦适用于一切有关公共治安的案件。

1871 年 4 月 17 日，于巴黎

上校参谋长

罗塞尔

军事法庭庭长

列・布尔西埃、科莱、夏尔东、帕・昂利

巴 黎 公 社

1871 年 4 月 17 日会议

主席　奥斯丹公民

会议于 3 点开始。

奥斯丹公民和主席助理朗维耶公民在主席台就座。

主席宣读本月 16 日和 17 日战斗的战报。

一位大会秘书宣读 16 日大会记录，茹・阿利克斯发表了几点意见之后，大会通过 16 日大会记录。

瓦扬公民宣读选举报告,从报告看,各位候选人所得选票数相近,瓦扬希望任命一个委员会负责检查选举工作。

贝雷公民认为,既然目前还不掌握明确的选票数,选举的事应该留待第二天讨论;此外他建议把登记的选民人数的1/8的选票作为当选的标准。

莫蒂埃·德雷尔公民和阿利克斯持相反意见,他们主张得到相对多数的选票就可当选。

阿尔诺·比约雷公民和杜邦公民反对这个意见,他们赞同以绝对多数的选票作为标准。

巴·格鲁塞公民主张在做出决定之前,应对每个区的现有居民人数做一个大概的估计。估计的办法是:根据面粉的消耗量,再参考确定选举名单时期原料的用量,就可大概估算出现有居民的人数。

大会在听取帕里泽尔公民要求审核选举名单的意见之后,通过普罗托公民草拟的如下措辞:“鉴于选举结果尚未完全获悉,因此,将选举问题最好留待明天讨论。现在,大会按议事日程讨论下一个问题。”

根据弗兰克尔公民代表第十三区区政府提出的要求,公社决定将意大利广场改名为杜瓦尔广场,意大利大街保持原名。

维·克雷芒公民代表第十五区区政府请公社驻食品部代表解释肉店肉价突然上涨的原因。

公社驻食品部代表帕里泽尔公民回答说,肉价上涨的原因是出入巴黎城必须持有通行证,饲养牲畜的人没有通行证就无法通行,于是人们对肉食供应存有恐慌心理。现在已经采取了措施纠正这种现象。此外,为了解除居民的恐慌心理,已经贴出布告,通知居民,当局已经和北部及东部地区签订了向巴黎供应食品的合同。

按议程,今日会议应该继续讨论过期债券问题。

儒尔德公民的方案的第一条,提交会议讨论。

弗兰克尔公民建议各种债券的清偿限期推迟至1872年7月15日。

巴斯噶尔·格鲁塞公民建议债券清偿期限由2年改为3年。

儒尔德对以上两项修改建议均不同意,尤其不同意第一项,因为它完全改变了他提出的方案的法律依据,而这个依据,看来是已被商业界接受了的。

他说,他的方案的最主要的目的是满足商业界的要求;如果把限期推迟至1872年7月15日,此目的就不可能实现。

帕里泽尔公民同意儒尔德的意见,对第一项修改建议表示反对。

雷惹尔公民坚持把清偿债券的期限定为3年。阿夫里阿尔和瓦扬发表意见后,讨论结束。

公社否定了弗兰克尔公民的修改建议,但采纳了巴斯噶尔·格鲁塞公民的修改意见,按他的建议修改后的方案的第一条以多数票通过。

关于方案的第二条,阿利克斯公民希望12张联券票(由于清偿期限已改为3年,所以他本人把联券票数目定为12张)的第一张的清偿期限尽量推迟。

朗之万公民向他指出,如果对第二条做这样的修改,则第一条将毫无意义。

帕里泽尔公民建议成立一个仲裁法庭以便裁决清偿中将出现的争议。

雷惹尔公民反对采用联券票的办法，他希望使当事者在清偿过期债券方面有充分的自由。

安都昂·阿尔诺公民主张把联券票定为10张，第一张的清偿日期定为1872年4月15日。

公社对这几项修改意见都不考虑，因此第二条以多数票通过。

第三条顺利通过。关于第四条，阿夫里阿尔重新提出成立仲裁法庭的意见，他还建议做一些修改，但是在韦莫雷尔和比约雷发表意见后，他自己又收回了修改的建议。在第四条中的"按照在类似情况下采用的法规"，儒尔德本人也同意删掉，接着第四条以多数票通过。

贝雷公民建议对第五条做如下修改："过期未偿还的债券问题涉及整个法国，鉴于国家的现状，目前不可能制定出一个在全国执行的法律，公社决定对在1871年8月15日到期的所有票据和债务，暂时不得要求在第二年的4月15日以前偿还。"

儒尔德和比约雷公民反对这个修改意见。

委员会对过期债券法律草案已经研究过，并对第五条做过修改，修改后的第五条被通过。

阿夫里阿尔、比约雷、贝雷、雷惹尔、帕里泽尔、巴斯噶尔·格鲁塞、朗之万和瓦扬参加了对整个方案的讨论。讨论后投票表决，除七票反对外，其余一致通过。

公社确定第二天的议程。

会议在6时半结束。

因为昨天没有得到补充选举的最终结果，公社把选票有效问题推迟至第二天的会议讨论。

更正：巴黎公社4月16日的会议“主席助理格罗米埃”应为“巴·格鲁塞”，“奥斯丹、玛尔泰、格罗米埃”[①]应为“奥斯丹、玛尔泰、格鲁塞。”

国 外 新 闻

德　　国

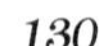

《十字报》报道，关于把维桑堡让与巴伐利亚的计划目前已不再列入议程。

军队将推迟至8月3日正式进入的说法是毫无根据的。

——据说俾斯麦亲王对他的公国不满意，他想成为拉伦贝格公爵，并得到与爵位相应的收入。看来，此事可能真要按首相的意志办。

——德意志帝国宪法草案今天三读，除7人外，其余议员投票赞成。

——关于卢森堡的边界问题。

《邮报》（斯特韦斯堡银行家的报纸）坚决主张：如果卢森堡不

---

① 着重号是原有的，下同。——译者

承担军费及各德意志国家目前负担的其他费用，它就不得再享受关税同盟的好处；“此事不容讨价还价。”各界人士说，很有可能向首相提出质询，以便尽快改变卢森堡的“不正常”的状况。人们并不想使用强制性的手段，而是请求海牙国际法庭仲裁，并通过“补偿的办法”使“这个碍事的领地”合并到德意志帝国的疆域内，继而成立第二个“王国”，待合并了布伦瑞克，再成立第三个王国。

——1846 年到 1849 年出生的违抗军令、逃服兵役的普鲁士人达 1 万人。以波森公国的逃服兵役的人最多。

瑞　典

一项关于未经议会许可国王无权向别国宣战的法律草案，在瑞典国会讨论后，以 102 票对 39 票被否决。

俄　国

在俄国，主要是在莫斯科，警察局已接到命令，缉拿有法国思想倾向的大学生，俄国各大学也接到通知，不得向其政治思想与沙皇政府的观点不符的年轻学生颁发任何证书。

荷　兰

荷兰公民组织了一次声势浩大的请愿。要求下议院废除刑法第 414、415 和 416 条，因为这三条对资方和劳方结成联盟的行为施加惩治，而且还侵犯了劳动和产业的自由。

这次请愿运动是由海牙《未来报》发起的。

西　班　牙

西班牙政府和南美洲的几个共和国签订了一项停战协定。贸易恢复自由。

三年之内不得有敌对行为发生。召开了一次和平会议。

——人们发现西班牙的工人阶级在发动某种运动；在当前的形势下，这种运动具有重大意义。

国际工人协会西班牙分会在西班牙半岛的大城市举行了几次大会以后，在安达卢西亚发起了几次运动，在卡塔卢尼亚组织了几次罢工，并发表了他们的宣言。

国际工人协会西班牙分会在宣言中郑重声明该会不是一个秘密团体，说它奉行共产主义原则，并愿和别国的工人协会团结在一起，大声疾呼地唤起“无产者的觉醒”。

西班牙政府被议会政治搞得筋疲力尽，似乎没有特别注意到这种社会主义的宣传。而且，西班牙宪法宣布个人权利是不可侵犯的，即高于法律的，因此面对这种社会主义的宣传，政府想管也无能为力；但是不出人们所料，反动报纸对西班牙劳动者有可能要联合起来的新的倾向，感到万分恐惧。

土　耳　其

面对俄国欲把其海岸线重新划到黑海以内并有重建塞瓦斯托波尔要塞之意，土耳其装甲舰队已接到驶往锡诺普和半岛的命令。

瑞　士

一家瑞士报纸刊登了以下一则来自斯泰克博恩的消息：

这里的人怀着忐忑不安的心情等待前皇帝的到来。他的马匹、车辆、行李以及仆人们均被安置在阿尔南堡，尽管仆人们不透露任何消息，但可以推测得到，波拿巴一家近日可从英国抵达此地。

阿尔南堡郊区巴湖湖畔的别墅已有了新房客，这对谁来说都不是一个秘密了，阿尔南堡不久即成为波拿巴分子策划阴谋的地方。

英　国

请看英国最孚众望的报纸是用什么言辞评价凡尔赛的独裁者梯也尔先生的政策的！

《泰晤士报》认为法国议会是“在一大半国土被普鲁士占领，另一半国土的人民继续进行战争的异常混乱的时期选举产生的”。对这样一个议会诚然不可期望过高。但是这家报纸还是对法国议会和政府的无能感到震惊。梯也尔先生，这位当今的独裁者，不向议会说明一旦和平条款被批准，议会就完成了它的使命，到那时它就应该立即解散，让位给一个制宪议会，结果给人们造成这个议会可以无限期地存在下去的印象。执行这样一种政策必将激起大城市的爱国者的日益不满，因为他们感到自己要永远在一个本质上是反动的议会的统治下生活。这一眼光短浅的政策使他一而再，再而三地犯错误。巴黎确实反对这个议会，人们记得是议会先向巴黎发动进攻的，它使巴黎丧失了首都的地位，这就使梯也尔先生失去了巴黎人中的最优秀阶级的拥护。它拒绝那些有 2 万多人口的城市享有城市自治权（在爱尔兰，没有一个城市不享受这种权利）。这样做，只能造成更多的人对他持不信任态度。在把大城市交给政府任命的官员的管理下建立的秩序是不稳定的，一捅就乱。这位行政首脑的政策既不明智，也不谨慎，更不正确。

《泰晤士报》还指出，法国最大的灾难是凡尔赛政府的愚昧，如果它能在做它想做的事之前权衡利弊，什么可以做，什么不可以做，那么它就可以争取到 2/3 持公社观点的人。照它现在的想法干是根本做不到这一点的。这个政府糊里糊涂、混淆一切、不辨是非；这是它最致命的弱点。

《泰晤士报》还说，凡尔赛政府以为，将有相当一部分国民自卫军起来反对公社；还说国防政府的部队发动了几次猛烈的攻击，均被猛烈击退。

法布里士将军把他的皇家指挥部从鲁昂迁到圣德尼。圣德尼增加援兵 5 000 人。

梯也尔先生请普鲁士人来维持巴黎的治安，这是不行的；谁也不会想象，梯也尔先生或其他任何人会使自己的国家蒙此羞辱。

而梯也尔先生的脑子里对这个问题又是怎么想的呢？

《人民觉醒报》第一期刊登了德勒克吕兹公民的一篇文章，我们摘录几段如下：

……几天以后，25万人通过完全自由的投票选举，成立了执掌政权的公社，在人民的严格监督下，应付史无前例的局势，并保证人民取得他们应有的权利。

巴黎，这个过去听任原来的政府摆布的城市，现在终于取得了绝对的和完全的自主权，可以按照自己的意愿考虑城市的利益，全权处理城市的内部事务。这是公正的；因为一个有200万人口的城市再也不愿像奴隶一样被管束，须知，那个企图管它的中央政权，是一个犯了许多错误与罪恶的政权，它公然把巴黎和法国拱手让给外国。

巴黎想取得以主权为基础的、在公社领导下的一切权利；今天它已得到了这些权利，并将不惜一切代价捍卫这些权利。它能容许阴险的保皇分子继续破坏它取得的胜利果实——共和国吗？不能，因为容许他们这样做，无异于自杀。

对于我们这样的立场，凡尔赛政府做何反应呢？他们对我们施加暴力和威胁，最后竟动用武力杀害我们的战俘。

在这样的处境中，巴黎公社被迫超越了它的正常权限。既然被视为敌人，它就不得不行使政府的权力，尽最大的努力保证一般的公共服务部门正常工作。总之，既然有人向它宣战，它就不得不按战争行事，履行自己应尽的职责。……

要是凡尔赛人胜利地开进巴黎城，则巴黎人定死无疑：凡尔赛人将把巴黎人推上断头台，拉去枪毙，或者赶出家门，把巴黎造成一片废墟。巴黎将不再成为一个孕育新思想的地方；科学、艺术和工业将在它们主要的发祥地之一遭到打击，这个在昔日曾接待了无数天才和刻苦勤奋的人的城市，将令人痛心地遭到毁灭。一个生机勃勃的城市将变成一块墓地。我们光荣的首都将到处呈现寂静和死亡的景象。

反之，如果人民取得胜利（这一点是不容置疑的），一个受到人民拥护的政权，将是一个不可战胜的政权；在需要保卫它的时候，人民就会拿起枪杆，不惜牺牲一切来捍卫它；当人民取得胜利的时候，巴黎将呈现一幅什么景象呢？

那时，无论是在巴黎还是在外省，人人都将呼吸自由的空气，家家安居乐业，百业兴旺，劳动人民摆脱一切束缚，充分发挥自己的能力，被凡尔赛的罪恶阴谋破坏的工商业也将得到复兴，建立在人人有平等受教育权利原则上的教育事业将蓬勃发展，真正的社会平等将得到保障，巴黎将出现一个万众一心，众志成城的局面。

自由的巴黎将在自由的法国同各省（它们目前还受到反动统治的恐怖威胁和谎言的欺骗）携手前进。巴黎将重新成为法国和欧洲的中心；但它绝不想成为霸主，因为它反对与它恪守的原则相违背的霸权。

请大家将这一景象与如果凡尔赛人取胜将出现的景象加以比较；请大家想一想：万一凡尔赛人打赢了，其后果将如何！……

下面刊登的是在陆军部档案中发现的一封信。看了这封信，我们用不着评论，持最怀疑态度的人也可以想象得到：如果3月18日的挑衅没有被人民的勇气和意志彻底粉碎，那将会给巴黎的国民自卫军带来多么严重的后果。

这封信，可能是陆军部的一个专员写给当时不在巴黎的勒夫洛将军的。

1871年3月5日，巴黎

亲爱的朋友，

请注意：我特意挑选在驿车出发前的时间匆匆写这封短信告诉你：你犯了一个极大的错误！

现在摆在我桌上的这封信，我在三天前就动笔了，由于有客人来访，有许多事情要办，还临时有急事外出，所以几次提笔写，又几次放下，前后加起来，我整整用了一天多的时间才把这封信写完。

我开始是希望，甚至相信，发挥我们的军队现有的力量，就可以避免一场大规模冲突的灾难。我满以为随着增援部队的到来，我们两天之后就可以神不知鬼不觉地重新夺回巴黎；当我们占领了南方的要塞和瓦勒里山，直到占领有4万人口而且从未被巴黎人骚扰过的欧仁亲王居民区及其他富人区，拥有了那里的军营木板房时，我们就会过几天安稳的日子，我们抓紧这关键的几天时间来解除国民自卫军驻军的武装。

穷光蛋中的那些领头人，都聚集在蒙马特尔，说什么他们一定要比贝尔维勒区的人还干得好，他们修筑了整整齐齐的防御工事，架起了大炮，对过往行人要问口令，把这一片地方都归一个绰号叫做"不可腐蚀的"达尔戴尔掌握；他们把什么事都做绝了。

我认为，我们恢复了元气以后，就应该封锁主要叛乱区中的一个，断绝它的粮食来源，先攻下这个区，然后派大批军队占领其他区，并搜查所有的房屋（像6月份那么干）。在这两次行动中，公开宣布我们花钱购买枪支，而不问枪支的来源。一支轻步枪或一箱子弹 10 法郎，我认为很合算；一支活塞枪给 5 法郎就可以了。

同我们一样，这些精通发财之道的好公民也会认为一支轻步枪卖 10 法郎，的确是一笔好生意。

小枪小炮都不可轻视。可以把它们放在可靠的地方，或是在有较好的枪支后，用这些小枪来补偿交好枪的人。

这件工作结束后，就要对巴黎的居民进行清查；在国民自卫军中有 2.5 万人有犯罪记录；解除这些人的武装，并由政府对他们的命运做出决定。如果不把这些没有正当的生活来源的人都赶走，我们所做的一切就没有保障。

关于商业问题，我不想和上述问题一样详谈。不过，我认为，从今天开始，这个问题比较好解决了。我们当前有两大难题：把政府机关及其设施搬到离巴黎很远的地方，是办不到的，同样，把政府重新安置在巴黎，也是有困难的。我的意思是使政府所在地和巴黎的距离，就像华盛顿与纽约的距离一样，而且不在同一个省区。

你走后的第二天，我把你桌上留下的包裹寄到比加尔街。部里只有一件新闻，当我整理你的办公桌时，发现在一个抽屉里有一把手枪。不料，这支枪现在不知到哪里去了；门房的人说不知道，清洁工就更不清楚了。我觉得这是一个不祥之兆。

请别责怪你的战友和朋友的信写得如此简短。

克雷芒－托奈尔

马赛市政府派两名代表到凡尔赛就罗纳河口省被宣布处于戒严状态和解除马赛国民自卫军的武装之事提出抗议。这两名代表

是：卡斯泰尔和吉诺先生。

杂　闻

本月 16 日国民自卫军第一工兵营第五连在纳伊值勤。他们建造街垒，给房屋筑雉堞，在门窗上装铁甲，在花园围墙上打开缺口，为大批部队顺利通过做准备，然后他们遵照东布罗夫斯基上校的命令，继续前进。当他们通过最后一道街垒时，发现一片埋有不少地雷的场地需要清除。在执行这项危险任务的过程中，他们毫不畏惧，连长福尔上尉受了致命伤，他手下的一些工兵受重伤。下午，在同一场地上，另一名工兵被炸死。

在大星门附近，有人开始买卖废炮弹，这些东西都是凡尔赛人发给巴黎军队的。在这个炮弹市场上，什么样的炮弹都有。经营这些经历过战争的铜铁碎片买卖的零售商，把梯也尔、法夫尔和麦克马洪的炮弹和他们在巴黎被围时期发现的没有地方堆放的德国佬的炮弹混在一起卖。

俄国最近采用的机关枪，是由加尔洛夫将军把喀廷机枪加以改进而制成的。这种机关枪有 12 个铜管，比贝尔步枪稍大，但更结实。枪架是铁的，用 4 匹马套车拉，需 4 人操作，1 分钟射 300—400 发子弹。一挺枪由 8 个部件组成。

据《卢森堡团结报》报道：前天在梅斯桥头站发生一起恶性撞

车事故。一辆从梅斯开往梯翁维尔的运送法国俘虏的列车驶进桥头站时，被一列货车从斜侧碰撞。几节车厢被压坏。

目前还不知道伤亡人数和事故的详细情况。

每星期四和星期日在杜尔果中学举办的“新教育”探讨会，于下午2时准时开会。讨论题目：关于公共教育的法律问题。

1871年4月18日（星期二）艺术家协会第一连的戏剧作家、作曲家和演员在阿尔卡扎尔开会，他们请求巴黎公社允许他们使用属于巴黎市空闲的戏院，为国民自卫军遗孀、遗孤、伤员和生活困难者举行义演。艺术家协会成员参加这项工作，均不收报酬。

发起此项倡议的协会请愿意参加演出的巴黎剧院和乐团的演员通知协会主席。地址是阿尔卡扎尔，普瓦索尼埃尔镇10号。

秘书　保尔·布哈尼

1871年4月21日（星期五）将在阿尔卡扎尔召开的会议上要任命一个委员会负责起草艺术家协会的章程（3点正）。

请爱国的女公民注意，巴黎妇女保卫巴黎和救护伤员联合会于今天（4月19日星期三）8点在玛内热（第十一区）贝尔特朗广场圣莫尔街召开第四次会议，欢迎忠于人民事业的女公民出席。

服装工人工会

为实行巴黎公社 4 月 16 日的决定，服装工人工会认为有必要和劳工工会以及其他所有已成立的工会一起，立即召开会议，以便选出几位代表，按上述决定，对劳动组织进行调查。

在过去，任何一个政府都未向劳动阶级提供过这样好的机会，错过这个机会，不来参加会议，等于是对劳动者的解放事业的背叛。

秘书　杜皮尔、韦尔贝克

杂　　录

4 月 18 日

在上个月的今天，人民重新夺回了自己的权利。工人、无产者过去是为那些压迫他们的人创造财富的工具，现在一举挣脱了身上的锁链，取得了应有的社会地位。

从大革命以来，这是人民第一次没有被他们信赖的、那些掌管他们利益的人所欺骗。在很长的一段时间里，他们冒着坐牢和被杀害的危险，酝酿改革，以实现正义的伟大事业，最后终于导致 3 月 18 日的辉煌革命。在那一天，那些借祖国和自由之名而残酷奴役法国人民的篡权政府“在人民的唾骂声中倒台了”。

被派去镇压这一小撮叛乱分子[①]的军队，一见到镇定而决心

① 着重号是原有的，下同。——译者

捍卫自身权利的人民，这些士兵（他们是人民的儿子）反倒站到了人民一边了。

那些把巴黎拱手让给敌人的投降分子，感到既恼怒又害怕。他们既然不能立即报复，就只好逃跑，逃是上策，于是他们便逃到了凡尔赛，逃到国民议会大厦。那 6 000 名在可耻的和平协定上签字的人害怕这一小撮叛乱分子而不敢回到首都，于是议会和政府合而为一：结合得太妙了！

他们人跑了，留下空空的国库，他们还用恐吓的手段把政府各部门的职员也拉走了，切断电报通讯，使邮局处于瘫痪状态，甚至把邮票也全拿走了；带不走的东西，他们就烧掉。商业的情况如何，与他们何干？

他们像小学生似的，以为把教师的惩罚簿藏起来就不挨家长的骂了。真愚蠢，这种做法多么可怜！

在此期间，公社中央委员会开始行动，他们在短短的几天内重新组织各行政部门的工作。新机构的人员比过去少得多，而工作效率却比过去高。

早从 3 月 20 日起，巴黎各区区长就集中在一起开会。他们担心和外国打仗之后又打内战，巴黎将受到多么大的损失。所以他们做最后一次联合的努力。但是奥尔良的英雄奥莱尔·德·帕拉丁以傲慢轻蔑的态度拒绝了这明智、诚恳的建议，并照搬他的主子一个月以前高高在波尔多的讲坛上说的话，叫嚷：“我们不和敌人谈判！”于是内战一触即发。

不过市政府没有放弃努力，21 日，市政府与共和联盟委员会合并后发出一份颇得人心的声明，说市政府已圆满地完成了它的使命，实现了神圣的事业：解放 200 万人口的城市，现在，它的任期已满，希望选民们重新选择领导人。

这次召集选民进行选举有如一声霹雳，使保皇分子和反动分子惊慌失措，因为他们预感到一个合法的政府即将产生；他们指责中央委员会不合法的说法将没有依据（其实中央委员会是由国民自卫军 215 个营选举的）。新闻界对这次运动的目的、重要性和伟大意义，并不比旧政府了解得更多，因此被这突发事件也搞得晕头转向，很不高兴。今日的报纸，已不再代表一种舆论，不代表一个政党说话，而成为某一个人的喉舌。面对这意外的政治变动，它恼羞成怒，做出卑劣的事情：新闻界成立大联盟，《世纪报》、《国家报》和《全球报》一起发表那份臭名昭著的 3 月 21 日抗议书，其中字字句句都流露出他们的恼怒和仇恨。

他们这一做法的收效之微，再一次证明了新闻界的堕落，证明它们对公众已无甚影响，它们的声誉已一落千丈。政府认为，新闻界对新生的政权的攻击不值得回答；后来，各报纸又连篇累牍地接连三天对刚刚建立的政权进行侮辱和挑衅。巴黎的一些人犹豫不决，“要看一看事态发展”然后再做决定；甚至有些刊物也持这种态度。直到 3 月 23 日中央委员会刊登和张贴了普鲁士第三军军长的信，说如果新政府遵守和平条约，普鲁士就会对它保持中立，情况才有了变化。

普鲁士与凡尔赛结盟，保皇分子这最后的一线希望已成为泡影。观望分子开始向公社靠拢，当然是逐渐逐渐地靠拢；报纸的口气也有所改变。以前报纸公开表示不愿理睬这个政府，现在也开始讨论它所做的事情。原来态度最强硬的报纸也有所缓和；与此同时,公社积极重新组织巴黎的军队,并做出意义重大的决定:彻底废除征兵制和常备军,把各种部队合并成唯一的一支统一的军队:国民自卫军。主要的指挥官从年轻有为并对胜利坚信不疑的人中选拔,一支强大的,可以说是战无不胜的武装力量组织起来了:这是公民为保卫自身权利而建立的军队。

运动发展到外省。马赛和里昂派代表来巴黎,宣告支持在巴黎成立的政府。外省的各大城市也举行了支持巴黎政府的游行。

在这大好形势下,又进行了选举;尽管有些党派联合起来搞阴谋破坏,公社还是于 3 月 28 日在市政厅广场宣布成立,这一壮举载入史册,将永远值得后人纪念。

那天,这“一小撮”由 30 多万全副武装的公民组成“乱党”聚集在广场上,“公社万岁!”的口号声此起彼伏,礼炮齐鸣,中央委员会的成员走来,宣读公社委员名单,把政府的权力移交给人民新选出的代表。

公社为大多数人办的头几件好事,又一次证明,以前的议会的那些司空见惯的冗长的讨论,空话连篇,毫无意义。

3 月 30 日,公社很快颁布了关于房租和典当物品的决定;并宣布取消将军军衔,规定职员的最高报酬不得超过 6 000 法郎。

这些迅速采取的措施,使巴黎持冷漠态度的那部分人感到震惊,令凡尔赛的逃亡分子感到害怕。房产主生气了;所谓的 9 月 4 日的共和党人,他们对职员的最高报酬不超过 6 000 法郎的决定也不理解。他们认为,只有武力才能使巴黎恢复旧秩序,必须不惜一切代价搞掉这个如此施政的政府。

那时,巴黎的议员还在犹豫:有些人想完全脱离这场斗争,另一些人则愿意继续留在凡尔赛，对选举他们为议员的人不负责任；还有一部分人则赞同巴黎做出的正确决定，并谴责逃亡政府的险恶用心，他们支持巴黎公社，与新政权站在一起。

但这时，敌对行为已经发生。梯也尔、茹尔·法夫尔和皮卡尔气急败坏，他们先在纳伊寄宿学校进行屠杀，杀害了杜瓦尔公民，然后在一次争端中，保皇的僧侣和警察佯装投降，利用战士们的轻信，他们包围国民自卫军，俘虏和杀害了 80 名战士。几天以后布尔高英上校被杀，弗鲁朗被害。

对这一系列野蛮的暴行，各团的军官纷纷提出抗议。国民自卫军的战士，非但没有被这历史上闻所未闻的暴行吓倒，反而更加仇恨 9 月 4 日的篡权者，更加向往自由。

4 月 9 日他们攻打阿斯尼埃尔，11 日他们攻打纳伊，迫使敌人退回自己的防区。妇女们也参加战斗，有几位妇女表现得非常勇敢。

巴黎权利共和联合同盟最后又做了一次努力，进行调解。但梯也尔的答复模棱两可，吞吞吐吐，而且还带有侮辱的口气，使这些正直的公民对和平再也不抱任何幻想了。

为挽救这个政府，他们做了一切努力。现在，他们对这个政府不负有任何义务了。但愿死者的鲜血能使他们的头脑清醒，使我们永远不要忘记因一时的软弱，将付出多么大的代价！

在紧张的战争期间，公社继续进行改革，倡导自由，例如如何处理旺多姆广场上的帝国圆柱问题，“这个野蛮的纪念物是残暴的武力的象征，是虚伪的光荣，鼓吹军国主义，践踏国际公法，是战胜者对战败者的侮辱”，因此应该将它拆除。

有人对拆除圆柱的决定大叫大嚷，坚决反对，说什么拆了圆柱，将使我们忘记昔日的光荣，忘记我们最近遭受的可怕的磨难。

我们的光荣！它在滑铁卢已经结束，它把外国军队引到了巴黎，使法国牺牲了300万人的生命和150亿法郎的财产。

有人要保留这个圆柱，可以！但必须在圆柱上用大字刻下这首著名的四行诗，让人们一天24小时都能看到：

暴君，你高高立在这根
圆柱上，但愿你使人
流的鲜血储满这个广场，
你不用弯身就可品尝。

对于有自尊心的法国人，不需要建圆柱或其他的建筑物来庆祝法国军队的胜利和荣誉；反而应该提醒他们：受人奴役而不反抗，是可羞的。

今天，人民奋起反抗，人民站起来了；一次大败仗，使他们认识到，以军事取得的光荣是虚幻的，遭受长期的奴役之后，他们才领略到自由的甜蜜。

人民站起来了；他们推翻了因人民软弱才存在的专制政府，凡尔赛扬言将平定这次叛乱，不，先生们；这根本不是叛乱，这是革命！

保罗·瓦培罗

1871年4月20日　星期四

要　　目

正式公报。——告法国人民书。——宣布公社选举有效。——对吉罗公民减刑。——国民自卫军军医的任命。——驻陆军部代表的命令。——对军需品供应商和野战医院医生及院长的通知。

非正式公报。——电报和战报。——国外新闻。——伦敦举行支持巴黎公社的大会。——杂闻。——法庭。——通讯。——杂录：巴黎在历史上的几次独立。——交易所行情。

正式公报

1871年4月19日，巴黎

告法国人民书

在这痛苦而恐怖的冲突中，巴黎又一次遭受围城和炮轰的灾难，有多少同胞受伤流血，有多少兄弟被夺去生命，有多少妇女儿童被杀害。在这种形势下，我们不应该产生分歧，我们的民族意识绝不能削弱。

巴黎和全国的人民应该了解我们现在正在进行的革命的性质、原因和目的，大家须知：使我们的亲人死亡，使我们遭受不幸和痛苦的，是那些背叛法国、向外国出卖巴黎的人。他们现在仍在丧心病狂地继续破坏首都，从而达到毁灭共和国和自由这一双重目的。他们的背叛和罪恶行径，已昭然若揭。

公社有支持和实现巴黎人民的理想和愿望之责；它应向那些被凡尔赛政客的诽谤所蒙蔽的人阐明3月18日运动的特点。

目前巴黎正在为整个法国奋斗和受苦，它将以自己的战斗和牺牲为全国的文化、道德、行政、经济的复苏而奋斗，它将为恢复法国的光荣和繁荣而战。

巴黎的目的是什么？

承认并巩固共和国。因为共和国是唯一能使人民享受权利，使社会得到自由和健康发展的政府形式。

公社的绝对自主权将推广到全国各地，使每个城镇的权利不受侵犯，使每一个法国人以人、公民和劳动者的资格充分发挥其专长和才能。

公社的自主权，与其他参加公约的村镇的自主权完全平等，只有大家都联合起来，才能保障法国的统一。

公社固有的权利是：

投票通过公社的预算和决算；厘定和分配税收；领导本市的各机关；组织司法、警务和教育机构；经管属于公社的财产。

通过选举或考试的途径，挑选法官或各级公社职员，监督他们的工作并有权撤销不称职的人的职务。

绝对保障公民的人身自由、宗教信仰自由和劳动自由。

公民可以随时监督公社的事务，有权自由发表意见，维护自身利益。公社保障公民的这些权利，并独自负责监督和保障正常的集会和出版的自由。

负责城市的防务，组织国民自卫军（他们的指挥官由选举产生），国民自卫军是唯一维持城市秩序的武装力量。

巴黎只要求各地区代表组成的代表团里贯彻执行同样的原则并不要地方做出其他的保证。

不过，巴黎可借助它的自主权和行动自由，按自己的意愿，在巴黎市进行市民所要求的行政和经济改革；制定有利于推动和发展教育、生产、贸易和信贷的法律；并根据形势的需要和有关方面的愿望及过去的经验，扩大公社的权力和财产。

敌人错误地认为，或者是故意蒙蔽人民，说什么巴黎企图把自己的意志或霸权强加给其他地区，还说巴黎无视其他城镇的独立和自治权，想实行专制统治。

敌人错误地认为，或者是故意蒙蔽人民，说什么巴黎一心要破坏法国的统一；大家须知：统一的法国是大革命的产物，是我们的先辈孜孜以求的大业，是古老的法国各地区联合建造的丰碑。

然而由帝国、君主制度和议会政治强加给我们的统一乃是专横的中央集权，是不合情理的、不堪忍受的统一。

巴黎所希望的统一，是各地区自愿联合的统一，是自由发挥每个人的能力，为实现整个社会共同的目标、幸福、自由和安宁的统一。

由3月18日人民自发的运动而发展起来的公社的革命运动，开创了一个积极的和科学的实验政治的新时代。

这场运动，敲响了政府官员、僧侣、穷兵黩武分子、官僚政治、剥削制度、投机商、垄断商和特权阶层的丧钟；大家须知，无产阶级之受奴役，国家之遭灾难，都是这些人造成的。

但愿我们被谎言和诽谤欺骗的亲爱的祖国，从此坚强地站立起来。

巴黎和凡尔赛之间的斗争，不会像人们所想象的那样以虚假的和解告终：这场斗争的结局是不容置疑的。国民自卫军勇往直前，不获全胜，誓不终止。

我们呼吁全国人民支持国民自卫军的斗争。

今天，拿起武器的巴黎人既勇敢，又镇静，他们不遗余力地积极维持社会的秩序，他们视死如归，英勇地牺牲自己；他们所依靠的，是为全体人民争取自由和荣誉的一片忠心，他们希望法国领土上这场流血冲突立即停止。

全体法国人民应庄严宣布他们不可抗拒的意志，迫使凡尔赛人放下武器。

我们希望全体法国人民分享我们的胜利果实，与我们并肩战斗，在这场不是以公社理想的胜利就是以巴黎的毁灭而告终的斗争中成为我们的盟友！

至于我们巴黎的公民，我们负有完成这场现代革命的使命，把这场将载入史册的、声势最浩大、意义最深远的革命进行到底。

我们必须战斗，我们必须胜利！

1871 年 4 月 19 日，于巴黎

巴黎公社

巴黎公社

1871年4月16日的选举

负责核查4月16日的选举是否有效的委员会递交一份报告，内容如下：

鉴于一些区的很多选民拒绝履行其公民与战士的职责，逃避选举；鉴于我们面临的严峻局势，我们不能根据在册选民的人数来确定选举的有效性，我们宣布，公社应义不容辞地做出决定：凡获得投票选民人数的绝对多数票的选举均有效。

根据核查结果，下列候选人获得投票选民人数的绝对多数：

第　一　区

选举4位市政委员；投票人数为3 271人，超过半数1票为1 636票。

韦济尼埃 ………………………………… 2 626票

克吕泽烈 ………………………………… 1 968票

皮约 ………………………………………… 1 748票

第　二　区

选举4位市政委员；投票人数为3 601人，超过半数1票为1 801票。下列候选人当选：

鲍狄埃 ……………………………………… 3 352票

赛拉叶 ……………………………………… 3 141票

杜朗 ………………………………………… 2 874票

若阿纳尔 …………………………………………… 2 804 票

第　三　区

没有候选人当选。

第　六　区

选举 3 位市政委员；投票人数为 3 469 人，超过半数 1 票为 1 735票。

库尔贝 ………………………………………………… 2 418 票

雷惹尔 ………………………………………………… 2 292 票

第　七　区

选举 1 位市政委员；投票人数为 1 939 人，超过半数 1 票为 970 票。

西卡尔 ………………………………………………… 1 699 票

第　八　区

没有候选人当选。

第　九　区

选举 5 位市政委员；投票人数为 3 176 人，超过半数 1 票为 1 589票。

勃里昂 ………………………………………………… 2 456 票

第 十 二 区

选举 2 位市政委员；投票人数为 5 423 人，超过半数 1 票为 2 762票。

菲利浦 ………………………………………… 3 483 票

龙克拉 ………………………………………… 2 810 票

第 十 三 区

没有候选人当选。

第 十 六 区

选举 2 位市政委员；投票人数为 1 590 人，超过半数 1 票为 796 票。

龙格 …………………………………………… 1 058 票

第 十 七 区

选举 2 位市政委员；投票人数为 4 848 人，超过半数 1 票为 2 425票。

杜邦 ………………………………………… 3 450 票。

第 十 八 区

选举 2 位市政委员；投票人数为 10 068 人，超过半数 1 票为 5 035票。

克吕泽烈 ……………………………………… 8 480 票

阿尔诺 ………………………………………… 5 402 票

第 十 九 区

选举1位市政委员；投票人数为7 090人，超过半数1票为3 546票。

梅诺蒂·加里波第 ………………………… 6 076票

第 二 十 区

选举2位市政委员；投票人数为9 204人，超过半数1票为4 603票。

维阿尔 ………………………………………… 6 968票

特兰凯 ………………………………………… 6 771票

公社以26票赞成，13票反对的多数通过报告的核查结果。

投赞成票的委员如下：

茹·阿里克斯、阿木鲁、安都昂·阿尔诺、巴比克、比约雷、布朗舍、尚皮、艾·克雷芒、德勒克吕兹、德麦、德雷尔、弗兰克尔、冈邦、巴斯噶尔·格鲁塞、儒尔德、勒德鲁瓦、马尔泰勒、马隆、梅叶、普罗托、郎维耶、雷荟尔、拉乌尔·里果、乌尔班、瓦扬、瓦尔兰。

投反对票的委员如下：

阿尔都尔·阿尔努、阿夫里阿尔、贝雷、克雷芒斯、维·克雷芒、热烈姆、朗之万、勒弗朗赛、米奥、腊斯都尔、瓦莱斯、韦尔杜尔、韦莫雷尔。

会议秘书

安·阿尔诺、阿木鲁

军 事 法 庭

在本月18日的军事法庭上，第七十四营营长吉罗(让-尼古拉)因犯临阵脱逃罪被判处死刑。

执行委员会考虑到因犯临阵脱逃罪而被军事法庭判处死刑的第七十四营营长吉罗公民曾经为民主而战斗过，所以予以减刑。

予该犯人吉罗以军内外降级处分并在整个战争期间加以监禁。

执行委员会

陆 军 部

根据驻陆军部代表的决定，任命：

第一团外科主治军医加罗医生接替戈勒尼埃医生的工作；戈勒尼埃医生调往第四团。

戈勒尼埃医生为第四团主治军医，接替加罗医生的工作。

杜瓦尔医生为第十六团主治外科军医。

尼科(奥古斯丁)公民为第一百四十营军医助理。

维尼昂库尔公民为第一百五十一营军医。

朗萨克公民为第一百五十一营军医助理。

布尔诺维尔医生为第一百六十营军医。

柯舍(安托尼)公民为第一百六十营军医助理。

维兹医生为第二百一十五营军医。

杜瓦尔公民为第二百一十五营军医助理。

大鲁瓦耶医生为第二百三十营军医助理。

现出售从旺多姆广场圆柱拆卸的材料。

出售的材料分为 4 堆：

2 堆建筑材料；

2 堆金属材料。

这些材料以招标的形式分堆出售，投标者请在投标书上盖上封印寄到圣多米尼克－圣热尔曼街 84 号土木工程局。

命　　令

每天从国民自卫军某一营房或营地饮用的葡萄酒中抽取两公升的样品送交陆军部（公社驻陆军部代表办公室）。

副参谋长派人每天在不同的营房提取上述样品。

1871 年 4 月 19 日，于巴黎

公社驻陆军部代表　克吕泽烈

最近在各要塞出现消耗过多炮弹的现象。仅旺夫要塞一处就消耗了 16 000 发炮弹。他们这样漫无目标地发射炮弹，不仅白白浪费人民的金钱，而且还使居民担惊受怕，造成极坏的影响，暴露了要塞缺乏冷静的头脑。

公社驻陆军部代表通知国民自卫军和要塞的指挥员，今后，各要塞除防御所需的额定弹数外，不得再申请弹药。

1871年4月19日，于巴黎

公社驻陆军部代表　克吕泽烈

请军需品商人把待售的军上衣、军大衣、军帽在48小时之内送到军用服装仓库。

在48小时以后，不再购买上述服装。

军医总监

军医总监根据人们提出的建议，做出如下决定：

从1871年4月20日起，野战医院的医生和院长不得用古尔塞尔临时军事医院的急救车运送受重伤的国民自卫军战士和军人。

命令记录摘要

根据公社的决定，茹诺（伊波里特）公民被任命为“克莱莫尔”号战舰舰长。

公社驻海军部代表通知各舰舰长及船员，第五排炮指挥官让·肖尔因擅自离开军舰，构成犯罪行为，已被国民自卫军逮捕并监禁。

“自由号”（原“法尔西”号）炮艇艇长布尔亚公民的辞呈已被

批准。

1871 年 4 月 18 日，于巴黎

公社驻海军部代表　拉塔皮

请原直接税税务局的职员把自己保存的账目，无论已清或未清，都立即交到直接税税务局(米迪巷 19 号，三楼 A 楼梯口)。

1871 年 4 月 19 日，于巴黎

直接税税务局局长　阿·孔博

非正式公报

1871 年 4 月 19 日，巴黎

电　　报

1871 年 4 月 19 日下午 5 时 27 分

陆军部致执行委员会

从阿斯尼埃尔和蒙鲁日传来好消息。敌人的进攻被击退。

1871 年 4 月 19 日下午 5 时 15 分

东布罗夫斯基致执行委员会和陆军部

经过一番激战，我已夺回阵地。我部从左翼向前推进，攻下敌一供应站，缴获火腿、奶酪和肥肉共69桶。

激战仍在继续。敌古尔伏瓦高地的炮兵向我军射来密集的炮弹和机枪子弹，我右翼冒着猛烈的炮火进攻，以支援推进到离敌军很近的一线部队。敌军兵力强大，请增援5营兵力，至少2 000人。

东布罗夫斯基

4月19日晨9时

城防司令部致陆军部和执行委员会

今日凌晨，我军遭到敌军猛攻，我前哨因搞错步兵的友好信号而被袭击；但我军迅速扭转战局。

东布罗夫斯基

4月18日晚11时

陆军部致公社

接奥科洛维奇上校的报告，全天一切顺利；我军坚守在阿斯尼埃尔的桥头，浮桥没有被炸断。

副参谋长

4月18日至4月19日的报告

致执行委员会委员

公民们，

昨夜十分平静，敌我双方只发射几颗炮弹，我军前哨也只放了几枪。

昨晚，我一侦察队从旺夫要塞出来时，遇到一小股凡尔赛侦察兵，在我军侦察队的攻击下，敌人狼狈逃窜，但我军两名狙击手丧生。我军另一支侦察队（穆兰－萨凯部）在克鲁瓦－布朗什、蒂埃和维尔朱伊弗发现敌侦察兵。

第九十八营的一支小分队在海伊附近打退敌人的一支骑兵小分队，毙敌 2 人，马 1 匹。

上布律耶尔碉堡的指挥官报告，在阵地附近发现很多宪兵、步兵和轻骑兵。

南方要塞参谋长　拉·塞西尔上校

代签

我们接到南方要塞司令埃德公民的下列公函：

请《公报》总编辑在下一期《公报》上发表这封要求更正的信。

1871 年 4 月 18 日

要塞司令　艾·埃德将军

1871 年 4 月 16 日

比塞特尔要塞

将军公民，

您在本月 16 日的战报中说："14 日夜至 15 日凌晨，由第一百八十五营的皮肖中尉进行的侦察……"

将军，请允许我指出您在这段报告中的错误。

我属于驻扎在比塞特尔要塞的第一百四十五营第一步兵连，您可以调查，这次侦察是我执行的；我只想在这里指出您报告中的错误，请予以更正。

我相信您会向其他刊登这份报告的报纸提出同样的更正要求。

将军公民，请接受我最诚挚的谢意。

致兄弟般的敬礼！

第一百四十五营第一步兵连中尉

皮肖

注册和印花税管理局

在凡尔赛4月12日的《公报》上以通知的形式刊登了如下文件：

“政府得知，巴黎公社已张贴告示，宣布主管注册和印花税的机构已合并到邦克街13号的总局，以后，税收手续在那里办理。政府认为有必要通知大家，公社指派在总局工作的人员既没有得到主管机构的委派，也没有进行具有法律效力的宣誓，因而无权办理契约、税收申报的手续，他们办的手续不产生任何法律效力，也不能免除纳税人应向国库交纳的税金。”

注册和印花税管理局对于上述文件，评述如下：

巴黎公社面对当前的形势，在巴黎市公民的拥戴下，享有施政的全权，特别是财权。

公社如果没有税金收入，就无法应付行政方面的必要开支；

由现任的工作人员和职员办理税收，乃当前形势的需要，而且符合全体公民的利益，因为：

凡尔赛政府蓄意破坏巴黎的政府机构，阻挠法律严格规定的契约和证书注册手续的正常进行，使一个有200万居民的城市的行政管理陷入瘫痪；

因此公社有权利也有义务指派人员接管擅离职守的原职员的工作。凡尔赛政府处心积虑地反对公社采取这项措施，企图使人们对注册的有效性和公社指派的收税职员产生怀疑，这就再一次暴露了他们破坏社会安定、反对巴黎行使毋庸置疑的权利的险恶用心。

1871年4月19日，于巴黎

注册和印花税管理局局长

茹·奥利维尔

国 外 新 闻

比　利　时

据说，被驱逐出罗马的耶稣会教士将到普鲁士避难。但我们认为，他们之中的很多人会逃到比利时来，因为除了那些由新教统治的国家之外，比利时是极少数的几个允许他们避难的国家之一。

德　　国

1871年4月17日，柏林

国会会议。——吕克斯贝伯爵宣读两份关于阿尔萨斯和洛林的关税情况的质询书。

他强调指出，他是受阿尔萨斯的工业家之托向国会转达他们对目前形势的不满的。阿尔萨斯当前的工业状况令人难以容忍，对国家大为不利，因此，阿尔萨斯人表示不满不是没有道理的。

现在的问题不是讨论关税保护或自由贸易的问题，而是如何弥补暂行规定之不足。

国务部长德尔布吕克的答复如下：

联邦政府对伯爵关于阿尔萨斯目前的工业状况令人难以容忍的看法表示赞同。首相府认为，法国新的海关政策，实际上就等于在采取严格的禁运措施。

联邦议会已经声明，认为在缔结和平协定之前，一切被确认是正当的商品应该可以自由出口到法国。

从法国进口到阿尔萨斯的商品，其数量不多。关税同盟许可的商品暂时可以免税入关。要取消海关限制，只能通过法律解决。联邦政府正在起草有关法令，不久将提交国会审议。

据《云报》报道，英国政府出面活动，企图让德国出兵巴黎进行干涉。《十字报》也报道了这条新闻，但似乎并不认为确有其事。而且，德国舆论界也好像不大赞同这一类干预行动。

西　班　牙

13 日《通讯报》在谈到昨日议会大厅流传的消息时说：少数派共和党赞同现职教士不得兼任议会代表的原则。

伦敦声援巴黎公社的集会

4月16日(星期日),在伦敦海德公园召开了一次群众大会——民主同盟举行了一次声援巴黎公社的声势浩大的示威活动。

三四万公民响应民主同盟的号召。《泰晤士报》不无遗憾地发现,与会者中穿大衣的人比穿工作服的人多。几位讲演者既慷慨激昂又信心十足;随后大会在欢呼声中投票通过了寄给巴黎公社的祝贺信,内容如下:

“兄弟们,

我们以世界共和国的名义向你们致敬,对你们今天为了自由,为了捍卫你们公社的权利而完成的伟大业绩表示衷心的感谢。

我们向你们致敬,是因为你们是新的社会制度的开创者和建设者,而你们的敌人凡尔赛分子乃是十二月党人的劲敌,欧洲各国暴君的可耻的走狗。他们之中的大部分人是由如今还生活在罗马教士的束缚下和普鲁士人的刺刀下的农村选出来的;为了签订和平协定,他们竟无耻地出卖自己的同胞以满足北方蛮夷的条件。他们居然还想行使篡夺的权力,悍然认为有权对你们进行镇压和压迫。尽管我们穷途末路的政府官员与凡尔赛的叛徒们狼狈为奸,企图招引外国出兵干涉,剥夺你们的权力,但我们伦敦人民相信你们为全人类的自由和解放而进行的战争一定胜利,并向你们伸出朋友和兄弟的援助之手。

我们认为:公社的成立和自治权的取得,是你们历史上的光辉时期的再现,1793年的宪法(第58、59和60条)就是把人民直接管理人民事务的权力交给公社行使的。

我们高兴地看到，尽管你们要克服重重困难，排除种种干扰，进行许多艰苦的斗争，但你们仍认真处理与公众利益有密切联系的重大的社会改革问题。我们唯一的遗憾是与你们仅一水之隔的英国尚未受足够的政治教育，不能按照你们光辉的榜样，进行斗争的尝试。”

宣读完毕后，大会一致通过向巴黎公社发去这篇祝贺信。最后，在持续不断的“世界共和国万岁！”的口号声中散会。

里昂市政委员会的代表请我们刊登以下更正：

编辑公民，

我们曾经在《争取巴黎权利同盟会刊》上发表一篇报告，谈到我们为争取和平与和解而在议会与巴黎公社之间进行斡旋的经过；有几家报纸在谈到这篇报告时，似乎把我们所持有的安全通行证与政府颁发的某种委任状混为一谈。这是不对的。

我们除了里昂市政委员会发给的证明外，没有任何其他证明，而安全通行证，仅仅是为了通过凡尔赛军队的封锁线，我们才申请发给的。该证明，并不比我们在离开巴黎时，因要通过国民自卫军的封锁线而向公社申请发给的安全通行证有更多的含义。

编辑公民，请您惠予在贵报刊登这项澄清事实的声明。

谨致兄弟般的敬礼。

里昂市政委员会代表
巴波德、杰士丹、弗卢
亚、乌通、瓦莱尔

杂　闻

上星期日，有人闯进位于乌尔维奇附近的圣保罗教堂，偷走里面的几件物品。

警方悬赏10英镑缉拿小偷，但时至今日，小偷仍逍遥法外。

《格雷厄姆市报》收到一封来自昆斯顿市的特别信件。信中说：波弗特要塞的一个连队发现一块重119克拉的钻石。钻石晶莹夺目、非常好看。

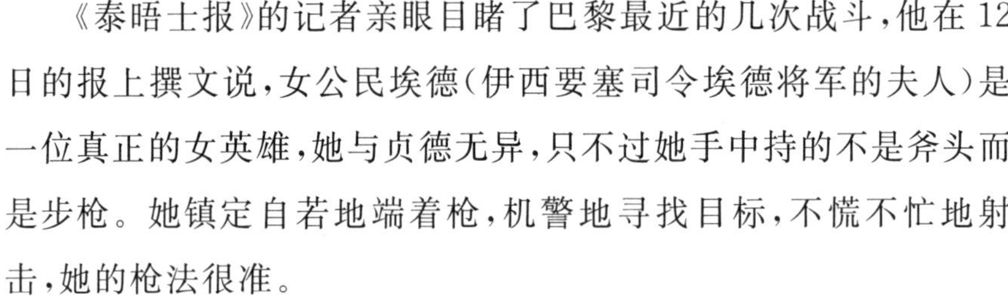

《泰晤士报》的记者亲眼目睹了巴黎最近的几次战斗，他在12日的报上撰文说，女公民埃德（伊西要塞司令埃德将军的夫人）是一位真正的女英雄，她与贞德无异，只不过她手中持的不是斧头而是步枪。她镇定自若地端着枪，机警地寻找目标，不慌不忙地射击，她的枪法很准。

伊洛广场上的咖啡馆外的露天座上，有5个人围坐在一张小桌旁，从他们的座位上正好可以非常清楚地看到瓦勒里安山峰。

他们一边说话一边时而用手时而用手帕发信号。

这几个人丝毫没有觉察到自己已处于在广场上巡逻的国民自卫军战士的监视之下。

显然，他们是在侦察情况。国民自卫军战士怒不可遏，冲上前去将他们团团围住，他们只好束手就擒。

有一两个人想申辩，但他们心中有鬼，面色苍白，紧张得说不出话来。于是这几个凡尔赛的间谍们只能乖乖地跟着自卫军战士来到岗哨。

最近在造币厂发现被藏匿的面值为 20 生丁的近 20 万法郎的钱币。

前天开始发放这些钱币，这就是为什么今天大家的钱袋都是满满的原因。

这些钱币是全新的，上面铸有拿破仑第三的头像，是 1866 年和 1867 年制造的。

虽说拿破仑第三的头像不好看，但发现的钱币是不会令人感到不快的。

几天前多家报纸报道了在市政厅地下室里发现血迹的新闻。

经化学检验，这血迹不过是猪和小牛的血而已。但有趣的是，根据司法部门的鉴定，血迹是今年 1 月份以后出现的。由此可见，当贝尔维尔的穷人们惨遭饥馑之时，靠 9 月 4 日运动上台的先生们却在饱餐肥嫩的小牛肉。

请看在君主享有神圣权力的国家，《雷诺周刊》是用什么措辞报道德加尔思王妃流产的消息的：

“我们怀着十分喜悦的心情宣布：德加尔思亲王和王妃的新生儿在出生几小时之后夭折，工人阶级就不必再多养活一个乞丐了。”

国民自卫军孤儿院

维克多·雨果大街40号(原奥斯曼大街)

公民们,你们正在为最神圣的事业而战斗,女公民们,你们正在为战士们缝制军衣,为他们包扎伤口,在这艰难困苦的日子里,你们无法给你们自己的孩子们以应有的照顾。

不过共和国可以照顾他们,共和国为他们提供床铺、衣物、食品,教育他们成为正直、勤劳和勇敢的人。

孤儿院是在公社、政府各部、各区区长和军需总监的关心下创办的;特别是军需总监,为孤儿院的创办出力尤多。

院长

雷蒙

比利时联邦军团的建立

凡自愿参加比利时联邦军团的比利时公民,请从1871年4月20日(星期四)上午九时开始,到圣安托万镇荷伊军营报名。

同日晚8时,比利时交通委员会会议也在军营举行。

西班牙领事请我们用西班牙文刊登下面的通知:

通　　知

从目前首都的形势看,军队调动频繁,战争的爆发势难避免,因此,西班牙领事馆认为有责任告知我国侨民:继续在这个城市居住,必将遇到许多危险,最好及时离开此地。

为此,请于今天、明天和后天,到领事馆来办理必要的通行证,迁出首都,否则,如有不测,一切后果由本人负责。

1871年4月19日,于巴黎

西班牙领事

约瑟·卡尔弗·特鲁尔

工人协会联邦工会

工人协会代表请务必参加将于本月20日(星期四)晚8时正的联邦工会会议。

会上有急事相商。

会上将讨论劳动委员会分会的报告和有关劳动和交换委员会收到的几项方案的说明。

俄国商会和航运公司最近表示,如果当局给予支持,保证让他们垄断经营,他们愿出资在发源于高加索北面山麓流入喀尔什海峡的库班河上开设一条轮船航线。据闻一旦西伯利亚西部的奥比河和叶尼塞河的航运打开,将开设其他两条轮船航线。将开设的第四条航线是从奥德萨通往印度、中国的定期航线。

因为解冻,喀琅施塔德要塞的工程可以继续进行。面朝大海的炮台现已装上铁板支架,并装配上大口径炮。在巴库正在修筑一个摩尔顿式的大码头和一条宽阔的方石海堤。

上月16日,在圣彼得堡的德米基饭店举行了一年一度的纪念塞瓦斯托波尔海战的宴会。主持人在致辞中强调很有必要在废墟上重建塞瓦斯托波尔，恢复它在波罗的海和亚速海航运暂时停运时所发挥的俄国南方天然的大商场和销售市场的作用。主持人还提到塞瓦斯托波尔和拉索沃的铁路工程的进度，并说这条铁路将加速卡尔阔夫、基辅以及其他俄国南方城市的商业的发展。在结束讲话时，他建议为塞瓦斯托波尔的未来干杯，与会者热烈响应。

艺术家协会第一剧团的剧作家、作曲家、戏剧演员、歌剧演员于 1871 年 4 月 18 日在阿尔卡扎尔开会，请求公社允许他们使用巴黎空闲的剧场，举行义演，以救济国民自卫军的伤员、烈士的遗孀、遗孤和贫困家属。

发起此项活动的委员会请巴黎剧院、乐团的演员及其他音乐家把表示愿意参加演出的信寄到阿尔卡扎尔的普瓦索尼埃尔镇 10 号委员会主席处。

秘书　保尔·布拉尼

1871 年 4 月 21 日星期五在阿尔卡扎尔开会任命一个负责起草艺术家协会的章程的委员会(3 时正开会)。

法　　庭

曼恩－卢瓦尔高级法院

（昂　热）

庭长　莫兰先生

伪造票据案

勒内·布洛斯，缪塞的遗孀，64 岁，1806 年 7 月 22 日生于昂热，被指控犯有制造和使用伪造票据罪。她伪造的票据大部分逃脱了银行的注意。

起诉的案情如下：

去年 12 月 2 日，缪塞的遗孀因诈骗罪被昂热法院判处 4 个月的监禁。轻罪法庭对她进行预审时发现她有大量伪钞。她这样做似乎与诈骗出于同一目的：设法搞到钱去还债。勒内·布洛斯年轻时生活相当富裕，受不了现在的贫寒，因而她必须搞到很多钱。

从 1869 年 9 月或 10 月起，缪塞夫人利用她的亲属，由她的侄女萨瓦尔供她吃住，利用侄女对她的轻信作案，直到很久以后她的侄女才发现她的行径。开始，她的侄女及其丈夫对她的要求有些犹豫，这时，缪塞夫人说她从法国大东方银行收到一大笔钱，让他们把她收到的钱存放在一个公证人那里。

与此同时，她伪造了两封信，日期分别为 1869 年 12 月 7 日和 1870 年 1 月 5 日，签字人是昂热公证处的声望颇高的公证人杜布瓦，第一封信是关于赠予 900 法郎的证明，这封信寄给萨瓦尔夫人；第二封信说昂热公证人达布隆先生将收到 12 000 法郎，这封信寄到了这位公证人的办事处。

这两封信及签名都是假的，是昂热一位专门为别人起草文书的名叫莫尔丹的人按缪塞夫人口述写的。尽管缪塞夫人一口咬定从未见过莫尔丹，但这位 77 岁的代笔人明确证明这件事情，他说他不自觉地做了被告人的驯服工具。法庭因他态度老实，不对他进行法律追究。缪塞夫人的计谋没有得逞，于是她策划其他犯罪手段谋取钱财。

果然，1870 年 2 月 25 日她向昂热的两位银行家布路易和博奈先生出示一张记名期票，上面有她的侄女婿萨瓦尔的假签名。两位银行家对这张同样也是莫尔丹伪造的期票没有表示怀疑，把钱兑付给她；但是缪塞夫人仍不满足，她又绞尽脑汁，设法谋取更多的钱财。

从她为了骗取与其打交道的人的信任而采取的种种手段就可看出，她是很狡猾的。她到昂热的一位公证人办事处，让他的一个书记起草一份贴上印花票的文件，证明她以 26 000 法郎的价格将她的所谓有肖德丰矿的 20 份股票转让给波泰尔伯爵。

她拿着这张既没有日期也没有签名的文件又去找莫尔丹，叫他在文件下面写上 1870 年 2 月 21 日，并签上假签名。

缪塞夫人立刻拿着这份文件去见昂热的银行家勒蒙特和博西埃先生，问他们是否愿意给她 26 000 法郎买这些股票。她利用这种手段获得他们的信任，并于 3 月 21 日、31 日和 4 月 15 日让他们兑付了 3 张期票，金额分别是 700 650 和 600 法郎。这些期票全部是莫尔丹伪造的。每张期票上都有“波泰尔伯爵”的签名及金额。

两位银行家不但认为文件是可靠的，而且也相信期票是有效的。过了一段时间，他们才开始产生怀疑，派人去调查，方知在缪塞夫人所说的波泰尔伯爵居住的夏兰根本就没有波泰尔伯爵这个人。两位银行家再也不上她的当了。

他们甚至还要求退还那张 650 法郎的期票，萨瓦尔夫人怕他们揭发其姨母，便付给他们 650 法郎。而缪塞夫人，尽管她的骗局被识破，她的计划遭到失败，但她仍执迷不悟，越走越远。

1870年5月初，她又企图兑付2 000法郎的票据，这一次，票据是由波泰尔伯爵签名给布朗维兰的。她去见昂热的银行家穆兰先生，穆兰先生要求会见布朗维兰先生，缪塞夫人说他不想来，说票据还在他手里，他已不需要兑付。

以上是起诉书中记载的事情经过。

缪塞夫人声称她只不过是替布朗维兰兄弟二人办事的，他们是她亡夫助手的儿子。她从他们那里收到票据和其他的假文件，她领到钱后把钱交给他们。

不过，经了解，她所说的布朗维兰几年前就死了。没有留下孩子。而且莫尔丹的坦白交代也毋庸置疑地证明文件是伪造的，同时也证实了被告人的话纯属假话。

过了一段时间，缪塞夫人又编造出另一套假话，说自己神经不好，这仍然是无人相信的。她机关算尽，诡计多端，她与各种人打交道都是很动心眼的；这些人后来都出庭作证，证明她的神经异常健全，她应对她的行为负全部责任。

陪审团认定她有罪，但同意对她减轻处罚，最后法院判她3年监禁。

通　　讯

1871年4月19日，巴黎

公报主编先生，

我异常惊奇地发现14日的《公报》里，塞埃医生重复他在一次学术会上提出的错误的断定：里埃比先生不再生产以其姓名为商标的固体牛肉汁。

两个月前,我已表示愿意向塞埃先生提供里埃比先生给我的来信,他在信中所说的和塞埃先生的说法完全相反。因此我再一次希望塞埃先生承认错误。

目前不宜就塞埃先生文章中的其他观点进行讨论;我只想补充一点,在巴黎每天都有许多医生向病人建议食用固体牛肉汁。

此致

敬礼!

阿历克西·乔弗鲁瓦

1871年4月21日　星期五

要　　目

正式公报。——关于成立汽艇连的决定。——关于取消面包工人夜班的决定。

非正式公报。——战报和电报。——国民自卫军军医的任命。——公社会议。——国外新闻。——德军在被占领的法国领土上的部署。——军事法庭。——医院和野战医院中的伤员的情况。——交易所。

正 式 公 报

1871年4月20日，巴黎

巴黎公社，

鉴于前伪国防政府花了大量经费开办汽艇邮递业务；而该伪国防政府对此项公用事业，同对其他公用事业一样，采取放任不管的态度，致使国库花了数十万法郎制造的汽艇，目前许多已分散到好几个地方，而且有挪作他用之虞。

现在，当务之急是，要把这些汽艇置于公社的监督之下，连同巴黎被围期间派往外省去的汽艇，交可靠人员登记造册，妥善保管。

鉴于盘踞在凡尔赛一隅的伪国防政府，出于显而易见的目的，禁止邮寄一切新闻报纸及私人信件，不允许巴黎和各省之间有任

何精神沟通，以便让它自己随心所欲地散布流言，将外省及国外的公众舆论引入歧途，

因此，巴黎公社非常希望所有的人都能了解事实的真相及该政府的所作所为和它的意图。

公社认为，在这种情况下，必须利用汽艇进行空中邮递，把健康的东西传遍四方。

公社认为，在凡尔赛政府继续发动进攻的形势下，用汽艇进行军事侦察，也是防御的必需，而在巴黎被围期间，前伪国防政府别有用心地逐步拒不采用这一手段，因为，当时那些准备让巴黎投降的人实际上也用不着搞什么空中侦察。

兹决定：

1.建立一个巴黎公社民用和军用汽艇连；

2.这个连临时由1名连长、1名连副、1名少尉、1名上士、2名班长及12名汽艇驾驶员组成；

3.连长每月薪饷为300法郎，连副为250法郎，其他成员每月的薪饷为150法郎；

4.巴黎公社民用和军用汽艇连由执行委员会直接指挥；

5.任命克罗德-茹尔·杜尔诺夫公民为巴黎公社民用和军用汽艇连连长；

任命让-皮埃尔-阿尔弗莱德·纳塔尔公民为连副兼仓库总管。

1871年4月20日，于巴黎

执行委员会

阿夫里阿尔、弗·库尔奈、沙·德勒克吕兹、费里克斯·皮阿、古·特里东、奥·韦莫雷尔、爱·瓦扬

凡欲参加汽艇连的汽艇驾驶员，请直接向杜尔诺夫连长本人报名。

应面包工人同业公会的合理要求，

执行委员会决定：

第一条　取消夜班。

第二条　取消前帝国警察局指定的职业介绍所，由每个市政府设立一个登记处代办面包工人登记事宜。将在商业部设立一个总登记处。

1871年4月20日，于巴黎

执行委员会

库尔奈、奥·韦莫雷尔、古·特里东、德勒克吕兹、费里克斯·皮阿、阿夫里阿尔、爱·瓦扬

非正式公报

1871年4月20日，巴黎

战　　报

旺夫、伊西和克拉马，没有新情况，完全平静。

阿涅尔(昨晚4时)——奥科洛维奇上校头部和臂部受伤，腰部严重挫伤。古尔内上尉被压在上校下面，未受伤。

据说有三座房屋倒塌，有几个人可能被埋在瓦砾下面。

设在其中一座房屋地下室内的军需仓库未遭到破坏，状态完好。

人们用泥土修筑了坚固的工事。

今晨，勇敢的居洛上尉在保罗·杜邦印刷厂战地医院对面头部被炮弹炸伤。凡尔赛军继续向这个医院射击。

下午4时，奥科洛维奇上校虽然负了伤，但仍视察了各炮兵连并发布了命令。

战火仍在全线继续。

部队士气旺盛，敌人很少射击。

纳伊——昨晚，两处街垒在夜间放弃并被敌方占领。今晨，这两处街垒又重新被公社战士夺回。

凡尔赛军在塞纳河左岸筑垒固守。炮战仍在继续。

电　　报

4月20日12时35分

东布罗夫斯基将军致陆军部和执行委员会

夜间，敌军未向我发动攻击。我方仅遭到来自库伯瓦和瓦莱里安峰的炮击。我军队在占领的阵地上加强工事，白天已非常疲劳，现在正在休息。

东布罗夫斯基

陆　军　部

埃德将军已被任命为塞纳河左岸要塞总监。

因此，他有权检查各要塞的装备和人员，了解一切与要塞有关的事务，并代驻陆军部代表指挥各要塞司令。

经驻陆军部代表批准，特任命：

4月17日

克拉维利医生为第五团主治外科军医。

4月20日

丰多利韦医生为第六团主治外科军医。

维亚尔医生为第十七团主治外科军医。

杜尔安(古斯塔夫)医生为第八十六营外科军医。

罗齐茨基公民为第一百四十四营助理军医。

西奈克公民为第一百五十一营助理军医。

科谢公民为第二百二十九营助理军医。

克罗(安托万)公民为第二百四十九营外科军医。

克罗(夏尔)公民为第二百四十九营助理军医。

农　商　部

昨天，已有一列火车载600头牛到达某火车站。

今后，将每天都有足够的牛运到，供应巴黎。

帕里泽尔

巴黎公社

1871年4月19日会议

会议主席　勒弗朗赛公民

德麦公民担任主席助理，在主席台就坐。

宣读并通过了上次会议记录。

全体会议决定，在会议进行期间，应该对会上讨论的情况或出现的问题保密，讨论的情况或出现的问题不写入正式记录。

主席公民收到一份关于新选举的文件。他问帕里泽尔公民，这些选举是否由他负责裁定。由于没有任命的委员会，是否可保留上一届委员会？

帕里泽尔公民：我要求不再担任该委员会的委员。

主席公民：福·亨利、朗维耶和马尔泰勒被任命为负责裁决上次选举的委员会成员。现在，请这几位公民向我们写一份报告。

5时，马尔泰勒公民宣读了选举委员会的报告（此报告已于昨天刊登）。

主席：报告认为，不一定非要获得1/8的选票才能当选，只要获得选举票数的绝对多数即为有效。

贝雷公民希望按法律办事，接着，他请奥·阿尔努公民发言。

阿尔努公民：我赞成严格按法律办事，选举法要求必须获得1/8的选票才能当选。如果承认不符合选举法规定的选举有效，我们便不可避免地要使其他选举无效。

一个巴黎公社的委员仅以500名选民的票数当选,是不能被接受的。

我们的权力是什么呢?是什么使得它有威信的呢?那就是因为我们是被选举的。如果我们不按选举法办事,我们就可能严重地损害普选的精神。因此,最好请中央委员会裁决。

如果你们接受报告所做出的结论,你们就没有理由不让一个候选人以50票当选。

应该有一个最低限度,那就是1/8:我们要遵守这个规定。已经按照法律的规定进行了11次选举,我们宣布这11次选举是有效的。我们不能接受其他的选举,理由是它们将有损于我们的威信,因为,人们也许会对我们提出反对意见说:某公民仅得到两张选票,一张是他自己的,另一张是他儿子的,就公然自称为代表了。

因此,必须坚持法律规定的最低限度。在我们当前所处的严峻形势下,我们不能承认得票不到1/8的人当选。在普选中,政府应当把好这个关,否则,我们就不配当巴黎人民的代表。

巴·格鲁塞公民:我不管巴黎的选举结果将对凡尔赛政府产生什么影响,我只是在心里琢磨:让那些没有得到1/8选票的人当选,会产生什么样的后果。让那些没有获得1/8选票的人当委员,这就在事实上否定了选举法。我们不按中央委员会制定的原则办事,我们就违背了选举法。

委员会认为:获得相对多数票的公民不能当选,而只有获得绝对多数票的公民才能当选。

你们既然不了解群众的基本评价,不按选举法行事,那么,唯一正确而慎重的办法就是依靠群众的智慧，依靠选民的选择，让所有那些获得绝对多数票的人当选。

瓦尔兰公民：我不同意阿尔努公民的看法。我们不能接受这种选举法，因为我们没有承认它。就我来说，我是同意报告所做的结论的。

在所有按成规办事的团体中，人们总是按绝对多数人的意见办的。在以前的选举中，我们已经有过未获得 1/8 选票就当选的先例，这个做法就不要改变了。

我只再补充一句话……

比约雷公民：假设一个区全区的选民都弃权，只有 5 个人去投票，那么这 5 个人就是公社仅有的支持者，其他人对随便哪个委员的票都不投……

乌尔班公民：我认为，弃权根本不能成为一个理由。有一种方法可以表达他的意见，那就是投空白票。空白票一多就可使选举无效；现在，那些不愿意投我们票的人既然没有这样做，我们就继续干下去好了。

阿尔努公民担心我们这样做，将令人觉得我们办事可笑又可憎。而我却认为首先令人可憎又可笑的是那些不来投票的人。那些不愿意通过投票来捍卫他们的自由的人，在我看来既不是法国人，也不是德国人，也不是中国人。

朗之万公民：我处在一种相当尴尬的境地，因为，我恰恰是在第一轮选举中当选的人之一。尽管如此，我还是反对此次选举有效。

就我来说，对于全体会议做出的决定，我感到遗憾；如果不是考虑到目前我们所处的形势，我甚至可能提出抗议，因为我认为，如果同意报告所做的结论，我们就会严重损害公社在人们心目中的威信。

看问题要合乎逻辑。因为，有一项决议与刚才有人表述的观点恰恰相反：在第十七区，由于选民众多，你们便增加了一次选举；这显然表明，当你们要选民去投票的时候，你们拿法律作依据，而要判断一次选举是否有效的时候，你们就不按法律行事了。这一点，是你们自己也承认了的。

朗维耶公民：我只补充两句话。在第十七区，贡博公民没有当选；而在第二十区，得微弱多数票的人都当选了；我们不了解这合不合乎选举法。

雷萘尔公民：我们没有按选举法办！我们号召所有的人都去投票，那些不去投票的人，活该倒霉。我认为 1/8 这个规定是可笑的。

克雷芒斯公民：我愿意遵守 1/8 这个规定。就大家发表的意见来看，即使是那些今天表示反对 1/8 这个规定的人，也是接受了 1849 年的选举法的。

没有获得这一最低限度票数的候选人，在第二轮投票只要获得相对多数就可当选。就我自己来说，我声明：我不愿意是在一次群众集会上当选的，而愿意由全体人民选我作委员。

有人提议终止辩论。阿利克斯公民发言反对。

主席公民将“终止辩论”提请表决；结果是 18 票赞成，17 票反对。

主席宣布辩论终止。

公民阿尔努、瓦莱斯、韦莫雷尔、阿夫里阿尔和克雷芒斯要求唱名表决。

布朗舍公民:我同意报告提出的得到绝对多数票就可当选的原则,因为在前几次选举中,我们也没有得到 1/8 人数的选票就当选了嘛。

某某委员:我也同意报告所做出的结论。那些没有履行自己职责的公民,是自己放弃他们投票的权利的,因此,我认为我没有必要去为他们的利益操心。

巴·格鲁塞公民:我同意报告的结论,但感到美中不足的是:结论的措辞还不够宽容,没有说明应立即让那些获得无论是什么样的多数票的候选人当选。

在自由选举中投弃权票,那就是放弃权利。

雷蒞尔公民:目前是战争时期,我赞成通过报告。

阿道夫·克雷芒斯公民:为了坚决维护公社的权威,我反对报告所做的结论。

茹·米奥公民:未获得 1/8 选民的票就当选,这,我投反对票,因为选举原本就是至少要有 1/8 选民投票才有效嘛。

考虑到还要进行再次选举这种特殊情况,我希望全体会议修改必须获得 1/8 票数这一条,改成只要获得相对多数票即可当选。

腊斯都尔公民:我不同意这个报告,因为公社曾宣布遵守选举法的规定,要至少获得 1/8 的选票才能当选。报告走得太远了,根本不符合公社所公布的第一个决议中所做的决定。因此,报告损害了普选原则,破坏了全会的精神,自己使自己所做的决定无法推行。

报告提出的结论，以 26 票对 13 票的多数通过。

会议于 7 时结束，并决定明天 2 时继续开会。

1871 年 4 月 20 日会议

会议主席　维阿尔公民

鲍狄埃公民担任主席助理。

会议于 3 时 10 分开始。

由于本次会议要讨论战略和部队的调动，因此秘密举行。

根据德勒克吕兹公民的建议，会议于下午 5 时重新开始。

主席公民：请德勒克吕兹公民就他关于委员会代表的建议发言。

公社决定：

1. 公社的行政权现在和将来都临时委托九个委员会的代表们行使，公社对这九个委员会的工作和权限应做出安排；

2. 九个委员会的代表，将由公社以多数票通过来任命；

3. 代表们应每天开会，以多数票通过做出有关各自部门的决定；

4. 他们应每天在秘密会议上，向公社报告他们所做的决定或采取的措施，最后由公社批准。

主席宣读德勒克吕兹的建议。

根据德勒克吕兹公民和阿夫里阿尔公民的发言，建议全文付诸表决并被通过。

儒尔德公民提请宣布以下几个重要部门的名称。

主席宣读名单：

陆军部，

财政部，

军需部，

司法部，

社会教育部，

公用事业部，

公安部，

劳动与交换部，

对外关系部。

休会5分钟。

会议于6时半继续进行。

安德里约公民：我要求对即将举行的投票发言。

主席公民：请安德里约公民发言。

安德里约公民：我的建议已经得到了几个委员的附议。我提议在按一个一个的候选人表决之前，先按名单投票，以便能够了解哪些人在全会中是最受欢迎的；这实际上等于是投票的第一阶段，对第二次投票会有所启发。

克雷芒斯公民：我要求在就同一职务投不同的候选人的票之前，先把他们的名字高声宣读一下。

主席公民：以上发言尚未涉及采用什么方式投票。

拉乌尔和里果公民：我们刚才商定对每个职务采取举手表决。

某某委员：我主张秘密投票。

主席公民：德勒克吕兹公民问大家是否愿意在选票上签名。

某某委员：愿意，应该在选票上签名，这个办法好，应该采取。

阿木鲁公民：很有必要让每个人在他的选票上签字，因为签了字，他就要对所任命的人负责。

我认为候选人的名单，用不着讨论，因为一讨论，就会在以后削弱当选人的威信。

我还主张一个一个地表决，因为我们今天应当相互认识一下嘛。（是啊。）

主席公民：现在开始投票。

几位委员：怎样投法？

主席公民：赞成在表决时指明部名的，请举手。

通过了按名单投票的方式。

勒弗朗赛公民：是秘密投票还是记名投票？

（大家决定记名投票——嘈杂声——唱名表决。）

阿木鲁公民：下面由秘书清点选票，可以增加一个人帮助统计。

阿尔诺公民：我无法表态，因为我不了解候选人。

（有人说）：好哇！你不表态了！

阿尔诺公民：让我说明一下，好吗？只说一句话，我要求唱名表决，这样，每个委员的情况就全都清楚了。

阿木鲁公民（秘书）：此次选举计票的结果如下：

执行委员会由以下公民组成：

陆军部：克吕泽烈。

财政部：儒尔德。

军需部：维阿尔。

对外关系部:巴斯噶尔·格鲁塞。

劳动与交换部:弗兰克尔。

司法部:普罗托。

公用事业部:安德里约。

教育部:瓦扬。

公安部:拉·里果。

驻公用事业部和劳动与交换部的代表尚须另外提名,因为这两名候选人未获得绝对多数。

请举手表决。

表决结果,任命:

安德里约公民为驻公用事业部的代表,

弗兰克尔公民为驻劳动与交换部的代表。

阿夫里阿尔公民:现在各委员会必须改组,应把各委员会的改组事宜列入明天的议事日程。

主席公民:明天的议事日程是新的委员会的组建问题。

阿夫里阿尔公民:从我们开始在这里担任委员到现在,人们已可对每个成员的才干做出评价,因此有必要进行改组。

会议于8时差10分结束。

国外新闻

德　国

关于将米卢兹归还法国的谈判,已取得令法国满意的结果:米卢兹仍属于法国。

人们认为日耳曼帝国吞并卢森堡一事，十之八九已成定局。

——据德国报纸上的一则维埃纳电讯报道，巴登公国有意和瑞士重新划定它靠近巴塞尔的领土界线；瑞士方面将割让沙夫豪森州中巴登公国康斯坦茨铁路通过的地区。

——劳恩堡公国之属于普鲁士，完全是该国君主与普鲁士国王的私人关系。本月 28 日，该国议会举行会议，意欲全盘否定普鲁士对该国的兼并。

劳恩堡已经不是第一次提议改变这种关系了。这个国家，尽管由于柏林和约而脱离了丹麦王国，但它绝不愿意成为普鲁士的附庸。所以，在北方联邦内部和普鲁士国王治下，它一直享有一定的自主权。今天，这种关系看来是应该改变了。把个人的依附关系改变为单纯的合并这一建议，无论在劳恩堡议会，还是在普鲁士议院，几乎没有人反对，尽管国家党不停地在普鲁士议院叫嚷要吞并公国。这是今年的几次大事件之一。

意　大　利

《罗马观察家》严厉谴责亚森特神甫于圣周①来到罗马，在教皇成为牺牲品的悲剧中扮演犹大的角色。这位前加尔默罗会修士动不动就出示他称为自己朋友的茹·法夫尔先生的介绍信。他由一个年轻的英国（或美国）女士陪伴，这位女士在他影响下皈依了天主教，但他们并未住在一起。在传闻说，他将邀请外国人出席在

① 圣周，复活节前的一周。——译者

一个什么大厅（而不是在教堂）举行的演讲会。他与国王驻罗马的专使加达先生、拉塔齐先生（他现在已回到我们这里来了）及《自由报》社社长阿尔比先生（犹太教徒）等打得火热。

瑞典和挪威

两个斯堪的那维亚王国合并的计划被彻底埋葬了。在遭到挪威议会的谴责之后，该计划的命运就完了。议会经过三天的辩论，以 92 票对 17 票否定了这一计划。挪威人不愿与山那边的紧邻密切关系的原因，主要来源于目前正在瑞典筹建的新的军事组织，将把挪威一贯反对的负担和义务强加给这个国家。此外，有一部非常完善的民主宪法的挪威，担心与瑞典组成更紧密的联盟后，两国的制度一掺和，必将受王权的影响和支配。在上次不愉快的尝试之后，希望王朝打消这个已经开始使瑞典人自己也感到厌烦的念头。

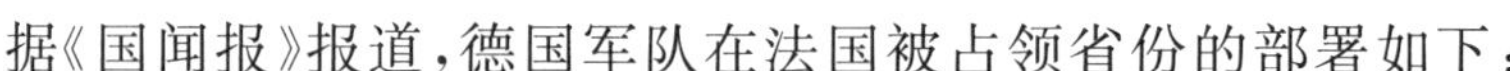

据《国闻报》报道，德国军队在法国被占领省份的部署如下：

第一军团（第一和第八军，第十七步兵师和第三骑兵师）驻守索姆省、塞纳河下游及厄尔省和瓦兹省塞纳河右岸地方。

默兹军团（禁卫军、第三军和第五骑兵师）驻守瓦兹省塞纳河左岸地方、塞纳－瓦兹省以及巴黎四周和圣德尼的几个要塞，即：布里什要塞、双冠要塞和艾士特要塞及奥贝维利耶要塞。

第三军团（第六和第十一巴伐利亚军及第四骑兵师）驻守塞纳－马恩省和塞纳－瓦兹省，以及诺让、罗斯尼、努瓦西和罗曼维尔要塞。

第二军团(第三、第九和第十军、第二和第六骑兵师)驻守上马恩省、奥布省和科多尔省。

南方军团(第二和第五军、第一骑兵师)驻守上索恩省、杜省、汝拉省、科多尔省的一部分地方和贝尔福要塞。

此外,第七军驻守默兹和孚日省以及默尔特-摩泽尔省(目前这个省尚在法国人手中)的一部分地方。

第十二军驻守埃纳省和阿登省。

最后,符腾堡师驻守马恩省。

巴黎的反动报纸全都转载了《巴黎日报》的加框新闻,说梯也尔先生向普鲁士政府交付了5亿法郎以赎取塞纳河右岸的要塞。

我们断然否认这条假新闻。普鲁士政府在最终签署和平条约以前,根本不愿撤离要塞,所以,尽管梯也尔先生想轰击英雄的巴黎的塞纳河右岸市区,这次恐怕仍将落空。

据似乎有根据的传闻说,莱昂斯勋爵也许在星期一向临时政府首脑梯也尔先生递交了一份英国政府的紧急照会,声称英国政府担心在巴黎发生的事件会在英国引起反响。

在瓦良蒂洛厅举行的一次会议中,大约1 000位公民出席了会议,其中包括几乎所有的工商界人士,除4人反对外,其余的人通过布朗松公民的如下提案:

巴黎权利共和联合同盟声明它承认巴黎公社宣布的原则是正确的和合法的。

军 事 法 庭

庭长　罗塞尔上校

1871 年 4 月 20 日开庭

第一百六十三营的两名军官拒绝向敌人进军

今天提交军事法庭的案件非常严重。国民自卫军的两名军官被指控拒绝向敌人进军。

这两名军官是：

1. 鲍狄埃公民，53 岁，装饰工，第一百六十三营第一连连长；

2. 洛特公民（路易－亚历山大），36 岁，汽水制造商之子，第一百六十三营第二连连副。

法庭受理了旺夫要塞司令勒德留少校提交的如下起诉书：

“第一百六十三营打了五天壕堑战后，休息了一夜。第二天，奉命开赴壕堑和街垒，该营于晨 6 时出发去执行任务。刚走出要塞，军官们就叫人找我，他们聚集在一起，向我声明说，由于疲劳，他们不愿去壕沟而要到巴黎。我严厉指出他们想去巴黎是不对的，对他们的这种想法进行了应有的批评。但这两个军官不顾我的命令还是走了。我只好给埃德将军和第十四团团长分别发出电报，要求逮捕他们。这就是事实经过。我要补充说明的是：我对第一百六十三营在要塞的表现极为满意，他们在几次壕堑战和街垒战中表现得特别出色。”

读完起诉书后，主席公民对鲍狄埃连长进行了审讯。

问：被告鲍狄埃，你们是在哪一天被派往旺夫要塞的。

答：我们被派往战壕，白天和黑夜都在那里度过；尽管没有帐篷也没有掩蔽体，我们仍在战壕里待了六天六夜，直到第七天才有人来接替我们。

问：你们有多少人？

答：两个连，约150人。司令的指控是不确切的；我要求派人来替换我们，至少要让我们有时间去修理武器。

问：你们是调派到战壕去才离开要塞的？

答：当通知我们离开要塞时，并没有告诉我们是到战壕去。

问：不过你本人是知道的吧？

答：是的，但一开始出发，我就觉得战士们不愿意去。在街垒执勤时，四连牺牲了好几名自卫军战士。

问：你说你的战士们的武器不好，其实这要怪您这个当连长的。

答：我要告诉法庭，在相当一段时间以来，营里没有营长，没有人领导。虽说我干得不好，那也不能怪我，因为连修武器的钱都没有嘛。

问：你说让你们继续留在战壕里，这不合理，所以您才拒不服从。让我们把事情弄清楚。是你不让战士们走，还是他们自己主动后退的？

答：是他们自己；不过，我认为他们做得对。

问：从你所说的情况看，你没有认识到你们这样做是错的，尤其是这种错误的行为一再发生。我们一方面要就事论事，一方面也要设身处地地从你们当时所处的特殊情况审理此案。

现在，被陆军部传讯后，你承认了构成起诉的事实。

我看了由你签字的审讯记录。作为老资格的连长，在接到返回战壕的命令后，你召集了军官们并问他们打算怎么办。他们说此事由你决定。后来，你又问了战士们的意见，你就按他们向你表示的愿望让他们开往巴黎。你们营的战士在走出要塞准备返回战壕时，你甚至还两次阻拦他们。

答：我不能强迫战士们前进。我们既要在战壕里执勤，又同时要在街垒执勤，我们的人也不够用呀。

问：当你看到战士们违抗命令时，你是怎么做的？

答：我去找旺夫要塞司令并向他转告了大家的要求。但他拒不考虑，所以，我们就向巴黎进发了。

问：你做了要塞司令才有权做的事，因此在这点上，你是有责任的。

答：是这样的，但是，在国民自卫军中除了对自己连队的战士能施加影响外，对别人是无权指挥的。因此，除了指挥我连战士外，对其他的人，我就无能为力了。

问：是你带领你的部下去巴黎的？

答：我是跟着他们去的。

对连副洛特的审讯

问：你也离开了旺夫要塞准备返回战壕去的吗？

答：是的，和两个已严重减员的连队一起去。

问：在你们指挥的战士采取该受指责的行为中，鲍狄埃连长应负什么责任？

答：所有的战士都不愿意去，抱怨枪支弹药不够。我曾试图让他们去，但没有成功。

问：你是否认为，早该把你们营的情况报告要塞司令？

答：自卫军战士很分散，到出发的时候才把他们集合起来。只是到集合的时候我们才发现整个情况很不好。我当这个连的连副才一个星期。

问：连队首长时时和连里的战士保持联系，因此，你是负有重大责任的。

答：已连续度过六个不眠之夜的自卫军战士没有料到会接到再战的命令，而我本人，我以为，白天守在战壕里，那没有什么关系。我是个青年军官……

问：一个军官不论是青年或不是青年，只要是军官，就必须负责任。

答：是的，在我的连队里，连上士都没有，只有三个下士。这个营的建制应该大大加强。

问：营长是否也不去？

答：是的，正是这样，鲍狄埃才把军官召集来传达他的意思。

问：企图对上司的命令讨价还价，对此你做何解释？

答：我完全知道我们是奉调动命令而行动的，命令是由鲍狄埃公民传达的，一切由他指挥。

问：你能否用一句话说明你在这件事情上起了什么作用？

答：我只不过是按鲍狄埃连长的话行事。

问：是的，但你们都犯了军法：首先是你们两人，然后是其他人，他们是同谋。作为战士，只要一接到命令，你们就应该像战士那样行动，尤其不能对下达给你们的命令讨价还价。

鲍狄埃连长的辩护人勒勒尼埃公民向法庭提出要求，鉴于刚才在庭上披露的事实，证明不仅两个被告有罪，而且两个连队的人由于拒绝执行命令都有罪，因此，请法庭允许他与被告交谈片刻；此外，辩护人还要求，今后对任何被告均应提前 24 小时通知，以便让他准备辩护和找证人，因为证人的证词对案情的审理是至关重要的。

被告洛特的辩护人拉维奥莱特公民，声明他同意前一个辩护人的意见。

庭长公民告诉辩护人说，法庭不反对暂时休庭，并准许辩护人与被告谈话。至于提前 24 小时通知被告，他不能同意，因为在目前的特殊情况下，军事法庭必须立即审理送审的案子。

休庭几分钟后，重新开庭。

庭长公民认为有必要提醒辩护人，在军事法庭前，按诉讼法的规定，辩护词应当尽可能简短扼要。不过，庭长仍尽可能多地给予辩护人自由。

接着，请勒勒尼埃公民和拉维奥莱特公民继续进行辩护。

随后庭长宣布辩论结束，审判人退入会议室。

重新开庭后，庭长宣读了如下判决书：

“被告鲍狄埃已承认是他提出开回巴黎，第一百六十三营才开回巴黎的；

被告洛特承认自己参与了让这个营开回巴黎的决定，不仅参与了决定，而且还与营里的官兵商量此事；

鉴于士气低落的原因，除上级指挥官应负责任外，主要还是由于连队军官的疏忽和无能；被告所说的部队的疲劳和牺牲，不能成为连队战士不去参战的理由。何况这些困难，只要战士尽力，长官积极领导，是完全可以克服的；

因此，本庭决定：被告鲍狄埃犯有临阵脱逃罪，判处三年监禁，并撤销其连长职务。

同案被告洛特犯有共谋罪，判处一年监禁，并撤销其连副职务。

本庭决定：监禁于明晨6时在军事法庭拘留所开始执行。”

此次开庭，还同时审理了一个人称“癞皮”（皮埃尔－奥古斯特）的泥瓦工，年25岁，国民自卫军第一百五十六营下士；该下士被指控犯有盗窃各种服装罪；情节严重之处在于，连队住在他家，被告身为战士并被授予下士军衔。因此，法庭认定被告有罪，决定判处强迫劳动十年。

法庭于午夜零点30分闭庭。

1871年4月22日　星期六

要　　目

正式公报。——巴黎入市税局的决定。——克吕泽烈将军关于征用土木工程仓库的命令。——国民自卫军医务人员的任命。——国家图书馆馆长的行政决定。

非正式公报。——战报。——电报。——公社会议。——第十区的世俗教育。——财产管理处拍卖公告。——艺术家协会的选举。——国外新闻。——杂闻。——告比利时人书。——讣告。——法庭。——被禁闭的国民自卫军战士名单。——在医院和收容所内的国民自卫军伤员的情况。——交易所。

正式公报

1871年4月21日，巴黎

入市税局

决　定

根据共和历7年葡月27日（1798年10月18日）颁布的法令：

巴黎入市税局实质上是公社的：

加之本局所有的职员，无论是在哪个部门和担任何种职务，都曾履行非政治的纯职业宣誓手续，要忠实执行有关税收和巴黎市利益的现行的和将来的法律；

而且，按照上述法令和宣誓的誓言，无论巴黎和法国采取何种政府形式，入市税局的职员应该像他们以前所做的那样，忠实地留在自己的岗位上；

因此，公社入市税局局长决定：

凡自公社政府成立之日擅离职守的职员，无论在哪个部门和担任何种职务，均撤销其职务。

今后，所有的职员，无一例外，如未得到正式批准便擅离职守或拒绝上班者，第一次，由局长确定扣除其部分工资，如果再犯，便立即除名。

所有职员，无一例外，在履行职务时，如采用阴谋诡计或秘密手段，扰乱和破坏税收，将被逮捕，送交公社司法部门追究。

由于擅离职守或渎职或其他原因而被撤职的职员，如再钻入中央行政机关或其他机关任职，一经发现，将立即逮捕。

本局长希望，通过严格的纪律，保证税收业务的顺利进行；对那些不忠于职守的人要严加惩处，对那些忠于职守的人要衷心感谢并给以亲切的关怀。

本决定将在本局的各部门宣读、张贴并登记在各部门的法令汇编簿上。

1871 年 4 月 15 日，于巴黎

公社入市税局局长

沃尔佩斯尼尔

命　　令

未经工程处处长批准,任何人不得采取征用或其他方式从土木工程处仓库中提取任何材料。

1871 年 4 月 21 日,于巴黎

驻陆军部代表

克吕泽烈

陆　军　部

驻陆军部代表决定,任命:

4 月 21 日

维维埃医生为第七团主治外科军医。

勒图尔特医生为第十团主治外科军医。

当塞尔医生为第十二团主治外科军医。

蒂尔潘(欧仁)公民为第二十四营助理军医。

巴扎尔热特医生为第一百一十九营外科军医。

巴尔德(欧仁)公民为第一百一十九营助理军医。

古菲医生为第一百一十六营外科军医。

帕帕斯公民为第一百一十六营助理军医。

达罗兹医生(阿尔弗莱德)为第一百一十八营外科军医。

德拉罗什(让-玛丽-奥利维埃)公民为第一百一十八营助理军医。

托尼－穆瓦兰医生为第一百九十三营外科军医。

穆兰医生为第一百九十三营外科助理军医。

亨利埃公民为第一百九十三营助理军医。

雅南医生为第二百二十八营外科军医。

儒洛公民为第二百二十八营助理军医。

市政府主管国民自卫军战士负伤、阵亡或失踪事宜的问讯处，已迁至圣多米尼克－圣热尔曼大街 91 号（医院办公室）。

国 家 图 书 馆

国家图书馆办公室决定：书刊部、地图部及手稿和版刻石印部自 1871 年 4 月 24 日（星期一）起开放。

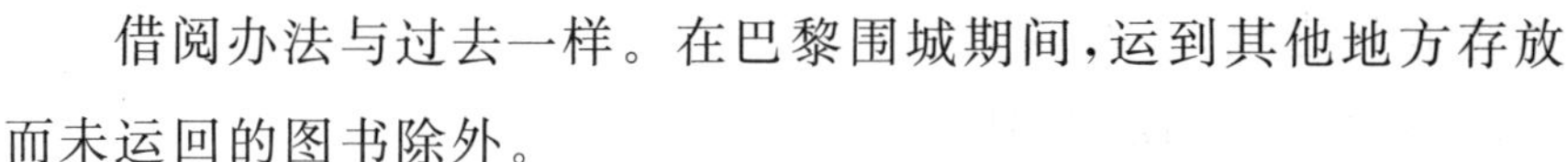

借阅办法与过去一样。在巴黎围城期间，运到其他地方存放而未运回的图书除外。

1871 年 4 月 21 日，于巴黎

馆长　茹尔·樊尚

在巴黎被围期间，图书馆职员免服国民自卫军兵役，这一规定现继续执行，因为，他们在馆内工作，等于是服兵役。

图书馆所有职员，如在 5 月 1 日仍未回原岗位上班，即作为辞职处理。

非正式公报

1871年4月21日，巴黎

战　　报

4月21日下午5时

今晨，我纳伊阵地遭到瓦莱里安峰和库伯瓦圆丘敌炮的猛烈轰击。

阿涅尔阵地遭到以众多狙击兵为先导的敌特遣队猛烈攻击，我军击退了敌人的进攻。

在阿涅尔高架桥及毗邻的制高点上的我炮连回击敌军，打得敌人仓皇逃跑。

此时，敌军仍在继续全线后撤。

驻陆军部代表

克吕泽烈

电　　报

4月21日晚11时15分

陆军部致执行委员会

敌攻蒙鲁日。敌退却至巴涅。我方伤7人。

公社请全体委员务必准时出席会议。因故不能出席的公社委员，应向主席请假或在下一次会议时说明缺席原因。除另有通知外，会议照原定时间召开。

巴 黎 公 社

1871 年 4 月 20 日会议

会议主席　维阿尔

会议于下午 3 时开始。

布朗舍公民关于“波拿巴大街”名称问题的提议，转第六区区政府决定。

帕里泽尔公民报告了他受公社的委托，和巴斯噶尔·格鲁塞公民一起去访问战地医院主任的经过。

主席宣读安德里约公民提出的以下建议：

考虑到有必要：

1.划分各委员会的职能；

2.使执行委员会摆脱不属公安问题的繁杂事务；

3.使行政权掌握在公社手里。

安德里约建议任命一个行政委员会负责解决这几个问题。

巴斯噶尔·格鲁塞公民指出：公社已决定成立一个秘书处负责解决这些问题，因此，他在瓦扬和德勒克吕兹公民的支持下，提出以下建议：

公社，

考虑到一方面要处理每天产生的权限冲突问题，另一方面又不可能采取彻底改组的方式来解决，所以有必要让新的公社委员参加各委员会的工作，因此

决定：

1.公社所有各委员会立即重新设置，并确定它们各自的权限；

2.每个委员会应指定它的一个委员，作为该委员会的负责人，直接领导它的工作，并对公社负责；

3.执行委员会将由各委员会的代表组成。

克吕泽烈公民认为敌人很可能发动全面进攻，必须集中所有的权力加以应付，因此，他提出以下建议：

“解散所有的委员会，由驻各部的代表代行它们的职权。驻各部代表每天开一次碰头会，然后再在公社开会，报告各部的工作。”

经过讨论，阿夫里阿尔、帕里泽尔、勒弗朗赛、腊斯都尔和克雷芒斯公民支持克吕泽烈的建议，相反，巴比克、瓦扬和福都奈(昂利)则赞同格鲁塞的建议，而阿尔诺公民对格鲁塞和克吕泽烈的建议都表示赞成，同时，他还建议先就以下几个原则问题进行表决：

“要不要指定几个负责的代表?”

韦莫雷尔公民提出第三个建议，措辞如下：

“每个重要部门都应该有一个代表。”

根据里果公民提出的建议，公社决定由以上建议的提出人共同协商提出一个统一的方案。

阿尔诺德公民向公社提供了有关北方铁路局的所有文件，证实了主要负责人有破坏设备和遣散人员的倾向。

拉·里果公民告诉大家:保尔·皮阿公民是专门主管铁路工作的代表,公社在听取了雷惹尔、奥斯丹、特里东、福都奈(昂利)、尚皮、莫蒂埃和费雷公民的意见后,请阿尔诺德公民立即把有关文件转给皮阿公民。

以上几个建议的提出人回到会场,公社讨论了他们共同提出的方案。

一、"公社在每个行政机构任命一位唯一负责的代表,在公社和执行委员会的领导下工作。"

对本段进行表决,除1票外,一致通过。

公社就代表的人数进行磋商后,接受了格鲁塞公民的建议,在每个重要部门只派一名代表。

二、"该代表拥有全权,可根据形势需要,单独做出决定并对其负责。"

本段提付表决,除4票外,一致通过。

三、"委员会不得阻碍代表的工作;委员会的任务是:对代表的工作进行监督,并向公社提出报告。"

德雷尔公民提议对这段加上:"……公社具有最高裁决权。"阿夫里阿尔公民建议修正为:"每个代表对委员会负责,并可被委员会解职。"

最后,由阿木鲁公民提出的第二个修正意见被通过:"在委员会提出可靠证据,要求解除负责代表的职务时,公社应立即解除该代表的职务。"

修改后的段落受到贝雷和雷惹尔公民的抨击,接着提付表决,通过。关于第四段;安德里约公民在勒弗朗赛和阿尔诺德公民的支持下，建议改为“成立一个由公社委员(但不包括驻各部代表)组成的指导委员会，来取代执行委员会。”

在讨论本段的过程中，拉·里果、儒尔德、韦莫雷尔、安·阿尔诺、维阿尔和茹·瓦莱斯公民或反对或表示同意。

德勒克吕兹公民提出以下建议：

公社决定：

1. 权力的行使，仍然暂时委托给 9 个委员会的代表；这 9 个委员会的分工和权限，由公社决定；

2. 委员会的代表，由公社采取多数票通过的方式任命；

3. 委员会代表们每天下午开会，并以多数通过的方式，做出有关各部的决定；

4. 代表们应每天以秘密会议的形式向公社报告他们决定或讨论过的事项，并由公社做最后决定。

主席宣布讨论结束，德勒克吕兹的建议提付表决，以 47 票赞成 4 票反对获得通过。

接着，讨论 9 位代表的任命。

公社决定按名单表决，凡没有签名的票被认为无效。

计票结果如下：

总票数 53，任命：

	公民	得票数
陆军部	克吕泽烈	42
财政	儒尔德	33
供给	维阿尔	30
对外关系	巴斯噶尔·格鲁塞	27

教育	瓦扬	27
司法	普罗托	47
公安	拉·里果	29

劳动与交换和公用事业委员会的候选人未获绝对多数票，进行了第二轮投票。

弗兰克公民被任命为劳动与交换委员会代表，安德里约公民为公用事业委员会代表。

会议于下午 8 时结束。

会议秘书
安·阿诺、阿木鲁

以下是 4 月 21 日会议新任命的委员会名单：

陆军　——德勒克吕兹、特里东、朗维耶、阿尔诺德。

财政　——贝雷、比约雷、维克多·克雷芒、勒弗朗赛、费里克斯·皮阿。

公安　——库尔奈、韦莫雷尔、费雷、特兰凯、杜邦。

教育　——库尔贝、韦尔杜尔、茹尔·米奥、瓦莱斯、让－巴·克雷芒。

供给　——瓦尔兰、帕里泽尔、维·克雷芒、阿尔都尔·阿尔努、尚皮。

司法　——冈邦、德雷尔、克雷芒斯、朗之万、杜朗。

劳动与交换　——泰斯、马隆、赛拉叶、沙·龙格、沙兰。

对外关系　——梅叶、沙尔·热腊尔丹、阿木鲁、若昂纳尔、瓦莱斯。

公用事业　——奥斯丹、维济尼埃、腊斯都尔、安·阿尔诺、鲍狄埃。

第十区区政府

兹通知公众：位于市郊圣马丁街157号的公立男生学校，现已委托给非教会小学教师主办，对功课和品德教育，均能保证达到合乎公众的要求。

课程安排非常合理。设置的课程有：阅读、书法、语法、算术、计量、初级几何、地理、法国历史、伦理道德、声乐、工艺美术和工业制图。

凡6至15岁的少年儿童，不论其国籍及宗教信仰，只要持有区政府的介绍信均可入学。

原在校的学生无须再交新介绍信。

开学时间是4月24日（星期一）早8时。

伦理道德和政治法律为公共课，由法学士、校长沙·普瓦尔松公民任教，时间是每星期四晚8时。

除星期四和星期日外，校长每日从上午9时至下午4时接待学生家长。

1871年4月22日，于巴黎

第十团团务委员会主席　勒鲁迪埃

塞纳河财产管理处

1871 年 5 月 15 日（星期一）下午 1 时正，在巴黎奥尔赛街 63 号国家烟草加工厂（从尼科街大门进）拍卖下列废旧物资：

804 公斤铁（1 号），

948 公斤铁（2 号），

926 公斤铸铁，

196 公斤黄铜，

200 公斤锌，

685 公斤白铁，

741 公斤铁皮，

890 公斤钉子，

206 公斤红铜，

400 公斤铸钢，

182 公斤轧钢，

660 公斤窗玻璃，

225 公斤灯罩玻璃，

箱装钉子和薄板，

约 120 立方米木材。

拍卖收现款，另按售价加收 5%，公社不负责担保。

木材卖定后 20 日内，其他物资卖定后 5 日内，必须把货运走。过此期限，买主须加付相当于所购物资价格的 1/2 的补偿费；此外，每超过 1 周，须另加同样数额的补偿费。补偿费必须严格照章交付，否则，将采取不事前通知的强制手段追收。

1871年4月21日，于巴黎

财产管理局局长　茹·封丹

巴黎艺术家协会

艺术家协会选举于4月17日(星期一)在卢浮宫举行。

当选的有：

画　家

邦万	格吕克
科罗	埃罗(茹尔)
库尔贝	朗松
多米埃	勒鲁(欧仁)
迪尔贝(阿尔诺)	马内(爱德华)
杜布瓦(伊波利特)	梅耶(弗朗索瓦)
费扬-佩兰	乌尔弗
戈蒂埃(阿尔芒)	皮希奥

雕　刻　家

贝格	莫罗-沃蒂埃
夏皮(阿热诺尔)	穆兰(伊波利特)
达卢	奥坦
拉格朗热	普瓦泰樊
兰唐歇(爱德华)	德布莱泽

建　筑　师

小布瓦洛	乌迪诺(阿希尔)
德尔布鲁克	罗兰
尼科尔	

石　刻　家

贝朗热(乔治)	吉尔(安德烈)
贝克蒙	于奥
弗拉芒	波泰

工艺艺术家

安班(埃米尔)	梅耶
布蒂埃	小奥坦
夏贝尔	普瓦蒂埃(欧仁)
舍士诺	雷贝尔
菲齐埃	里埃斯特

委员会立即开始工作。

国 外 新 闻

英　　国

据4月19日《旗帜报》报道：

一位可靠的通讯员从凡尔赛给我们发来了极其令人沮丧的消息。他证实了政府军士气不佳。大部分军队明显地表现出纪律松弛的现象。公社颁布了法令，给国民自卫军战士的遗孀发放房租和抚恤金，因此，在巴黎城中赢得了许多人的支持。要想对巴黎发动进攻，已十分困难。说由于装备匮乏，或者说更可能是由于饥饿，将迫使巴黎投降，这种假设令人很难接受。

现在，梯也尔先生仍然掌握着全部军权，这一点引起将军们的不满。

瓦解的病菌已开始在凡尔赛政府蔓延，用不了多久必将导致公开的破裂。

比　利　时

与会人士拟好了带到布鲁塞尔的答复后，就散会了，他们没有决定下次会议哪一天开。待派往东部各省执行公务的军事人员一回来，便立即举行下次会议。

人们认为，谈判将在本月末或 5 月初结束。

——伊普尔法庭根据几天前颁布的法令，将 26 名犯人移交加尔省上诉法院的起诉法庭，其中有几个人曾被拘留，后被保释。他们的罪状是在比利时领土上存放作战武器，并企图将武器运入法国领土，交给在战争中与德国军队作战的共和军使用。他们存放的武器，大部分现已被起获。

被告之所以受到起诉，是因为上述事实违犯了新刑法第 123 条而构成了犯罪。该条说："无论任何人，凡采取政府不赞成的敌对行动，使国家面临外国的敌对状态，将判处 5 至 7 年监禁，如敌对状态果然因此而发生，则判处 10 至 15 年监禁。”

这一罪行被认为具有政治性质，因此，伊普尔法庭认为罪无可宥，不能不送陪审团审理。

根据本案情节，起诉法庭做出了裁决，宣布已无必要将犯人移交刑事法庭，也不必再次审问，起获的枪支也不归还。

西　班　牙

4 月 11 日的《消息报》报道，自由思想家协会即将在巴伦西亚成立。

德　　国

有人从科隆来信说，4 月 16 日那一天就有 6 000 名战俘从汉诺威和布伦瑞克战俘营送到科隆。现在，拘留在该城的战俘已达 1 万人。

据悉，下达了停止释放战俘的命令，但阿尔萨斯人和洛林人除外。

阿 尔 萨 斯

人们普遍以为，阿尔萨斯领土的一部分让与巴伐利亚州的问题已被彻底否定。但据本月 15 日《下莱茵邮报》的一篇文章报道，关于这个问题，尚未做出任何决定。而且，各界人士仍在不断议论维森堡区归属巴伐利亚的问题。

据这家报纸报道，前天记者霍夫曼发表文章说：“据可靠消息，一项关于维森堡归属巴伐利亚的方案已提交外交部。”后来，这条消息在第二天被否认了；但是，通常消息十分灵通的《德国北方报》却在当天以柏林通信的形式报道说：

“近日发表的关于巴登和符腾堡均不要求阿尔萨斯-洛林的领土的消息，得到了充分证实；然而，据信，巴伐利亚要求割让维森堡的领土要求已向联邦议院提交了有关议案。很显然，人们不知道普鲁士是否曾向巴伐利亚许过愿，不过，有一些尚非完全虚假的迹象表明，普鲁士并不十分反对巴伐利亚的这一领土要求。可以肯定的是，巴伐利亚正致力于创立一个支持维森堡的党，这一努力已取得了一定的成功。据消息灵通人士说，有可能修正在1814年忽略了的边界线。如果真这样做的话，那么，另一个国家（很可能是巴登）就会提出阿尔萨斯-洛林的其余领土并入普鲁士的问题。”

《下莱茵邮报》还报道说，一个谣传竟然如此一而再地不断出现，显然不是没有丝毫根据的；我们认为，在慕尼黑，有些人，尽管不是最具影响力的人，的确是热衷于扩展巴伐利亚伯爵领地的领土。据斯图加特的一家报纸报道，阿尔萨斯派到柏林的代表们还没有从他们与上层人士的会谈中得出明确的结论，说这一被所有自由党人所憎恨的方案已被彻底排除。不过，在这个问题上，有些人的话，在人们听来意思却恰恰相反。

不管怎么说，可以肯定的是，德国人民在议会中的代表将明确地拒绝满足这一不正常的要求，就连巴伐利亚的议员自己也绝不予以支持。

人们希望在关于阿尔萨斯-洛林的辩论开始之前，政府便能发表一篇明确的声明，一劳永逸地最终制止这个“维森堡幽灵”再次出现。反之，人们将提出一个修正案，宣布帝国新领土是不可分割的，这个主张，很可能获得联邦议院的赞同。

——《斯特拉斯堡日报》报道说，90名下莱茵省的市长以及区镇代表在斯特拉斯堡集会，讨论未来的局势和阿尔萨斯行政组织问题。

会议讨论和通过了24项有关这个对阿尔萨斯生死攸关问题的提案。这些提案将合并成一个议案，由一个四人代表团递交俾斯麦先生。该代表团的任务是，就这一方案，向帝国首相和联邦议院进行游说。

根据一项内阁命令，撤销了北方联邦去年7月成立的五个战时政府。

在布鲁塞尔出版的周报——《自由报》——就1789年以来资产阶级的作用发表了一篇引人注目的文章。我们现予以转载，文章的题目是：《资产阶级的末日》，文章的开头是这样写的：

经过了24年的统治之后，资产阶级已精疲力竭了。既无制度，又缺乏思想，也没有人才。这种情况，从去年12月2日起，我们便知道了，而且，新的证据更令人信服：资产阶级所创造的一切，全都奄奄一息，没有任何东西可以延续存在了。只需把穷人武装起来，或者军队纪律涣散，就足以令资产阶级的大厦一下子坍塌了。

在资产阶级内部，缺乏坚实的原则。它的个人主义的自私自利，已彻底瓦解了自己，使它已不再是一个整体。现在，它只能靠别人来保护了。

如果一个封建帝王不保护它的话，它在德国会变成什么样子呢？假如夏雷特和卡特利诺不赶快来拯救它，那么，两星期之后，它在法国会落到什么地步呢？旺代省想挽救89年[①]，然而正是89年改变了风向，并让了位。实际上，从目前的危机看，其结果要么是封建的、宗教的和君主制的旧社会，否则便是革命的社会主义社会，除此以外，还能有什么其他的结果呢？在这两个社会当中，资产阶级均没有找到一个可让自己痛痛快快地死去的地位。

在它的命运即将了结之际，它要么就一句话不说，否则就连篇累牍地胡乱诬蔑战胜它的人。历史上再没有像它这样垮台的事情了。封建制度在十字军东征中大伤元气，结果，死在它自己的上帝的坟墓上。只要它想站住脚，它就要靠自己的力量才行。各村镇在社会大动荡中耗尽了精力。王朝的贵族们在绞架上像英雄似地死去，但在临死前，他们经历了8月4日之夜，这个夜晚，同时显示了他们灵魂的伟大和他们面临新时期的智慧。总之，是贵族们牵着资产阶级的手，把它领入它想统治的这个世界。如果没有从米拉波先生到罗伯斯庇尔先生这些贵族，资产阶级当初的议会将是什么样子呢？

埃贝尔和肖梅特的公社独自有一个新的成分并创立了独特的形式，表明在资产阶级诞生的时候，人民的作用就比它大。

既然资产阶级依靠他人的帮助，既依靠贵族，又依靠君主，甚至还依靠人民，才得以诞生、兴旺发达和自己保护自己的利益，所

① 89年，指法国大革命爆发的1789年，旺代省为保皇党人聚集的地方。这句话的意思是指法国保皇党人的复辟运动终遭失败。——译者

以，今天，当要它离开历史舞台的时刻到来之时，它才如此地不体面，死得不光彩！它8月4日那天晚上的精神到哪里去了？它的英雄们到哪里去了？3月19日以后，它和它的制度、利益、手段和人，被一小撮它公开称为“悲惨者”的人通通打败了。

当人们压榨软体动物时，从它腹中流出来的不是血腥的黏液，又是什么呢？资产阶级的报纸不计其数，遍布全欧洲，然而，在那些办得最好的报纸中，没有一家在获悉工人们夺取了巴黎的政权的时候，不对巴黎公社的社员极尽谩骂攻击之能事，不恨之入骨的。它们既不查明事实，又不分析情况，不耐心等待，不顾羞耻。清一色的资产阶级论调！自89年起，它们就正式宣布，说什么阶级已经不存在了，现在全都是在法律面前人人平等的公民了。这一广泛的运动，其结果怎样呢？只好让夏雷特和卡特利诺派帝国的警察来保卫资产阶级。

我们不知道在巴黎展开的这场可怕的斗争会带来什么样的严重后果。一次偶然的军事行动就可能使巴黎落到那些按合法程序纠集在一起的波拿巴分子手里，他们将以维持资产阶级秩序的名义发泄他们的仇恨；一次偶然的事件也同样可以把凡尔赛分子通通扫光。然而，历史上的大运动不一定在史书里都一一记下它们的成功与失败。历史的规律之能得以实现，就需要有人为之殉难和牺牲，必须取得胜利，才能成功。可以肯定的是，一方面是资产阶级与工人阶级民主的最终决裂，一方面是资产阶级无力挽救自己的命运，尽管它不想放弃自己的革命，也不想拱手向自己的敌人投降。因此，如果没有人民的支持，没有抵抗反动派的力量，资产阶级今后只好违背自己保持平衡的原则；它已经消亡了。

它自以为把人民和旧政府机关同时掌握在手里，就可以施政和继续生存。它利用工资驱使前者，利用预算控制后者。现在，它已面临被这两种力量碾碎的危险，它必须在此刻做出选择，而资产阶级却既反对未来，又在怀恋过去的时光中消亡。请不要以为这种情况只是在法国才有，整个欧洲都一样；资产阶级的报刊都这么说，就足以证明这种情况属实。法国历来是欧洲社会与政治的大实验室。法国用鲜血换来的经验是靠现代社会科学取得的。目前在巴黎进行战斗的各派力量，在欧洲其他地方早已相互争斗过，尽管规模不同，所产生的直接后果也不一样，但是，处理这种事情的一般法则对整个欧洲来说大致是相同的。各国人民都深深赞同同样的原则和同样的英雄主义；各国资产阶级都同样是脆弱的，这个阶级的人都无能，因此，欧洲各国，现在同时存在的是社会主义和1789 年前的专制主义。历史上的资产阶级时代已经结束，另一个时代已从 3 月 19 日开始。

我们在公社的朋友们，为了捍卫原则，不顾诽谤，不怕牺牲，即使失败也不灰心；他们不会失败的。他们将打开通向新生的社会主义的世纪的大门。正如我们认为 6 月起义不是自发的一样，我们认为 2 月运动既不混乱，也不神秘。工人阶级的队伍已经组织起来，而且第一次成功地站稳了脚跟。没有任何一个时刻比此时此刻更加庄严隆重。工人群众所表现出来的力量，是不再任人统治的阶级的象征，他们行动上的团结一致，是胜利的保证；他们人数众多，思想充实，未来一定是属于他们的。正当整个资产阶级连一条主意和一个办法都拿不出来，只能到一个行将就木的老人那里讨教的时候；当它的议会一句话不说，军队溃不成军，被遗弃的旗帜甚至连50个资产阶级志愿兵也找不到来捍卫的时候；当惊慌失措的资本家不承认自己是资产阶级，不能为年老的梯也尔筹措两三百万法郎，让他从德国赎回一支有战斗力的军队的时候；当人们接见夏雷特和卡特利诺，年老的梯也尔让帝国警察穿上别动队的服装，以乱七八糟地掩盖这种场面的耻辱的时候，巴黎的店主和雇佣劳动者们，却像我们伟大的弗朗德勒的公社战士一样，在毫无防御工事掩盖的地方迎击敌军，他们的妻子在城墙外边与他们相伴；这样，巴黎，广阔的巴黎，才得以在长达3天的战斗中始终保持宁静和安谧。

绝妙的教育：当普鲁士人占领要塞时，军人们却拼命往凡尔赛跑，与此形成对照的是，法夫尔和特罗胥却与鲁普士人谈判，请他们在主教和警察不中用时进行干涉。那些看不起国民自卫军的人，竟是这个样子！当巴黎一方面在战斗时，另一方面在所有各区都产生了委员会，以保持良好的作战状态时，啊！善良的人们，工人们一心想着巴黎和民主，巴不得贡献自己的力量立刻去战斗，去拼命争取独立和自由，为共同的事业团结奋斗，你们竟然说他们是在搞无政府主义！绚丽多彩的生活竟被说成是无政府状态了！按你们的说法，凡尔赛反倒成了最完美的秩序的象征。一切都装在梯也尔先生的头脑中，这个善于玩弄议会戏法的老手，如果能像他在他所掌握的议会里把票都变在自己手中那样，把巴黎和社会主义都变得无影无踪，那就太高明了！

巴黎面对全世界，独自高擎红旗，20天来，它成功地捍卫了这面旗帜，这是何等伟大啊！巴黎起初曾依靠外省，后来反动派切断了和外省的联系，它就靠自己的力量取得胜利。因此，从这个人们曾经以为已枯竭的源泉，再一次产生了一个新思想，传遍全法国和全世界。

反动派变成了七头蛇[①]，其实它有 20 个头：奥尔良党、正统党、波拿巴党，甚至共和党和那些在法国和欧洲被掌权的资产阶级用过的所有党派，都是它的头。它们盘根错节，活像许许多多蛇缠成的一个大绳结，而社会主义，在巴黎，用闪闪发光的利剑直刺这七头蛇的心脏，把它斩成几段，让它在阳光下腐烂。

当然，资产阶级不会很快就从世界上消失。但是，谁也挽救不了它。最近的事态表明，为社会主义战斗的人，他们的素质非常整齐，而资产阶级的人，良莠不齐，什么类型的人都有。

资产阶级已没有任何一个完好的器官了，所以，它的生命已经终结。从此以后，站起来的新的人民朝气蓬勃，奋勇前进，他们一旦站立起来，就没有任何力量能使他们屈膝低头了。因为，他们不相信上帝，懂得如何战胜敌人。

人们议论纷纷，说巴黎将再次遭到包围，因此担心城中的居民将再次被围困。这些传闻是不确切的。我们至今所看到的，封锁巴黎的目的，是为了进行观测，因此不会中断首都的粮食供应，首都的人民不会挨饿。

再则，面包还远不到缺乏的程度：自从实行粮食定量供应以来，小麦和面粉的储量非常充足，再加上巴黎的人口有所减少，因

① 七头蛇：据希腊神话的故事说，七头蛇的头被砍去，可以再长，喻难于根绝的祸患。——译者

此，每天消耗的面粉只不过5 000担，而不是8 000担。所以，在今后几个月中，我们总有面包吃。

杂　闻

巴黎权利共和联合同盟上次会议是4月19日召开的。出席会议的有246位公民。公社的议案在4月19日那天还没有出台，所以，不可能在会议上讨论。因此，说联合同盟完全赞同这一议案，这个说法是错误的。

据《人民觉醒报》报道，一位目击者向我们提供了关于弗路朗斯上校之死的细节，其情况与该事件发生之次日所发表的细节明显矛盾。

至目前为止，流传的说法是这样的：

弗路朗斯发现自己藏身的房子被包围了，便拼命抵抗，用手枪朝着向他包抄过去的宪兵射击；在战斗中，他被第二宪兵团的德马雷上尉击毙。

而真实情况是这样的：弗路朗斯遭到大约50名宪兵袭击，他进行自卫，向宪兵开枪并打伤了其中一个；尽管他一直抵抗，仍然被拖到了他占领的那座房屋的花园外面。直至那时，他还没有挨打。当他独自穿过通向塞纳河陡峭的河岸的小门时，他必须从已经等在这门口的德马雷上尉面前走过去，上尉手里握着出鞘的砍刀，猛地向他头上砍了一刀。弗路朗斯倒下去了：这时一名宪兵用枪口顶着向他开了一枪。

宪兵们抓着尸体的胳膊，把他拖了几步，直到一捆卷着的草席前面。他们仅用一张草席盖住尸体；在拖拉过程中，脑浆从头颅的开口处流出，淌到了沙地上。

按照军官的吩咐，一个男人把不幸的弗路朗斯头颅碎片捡拾在手里，这些令人恐怖的细节，就是这个人告诉我们的。

通　知

被任命为巴黎公社民用和军用汽艇连连长的杜尔诺夫公民，居住在海关附近的马尼安大街32号。

告比利时人书

1871年4月20日，巴黎

同胞们，

当巴黎遭到史无前例的严密围困时，它像慈爱的母亲那样保护了众多的比利时侨民，使他们少受许多痛苦。

对我们这些居住在那里的比利时人来说，巴黎是按劳动付酬的自由城市，是我们的优秀工人在工业技术方面学习和提高的大学校，是这样一些杰出的人物：画家、作家、音乐家、学者、艺术家以及鲁邦斯、格雷特里和韦萨尔的后代们表现才能的大舞台。

巴黎是我们的第二祖国。

如果第一祖国召唤我们，我们将全都响应它的号召。

第二祖国需要我们捍卫它的权利，弗朗德勒公社不朽的捍卫者——范·阿尔特韦尔德的子孙们，起来战斗吧！

响应巴黎公社的号召吧！

比利时委员会

凡愿加入比利时联合军团者，请于每天中午到阿利格雷大街(圣·安托万镇)公社学校报名。

讣　告

国家歌剧院的男中音歌唱家巴鲁瓦莱先生在巴黎逝世，他曾经扮演过夏尔第六和《宠臣》中的阿尔方斯等角色。

他收藏有一批经过行家鉴定的非常珍稀的古代及现代绘画。

巴鲁瓦莱先生是在玩多米诺骨牌时去世的。

军事法庭

军事法庭原定在今天的庭审中对所谓第一百一十五营案件进行判决，该案涉及维特团长和多名营级军官。

由于意外情况，法庭决定下次庭审时再审理此案。

法　院

由于战争，企业停业——租金仍照常交纳。

在巴黎被围期间，很多企业不得不停业。开设在须支付租金的地方的企业，它们所处的情况非常值得注意。由于商店关门或完全没有业务，断绝了一切收入，然而租金仍旧照算不误。

人们不禁要问，这种情况是否合理，例如，一家企业由于巴黎被围而被迫暂停业务或关闭，仍要它照平时用房那样交约它并未真正使用房屋的租金。

巴黎皇家歌剧院的院长们就遇到了这种情况：警察局长曾命令他们在巴黎被围期间停止演出。他们觉得这种情况应该看作与不可抗力造成的事件相似，如同庄稼遭到骤然毁灭，照常情就应免除农业雇工交纳地租。因此，院长们向塞纳省法院请求减免歌剧院从关闭之日起的租金。

他们的请求没有得到准许。请看法院在2月14日的判决书中是用怎样的措辞驳回这一请求的：

为了遵守合同的精神，必须对导致提出请求的事实进行严格的审查，首先应搞清事实的性质和按民法1722条理解的广义的意外事故造成的不能使用房屋的原因；在这类事情上，如果掌握太松，则除个别特殊情况下，就可能使房屋出租人遭到重大损失；如果这一过分的要求得到正式认可的话，则等于是把一个企业的损失转嫁给房屋出租人；这在任何情况下，无论用任何借口，都是不允许的。

从此案所处的特殊环境，尤其是从承租人的企业纯系商业的和本身就有盈亏难定的特点来说，本院很难判断哪些是意外的情况，何况除了双方的行为之外，还要考虑在各种各样可使企业破产的意外事件中，哪些事件应给企业以公平的和必要的补偿，这一切，在订立合同时，即应照顾各方利益，在合同上预先订明，本院才好审理。

因此，从这一点出发，应该承认，自 9 月 10 日起引起巴黎皇家歌剧院演出暂时停演的原因，不能算真正的意外情况；

特别是在目前，处于战争状态，（在出租的房屋既未遭受任何重大损失，也不处在遭受此种损失的地方）更应如此看待。因为由于战争的可能性，一个谨慎的出租人时刻忧虑着有许多事情发生，特别是在处理 1868 年 12 月 28 日已经十分紧迫的商业事务时，须使之不受双方难以预测的因素的影响，特别是在双方在这件事情上有几年联系的情况下，更须注意；很显然，战争的可能性已在双方的预料之中，因为原告既无声明也无保留，尽管是在战争状态下，仍继续在 8 月直至 9 月 9 日使用了剧院。而且原告自己也承认，尤其在后期，对剧院的使用，已超过了剧院的负荷；

当前的情况与围城时期并无不同，（再说，被围的后期才停止计算租金）因为这种可能性即使签约双方认为它不如战争的可能性那样紧迫，也不会不在双方的预料之中；对于一个设防的城市来说，被困状态通常是战争状态的自然而直接的后果，因此，要把原告在战争状态下使用剧场和围城状态下使用剧场所受到的影响完全加以区分，那是不可能的。

没有什么理由要承租人非执行警察局 1870 年 9 月 9 日停止演出的决定不可；

尽管停止演出的决定没有明文废除，但停止演出实际上仅严格地实行了一个相当短的时期，随后，原告便自行决定使用剧场；就像巴黎其他的剧院一样，用剧场举办音乐会，甚至演歌舞节目；而且，为了更紧密地联系痛苦的战争实际，还利用剧场组织文学报告会，或者，正如原告所说，一有机会还利用剧场召开政治会议；

按上述履行合同的条件来看，此项停演的决定，在性质和适用的范围上，与其他关于剧院的法律条文是一样的。警察局关于剧院的其他规定和命令，连同行政当局和警察局此后提出的预料之外的要求，承租人在1868年12月28日的租约中均明确表明愿意服从，因此，承租人不能向出租人提出任何减免租金的要求；

最后应当指出的是，即使停止了使用剧场，事实上既未影响原告的收入，也未造成任何明显的损失；因为，实际上，尽管由于早先存在的战争状态的影响，原告停止了使用剧场，但时间已经是9月初；那时，如再继续使用剧场，就不仅是没有收益的问题，而且，无可争议，将令人难以容忍。

1871年4月23日　星期日

要　　目

正式公报。——关于国民自卫军的遗孀和孤儿免费领取证件的决定。——埋葬死亡的不知姓名的国民自卫军。——关于医务部门的任命。——关于各火车站监察员的任命。——不应领取的款项应归还财政部。——给武器发明者和持有者的通知。——驻教育部代表团的通知。——关于在纳伊临时停火的命令。

非正式公报。——战报。——战地医院院长的通告。——邮政总局的管理。——第三区的非教会教育。——公社会议。——杂闻。

正式公报

1871年4月22日，巴黎

巴黎公社，

根据1871年4月10日的公社决定，对为巴黎公社而伤亡的国民自卫军的遗孀及孤儿，应给予补贴，

兹决定：

对有权享受上述补贴的人发放的证明文件，由有关部门免费发给，并免费邮寄。

1871年4月22日，于巴黎

巴黎公社

公社授权战地医院总监腊斯都尔公民，组织一支专门队伍，负责埋葬在战地医院中死亡的国民自卫军；埋葬费由公社负责，埋葬工作应在死亡四十八小时后进行。

对于不知姓名的国民自卫军，应给他们拍照留存。

陆　军　部

驻陆军部代表，

4月22日决定，任命：

德伯内医生为第十八团外科主治军医，

布里盖尔医生为第一百七十五营外科军医，

科隆戈公民为第一营军医助理，

格雷莱蒂公民为第九十六营军医助理，

邦唐(加斯东)公民为第一百二十五营军医助理。

公 共 工 程 部

根据铁路总监的提议，驻公共工程部代表任命：

迪克雷公民为巴黎北方铁路公司火车站行政监察员，

塔布兰公民为巴黎(右岸)西方铁路公司火车站行政监察员，

加埃里公民为巴黎东方铁路公司火车站行政监察员，

达维德公民为巴黎里昂铁路公司火车站行政监察员，

安德烈(让－路易)公民为巴黎奥尔良铁路公司火车站行政监察员，

韦伊公民为巴黎东方铁路公司火车站副行政监察员，

于盖公民为巴黎里昂铁路公司火车站副行政监察员。

根据铁路总监的提议，驻公共工程部代表特任命原铁路总监助理、工程师芒让公民为总行政监察员。

铁路行政监察员的唯一职能是，在铁路总监的领导下，检察所有与铁路公司运营及行政有关的事务。

凡是知道国有或市有化学产品、机器、汽艇及各种仪器仓库所在地的公民，请到圣多米尼克大街公共工程大厦科学委员会报告。

凡储存有石油的人，请于三日后，以书面形式向上述地方申报其石油储量。

请能设计进攻性或防御性武器的人，将图纸，制作模型或详细说明寄交上述地方。凡不采用的设计，有关材料将在三日后寄还本人。恕不接待来访者。

凡愿意找工作的化学工作者、机械制造师、精密仪表工人及步枪、手枪的制造者，可于每日上午 10 时向公共工程大厦内的科学委员会报名。

1871 年 4 月 22 日，于巴黎

代表　帕里泽尔

公用事业委员会依据公社4月10日的决定，提请公社各部立即建立由六个成员组成的委员会，负责解决给那些为保卫巴黎的权利而战死的国民自卫军遗孀和孤儿们发放津贴的问题。委员会还通知说，津贴的发放，应由死者所在部队所属的区而不是家庭居住的区解决。

教　育　部

在教育部门，任何级别和任何范围的人事任命，如果没有公社的代表爱·瓦扬公民的签字，一律无效。

请各区政府就此事与瓦扬公民联系，并尽快向他提供一份有关本区教育状况的详细报告。

教育部所属各部门，最近决定全部集中在前社会教育部格雷内尔-圣热尔曼大街110号原址办公。

凡与行政有关的一切事务，从现在起，均可递交弗·佩潘公民解决。

凡对一体化教育和职业教育有研究的人士，请将自己的教育改革方案，以书面形式寄交公社驻教育部代表团。

1871年4月22日，于巴黎

驻教育部代表

爱·瓦扬

命　　令

经与执行委员会商讨后，出于严格的人道主义目的，我命令在纳伊停火，以便让妇女、儿童和老人，一句话，让那些被困在纳伊，成为战争的无辜受害者的非战斗人员，返回巴黎。

东布罗夫斯基将军，与巴黎权利共和联盟的崩瓦勒和斯屠浦伊公民达成协议后，即采取必要的军事措施，以确保停火的严格执行。此次停火，只限于白天。

一俟得到凡尔赛方面的答复，我即确定停火的日期和期限。

驻陆军部代表

克吕泽烈

巴黎公社高兴地收到了英国共和主义者的慰问电，并从巴黎给他们回电说，我们为共同的自由和无产者的解放而战斗，并向他们表示诚挚的感谢。

非正式公报

1871 年 4 月 22 日，巴黎

战　　报

1871 年 4 月 22 日，蒙鲁日要塞

由第一百二十八营驻守的蒙鲁日要塞前沿阵地，于昨晚 5 时

左右，遭到凡尔赛军队的攻击。由莫罗指挥官率领的第一百三十八营，派出一个连，在第十四区的炮连准确射击掩护下，迫使敌方放弃了进攻。

我方死 1 人，伤 6 人，其中 1 人重伤。马蒂厄营长身先士卒，带领全营官兵，打得非常勇敢。

我已获得确凿证据，凡尔赛军队使用了开花弹。

要塞司令官

贝扎特

1871 年 4 月 22 日

由奥柯洛维茨上校部署的两个连的 24 门火炮，遭到了敌方安设在塔楼和方形房屋之间的排炮的猛烈轰击。

贝孔城堡的低射炮，被贝朗热广场打来的炮火通通打哑了。

第一百五十九营营长

旺夫和伊西要塞

4 月 22 日 1 时 30 分

众多凡尔赛军队向我方战壕发起进攻，我方仅以 10 挺机关枪扫射便把他们打退。我方无一伤亡。

4 月 22 日 2 时 20 分

凡尔赛军又向我发起进攻，敌仍未得逞。

战地医院总院

我受战地医院总院负责人克吕泽烈公民的委托，就我院的某些做法进行解释，以免引起恶意的歪曲。

由于公社已明令政教分离，另一方面，又允许每个公民有根据自己的信仰生活与死亡的自由，因此，我指示各战地医院将大厅内所有的宗教标志通通取掉，并禁止所有各宗教派别的成员进入医院大厅。与此同时，我向伤员们保证，如果他们提出要求，便立即允许他们所信仰的宗教的教士、本堂神甫、牧师、东正教神甫或犹太教教士来看望他们。

我尤其注意：不让某些人来看望伤员，使伤员感到疲劳。这些人以宗教为幌子，实际上是来涣散伤员的斗志和士气。在伤员们肉体的痛苦上再加上精神的折磨；他们利用伤员们机体的疲惫和官能的虚弱，削弱伤员的意志，使伤员们感到为权利与共和而战成了犯罪，从而令伤员们不仅不因自己负伤感到光荣，反而感到羞愧。

1871 年 4 月 22 日，于巴黎

鲁塞尔医生

邮 政 总 局

总 结 报 告

3 月 31 日，当首都人民醒来时，发现前一天还在正常运转的各个邮局，突然关门，没有一个工作人员，人们非常气愤，到处是抱怨声。

这一或多或少含有政治意味的行动，其动机何在，这要请公众判断；我们需要指出的是，公社派去主管邮政总局的代表，在拉姆朋公民逃走之后，将面临何种形势。公众须知，拉姆朋竟做出在他之前的任何政府官员所不敢做的事，破坏邮政工作；而邮政人员，原本与政治动荡无关，他们只有一个职责，那就是：无论在何种政权形式下，都要对公众履行法律交给他们的重要职责。

这个总局没有干部，至少是没有高级管理人员，因为，除去少数几个稀稀拉拉的人以外，一直缺乏职员，而日常工作是由许多第三级人员办理，结果造成了巨大的亏损，留给那些少数忠于职守的人手里的，是一个相当大的难题。

当时，必须在这样一个支离破碎的机构上匆匆忙忙重新组建这个部门。我们充分信任公众的良好愿望，而公众给予我们的支持，是热情多于才能，所以，工作的进行就特别困难；再加上凡尔赛政府不允许外省与巴黎通信，因此，邮政业务简直就减少到所剩无几。

今天，尽管各项工作还不够完善，在新职员的任用上还要精打细算，被凡尔赛政府抛弃的这个城市的财力也严重不足，但我们毕竟在令人惊叹的奇迹般的经济基础上建起了一套邮政服务系统。这套系统，在平时固然不足以满足需要，但至少能应付当前这一段时间，能在条件允许时有效地增加业务收入，而且，一有必要，还可根据情况立即采取行动，把本局建成一个巩固的和能满足需要的机构。

在目前，我们显然不能过早地谈论这一机构的扩充问题，因为要看事态的发展而定，而事态的发展，是任何人都难以预料的。

在我们的工作中，我们仅限于维持那些忠于职守的人员的经济收入，每天暂时补助顶多4至5法郎。至少2法郎50生丁；不过，即使我们对旧人员自发的合作给予了报酬，但至今为止，也只是有名无实，十分微薄的。假如这些人完全信仰民主，就会对他们的信仰感到自豪，就会把他们的工作看作是一份无法估价的心灵的满足。

这些做法会继续保持下去，并且，如前所述，会在重新组建机构时，走向正规。

由于这些人给予的宝贵的合作，使我们针对当时的紧急情况，在几个小时内就重新开门营业，恢复了不幸被凡尔赛政府阴谋搞乱了的业务，并且能向焦虑的公众提供为他们服务的职员。

除了我们采取的直接行动之外，我们还从公务人员的积极配合中发现，他们的合作既忠实又富于经验；即使驻扎在我们城外的重兵造成那么多突然的和经常的障碍，我们也能竭力巩固已经建立的关系。

因此，我们有理由认为，尽管目前的形势使我们不能不遇到一些难以预料的情况，需要小心谨慎地加以应付，才能取胜，但我们深信，一旦有利的时机来临，我们马上便能在坚实的和雄厚的经济基础上，重新建立对公众极为有用的和受到广泛好评的通邮业务。

1871年4月18日，于巴黎

局务委员会

第三区区政府

非教会学校

公民们，

你们向我们要求了许久的，9月4日的人[①]拒绝给予我们的，完全由非教会教师主办的教育在我们区已成为现实了。

由于我们的努力和教育委员会的关心，分别位于费迪南－贝尔图街、纳弗布尔－拉贝街和贝阿尔内大街的三所教会学校，从今天起，已委托给非教会的教师们领导。

我们希望，这三所学校的教师们，为了国家的前途和未来，努力教育公民懂得他们的权利及他们对共和国应担负的责任。

1871年4月23日，于巴黎

公社委员

安·阿尔诺、德麦、克洛维·杜邦，潘迪

昨天（星期五），巴黎共济会会员聚会，明确规定了给它的代表们的任务；代表们应于今天动身去凡尔赛。代表们有如下两个任务：

1.达成停战协定，以便从被炮击的村庄撤离村民；

2.强烈要求凡尔赛政府按公社的纲领——唯一能带来最终和平的纲领——建立和平。

---

① 指以特罗胥为首的"国防政府"的那帮资产阶级政客。——译者

会议经表决，一致通过了这项委托任务，并做出决定，号召全体巴黎共济会会员，于星期一下午 2 时到艺术与职业大厅，听取代表团去凡尔赛所获得的结果，并就此做出相应的决定。

通　　知

为配制炮弹引信，请精通此项技术的制造者和专业工人到工业大厦（东侧）的消防站登记报名。

给商品批发商的通知

在巴黎被围期间，把商品存放在市政府提供的地方后就躲藏起来的批发商，请你们尽早与位于贝尔西大街 45 号的公社租金管理处接洽。

否则，你们的货物将被运往专门仓库，后果自负。

应驻巴黎第九区行政代表巴尤·杜麦尼尔先生的请求，公开拍卖巴黎被围期间由区政府供应的食品。拍卖地点：科隆街 10 号；时间：1871 年 4 月 24 日星期一下午 2 时正；拍卖估价人：勒科柯女士，住维克图瓦大街 20 号。

拍卖食品如下：

约 6 000 公斤橄榄油，分装 10 桶，每桶 600 公斤；

385 公斤咸黄油，分装 10 桶，每桶 35 公斤；

1 400 公斤动物油脂，分装 8 桶，每桶 175 公斤；

5 000 公斤面包油脂；

1 大包生咖啡豆。

购买者以现金支付，并按卖价的 5%加付手续费。

巴 黎 公 社

1871 年 4 月 21 日会议

主席瓦尔兰公民。——助理朗之万公民。

会议于下午 3 时开始。

瓦扬公民抱怨说，关于安德里约的提议的辩论情况，会议记录上没有。

韦莫雷尔公民则抱怨《公报》。他说，如果《公报》不全文发表，则其中的一部分也不要发表，仅发表会议记录的一部分，是可笑的。他最后要求发布会议的全部内容。

巴斯噶尔·格鲁塞公民对 19 日会议的记录表示不满，并说他的想法被记录得不准确，记录上记了他这样说：“我不问巴黎的选举结果可能对凡尔赛政府产生什么影响，我只是问：如果那些没有得到 1/8 选票的人也可当选，将会产生什么样的后果？”

说完这些，他又接着说：“我倒不明白，有几位在座的公社委员，自己就没有获得 1/8 的选票，他们有什么权利说那些未获得 1/8 选票的候选人选举无效呢？”

阿木鲁公民：有几位公社委员于会议快结束时才到会，他们便不了解秘密委员会通过了什么。我早就说过，在会议结束时，要讲清楚会议的记录应该从哪个部分开始发表。最好是从德勒克吕兹的提议起开始发表。请看这份会议的详细记录，我认为不能全部发表。因为其中有涉及战略的发言，是不应该泄漏的。

有人告诉我，今天早晨的报纸发表了这一部分记录。我看恐怕不仅是一家报纸。应该把它们通通扣留。在战争时期，只有《正式公报》才能对外发表。

韦莫雷尔公民：这里有一个问题应引起大家的注意。我认为，既然任何人都不能反对发表刚才念的会议记录，那么，无论是摘录发表，还是全文发表，我看就无所谓了。

阿木鲁公民：应该让大会就它认为宜在今晚或明天办的事情做出决定；而对原来做出的决定，就用不着再投票表决了。

阿尔都尔·阿尔努公民：会议纪要说我同意格鲁塞的建议。其实，我既同意格鲁塞的建议，也同时同意克吕泽烈的建议；理由是：他们两人在目的上是相同的，我提议在纪要中这样修正一下。（通过）

主席问：会议记录，是否照刚才宣读的那样全文发表。

帕里泽尔公民：我认为，在大会上讲的事，不一定全都发表。比如，克吕泽烈公民昨天向我们披露的事情，据他说，是非常重要的。在对这些消息的保密方面，我们不应像凡尔赛人那样。

某委员：我对各位如此重视韦莫雷尔的提议感到惊讶。大会既已决定在德勒克吕兹提议之前不发表任何东西，我们就按这些条件办好了。

主席提出表决韦莫雷尔的建议，建议倾向于按刚才宣读的样子发表会议记录，而不像《正式公报》上刊登的经过大砍大删的记录摘要。

通过了这一建议。

腊斯都尔公民：我要求发言，谈一谈《公报》的问题。我几乎每天都听到很多人在抱怨《公报》的售价太贵；我认为我的同事们也同样听到过。其他许多报纸的售价是5生丁，大部分《公报》售价却是10生丁，我提议降低《公报》的售价。

维阿尔公民：我们已经犯了许多错误，因此，我提议报价减至5生丁，谁也不愿意花3个苏买一张报纸。《先锋报》卖1个苏，如果你们能把报价降下来，就有人看你们的报纸了，大街上各种各样无意义的议论，就是由报价引起的嘛。

阿木鲁公民：会议记录在晚9时半就准备好了，然而，令我吃惊的是，报纸却印得如此之晚。有人对我提出反对意见说，《公报》是一种个人的财产；而我却要说，它是国家的财产；如果半个月前它还不是国家所有的话，那么，今天就应该是国家所有了。

我提请你们注意报纸的销售。降低售价，那是再好不过了。

费里克斯·皮阿公民提议《公报》应该是免费的和公共的报纸。所有的民主主义者都要求免费教育：假如你们希望自己行事合乎逻辑和灵活，你们就应该像我一样主张《公报》免费。你们的报纸不属私人所有；而是用税收支付的国家企业，你们不应当让穷人付钱。我提议免费。

腊斯都尔公民要求把报纸免费送给所有投过票的公民。

许多委员：对，对，免费。

奥斯丹公民尽管赞同皮阿提议的报纸免费，但却看不到有何切实解决的方法。

巴斯噶尔·格鲁塞公民：我认为皮阿建议的是大量张贴《公

报》，而不是免费送报。

维阿尔公民：你们想关心民众与《公报》吗？那么，就请给报社派去真正的共和主义的、社会主义的和革命的编辑！

皮阿公民：您的话离题了！

维阿尔公民：对不起，我并没有离题，请听我说，我虽然年轻，但我是重实际的。

〔表决吧！停止辩论！〕

乌德公民：我要求发言，我反对停止辩论，因为问题还没有完全弄清楚嘛。

在比利时，有许多报纸售价是 2 生丁，它们的销售数量达几百万份嘛。

只要《公报》报道与民众利益有关的问题，人民就喜欢看。今后，你们要解决的是如何分发这些《公报》的问题，不过，如果你们不免费送给那些买不起报纸的人……（停止发言！）

主席：有人要求停止发言，我提请表决。（通过了停止辩论。）

我们现在有三个要表决的提议：

第一个是费里克斯·皮阿公民提出的，每天将《公报》免费发给那些参加前几次选举的公民；

第二个是建议大量张贴《公报》，每份售价降至 5 生丁。

第三个是只提议每份报纸卖 5 生丁。

主席将第一个提议提付表决。

投票开始后，又听见有人要求发言。有人说还没有理解问题的实质。

腊斯都尔公民坚持要把这个问题弄清楚。

有几个委员不知道应怎样把报纸送给那些投过票的选民。

有人提议去查一查选举名单。

主席听从了部分与会人员的意见，将第二个建议提付表决。

费里克斯·皮阿公民坚持就第一个建议，即免费送报的建议，进行表决。

主席：现在开始表决。

请同意向所有参加选举的选民免费分发《公报》的人举手。

同意：　25 票

反对：　32 票

第二个建议，请同意大量张贴《公报》，售价为 5 生丁的公民举手。(通过)

主席：公民们，我们有很多事情要通报你们。

列奥·梅叶公民：我要求发言，我准备辞去总务主任的职务，我不能同时担任我区的总务主任和行政主任。

主席宣读由罗热尔、布里昂和费里克斯·皮阿签名的信。

“致巴黎公社主席公民

主席公民，

为了使 4 月 16 日的选举有效而修改 1849 年法律的决定，在我看来，至少有两个错误，即：为时已晚，而且又追溯到其他法律。

我谨荣幸地通知您，我不接受公社不按法律条文决定我的当选有效；我认为，我在第六区的所谓当选是无效的。

致兄弟般的敬礼。

奥·罗热尔”

“致巴黎公社主席公民

主席公民，

刚才，公社宣布我的当选有效，而没有考虑我获得的选票不足登记选民的 1/8。

提出的理由是由于区里的居民有一部分已经出走，因此，我的当选有效。

这个理由是正确的；如果是在选举前提出来，它也许就能证明修改选举有效的条件是对的。

在选举后提出来，它可以使公社接受我，然而这个决定却不能以此种方式让我当选，实际上我也没有当选。

尽管我非常希望成为公社的委员，但是，为了与我的同事们能平起平坐，我必须以合法的形式成为公社的一个委员，就是说，我必须是真正由我的选民们选举出来的，而且要完全符合选举前制定的当选有效的条件。

因此，在去市政府之前，我愿意像其他被宣布选举无效的候选人一样，按照新的规定，等重新选一次以后再说。

顺致敬意。

布里昂

1871 年 4 月 20 日，于巴黎”

“主席公民，

假使在解决选举问题的那天，我未在陆军部耽搁的话，我也许就和公社的少数派一起投票了。

我认为，这一次多数人的意见是错的。

多数人是否愿意对此次选举重新考虑，这我不敢说，但我认为，当选者没有权利代替选民。我认为，受委托的人不能代替主权者。我还认为，公社不能够封委员，也不能挑一个什么人来当委员，更不能为了凑够数字就自作主张地拿什么人来填补合法选举的缺额。

当然，我也同意，战争改变了居民的人数，法律的规定也应当相应改变，但不能破坏它。

公社诞生于选举，应该不断地完善自己，而不是自我毁灭，我不愿意促成这一错误。

我确信这样的真理，如果公社硬要坚持我认为是篡夺选举权的行为，我就不能把尊重多数人的选举和尊重我个人的良心统一起来。因此，我将不得不非常遗憾地在获得胜利前，就辞去我的公社委员的职务。

致兄弟般的敬礼。

费里克斯·皮阿”

乌德公民：我请求解除我的职务，我希望忠实的公民们到那里去，并提议由新近在第十六区当选的龙格担任这一职务。请你们至少让我休息一下。请在你们中间挑选愿意去帕西的公民。

主席：乌德公民曾经是公社的代表。

勒弗朗赛公民：做什么工作？

乌德公民：您到防区去，指挥布安－杜－汝尔至马约门之间的战事。

请你们做出安排，让第六防区始终有公社委员担任指挥，一切都会顺利的。

勒弗朗赛公民：乌德公民能否再给一些必要的时间，以便我们安排一个人去接替他的职务？

乌德公民：当然可以，如果必要的话，我给两天时间。

勒弗朗赛公民：好，我要求派我去替换乌德公民。

冈邦公民：我也愿意去。

主席：勒弗朗赛和冈邦公民自己愿去担任驻第六防区的代表。我请全体到会人员表示是否接受乌德公民的建议。

全体到会人员经过协商，一致同意勒弗朗赛和冈邦公民去担任公社驻第六防区的代表。

在克雷芒斯公民要求发言之后，主席让雷惹尔公民发言。

雷惹尔公民：请问我们对费里克斯·皮阿的辞职应持什么态度？已经决定的事要再改变，那是不可能了，因为那是经过投票表决的嘛。

事实上，无论在任何时候，这类辞呈，都等于斗志涣散，甚至可以说是临阵脱逃。

我提议对辞职的要求，一律不准。

一个委员非常赞同这个意见。

阿木鲁公民：我们不必对那些辞呈过于忧虑，我们对它们不表态就行了。既不接受，也不拒绝。因为是投票选举的嘛。

费里克斯·皮阿公民想辞职不干；唉！这类性质的事情如果都要我们管，都要照办，就很可能在某一时候连剩下来开会的人都没有。

所以，我强烈要求按议事日程往下进行。

雷惹尔公民：我提议就我的建议进行表决：所有的辞职，一律拒绝。

〔众〕:投票!

贝雷公民:我原来想让皮阿公民收回他的辞呈,但看来很难。你们应该发表他的信,因为他想表明他没有像多数人那样投票;如果你们想对他另有安排的话,就只好强迫他干。不过,我看他的决心已下,很难让他打消辞职的念头了。

阿夫里阿尔公民:我认为,很难让他收回他的辞职信,因为,很可能已经付印了。

尚皮公民:我同意不接受皮阿公民的辞职。

我建议删去他辞职的话,而发表信的其余部分。

主席公民:有人提议按议事日程往下讨论。你们是要求按原定的议事日程还是按临时动议的议事日程办。

(一致通过按原定的议事日程进行。)

阿尔诺德公民:公民们,我希望不要把荣誉法院变成兵营。我们长期以来听到的传闻,就是由这种情况引起的。

有一个人说:这件事已经了结啦。

阿尔诺德公民:不,没有。总务主任一回来,传闻就又继续了。

奥斯丹公民:我申明,我在半月前就提出过这件事情了。

主席公民:让一个公民去把日程上的那个议题撤下来。

朗维耶公民来信请假:

"致公社各位委员,

由于无人来我营接替我,今天,我不得不留在贝勒维尔。我希望进行选举,选出一个营长来接替我。

我请求你们原谅我不能出席公社会议,还有,在这次会后,我还要去参加贝勒维尔城各营众多牺牲者的葬礼。

顺致敬礼。

加·朗维耶”

宣读以下决议草案：

公社，

根据1871年4月10日公社关于向那些为巴黎公社而战死或负伤的国民自卫军战士的遗孀和孤儿提供补贴的决定。

兹决定：

凡发给有权享受此项补贴的人的证明，均由主管机关免费发放并免贴印花税。

1871年4月21日

勒弗朗赛

会上宣读了对英国共和主义者表示感谢的电文。

巴黎公社高兴地收到了英国共和主义者的来电，现在，我们正在为共同的自由和无产阶级的解放而战，谨从巴黎回电向你们表示诚挚的谢意。

主席公民：我提议对英国工人阶级另发一封感谢电。

德雷尔公民：我提请泰斯公民注意，已经任命了一个五人委员会，在费里行政委员会领导下，负责转达巴黎民众对英国人民的感谢。我不了解该委员会是否去过伦敦，但是，不管怎样，感谢信已在《公报》上发表了。

泰斯公民：我们认为，在此时此刻，我们比受命去伦敦的公民更能代表巴黎的民众，正因为如此，我提议以巴黎公社的名义写一

封感谢英国人民的信。(通过)

费雷公民:我赞成泰斯公民的意见。

主席公民:请写成书面意见。

阿利克斯公民:我要求宣读一项重要的建议。

某委员:在采取了昨天通过的措施之后,我建议,由前巴黎警察局市政警察长杜邦公民临时担任公安委员会的副主席。

杜邦公民:除了担任市政警察长以外,我还担任警察专员,我觉得不能再兼职了,所以,我只能临时参加公安委员会的工作。

主席公民:可以把此问题留到按照议事日程将要讨论的各委员会的组织问题解决之后再议。(同意!)

主席宣读阿利克斯公民的建议:

公社,

鉴于许多老人,男人和妇女,在各区(特别是第八区)享受救济:此项救济完全可以有效地由他们要求住进的老年收容所来解决。因此,

决　定:

凡需要领取公共事业救济金的老人,男人及妇女,请为此目的而建立的各收容所尽快收留他们。

茹尔·阿利克斯

请注意,有人说:“难道不能利用兵营吗?”

奥斯丹公民:这不可能,因为救济所里的人都满了;比塞特的人几乎全撤回来了。死一个,就有二十个人等着补上。

阿利克斯公民支持他的意见,然而却不反对对它进行必要的修改。

全会根据主席的提议，决定将该建议再提交公共事业委员会研究。

主席宣读安德里约公民的另一项提议：

由于物质条件不允许九位公社代表同时上班，在市政拥有一个常务办公室，因此，本人建议：每个代表派一名秘书常驻执行委员会，负责传达委员会的要求并使各位代表及时了解委员会审议通过的所有措施和决定。总的领导方针，仍由代表会议以多数票通过决定。

茹尔·安德里约

德勒克吕兹公民反对该建议，不明白它有何意义。执行委员会将在公社的监督之下办理所有的工作，因此他坚决要求按议事日程讨论下一个议题。

巴比克公民反对安德里约的建议。

他赞成德勒克吕兹公民提出的按议事日程往下进行。

奥斯丹公民：我发现执行委员会办公室存在缺陷，过去总是有一个或两个委员值班，今天早晨，我却一个人也未看到。

当时，我不晓得这九位代表干什么去了。当然，我并不是批评，只是说明一个事实。

布朗舍公民：这九位公民每天都应该到市政厅，应该就采取的措施共同商议，并在会后再度协商，取得统一的意见。

雷蕊尔公民：解决的办法不难找到。在九个部门中，只有四个部门的工作多，其他五个部门可设值班人员，每班两人。之所以任命九个委员，我们的想法就是让其中五个成员采取轮流值班的形式工作。

秘书安·阿尔努:我认为绝对需要建立一个昼夜值班的委员会主持工作,光靠代表们是不够的。

各部门的负责人实际上应该常在班上,所以,我才建议成立一个专门委员会,负责决定总的方针政策,执行政府的职能。

德勒克吕兹公民:既然代表可以替换,那么,为什么不可以让副代表在代表缺席时,领导部门的工作呢?

建　　议

兹授权今天组成行政机构的各部门的代表,通过他们所属的委员会,任命副代表,以便在代表缺席时,有权处理属于代表职权范围的事务。

德勒克吕兹

帕里泽尔公民:你们既然已经任命了各部门的负责人,就应该由他们自己去决定采取他们认为是必要的措施。我们不要在公社内再任命一个新的委员会,去束缚他们的工作。应该由这些代表去解决他们应当解决的问题,因为他们是负责人。

阿尔诺德公民:公民们,我们从刚才谈到的问题可以看出在我们昨天采纳的建议当中存在着的麻烦。

我同意德勒克吕兹的意见。无论是派一个副代表,或是任命一个委员会去协助你们的代表,这无关紧要。

阿夫里阿尔公民:我反对任命代表助手的办法。你们已经派了克吕泽烈到陆军部,维阿尔到军需部,他们就是所在部门的负责人了。

如果你们再派什么副代表，这些代表就可能推卸非他们办理的事情的责任。

尚皮公民：我支持德勒克吕兹的建议。

奥斯丹公民：从刚才大家的发言可以看出，我们昨天的行动考虑不周。

就我来说，我就不能接受作为代表而不能对我的行为完全负责，也不能接受作为代表而没有行动的全权；可是，我在履行自己的职责时，无论如何也不愿意承担我的同事们的责任。

要么，就让昨天任命的九位代表绝对负责，拥有处理一切工作的权力，否则就建立一个委员会，这个委员会叫什么名称都可以。

必须做出选择；但是，为了部门的团结，为了部门的工作走上正轨，必须马上表决。有一个问题还需要研究。

腊斯都尔公民：此刻，我觉得我们在浪费时间。

昨天，我们已经任命了九个代表，他们的权责非常明确，除此而外，他们不再担任其他工作，不要干扰他们的工作好了。

如果他们干得不好，我们随时可以撤换他们。我们可以检查他们的工作，监督他们，但是，不要去约束他们的行动自由。

阿尔诺德公民：不仅仅是不要束缚他们，相反，我们还应随着他们工作的进展，给他们以充分的协助。我们有权对他们进行监督，但不要事后才去检查监督。应该肯定地说，目前我们缺少的是人才。

我仍坚持我的看法，我的看法与德勒克吕兹的意见是一致的。

我只要求再补充两句话：

举一个例子，克吕泽烈公民如果到这里来开会的话，他就不可能在陆军部值班。可以肯定的是,他一个人不能什么都做。

泰斯公民:现在,当务之急是要成立监督委员会,该委员会的任务是不让这个或那个代表干扰我们的行动。我提议就组成监督委员会的问题进行最终裁决。

主席公民:执行委员会设有一个值班室,是否应取消呢?

几位委员:不,不,应该保留。执行委员会仅由一名或两名委员作为代表,就难以既在这里又同时待在部里。

朗之万公民提出了以下建议:

公社,

由于情况紧急,需要迅速处理事务,需要在新的执行委员会和巴黎公社之间,在执行委员会与各部门之间,保持经常联系。

请执行委员会在市政厅设立一个值班室。

茹尔·瓦莱斯公民说必须设立一个值班室,目的在于,比如说,使驻陆军部代表不能擅自做出涉及公社和全体居民的决定。他在发言结束时说,值班室必须是有权力的,由三个或五个委员组成。

阿木鲁公民:昨天投票之后,就说要在每个部成立委员会;各部的代表,可以应某一委员会的要求,加以撤换。

这一点已经做出决定了。

至于值班室的问题,有一点必须明确规定,那就是,值班室应每天召集各部的代表开会,会议设一值班处负责处理各部的事务。

维阿尔公民:此事,你们昨天已经表决,而现在似乎又改变了主意。请相信我,我这不是指责你们,因为我已被任命为代表,但是,我对你们改变昨天决定的事情,感到吃惊。

昨天说各委员会每天开会，处理你们向各委员会提出的问题。你们看，公社的行动不会受什么约束嘛。

腊斯都尔公民：这样做会破坏代表的权责。你们的代表是不会接受这一条件的。应该让他们自己去找秘书，而不是由我们强加给他们秘书，否则，他们就不负责任了。

我反对这个建议，请不要阻拦我发言。我们已责成九名委员负责办理，可是什么事也未做，依然是乱糟糟；正因为如此，我们才要成立一个独裁式的委员会，由它负责，在我们的监督之下工作。至于他们以什么样的方式进行他们的工作，我们不必过问。

阿利克斯公民：那个建议就是这个意思。

奥斯丹公民：刚才有人说我们什么事也未做。我不接受这种说法，我们天天都在尽最大的努力办事，好歹把局面撑持下来了。然而从我们离开了中央，分散到巴黎各处的各个部门工作之日起，情况就发生了变化；而这里是中央，是负责统一领导各部工作的唯一机构。让我们索性回到这里来吧。

韦莫雷尔公民：我没有要求就奥斯丹的意见发言，他的意见我是同意的。但我要说明的是，我过去认为，现在仍然认为，我们的会的确是开得乱糟糟的。我告诉各位，昨天开过会之后，我以为我们已经明确了各位代表的职权。然而，要么是我搞错了，要么是大家改变了主意，总之，我在《公报》上发现，有关表决德勒克吕兹建议的发言被删去了；所以，我认为，我们仍应该明确代表们的职权，否则，我们讨论半天也讨论不出什么结果来，因为，就我来说，我承认在这个问题上还没有完全明白。

由于驻陆军部代表的一封电报，引起了关于武器装备的讨论。

许多人参加了这一讨论，讨论了半个小时。

阿尔诺德公民提议不要就各种临时插进来的事件都投票表决。因为那样会使讨论脱离正题，并且造成混乱，影响大会的进行。

他提议按原定议事日程进行。（通过）

值班室将研究所有的事情，然后分别交各有关部门处理；这样做，任何事情都不会被贻误，因为每天都有人负责处理。

阿利克斯公民还提议公社应经常进行监督。

主席问是否按朗之万的建议，按照议事日程进行。

大家主张按议事日程进行。

主席公民宣读了由腊斯都尔、比约雷签名的书面发言。

“每个专门委员会对它的代表而言，应起到监督委员会的作用。该委员会可以在任何时候监督、视察、审核代表的工作，但不直接插手领导和处理事务。委员会每天向公社送交一份报告，这样公社就了解执行委员会的各项工作。

腊斯都尔”

“我建议成立一个高级检查委员会，负责审查执行委员会的工作并向公社提出报告。

比约雷”

阿夫里阿尔公民：不需要给委员会定个什么名称，就简单地称之为“检查委员会”好了。

例如，我是驻陆军部的代表，假使我发现了什么错误或有人滥用职权，我就立即告知公社。

阿木鲁公民：这很明确，我们没有做决定的权力，我们只是执行公社的决定。

主席公民说，建议的主要内容是由代表们组成一个委员会，行使检查监督的权力，并向公社请示汇报。

腊斯都尔的建议被表决通过。

巴斯噶尔·格鲁塞公民认为公社的精神只有通过每一个委员，才能起到积极的作用，因此，应该把公社委员分到各个委员会去。

主席公民说巴斯噶尔·格鲁塞的建议非常正确，所有的委员均应该到各委员会去。

儒尔德公民提议每个委员会由五位委员组成，而且每个委员都要全力投入工作；这样，市政厅就没有人了；我们都在第一线掌握一定的部门，因此我认为，每个委员会有五个委员就够了，其他的人肯定找得到工作，发挥他们的作用。

主席公民：我再次提醒各位，刚才我们提到了由代表们组成的执行委员会，设立了一个值班室负责处理各项工作。

可是，刚才又有人说要成立一个负责接待的委员会。

阿木鲁公民：这几天，市政厅内一直有人，我就没有离开过市政厅。我总是待在那里，一有人来找，我就让他直接与各有关部门联系。

（此事讨论完毕。）

德雷尔公民：我要求发言。我在军需委员会，但我却没有工夫参加它的会议，原因是每个区至少要有一位代表常在区里工作。

怎么办呢？你们怎么样才能让我一个人既在一个委员会又同时领导一个区呢？我看，我只好要求不参加任何一个委员会的工作。

主席公民：问题是每个委员会只能有五个委员呢，还是把全体委员都分配到各个委员会去？

比约雷公民：我要求成立一个第十委员会。我认为我们还缺少一个部门，那就是广告和新闻部。

我们需要三个委员每天查阅报上发表的东西，并决定我们有哪些东西需要发表。

在发表的东西中，有许多是非常好的，然而那是靠个人主动发表的，如果不发表就没有人知道。

儒尔德公民就议事日程发言。

我们确实偏离了我们的日程；这是不适当的，我们的讨论不要偏离主题。

我提议各个委员会由五个委员组成。

许多人就此问题发表了意见。

有人要求就儒尔德的建议表决。

主席再次明确问题的提法，他说问题在于各委员会只由五位委员组成，还是把公社的所有委员都分派到各个委员会去。

里果公民开始宣读另一项提议，没有人附议。

大会进入表决，并决定按照儒尔德的建议，各委员会由五位委员组成。

主席提议开始讨论各委员会由谁组成的问题。

几位委员请求暂时休会，以便就人选问题进行磋商。

此提议被接受，5 时 35 分休会。

5时45分会议重新开始。

主席公民：我们以何种方式投票？

阿利克斯公民：一个委员会一个委员会地投，在某一个委员会未当选的人，可能会在另一个委员会当选。（通过）

在选票上要不要签名？

瓦莱斯公民：谁愿意签就签。

帕里泽尔公民：签不签名，无关紧要，因为只有监票人才看得见。

勒德鲁瓦公民：公民们，我曾提出要求，希望考虑第一次采取过的方式，并且问一问各位委员，以便了解他们当中哪些人愿意担任委员会的委员。

阿利克斯公民：公民们，我提议对每个委员都唱名，一一举手表决。

主席公民：我们是投票表决还是举手表决？

大会决定举手表决。

雷惹尔公民：在我们这种性质的会议上，如全体代表会议，应该了解一下每个人的才能，最好是，会打仗的人到陆军部，以此类推。因此，我提议让候选人自我介绍一下。

阿夫里阿尔公民：好，我完全赞同雷惹尔公民的意见，就让他自我介绍一下吧，我有权选他，也有权不选他，而另外推荐一个人。

阿木鲁公民（秘书）宣读被推荐组成陆军委员会的名单。

阿尔诺德公民：我们不能投票表决吗？等一会儿，清点选票时就不必全体成员都在场了。(众:不行。)

主席公民:你们已经决定,对各委员会委员的选派进行举手表决,在选举方式上我们就这样定下来,不再更改了。(众:是的!)

阿木鲁公民再次唱名。

开始表决各委员会委员。

表决结果已于昨天公布。

(会议于晚8时结束。)

大会秘书

安·阿尔诺、阿木鲁

1871年4月22日会议

会议主席瓦尔兰公民。——助理莫蒂埃公民。

首先宣读昨天(21日)会议记录;全体通过。

韦莫雷尔公民:公民们,我认为,会议记录的公开,本身就有它的道德含义。我们收到了费里克斯·皮阿的辞职信,但辞职并不能免除他对参与过的事情的责任。昨天的《复仇者报》强烈地谴责了扣压几种报纸一事;我一定要说明:这项措施曾在这里得到皮阿公民的赞同,甚至在某种意义上说,可以说是由他首先提出的。应该让人们了解这一点,我要求把我的发言在《公报》上刊登,因为这是一个政治道德问题。

雷蕙尔公民:这一措施首先是由里果一个人提出的,我证明费里克斯·皮阿与此无关;这一点,我能肯定。

韦莫雷尔公民：其实，与我们在会上谈论的事情无关，执行委员会早在里果到这里来以前，就通过费里克斯·皮阿掌握的报纸[①]提出过类似里果提出的建议了。

雷惹尔公民：我，我可不了解在那些小圈子里干的事情！

德雷尔公民：我要求发言。

主席公民：该轮到莫蒂埃公民发言了。

（韦莫雷尔和雷惹尔公民激烈辩论。）

雷惹尔公民：有人对未到会的人进行诽谤！

几位委员：这不是在诽谤！

（够了！——请遵守会场秩序！）

主席公民：雷惹尔公民，我不能让您讲这种话。由公社已经了结的事情，我们用不着翻起来再说。

请莫蒂埃公民发言。

莫蒂埃公民：既然在此之前早已决定，不允许任何人辞职不干，我不明白为什么费里克斯·皮阿公民今天提出要辞职，再说，当决定对报纸采取措施的时候，他确实在场嘛。

巴比克公民：我们已经说过，一切辞职的行为，就等于是临阵脱逃。

几位委员：是的，是这个意思！

莫蒂埃公民：一个虽危险但很光荣的岗位，岂能离开。

德雷尔公民：我以为上次讨论时雷惹尔公民未在场，否则，他会像我们一样了解费里克斯·皮阿公民曾经支持过里果公民的提

① 指《战斗报》和《复仇者报》。费里克斯·皮阿是这两个报纸的编辑。——译者

议，——而且是坚决支持呢。因此，费里克斯·皮阿今天就不应该改变主意。尤其令我感到奇怪的是，当大家都证实费里克斯·皮阿公民曾坚决支持里果的提议时，雷惹尔公民还要如此卖力地为他辩护。

阿木鲁公民：我去查一下会议记录。

让-巴·克雷芒公民：让我谈一谈我对此事的看法。费里克斯·皮阿公民一贯支持采取强硬的措施，这，我倒不怪他；但我感到奇怪的是，他今天却来指责我们，并且不仅仅限于报纸问题，在他的报纸上还曾发表过对好几位公民的指责。因此，我认为费里克斯·皮阿公民如此背弃事业，是可耻的行为。你们为了一点点儿事就抓人。我强烈要求把费里克斯·皮阿抓起来。

阿尔努公民：我认为老这样表达意见，未免过分了！

勒德鲁瓦公民：在讨论费里克斯·皮阿辞职一事之前，我想就会议纪要发言。既然大会已宣布拒绝一切辞职，费·皮阿的辞职就不能接受。

主席：我要求说几句话。主席团提请我注意，应该完全按议事日程进行，因为先前已投票表决，任何辞职要求，都不予接受。

某位委员：公社在上次投票时已经宣布过，任何人的辞职要求都不接受，因此，今天不能改变这个决定。

米奥公民：我要求发言。

主席：是关于此事的吗？

米奥公民：不是。

主席：好，您可以在关于会议纪要的讨论结束之后发言。

克雷芒斯公民：对拒绝辞职的决定，也许曾经表决过，但我对此一无所知，因为我未出席会议。现在，我以个人的名义宣布，我不认为我是一个临阵脱逃者，然而，我明确声明：我要保留自己的行动自由。在我想辞职时就提出辞职，公社的任何决定都将对此无所约束。

几位委员：同意！

有人提出终止讨论。表决通过。

雷惹尔公民昨天将一份建议放在主席台上，但是，今天没有提及，或许是被忘记了，或许是丢失了。他要求在会议记录里述及此事。

主席说，在会议记录上只记载在会上宣读过的文件。一会儿就宣读雷惹尔公民的建议。

通过了会议记录。

主席宣读了一份退给执行委员会的通知，请委员会决定是否需要张贴。

巴比克公民：我感到遗憾的是，我们成为共和国，又参加了这种会议，可是我们还不懂得，如果我们需要辞职，就应该向任命我们的人提出辞呈，而不是向在座的各位提出。如果一个民主人士到这里来辞职的话，我请问，这么做，民主权力岂不受到损害。因此，每一个当选的公民都必须任职到有人来接替为止。

杜朗公民：我提议请任命费里克斯·皮阿的区召开一次公众会议，讨论皮阿是否做错了。

贝雷公民请求准他请假四至五天。（同意）

腊斯都尔公民要求就一项紧急的事情发言。

在各野战医院里，存在着一些必须纠正的疏忽现象。

如在新闻野战医院里，就有几具无人认领的尸体；这很可能会成为传染病源，必须赶快处理。

基于以上事实，我提出如下决议草案：

“公社责成腊斯都尔公民负责埋葬野战医院中死亡 48 小时后仍无人认领的尸体。”

如果你们让我执行这一决定的话，我将行使监督权，同殡仪馆协商，请他们在 48 时后运走尸体。

阿利克斯公民：腊斯都尔公民完全可以按照得到的授权，采取一切必要的措施。

腊斯都尔公民：不对！尽管我有权视察，提出意见，但我无权做出决定。

主席：我提议就腊斯都尔公民是否有采取一切必要措施的必要权力问题进行表决。

（大会经协商通过这一建议。）

阿利克斯公民：这方面，在我们第八区，我们已在区政府积极地采取了一切必要的措施。

几位委员：这件事情了结了，已经表决过了！行了！

主席公民：这个问题到此结束，已表决通过。现在，我们进入其他议题。

请奥斯丹公民发言。

奥斯丹公民：我请求让各区区政府按规定的时间工作，以便救济失去丈夫的妇女和孤儿。

我们每天都发现有些区政府并未按规定的时间工作。

主席公民：我希望奥斯丹公民告诉我是哪些区不履行自己的

职责。

奥斯丹公民:我接到了人们对第七区、第五区和第十七区的抱怨信。还有其他的区。我相信您是了解有多少个区成立了调查委员会的。

帕里泽尔公民:即使调查委员会没有成立,我们也完全可以进行救济工作。

让-巴·克雷芒公民:奥斯丹公民是否发放了救济金?如果他没有发放救济金,他怎么会收到那些得到救济金的区里的人的抱怨信呢?我们公平对待所有人的请求,而且,我们在向部里申请救济金之前就先发放了募捐得来的钱。

奥斯丹公民:恐怕那些写抱怨信的人有模糊的认识,他们肯定是想按我们规定的办法解决这个问题。

主席公民:必须以更明确的方式向几天前我们任命的调查委员会提出问题。

布朗舍公民:这几天,我发现公社犯了行动不力的错误。假使不采取行动,革命就要受到危害。我们不使用革命的手段,而此时此刻,反动派却在纠集力量。少说话,多做事;少发布命令,多执行已经做出的决定!关于起诉法院的决议,执行的情况如何呢?关于处理逃避兵役者的法律不是还没有执行吗?旺多姆广场的圆柱不是还没有推倒吗?

有人说公社不是革命的,人们说得对;反革命在积蓄力量。公民们,我们通过了很多决议却没有执行,我们欠了选民让我们任职的债;当你们召集选民的时候,你们一定感受到了这一点。

主席:我也认为我们也许在这里浪费了很多时间,但是,喊得最响的人，未必是做得最多的人。

德勒克吕兹公民：有人抱怨说我们未执行做出的决议；好吧，公民们，难道你们对于这种错误就没有一份责任吗？有人抱怨说惩治逃避兵役者和凡尔赛同情者的法律未得到执行。可是，当执行委员会就这个法律征求你们的意见时，你们有的认为太温和，有的又认为太严厉。少数派提出唱名表决，让每个人都对他的表决说明理由。当一项以 13 票反对，18 票赞成的决议刊登在《公报》上时，在公众中也许不会受到一个议会应享有的尊敬，这并不奇怪，的确有少数人在专门反对执行委员会。公民们，事情很简单。他们想赶快把我们撤换掉。他们中，有的是因为个人仇恨，有的是因为追求的理想不同，所以，不完全同意我们的计划；在这种情况下，我们不能后退。

你们以为所有的人都赞成这里所做的一切吗？尽管有人大肆辱骂我们，但还是有一些委员依然在任职，而且会一直任职到最后一刻，假使他们不能胜利的话，在城垛上或者在其他地方被杀死的，他们绝不是最后一个。的确潜伏着反对这个困难重重的委员会的阴谋，委员会有些事情很可能做得令人感到遗憾，因为我们想尽量做到既有节制又有力量。我们赞成革命的手段，但是，我们也尊重形式，尊重法律和舆论。

如果有什么有困难的表现，那还不是因为军衔的争吵而分裂了某些领导人吗？比如我所在的区，即第十一区，地位是很重要的。该区有四万五千名国民自卫军。可是却争吵不休，为什么呢？就是因为嫉妒和争个我高你低！掌权的是军官，而实际上应该是由文官掌权才对嘛。（喝彩声）

我告诉你们，我决心坚守在我的岗位上，即使我们看不到胜利的话，我们也绝不做在城墙上或者在市政府的台阶上挨打死的最后一批人。（长时间的喝彩）

昂利·福都奈公民：我受到攻击，我有权为我辩护。（嘈杂声）我们的选民们认为我们无所作为。（嘈杂声：嘘声和叫喊声乱成一团。）

主席：不能再继续讨论了，因为没有什么基础。我提议进入下一议题。我们每个人都要在自己的区内督促执行公社的决议。

腊斯都尔公民请求宣读两份文件（众：不！不！）

普罗托公民，驻司法部代表宣读如下法律草案：

巴黎公社，

考虑到，如果为了公众的安全，需要设立特别法庭，就必须使维护法律的人坚持高于一切的社会利益与公正的如下原则：

由地位相等的人审判；

法官由选举产生；

可自由进行辩护。

兹决定：

第一条　陪审员，应在巴黎公社公布本决定之日，从选举的国民自卫军代表中挑选，并由公社建立陪审团。

第二条　陪审团由 4 个小组组成，每组有 12 名陪审员，由公社为此目的召开的公开会议抽签决定。抽出的前 12 人组成陪审团第一组。此外，还要抽签决定 8 人为该小组的候补陪审员，其余 3 个组依次用同样的方法产生陪审员。只有被告和要求赔偿损害的原告才可以行使回避权。

第三条　检察官的职务由巴黎公社直接任命1名检察员及4名候补检察员行使。

第四条　每个小组均设1名推事及1名书记官，由司法委员会任命。

第五条　公社检察官传唤被告出庭，传唤和辩论之间最少应间隔24小时。

被告可以要求所有为被告辩护的证人出庭作证，即使由公社金库支付费用。辩论应予以公布。被告可以自由挑选辩护人，甚至可以挑选律师公会以外的人。被告可以提出他认为对他有利的一切抗辩。

第六条　每次庭审，各小组陪审员自行推举庭长。如果推举不出来，则抽签产生。

第七条　推举出庭长后，即听取原告证人和被告证人的陈述。公社检察长或代理检察长提出起诉。被告及其代理人进行辩护，陪审团团长对辩论内容不得发表总结性意见。

第八条　审讯结束，陪审团退入评议室，每个陪审员拿到两张票，一张上写“被告有罪”，另一张上写“被告无罪”。

第九条　评议结束后，陪审团回到法庭。每位陪审员将票投入票箱。庭长开票，书记官点票后宣布结果。在12票中，必须有8票定被告有罪，才能宣判被告有罪。

第十条　如果宣判被告无罪，应立即释放。

第十一条　传票及通知书均由陪审团各小组的书记官办理。传票及通知书用没有印花的公文纸书写，不收取费用。

里果公民补充说：如无其他原因，则应将被拘留的被告无罪释放。

普罗托公民:应该加上这一条。

德勒克吕兹公民:当一个人受到多种无关联的罪行指控时,如果起诉理由不同,起诉书上应予以说明。

普罗托公民:我们当时没有打算去掉 1810 年刑法中宽容的条款,把拒绝权给予了被告。

德勒克吕兹公民说拒绝权不应由检察院行使。

普罗托公民说这一权力是对被告而言的。

里果公民:原告也同样有拒绝权。

普罗托公民:新条款的措辞如下:

"被告和原告均享有拒绝答辩权。"

阿夫里阿尔公民:我有一个疑问,按普罗托公民的说法,起诉法庭是否成了单纯的特别法庭呢?

普罗托公民:不是。

阿夫里阿尔公民:好吧,那就不能说"法庭成员由国民自卫军任命",而应当说"在选民中挑选。"

普罗托公民:通过普选的方式选举法官,当然要在将来的法律中加以规定;但就目前而言,我们需要选举治安法官、经济法庭法官、民事及刑事法官,总之需要选举相当多的人,那怎么能采取普选的办法呢?

在这种情况下,我们只好依靠国民自卫军,他们是最聪明和最忠于我们事业的公民,我们认为,有了这两点,你们起诉法庭的工作就一定能成功。

我们甚至要建议把这一做法扩大到办理一般的刑事案件中。

阿尔诺德公民：我们要表决的，是一项非常重要的法律草案。因此，我认为，只宣读一次就让人表决，那不行。

主席提请大家注意，说该草案已在会上宣读了三四次。（投票吧！——不要讨论了！）

阿尔都尔·阿尔努公民发言反对终止讨论。他认为有些问题还没有讨论到。他问普罗托公民到底是故意地还是无意地，使大家忽略了可减轻罪行的条款。

普罗托公民回答说应该修订刑法中过严的条款。草案欲保留原刑法中的宽容条款。因此，这些条款与大家即将表决通过的决定没有不相容之处。

阿·阿尔努公民坚决要求发言。他指出，草案中说交给陪审员两张分别写有“被告有罪”和“被告无罪”的票。这意味着想删去可减轻罪行的规定。

普罗托公民：我们向你们提出的这一决议草案仅指人质而言，法庭唯一要审问的是勾结凡尔赛政府的案子。所以，只能是两者居一：要么被告有罪，否则被告就无罪。如果法庭决定没有理由把被告作为人质拘留起来，就应释放被告，没有折中的办法。

总而言之一句话，提交陪审团判定的唯一问题是：被告有罪还是无罪。

很显然，只要能减轻罪行，被告当然释放。

主席：最好说明这一草案是专指与凡尔赛勾结的案子。

普罗托公民：只需说明此次表决的决定是执行 4 月 4 日通过的决议就可以了。

雷惹尔公民：我要求发言，以便指出一个根本的错误。你们说法庭成员将从国民自卫军的代表中选出。然而，却没有这一条。

众：有了！

（宣布终止讨论。——提案表决通过。）

阿尔诺德公民：应该逐条表决。我不承认这次表决有效，我要求在《公报》上说明我弃权和我对此提出的抗议。

克雷芒斯公民：我也抗议。

儒尔德公民：必须委托一名代表，由该代表对公社负责，执行这一决定。

瓦尔兰公民：是的，我们每次通过的决定，都应当说明由谁负责执行。这项决定显然应由驻司法部的代表负责执行。

主席：请阿夫里阿尔公民发言，提出质询。

阿夫里阿尔公民：我要求负责调查逮捕贝瑞热将军的委员会向我提出报告；因为从刚才会上发表的意见来看，我们不能让一个无罪的人就这样被关押在监牢里。

普罗托公民：委员会确应向你们提出报告。它一直在等待获得有关材料。材料实在太少，所以我认为你们会同意委员会所做出的结论，即无罪释放贝瑞热。

众：表决！表决！

普罗托公民：那好，请就调查委员会做出的结论表决吧，希望委员会的秘书朗之万公民也无异议。

人们要求对贝瑞热案调查委员会做出的结论进行表决。

许多委员要求就立即释放进行表决。

这一要求被接受，一致表决通过立即释放。（喝彩声）

拉乌尔·里果公民：我提议由潘迪公民亲自去把贝瑞热公民

接来。

（此提议被通过。）

主席公民：现在，我们讨论由米约公民提出的报告。请阿夫里阿尔公民发言。

阿夫里阿尔公民：我把我的发言权让给贝瑞热。

贝瑞热公民：公社曾判决将我逮捕，刚才又决定释放我。我要着重表明：我现在到这里来，心中毫无怨言，相反，我将奉献我的全部忠心。（赞扬声）

列奥·梅耶公民：我想告知公社一些很重要的事实。不知公社是否愿意听我往下讲。（愿意！）　、

主席公民：你们是否同意这样安排明天的议事日程：

陆军委员会的报告；

龙盖关于《公报》的建议；

审议米约的报告；（对！对！）

议事日程就这样确定了。

会议于晚 7 时 10 分结束。

大会秘书

安·阿尔诺、阿木鲁

杂　闻

以下是关于发生在比利时公使馆的事情的详细报道：

上周，《晚报》报道说，大使们达成一致意见，要保护他们的国民，甚至巴黎人。所以，当国民自卫军战士最近几天看到有一群人

聚集在比利时公使馆周围时，便以为这些人是要躲进这栋房子，逃避为国民自卫军服役。他们交头接耳，好像要阻拦那些人似的。

在星期六至星期日的夜里，部分国民自卫军，特别是还有部分喝醉了酒的武装水手，来到了比利时公使馆，并让人打开了栅栏门，声称他们是来寻找躲藏在这栋房子里的人。看门人向他们指出，这座建筑物是属于比利时公使馆的，他们不能侵犯比利时的领土。这些人非但不听劝告，反而占领了前院并在公使馆门前布置岗哨。

第二天下起了瓢泼大雨，才把国民自卫军赶跑。看门人趁此机会升起比利时的国旗。国民自卫军的战士们发现自己错了，就没有再露面。

一纸公文告到驻外交部代表那里；代表很气愤，答应立即惩罚那些人。但是公使团却仅要求教训一下那些轻罪犯人，教他们严格遵守国际公法就行了。

星期四，18 架全新的机枪从特律代纳大街的制造车间出厂，人们看到这些机关枪通过城外大道运往纳伊和阿斯涅。

以下这份材料揭穿了反动派报纸散布的所谓抢劫梯也尔住宅一事的真面目：

“我们是国民自卫军第三十二营第七连的官兵，署名于下，强烈抗议某些报纸胡乱报道从本月 16 日起就一直由我们把守的梯也尔公民住宅中发生的事情。

事实是：一位公社的特派员在两名持有正式公文的人的陪同

下，对住宅进行了搜查。搜查之后，只拿走了部分文件。

至于偷窃银器和其他动产一事，纯属那些报纸的凭空捏造。他们出于不可告人的目的，企图引起人们对一个营的恶意的猜疑；这一营一直享有好的名声，认为那些报纸的攻击不值一驳。

梯也尔公民的雇员一直未离开住宅，他们可以证实我们所说的情况。

1871年4月19日，于巴黎。

第三十二营第七连在场目睹人：

值岗班长：莫里，住马卡戴街，167号。　　下士：埃·卡多，住拉梅街，38号。　罗兰　埃·肖基耶　阿·勒贝居伊　莫雷尔　弗·若利韦　梅絮尔　马尔塞　齐佐　蓬斯兰　瓦尼埃　埃·比西尼　雅柯尔　富尼埃　爱·戈蒙　康斯坦

在场的住宅雇员签名如下：

普扎（费里克斯），跟班；　夏莱（达维），公馆看门人。”

上星期三，9时左右，一条命名为“女飞人”的新炮舰从卡那造船厂下水。

公社任命雷诺先生为这艘新炮舰的舰长。

1871年4月24日　星期一

要　　目

正式公报。——关于今后任命执达员、公证人等的决定；有关通知。——关于各野战医院院长应与总监联系工作的指示。——关于免除阿尔萨斯人和洛林人服一切兵役的命令。——关于出售邮票的通知。

非正式公报。——战报。——煤气公司事件的真相。——公社会议。——国外新闻。——凡尔赛关于租金的法律。——杜克罗将军的声明。——杂闻。——讣告。——军事法庭。——杂录：一位论派的传统。

正 式 公 报

1871年4月23日，巴黎

巴黎公社，

决　定：

第一条　自即日起，凡在巴黎任命的法庭执达员、公证人、拍卖估价员和记录员均领取固定工资，并免交保证金。

第二条　他们每月应将业务管辖范围内收取的佣金悉数上缴到驻财政部代表手中。

第三条　责成驻司法部代表执行本决定。

1871 年 4 月 23 日，巴黎

巴黎公社

由于篇幅有限，我们不得不把驻司法部代表普罗托公民关于各部官员和法庭记录员的决定改在明天发表；该决定已在公社昨天的会议上获得通过。

驻司法部代表团

凡欲担任治安法庭和起诉法庭执达员、公证员、拍卖估价人和记录员者，请于本月 24 日晚 7 时正到旺多姆广场 13 号的司法部递交报名所需材料。

驻司法部代表

欧仁・普罗托

公众对于在逮捕波洛先生时的某些不合法行为感到气愤。

该公民被怀疑与凡尔赛有关系，发正式逮捕令逮捕，在经过预审之后，因证据不足，已被释放。

皮罗特公民因在手续上有所疏忽，已被停职，虽然他的行为并未影响该公民的名誉。

公安委员会代表

拉乌尔・里果

野战医院总监部

公社派驻野战医院总监部的代表，

考虑到他领导的部门应紧急行动，立即恢复正常工作，

特决定：

1. 各野战医院和其他能够接受或已经接受国民自卫军伤员的医院的院长们，请在 24 小时内与位于维多利亚大街 3 号的野战医院总监部取得联系；

2. 凡拒不执行本决定者，将被立即向公社起诉，并被解职。

公社委员

驻野战医院总监部代表

腊斯都尔医生

办公处上午 9 时至 11 时，下午 2 时至 4 时办公。

在巴黎为争取共和制和共同自由的战斗中牺牲、受伤或失踪的国民自卫军的家属可领取补贴，凡须了解有关情况者，请于每日下午 3 至 6 时到市政厅（劳动与交换委员会）联系。

请各区政府尽早提交本区关于此项工作的调查报告。

1871 年 4 月 23 日

中央调查委员会委员

贝・马隆、勒弗朗赛、韦尔杜尔

公共工程部

驻劳动和交换委员会代表，

为了执行执行委员会关于取消面包工人夜班的法令，并在20个区政府内设立为雇主和工人服务的问讯处，

特决定：

1. 上述法令自4月27日（星期四）起执行。

2. 两本关于供求数字的小册子，将放在每个区政府的问讯处供大家查阅。

1871年4月23日，于巴黎

驻劳动和交换委员会代表

列奥·弗兰克尔

目前在巴黎的阿尔萨斯人和洛林人，不得强迫他们到国民自卫军中服役。但他们须出示自己的籍贯证明。

驻陆军部代表希望人们谅解，不要过细地追究本措施的动机。

1871年4月23日，于巴黎

驻陆军部代表

克吕泽烈

公社委员会兼驻农业和商业部代表，谨通知商界人士：任何种类和任何性质的供应食品的购买事宜，只有本代表有权办理。

驻农业和商业部代表

维阿尔

邮政总局

许多公民抱怨说，烟草店老板拒绝出售邮票，理由是他们没有邮票。

我们重申，烟草店老板不得拒售邮票，如果拒售，我们欢迎公众向本局投诉；另外，本局将根据有关规定（总则第 274 条）由信箱开启员大量零售邮票（总则第 274 条）。

公社委员兼驻邮政总局代表

阿・泰斯

茹・瓦莱斯、沙・龙格、皮约、贝瑞热、龙克拉和乌尔班六位公社委员被派往各要塞、军营、掩蔽所和各集结地看望国民自卫军战士。

米奥、冈邦和维克多・克雷芒三位公社委员被派往各监狱调查囚犯的情况，了解他们被监禁的原因。

所有的公社委员，只要携带身份证，可在任何时候进入任何公共的、民用的和军事的建筑。

非正式公报

1871年4月23日，巴黎

战　　报

1871年4月23日，巴黎

陆军部致执行委员会

明天中午在纳伊实行停火。有一个营在阿尼埃尔放下武器，向我方投诚，但在我军去接他们时，600名宪兵前来阻挠。

在南方要塞，有一支骑兵队来投降：不幸的是，国民自卫军开始没有明白他们的意图，遂向他们开枪，致使大部分骑兵逃走。最后来到我方的人，所穿军衣已破烂不堪。

阿尼埃尔的情况甚好。

第一百四十七营打退了凡尔赛军的一次强攻。敌军损失惨重。战士伦日特公民的表现很突出。

炮战仍在继续。

巴黎城防司令赛西利亚将军，在参谋长昂利上校的陪同下，今晨视察了穆埃特至布安－杜－汝尔一线的防御工事。

将军对视察的结果甚为满意：沿线工事极为牢固；在拉波尔特上校和博纳尔上尉的指挥下，已将多门二十四毫米炮和海军炮排列成炮阵，其他大炮明天白天亦将布置妥当。这一如此重要的防线的防御已十分完善。

为了表扬博纳尔上尉的积极努力，将军已于今日提升他为炮队队长。

通　　知

本月 26 号（下星期三）下午 1 点，在圣多米尼克街 81 号工兵部拍卖从杜伊勒利宫和城外老街木屋拆下来的木板和其他物资。

关于发生在巴黎煤气公司的事情，有几家报纸的报道不正确，甚至明显地恶意歪曲。在该公司，也如同在其他地方一样，既未侵犯任何私人财产，也无公社人员任意干涉之事，只不过是派到该公司去的国民自卫军急于将从前有一个营（该营现已解散）使用的步枪运回陆军部。驻财政部代表一得知收缴了该公司 183 210 法郎 32 生丁现金，便立即在公安部人员的协助下，将这笔现金全数交还给该公司的经理。

如公社人员有任意干涉的行为，也将同其他类似的行为一样，受到立即解职并追究责任的处分。

巴 黎 公 社

1871 年 4 月 23 日会议

会议主席普罗托公民。——助理马隆公民。

和朗维耶公民

宣读上次会议记录。

克雷芒斯公民发言。

克雷芒斯公民：我要求司法委员会就人们指责军事法庭的种种事实进行调查，并在最短期内提出一份报告。

根据普罗托公民的提议。

巴黎公社，

决　定：

第一条　自即日起，凡在巴黎任命的执达员、公证人、拍卖估价员及法庭记录员均领取固定工资，并免交保证金。

第二条　他们每月应将业务管辖范围内收取的佣金悉数上缴到驻财政部代表手中。

第三条　责成驻司法部代表执行本决定。

普罗托公民：已经有 20 人向我提出申请，谋求执达员的职位。一俟本决定得到批准，他们便可被录用，开始工作。

（众）：同意。

龙格公民：我担心公众并不完全理解这是机关工作的一项改革。我要求务必使公众明白：新的职员有固定收入，不得另外收取报酬。

普罗托公民：这在第二条已经说了（重新宣读第二条）。

克雷芒斯公民：我要求就一项提案问题发言。提请诸位审议的决定极其重要，必须在决定前面加几句说明，以便突出这个决定的自由和平等的特性。

韦莫雷尔公民：应当设法使这项决定受到人们的重视。

普罗托公民:我写了几句说明,但我觉得,写得太长了,反而无助于突出该决定的重要性,因此把它们删掉了。

德勒鲁瓦公民:我只有一句话要说:我请各位回想一下允许免费诉讼的决定。

普罗托公民:还不可能做到免费诉讼。我的意见是在该决定中增加这么一条:“他们可免交保证金。”

韦莫雷尔公民:我认为应该在决定中加几句说明。公众总认为我们是在公布什么特别的决定。他们不明白这是我们实施的社会政治改革。这是一个真正的革命性的决定。我希望对它大力宣传。受到该决定影响的人将大声抱怨,而应负责执行该决定的人,也许尚未注意到它的重要性。

韦济尼埃公民提出一项修正案,未被通过。

韦莫雷尔公民写了几句话,要求把这几句话作为加在该决定前的说明。

韦莫雷尔写的几句话被通过。

阿尔都尔·阿尔鲁公民请普罗托公民尽快写一份材料,说明做出此项决定的理由。

普罗托公民:材料写好后,将立即刊登在《公报》上,我请公社对费率表进行表决。

一位委员要求公社派六位委员组成一个代表团,去看望营房里的战士。

阿尔都尔·阿尔鲁公民认为这没有必要,因为这是区政府职责范围内的事情,在我们区里,我们已经这样做了。我认为公社委员的任务已很繁重,没有必要再组织一个什么新的代表团。

朗维耶公民：有很多区没有兵营，尤其是我所在的区，——第十一区也没有，战士们见不到代表。

维阿尔公民：我就是第十一区的代表。提出的很多要求都有正当的理由。我认为公社做出决定，派代表去看望战士，远比各区区政府自己去看的效果好。我担保这一举动对营房里的国民自卫军战士将产生很好的影响。

阿尔都尔·阿尔鲁公民听了维阿尔公民的意见后，撤回他的反对意见。

杜邦、维阿尔和雷惹尔三位公民分别就维阿尔的提议发表了各种不同的看法。

维阿尔的提议付诸表决，并得到通过；提议的原文如下：

我要求紧急表决如下提议：

“公社将派六位委员去看望各兵营里的国民自卫军战士。”

阿尔都尔·阿尔鲁公民：人们抱怨看不到战报。据说在国防政府时代就是如此。我认为公社应该每天至少发布两次战报。

瓦扬公民：从执行委员会存在以来，没有发布过战报。应将此提案转给军事委员会。

朗之万公民：我要求将此事列入议程。

主席公民：这儿是米奥公民报告的结论（见米奥公民报告的结论及一项提案）。他要求列入议程；要求冈邦和贝雷去视察监狱。

巴·格鲁塞公民：我要求质询贝雷公民。

（某委员）：他没有到会！

龙格公民：我要问一下：在报告的结论部分，是否提到解除皮罗特公民的职务。

韦莫雷尔公民：已于昨天解除了他的职务。现在要讨论的，是否要将此事公之于众。

米奥公民：我坚持应将此事在《公报》上公布。

阿尔都尔·阿尔鲁公民：我也坚持这个观点。因为这是一件事关诚实的问题。不应该让人指责我们是贼，即使是错怪我们也不好。首先，我们是诚实的人，任何行为不当、有不诚实之嫌的人，均应立即解除职务。我们是诚实的人，我们要用诚实的人为我们服务。（很好！）

瓦扬公民：我要求按议事日程往下讨论。

古·库尔贝公民：我不知道（是由谁任命）皮罗特的美术学院院长职务的，这项任命违反公社精神。据我所知，此人在前政府时期曾有过不端行为。无论什么地方，都应崇尚光明磊落的风气。肖代事件令人愤慨。我要求将皮罗特解除职务一事，在《公报》上公布。

韦莫雷尔公民在对拉乌尔·里果的工作做了解释之后，建议转入下一个议程，讨论米奥的报告。他对任命皮罗特为艺术学院院长一事提出批评。皮罗特尽管并未盗窃钱财，但韦莫雷尔和库尔贝一样，也要求解除皮罗特的职务。

茹·瓦莱斯公民：应在解除皮罗特职务时说明他并未盗窃钱财。（是的！）

韦莫雷尔公民：我们将起草一份同意里果工作的文件。

龙格公民：居民中同情我们的多数人，尤其是知识阶层，等待免除皮罗特的职务已经有三天之久了，因为人们了解他行为轻浮。至于他是否廉洁，那倒没有问题。

朗维耶公民：现在请讨论米奥公民报告的结论。

瓦莱斯公民：我要求发言。

公民们：我要求公社委员可以进入任何场所。当关系到全民的利益及共和国的荣誉时，甚至可强行进入。

米奥公民：至于监狱，另当别论。不然的话，任何佩戴公社委员标志的人，皆可进入监狱去干坏事。里果公民曾下命令，只有持有他手令的人，才能进入监狱。诸位可以问里果。

（几位委员）：凭证件行不行？

瓦莱斯公民：我要求诸位明确批准公社委员可以随时进入监狱视察。

阿木鲁公民认为必须有正当理由方可进入监狱，但是（喧哗声）……谁看到什么秘密，应当保密。我们处在战争时期，凡事应该谨慎。

阿尔都尔·阿尔鲁公民：不，不，用不着保密，这是野蛮行为的残余，我们应当消除。（是的！是的！）

杜邦公民：监狱看守应该记下到监狱视察者的名字。

泰斯公民：说到秘密问题，很多出席会议的委员心里都有数，秘密是很容易泄露的。凡是到监狱去巡视过的公社委员，应对自己的行为承担责任。应该在《公报》上说明我们是市里的法官，有巡视之权。

朗维耶公民：这是两个不同的问题，应该加以区别。

杜朗公民：我要求授予所有公社委员巡视任何拘留所的权力。

米奥公民：我要求按照日程对报告的结论立即进行表决。

（结论表决通过，转入对三人委员会的任命进行讨论。）

瓦莱斯公民:我一定要提醒诸位注意:巡视监狱对我们极其重要,因为,如果我发现什么特殊情况,我可以亲自向你们报告。

米奥公民:我们提案的目的就是为了处理特殊情况,现在,如果您想扩大您的权责,我们同意。

瓦尔兰公民要求另外任命一位委员,因为贝雷身体不适。

米奥公民:您可以任意挑选一位。

阿木鲁公民:我提请诸位注意,三天来,我们既没有勒费朗赛的消息,也没有冈邦的消息。他们应该给我们写一份报告来。

韦莫雷尔公民:执行委员会已经委派乌德赴帕西执行任务。既然龙格被任命为驻该区代表,就可代替勒费朗赛公民及冈邦公民。

主席公民:需要另外任命一位委员代替贝雷的监狱总监的职务。

(会议任命维克多·克雷芒公民为冈邦公民及茹·米奥公民的副手。)

主席公民:我将瓦莱斯的下列提案提交会议表决:

"公社的每一位委员均可以视察监狱及一切公共建筑物。"(一致通过。)

韦莫雷尔公民:我要求会议投票表决将在《公报》上发表的解除皮罗特职务的决定。

(经过协商,会议决定在《公报》上发表这一决定。)

主席公民:德雷尔公民建议在瓦莱斯的提案中增加"及军事的"几个字。

(增加的这几个字被通过。)

腊斯都尔公民：我在卢森堡野战医院的视察中，发现那里的木板房亟待修葺。伤员住的木板房都漏雨。该野战医院院长要求立即给他派一位建筑师去帮助他们采取补救办法。

龙格公民：我认为在闭会前，如果不继续讨论日程上规定的议题，至少应做出一项决议。我要求今天晚上任命一位掌管《公报》的收支和账务的会计。必须使《公报》成为公社的财产，完全掌握在我们的手里。

至于目前的情况，极不正常，不能这样继续下去。明天，我将向诸位提出一项建议，任命一两位代表，由他们去商讨，写出一份报告。至于你们将《公报》售价定为5生丁的决定，这里有一个困难，因为还有下午出版的一份售价5生丁。我建议将售价定为10生丁，版面扩大一倍。

雷惹尔公民：报社的管理，必须完全掌握在公社手中。

龙格公民：我觉得雷惹尔公民没有完全理解。报社有人在管，当然，管理权应该完全掌握在我们手中，可是还有编辑部门和出版部门。所以我请诸位明天任命一位或两位代表，写一份报告，说明如何把编辑和出版部门全盘管起来。

（会议于7时半结束。）

会议秘书　安·阿尔诺、阿木鲁

国 外 新 闻

英　　国

财政大臣向议会提交了财政收支预算报告。该预算报告表明，虽然整编军队增加了军费开支，可是财政收入继续保持弹力。去年，收入估计为 67 634 000 英镑，现在为 69 945 220 英镑；支出从 69 486 000 英镑，上升到 69 548 529 英镑。本年度收入估计为 69 595 000 英镑，支出为 72 308 000 英镑。

整编军队所需费用造成的赤字达到 2 713 000 英镑。劳先生建议对化学火柴征税。此外，他还建议征收合法继承税。劳先生希望通过这两项税收获得 850 000 英镑。他建议所得税每镑增收 1.25 便士，而不是早先计划提高的幅度，用以弥补不足的部分。

议会以 201 票对 47 票通过对化学火柴征税案。

——《每日电讯报》密切注意：如果梯也尔先生完全封锁巴黎，巴黎城里将发生什么情况。由于该报一点不了解梯也尔先生的意图，因此对这位行政首脑进行严厉的谴责，说从他的种种作为就可看出此人行事犹豫不决、优柔寡断。[①]

《每日电讯报》用几栏篇幅综合报道了凡尔赛报上所说的种种暴行，其实，这些事情在巴黎城中并未发生。该报认为，凡尔赛报上的报道，是捏造的或夸大的。因此，该报把全部责任加在凡尔赛

① 着重号是原有的，下同。——译者

政府的官员身上。

“3月19日，梯也尔先生一逃跑，”该报说，“便使交易所广场附近几个区的居民落入‘凡尔赛秩序团’的敌人手中。‘秩序之友’的种种不幸，(如果真有不幸的话)应该由抛弃他们的梯也尔先生负责，而不应由公社负责。”

“说实话，温和的共和派和拥护调解团的纲领的人，去会见凡尔赛的独裁者，受到的对待却极其轻蔑，这真是咄咄怪事。”

《早邮报》发现，国民议会办事，似乎和巴黎市内秩序拥护者同样从容，同样成功。对于日常的政治事务，国民议会懂得，他们不可能办任何提前或推迟必须解决的事情。只有时间能完成某些事情，但仅仅是微乎其微的事情，实际上，需要精力和才智才能把法兰西从现在所处的狂热的状况中拯救出来。

显而易见，精力和才智在巴黎一方，而不在凡尔赛一方！……

意　大　利

——国际航海展览于本月16日隆重揭幕。

——国际电报会议，将于今年由公共工程部长主持，在罗马召开。

西　班　牙

来自哈瓦那的信件说，岛上的产业主为爱国热情所驱使，捐出了他们的产业并投身于公共事业，设法筹集到600万美元，甚至把他们目前使用的分期总付代币券也奉献出来了。

地方税亦将增加。此项收入，将用来收回哈瓦那银行代国库支付战争费用而发行的或将要发行的钞票。

西班牙部队和古巴部队在东部各县有几次交火。

3月18日，哈瓦那各报纸纷纷撰文赞扬保卫都尔——德-科隆的英勇战士。

俄　国

4月12日，敖德萨来信云，在复活节那个星期发生了一起居民反对犹太人的骚乱。整整三天，犹太人的房屋遭到抢劫。他们的商店及钱柜被洗劫一空。他们惊恐万状。他们的损失惨重。当局显得束手无策。

葡　萄　牙

里斯本4月15日《新闻日报》报道：国际工人协会在欧洲各地扩展其分支机构。法国、比利时、德国、瑞士、俄国、意大利及西班牙受到活动分子的影响。伯明翰、诺丁汉、纽卡斯尔、布赖顿及谢菲尔德，一言以蔽之，在所有的大制造业中心，该会的活动都很成功。

《雷诺新报》和《东部邮报》是国际工人协会的机关报。这两家报纸在工人阶级中间广为流传。他们已筹集到大量捐款，用尽一切办法使全欧洲的工人联合起来，“无产阶级”里斯本的这家报纸说，“从来没有像现在这样积极准备打击封建君主的残余势力。”

德　国

民主党在柏林第三选区召开过多次会议。对于4月21日的补选，该党一致通过提名让·雅各比为候选人。

——共和派报纸柏林《前途报》已由该报总编辑雅各比博士宣布停刊，雅各比博士在他的文章中说，在目前状况下，已无力继续捍卫共和事业。因此不得不做出这一令人遗憾的决定。

——德国议会中的进步党最近拟提出一项议案，要求给议员车马费和开会津贴。

《法兰克福日报》写道：

凡尔赛军的军官，从少尉到将军全都是为他们自己的生存而战。波拿巴派的军官、正统派军官和奥尔良派军官，都自觉地或本能地感觉到，共和国一胜利，常备军就必然完蛋。因此，在围城期间表现得极其怯懦的先生们，今天都战斗得相当英勇。

法国已经不再有常备军了。御林军已被打得七零八散，这个能在12月2日夜扼杀共和国但却不能打败外国侵略军的专制政权的工具，似乎完全瓦解了。公众纷纷要求在共和制的基础上对军队进行彻底改革，认为这件事是最紧迫的事情之一。就在这个时候，巴黎公社和国民议会之间出现了对抗局面，给灰溜溜地从战俘营中释放回来的军队一个意想不到的机会，表明他们还是有用的，至少在国内，用他们去恢复秩序，还是可以的嘛。在普鲁士人面前打得不起劲，打巴黎人却打得很凶。

“我对那些杀人犯，”前御前侍从官加利费侯爵在一份声明中写道：“毫不留情，把他们通通干掉。”

对普鲁士人作战，常备军只是为军人的荣誉而战。对巴黎人作战，则是为他们每日的面包而战。每个军官及大部分下级军官必须为他们个人前途作战。这场可怕的战争之所以如此残酷，其原因就在这里。每个人不仅为他个人的理想而战，而更多地是为他的生活，为他的生存而战。

既然我给你们引用了那位名叫加费利的倒霉鬼的话，(他曾被囚禁在德国埃姆斯、科布伦茨、威斯巴登，我附带说一句，他在那里过着极其放荡的生活)，我也要把一位忠于巴黎公社的国民自卫军对我表露的真实感情告诉你们。他对我讲述了一个炮兵在马约门壮烈牺牲之后，用平静的声音对我说：

“公民，请您相信，这是我们和凡尔赛分子之间的一场你死我活的斗争。有他们就没有我们，所有的弟兄们和我都是这样看法的！”

凡尔赛国民议会通过一项决议，反对巴黎对房租问题的决定，《真理报》就此事发表如下文章。该报温和而严肃的论战笔调使这篇文章具有重大的意义。

凡尔赛国民议会终于通过一项关于塞纳省房租问题的法令。这项法令的出台，是想用转弯抹角的办法来解决第八条引起的严重问题。将来，不会强迫未来的巴黎市政委员会，而只是请它对房产主给些补贴；为了给该市政委员会做个榜样，国家保证为这项慈善事业拿出 1 000 万法郎。

因此，我们可以想象得到，在凡尔赛获得全胜之后，在公社的废墟上、在公社保卫者的尸体上恢复了所谓的秩序，巴黎产业主就毫无损失了，一点损失也没有了。

至于工商业用房的租金，仍按帝国时期确定的标准，不论超出多少，都执行到合同期满，或承租人无力交纳为止。即使我们的工商业主大部分都彻底破产了,这有什么关系?只要房产主毫无损失就行了嘛。

租金在600法郎以上的私人出租房,房产主仍有收取房中家具租金之权,而且可一直收到明年7月共4个季度的租金;房客缓交租金,不得超过两年,并须签字出具欠条交给房主;房中家具,超过租金款数的部分,不得动用。城市有产者,机关职员,农村产业主,我们失去了我们全年收入的一半,2/3或全部。我们失去了我们的基业;我们的农庄遭到焚烧或抢劫,在他们看来没有什么关系,只要房产不受任何损失就行了。

很多房客就钻公社的决定的空子,未付房租就搬走了,甚至没留下地址。但是,人们很容易请私家侦探找到他们,将他们的动产作为违法的转移财产加以查封,以补偿合法主人的损失。这样一来,房产主就一点损失也没有了。

小间的出租房,房客的动产甚至不够用来支付扣压费;有这样的房客的房主,就要吃点亏。不过,法律另有办法,对他们有所弥补:政府拿出1 000万法郎来补助他们;这笔钱,由法国全国的纳税人来负担,少数不够的部分,由未来的巴黎市政府补足,为了让可怜的房产主能把应收的欠租全部或几乎全部都收到手,差一点就要巴黎市政府专门借一笔款子来办这件事情了。

确实,把公社彻底的解决办法和该法律加以比较,就可看出,公社的办法充满理性,有实践意义。公社约略估计,在战争中人人都有损失,房产主的损失,大约是他们年收入的3/4,而凡尔赛的国民议会竟宣布,房产主现在或将来都不能损失一个生丁,还说,既然从一文不名的穷人那里一个钱也榨不出来,就让我们空虚的国库拿钱出来补助好了。请问，正义何在？公道何在？人的理性到哪里去了？

凡尔赛各报纷纷报道著名的（即那位自称“不战胜毋宁死”的）杜克罗[①]将军在离开瑟堡前对军队发表的美妙宣言：

瑟堡军团的军官、士官及士兵们：

“祖国号召我们做出新的、最后的努力。遍地血腥的法兰西仍在敌人占领之下。它遭到掠夺、抢劫；敌人最近又夺去她两个最美丽的省份。从祖国北方到南方的土地上到处都有我们死去的亲人；他们死得冤枉，死得可怜！

“瞧，在如此深重的灾难中，一群穷光蛋试图在我们不幸的家园的废墟上让懒人和二流子得势，让抢劫犯和暗杀犯到处横行。

“由于史无前例的士气低落，如此可敬和如此英勇地坚持了五个月的巴黎，在沦陷的次日便惨遭那些无赖（他们都是靠无情的战争发迹的社会渣滓）的蹂躏。士兵们，把那些无赖驱逐出巴黎……让我们去把那些疯子和恶棍永远赶出我们的首都。

“军官们，士官们及士兵们，你们来自各兵种，尽管互不相识，但共同的不幸的命运、责任感和对祖国的爱使我们团结起来了。

“在经受了那么多考验和那么多苦难之后，你们的忘我精神和你们的纪律表明，若不是在刚刚结束的可怕斗争中被优势的敌人和不幸的命运压倒的话，你们已创造出何等业绩！

---

① 杜克罗（1817—1882）奥尔良分子，将军。普法战争期间任巴黎第二军团司令，后来参加凡尔赛军，积极镇压巴黎公社。——译者

“1871年4月19日，于总司令部

总司令　杜克罗将军”

杂　　闻

凡尔赛的炮弹继续猛烈地轰击纳伊、泰乐讷、克利希、拉瓦尔及其他地方无辜平民的房屋和生命。在无数惨剧中，举一例如下：

上星期六，糕点商某先生刚穿过他商店所在的“大军路”，到一家肉店购买他制作肉馅饼用的猪肉，突然从古尔布屋瓦圆形广场飞来一发炮弹，击中他的脊椎，当即死亡。肉店老板和妻子目睹这可怕的事件惊骇万状，扔下他们邻居的尸体和他们敞开门户的肉店，仓皇逃命。

一刻钟后，糕点商的妻子见她丈夫长时间未归，放心不下，便到肉店打听消息。她看见丈夫躺在肉店的石板地上，便呼天抢地，放声大哭，引来了街坊四邻。当她刚要抬走死者的当儿，她的右脚被凡尔赛宪兵的一发子弹射成重伤，只好俯卧在她丈夫尸体旁边，直到炮火暂停，才有几个为这悲痛的场面引来的国民自卫军战士把她转移到安全地点，收拾不幸的糕点商的尸体。

任何评论都是多余的。

我们在有关人士亲自口授下记录了如下事实，我们保证此事完全属实。

一位在首饰业很有名气的商人受几位友人之托，寻找不久前作案的一个窃贼。他认为能在凡尔赛找到那个窃贼，便于上星期二去凡尔赛。他持有规定的通行证，毫无阻碍地来到该地。他完成使命后，便慢慢回家。当他行至克拉马高地时，当地士兵不经任何法律手续，便逮捕了他，并搜他的身；一群愤怒的人高喊："杀死他！他是个巴黎人！"他被夹在这群人中间带到凡尔赛。

他不仅掏出身上携带的证明，还拿出许多证据，证明他和当地珠宝商有往来，说他此次到凡尔赛纯粹是买卖上的事情。他说破天也没有用。士兵们不听他的。把他和一群无赖关在一个破洞里，洞里只有一只木桶。25 个人都在众目睽睽之下往桶里小便。士兵们隔很长时间才扔给囚徒们一些面包，大家拼命争抢。他的一位朋友曾看见一群士兵把他抓走，经那位朋友的多方奔走，四天后这位诚实的商人才平安地回到巴黎。

以上就是保皇党的先生们干的好事。

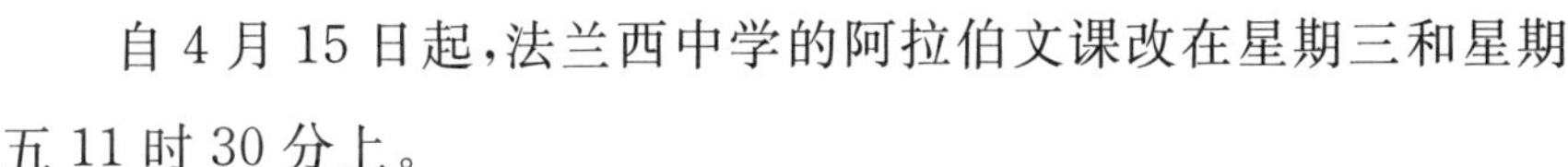

自 4 月 15 日起，法兰西中学的阿拉伯文课改在星期三和星期五 11 时 30 分上。

负责起草改组医疗机构报告的代表们于 4 月 23 日（星期日）举行了第一次会议。

第二次会议将于下星期二晚 8 时在医学院小阶梯教室召开。请没有参加上次会议的各区，派代表前来参加。

议题：讨论组成委员会的候选人资格。

阿尔萨斯－洛林解放同盟中央委员会荣幸地通知公众，有些坏人盗用本组织的名称，向同盟的朋友骗取数目不等的钱财。今

后，只有持有身份证的人，凭盖有同盟印章的收据才能收取应收的款项。

招收速记员。请于3时至6时之间与公社秘书处联系。

聚集在莫里哀大厅的公民宣称，征召19岁至40岁公民服役的决定，关系到城市的安全，因此，应在24小时后实施；凡违反本决定的人，均以逃避服役论处。

主席　E.罗兰

勒加叶，沃尔夫

讣　　告

我们沉痛宣告：新近晋升为参谋部上校骑兵队长的让森及新近任命为参谋部骑兵队长的雷诺已阵亡。

这两位勇敢的军官经过英勇的战斗，从凡尔赛分子手中夺回前一天失去的街垒。

这两位军官都是身先士卒，壮烈牺牲的。

军事法庭

1871年4月22日开庭。

几名炮兵盗窃案。——第一百零五营案件。——拒绝开赴前线案。——12名被告，其中有2名军官。

军事学院发生多起盗窃案。该校顶楼上存放的大量衣服被偷盗一空。有两名炮手被控参与盗窃活动，今天被传到庭。他们是费洛（费朗索瓦），37 岁，旧军人；居约（让），39 岁，庄稼人。他们均属第十九炮兵连。

费洛承认多次将以前驻扎在学院的部队的各式服装扔给窗外的同伙。至于居约，他承认参与过盗窃活动，但是他硬说是连里军官默许的。

庭长公民根据这一陈述，下令逮捕炮兵连长吕加公民，并传他到被告席上。吕加公民竭力否认：他说他已尽最大努力防止他的部下盗窃公物。他发现顶楼失窃，曾多次令部下关闭楼门，但是那些人破门而入。

证人勒科尔尼中尉说他们是公开抢劫：每个人各取他看中的东西。除了吕加连长，没有人制止盗窃活动；军官们根本不支持连长的工作；更有甚者，亨利中尉终日喝得酩酊大醉，他是军纪松弛现象的根源，亨利中尉甚至好像鼓动士兵盗窃。

（庭长命令传讯亨利中尉到庭；如不到庭，就对他进行缺席审判。）

吕加连长的证词似乎引起了听众及法庭的极大兴趣，他用严肃的语气说：

“我们最大的不幸在于给炮手的报酬过于丰厚；他们每天挣 3 法郎，因此有钱酗酒。我连不乏勇敢的士兵，我要求军事法庭允许我明日率部开赴前线迎敌，以洗刷我们连的耻辱。”

军事法庭协商片刻，宣布吕加连长无罪，费洛和居约承认各自的罪行，被判处 5 年监禁。

下一桩案件的案情极其严重，12 名被告中有 10 名军官，他们被指控拒绝开赴前线，并合伙伤害首长的人身。

十二名被告的姓名如下：

韦特（让－巴蒂斯特），43 岁，雇员，第七团的军官；

加朗迪（普罗斯佩），43 岁，细木工，第一百零五营上尉；

斯特雷夫（皮埃尔－昂布鲁瓦兹），43 岁，雕刻匠，上尉；

洛德（乔治－居斯塔夫），24 岁，工程师，上尉；

特雷什（让），44 岁，锁匠，上尉；

杜朗（维克多），43 岁，雇员，上尉；

比丹（路易），35 岁，油漆匠，中尉；

约里布瓦（路易），33 岁，锁匠，少尉；

德亚丹（路易－爱弥儿），31 岁，洗煤厂的伙计，少尉；

贝尔纳（安托万），46 岁，石匠，战士；

贝尔纳（雅克·伊波利特），19 岁，石匠，战士；

特鲁勒（阿尔冯士），35 岁，屠户，战士。

法庭将进行辩论，以确定每个人的罪责。

宣读起诉书后，庭长公民依次审讯十二名被告。

对韦特的审讯记录

问：向本庭起诉的案件是由你引起的，你控告第一百零五营军官。有些人报告说你常常喝得酩酊大醉。

答：7 个月前，我被任命为上尉，代理营长的职务。从来没有人指控我酗酒。我率领我营官兵占领第七区区政府的电报局。这是我的服役状况。如果他们看我是一个醉汉，就不会推举我为上尉，后来又推举我为营长。4 月 13 日，我和妻子在家里吃晚饭，我滴酒未饮。当我来到旺多姆广场时，士兵已经开始骚乱。我把加朗迪上尉召来，他向我说明了战士们的要求。他们要求分发弹药和粮饷。

我把军官们召来，勉励他们执行上级给营部下达的命令。我走在队伍前面，从未离开队伍，一直来到比洛门。在那儿，第二百三十二营营长让我们停止前进。当部队又要出发时，士兵们又犹豫起来。我再一次走在队伍前头，第二百三十二营营长可证明我毫无醉态。此外，你们可以看看，我的报告是否出自一个醉汉之手。

我的左腿患肌肉萎缩，因此走起路来常常摇摇晃晃：人们或许因为这个缘故就认为我喝酒了。

问：你曾经在哪些营里当过军官？

答：在第一百零五营、第一百八十七营和第一百零六营。

问：只是在 4 月 13 日那一天，士兵们才开始对你有不满情绪吗？

答：是的，公民。

问：你过去所在的营在围城期间表现如何？

答：令人钦佩。

问：你认为 4 月 13 日事件的原因何在？

答：因为来了一批新兵，特别是来了好些年轻人。

问：我知道，当初命令你去逮捕罪犯，你没有执行命令，你说宁可让他们在敌人面前洗刷他们的污点。

答:是的,既然有人硬说我是13日阻挡战士前进的祸首,我就把情况说清楚:在第二天从马尔斯广场出发的一百五十人中,只有八十二人随部队一起到达比洛门。

问:可以肯定,你是要到前线去的。你做得对。

对加朗迪上尉的审讯记录。

问:你是什么时候当上尉的?

答:刚当不久,我是3月18日以后被任命为上尉的。

问:你们营的组成情况如何?

答:由新兵组成,尤其是第五连和第六连。

问:你的士兵在4月13日有什么举动?

答:我让他们回家吃饭。食品是下午5点半钟运到的。由于时间晚了,我只让分发面包。

问:从我们了解到的情况来看,一些人要吃过饭,而且要带足干粮,才肯上前线。这很不好,国民自卫军进行这样重大的军事行动,队伍中竟有这样的人,真是可悲,营长喝醉酒了吗?

答:是的,他有些醉意。他发火了。他下令打起营旗,这可以清楚地证明这一点。

问:我不明白你的话!听见不称职的军官说出这样的话,真可耻。你要知道,韦特下令打军旗,是尽他的职责。像你这样的军人还不配打军旗呢。你看见韦特醉过很多次吗?

答:是的,在维特里、布曾瓦、夏提荣,队伍因此纪律非常松弛。

问:你知道韦特左腿有毛病,行路时容易摔跤吗?

答:知道,当他有几分醉意时,说话结巴得厉害。

问:好了;你是和部队一起从旺多姆广场开拔的吗?

答:是的,当士兵们看见是韦特任指挥官时,就不愿意出发。

问:当时,你们营有多少人?

答:当时有 6 个连,但每个连都不满员,没有几个老战士。

向韦特提问:你跟部队一直跟到什么地方?

答:离比洛门 20 公尺的地方。

向加朗迪提问:随后几天,你参加过战斗吗?

答:参加过战斗,我胳膊还受了伤。

对斯特雷夫上尉的审讯记录

问:你是老兵吗?

答:我在第二十八营当过士官。

问:到达城根时,你拒绝前进,并把营长押回区政府。你是第二天回到巴黎的吗?

答:从旺多姆广场出发前,人们激励国民自卫军战士的爱国热情。当战士们看见是韦特带队时,无论怎样做工作,一到圣奥诺雷镇时,队伍就开始散了。

问:为什么韦特两次被任命为指挥官?

答:因为他的对手盖格是个反动分子,当时只有韦特一个人有资格当指挥官。

问:你为什么回到巴黎?

答:因为我的部下都散了。我在比洛门看见韦特指挥官万分激动。士兵们不让他拿军旗。

问:我认为你不该接受你的职务,你似乎还不懂得你有哪些职责呢。第二天,你领食物没有?

答:领了,领的是头天的食物。接着我到区政府去,只有几个士兵随行。

对洛德上尉的审讯记录

问:你从什么时候起任上尉的?

答:从 4 月 7 日起。

问:过去,你参加过战斗吗?

答:参加过,在夏提荣及阿维隆高地,当过巡逻兵。

问:你在 4 月 13 日事件中起什么作用?

答:我在后卫部队。当我看见士兵们围着韦特指挥官时,我设法把他护送到区政府,有一百多名士兵押着他。

问:第二天,你去前线了吗?

答:去了。

问:你不觉得你没尽到你的责任吗?

答:我不认为:因为,没有兵,我们怎么去打仗。我尽了一切努力,但是无济于事。

对特雷什上尉的审讯记录

问:你是老兵吗?

答:是的,我服役 14 年了。我曾在布曾瓦率领部队作战,并获得一枚奖章。一个月前,我被提升为上尉。

问:平时,你的士兵们服从你的命令吗?

答:他们很不听话。13 日晚上,不论我怎样劝说,他们都拒绝出发。到比洛门时,我身边只剩下两个中士和一名士兵。我回到巴黎,以便第二天返回营里。

问:你是志愿军吗?

答:是的。

问:你了解韦特的生活习惯吗?

答:他喝一点酒。这是人所共知的事实。

对杜朗上尉的审讯记录

问:你指挥第六连,你的士兵们拒绝开赴前线吗?

答:确实如此,他们说因为没有弹药,所以不能开拔。到比洛门时,我身边只剩五个战士了。

问:第二天,打集合鼓时,战士们来了吗?

答:来了三个人,而且都没有带武器。

问:你参与了伤害韦特指挥官的暴行吗?

答:没有,我看见他踉跄而行,才搀着他的胳膊。在我离开他时,我的士兵们对我说他们要后撤。

问:不错,你们连队写了一份抗议书;从这份抗议书就可看出战士们的士气。战士们在抗议书中对韦特指挥官提出严厉的指责,控告他有种种过失:无能、对营里管理不善,还有许多怪事,有些公民从来不研究他们接到的命令。

对比丹中尉的审讯记录

问:你让你的部下回巴黎去了吧?

答:他们不听我的劝阻,就回巴黎去了。我曾尽力阻止他们。

问:你在比洛门有一会儿曾离开过你的部队。

答:是的,就在这时,战士们围住韦特指挥官。我带领部队送他到区政府。

问:竟出现这么糟糕的事情,这真叫人难以相信。当纳伊要塞需要你们时,你们却怯懦地送你们的指挥官去区政府了。第二天,你倒是尽到责任了。这一点本法庭会加以考虑。

对约里布瓦少尉的审讯记录

问:你是旗手。你曾拒绝开赴前线吗?

答:没有:护卫队士兵不让我出去,他们说他们不愿意让军旗去凡尔赛。

问:那你怎样办呢?

答:我把军旗送到区政府。第二天,我又去区政府请求韦特指挥官批准我集合全营战士,让他弥补头一天的过失。至于我么,我还受伤了呢。

对德亚丹少尉的审讯记录

问:你受到很大的牵连。你到达城根时,干了些什么事儿?

答:我没有参与骚乱。

问:你说过不应该开赴前线吗?

答:没有,我要求发弹药。

问:你在第六连对韦特公民提出的抗议书上签过名吗?

答:签过。

问:你是个老兵,第二天怎么没有去前线?

答:我照军官们的样子行事。

韦特公民:德亚丹向我索要弹药时语言极其粗暴。

向杜朗提问:在比洛门休息的20分钟期间,你看见德亚丹公民对韦特公民说话吗?

答:看见,但没看见他有粗暴的样子。

对老贝尔纳的审讯记录

问:你曾拦住营长,逮捕他吗?

答:骚乱时我不在场。我只看见营长被战士们围住。过了一会儿，他跌倒在我脚旁边。他喝醉了，后来我没见过他。

韦特公民说贝尔纳没有和那些人一起殴打他，贝尔纳只是在他身边。

对小贝尔纳的审讯记录

问：你曾拒绝开赴前线杀敌，是吗？

答：韦特上校在夏提荣时就欺骗过我们。我们不愿意在他手下当兵。我没有说一句反对开赴前线的话。大伙看见我第二天归队了。

问：你看见韦特公民遭到殴打吗？

答：我看见他跌倒在地，但未见他遭到殴打。

韦特（迟疑片刻）：抓我的人中间，我认出有小贝尔纳，他抓住我的胳膊。

问：你和贝尔纳父子之间的关系如何？

答：和睦的邻居。

对特鲁勒的审讯记录

问：你在 4 月 13 日事件中干了些什么？

答：什么也没有干，因为我在夏提荣时脚部扭伤，没有让我随队出发。4 月 13 日，我不在场。我是第二天才看见韦特指挥官，并陪他去区政府。

接下来庭长公民传第一位证人出庭。

法庭根据加朗迪的要求传唤里韦上尉出庭。里韦上尉发现有人持东布罗夫斯基将军的命令来调第一百零五营。里韦上尉是连长。他看见加朗迪上尉在纳伊战斗一整天，表现十分英勇。

穆多奈，47 岁，雕刻匠，指挥官，4 月 13 日到旺多姆广场召集第十一团的各连队。他是从纳伊来这里要求增援的。第十一团拒绝开赴前线。人们另外给他派了三个营，其中就有第一百零五营，战士们都不肯出巴黎城。旺多姆广场上的军官们试图说服国民自卫军战士出击，但是毫无结果。他想不起韦特指挥官持什么态度。他说士兵们根本不愿意前进（我很遗憾，这是他说的），有一会儿我不得不掏出手枪，强迫他们出发。

法庭应韦特的请求传唤第六十四营奥尔塞上尉出庭作证。奥尔塞的证词如下：

士兵们把韦特指挥官带到第七区区政府时，我在那里值勤。有人说韦特公民喝醉了，这说得不对。以前他也许喝醉过。但在士兵们带他到区政府来时，他肯定没有喝醉酒。

乌尔班·拉乌尔，教育委员会主任委员、公社委员、第七区代区长，看见四名国民自卫军士兵及几名军官带着韦特指挥官来到区政府，当时是凌晨一点钟。有人指控韦特醉醺醺地走在队伍前面，还说他醉倒在地上。我看不出他有醉态。我首先责备那些污辱韦特指挥官的战士，我让他们到陆军部，军官们不愿意去。

他常看见韦特指挥官喝得醉醺醺的，但是，他看见有些人（例如这几个被告）对一件怯懦行为还要抗议，感到吃惊。第二天韦特指挥官干了一件令人尊敬的事情。他认为一切都能妥善解决，为了平息士兵们对他的憎恨，他从一个战士手里夺过一支枪，加入士兵们的行列，不当军官了。

巴贝鲁斯上尉在旺多姆广场上看见韦特公民醉了，讲话前言不搭后语，老做手势。

韦特公民：这些指控是串通捏造的。我再说一遍，要是我有酗酒的恶习，上级根本不会任命我为营长。

莫杜伊下士和部队一起走到城根；到了城根，战士们就拒绝继续前进。韦特公民喝醉了。

帕里泽尔（弗朗斯巴）军医，公社委员，前第一百零五营外科军医；应韦特指挥官的要求，出庭作证，提供了关于他的有利情况。

庭长让被告退庭后，询问证人韦特左腿的疾病是不是酗酒引起的。证人认为被告的腿疾是长期劳累引起的。

法庭听取了许多其他证人的证词，他们讲的都是已知的情况，于凌晨3时15分休庭。法庭于凌晨3时45分继续开庭。庭长宣布，通过辩论查明的事实，证明第一百零五营全营官兵都应受到起诉[①]，并根据该营的行为做出判决。

法庭听取被告的答辩后，于4时30分退回审议厅。经过一小时一刻钟的讨论，庭长宣判如下：

鉴于第五连连长斯特雷夫率领第一百零五营，于4月13日晚返回巴黎；

鉴于被告第三连连长杜朗离开城根后独自回家，以致引起全连的不满情绪。把责任推到上级军官身上，埋怨他们让连队开赴前线；

鉴于德亚丹公民煽动部下拒绝执行上前线的命令；

鉴于小贝尔纳公民屡次辱骂他的上级韦特上校营长；

鉴于洛德、约里布瓦及比丹三位公民于4月13日将部队带回巴黎后，次日又带领部队开赴前线，尽到了他们的职责；

---

① 着重号是原有的。——译者

鉴于对韦特、加朗迪、老贝尔纳及特鲁勒四位公民指控的罪名不能成立；

鉴于推选出的军官们意志消沉及第一百零五营士兵们的怯懦行为应由全营负责；

庭长宣布：被告德亚丹、斯特雷夫及杜朗虽犯有拒不服从开赴前线命令的罪行，但根据当时的情况，可从轻判处；

判处公民斯特雷夫及杜朗终身苦役；德亚丹五年监禁；

小贝尔纳公民在执行任务时，犯有凌辱上级罪，判处三年徒刑；

韦特、加朗迪、洛德、比丹、约里布瓦、特雷什、老贝尔纳和特鲁勒八位公民无罪。

第一百零五营官兵由军事法庭书记官接管。被接管的官兵，今后如再有违反纪律或不服从军令情事，将按重犯论处。

第一百零五营被解散，撤销其国民自卫军番号。该营军官、士官及士兵将分配到其他营当普通战士，剥夺选举权，不得参加任何军官或文官选举。

上午6时闭庭。

1871年4月25日　星期二

要　　目

正式公报。——纳伊停火。——告巴黎人民书。——关于军事法庭判决复审委员会委员的任命。——关于成立陪审团等的决定。——关于治安法官和执达员等的决定。——陆军部对军医的任命。——关于建立20个炮兵营的命令。——给各工人协会联合会的通知。

非正式公报。——战报。——电报局局长的通知。——调查委员会的选举。——第三区取消面包券。——利摩日共济会的信。——公社会议。——国外新闻。——杂闻。——机械行业公会的宣言。——讣告。——被俘国民自卫军名单。——交易所行情。

正式公报

1871年4月24日,巴黎

已经达成几个小时的停火协议。因此,22天来遭受野蛮炮击的纳伊地区不幸的居民,可以到巴黎城内寻找栖身之处。

今天(4月25日星期二),上午9时起停火。

今天下午5时恢复炮击。

1871年4月25日,于巴黎

执行委员会

茹尔·安德里约、克吕泽烈、弗兰克尔、儒尔德、

巴斯噶尔·格鲁塞、普罗托、拉乌尔·里果、瓦扬、维阿尔

告巴黎人民书

公民们：

7个月前，我们纳伊地区的兄弟们来到巴黎城根寻求一角栖身之处，以躲避普鲁士人炮弹的袭击。

他们刚刚回家，便又一次被法国人的炮弹赶了出来。

让我们张开臂膀，敞开胸怀，迎接这些不幸的人。

公社将委派五位委员前往迎接这些妇女、儿童，他们是邪恶的君主政体的无辜牺牲者。

各区政府应给他们安排住处。

巴黎任何一位公民都怀有人类团结一致的深情厚谊，将以兄弟般的情谊欢迎他们。

1871年4月25日，于巴黎

执行委员会

茹尔·安德里约、克吕泽烈、弗兰克尔、儒尔德、巴斯噶尔·格鲁塞、普罗托、拉乌尔·里果、瓦扬、维阿尔

兹任命乌德、贝热瑞、若昂纳尔、福都奈（昂利）和埃德组成一个五人委员会，负责安置纳伊居民，并采取必要措施确保巴黎城防的安全。

巴黎公社，

考虑到向遭受第二次炮击的巴黎居民提供住处是责无旁贷的，而且是刻不容缓的。

兹决定：

第一条　征用一切空房。

第二条　征用的房屋，将按申请住房的先后顺序分配给遭受炮击的区的居民。

第三条　在住进房屋前，应对房屋状况进行视察，并将房屋状况视察副本送交给逃亡房主的代理人。在存放有可携带物品的家具上应一一贴上封条。

第四条　各区区政府负责本决定的立即实施。此外，各区政府应尽可能向申请提供搬迁工具的公民予以协助。

1871 年 4 月 25 日，于巴黎

巴黎公社决定：

兹任命一个五人复查委员会，立即对军事法庭的判决进行复查。

该委员会的五位成员是维·克雷芒公民、德雷尔公民、龙格公民、列奥·梅叶公民和茹·瓦莱斯公民。

驻公安部代表拉乌尔·里果公民已经辞职；里果公民被任命为公安委员会委员。

库尔奈公民被任命为驻公安部代表。

沙兰公民本人要求担任公安委员会候补委员。

根据驻司法部代表普罗托公民的提议，

巴黎公社，

考虑到，如果为了公众的安全需要设立特别法庭，就必须使维护法律的人坚持高于一切的社会利益与公正的如下原则：

由地位相等的人审判；

法官由选举产生；

可自由进行辩护。

兹决定：

第一条　陪审员，应在巴黎公社公布本决定之日，从选举的国民自卫军代表中挑选，并由公社建立陪审团。

第二条　陪审团由 4 个小组组成，每组有 12 名陪审员，由公社为此目的召开的公开会议抽签决定。抽出的前 12 人组成陪审团第一组。此外，还要抽签决定 8 人为该小组的候补陪审员，其余 3 组依次用同样方法产生陪审员，只有被告和要求赔偿损害的原告才可以行使回避权。

第三条　检察官的职务由巴黎公社直接任命的 1 名检察员及 4 名候补检察员行使。

第四条　每个小组均设 1 名推事及 1 名书记官，由司法委员会任命。

第五条　公社检察官传唤被告出庭，传唤和辩论之间最少应间隔 24 小时。

被告可以要求所有为被告辩护的证人出庭作证，即使由公社金库支付费用。辩论应予以公布。被告可以自由挑选辩护人，甚至可以挑选律师公会以外的人。被告可以提出他认为对他有利的一切抗辩。

第六条　每次庭审，各小组陪审员自行推举庭长。如果推举不出来，则抽签产生。

第七条　推举出庭长后，即听取原告证人和被告证人的陈述。公社检察长或代理检察长提出起诉。被告及其代理人进行辩护，陪审团团长对辩论内容不得发表总结性意见。

第八条　审讯结束，陪审团退入评议室。每个陪审员拿到两张票：一张上写“被告有罪”，另一张上写“被告无罪”。

第九条　评议结束后，陪审团回到法庭。每位陪审员将票投入票箱。庭长开票，书记官点票后宣布结果。在12票中，必须有8票定被告有罪，才能宣判被告有罪。

第十条　如果宣判被告无罪，应立即释放。

第十一条　传票及通知书均由陪审团各小组的书记官办理。传票及通知书用没有印花的公文纸书写，不收取费用。

1871年4月22日，于巴黎

驻司法部代表

巴黎公社委员兼驻司法部代表，

决　定：

第一条　治安法官、治安书记官、审判员、商业法庭书记官及副书记官、公证人、执达员、拍卖品估价员、民事法庭审判员及书记官，在本决定公布后24小时内，不来声明愿继续任职并按3月18日革命订立的法规办事，即被视为自动辞职，并在最短期内派人接替其工作。

第二条　本决定第一条中所说的声明，应呈交旺多姆广场13号公社驻司法部代表处。

1871年4月24日，巴黎

公社委员兼驻司法部代表　欧仁·普罗托

陆　军　部

根据驻陆军部代表的决定，任命：

4月24日

恩伯尔（阿尔弗雷德）医生为第十一团主任外科医生，

阿里布南（费利克斯）医生为第三团主任外科医生，

杜布朗舍医生为第十五团主任外科医生，

法夫尔医生为第八营外科军医，

菲利巴尔医生为第八营内科军医，

瓦拉布雷格公民为第二十二营助理军医，

德尔布医生为第九十二营外科军医，

勒布列顿医生为第九十二营内科军医，

杜吉公民为第九十二营助理军医，

约翰逊（威廉）公民为第九十四营助理军医，

卡尔公民为第一百五十营外科军医，

马丁医生为第一百六十六营外科军医，

絮罗(于贝尔)公民为第一百六十六营助理军医，

沙尔庞提埃公民为第一百七十二营助理军医，

亚尼埃尔公民为第一百九十五营助理军医，

拉茹(居伊·德奥波)医生为第二百三十二营外科医生。

命　　令

从各炮兵连抽调19岁至40岁的炮手组建野战炮兵营。

由以上人员组成的炮兵营暂定为20个，以区的区号为营的番号，并按下列日期、时间到军事学校炮兵大楼报到：

第一区及第二区　4月24日星期一　上午7时，

第三区及第四区　4月24日星期一　上午8时，

第五区及第六区　4月24日星期一　上午9时，

第七区及第八区　4月24日星期一　上午10时，

第九区及第十区　4月24日星期一　上午11时，

第十一区及第十二区　4月24日星期一　中午12时，

第十三区及第十四区　4月24日星期一　下午1时，

第十五区及第十六区　4月24日星期一　下午2时，

第十七区及第十八区　4月24日星期一　下午3时，

第十九区及第二十区　4月24日星期一　下午4时。

每营一经组建，立即按下列比例选拔军官及干部：

营长1名，

副营长1名，

营副1名，

军士长 1 名，

司务长 1 名，

中士 4 名，

下士 4 名。

炮兵营编制内应配备两名号手，由营长挑选。

选举应在军事学校所在区的区政府一位代表监督之下进行。

该炮兵营的组建工作应在陆军部参谋长领导下，并由军事学校炮兵委员会委员协助下进行。

组建的 20 个野战炮兵营的人员，一律从现役炮手中挑选。

4 月 25 日(星期二)由第一炮手组建 5 个营：

第一营由第一、二、九、十八区的第一炮手组建，

第二营由第三、四、五、十二区的第一炮手组建，

第三营由第六、十三、十四、十五区的第一炮手组建，

第四营由第七、八、十六、十七区的第一炮手组建，

第五营由第十、十一、十九、二十区的第一炮手组建。

以上 5 个营，于 4 月 25 日(星期二)下列时间，在军事学校炮兵大楼组建。

第一营，下午 8 时；

第二营，上午 10 时；

第三营，中午 12 时；

第四营，下午 2 时；

第五营，下午 4 时。

各营一经组建，立即按下列比例选举各营官佐：

营长 1 名，

副营长 1 名，

营副 2 名，

营长助理 1 名，

军士长 1 名，

司务长 2 名，

军需上士 2 名，

中士 8 名，

下士 16 名。

各区政府委员会、炮兵中央委员会、各团团长、军事学校指挥官、炮兵营军官，应按各自承担的任务，负责执行本命令。

1871 年 4 月 22 日，于巴黎

驻陆军部代表　克吕泽烈

我发现人们习惯于按老章法办事，不管有无必要，每处岗亭都有哨兵站岗放哨。在杜伊勒利公园及卢浮宫就是这样，很多国民自卫军战士徒然消耗体力。

今后将只在哨所、各部及其他公共办事机构门前设岗。

公园和纪念碑处的岗哨，实无守卫的必要，应撤销。

1871 年 4 月 23 日，于巴黎

驻陆军部代表　克吕泽烈

公 共 工 程 部

驻劳动和交换部代表团，

驻劳动和交换部代表通知各工人协会联合会，自本月26日星期三起，将前公共工程部在圣多米尼克－圣热尔曼大街62号的一幢楼房提供给他们使用。

工人协会联合会的代表，可以在那里集会和设常设机构，以便搜集资料及与协会有关的消息，并为贯彻执行公社4月16日关于处理业主丢弃的厂房和工场的决定，进行准备。

工人协会联合会的代表应随时与劳动和交换委员会进行联系。

三名公社委员，即福都奈公民、韦莫雷尔公民和里果公民，被任命为调查委员会的候补委员，参加对9月4日政府成员查封的文件的调查工作。

非正式公报

1871年4月24日，巴黎

战　报

1871年4月24日

明日上午9时，纳伊地区开始休战。

伊西一夜平静，参谋部。

我方炮弹一直使敌方劳动者惊恐。凡尔赛分子进攻：敌进到50公尺处，被我军击溃。

纳伊　凌晨4时

凡尔赛军进攻，被我第二营击退，敌伤亡甚重。

我军死2人，伤7人。

下午2时

战斗仍继续。

下午3时

凡尔赛军撤退。

阿尼埃尔　4月24日

装甲车炮击阿尼埃尔，枪战激烈。

凡尔赛军败退，我方未受损失。

蒙鲁日向夏提荣不停射击。

几天来，有消息说德军将立即撤出东部及北部要塞，将要塞交给凡尔赛军。万森要塞司令认为，应为该要塞的城墙配置一定数量的大炮。

这一预防性措施，引发了如下事件：

受德军第一兵团司令委派的军事谈判代表昨日抵夏朗通门，要求巴黎公社严格遵守1月28日协议。

驻陆军部代表立即同意这一要求，下令拆除万森要塞的大炮。

塞纳河舰队司令杜拉西埃公民被免去舰队司令的职务。

电 报 总 局

电报总局局长公民致全局人员的通告：

1871 年 4 月 24 日，巴黎

公民们：

今年 3 月政治动乱后，巴黎电报局的人员也像篡权的政府（它今天只占据凡尔赛一隅）那样胆怯，跟着它一起逃跑。正如你们所知道的，为了全力维护重大的商业利益和积极为尚在继续进行的军事冲突取得胜利的结局做好准备，巴黎公社保证了电报的畅通，并在几天之后，把电报局的工作交给我领导。

你们响应我的号召，帮助我执行任务，表现了爱国的热忱。在此全局工作陷于混乱之际，我本人必须要有信心，然后才能接受这个任务，履行新的职责，我感到高兴的是，我非常清楚地看到你们具有极其深厚的爱国心。我要把你们这种好的榜样展示给所有的政府官员看，让那些背离自身利益和背叛祖国的人看一看你们的模范行为。电报局的工作混乱，我们首当其冲，身受其害；我认为，这个责任要由他们来负。

尽管他们的逃跑早有预谋，尽管他们疯狂破坏——奉命破坏局中的设备，但人民和巴黎公社的最大利益还是得到了保证。这一工作，我们在几个小时内用很少的人力就完成了。单单意识到我们尽到了我们的职责，我们就满心欢喜，而那些卑鄙地逃跑的电报局职员必然感到羞愧，认识到自己犯了罪。电报局在巴黎重新恢复被那些背信弃义的人抛弃的工作，到今天已经一个月了。我荣任电报局局长一事，证明了公社对我的信任，因此，我每天都兢兢业业地履行我新近担负的重大职责。为了完成这一任务，我一定要在你们的通力合作下，迅速恢复各支局的工作。我深深相信，只要你们尽忠职守，要完成这一工作，是一点也不困难的。

自电报局开办以来，也许这是军用及民用电报第一次不辱使命，发挥了各自的重要性：因为这一次我们是为全法兰西而工作和献身，而且，通过我们坚持不懈地和无私地努力，我们局赢得了我们长期追求的经济上和道德上的新生，这一点，在过去任人唯亲和把人当奴隶使用的时代是无法实现的。令人深恶痛绝的不公正的做法，践踏了哪些个人的权利。这我十分清楚；对于每个人的功绩和忠心，我将逐渐了解。为了保证局务的正常进行，我将永远记住我昔日当电报局职员时被可鄙的法官搞得我心神不安的老问题。请大家注意，垮台的政府强加给我们的那个电报局，现在已不再是为专制的中央集权服务的电报局，不再是为受宠信的愚蠢人和浪费国帑的官员服务的电报局。

总局的工作，根据民主原则及过去的经验教训，根据我的理解和我努力的目标，应集中每个人的才能，自发地通力协作，发挥为谋求大众福利及个人安全需要的首创精神，才能顺利进行。

我现在和将来都衷心希望大家恪尽职守，做出成绩，不忽略任何一项应该做的工作。我们时时刻刻和勤勤恳恳地共同努力，就可同心同德，保证我们取得大家的荣誉和每个人的利益。我不希望电报局的工作一时一刻落后于客观需要；不论是由于疏忽或因墨守成规而发生违背时代精神的事，一次也不许可。大家须知，当今的时代精神，无论从哲理上理解或从科学实践来看，都是一大进步。

我的勇气和力量均不足以担此重任，因此，我期望得到你们的通力合作。你们中间，凡愿帮助我承担这一重任者。请到总局报名；我将感激他在我的任务中分担我今天必须肩负的责任，尽到一个公务员的良心，以保障电报局的整体利益，并证明巴黎公社和人民对我们的信任。

电报总局局长

A. 波维尔

自今日起，可拍发私人电报的电报局如下：

奥德尔耶，
帕西，
古塞尔大街，
克利希街，
香榭丽舍林荫大道，
阿弗尔广场，
共和国大道，
伏尔泰街，
特洛恩卡，

铎堡，
圣德尼街，
圣彼得堡大街，
沃吉拉尔，
格勒奈尔，
圣贝尔街，
戈柏兰，
小蒙鲁日，
万森(城)，
蒙特勒伊。

军用及民用电报局

万森要塞，
伊夫里要塞，

比塞特尔要塞，
小蒙鲁日要塞，
旺夫要塞，
伊西要塞。

战地电报局

纳伊，
阿尼埃尔，
莱泰尔纳(兄弟会学校)。

塞纳省间接税务局通知公用车辆承包商，凡未按 4 月 11 日通知事项办理者，再给予三天最后期限，再逾期不办，即停止承包。

第三区区政府

成立调查委员会

根据公社 1871 年 4 月 10 日关于对国民自卫军阵亡战士的遗孀和孩子发给抚恤金的决定；

根据第五条按区成立调查委员会的规定：

区政府认为，有关人员应协助该委员会的成立。

第三区选出的公社委员会决定：

召集国民自卫军十个营的连队代表于 4 月 25 日(星期二)开会，任命组成该调查委员会的六名委员。

人员的任命，于晚 8 时在区政府节日大厅内，由一位公社委员主持进行。

1871年4月23日，于巴黎

公社委员

安·阿尔诺、德麦、克洛维·杜邦、潘迪

取消面包券

公民们：

我们就职以来，十分重视分发面包券的工作。迄今为止，由于前政府的过失，我们只好雇用了30个人来做这项工作，包括打印和分发到基层单位。

我们不可能在这里把我们了解到的合理要求都一一记录下来。为了满足人们的合理要求，我们研究了这个问题。我们研究的结果如下：

自今年5月1日起，取消面包券，改用个人面包卡及家庭面包卡。这两种面包卡每星期查验一次，这样就可使领取救济的人省去天天排队的麻烦。

凡需要救济的人，都可得到救济；但严禁多领。

用这个办法，每月还可节约几千法郎的开支。

今后，区里的救济不应再被视为一种施舍。

减轻人民的痛苦和鼓励人民奋勇前进，是我们这些受人民委托的人应尽的职责，我们将坚持不懈地为此而努力。

在全市人民的大力支持下，我们在管理工作中将不断进行改革，使大众获益，使社会的民主共和国的前途得到保障。

1871 年 4 月 25 日，于巴黎

公社委员

安·阿尔诺、德麦、克洛维·杜邦、潘迪

精 神 病 院

通　　知

有几位市立或私立精神病院的院长自认为应当终止与巴黎市前警察局有关部门的联系，其实，该部门的职能很明确，并一直在有效地工作，因此，请各精神病院院长尽快将在院接受治疗的病人的入院、出院、治疗效果及目前的状况呈报给巴黎前警察局第五科(第一处)科长。

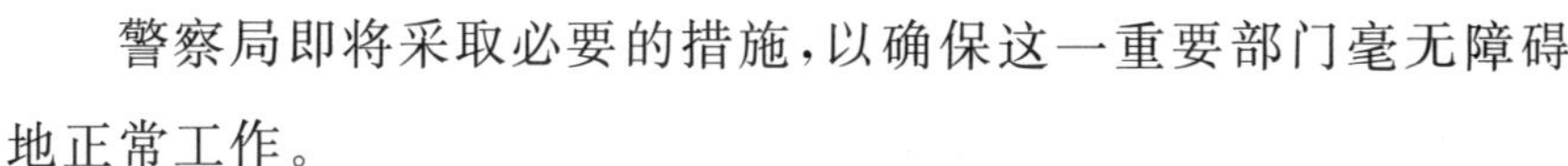

警察局即将采取必要的措施，以确保这一重要部门毫无障碍地正常工作。

请持有保姆登记处登记证的人，尽快到巴黎前警察局五科重新验证认可。

该科已全部重新组建；凡不按此通知办理者，将严肃处理。

巴 黎 公 社

1871 年 4 月 24 日会议

主席　贝热瑞公民

助理　马隆公民和阿夫里阿尔公民

秘书宣读上次会议记录。

雷惹尔公民：昨天会议结束时，我曾提出对皮罗特公民采取宽恕的态度，因他的过错仅仅是一时的疏忽；我希望把这个请求刊登在《公报》上。我认为，我们的会议记录经我们过目后才能发表。在热烈的讨论中，我们往往有些过激的言辞，如果会议记录在发表前经我们看一下的，我们或许会收回这些过激的言辞。总之，最好能让我们看一下《公报》的校样。

瓦扬公民：我完全赞同雷惹尔公民的意见。会议记录只有在通过以后才能发表。如果想在会议后第二天就发表的话，至少应该经专门任命的编辑委员会审核。

勒弗朗赛公民：昨天，我在《公报》上看到，阿木鲁公民因三天没有见到冈邦和勒弗朗赛公民的消息而感到吃惊。这与事实不符。阿木鲁公民应该是比较了解的，所以用不着多加解释。其实，所有的情况都向陆军部报告了。

阿木鲁公民：既然冈邦公民被任命为一个委员会的成员，我只是指出，这位公民，还有你，就有责任向我们报告工作，然而，我们却没有见到报告。如果当时有执行委员会的代表在场的话，他们就应该对我提出的问题解答一下，因为情况他们都知道。

会议是下午 2 点半开始，而不是 2 点正开始的，因此使得我们到晚上 8 点还在开会，直到午夜才把记录送交《公报》，根本没有时间进行审核。

阿尔都尔·阿尔努公民：刚才，勒弗朗赛公民认为记录过于冗长；我不同意他的意见。我希望发表的记录愈完整愈好；只是，此次记录记得不好：我们讨论中的几个重要问题被遗漏了，而可略去的话反倒记下来了。

主席公民：我提请对昨天会议的记录进行表决。

记录付诸表决并获通过。

西卡尔公民：我要求提交有关军事法庭的报告。

沙兰公民：我要求向你们报告一件事，我相信，在我证实了他的真实性以后，你们一定会很高兴的。

芒市的公社已宣告成立，这个消息完全准确，我再向你们重复一遍：完全准确。（太好了！）

我在公安委员会工作的短暂时间中，主要负责对外关系。

我遇到了一位忠实的公民，他向我提供了外省的最准确的情况。

因此，我请求你们允许我再留在公安委员会工作一周，以便继续完成这项已开始的工作。

现在向你们报告芒市公社成立的经过：

在获悉巴黎公社成立的消息后，芒市便开始了革命。当地驻军与居民们共同行动起来。从雷恩派去的两个团也与民众站在一起。接着，他们号召重骑兵团放下武器，告诫他们：如果与革命运动为敌，便会被杀死。

公社已经存在了半个月，你们将看到，此事具有特别重要的意义，因为芒市还不是一个有革命传统的城市。

我还要告诉你们的是，在卢瓦雷省，革命也开始了。在所有的重要城市，都支持巴黎公社。

革命运动发展得很顺利。

我提议，通过一项决议，对省里所做的一切表示感谢。

此外，我坚决要求再担任几天公安委员会的代表。

阿木鲁公民：最好是让沙兰公民担任对外关系委员会的副主席，以免身兼两职。

沙兰的要求付诸表决，并获得通过。

乌尔班公民要求宣读司法委员会的报告。

安都昂·阿尔诺公民：我只讲几句话。

我得到了来自外省的消息。公社的1 500份宣传材料已经在里昂散发，我收到了今天早晨的新闻。这个城市目前很乱，成立了许多组织，两三天后将举行公社选举。革命运动得到了巩固和加强，预示着前景很好。消息是千真万确的，我再重复一次，是千真万确的。

雷莼尔公民提供了关于波尔多市的这类消息。

阿尔诺公民：我要补充的是，国民自卫军炮兵团已前往维特里奥勒利要塞进行演习。目前尚未回来，因为遭到了两挺机关枪的阻击。通过这件事情，我们可以看出，国民自卫军的精神状态如何。

韦莫雷尔公民：一个星期以前，我们就任命了一个专门负责发表9月4日人事文件的委员会。然而，至今一事无成。我要求公社再派三个委员到该委员会去。福都奈公民了解由费里先生和其他人炮制的关于丑恶交易的文件，应该参加这个委员会。

里果公民：我也要求参加该委员会。

韦莫雷尔公民的建议得到通过。

韦莫雷尔、里果、昂利·福都奈公民均成为该委员会的委员。

马隆公民：公民们，每天在各区区政府，都有很多人来申请住房。我们无法满足所有人的要求。

我认为应该做出一项紧急决定，允许各区区政府征用无人居住的住房，分配给那些贫苦的人居住。

各区区政府的处境很为难；它们不能够为大家的福利做自己想做的事情。因此，应该果断地给予它们必要的权力，使他们能够做我刚才讲的这件事情，我提议做出一项紧急决议。

特兰凯公民：三天前，我曾递交了一项关于被遗弃房屋的提案；我要求在这里予以宣读。

主席公民：下面是马隆公民提出的决定草案全文：

巴黎公社，

考虑到必须向第二次炮击巴黎的受害者提供住房，并且应紧急办理。

兹决定：

第一条　征用自 3 月 18 日起被弃置的空房。

第二条　根据提出要求的先后顺序，把这些住房分配给被炮击区的居民居住。

第三条　征用住房前，应首先查清房内财物的状态，并将清单副本交给外逃房主的代表。

第四条　名区政府负责立即执行本决定，此外，对提出要求搬家的公民，区政府应在可能的范围内，向他们提供搬家的交通工具。

阿尔都尔·阿尔努公民：在马隆的提案中，存在一点漏洞，即他要求征用自3月18日起离开巴黎的人的住房，其实，不管是什么空房，都应该征用。

特里东公民：应该在草案中补充一点，在所有衣柜上面贴封条。

克雷芒斯公民：我曾提交过一项分析性提案，要求首先占用那些被指控有罪的人的住房。

马隆公民：这属于区政府分内的事情。

马隆公民的决定草案，按照阿尔都尔·阿尔努和特里东公民提出的意见修改后，获得了通过。

主席公民：按照议事日程，应对安德里约公民提出的一项动议进行讨论并做出决定，这是一项关于成立五人委员会的建议，目的是协助军事委员会，安排纳伊的居民返回家园。

安德里约公民：我要求对为什么要成立一个五人委员会予以解释。

委员会可以并且实际上已帮了我们大忙；但是，尽管它有良好的愿望，它能够再加倍地工作吗？

问题是要安排一批不幸者返回家园，这是一件很繁重的工作。

所以，我认为委员会至少要由五名成员组成。

在瓦扬、布朗舍、特里东、里果、雷蒞尔、若昂纳尔、昂利·福都奈、乌德和沙兰公民发言后，主席公民将建议提付表决，并获得通过。

随后,任命了乌德、贝热瑞、若昂纳尔、昂利·福都奈和埃德公民,组成该委员会。

里果公民:昨天,在我缺席的情况下,你们宣布了公社的所有委员都有权探视所有被监禁者。作为被增补的成员,在这个问题上,我同意检查委员会的意见,请你们改变昨天的表决,至少要改变去探视被单独监禁的人这一点,如果你们仍维持你们表决的意见,那么我只好辞职,因为我认为,即便是另一个人,也不可能在这样的形势下,承担这样的责任。

阿尔都尔·阿尔努公民:从里果公民的发言中可以看出,现在有被秘密监禁的人。我强烈抗议。秘密囚禁是不人道的事情,这实际上是以精神上的摧残代替肉体上的折磨。因此,以我们的名誉的名义,应该立即做出决定,在任何情况下不允许秘密囚禁。即使是出于安全的考虑,也用不着秘密囚禁。因为,人们总是能找到通消息的方法的。在帝国时期,我们所有的人都被秘密囚禁过,然而,我们不仅成功地与外面联系上了,而且,还在报纸上发表文章。

这里有一个道义的问题;我再重复一遍,我们不仅不能够也不应该再保留秘密囚禁这个办法,而且,即便是预审,也应该公开进行。我强调这一点,而且,还要就这个问题提出正式建议。

令我感到不理解的是,有些人一生都在致力于反对专制主义的积弊,我不得不说,我实在不理解,同样是这些人,一旦掌握了政权,转眼间自己又重蹈覆辙。依我看,二者必居其一:要么,秘密囚禁是一种非采取不可的手段,是好办法,否则,它就是令人憎恶的坏办法。如果是好办法,就不应该反对,反之,如果是可憎的和不道德的，我们则不应该保留。

里果公民：我想回答阿尔努公民一句话，战争同样是不道德的，然而，我们却在打仗。

阿尔努公民：不是这么一回事，我们现在是在遭受战争之苦。

里果公民宣布说，如果有人以为法庭预审可以不秘密进行而要公开进行的话，他随时准备让位于此人，因为他认为，在目前情况下，根本不可能有其他做法。

儒尔德公民：我们正处在战争时期，因此，我们可以不按常规行事，更不应该按柏拉图式的理论行事。我希望享有一切自由：新闻自由、集会自由和贸易自由，甚至可以在光天化日之下搞正统派和波拿巴分子的那套东西。然而，客观情况常常迫使我们不得已地做一些事，而我们只好服从于客观情况。鉴于此，我要求继续保留秘密囚禁的办法。

德勒克吕兹公民：我认为，在这件事上，问题并不在于是否秘密囚禁。

问题在于，应该弄清楚，由于存在昨天做出的决定，公社成员是否也有权利进入秘密囚禁犯人的牢房。

我不相信里果公民的意思是：公社委员去探视犯人，是为他们充当传递书信或跑腿的人。

我认为，一位公社委员进入某一单独囚禁犯人的牢房去，问他被捕了多长时间，是否在法定时间内进行过预审，这不是一件坏事。

我弄不懂的是，一个公社委员，一个承担区行政官员职责的公社委员过问此事，怎么会破坏公社的安全及案件的审理呢？

在帝国时期，我曾在马扎被单独囚禁过 4 个月；咳！你们真的以为，一个了解这种囚禁方式的区行政官员，在帝国时期，就敢采用这种方式吗？不敢！好了，案子不能拖拉！为了我们的安全，办事当然要处处谨慎，但是，一个人只要没有被判刑定罪，就应当说也是无罪的。在公社内部，我们尤其应避免相互不信任。

我认为，在昨天的决议中，不存在里果公民所说的那些麻烦。

阿木鲁公民：既然我们是处在革命时期，我们就应该采取革命的行动并采取相应的措施。

泰斯公民：多少年以来，有些人总是说这句话："以后再说！等大功告成以后，你们就会享有自由、平等，等等。"

我们反对类似这样的话。遇事就用这种办法来敷衍，不能再这样了，我们既然反对秘密囚禁，那就应该废除它。既然我们负有责任，我们就应该监督警察的行为，这不仅是我们的权利，也是我们的义务。我不认为人们会怀疑一个公社委员可能充当囚犯的递信人。

再说，你们难道就真以为，一个被你们单独囚禁的人，如果他愿意的话，就不能与外界联系吗？……你们以为那些为他送水果或面包的人，不能为他传递消息吗？因此，再采用单独囚禁的办法的话，对我们只能是有百害而无一利的。

比约雷公民：我原则上同意取消秘密囚禁，而且，审判前的临时关押，也应取消。我们所有在坐的人，在帝国时期都曾经被秘密囚禁过。因此，我们没有必要在这里宣讲什么自由主义的意义；但是，我们若迫不及待地去打碎我们手中的武器，那也令人感到奇怪。目前，我们是处在一个战斗的岗位上，因此，在两种选择中，我们只能取其一：要么，你们战胜了，你们就可以废除秘密囚禁和一切专制的手段；要么，由于你们缺乏必要的手段而打败了，你们就只能让别人用本该被废除的秘密囚禁来囚禁你们。

拉乌尔·里果公民：当你没有看到一个被关押的人的材料时，你可能被他的话打动你的心，或者，出于家庭和人道的考虑，对他产生同情和怜悯，以至于帮助他和外界取得联系。

帕里泽尔公民：我认为，一个公社的委员完全可以随时进入任何一间牢房，条件是应该有一名公安委员会委员陪同。如果公社采取这一限制的话……

克雷芒公民：我不干了，这是对我们不信任嘛！

帕里泽尔公民：由这名公安委员会委员讲述案情，并向他的同事说明对犯人起诉的所有罪状。今天，我们是处在战争时期；因此，我们必须采取必要的措施。其余的事，以后再说！……

阿尔都尔·阿尔努公民：是啊，就像拿破仑第三时期的建筑物的顶饰一样。这是一切专制暴君的道理！

韦莫雷尔公民：公民们，我认为，从原则的角度看问题，秘密囚禁是不应保留的，但是，如果从另一个角度看，比如逮捕了某一名政治犯人，显而易见，因为这是一个敌人，你们才逮捕他；但是，如果你们不单独囚禁他的话，你们怎样才能发现他的同谋呢？

在帝国时期，我曾反对过秘密囚禁，那是因为我被专制主义者关押；但是，我不相信有人曾要求绝对废除秘密囚禁，因为，那样的话，预审将变成完全不可能的事情了。另一方面，我认为，你们必须对秘密囚禁的被告尽快进行一次预审，一次检查。不能把这种事情交给公安委员会代表去任意处理。

因此，我同意既保留秘密囚禁的办法，又同时让公社委员去视察监狱；这将成为一个检查的办法。

米奥公民：公民们，我们的讨论离题太远了。问题根本不在于废除秘密囚禁，而在于要看你们是否保留了自己的权利。我认为，完全不需要公安委员会委员陪同公社委员。因为，监狱长绝不可能在没有一个看守陪同的情况下，让你们去探视一个被关押的犯人，这就足以让驻公安部代表放心了。

阿尔都尔·阿尔努公民：我想答复韦莫雷尔公民。我认为他那些论调简直与那些赞成酷刑者的论调如出一辙。法官们说，如果不用酷刑，我们就永远得不到犯人的供词！而我们废除了酷刑，却仍然获得了犯人们的招供。韦莫雷尔公民刚才对你们说，必须有保证措施：你们必须向负责初审的法官汇报情况，这点永远是专断的。因此，解决问题的正确途径只有一条：即回到原则的角度上来，别无其他选择。有些事情令人非常生气：我们一生都在致力于高举着一面旗帜，而当我们终于掌握政权以后，却要改变这面旗帜的颜色。公众舆论谴责我们，说我们是一丘之貉。好啦！我们社会主义民主共和派，绝不能用专制暴君们使用过的手段。

瓦莱斯公民：鉴于秘密囚禁的问题非常重要，我提议把这个问题列入下次会议的议事日程进行讨论。

阿尔都尔·阿尔努公民：我同意延期，但应确定一个较近的日期。

比约雷公民说只有调查委员会有探视牢房的权利。

列奥·梅叶公民：我们看问题应该合乎情理。已做出的决定不能违背。也绝不能让专制主义者有任何可乘之机。

几位委员:议事日程!

拉乌尔·里果公民:我提议表决比约雷刚才提出的建议。

比约雷公民:这个问题提得不好。实际上已经表决过一次了,这件事情很危险,我们不能够让全体公社委员都有探视犯人的权利。

龙格公民:在公社委员探视单独囚禁的犯人方面,我们可以研究如何采取足够的保证措施。

(议事日程付诸表决,以 24 票赞成,17 票反对获得通过。)

拉乌尔·里果公民递交辞去驻公安部代表职务的辞呈。

费雷公民递交辞去该委员会委员的辞呈。

龙格公民:在进行投票选举新的驻公安部代表之前,请允许我向里果公民提一个问题。他是否认为投票赞成议事日程的人的愿望和他在工作上采取的必要手段是不可能协调的?

如果是这一点使他决定辞职,我认为应该接受他的辞职。

如果不是,但愿这里面别掺杂什么人事问题。

里果公民:我声明,是因为我认为我们采取的立场和工作上须采取的必要手段难以协调,我才提出辞职的。我提议接着就选举接替我的代表。

巴比克公民:我有一个建议。既然阿尔都尔·阿尔努公民如此激烈地反对里果公民的意见,我提议任命他为驻公安部代表。

安德里约公民:公民们,我要求发言答复巴比克公民提出的建议,假如每个人都要被迫接受他批评过的另一个人的职务的话,这必然把我们引向危险的或难以自拔的境地。我看到大家都同意我的意见,我就不再说了。

列奥·梅叶公民:每次就如此严肃的问题投票表决时,我都提议用投票方式,而不用举手表决的方式。

(大家决定,接替里果公民的代表必须获得选票的绝对多数。开始进行表决。)

库尔奈公民获得55票中的35票,被任命为接替里果公民的代表。

主席公民说还需要任命两名公安委员会委员,以接替库尔奈和费雷公民。

瓦莱斯公民希望贝热瑞公民担任公安委员会委员,询问他是否愿意接受。

有几位委员则提议由费雷和里果公民担任。

有几位委员提出,这两位委员已辞职,就不能被重新任命。

德勒克吕兹公民:不管库尔奈公民如何勤奋地工作,也必须为他配备有专业才能的人。

我认为,刚才里果公民所说的那些话,不足以构成他辞职的充足理由,因此,或者他继续担任原职务,或者至少应留在公安委员会内。我提议,重新任命里果和费雷公民为公安委员会委员。

(里果和费雷公民被任命为公安委员会委员。)

主席公民:现在请司法委员会报告人发言。

克雷芒斯公民宣读军事法庭的报告。随后,进行了讨论。乌尔班、夏尔东、帕里泽尔、维·克雷芒、瓦莱斯、热列姆、巴比克、比约雷、阿夫里阿尔、布律涅尔、朗之万、腊斯都尔、西卡尔、德雷尔和若昂纳尔公民发了言。公社决定由五人组成一个委员会,负责立即裁决由军事法庭宣布的判决。

韦济尼埃公民不承认公社具有司法权，因此未参加表决。

维·克雷芒公民、德雷尔、龙格、列奥·梅叶和茹尔·瓦莱斯被任命为裁决委员会委员。

会议于晚8时结束。

会议秘书

安都昂·阿尔诺、阿木鲁

我们每天都发现有许多新的文件，确凿无疑地证实了国防政府的人的背叛行为。更为可耻的是，甚至在身居高位的人的来往书信中也大谈特谈这种背叛行为。

下面是一封由一位将军写给另一位在巴黎围城时期掌握重要指挥权的将军的信，巴黎公众可以从中看出他们的可耻行径。

写信的人是巴黎城防部队炮兵高级指挥官、大十字勋章获得者吉奥先生(阿尔方斯－西蒙)。

收信人是炮兵少将苏珊先生。

信的全文如下：

巴黎城防部队——炮兵

少将指挥官

1870年12月12日，巴黎

亲爱的苏珊先生：

在所有年轻的预备役军官中，我没有找到您的被保护人埃泽尔先生，但找到了一位埃塞尔先生。不知是否是您要我找的那个人？

您希望我做什么，请坦率地告诉我，我一定照办。我将把他安排在我的参谋部，不过，他在那里无事可做，很可能会感到烦闷；或者，我派他去瓦莱里安峰，在那里比在巴黎的危险小（这点是对父母来说），他可以佯装打炮[①]，按照诺埃尔的办法，向空中发射。

请您务必坦诚地告诉我。

您的吉奥

信中谈到的那位诺埃尔先生，当时也是一位炮兵部队的高级军官，1870 年 12 月 12 日这天，正是由他指挥瓦莱里安峰要塞。

这封信用不着再评论了，在指挥我们军队的那些将军的笔下，语言之坦率，真令人害怕："您的被保护者可佯装打炮，按照诺埃尔的办法，向空中发射。"

然而，当这些无耻之徒玩弄不可告人的秘密时，我们的国民自卫军战士们却在勇敢地战斗着，在阿弗隆高地献出了他们的生命！而这几个家伙，却躲在阴暗的角落里。

事情已经过去；让我们保卫我们的未来吧！

告巴黎公社社员书

在获悉波尔多市各共济会分会于 1871 年 4 月 12 日在全体大会上做出的一项决议之后，利摩日共济会以"利摩日之星"分会的名义，发表文章说：

"面对凡尔赛军队和巴黎国民自卫军之间旷日持久的自相残杀，如果共济会仍然无动于衷，缄口不言的话，它将愧对自己神圣

---

① 着重号是原有的，下同。——译者

的职责。

共济会以共和国的名义，以自由、博爱的名义，要求共济会员战士们立即指派代表，去结束使祖国蒙受耻辱，并给它带来无限痛苦的战争。

其实，使所有正直的公民相互谅解的共同点是存在的：国民议会坦诚宣布它决心维护共和制并让各城市享有自由；而巴黎公社则坚决放弃一切从法国政府那里篡夺的权力。信任将代替猜疑，秩序将重新恢复，因为一切想结束革命的人们都会成为秩序的捍卫者。

本着自由和博爱的精神，全体共济会会员一致宣布：他们将同心同德地坚决反对兄弟相残的斗争，因为这种战争不仅血染了法兰西的土地，而且帮助敌人，使祖国的痛苦更加深重，使祖国陷入分崩离析的境地，而我们的祖国一心追求的是文明和进步；法国过去是，将来仍然是文明和进步的伟大倡导者，它将以世界共和国的名义，宣告它忠于这个宗旨。”

利摩日之星分会会长

丰萨格里韦

国 外 新 闻

英　　国

在下议院，卡文迪什和本丁克先生提出一项议案，要求英国政府宣布废除 1856 年巴黎声明中的第一条和第二条，认为这两条与英国海军的霸权、独立以及蓬勃发展是背道而驰的。

下议院就此进行了讨论，迪斯雷利先生对伦敦会议上未提出废除巴黎声明一事表示遗憾，本丁克先生则撤销了他的建议。

——《电讯报》与《泰晤士报》的看法一致：据认为，即使凡尔赛军队有可能返回巴黎，他们也将在巴黎市内遭到顽强的抵抗。

如果这个老头（这个满头白发的梯也尔先生对这场战争应负责任）能够将他的炮弹加刺刀的政策进行到底的话，那倒是一个很省事的办法。然而，这一可怕的行动将遭到来自巴黎满街满巷的街垒的猛烈抵抗。不论将来的结果如何，这场旷日持久的战争已经使欧洲感到疲惫不堪，巴不得梯也尔先生和他的同事们重新恢复和平，如果必要的话，即使让他们下台，也在所不惜。

德　　国

普鲁士《箴言报》刊登了联邦议院和德国议会投票通过的新宪法。该宪法，除包括有与黑森州和巴登大公国达成的协议及有关巴伐利亚和符腾堡的特殊条款以外，和从前北德意志联邦的宪法完全一样。这就是说，除上述几条以外，只不过把以前的宪法换个名称而已。德意志联邦不仅承袭了帝国的名字，并且以皇帝为国家元首。

帝国新宪法将从5月4日起在德意志各邦同时生效。

——普鲁士议会独立的问题，目前在德国新闻界引起了相当热烈的讨论。有些报纸相信这一点；而大多数报纸则对此持怀疑态度。

持怀疑态度的报纸说，只有在讨论那些涉及对总理府的信任问题的大事时，我们才看得出议会是不是真正独立的。议员的津贴问题就是棘手的问题之一。上次会议讨论过这个问题，但未找到解决的办法，因为俾斯麦先生表示反对。他用又傲慢又冷嘲热讽的口气说："我希望议会的任期不要太长。也就是说，议员们别一再连选连任了。任期最短的议会就可以不支付津贴。"

尽管如此，支付津贴的原则还是于本月 20 日以 175 票赞成，152 票反对的结果获得通过。不过是经过修订后才通过的，而且，要在三年以后才能实行。津贴的原则，遭到总理府的反对，因此，令人对议会的表决能否得到联邦议院的批准尚难预料；特别是此事牵连到最近投票通过的新宪法中的一个变更，明确排斥了这类性质的条款。不管怎么说，明白无误的是，俾斯麦先生从法国回来后，又恢复了他以往的傲慢。他在下院的态度，简直像一个用戒尺教训学生的老师。

给人的感觉是，他要加倍用羞辱的话来回答他在冲突时期受到的羞辱。从他脸上的神气就可看出，议会只不过是形式而已，没有议会，他照样统治。

法国发生的事件直接涉及这里的每一个人，因为它将使那些有家人焦急等待的士兵迟迟不能返回家园。这场战争给德国的商业和农业造成了巨大的损失，与战败国受到的损失不相上下，仗打赢了，但人牺牲了，目前德国的劳动力不足。这种形势，使人们大受其苦，但聊以自慰的是，德国获得了荣誉，每个人都可望得到一份津贴，使大家都有好处。然而，这种形势看来仍要持续下去，打碎人们的自我陶醉；使人们的希望陷于破灭。现在，每个人都在诅咒凡尔赛政府的无能与软弱，因为，据茹尔·法夫尔说，3 月 18 日革命只不过是一小撮捣乱分子搞的骚乱活动。既然如此，人们不禁要问，为什么不把这一小撮人干掉，反而让他们把巴黎各阶层的人都团结起来呢？

有不少人竭力主张普军立即进行干涉，但俾斯麦先生迄今一直不表态，各报发表的文章也含糊其词，说得不明不白。它们通通都以这样一句话结尾："只有在受到严重的威胁时，我们才进行干涉。"

卢浮宫博物馆

据一家报纸首先报道，其他报纸相继转载的消息说，卢浮宫的藏画将在伦敦出售。卢浮宫博物馆当局说，这条消息毫无根据。本馆不知道哪些画是以何种名义在伦敦市陈列出售的，但本馆了解并明确告诉各位的是，卢浮宫所有的收藏品均完好无损，不仅未受到战争的破坏，而且还受到了人们的珍视和应有的保护。

杂　　闻

野战医院在工业大厦旁边临时搭起的木棚里设立了各科办公处，因此，在木棚里为国民自卫军伤员设立了一个问讯处，该处全天为公众服务。

根据步兵师师长普尔塞将军的决定，图卢兹市已实行戒严。

请熬油工人和硬脂精制造者于本月27日（星期四）晚7时半到圣·安托万大街164号圣·皮埃尔通道开会，商讨成立工会和合作协会事宜。

请荣纳省民主共和党员到斯特拉斯堡大道55号的总部去，以便为保证该省代表执行公务而采取必要的措施，届时还将介绍荣纳省勃艮第公民对巴黎目前形势的看法和希望。

20个区的中央委员会，向所有目前在巴黎的各省革命共和主义者发出了号召。

第一次集会的时间是4月25日，星期二，下午2时；地点：卢浮宫，请从科尔贝尔馆的小花园入场。

机械工人工会

在1871年4月23日的会议上，机械工人工会和冶金工人协会根据公社本月16日的决议，派遣了两位公民到劳动组织委员会中去，并带去了以下原则指示：

考虑到：

有了代表3月18日革命精神的公社，“平等”就不应该是一个空洞的词汇；我们英勇奋斗，并决心把这一斗争继续进行到最后消灭教权主义和保皇分子，其目的是，使我们在经济上获得解放；

我们只有把全体劳动者联合起来才能获得经济解放，这是把我们从受雇佣转变为成立协会的唯一途径；

因此，我们宣布，给我们的代表发出如下的原则指示：

废除人剥削人这一奴隶制的最后形式；

依靠集体和不可剥夺的资金，通过共同负责的合作方式组织劳动。

工会主席　德拉埃

助理　阿·库德雷、阿·里果

讣　　告

受人爱戴的诗人埃尔米·德尚先生，于本月23日，星期六，在凡尔赛逝世，终年八十岁。一年前，先生已双目失明。

德尚先生不仅是文学复兴运动的领导人之一，而且是浪漫主义七星诗社的成员。他离开巴黎到凡尔赛居住已20余年。

桥梁和公路局督察兼秘书长马尼埃尔先生于上星期六在凡尔赛逝世。

军 事 法 庭

4月24日，军事法庭没有像往常一样开庭。在开庭前的最后一刻，法庭成员收到了公民罗塞尔上校发来的电报，宣布辞去军事法庭庭长的职务。因此，法庭成员认为应延期开庭。

科　学　院

由于昨天(24 日,星期一)在科学院举行的会议的内容太多,我们不得不把会议纪要推迟到明天发表。

1871年4月26日　星期三

要　　目

正 式 公 报

1871年4月25日，巴黎

执行委员会，

决　定：

第一条　从即日起，准许各类转口贸易商品出境。

第二条　面粉、武器和弹药不属于本条所说的商品之列。

执行委员会

茹尔·安德里约、克吕泽烈、弗兰克尔、儒尔德、

巴夏尔·格鲁塞、普罗托、库尔奈、瓦扬、维阿尔

巴黎公社，

考虑到为了安定人心，必须迅速恢复被旧体制破坏了的可靠的度量衡器；

为此，有必要重新设立有关的各种公共服务部门，并由那些其能力适合于做此工作的公民从事这项工作；

考虑到有些部门负责人和职员的工资远远超出他们每个人所做的工作；如果适当减发一部分这些人的工资，不仅使公社能节约一部分钱，而且还能使职员多受益；

此外，还考虑到在人员的任用上，就该以考试的办法代替任人唯亲，

兹决定：

第一条　重新成立度量衡检验局。

第二条　4 月 30 日，在利翁－圣保罗街 7 号的办公处，对愿意从事这项工作的全体员工进行考试。

第三条　考试委员会将由 3 名度量衡器制造者的代表、3 名天平制造工人工会的代表和公用事业委员会任命的 3 名代表组成。

第四条　该检验局由 19 名职员组成，即：

	工资(法郎)	
主任检验师 1 名	4 500	共 4 500
检验师 14 名(设 14 个办公室)	2 500	共 35 000

副检验师 14 名　　2 000　　共 28 000

第五条　凡有选举权的公民均可参加考试。

第六条　有意参加考试者，请于本月 26 日至 30 日去利翁－圣保罗街 7 号报名，在报名处可询问一切有关考试的情况。

第七条　本决定，由公用事业委员会负责执行。

第八条　原检验局的各科、室，在此期间将迁至各区区政府内办公。

1871 年 4 月 25 日，于巴黎

执行委员会

茹尔·安德里约、克吕泽烈、库尔奈、列奥·弗兰克尔、巴夏尔·格鲁塞、儒尔德、瓦扬、维阿尔

考虑到应该向巴黎所有公民提供与各省及国外通邮的便利；

考虑到在目前形势下，凡尔赛政府对邮局的正常工作设置障碍（逮捕押邮人员，扣发电报等），迫使公社只好听任个人想办法自行解决；

此外，鉴于私人代办处可以利用凡尔赛政府的邮票，免费向巴黎发送电报；而公社是巴黎邮电部门的唯一所有人，并且能够确保该部门的正常工作；

根据公社委员兼邮政总局局长泰斯公民的建议，公社委员兼驻财政部代表，

决　定：

第一条　临时准许向各省及国外免费发送信件。

第二条　所有从各省及国外付邮资寄到巴黎的信件，无论以何种方式运送和分发，均按巴黎市内信件付邮资。

第三条　凡违反本决定者，将按法兰西共和历 9 年牧月[①] 27 日颁布的法令第五条、共和历 10 年芽月 19 日颁布的法令第一条及 1854 年 6 月 22 日颁布的法律第二十一条的规定追究责任。

第四条　本决定，由邮政总局局长负责执行。

公社委员兼驻财政部代表

儒尔德

陆　军　部

考虑到国民自卫军各营的组建需要团参谋部具有一种特殊的能力，

兹决定：

团参谋部由驻陆军部代表任命

1 名参谋长，

1 名少校参谋，

2 名上尉参谋，

4 名军士，

组成。

1871 年 4 月 26 日，于巴黎

驻陆军部代表

---

① 牧月，相当于公历 5 月 20 日至 6 月 18 日。——译者

克吕泽烈

根据驻陆军部代表的决定，于 4 月 25 日任命：

富尔诺尔（莱翁）公民为第八十六营助理军医。

拉维尔（皮埃尔）公民接替调往第一百七十五营的邦唐公民为第一百二十五营助理军医。

热耐斯特医生为第一百二十五营外科军医。

勒特尔特医生接替调任第十团主任外科军医的布里盖尔医生为第一百七十五营外科军医。

邦唐公民为第一百七十五营助理军医。

埃尔兹菲尔德医生为第二百一十七营外科军医。

恩布洛医生为第二百五十四营外科军医。

蒙多德（茹尔）公民为第二百五十四营助理军医。

非正式公报

1871 年 4 月 25 日，巴黎

战　　报

伊西，1871 年 4 月 24 日

凡尔赛军大调动。

敌军从穆兰·德·皮埃尔向我发射几颗炮弹，未造成重大损失。

阿斯里埃尔

无新情况。

纳伊

居民撤离，未发生事故。

一大群爱看热闹的人涌上街头。

蒙鲁日－比塞特，中午

猛烈炮击夏蒂翁。

1时半炮击停止。

邮 政 总 局

邮政部门宣布恢复外省通邮一事被指控是在欺骗巴黎公民，这个部门认为它有义务反驳那些恶毒的含沙射影的话；这些话似乎是凡尔赛政府或那些在我们重新被围困时期开设的公司授意编造的。它们正在不择手段地和毫无控制地剥削巴黎居民。

所有交给邮政局的信都发出去了；没有到达目的地的信只能由凡尔赛政府负责。凡尔赛政府下令扣押电报，抢走信件。这些电报和信件现在还堆放在他们的办公室里，而收信人还不知道。凡尔赛政府把我们好些邮件押送员关进监狱，把他们关入单人囚室，但这些被监禁的邮件押送员的工作很快就被我们勇敢的公民接替了。尽管有这种不光明正大的斗争，邮局还是坚持完成了他们的工作。

为了公民的利益，邮政部门尽量发挥了各人的主动精神，对迅速恢复通邮做出了贡献。它明确告诉公众：4月15日以后寄出的邮件都可以到达目的地。邮政部门深信，不用增加任何邮资就能很快地做到使邮政工作正常地和安全地进行，单单这两点就足以说明它做得对。

1871年4月25日，于巴黎

公社委员兼驻邮政总局代表

阿·泰斯

陆军外科主任库尔蒂利埃医生致驻陆军部代表的报告：

今晨9时5分，战地救护车在鲁塞尔医生的率领下，从泰尔纳门出发，分成三路：纳伊大道、泰尔纳和泰尔纳－勒瓦卢瓦大道，和阿斯尼埃尔大道。这三路车队的每一部分均由团外科主任带领。所有的人都在各自的岗位上立即对所有的屋子进行搜索。签署本报告的外科主任由他的秘书德拉赛尼助理军医协助，亲自监督圣·安纳收容所躲到地下室去的患儿的运送工作。所有的人员及部分器材都送到了国际工人协会战地医院。只有几位老太太，虽然我们再三要求，但她们仍然拒绝离开她们的住所。所有的人都本着医务人员的热情、忠诚和爱国心尽到了他们的职责。

明天，我将荣幸地向部长公民呈报详情。

我们有几个同事因为走得太远而被逮捕，幸而有巴黎权利联合同盟的代表的干预，他们很快就恢复了自由。

5时，我和鲁塞尔医生以及最后一辆救护车回到了巴黎。

1871 年 4 月 25 日，于巴黎

陆军外科总医生

德·库蒂利埃

第九区区政府

驻第九区区政府代表获悉，本区有人时而为了伤员，时而为了各种不幸的人而进入民宅募捐，因此，本代表紧急告知本区居民：我过去不曾允许，今后也绝不允许任何这类募捐活动。

进入民宅募捐有两个缺点：既打扰了居民，又不能让他们行使监督和得到保障的权利。

为目前战争的伤亡者进行捐款的活动，由区政府秘书处办理；该处有从留有存根的簿子上撕下的正式收据交给捐助者，并让每个人对所捐款项的使用进行监督。

本代表在此感谢那些到秘书处来交付捐款的同胞。

本代表请第九区的居民注意，免费预防接种和再接种，每星期三下午 3 时正在特罗奥街 6 号区政府中进行。

应被接种的孩子的父母的请求，在证明接种结果令人满意后，将发给每位被接种的孩子的父母 3 法郎的补助。

发给每个被接种的孩子接种证明书。

1871 年 4 月 24 日，于巴黎

驻第九区区政府代表

巴尤·杜麦尼尔

从现在起，不要几天的工夫，我们就可能宣布食品的价格将有

显著的下降。这是公社驻后勤部代表活动的结果。他已保证巴黎今后将经常有大量的食物等必需品。

黄油、肉以及其他食品的价格将低于 3 个星期以前的价格。

请车辆承包人在 1871 年 4 月 30 日以前到迁移至蓬图瓦斯街 19 号车辆服务局去进行车辆申报。车辆如果上街行驶，而又无编号，则将受到在此之前制定的法规的诉究。

车辆承包人应交的捐税也在该局缴纳。

赛纳省间接税务总局现通知尚未按今年 4 月 11 日向他们发出催函办理的车辆承包人，本局再给他们最后 3 天的一个新的期限。如果超过这个期限，则将对这些违令者采取强制措施。

圣・米歇尔大道的采石场检查局每天 1 点到 4 点接待公众，大家可以到上述地址去请教一切有关下列事务的问题：房地产地下建筑物情况的问题；采石场、蘑菇房开放或关闭的问题；地质和水文情况的问题等。

在巴黎被围时期关闭的采石场或蘑菇房，业主可向采石场的检查员申请重新开办的许可证。

巴 黎 公 社

1871 年 4 月 25 日会议

主席:朗维耶公民;主席助理:阿尔都尔·阿尔努和韦莫雷尔公民。

会议于4时开始。

宣读上次会议记录,会议记录被通过。

朗之万公民:我要求在《公报》上提及下列情况;昨天,出于同样的理由,我和维济尼埃公民一样,没有参加有关负责审查军事法庭行动委员会的投票。

布朗舍公民提出同样的意见。

韦莫雷尔公民:《公报》引用我的话,说我原则上赞成取消单人囚室,而在政治案件上我主张保持它。这样报道是错误的。正相反,我说我认为不能取消单人囚室,而且我要声明,我认为政治罪和普通罪之间没有什么区别。

阿尔都尔·阿尔努公民:我在好几天以前就提过:巴黎街头没有张贴战报。而且至今这个状况还没有改变。须知人民有权要求了解战事的情况。

至少一天要公布两次战况。如果没有重大的事发生的话,也要宣布一下;这样,人民至少可以了解情况。

这是我第三次提出这项要求了,然而直到现在没有得到采纳。

特里东公民认为这是属于军事委员会和执行委员会处理的事情。

若昂纳尔公民:今早8点半我们到纳伊,仅听到四声炮响。我们见到了东布罗夫斯基将军。在这儿,我应该说一下国民自卫军对这位将军的钦佩。他真正为他的士兵所爱戴。他们为有他作为首长而感到高兴。我们立刻开始了工作,我们采取了一项需要公社同意的措施，即不让任何人出巴黎城。由于采取了这项措施，现在搬家的秩序好多了。

阿利克斯公民作了下列通报：

驻后勤委员会代表维阿尔公民今早写信通知巴黎各区区政府，说他有一些食品供给各区。

他要求开设一些销售这些食品的部门，这样可以把销售价格保持在合理的范围。

就这个问题，我刚同维阿尔公民碰过头，他现在不在场，他让我转告你们，他手中掌握了大量的食品。用低价销售这些食品总比目前等待要好，消极等待会使投机商借故进一步抬高物价。

维阿尔公民还要求巴黎所有各区区政府从明天10点钟起就同他主管的部门联系，以便建立上述销售地点。

马隆公民：维阿尔公民建议的措施考虑得非常周到。最好让所有的区政府尽早得知这个措施。

列奥·梅叶公民：你们任命了由公民瓦莱斯、德雷尔、维·克雷芒、沙·龙格和我组成的委员会来解决有关第一百零五营的事。我们去了谢埃舍-米迪审查了这个案件的档案，询问了被告，以下就是我们商议的结果：

审查委员会，

鉴于1871年4月22日军事法庭对第一百零五营第六连的上尉斯特勒弗，第五连的上尉迪朗、中尉代雅黑丹、第一百零五营战士小贝尔纳所作的判决，即：

斯特雷夫和杜朗判终身苦役；

德亚丹五年监禁；

小贝尔纳三年徒刑。

根据被告在任何时候都有权要求保证法官具有最大的独立性和公正，尤其是在革命时代，这类保证更是不可缺少的；

鉴于仓促做出判决的军事法庭没有提供足够的保证，因为法庭仅有三名正式任命的成员，另有两名成员是随意加上的；

鉴于上述军事法庭的庭长是陆军部的参谋长，是原告一方；

还鉴于罗塞尔庭长是第一百零五营前营长之子，这种微妙的关系和公正的原则都要求他回避。

基于这些理由，

暂且不考虑从对被告的审讯中以及证人证词中所提出的事实，

决定撤销1871年4月22日军事法庭所做的判决；

命令重新裁定，并将被告送往第15团军事法庭，在其权限范围内做出判决。

帕里泽尔公民：根据刚才向我们宣读的报告的结论，我要求暂时将被告释放。

列奥·梅叶公民：释放人的事，不应由我们来处理。

帕里泽尔公民：委员会的决议已开始执行了，因为我刚看到第一百零五营在我面前列队前往防御工事值勤。

列奥·梅叶公民：我再说一遍，公社不能释放被告，因为委员会不过问犯罪事实，而只是从法律程序上来考虑问题。

帕里泽尔公民：既然该营已经出发，士兵们就需要他们的长官。

列奥·梅叶公民：根据报告，判决应立即送到第十五团军事法庭预审推事上尉处。由他来判定该囚禁还是该释放这几个被告。

奥斯丹公民:我告诉诸位:今早第一百零五营和第十九营曾进行联欢。他们看到我这个公社委员就向我跑来。这些公民充满热情,他们要公社和共和国;但是他们的心没有被人们理解。

按议事日程,应讨论阿夫里阿尔公民的提案。

“巴黎公社决定:

第一条　凡典押在当铺里的劳动工具、家具、床上用品、内衣、服装,不论何时典押的,凡超过50法郎的,都可自本日起,予以无偿归还。

第二条　上述用品只能交给原物主。驻财政部代表负责本决定的实施。”

阿夫里阿尔公民:我提出这个决定的草案,是为了表示我们对人民的关心,因为3月18日的革命是他们进行的。

吃过黑面包的人民有权要求人们考虑他们的痛苦,为了用合法的措施来满足他们的要求,我们不应当一听说要支出几百万法郎就不愿意了。

当铺应该取消;目前应该首先满足那些英勇的,将要去战斗的人们的第一需要。

维·克雷芒公民:我赞成采纳这个草案;只是请允许我指出一个非常严重的事实,即我确切地知道有两个小旅店主通过一些第三者将旅馆的被服拿去当,企图钻这个决定的空子。

某委员:这是一些细节问题。

列奥·梅叶公民:对阿夫里阿尔公民提出的问题我考虑了很久。我一再听人说细节问题不用考虑,我不同意这种说法。

在大部分不幸的区里，投机商已预料到公社会做出这种决定，因此，他们已采取了他们的措施。

我声明向这些人发还存放在当铺的钱是不道德的。需要说明的是：任何存放在当铺里的物品，若没有区长的合法证明是不能发给真正的物主的。

以下是我提出的草案：

巴黎公社决定：

第一条　存放在当铺里的各类价值在50法郎以内的物品、服装、劳动工具和家具可以从当铺无偿地领回。

第二条　领取上述典当物品，必须有区长发给的证明。

第三条　自公布本决定之日起，当铺就不再接受典当。

第四条　由驻财政部代表负责执行本决定。

阿·阿尔努公民：有些公民的最必要的物品，如衣服，已经当了十八个月。国防政府的法令规定的有效期比这个日期要早。因此，如果不修改法令的话，那就只有从7月到今天典当物品的人才能从你们的决定中得益。

我们要做到不论何时典当的物品都能发还给他们。

还有，我支持阿夫里阿尔公民关于废除当铺，宣布无偿典押的提案。

阿·阿尔努公民：我支持阿夫里阿尔提案的原则以及公民列奥·梅叶的修正案。

时至今日，从社会的角度来说，我们对劳动人民关心得不够；更多的是从军事角度关心他们，这是不够的。

在讨论中，我们往往将自己卷入美丽的原则中，但在实施上，总没有采取必要的谨慎措施。

以我们对这个问题的讨论来说，我向你们指出草案第二条关于取消当铺的问题。

毫无疑问，我们早晚要走到这一步的。

对大多数人来说，这一条不够清楚。他们不知道将用什么来取代当铺，还需要做一些解释。

我们的决定，一般来说，意图是好的，但人们对它理解不够，多两三句话或少两三句话，有时会达不到目的，有时候又会超过预计的目标。

这就是我要求进行更深一步讨论的原因。

勒弗朗赛公民：我完全反对列奥·梅叶的修正案。我觉得不可理解，公社举手通过了一项有利于巴黎所有承租人的决定，即在付清三个季度的租金之后就不再付租金，却对一个较小的问题表现出更多的犹豫。有些人在围困期间赚了大钱却不付钱给房东。我说，我觉得不可理解的是为什么有人接受上述措施，却反对发还价值在 50 法郎以内的物品。这可能会产生弊病，这是不容置疑的；但鉴于在决定中规定的钱数不多，我觉得不择手段的大投机分子不可能从中牟利。

因此，基于上述理由，我完全赞同阿夫里阿尔的草案。

关于取消当铺这一条，我既不同意阿夫里阿尔的意见，也不同意梅叶的意见。我要求干脆取消这一条。

如果公社确实胜利了，所有称之为公共救济事业的机构、济贫院、救济所和当铺，肯定都会消失的。但是这和一系列新的经济机构有关，这些机构不可能在决定的一个条款中表达出来。

如果你们把当铺和济贫院都通通取消，目前就会在思想上引起一片混乱。

在取消当铺、济贫院之前，应该先使它们变得无用，这只有在提出一整套改革方案之后，我们才能建立一个体系，这种体系能取消各种形式的公共救济事业，如收容所、济贫院和当铺。但是，我重复一遍，应该成立一些新的机构，但是你们不能把这作为一项决定的内容，这样一项决定是不完整的，因而是无法令人理解的。如果大家同意这一点，我就回头谈阿夫里阿尔草案的第一部分，我觉得通过调查手续来发还价值在 50 法郎以内的物品是不可能的。

让－巴·克雷芒公民：我只是不同意阿夫里阿尔的动机。我看不出限制有什么用。

要知道我们应当对真正的穷人有益，要使投机商不能从这项决定中取利。想想看，那些典当的物品大部分价值在 8 至 10 个法郎以上，而一个旧货商人付给典押人的钱不会多于 50 生丁。

你们认为一个投机商会从如此低廉的典当中得益吗？

乌尔班公民：公民们，我发现这两项草案都有一个大缺点。只说劳动用品、家具、衣服，却排除了被认为是奢侈的物品。有些东西在每家都是珍贵的，人们只有在最最需要时，只有在饥饿临头时才典当它们，如结婚戒指。（发言被各方面的人打断。）

我尊重所有人的意见，我很希望别人也尊重我的意见，但我觉得奇怪，人们竟会对这样的问题发笑。

我认为所有这些物品都应该归还；不至于因为还要花 100 万法郎就使这项决定通不过。

还有，我认为只有一种可能的控制的办法，即要每个典当人去区政府，请区政府在当票上签证，不需要任何手续，以免使典当人感到不好意思。

特兰凯公民：我支持草案规定当铺将价值在 50 法郎以内的所有工具和必需品归还给我们的工人兄弟；但需要采取一些措施使只有真正的物主才能取回这些物品。

德雷尔公民：我要求立刻宣读所提出的修正案，这样也许能缩短讨论。

阿尔都尔·阿尔努和乌尔班公民：我们赞成德雷尔公民的要求。

主席公民：以下是德雷尔公民提出的修正案。

附　则

"典当物品的发还，必须在原典当铺进行，申请发还物品的人需持有身份证件。"

阿尔都尔·阿尔努公民：我的修正案很简单，即在乌尔班宣读的品名表后加几个字："和结婚戒指"。

我将详细解释一下我的提案。

阿尔努公民仅建议修改一行字："或先前典当的物品受阻，未能赎回"。

朗之万公民：我要说的是，我们要采取一些预防措施来对付投机商，使他们无法从这项决定中得益。这很容易，只要在每个区政府成立一个特定的办公室来证明个人的身份，并据此在当票上签证，即可取回各种典当物品。

马隆公民：这样的方法是无法取得结果的；因为每个区政府有 2 万多人和这个决定有关，因此不可能实行这项措施，它完全是不可行的。

朗之万公民：我认为不必提首饰，即使是结婚戒指的发还问题。

不应把一件属感情的事牵扯到讨论中来。我所关心的是用什么办法来支付实施这项决定所需的钱。

里果公民：我强烈反对朗之万的建议。

各区政府将完全无法给每个典当人签证，因为这样每天将会有上千人在政府门前排队办证。

还需要有证人，而我们没有时间去核对这些证人，这将会产生和制造许多麻烦和拥挤。再者，将会有一笔相当大的支出，而一无所得。

在理论上，计划是非常好的，然而实际上是无法实施的。

阿夫里阿尔公民：有人提出财政的问题，我觉得当铺的拥有者是发了大财的。我们可以将他们列入国家债权人的名册或让他们等一等。

龙格公民：至于我嘛，我认为当铺股东们不像阿夫里阿尔公民所想的那样发了财。如果阿夫里阿尔公民见到当铺的借贷对照表，他就会明白这些股东们不能超过合法利息而发财。若有利润的话，也是归那些提供了地皮的医院，比如在马奈地区开设的天堂路当铺。目前我们无法投票通过任何一个决定，目前需要提出各种草案的公民和驻财政部的代表进行协商，只有那样，我们才能进行一般的讨论，我们此时不能做出决定。

［众］：不，不。

儒尔德公民：现在我先从有关财政问题方面谈谈交给我们讨

论的决定的不可实施性。事实上，你们驻财政部的代表，在事先没有得到通知的情况下，哪怕是前一天通知，是无法就上述问题和你们展开论证的。然而，我认为可以说尽管当铺隶属于巴黎市，但它们仍须发行股票，使用经纪人。这些常常是交了巨额保证金的。毁掉当铺，就等于是侵犯财产。这是我们以前还从未做过的事。

我认为这样做是不明智、没有用和不聪明的。

再说，50 法郎的款子本身无疑是很少的，许多个当铺同时都这么办，凑起来就会达到一个巨大的数字。

前任政府在采取一项同我们准备要采取的相似的措施时，是注意到了赔偿有关的人的。

在目前，我可以应付形势的需要，但我无法补偿当铺。对这样一个问题如果采取激烈的措施，那就会单单对某一个团体处理不公正。

我说，按目前的情况，最好是将这个决定搁一搁。我要和方案及修正案的各位发起者商量一下，我们也许能提出一个更好的方案。

里果公民：在这种情况下，应该做出决定，将典当活动暂停一两天。

儒尔德公民：在决定里说该决定的效力截止于 4 月 25 日，4 月 25 日以后进行的典当无法律效力，这些都是毫无用处的。

我向你们灌输这些话是为了不要翻回去考虑一项令人烦恼的措施。我们不要这样取消这个决定。

阿尔都尔·阿尔努公民：我刚才要求就细节问题进行发言，尽管儒尔德刚说过了，但我认为有必要再谈谈。关于无偿发还典当物品的问题，我认为你们需要采取预防措施。有一些企业家以购买当票为生，还有一些店铺里全都是通过购买当票而搞来的物品。店主用8至10苏购买20、30和50法郎的当票。在这种情况下，我认为有必要对发还物品采取限制性的措施。企业家已经很富了，你们还要让他们更加发财。解决的办法很简单，明确宣布只向能证明自己是物主的人发还物品。

勒弗朗赛公民：你怎么能知道？

阿尔都尔·阿尔努公民：怎么做法我一点都不知道。但不能因为勒弗朗赛不知道，我也不知道，就无所作为了。我注意到一个明显的、严肃的事实，以下就是我建议的方法：我听说典当人的姓名、地址被记入簿册，那么，只要向来领取典当物的公民问其姓名地址就行了。

让-巴·克雷芒公民：但购买当票的人也会问知卖当票给他的那个人的姓名和地址，然后持票报出姓名和地址，领走典当物的。

某委员：可索取证明典押人身份的证件。

阿尔都尔·阿尔努公民：很清楚，是可以找到一种办法的，只是要费力去找就是了。

让-巴·克雷芒公民：我赞成阿夫里阿尔的草案。当然我不愿投机商因我们采取的措施而得利。我们应该寻找一种办法，一种可靠的、切实可行的、能阻止投机商顶替真正物主的办法。

阿尔都尔·阿尔努公民：这正是我要求的，即寻找一种切实可行的办法。为了找到一种可行的解决办法，最好等到明天，这样，从现在起到明天这段时间里，我们就可以研究一下这个问题。

我还要提醒，我将要谈关于结婚戒指的修正案。此事待明天再讨论。

我支持儒尔德的提议，将讨论挪到明天，不过要将截止典当的日期定在4月25日，以免使偿还的款项过于巨大。

奥斯丹公民：既然讨论要挪到明天，我就要求儒尔德公民给我们一个大体上的整数，截止到4月25日，价值为10、15、20、30法郎的典押物总计价值是多少？这是很重要的，因为我预计要3 000万法郎。

一般人认为当铺赚的钱极大，这是错误的。它只能赚大约3.2%到4%的钱。这儿和其他各处一样，一大半好处让那些当头儿的人拿走了。

以公社的名义借钱给当铺的人的利益，是容易保证的。

这是第一点。

第二个重要的一点是银行券的废除。

过去，有些人经营当铺，和外省有些城市目前还在经营的当铺的做法是一样的，用高利率贷款，这在大革命前要有一大笔资本才行。因此当铺看来是在做好事。

如果你们不用一种正式的和合乎规定的交换机构去代替这个机构的话，同样的现象还会重复发生，请相信我说的话。

事先不设立一些社会机构去取代当铺，就把当铺通通取消的话，这个办法是不妥当的。

因此，我要求儒尔德公民明天就给我们提供一些我向他要求的情况。

杜邦公民：我好像听说今年冬天在当铺典当的东西没有超过

50 法郎的。我认识一些人，他们当过好几次物品，但总共只能当到 50 法郎。

韦济尼埃公民要求将有关当铺的讨论延期到两天后举行。

弗兰克尔公民：我感到遗憾将讨论延期到两天后进行。像儒尔德那样提出的问题可以成立。至于我，我赞成阿夫里阿尔提出的方案。关于 50 法郎的款项，我觉得太少。关于阿尔都尔·阿尔努让各区区政府发还的意见，我完全不赞成。

首先，这是办不到的。关于商人购买当票的事，这只限于金器、银器，至于其他当票，他们不会为了取乐而去买它。

我不反对人们提出取消当铺的理由。我希望几天后我能交给你们一个由劳动委员会起草的关于清理当铺的草案。我将提供你们一些办法，能消除这种人的活动，而且不求助于高利贷者而借到钱。

瓦扬公民：我只想说德雷尔提出的修正案没有儒尔德公民所指的那些毛病。用这种形式打击私有财产，这没有什么不对。

我甚至认为可以加一条关于首饰的文字，首饰也会被一些境况拮据的家庭典当，不过我认为在一定的比例内降低典当的金额，比如从 50 法郎降到 10 法郎。

让-巴·克雷芒公民：我反对瓦扬公民的意见。我一点也不同情失去了表和链子的公民。我不主张发还首饰。

儒尔德将会议延期到明天的建议，我不同意，我不同意等待。我们不应询问财政部门，很明显，如果询问的话，那回答准是不行。因为我们进行的是一种大清理的工作。为了那些一无所有，靠劳动或做买卖为生的人们的利益，我们有时应向食利者征税。

请相信这点，只是小部分人阻止你们。请为大多数人投票通过这个决定吧！我们应该满足大多数人。

勒弗朗赛公民：我完全支持让-巴·克雷芒所说的话。关于发还不管价值是多少的首饰的方案，我认为是不能接受的，因为阿夫里阿尔的方案已构成一个相当沉重的负担。这就是说我不赞成有关结婚戒指的方案。在我看来，它好像是天主教式的和从感情出发的幻想。

阿里克斯公民：当铺的问题很重要。

很明显，我们的目标是导致取消当铺，用一种能满足某些需要的新的机构来代替它。

在目前的形势下，应当首先满足取回第一需要的物品。

至于首饰的问题，可以等一等。

如果你们现在就想决定取消当铺的话，就应该制止人们再当东西。需要研究一下方法。

不过，我再重复一遍，立刻发还第一需要的物品、工具和家庭生活必需品，不管它们的价值是多少。

我也要求这些物品通过各区区政府发还。由各区区政府判断该不该发还。

儒尔德公民：公民们，让我们将具体问题搁一搁，比如通过各区区政府发还物品的设想，而回到财政方面。我建议你们宣布责成财政代表在有关当铺的利息问题上和当铺商量一下。

朗之万公民：请儒尔德公民就他所说的办法拟一个草案，让我们今晚就投票通过它。

龙格公民：尽管大家刚才说了那么多，理由又那么充分，我仍然心中无数，很遗憾不能就这个问题早做决议。

不过毫无准备就投票表决，这是不好的。你们要责成儒尔德公民将他的提案同其他两三个提案协调一下，而这两三个提案的起草人都不在场。

就我说来，我完全反对一时感情冲动的政策。在这次讨论中，这种政策最积极的代表是让－巴·克雷芒公民。我反对这种政策，它已使你们在几小时内草率地做出了关于房租的决定。我反对这样的唯心主义、动情的感伤主义。这些主义使你们一时冲动，投票表决了一些措施，而这些措施并不只是推迟或不推迟的问题，而是要经过研究和仔细考虑才行的。我说这些话是有根据的，那就是3月18日起义时人们签字发表的最初的保证和宣言。难道我们不是都说过，在独立的公社制度下，在经过调查和辩论后，巴黎各方面人士的利益都会得到满足吗？

所以，我们不能改变主意，不能自相矛盾，因为这样做是和公社的原则背道而驰的。我们太感情用事了。我想，我们不需要炫耀我们在道德上和感情上比凡尔赛人优越。没有人会怀疑这一点的。我们需要表明，而且我们也是能做到的，即我们在实际的智慧上，在研究工作，在真正的科学精神上也胜过他们（很好！）。

再说一句，我比让－巴·克雷芒还要关心的是，不要由于表面上慷慨的解决办法而留给最无耻、最贪得无厌的剥削者一个宽阔的活动范围。在房租问题上，我们本来应当考虑到这一点，今天再考虑还为时不晚。请记住，表面上温和的解决办法，其实往往是最彻底的，是最具社会主义性质的。道理很简单，因它们最公正。总之，让我们时刻将公正的思想，而不是将空洞友爱的感情应用到我们的解决办法中来。

因此，让我们延期投票和讨论好了！

既然说人民曾以其耐心对我们表示了信任，而且不仅仅是以其耐心，而且还以其鲜血表示了对我们的信任，那么，他们也一定能再给我们 24 小时时间的。

大家建议将讨论延迟到明天进行。这项建议被通过。

韦济尼埃公民：我主张从今晚起就宣布当铺不再接受典当物品。

龙格公民：不过，人们可能不明白这样做法的动机。

儒尔德公民：宣布只限于领回 4 月 25 日前典当的物品是重要的。另外，在决定中要作出详细的说明。

会议于 7 时结束。

会议秘书　安・阿尔努、阿木鲁

财产局局长致野战医院总监罗塞尔公民的信。信文如下：

1871 年 4 月 25 日，巴黎

公民：

从今天起，我可以将一大批床单、毛巾、罩衫等交给你支配，供野战医院使用。这些东西原属前皇帝的仆役们使用的。请按所附的详细清单查收。

巴黎公社高兴能为正直勇敢的公民减轻痛苦，为他们提供直到现在，还只有为皇家各种身份和各种等级的人服务的仆人所使用的内衣。这些公民如此英勇地保卫了共和国。他们为我们的权利和独立战斗时负了伤。

致兄弟般的敬礼！

财产局局长　丰丹

致驻陆军部代表

代表：

最近，你仅仅根据一位爱国者说正义的事业向来是无私的和忠诚的，你就做出决定："居住在巴黎的阿尔萨斯人和洛林人已经由于和约而遭到了极大的不幸，他们将不会被强制到国民自卫军中服役。"

我们，阿尔萨斯人和洛林人感谢那位替我们说话的爱国者的好意，并感谢陆军部立即为我们做出这项决定。这项决定同旧的办事常规形成极其鲜明的对照。

我们借此机会尽可能强烈地表明我们继续作为法国人的坚定意志。

我们还希望在巴黎以外的阿尔萨斯人和洛林人，在同我们一样地表明他们对法兰西的依恋之情的同时，不要拿起武器反对首都，因为也许只有首都一地曾经对未经我们同意就抛弃我们一事，表示过反对的意见。

法兰西万岁！共和国万岁！

1871年4月24日，于巴黎

一群阿尔萨斯人和洛林人

凡尔赛人最近在高斯纳城发动了一场小小的政变。这场政变

是由该市的市长、圣殿骑士团的将军以及泰纳依-萨里尼省长一手操纵的。

4 月 19 日清晨 4 点，一群警察闯入了公民马拉狄埃、拉瓦塞尔、阿斯里诺、里高莱、罗贝尔、图贝、本杰明、拉第里埃、儒埃、博絮奥的寓所并逮捕了这几位爱国者。

一位妇女，本杰明女公民，在这次被搜捕之列。

他们的罪名是想建立高斯纳公社。

下午 1 点钟，一列特别列车将他们运到了里奥姆中心监狱。

国外新闻

丹　麦

丹麦议会要讨论整编军队的方案。根据汉堡《通讯报》对这个方案的摘要，服役期缩减为三个月。此外，部队连续三年每年汇集一次，进行六个星期的营地训练。士兵服役三年后，将回到各自的兵站，只有在战争时期才被召回部队。不再有预备队了，所有的营部都将是战斗部队的一部分。干部将是永久的，而且编制将扩大。希望这次整编能起到大大缩减预算和军事负担的效果。这个方案和以前在巴伐利亚州议院提出的方案很相似，但后来由于模仿普鲁士的新的组建方法而放弃了。

希望丹麦的方案获得圆满的成功。

贝雷公民致凡尔赛行政首脑的一封信，被张贴在巴黎的街头

小巷，信的内容如下：

致法兰西共和国行政首脑公民梯也尔

首脑公民：

法国一次伟大的革命，即 1830 年的革命，使我在 40 年前进入了政治活动圈。作为一个反对党议员的我和你坐到了同一条板凳上，因此我能近在咫尺地观察你是怎样考虑和判断我们时代的人和物的。

另一次革命，即 1848 年的革命，使我后来成了人民代表，使我又能在一个崭新环境中很近地再次观察你。我认为你依然故我，什么也没有学到，什么也没有忘记！

第三次革命，最伟大的也是最合乎正义的一次革命，在经过 20 年的黑暗时期之后爆发了。如今在我政治生涯的末期，你我之间隔了一条鸿沟。

当你手中握着共和国的旗帜时，我却与“叛逆者们一起”坐在巴黎公社的席位上，保卫它这个伟大而尚未被人所承认的共和国，努力使它永远扎根于法兰西的土地上！

我们虽从同一点出发，但经过 40 年各种不同的斗争和危机后，在我们的晚年，你我却各自位于在政治上截然相反的两极。

为什么？

因为从第一天到最后一天，你都顽固不化，蔑视现实，一向闭眼不见光明，并以一种明显的恶意、不停地歪曲、诽谤和反对 50 年来已在欧洲完成的整个变革事业。

世界在前进，而你，坚持继续原地踏步，毫不前进。

民主在上升，在壮大，而你对它一无所知，毫不理解，只知用机关枪和大炮去对付它。

共和国出现了，它一天天成长，因为人们扼杀不了必然性的事物！而你最终的心意是想将它变成第四次复辟的踏脚板。

整个的世界，革命的世界，从你眼前过去了，而研究和探索过它并记述过它的你[①]，却至今还未能理解它！革命意味着政府的状态、社会结构、劳动与交换的组织工作要发生一系列的变革。至于政府、民主与劳动，你硬要把它们都限制在不可能实现的、旧时代的破旧模式里。

政府吗？作为一场革命后产生的部长的你，对它的理解，却和你那位刚被赶下台的旧主人的理解是一样的。你向来企图，现在仍然企图支配一切、驾驭一切，掌管一切，把进行过最广泛的改革，已经成熟起来的几代人仍然看作是以往几个世纪的低下人。事实就是如此，你鼓吹过，并身为其政治家的政府已经垮台了，因为它与一场最无害的改革持对抗态度。

民主吗？你一听到这个词就怕得发抖。你历来都是恐惧地看着它发展。那天，特朗斯诺南街的一连串枪决声使你突然惊醒，你赶紧去平息它，对所流的血，你一字不提！就是这样。人们说搞政治就是预见，因此，我认为你对我们这个时代什么也没有预见到，也什么都不理解。在特朗斯诺南街事件发生的 20 年后，当民主健康发展的时候，在你的内心和口头上仍然只有这样一句话：“低贱的民众。”

---

① 梯也尔（1797—1877）是一位政治活动家和历史学家，贝雷的这句话指此。——译者

劳动吗？这是站起来的新世界的伟大的词儿，这个呼声今天在所有的文明国家如美国、英国、俄国、德国都会找到它的回响。对于广大的劳动者不断提出的合法的要求，你却一直拿那些保证资方利益的办法来抵制。

我的出身、生活以及经历都和你一样，是在一个资本主义的、有产阶级的世界里成长的；但作为一个为永恒的正义说话的见证人，我公开宣布：我从未见过资产阶级政府中的机构和过去决裂，并把友爱的手伸向劳动者！——劳动者受资本的奴役，这就是你们政策的基础。从你看到劳动者的共和国建立在市政厅的那天起，你就每天不停地向法国人民叫喊，说“他们是一些罪犯”！

罪人吗？历史会改正你的政策和政府的不公正的论断；历史将证明哪一方的人现在在伸张正义，哪一方的人在制造罪恶。

哪些人是罪人？是那些愿意为保卫巴黎、保卫法国、保卫共和国而死的人，还是那些愁眉苦脸地说什么保卫国家，而又不相信国家的人？是那些昂首挺胸前进的人，还是那些一面说：“我们不投降！”一面又欺骗了巴黎4个半月的人？是那些准备为保住共和国而死的人，还是那些用指挥战事和指挥巴黎围城战的办法来领导共和国的人？看看所发生的事，法国人民就不会搞错。看到你求助于士兵和大炮时，法国人民就会认为：“凡尔赛代表的是武力，而巴黎代表的是权利！”你的政策完全建立在步枪和大炮之上的证据是：只要军队在凡尔赛抛弃你，如3月18日在巴黎那样，你的政府和各部及议会通通都会立刻倒塌，化为灰烬。因此你们只代表武力。关于这一点，所有的人都开始认清了。当人们看到你用什么样的行动和什么样的人来对待一个人们盼望已久的、开创新纪元的共和国政府时，舆论就会明白一切的。

你的行为吗？没有一个未打上最可悲的、无经验的印记。到期票据问题、房租问题、新闻问题，所有这一切，你都以一种对当前利益如此无知和狭隘的观点制定政策和措施，因此，转眼之间，你又认为不对，必须改变主意。为了把任命大城市市长的权力掌握在自己手中，你强迫议会改变决议，这时你把自己的错误发展到了顶点。大城市是国家的智慧，而你加在法国智慧之上的完全是乡村的无知。政府的这种强制做法，恰恰揭穿了你的勾当。城市联盟将使你酝酿的草案改变方向。

你的那些人吗？他们竟然是帝国的人，帝国的卫士，帝国的谋士，只要看一看所发生的事情就全清楚了。那张不敢公开后台的报纸竟敢在伦敦支持波拿巴复辟的思想，它无耻地说什么“陛下，法兰西等待着您”！

是的，承认此话是你说的吧！你现在已落到了这个地步，没有别的办法、别的选择、别的政策了，只能是要么帝国，要么真正的共和国和它所带来的一切！

这就是抉择，这就是选择，由你来考虑和衡量你将做出的决定的意义。面对着这个可怕的、将决定法兰西或欧洲的强盛或衰落（即沦落在哥萨克铁蹄下，还是共和制）的抉择，我作为你过去议会的同事，过去人民代表会议的同事，以流淌着的，并造成双方大批孤儿寡妇的法国人民的鲜血的名义；

以被撕裂、被伤害、被分割和垂危的祖国的名义；

以曾经使被帝国出卖和毁灭了的祖国重新恢复了权力和地位的法兰西首都的名义；

以代表智慧，并同巴黎一样，要求维护共和国的全国各大城市的名义；

以愿弥补过去的未来的时光的名义；

向你呼吁：

请下定决心，做出决定！内战迫使你，祖国的安全命令你必须做出的唯一决定，是：

立即辞职！

你应该提出辞职，因你两个月来的执政情况一再证明你不配担负落在法国新政府肩上的使法兰西新生的使命。

因为在你辞职后，议会将面临这样的抉择：要么用行动表明自己要保住共和国和公社的自主权，要么转向复辟，而这两种选择的答案都是明确的。

如果议会转向复辟，全国就会像火山一样起来惩罚这些阴谋和企图，因这些阴谋和企图经历了法国最后四届君主政府后，最终导致了国家的破产和毁灭。

如果议会在眼前的深渊前，觉悟到了目前的危险和将来的需要，最后转到了共和国和公社自主权这一边，内战就会停止，就能达成谅解，国家就定能在公社和共和国这两个基础上得到新生。

这些简明的道理应足以使你认清这个在今天被所有的人都接受了的真理。

你是属于过去的人；

法兰西需要代表未来的人；

立即辞职吧！

1871 年 4 月 24 日，于巴黎　沙·贝雷

杂　闻

巴黎储蓄银行 4 月 18 日星期二到 4 月 24 日星期一，有 63 户存款人存入 3 991 法郎，其中有 3 户是新户头。

上星期有 784 户存款人共提取了 39 870 法郎 42 生丁，其中有 72 户已全部提清。

从南特《民主联盟报》上读到以下新闻：

此刻，我们城里正发生一起最严重的事件。几天来，从铁路运给我们的巴黎报纸今天早上在火车站被没收。这些报纸经过省政府详细的检查后，才在书店和大街上出售。

刚到我们城市的省长巴斯喀尔先生就是用这种方式向我们表示了他宽容大度的程度。这种做法和波拿巴专横时代的做法没有什么两样。

这家报纸用以下的词句叙述被俘的巴黎国民自卫军战士经过南特车站的情况。

昨天，两列从凡尔赛开往雷东去的列车经过这里，车上装了约两千人。他们被胡乱地挤放在货车里，车的出口全被封闭了。仅有几个人能被目睹他们经过的人看到。他们的衣服破烂不堪。

这些人是流放到贝尔岛去的。这个孤零零的岛位于大西洋的中央。那个声名狼藉的科西嘉人[①]几年前把根据他的反动习惯称之为“造反的人”也流放到那儿。

---

① 指拿破仑第三。——译者

加油，梯也尔先生！加油，凡尔赛人！继续制造流血、孤儿、寡妇吧！姑且假定命运向着你，那么我们只好仿效你们的主子，那个倒台的前皇帝[①]，在他的地图上重新找到卡宴和兰贝萨。

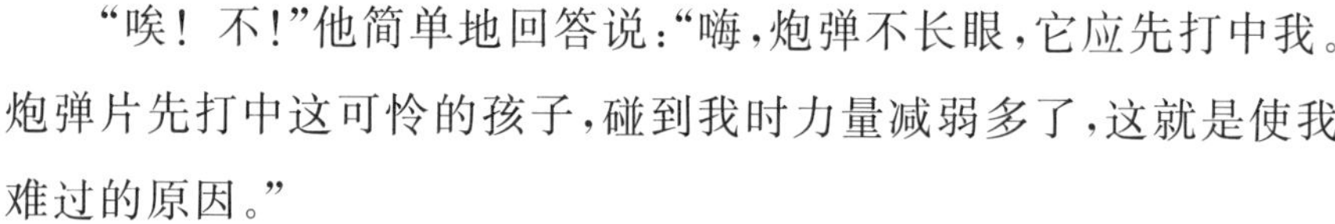

在弗里·德诺耶（贝尔维尔）临时医院里，刚给第一百三十五营的两位国民自卫军进行了治疗。他们是父子俩，他们在纳伊被同一颗炮弹击伤。年轻人在肘部负了重伤，无疑地要被截肢了。

这个可怜的，差不多还是孩子的小伙子，他以非凡的勇气忍受了最痛苦的包扎。他的父亲，位于离他两步远的地方，只是受了一些挫伤。因为我们不知道他是谁，同时看到他脸上流着眼泪，就问他是否很痛苦。

“唉！不！”他简单地回答说：“嗨，炮弹不长眼，它应先打中我。炮弹片先打中这可怜的孩子，碰到我时力量减弱多了，这就是使我难过的原因。”

“你认识这位年轻人吗？认识他吗？”我们问他道。

“他是我的儿子”，他回答道：“他肯定要残废了，而我，我太老了。他以后没办法糊口了。我老了，这样的伤本来应发生在我身上。他年轻，还能为我们光辉的事业服务，而我再也没力气了，这就是使我痛苦的原因。”

这个可怜的人还在哭。对于他儿子的情况，我们试图再给他一点希望，他悲伤减轻了点，但是还是不信任地摇了摇头。

从这小小的一幕可以看出这些坚信自己事业的人们在支持公

① 指拿破仑第三。——译者

社事业上表现出的热情。他们把公社的事业看作永远和共和国的事业不能分离。像这样坚强的人在巴黎公社战士中多得很。

目前，一个专门成立的委员会正在组织一个主要是学校青年参加的志愿团。

这个团的名称叫“反朱安党叛乱团”，不久它就能把所有的自由青年都团结在自己的周围。“自由和团结”是这个团的口号。

巴黎公社部队的轻骑兵营是由一些渴望上前线的士兵组成的，它约有 600 人。这个营还需要一些优秀公民补充它的兵员。

入伍事宜在卢浮宫兵营办理。时间是早 7 点到晚 8 点。军饷和口粮从入伍之日算起。

1871 年 4 月 18 日，在阿尔喀扎尔歌舞厅召开的大会上，艺术家协会的会员们在雅・巴喀拉公民的主持下，任命了一个为国民自卫军的伤员、寡妇和孤儿进行义演的委员会。

委员会的组成如下：

主席：昂比古剧院的艺术家圣奥本；

秘书：剧作家保罗・比拉尼；

委员：阿尔喀扎尔歌舞厅的经理古拜、歌剧演员雅・阿尔诺、艺术家协会的指挥蒙波罗。

组织委员会恳请非艺术家协会的女艺术家、音乐家以及剧团和乐团的艺术家向委员会主席申请参加布瓦索尼埃街 10 号的艺术家协会联谊会。

委员会认为应该告诉入会者：他们的帮助和合作是无报酬的，因为所做的工作都是慈善性质的工作。

工会和冶金协会召集机械修配工行会全体人员于 4 月 30 日星期日在拉乌尔弄堂的女子学校开会。

议事日程：

劳动组织和调查委员会代表们的报告。

在纳伊里街垒光荣牺牲的公民阿弗莱、高拉尔的世俗葬礼，将于 1871 年 4 月 26 日星期三 12 点正举行。

葬礼将由公社委员阿木鲁公民和阿·阿尔努进行安排。

参加葬礼的人在大主教府公园大炮仓库集合。

科　学　院

1871 年 4 月 24 日星期一的会议。

主席：德洛耐先生。

宣读上次会议记录时，引起了谢弗里尔先生的一条意见。

这位杰出的院士就他和米尔奈－爱德华先生之间存在的不一致问题再次指出，他并不绝对主张辐射状分类法而排斥所有其他的体系。他不否认胚胎学的研究对各类物种不同特性的研究有用，但他很高兴有机会使人们了解到他自己的工作，并指出他的工作在本质上和那位批评他的学者的工作完全不同。

终身秘书艾里－德·博蒙先生将书信做了摘要。

布拉歇先生和他的合作者艾米尔·赛尔先生对铁基玻璃的特性写了一篇论文。这种玻璃的特性和上次会议上他谈到的铀基玻璃一样可用来制作电灯泡，同时能防止使工场劳动者眼睛疲劳的紫外线放射的影响。

斯达尼斯拉·欧尼埃先生递交了一篇关于陨星变质的论文。

这位博学的同事，用分析法研究了大量的陨星里的黑色物质，并通过合成法弄清了他以前就准确地发现其成分的大多数类型的黑色物质。

他最近又发现了两个新类型，他所做的这些实验所取得的成果，使他发现把物质放在一个高温炉里，经受不同温度的热力，便可得到人工复制的各种类型的黑色物质。

夏尔·埃马纽埃尔先生递交了一封封口信件。

埃盖先生发言，宣读一篇文章，题为：《关于在专业词汇和科学用语中使用希腊词汇的批评意见》。

这位博学的教授说，在 15 世纪，每七百个法语单词中只有一个希腊单词，而所有这些单词，或者说差不多所有这些单词，现在已无法辨认了，因为它们经过拉丁语的一番深刻变化后才传到我们的祖先处。

今天来自希腊语的词汇的数量已大大地增加，它们有的也经过了拉丁语的改造，有的是因为有些科学家需要命名他们的新产品，或者用这种语言表达一种尚未表达过的思想。

希腊语有这点好处，它非常适合于用不同的词儿合成音调和谐、语法明确的复合词。

但是，这位博学的古希腊学者一方面承认为了很好地理解大部分科技词汇必须懂希腊语，同时又指出滥用希腊语，特别是在无规律的构词上存在着许多缺点。

按照他的观点，首先是，如果一个单词没有用处的话，就不应创造它。

如果法语的词儿能很好地表达人们所要表达的思想，那就足够了，就不要再给它增加其他词汇了，因为它们并没有可丰富一个单词的任何内容，只是为了满足人们喜欢多有一个或数个同义词的爱好而已。

然而，多年来不少科学家就是这样制造词汇的，他们只是为了想创造，而不管它是否有用。

甚至古董商人也跟着起哄。人们在一些古董展品目录中读到某些油画的说明文，不禁要发笑：说明文是供缺乏语言知识的公众阅读的，但人们却一个字也看不懂。

还有一些词，如果用法语的词根去处理它，要比用相应的希腊语词根去处理它更为人所喜欢，比如从法语词根演变的 balonnier 比从希腊词根演变的 aérestier 更容易让人理解。

特别是在用希腊语和拉丁语两种语言合成的混合词中，更令人看到语言学的规律已被人忘却。

尤其是在以米为单位的专业词汇中，任意引进了一些合成得不好的词，这很令人遗憾！因为这些词本来是可以用法国创立的计算制度而传遍各个文明国家的。

相反，现代的希腊人不懂我们这儿创造的词汇的意义，他们不得不用另外一些符合他们语言句法和特性的词汇去代替它们。有意思的是，希腊是最少使用在法国采用的科技新词的国家。

埃盖先生不愿过多地强调过去在这方面犯的错误所造成的麻烦，但他的意见，和大学里的文理科分科的意见相反，他坚持认为，学习希腊语是必要的，特别是准备学习理科的年轻人，为了他们以后的工作，他们应该了解许多来自希腊语的新词的构造和它们的准确含义。

这位博学的教授同时认为，所有的科学家应当取得一致的意见，即新构成的词必须符合语法结构的原则，而且值得被法国和外国采用。

夏斯莱先生提出了一些有关不同曲线的定理，其中也包括不同的垂直现象。

德洛奈先生宣读了一篇有关计算月亮方程系数新术语的文章。

1859 年，这位博学的科学院院士确定了 42 个术语，此后他又定了 8 个。这个数目比较有限，原因在于确定每个新术语所进行的必要计算既长且难。

莫默奈先生宣读了一篇有关用海盐和糖合成产品的论文。

他获得了容量很大的氯化钠蔗糖盐的晶体。

作者借机挖苦了一下杜马先生的化学当量理论。这个既短又明确的批评引起了科学院成员的发笑。

查里斯基先生对他在上次会议上介绍的成果做了一个补充按语。

会议于 5 时结束。

1871年4月27日　星期四

要　目

正式公报。——任命塞纳省民事法庭庭长的决定。——陆军委员会的报告。——在每个区政府设立一个军事局的决定。——驻陆军部代表的命令。——关于巴黎供给问题的通知。——取消免税向各区区政府及各部提供给养。——归还财政部的款项。

非正式公报。——战报。——第四区军事委员会的成立。——征用第九区空闲房屋的决定。——第十二区区政府关于铁路职工的决定。——巴黎公社会议。——公社接待共济会会员。——国外新闻。——俾斯麦先生的声明。——杂闻。——讣告。——杂录:一段历史。

正 式 公 报

1871年4月26日,巴黎

执行委员会:

鉴于塞纳省民事法庭的法官们卑怯地离开了他们的岗位并损害了公民们的利益;

鉴于在通过普选全面重组所有的民事法庭之前,必须立即处理一些紧急事务,因此,

决　定:

[仅此一条]:任命巴黎上诉法庭律师、前共和国法官冯肯(阿

道夫)公民为庭长,负责判决、调解夫妻分居以及签字认可事项。

1871年4月26日,于巴黎

执行委员会

茹尔·安德里约、克吕泽烈、弗兰克尔、儒尔德、巴斯葛尔、格鲁塞、普鲁托、库尔奈、瓦扬、维阿尔

驻对外关系委员会代表提请主管人注意,外国公民的人身及财产受中立法和闻名天下的法国好客精神的保障。

因此,凡属于外国人的动产、车辆、马匹等,以及登记在一名外国公民名下的公寓,均享有共和国神圣宾客身份具有的豁免权,因此,不能也不得被征用。

1871年4月26日,于巴黎

驻对外关系委员会代表

帕斯噶尔·格鲁塞

陆军委员会的报告

国民自卫军的整编工作,尽管自公社成立以来就此事发布了接二连三的命令、指示和办法,但是在执行上至今仍遇到一些困难,需要立即加以解决。

为此,对于能协助这次整编工作的各种力量,需要限定和明确其行动与职责范围。

能协助这次整编工作的力量有三：

1.各区区政府；

2.以团委员会和国民自卫军中央委员会为代表的国民自卫军联盟；

3.各团团长。

现将他们各自的权限做如下规定：

1.按照驻陆军部代表4月16日的命令，各区区政府应当保证征兵工作和回收武器的工作的完成。作为公社权力的代表，各区区政府务必严格地和全面地执行法令；并有权征用隐藏的或无用的武器，追查逃避兵役者并把他们重新编入队伍。各区政府应建立逃跑人员的名单，以便全面地处以罚款以及其他处罚。

联盟的章程确立了国民自卫军利益的代表，即由各营营长组成的团委员会和中央委员会，因此这些代表机构有权利和义务来协助达到这一共同目标。

2.由各营代表所组成的团委员会应经常与它们各自的区政府联系，并给予它们有效的帮助，以便找人和武器；总之它应成为一个必要的调停人，使任何一个国民自卫军战士都不能逃避公民的责任。同时，各区政府也有义务不忽视联盟提供的活动手段。

为了保证团委员会的行动统一和它与各区政府及各团团长之间的谅解，由各区代表所组成的中央委员会应是陆军部和国民自卫军各个不同部分之间的自然调停人。中央委员会同产生它的各区经常联系，这样中央委员会的直接控制将有助于公民部队的迅速组成。

各团团长在自己的管辖区内，对营部有有效的军事指挥权。他们通过参谋部的军官和要塞经常保持联系，用这种办法使营部工作顺利进行，并保证对内、对外工作的进行。

概括如下：

将公社的权利授予各区政府；

由团委员会和中央委员会充当调停人，并提供积极的帮助；

一切军令由团长负责执行。

以上就是为达到共同的目标——维持和保卫巴黎的权利和共和国的安全——各方面应采取的行动。

1871年4月26日，于巴黎

陆军委员会

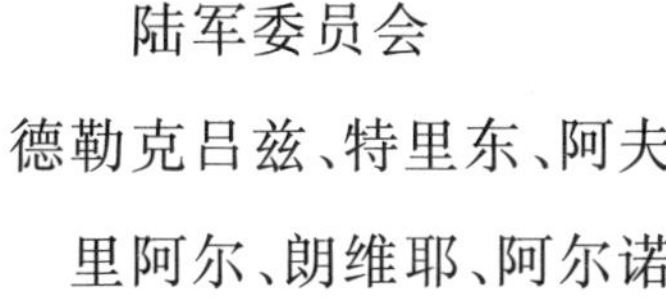

德勒克吕兹、特里东、阿夫里阿尔、朗维耶、阿尔诺

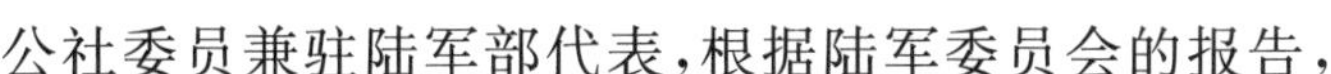

公社委员兼驻陆军部代表，根据陆军委员会的报告，

决　定：

第一条　每个区成立一个由七位公民组成的军事局；该七位公民，由每个区的公社委员任命。

他们的职责如下：

征用武器；

追查逃避兵役者，并立即将他们编入每个区的营；

同时保持驻军的常备不懈，以便保证哨所、防御工事和暗道的内部执勤。

第二条　团委员会将给予各军事局完全而充分的支持，以便与国民自卫军中央委员会共同执行已经采取或将要采取的各项措施。

第三条　由团长单独负责执行城防司令部下达的有关内勤和外勤的军令。

第四条　为保证本命令的持久执行，并避免有碍于它的执行的一切冲突，军事局、团委员会和团首长应每天各自向圣多米尼克－圣热尔曼大街 90 号陆军委员会提交一份简要的书面报告，对自己的军事行动作一汇报。

第五条　为节省国民自卫军的兵力，各区政府会同各团列出一个在本区里需要通车的哨所的数量和人数的清单。

1871 年 4 月 26 日，于巴黎

驻陆军部代表

克吕泽烈

命　　令

应上交军服的人，应将军服交给巴登公民，只有他有资格接收这些衣服，并每天直接向负责团行政工作的上校军医汇报军需仓库的情况。

每天都有人向我递交一些由陆军部职员签订的需要国家预算

拨款的合同。

而且,这些合同一签订,紧跟着就匆忙交货。这种做法是不严肃的,并可能成为犯罪行为。

对于这种情况,驻陆军部代表提请注意:为了使诚实的厂商不受到欺压,凡未经陆军部监督部门承认的合同都是无效的。

夏蓬公民被任命为军事床具部主任。

只有陆军部的行政机构才能了解国民自卫军的需要,因此也只有它才有权发布命令。

军事床具部主任只能根据城防司令将军的命令发放床上用品。

国民自卫军,除负责铁路行政监督的专员根据章程提出要求外,不得干预火车站商品的运输和铁路的管理及经营。

国民自卫军对这样一个有影响部门的不谨慎的干预,可能会给巴黎的供应带来令人非常不愉快的影响。

1871 年 4 月 26 日,于巴黎

驻陆军部代表

克吕泽烈

驻后勤部代表维阿尔公民通知大家,不几天后,将有一大批价格非常低廉的粮食和食品供给大家享用。此项工作,将由各区区政府主管的机构来完成。

请各区区政府立即和商业部门联系组织销售。

我们拥有可以长期使用的粮食，因此请公众放心，我们完全可以对付投机分子，毫无匮乏之虞。

驻财政部代表，

鉴于免税进口物品中产生的许多弊病，

兹决定：

第一条　自4月28日起，停止对各部及各区政府供应免税进口物品；其他各类物品也一律停止供应。

第二条　关于发还某些进口税一事，由驻财政部代表和公社各部门协商办理。

公社委员兼驻财政部代表

儒尔德

拉乌尔·里果公民被任命为公社检察官。

腊斯都尔公民已辞去野战医院总监的职务。

财　政　部

国民自卫军发饷员归还财政部款项

区	营	连	摘要	数目		合计	
			4月6日	法郎	生丁	法郎	生丁
3	54	9和10				60	
11	58	2	………………			57	
18	64	10	………………			40	50

（续表）

17	91	1	………………	15			
		2	………………	21			
		3	………………	63			
		4	………………	94	50		
		5	………………	73	45	478	15
		8	………………	81			
		7	………………	15			
		9	………………	18			
		10	………………	13	50		
		12	………………	84			
2	92	1,2,3,4 连	………………	212		752	75
		5,6,7 连	………………	540	75		
10	110	7	………………			168	
	115	9	………………	102		171	
		11	………………	69			
	143	1,2,3,4 连	………………	96	50		
		5,6,7,8 连	………………	130		478	50
		9,10,11,12 连	………………	169			
		新的管理部门	………………	63			
	167					200	
20	472					310	30
	474					99	
11	299	陆军部	………………	400		1 750	
		陆军部	………………	1350			
4	212	陆军部	………………			414	
20	218	6 陆军部	………………			88	
			4月7日				
19	25					661	
3	54	3,4 连	………………			30	
6	83	1,2,3,5,7,9, 10 连	………………			4 282	
5	418					93	
47	432	参谋部	………………	3			
		消防队	………………	6			
		带短来复枪的步兵或骑兵	………………	3		39	
	1	常驻军	………………	3			
	2	常驻军	………………	24			
10	143		………………			33	

（续表）

3	144	1,2,3,4 连	………………	351		713	
		5,6,7,8 连	………………	306			
		9,10,11,12,连	………………	56			
	145	1	………………	33		159	
		2	………………	54			
		6	………………	18			
		7	………………	24			
		8	………………	21			
			4 月 7 日				
2	119	4	………………	190		701	50
		7	………………	309			
		8	………………	202	50		
48	452		………………			835	50
45	465	3	………………	36		412	50
		5	………………	200			
		7	………………	40	50		
		9	………………	30			
		10	………………	36			
		8	………………	70			
43	485		………………			300	
18	189	4	………………	192	50	1 356	50
		3	………………	218			
		4	………………	132			
		5	………………	184			
		8	………………	210			
		9	………………	181	50		
		10	………………	219			
		4 多征收的	………………	7	50		
		妇女军饷	………………	12	50		
19	197	8	………………			400	
11	213		………………			200	
19	212	2	………………			24	7
11	270		………………			3	0

1871 年 4 月 23 日，于巴黎

会计处处长

L.吉尔穆瓦

非正式公报

1871年4月26日，巴黎

战　　报

4月25日，伊西要塞

整日战斗激烈。

穆兰-德·皮埃尔炮台从中午起至下午3时向要塞射击。炮火密集。要塞迅速有力地回击。

克拉马尔车站

双方互射几枪，无伤亡。

蒙鲁日

下丰德奈炮台炮轰本要塞。本要塞在上布鲁耶尔和比塞 f 特的炮火支援下，用强烈的炮火还击。损失不大。

纳伊

战斗从8时开始，第一百九十五营占领了贝罗奈街的街垒。

马约门

我炮手摧毁了凡尔赛设在古尔柏瓦的五门大炮。

我方一名炮手负伤。

阿斯涅尔

炮火激烈，中午停火。3 点又重开始。凡尔赛还击的火力甚微。

克里希

第四十二防御据点摧毁了敌人的一排炮。

---

4 月 26 日晚 6 时半，阿斯涅尔

敌向我猛攻，我成功地击退了敌人，很少伤亡。

国民自卫军战士表现良好。

今晨在贝尔－艾比奈地区，第一百八十五营在维尔如伊夫街垒前方进行侦查时，有 40 人险些被凡尔赛的两连骑兵包围。大部分公社战士得以撤出来，只有 4 人因他们走得比其他人远所以没能跟上行动。这 4 个人见到自己被包围了，在敌军一个连长的命令下，就放下了武器，接着那位连长示意，立刻把这 4 个人都枪毙了。其中有一个人奄奄一息地回到我方阵地，被送到比塞特临时医院，现在他也许已死亡。同志们在营部采取的攻击性行动下，将其中的一个高尔松公民的尸体抬了回来。

人们立刻为这次枪杀我方战士一事成立了一个由公民冈邦、朗之万和韦济尼埃组成的调查委员会。

当发现有些炮弹填的是沙子时，公众舆论很激动。

经检查后，人们发现这些炮弹不是用引信封闭的，而是用一个六面体的锌塞子封闭的，也没有口子，这从引信的头部就可很容易地看出来。这种情况说明，这是过去有意地并且没有任何欺骗意图而制造的发射物，无疑是为了给人一种实心炮弹的印象。

任何认真的炮手都不会搞错，因为在将发射物放进炮膛时，必须将引信的帽拆下，而锌塞不需要这样做。

号召能参加辎重队的公民，参加辎重队，因为辎重队要增加兵员。

骑兵将有和国民自卫军一样的军饷，外加作战军粮。

军官和士官享有同级国民自卫军的待遇。

请各兵营指挥官引导那些暂时离队但仍继续领取给养的战士，参加军校的辎重队，立即服役。

请于每天早 8 点至晚 10 点到圣多米尼克－圣热尔曼大街 84 号后勤总部办理入队事宜。

1871 年 4 月 26 日，于巴黎

负责辎重队的骑兵队长

格伊埃里

第四区区政府

第四区 11 个营的代表于 4 月 16，17 和 24 日在全体会议上任命了以下公民为第四团军事法庭的成员：

塞里埃　第二百五十四营营长　　军事法庭庭长；

格拉维　第二十二营的军官；

吉拉尔　第一百八十三营的军官；

鲁塞尔　第一百六十营的士官；

德拉罗克　第一百五十二营的士官；

巴舍赖　第一百五十营的自卫军战士；

迪伐尔　第二百五十四营的自卫军战士。

任命以下公民为候补成员：

勒弗朗　第九十六营的军官；

克吕塞尔　第二百一十二营的士官；

福盖　第五十三营的自卫军战士。

第九区区政府

驻第九区区政府代表，

根据1871年4月25日巴黎公社的决定，征用空闲房屋来安置被轰炸地区的居民。

兹决定：

坐落在第九区的房产业主（或他们的代表），凡有空闲房屋的，不管房内有无家具，都必须在24小时内到德罗奥街6号的区政府去申报。

1871年4月25日，于巴黎

驻第九区区政府代表

巴尤－杜麦尼尔

第十二区区政府

在第十二区区政府工作的公社委员，

鉴于巴黎遭到前国防政府成员、拥护波拿巴王朝的投降分子的疯狂轰击，我们认为，所有公民今天都有义务飞快去保卫巴黎；

鉴于第十二团的自发的热情，因某些人的叛变(他们或是逃亡或是躲藏起来了)而冷却了，以致影响了我们城市的安全；

鉴于区政府有责任使公社的决定得以执行；

鉴于巴黎—里昂—地中海沿线的某些铁路职工，以被推翻的前政府的法令为庇护，不去国民自卫军服兵役；

鉴于从道义的观点出发，迫切需要挽救这种必然导致国民自卫军的瓦解和替保皇的反动势力最无耻的意图效劳的情况；

决　定：

第一条　巴黎—里昂—地中海沿线的铁路职工，即司机、司炉、制动员、贝尔西尔火车站的职员以及铁路上的现役人员，可免服国民自卫军的兵役。

第二条　凡不属上述类别的19至40岁的公民，在48小时内必须报到，入伍服役。

第三条　凡违反本决定的人，应立即予以逮捕，送交军事法庭处理。

第四条　本决定由第十二团各营负责执行。

驻第十二区的公社委员

热列姆、龙克拉、菲力浦、泰斯

驻第十二区区政府的公社代表，

根据选民郑重的委托，代表们最起码的义务是关心人民的利益；

鉴于每天都有无数请求救济金的申请书交到区政府，区政府应立即根据预算的收入予以满足；

鉴于有些人进行卑鄙无耻的投机活动，使大量的救济金都给了他们，而穷苦人因耻于露面，到现在还不为人所知；

决　定：

第一条　向热心的女公民发出号召。

第二条　立即组织一个第十二区女共和分子委员会，去寻找所有隐藏的穷苦人，并作一报告，交给以下签名的公社委员，他们将立即救济这些人。

第三条　参加上述委员会的女公民直接受公社和国民自卫军的保护。

驻第十二区公社代表

热列姆、龙克拉、菲力浦、泰斯

自本月26日起，在第十二区区政府报名。

基督教各教会学校的修士和修女放弃了他们的工作岗位。

欢迎所有的世俗教师到区政府总秘书处面谈。

我们希望这些空缺能很快得到填补。大家都知道，我们从来不曾有过如此美好的机会来创办世俗的免费义务教育。

无知和不公正将为知识和正义所替代。

公社万岁！共和国万岁！

公民维尔特莱函告我们：

1871 年 4 月 27 日　星期四

前警察局长办公室一处的现任处长每天都要接待许多债权人的来访，他们要求帝国政府和 9 月 4 日政府时的处长南登先生还钱。

请南登先生将他的地址告诉他的债权人，因为他们的继任人不代为处理他的私事。

办公室一处处长
勒·维尔特莱

巴 黎 公 社

1871 年 4 月 26 日会议

公社开过秘密会议后，决定将下面这段话记入议事日程：

“鉴于有许多不负责任的委员会阻碍了公社命令的执行，鉴于各区政府、公安部以及由该部派出的所有代表有责任采取措施，公社相信以上各机构今后不会再发生这类事件，并能严厉制止这类事件。此即记入议事日程。”

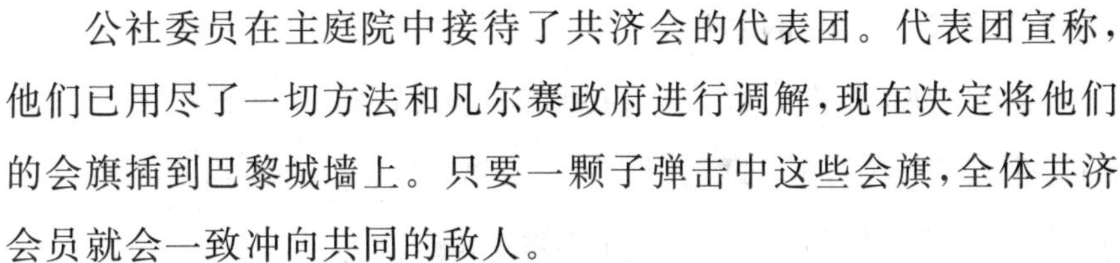

公社委员在主庭院中接待了共济会的代表团。代表团宣称，他们已用尽了一切方法和凡尔赛政府进行调解，现在决定将他们的会旗插到巴黎城墙上。只要一颗子弹击中这些会旗，全体共济会员就会一致冲向共同的敌人。

泰里弗克兄弟宣称，自公社存在的那天起，共济会就认为它是我们社会改革的基础。

他说这是世界上从未发生过的最伟大的革命。

如果在运动初期共济会不愿行动的话，这是因为他们坚持要得到凡尔赛不愿作任何和解的证明。事实也是如此，怎么能设想罪犯能接受他们法官的任何调停呢？

无数“公社万岁！共济会万岁！世界共和国万岁！”的呼声回答了演说者。

公社委员茹尔·瓦莱斯公民用几句出自内心的话感谢了代表团，并将他的肩带授给了泰里弗克兄弟。泰里弗克兄弟表示这个肩带将存入共济会的档案中，以纪念这难忘的日子。

公社委员勒弗朗赛公民接着宣称他早已和共济会心连心了，他已加入了第一百三十三苏格兰分会；在当时，这个分会被认为是最具有共和主义色彩的一个团体。长期以来他已深信共济会的目标和公社的目标是一样的：即社会的新生。

公社委员阿利克斯公民说，巴黎公社已经用一种新的方式将共济会长期以来肯定的东西付诸实践了：当前，要建造圣殿，就必须重新组织劳动。

苏格兰玫瑰共济会会员在一篇热情的即席讲话中说，巴黎公社是一个新型的所罗门圣殿，它应当是共济会所追求的目标：以正义和劳动作为社会的基础。

由 2 000 名共济会会员组成的代表团，将公民茹尔·瓦莱斯的肩带绕在他们的会旗上，退出了庭院，并按照法国和苏格兰的仪式在两次三击鼓后带走了一面红旗。

公社的一个代表团一路将共济会代表团陪送到卡德路，一路上受到热情的群众的一片欢呼。在公社委员朗维耶公民作了一席充满爱国热情的发言后，大家才分手。大家的心在一致地跳动。

国 外 新 闻

奥 地 利

议会议长向众议院递交了一个方案，方案旨在授予省议会广泛的立法动议权，并特许省议会有权表决通过与德国参议院有关事务的方案，但对本法律特别指定的事务除外。这类方案在各有关省将有法律的效力。参议院在讨论这些方案时，只能表示它们对帝国的利益是适合的，还是不适合的，然后通过它们或是否决它们，但他们不能修改这些方案。

议长在递交这个方案时说，政府若不偏不倚地行事，严格地维护法律，平等地满足帝国各省人民的要求，并按照国家根本法的精神和内容来执行国家的根本法，这样做，比通过法律草案，哪怕是构思得最好的法律草案，更能有把握地实现和解的目的。

英 国

格拉德斯通先生在下议院回答查理·戴尔克爵士时说：昨天警察局有权驱散聚集在威斯敏斯特宫前的工人，因为法律禁止群众性地向议会递交请愿书。

在迪斯雷利先生提请下议院注意有关预算所采取的措施后，财政大臣宣称：鉴于火柴税对内、对外掀起了反对意见，他撤销政府的提案。

他坚持为预算所采取的其他措施，这些措施将列入下星期四的议事日程。

西　班　牙

共和主义少数派在议会中激烈攻击西班牙新王朝。在星期六的会议上，卡斯特拉尔先生对恢复阿梅黛国王王权一事进行了无情的宣战后；他说他将递交一份议案，目的是要宣布废黜这位君主。

俾斯麦先生的声明

我们不停地对在凡尔赛和巴黎广为传播的流言进行了辟谣。这谣言是说普鲁士人将占领或已经占领了圣·德尼斯要塞和塞纳河右岸。

今天俾斯麦先生在德国国会内的声明，明确地解决了这个问题：普鲁士人将不离开巴黎市郊。赔偿的款子不能满足德国人，他们坚持要在凡尔赛众多军队集结之前采取措施。他们需要缔结和平条约。

以下是 4 月 24 日在德国参议院会议的报告中有关这个问题的记录：

借款 2 400 万一事，最后在缺 6 票的情况下一致通过。

在讨论过程中，俾斯麦先生声称，即使法国政府付 5 亿，德国人也只能按条约办事，在缔结和平条约后才能撤出各要塞。

总理亲王还说:“在布鲁塞尔的和谈看来进展不太快。”

“看来法国想在恢复力量后得到一些较有利的条件。”

“然而我们不能容忍任何对预备性的和谈所构成的威胁。”

“当巴黎的骚乱暴发时,德国不曾阻挡凡尔赛方面对预备性和谈的偏离。但由于这件事,德国不得不做出金钱上的牺牲以及调动大量军队。不管怎样,为了对付可能发生的意外情况,它应保持这么多兵力。”

“如果法国不按条件支付维持军队的费用,我们就不得不重新征用实物。”

“虽然我们不能保证不采取任何行动,但我们不干预法国的内部事务。”

“不管怎样,如果我们的权利和利益遭到威胁,我们就有责任保卫它们。”

除这几点以外,俾斯麦先生还宣称他决不会进行干预。他在发言过程中强调了好几次:只要德国的利益不受到直接威胁,德国就绝对保持中立,他说:“我们应避免一切不谨慎的干预,这样法国就不会指控她不幸的原因是我们造成的。政府认为采取最克制的做法是对的。”

这些声明必能澄清所有来自凡尔赛的谣言,说普鲁士军队将为了梯也尔、法夫尔、皮卡尔及其一伙的政府的利益而包围巴黎。

从这些声明中可以看出什么是普鲁士人的威胁,那就是:如果法国国库在 4 月 25 日不向债权人德国的军需处支付过期未付的款项的话,普鲁士人为了维持他们军队的需要,就要重新使用征用的手段。

梯也尔政府能否弄到这笔钱呢？同巨大的战争开支相比，这笔钱不算大。如果能的话，为什么他要让遭受占领不幸的人民来承受新的征用的负担？

如果凡尔赛政府无法弄到几百万款子来满足德国军需处，难道他不感到必须走和解的道路，承认巴黎公社这两个月以来所建立和维持的事物秩序吗？

负责制定改组医疗事务的方案的第四次代表会议，于4月29日星期六晚8时在医学院阶梯教室召开。

会议是公开的。

议事日程是讨论常务委员会的候选人问题。

会议每星期三和每星期六继续举行。

新　教　育

致各位小学教师、中学教师及学生家长：

每星期日和星期四两点正在杜尔果学校开会。

研究并决定有关在教学大纲、教学方法、教育法诸方面实现改革的问题。

珠宝店储金互济和连带责任协会

请本协会所有的成员于明天4月27日星期四1时正到圣殿路79号拉谢礼堂开会。

讣 告

普罗斯佩·布朗公民，19岁，在以特别出色的准确枪法获得卓越的战功后，在阿盖索路16号战地医院逝世。逝世前曾截去一条腿。他的世俗葬礼将于明天27日星期四3时半举行，集合地点在战地医院。

杂 录

一段历史

I

有一些人在任何时候都将受到他人的诽谤、仇恨和疯狂的攻击，正是因为这个缘故，这些人才从来不去想那些只是满足平庸野心的东西，他们视这些东西对革命无益或有害。这些人很孤立，是一切攻击的靶子，受那些无能的人从各方面的打击。那些人想诽谤他们，但又打不中他们；有些狡猾的人打击他们的手法比其他人高明：想尽办法使被打击的人保持沉默。

在被打击的人当中，有一个人名叫布朗基。

布朗基生于大革命时期。他刚成年时，也就是在1830年前不几年的1827年，颈部就中了一颗子弹。在路易·菲力浦统治下，他的一生就是一场反对虚伪的资产阶级专制政府的战斗。这个政府于2月24日结束。因为一位诗人认为可以称它为“轻蔑的革命”，布朗基不得不付出终身监禁的代价来偿付1839年5月12日他参加的那场突然袭击。

他去蒙－圣－米歇尔岛上的监狱同他起义的伙伴们会合了。七月政府的狱卒使囚犯们遭受的折磨是众所周知的。假如我们不知道真相，我们会把听到的这些事当成神话。在当时如同现今一样，犯人的呻吟，我们听不到，只有牢房的四壁是那些无耻行为的沉默见证人。今天会好些吗？谁也不知道，谁也无法肯定或否定。不过当人们读到今天凡尔赛将军的日复一日的害死人的报告时，就可以肯定今天与以往一样的残酷。

2月24日，监狱的大门向布朗基打开了。他发现空谈理论的民主人士掌握了政权。又一次失败。革命被扼杀了，并落入了无能者和阴谋家的手中。如同每每处于这种危机的时刻一样，各种对立的政党，各类死敌，各类相冲突的野心都联合起来反对共同的敌人。保住政权，这是首要的目标，哪怕以后再打警察仗。然后，如果需要的话，再进行流血的决斗。

人民进行了革命，但没有一个掌权者代表革命。每人都为自己的野心服务；某个共产主义说教者在卢森堡宫是这样，某人在内务部是这样，某人在市政厅也是这样。到处都是阴谋，披着社会主义或雅各宾外衣的阴谋。每人都有自己的日子：3月17日，4月16日。在政治的矮人轮流互相残杀之后，人民依然存在：六月一下子了结了问题。

现在谁都认为老百姓可靠。大家知道老百姓太轻信坏人，在2月24日如同在9月4日一样，可以容易地使他们上当。革命使人们陶醉了。无能的人利用人们的善意准备在他们认为时机到来时，打击他们，消灭他们。

2 月 24 日，人民以为干得很好，他们像 9 月 4 日一样，在阴谋家手中让了位，只有一个能使他们睁开眼睛的人留下了，这人就是布朗基。他成了靶子。共产主义者和雅各宾党人、诗人、资产阶级，所有这些人都承认自己无法欺骗他，反而被他揭露，揭穿他们的背叛行为。这些人只有一件武器，即诽谤。他们大肆诽谤；塔谢罗神气十足地打头阵。于是，臭名昭著的《往事评述》[①]出版了。

现在人们已经知道这段历史的来龙去脉了。这个阴谋诡计被揭开了。人们以为布朗基要回击，说他自己什么也没有写，什么也没有揭露，然而，他不谈其他，只回顾他革命的过去。而攻击他的那些人，谁敢像他这样说：

“在我的同伴中，”在他著名的回答中，他写道：“有谁像我这样尝尽了苦酒？头一年我所爱的女人在远离我的地方，在绝望中苦苦挣扎，终于死去；接着，整整 4 年，在单人牢房的孤独中，只有那个已经离开人世的她的幽灵与我为伴。我一个人在但丁式的地狱中忍受这种折磨。我出来时头发已白，身心俱碎！我，一个忧伤的残骸，拖着被伤害的躯体，衣衫褴褛地走到街上，被人们扣上卖身投靠者的罪名。而路易·菲力浦的奴才们则化成五色斑斓的共和主义蝴蝶，在市政厅的地毯上蹁跹飞舞。他们养尊处优，披上最华丽的道德的外衣，辱骂那个从他们主子的牢狱中跑出来的可怜的

① 《往事评述》，1833—1838 年和 1848 年出版的反动的政治刊物，塔谢罗是这个刊物的编辑。——译者

约伯!”

诽谤没有奏效。用不着多久,“市政厅中的五色斑斓的蝴蝶”就将看到他们的统治将遭到一些人的恨,遭到所有人的唾弃,其结果,必将昙花一现,凄惨地结束。而他们所攻击的那个人,却在他们的打击下壮大成长。

贝尔-伊尔岛不久又接回了这位矢志不渝的战士。5月15日事件把他送到了那个小岛。大革命的时钟还未敲响,所以大革命的战士们必然还要回到他们刚离开不久的流放地。

贝尔-伊尔岛狱中的酷刑、精神上以及肉体上的折磨,未能消灭这个人脆弱的躯体,未能粉碎他那钢铁般的灵魂。这个灵魂在大革命的强大号角声中,好像永远能获得健康的新生。

9月1日他又回来了,比任何时候都更加洞察一切地预告我们的失败和把我们投入1月28日耻辱深渊的背叛。

这些事情都发生在我们身边,无人能否认。所有的人都像我们一样,发现他提出的警告反而引起人们的愤怒。他原以为用这些警告可以提醒上当的人民,然而他真诚的警告却替他招来了侮辱和诽谤。

早在9月15日他就写道:“人们产生了怀疑,估计自己上了大当,人们很痛苦。人们感觉到两股潮流之间有一种暗暗的斗争,也就是说献身精神和利己主义之间有一种斗争。谁能取胜?是群众的热情,还是小部分人的阴谋诡计?唉!让我们拭目以待,看这永恒的对抗的不祥结局吧。”

在这以后不到两个月,也就是在10月31日后不几天,即11月3日,致命的公民投票后的第二天,巴黎就被手脚捆绑着扔到了市政厅的叛徒们的手中，他写道：

"结局不久就会出现。备战和自卫战的闹剧已是多余的了。停战和停战的保证及以后充满耻辱的和平，这一切，市政厅的那些人将强迫法国接受。"

人们根本不听他的。今天他的预言实现了。当这位伟大的公民竭力要我们在国家的耻辱前睁开眼睛时，教会豢养的特罗胥和法夫尔之流，以及沙龙和小客厅里的将军们，还有各种各样的叛徒都觉得好笑，硬说他是"普鲁士"的人。

"布朗基被普鲁士收买了！"这句血口喷人的话不是传遍了全巴黎吗？

可憎的新闻界大叫大嚷地配合着诽谤的大合唱。我们的失败大部分要归罪于新闻界。在9月4日前很久，布朗基就在什么地方说过："是报纸使我们一败涂地的"。

投降的事果然发生。1月28日茹尔·法夫尔穿着那件在1月22日就已沾满鲜血的律师服去擦凡尔赛的地毯。接着就是末日的到来，或者说一切预示着末日的到来。一次又一次的背叛，使共和国一次又一次地遭到他们的打击。这时，人民终于从长久的睡眠和等待中醒了过来，于3月18日一致起来赶走了那些背叛他们的人。

巴黎成立了公社。巴黎自由了。

人民要嘉奖那个长期以来一直力图使他们清醒的人；两个区都选他到公社就职。自9月4日以来他所表现的政治远见当然会让他有一席重要的位置。

我们题名为"一段历史"的故事就是从此处开始的。

在叙述人们将看到的这些事情之前，我们觉得有必要简要地回忆一下此人，用几句话勾画一下他那充满斗争和苦难，历尽失望和痛苦并屡遭诽谤的生活；有必要突出一下他的性格；在一切党派的背叛和卑鄙中生活了 60 年的他，今天为了挽救祖国和革命，自 9 月 4 日以来仍然把揭露那些人作为自己的任务，从而成了那些人仇恨的牺牲品。

II

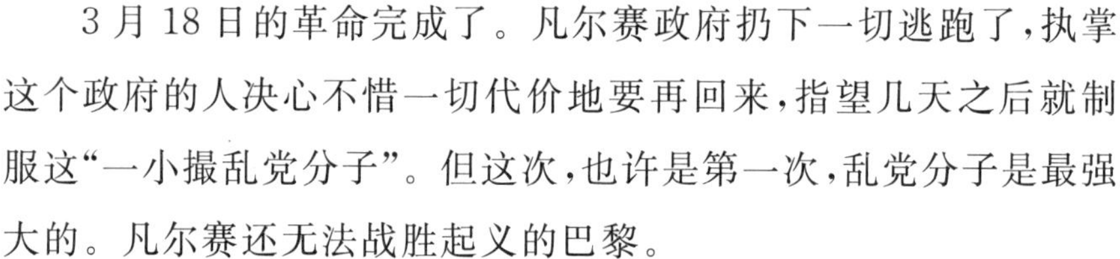

3 月 18 日的革命完成了。凡尔赛政府扔下一切逃跑了，执掌这个政府的人决心不惜一切代价地要再回来，指望几天之后就制服这“一小撮乱党分子”。但这次，也许是第一次，乱党分子是最强大的。凡尔赛还无法战胜起义的巴黎。

3 月 18 日以后不久，公社因需要集中全部力量，消灭已丧失权力的政府留下来的那些阴谋反叛公社的人。在马查斯逮捕并监禁了留在那里的几个和敌人确有联系的可疑的大人物：巴黎大主教达波依、他的代理主教拉加尔德、马德兰神甫德盖里以及前参议院议长蓬让等。

几乎与此同时，3 月 19 日就出现了可以说是对 18 日起义的报复行为。梯也尔先生的政府人员在南方一个小城里逮捕了病弱已极的布朗基公民。理由是因 10 月 31 日事件他被缺席判处了死刑。

布朗基被带到了菲热克监狱，处于绝望的境地。自从他被捕以后，他的朋友们乃至他的至亲没有一个人知道他的消息。为了对他的监禁地绝对保密，凡尔赛政府采取了最谨慎的措施。

当布朗基被 3 月 26 日的投票选入市政厅时，公社清楚地感觉到他当公社委员是必要的。因为自 9 月 4 日以来每个委员都钦佩他的政治远见，如果不释放布朗基，公社就心甘情愿地不要它在议会中也许是最有影响的一票。

就在这时，布朗基的一些朋友在某些公社委员的赞同下，采取了一些措施，想以交换其他囚犯的方式获得凡尔赛政府对布朗基的释放。

弗罗特公民是布朗基前狱中的伙伴，他多年来的朋友，承担了这项困难的任务。他去找囚禁在马查斯的主教达波依，同他一起设置可能交换的基础。公社驻前警察局的代表拉乌尔公民交给他如下一张通行证（现在在我们手中，还持有本文中提到的所有其他证件）：

警察局　　　　　　　　　　法兰西共和国

—　　　　　　　　　　　　——

秘书长办公室　　　　　　　1871 年 4 月 14 日，巴黎

致马扎斯典狱长。

准许弗罗特公民和代理主教勒加尔德及巴黎主教达波依交谈。

驻前警察局代表　拉乌尔·里果

个人许可证

无论何日何时都有效

拿了这个通行证，弗洛特公民奔赴达波依主教的单人囚室，向他述说了访问的目的。主教建议由马德兰神甫德盖里教士来完成到梯也尔先生处进行交换的任务。

在里果公民向弗罗德公民提出一些意见后，被挑选去凡尔赛的，不是德盖里，而是大主教的代理主教勒加尔德。

里果公民命令在有弗洛特在场的情况下，让勒加尔德和达波依交谈。但弗洛特有在狱中长期积累的经验，他出于一种很容易理解的微妙的感情离开了。留下勒加尔德和大主教单独在一起。

12 日早晨，弗洛特带着释放勒加尔德的许可证和正式的通行证来找勒加尔德，使他可以自由地去凡尔赛。弗洛特要勒加尔德发誓：如果他的任务未取得任何结果，也仍然要返回。勒加尔德发誓要回来。

“即使要枪毙我，我也要回来的！”他对弗洛特说道：“你以为我有让主教大人单独待在这里，哪怕是一瞬间的想法吗？”

弗洛特亲自把勒加尔德带到火车站，在勒加尔德乘上去凡尔赛的火车，即将就座前，弗洛特又让他重复所许下的诺言，并对他说：“如果你不打算回来的话，你就别走。”勒加尔德又发了誓。

他走了，带了以下一封大主教达波依给梯也尔先生的信。

主席先生：

我荣幸地向您递交一份我昨天刚接到的通知。请您给予您的智慧和人道主义认为最合适的答复。

一位有影响的、和布朗基先生在某些政治思想上很接近的人，特别是和他有着长期深厚友谊的人，正积极地在为布朗基的释放而奔走。为此目的，他亲自向与此事有关的委员们建议作如下安排：如果布朗基获释，巴黎大主教将恢复自由，连同他的姐姐、蓬让议长先生、马德兰神甫德盖里先生以及巴黎代主教，即向您递交此信的勒加尔德先生也将一起恢复自由。建议已被接受。因此在这种情况下，他们要求我在您面前表示支持这个建议。

虽然此事牵连到我，但我也冒昧地建议您恩准。希望我的理由您能接受。

虽然我们中间已有太多的分歧和不愉快，既然出现了妥协的机会，况且这只涉及人而不涉及原则，那么明智的办法难道不是给予帮助，促其成功并因此而有助于平息人们的情绪吗？

在像我们今天经历的剧烈的危机中，报复行为在骚乱中杀人，哪怕这些行动只涉及两三个人，也会加剧一部分人的恐惧和另一部分人的怒火，从而使形势更加恶化。在巴黎目前的情况下，请允许我不加评论地对您说，这个人道主义的问题值得引起您的关注。

主席先生，我能大胆地向您供认最后一个理由吗？即：作为一个凡人和神甫，我的心已被我所谈到的那个人的热情所感动。此人为布朗基先生奔走，表现出如此真诚的友谊，因此我不能抗拒他动人的请求，我已保证向您请求尽快释放布朗基先生。这就是我刚才所做的事。

主席先生，如果我请求您的事，在您看来不是不可能的话，我就感到高兴了。因为这样一来，我是为好几个人，以至为我们整个国家效了力。

巴黎大主教　格·达波依

致行政首脑梯也尔先生

1871 年 4 月 12 日，于马札斯监狱

勒加尔德 12 日启程去凡尔赛。五天过去了，没有勒加尔德的任何消息。17 日弗洛特收到一封 4 月 15 日从凡尔赛寄来的信。

先生：

我给主教大人写了一封信，信是由典狱长转交的。希望他能收到。这封信的内容无疑也已告诉了您。但我决心直接给您写信，正如您允许我的那样，告诉您我不得已而受到的耽搁。主教大人让我交信给他的那个人，我已见了四次了。按照此人的命令，还要再等两天我才能得到他最后的答复。答复将是怎样的？我只能告诉您一件事，那就是我将竭尽全力使这个答复既符合您的愿望，也满足我们的要求。在我第一次访问他时，我的希望就是这样的。我以为用不了几天就可以带着好消息回巴黎。他们给我制造了些麻烦，但是还是表示了好意。但不幸的是，这封信在《自由人报》上发表，而且，在我刚递交那封信之后，报纸就送到了这里。于是他们的印象变了。他们又是开会讨论，又是推迟我们的事。既然他们正式请我推迟两天走，那就是说一切未定。而我还要再活动，但愿我能再次成功！您不会怀疑我的愿望，也不会怀疑我的热情。请允许我再次表明：除了此事关系重大而且和我有密切关系外，我将会高兴地用语言以外的方式来表示对您的行为和感情所唤起的我对您的感激之情。不论发生什么事，不管我此行的结果如何，请相信我对我们的会见将留下最美好的回忆。

借此机会，请代我向伴随你的朋友问好！并请接受我对你的尊敬和忠诚的新的保证。

E.－J.勒加尔德

1871年4月15日，于凡尔赛

信是 4 月 15 日写的。梯也尔先生正式请勒加尔德推迟两天走。只是到了 18 日，有正当理由感到不安的弗洛特才去找大主教，向他表示对代理主教行为的不满。勒加尔德不回来了。有充分理由可以推测他有留在凡尔赛的明确意图，并利用对他的信任而不遵守诺言，毫不考虑后果。

大主教对勒加尔德的耽搁表示惊讶。他对弗洛特说："他不可能留在凡尔赛不回来，他亲自向我发过誓。"

弗洛特向大主教表示他希望有他一封亲笔信，让他亲自带给勒加尔德，于是达波依先生交给弗洛特以下一封信：

巴黎大主教给他的代理主教勒加尔德的信

弗洛特先生对勒加尔德先生迟迟不归感到不安。他打算向公社解除其原先许下的诺言，并赴凡尔赛向他的谈判代表转达他的忧虑之情。

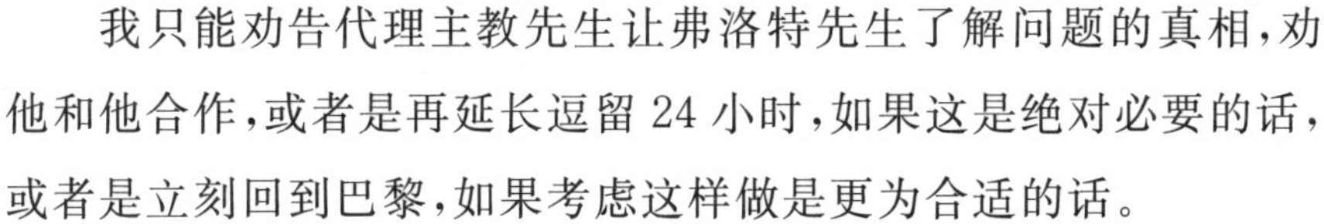

我只能劝告代理主教先生让弗洛特先生了解问题的真相，劝他和他合作，或者是再延长逗留 24 小时，如果这是绝对必要的话，或者是立刻回到巴黎，如果考虑这样做是更为合适的话。

巴黎大主教　格……

1871 年 4 月 19 日，于马查斯

弗洛特先生没亲自去凡尔赛。他的朋友提醒他，作为布朗基的朋友和狱中的伙伴，他去会遇到危险的。

他派了一个可靠的人去。那人 19 日动身。他将大主教的信交给了勒加尔德。

勒加尔德只交给弗洛特以下一张便条。这张便条是仓促地用铅笔写在一张破旧的纸上的。（这张便条像所有其他文件一样在我们的手中。）

梯也尔先生仍然把我留在这儿，我只能等待他的命令，就像我曾好几次写信给主教大人的情况一样。我一有新情况就会马上函告的。

勒加尔德

因此，这就很清楚地表明勒加尔德拒绝回到巴黎。至于他许下的诺言，对他来说已不存在了。

至于用俘虏交换布朗基的问题，这也许是勒加尔德考虑得最少的问题。此人也不担心他私人的朋友们，他的大主教还在我们手中，并因他的背叛而成了我们的人质。勒加尔德通过弗洛特公民对他采取的充满微妙和郑重的态度已很清楚地看出人质在我们手中；他将面临一个危险：被他如此可耻地欺骗的人们将对他进行严厉的指责。

从那以后，一切都完了。人们再也不去想勒加尔德了。

我们详细地叙述这件事，是为了让所有的人了解我们给予敌人的信任只能到多大的程度。为了使所有的人都认识到今天以及任何时候，只有革命的人民才重荣誉和真诚，才遵守誓言，而和革命为敌的人是永远不会这么做的。他们肆无忌惮地，就像这次一样，利用人们的诚意来进行欺骗。

III

因此，没有任何方法再可尝试了。释放布朗基一点可能的希望都没有了。凡尔赛和我们一样，对布朗基将给公社带来多么巨大帮助是很清楚的。

人们很想知道他的消息。当 3 月 17 日他在他侄子拉冈布黑的家中被捕时，他的病情已处于危急状态。从那天以后，再也没有听到有人谈起过他。出于最起码的人道主义精神，梯也尔先生起码不应拒绝他的家人去看他，或者让他的家人用某种方式和他通信。

在此情况下，布朗基的姐姐请人给梯也尔先生带去了以下一封信

致行政首脑梯也尔先生

主席先生：

两个月来，疾病使我筋疲力尽。我本来希望能恢复一点体力，足以能够到你身边，完成一项使命。然而持久的衰弱迫使我今天不得不放弃这个想法。

我托我的独生子到凡尔赛去，以我的名义向您呈递一封信。主席先生，我大胆地希望您能接受他的请求。

自古以来无论发生何种事情，任何时候都不曾废除过人道主义的权利，不曾否认过家庭的权利。正是以这些权利的名义，主席先生，我请求您主持公道，让我能了解我的兄弟路易－奥古斯特·布朗基的健康状况。他 3 月 17 日被捕时正病得很厉害。从那时候起，没有得到他任何片纸只字的消息来减轻我对他备受摧残的健康所引起的痛苦和不安。

主席先生，如果我请求去看他（哪怕是短暂的片刻）超出了您许可的范围，但您不能拒绝允许我的兄弟向以我为代言人的这忧

忧愁愁的一家人说几句话，来安我们的心[①]。

第十一区区政府

根据1871年4月20日由克吕泽烈签署的任命阿·汉贝公民为第十一团主任外科医生的命令，请第十一区的医生、外科医生、医务部门的官员公民们以及修过8门和16门课的医学院学生于本月27日星期四3点正到伏尔泰广场区政府国民自卫军医务处报到，商讨国民自卫军各营医务部门的改组事宜。

主任外科医生　阿·汉贝博士

公社委员兼驻第十一区区政府代表

奥尔蒂埃、韦尔杜尔、德勒克吕兹、阿夫里阿尔

1871年4月27日，于巴黎

第十七区区政府

第十七区各营营长、区委员会以及到会的公社委员杜邦和马隆在区政府会议厅开会决定：

根据公社4月6日关于宣布废除各区委员会即各团团委员会的决定；

根据4月9日由克吕泽烈副署的中央委员会的决议，即禁止各营或各连代表侵犯军权和发布命令，并要求他们仅限于做单纯而简单的内部管理工作；

---

① 这封信见原书第400页。这封信的结尾和整个这篇文章的后面部分，因原书第401—405页缺，故译文亦付缺如。——译者

因此，第十七区团委员会的一切命令都是无效和不准许的。

由该委员会发动而不是由法律规定的权力机构提请举行的选举是非法的。

该委员会着即解散，重新通过选举组成新的团委会，新团委会的职权，由公社另外发布一道命令确定之。

该团委会成员着即回队，随营行动。

无论是代表或非代表，如超越自己的权限，对军事权力机构进行干预，则将受到军事法庭的追究，肇事人员将送交军事法庭审讯。

第十七团团长雅克拉尔德上校；第十七团参谋长马松；上尉参谋、代理要塞司令维泽特

营长

第三十三营营长梅西埃、第三十四营营长阿尔芒、第九十营上尉弗朗索瓦、第九十一营营长阿拉斯、第二百零七营营长莫尼柏蒂埃、第二百二十二营营长奥谢、第二百二十三野战营营长吉罗、第二百二十三驻防营营长迪卜拉（由第一连连长代签）、第二百二十三营副营长安贝、第二百五十七营营长吉拉丹

区委员会委员

保纳丰、厄·包齐埃、达武斯特、迪阿努、埃斯蒂安、雅克甘、布·勒冈、马尔坦、勒·米歇尔、比高、拉马、茹尔撒森

公社委员

杜邦、贝·马隆　1871 年 4 月 25 日，于巴黎

奉上级指示，凡居住在勒伐罗瓦、克里什和圣乌昂的酒商，从两点起应关门停止营业。

凡不遵照此命令者，军事当局将给予严厉惩处。

致各工人协会

根据 4 月 16 日的决定，巴黎公社请各工人协会组织一个调查委员会，统计一下业已停工的工场，并与劳动和交换委员会共同提出一个迅速使这些工场恢复经营的报告。

对我们劳动者来说，这是一次很好的机会，使我们终于能自己组织自己，并将我们近年来通过辛勤的和坚韧不拔的研究所获得的成果付诸实施。

现已拨出一个地方，交给市政工程部的同业工会使用。为了能经常和劳动与交换委员会取得联系，机械师工会请所有的同业工会在最短期间派出代表，参加这项工作。

德拉阿耶

代工会代表团签发

巴　黎　公　社

1871 年 4 月 27 日会议

主席　公民茹·阿利克斯

助理　公民韦济尼埃和茹・瓦莱斯

主席宣读库尔贝公民提出的下列质询：

“在凡尔赛政府于本月 10 日或 12 日给各省省长的通知中，梯也尔先生宣称反对巴黎的斗争将像过去美国北方反对南方的斗争那样，不惜一切牺牲，激烈地继续进行下去。

撇开这不恰当的比喻不谈（因为在我们这里，巴黎是为自由和人权而战斗），我注意到梯也尔先生在将我们比作南方的联邦派时，没想到我们有交战者的权利。

他显然没有想到，因为维努亚没有得到他的命令就枪杀了杜瓦尔。根据各国的法律，根据国际公法，根据过去内战的先例，在任何时候都要承认这样一个政党有权拿起武器来战斗：它按照军队的形式组织起来，本着善良的愿望，为国家，为公众的权利而战斗。一个政党已强大到能在军事上组织起来，能下达有效的命令，它就是事实上的交战者。公民们请注意：我们不只是打了一个月的仗，而是自 9 月 4 日以来，一直在战斗。

现在是欧洲各国承认我们权利的时候了。巴・格鲁塞公民早就应该要求各国人民正式承认我们作为交战者的权利。我向对外关系委员会特别提出的，就是这个压倒一切的重要问题。”

吉・库尔贝

又：“我们在思想上和军事上反对凡尔赛政府的斗争已进行了 101 天多了。”

列奥・梅叶公民以对外关系委员会委员的身份回答说：几天前他荣幸地接见了厄瓜多尔共和国公使和南美洲其他几个国家的使节。他从可靠的消息得知，有人向凡尔赛政府进行活动，让该政府承认我们是交战者。

主席宣读田园圣母院教堂俱乐部送来的一份请愿书，在请愿书上说，雅·杜朗公民要求关闭这个教堂，并把俱乐部迁到巴黎国立工艺博物馆。公民安·阿尔诺回答说，开放俱乐部是第三区区政府的命令。这个措施只是在神甫放弃这个教堂以后才采取的。区政府认为区里有必要有个会场，召开一些公开的会议。

在公民勒德鲁瓦、弗·昂利、比约雷和布朗舍对此事提出了其他一些意见后，会议按议事日程讨论其他问题。

梅叶公民提出如下的决定草案：

“巴黎公社，

鉴于位于意大利街76号（第十三区）的布莱阿教堂对六月战败者以及为人民事业而牺牲的人是一永久性的侮辱，

特决定：

第一条　拆毁布莱阿教堂；

第二条　教堂遗址命名为六月广场；

第三条　本决定由第十三区区政府负责执行。”

公民韦济尼埃认为为公平起见，既要照顾受害者，又要顾及屠杀者，因此提出以下修改意见：

“公社宣布：在处决叛徒布莱阿后，公社将赦免在卡宴囚禁了二十二年的努里公民。公社将尽快释放他。”

这个决定草案遭到安·阿尔诺和让-巴·克雷芒的反对，但得到若昂纳尔公民的支持。提付表决，被通过。

公社在有些人对韦济尼埃公民的修改意见提出几点看法后，决定予以考虑。

米奥公民以教育委员会委员的身份，宣读了以下建议：

“鉴于医学院的负责人擅离职守，致使医学院的学生在通过了五次博士学位的考试后，无法递交他们的博士论文；

鉴于连续几次考试及格，就足以获得合格的头衔；

公社，

决　定：

准许通过了五次博士学位考试的医学院学生，在出示了学校秘书处的证书后，以医生的身份行医。

如果要对论文进行答辩，给予一年的期限。”

大家发言讨论这个问题；但茹尔·瓦莱斯公民认为没有必要将此案提交公社讨论。

普罗托公民支持茹尔·瓦莱斯公民的意见。并补充说：通过了考试的学生，完全可以以医学博士的身份在巴黎行医一年，无需批准。

米奥特公民回答说，这样做，仅仅是允许他们行医，但最好是对他们有这个资格给以保证。

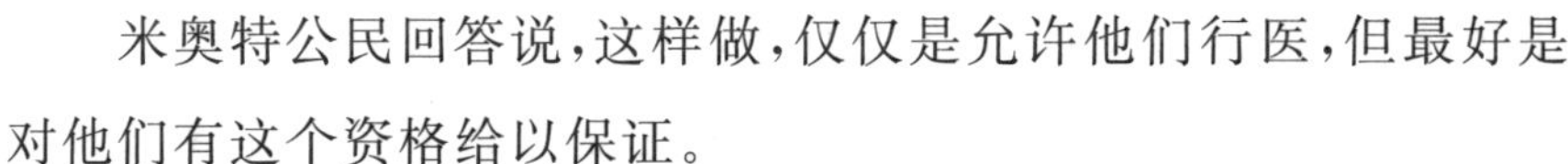

比约雷公民的意见和茹·瓦莱斯及普罗托一样；他认为可以把米奥的提案形成医学院内部的一项规定。

茹·瓦莱斯和普罗托进行了最后的答辩。他俩要求在行医自由这个严肃的问题上，不应有丝毫成见。之后，公社决定将此提案送回教育委员会。

韦济尼埃公民以调查委员会的名义宣读了以下的报告：

“公民朗之万、冈邦、韦济尼埃被委派到比赛特调查有关国民自卫军步兵第一百八十五营的四位国民自卫军战士的事件；他们在公社检察官拉·里果公民及费雷与列奥·梅叶公民的陪同下到了比赛特收容所。在那儿,他们访问了第十三区所属第一百八十五营的国民自卫军谢费尔公民。胸部严重受伤的谢费尔公民躺在床上。在治疗他的医生表示病人可以回答人们向他提出的问题后,冈邦和韦济尼埃公民就询问了他。病人声称4月25日在维勒朱伊弗附近的拜勒埃比纳,他和他的三个同伴受到了要他们投降的一些轻骑兵的突然袭击。由于他们无法对包围他们的部队作有效的反抗,所以就将武器扔在地上投降了。士兵们包围着他们,他们成了俘虏。但这些士兵既未对他们施暴,也未对他们进行任何威胁。他们被俘后,过了一些时候,一位轻骑兵上尉骑着马,手中握着枪,猛然向他们冲过来,一句话未说就向他们中的一人开枪,此人直挺挺地倒下死了。他又以同样的方式向谢费尔战士射击。谢费尔当胸中了一颗子弹,倒在了他的同伴的身旁。

其他两位战士看到这无耻的行为后吓得往后退,但这位凶残的上尉向这两位俘虏冲过去,连开两枪,杀害了他们。

上述残酷、卑鄙的行为完结后,轻骑兵们就和他们的头头一起离开了,留下他们的受害者躺在地上。

当他们走后,受害者之一的谢费尔公民站了起来,以一种非凡的努力,终于回到了离他有一段距离的营部,在那儿,人们终于认出了他。

两个被害的国民自卫军仍然留在现场,还无法找回来。

第四位国民自卫军的尸体在这位不幸的战士公民所能爬到的地方,即离被屠杀现场不远的地方找到了。

国民自卫军战士谢费尔的状况相对还算令人满意,虽然他的伤势严重，但不是致命的。他的情况没有丝毫危险。医生保证能挽救他。他年轻的妻子刚分娩不到十天。

1871 年 4 月 27 日

公社社员

斐迪南·冈邦、比·韦济尼埃、卡·朗之万”

韦济尼埃公民：公民们，请允许我再补充报告里没有提到的一些情况，并由此得出结论：

谢费尔公民属外籍血统。他的伤势虽然很严重，但并非绝望。医生甚至同意可以将他送回他自己的区里。从他向我叙述的有关这次谋杀的准确情况中，我的结论是：只有那个军官有罪，只有他是当场处死我们战士的刽子手。凡尔赛的士兵不但没向俘虏开枪，而且他们的态度也证明他们对他们头头的血腥的可耻行为感到愤怒。

公民们，如果我们要进行报复的活，打击头头，打击军官吧！只有他们才是我们的敌人。凡尔赛士兵的心不坏，他们巴不得停止战斗。所以，当他们向我们投降时，我们要宽容他们，别把他们推向彻底地反对我们的人那一边。

瓦莱斯公民：我完全同意这个意见。

朗之万公民：根据指挥这几位国民自卫军战士的上尉对我们所作的叙述，这四名国民自卫军战士被包围的情况如下：一些干活儿的人在维勒朱伊弗前方砍树，有十来名狙击兵在保卫他们。为了加强这支队伍，又派去了 40 多名国民自卫军。他们也以狙击兵的形式展开。突然，他们看见自己的右边和左边出现了两个骑兵连从侧翼袭击他们。因为他们人不多，就吹集合号，但有五个人不离开原位。根据军官们的说法，只有一个人可能直挺挺地倒下了；第二个可能在倒下前走了几步，就是人们找到了尸体，并要做尸检的那位；第三位一星期前做了凡尔赛的俘虏，然后又平安地逃了回来；第四位是谢费尔，最后是第五位受了伤，可能被俘带走了。

韦济尼埃公民：根据谢费尔公民的报告，五人中没有一个被抓为俘虏。

在比约雷、瓦莱斯、西卡尔和冈邦四位公民提出几条意见之后，会议决定对报告进行补充，写进五名国民自卫军战士的姓名，如可能的话，杀害他们的凶手的部队番号也一并写上，然后张贴出去。

库尔贝公民要求实施公社关于拆除旺多姆圆柱的决定。或许可以保存这座纪念物的底座，因为它的浅浮雕表现的是共和国的历史，至于帝国时期建的圆柱，可以由一座代表3月18日革命的神像所替代。

让－巴·克雷芒公民坚持要求完全彻底地砸毁这个圆柱。

安德里约公民说由执行委员会负责执行这一决定。

旺多姆广场圆柱将在几天之后拆除。

冈邦公民要求增派库尔贝公民与负责此项工程的几位公民一起工作。

格鲁赛公民答称，执行委员会已将此项工程委托给了两位功绩卓著的工程师，他们对此负全部责任。

宣读了以下几项法律草案：

国民自卫军中的几名前旧军队的士兵，为了吸引凡尔赛士兵投奔我方，请求公社颁布法令：

“所有旧军队的士兵均享有退休权。

布朗舍”

“根据1871年4月6日公社决定的第3条，公社决定：

第一条　选举名单将于5月25日复核。

第二条　复核完毕，立即公布。

第三条　自3月18日以后离开巴黎的20至40岁的人，以及拒绝在国民自卫军中服役的40至60岁的人，其姓名将从选举名单中勾销。

第四条　本法令，由各区政府负责执行。

德雷尔”

“第一条　凡3月18日以后离开巴黎的19至40岁的人，每天处以5至50法郎的罚款。

第二条　各区军事委员会负责进行调查，并执行本法令。

德雷尔”

西卡尔公民提议将安德里约提案的第三条，即要求公社委员会每周只开三次会一事，付诸表决。

这个提案被否决。

会议于6时零5分结束。

会议秘书

安·阿尔诺、阿木鲁

两位秘书提醒公社各位委员，今日(星期五)2时正召开的会议的日程如下：

1.继续讨论当铺问题；

2.组织法草案；

3.讨论莫蒂埃提案；

4.讨论有关逃跑分子的法令及有关选举的法令。

国外新闻

德　国

德国帝国国会就几项要求1848年宪法重新生效的提案进行了研究。负责审查这些提案的委员会决定：在未得到新的指示之前，有关这个问题的会议，一律延期举行。

波兰籍议员谢绝参加柏林市定于5月3日为威廉国王和德国军队组织的欢迎会。他们在就此问题集体写的一封长信中说，他们不愿意由于外来的因素而把一个不和谐的声音引入一个专门是德国人的盛会。他们抱怨说，德国不愿用同样的方式对待波兰。

——德国的纹章将有所改动：日耳曼帝国的鹰的样子将重新制作；过去的双头鹰今后变为单头鹰，因为普鲁士鹰只有一个头，而今在德国，一切都是普鲁士的。纹章中的这只飞鸟将展开双翅，胸上有第二只鹰，也就是普鲁士鹰，普鲁士鹰胸上又有一只鹰，这第三只是霍亨索伦家族的鹰。

奥　地　利

在众议院，一项提案要求将政府有关代表选举的通告转送一个委员会进行审议，因为11月选出的代表的权责是否延续还是个疑问。

另一项由74位议员提交的提案要求就增加议员人数及由民众直接选举制定几项法律草案。

《电讯报》对巴黎每日因遭炮轰而受的损失表示同情，如炮轰私人住宅，其中收藏着房主收集的艺术珍品；炮轰凯旋门，这座法国历史上最辉煌时期之一的宏伟建筑正一块一块地崩塌；还有那个摆放在泪流满面的父亲面前，被截成两段的棺材和童尸，等等。

《电讯报》写道，在战时，尤其是在内战时，轰炸比犯罪更恶劣，无论从道义上讲，还是从实践意义上讲都是如此。如果是为了追求迅速战胜对方，用军事方面的道理解释这种严酷的行为还可以说得通。但是，当这种行为的目的只是以一部分人的苦难换来大众的屈服，则这种行为便是一种野蛮的残暴行为。

俄　国

在德国，众所周知，俄国皇太子远不如他父亲那样对普鲁士怀有好感。他是“神圣俄罗斯”莫斯科党的首领。这个党曾经通过法捷耶夫将军之笔向世界发表了它的奇特的纲领；它还为捷克领袖里耶格先生和帕拉茨基先生举行过人们至今未忘的那次著名的招待会。为使柏林对他的敌意不存任何疑问，这位沙皇太子禁止他周围所有的人讲德语，只要讲一句德国话，就科以25卢布的罚款。据传，最近沙皇曾到他的住宅，正值宾客满堂。沙皇一进去，便加重语气用德语向众人道一声“晚安”，接着便坐下来，继续用德语会话，历时两小时，而且只同讲德语的人对话。最后，他起身告辞，用德语说“夜安”。突然他立定在大厅中央：“请各位包涵，我才想起来，此处禁止说德语，我应受罚，请收下这25个卢布。”他把一张钞票交给一位高级官员，并命令向所有同他对过话的人收取同样数量的罚金。我不敢肯定这个故事是否真实，但这个故事反正很有趣。

德国议会

4月24日会议

俾斯麦先生在德国议会4月24日的会议上就因战争的特殊需要而借款的问题发表了讲话；以下是电报传来的讲话概要：

上次会议我未能出席，因此，我现在冒昧就向我提出的几个问题做些解释。

在达成和约预备性条文时，盟国政府曾期望协议能付诸实行，并由最后的和约给以确认，在这两方面将不会遇到重大的障碍；因此盟国政府在此以前以为无需在本届会议上提出新的财政要求。

据我所知，在巴黎动乱暴发之前的一般时间，法国政府曾采取措施，打算在短期内先交付头一笔数十亿法郎的赔款，以减轻占领军的负担。但单交第一笔5亿法郎的赔款，还不足以导致占领军撤出巴黎各要塞。（注意听！注意听！）还须履行另一项条款，即签订最后和约，占领军才能撤退。

但是，为在近期内达成最后和约而施加的压力，目前尚未为对方所感到。我不能说布鲁塞尔谈判的进展有我所期待的那样快。

相反，我不能不认为法国政府十分希望过一段时期以后，它的权力可以更加巩固，具备签约的其他条件。

释放关在我国的数量很大的俘虏，可能构成危及事态和平进展的另一个威胁。

梯也尔先生曾经建议把这些俘虏组建成一支军队，安置在卢瓦尔河以南的地区，直到批准最后和约；但是，由于巴黎所处的特殊情况，想采取一个折中办法，让4万法国军人留在巴黎维持秩序。在凡尔赛集结一支军队是不能接受的。然而，既然法国政府为了平息巴黎的动乱需要在罗亚尔河以北集结更多的军队，那么我们不反对违反条款，在凡尔赛集合一支军队。不言而喻，我们关于释放俘虏的义务因此而终止，换句话说，我们保留权利，由我们决定用什么方法履行这个义务。

很不幸，目前的形势导致我们更多的财政支出。法国的事态迫使我们在那里留下更多的军事力量。这并非我们在签订预备性条文时的本意。

如果我们要完全保持我们行动的自由，我们就必须保持强大，足以对付任何军事行动的需要，无论什么样的军事行动都可实施。

这种情势的确造成了极其繁重的财政负担。由于法国政府至今无力交付条款规定的维持我军给养的赔款，这种财政负担就更大了。本应于3月和4月交付的赔款没有交付。不过，我们已得到保证，所有的拖欠款将于本月25日付清，到5月1日当日到期的赔款将全数交付。

我们深信，只要可能，法国政府是会遵守诺言的。再说，如果它缺少金属货币，我们可以接受纸币印刷厂的产品。这类印刷厂

一向是那样地慷慨。(哄堂大笑)

有可能(本议会也承认有这种可能)通过我们的干涉结束法国目前的事态。但是我还不能下决心向皇帝陛下建议这个办法。(欢呼)我担心不是出自别人的请求而进行的干涉,会在这种情况下引起各方面对我们的非难。而且,我不想自作主张,背离陛下在登基演说中明确表明的原则,即不干涉他国事务的原则,即使我们自己的财政利益似乎允许我们这样做。

因此,我主张我们暂时坚持这个不干涉原则。我一向认为只有公众舆论其实还有议会的大多数赞成我这个意见。至于要我们做出保证,在任何情况下都不进行干涉,我认为这不合适。无论怎样说,我们都要保留保卫我们自身利益的权利和义务,一旦受到威胁,我们就要保卫它们。(热烈鼓掌)

在俾斯麦先生发表讲话的同一次会议上,有一位替公社辩护的人从会场左边的座位上站了起来。

莱比锡议员贝贝尔发言如下:

先生们,我深信,如果首相先生不是处在他的政策所造成的困境中,他是不需要发表那样的声明的。回顾以往的各种事件,我希望你们相信,我们早已预料到了所发生的一切。当战争于7月爆发时,我们国家没有一个人想过要否认拿破仑[1]的粗暴挑衅。但是依照我们的观点,我们不能赞成使这种挑衅成为可能的制度。

民主党保持了中立。然而,先生们,我要直言,我们对几星期

① 指拿破仑第三。——译者

后发生的帝国的崩溃[①]，是感到由衷的高兴的。因为我们希望这一事例不久以后会在各邻国产生影响。因此，我们要求缔结和约，我国一方面放弃任何领土兼并的企图，另一方面强使法国支付一笔战争赔款，并在必要时，遣散军队。当时，法国的谈判代表原则上是接受了这些条件的。只是领土兼并这一条导致了战争的延续。因此，我断言，德国本来可以在去年 9 月获取的条件，比今年 3 月得到的条件要好得多。

我认为，今天德国的形势本来可以更为繁荣，未来的安全更有保障。先生们，不可否认，德国取得的最初胜利的巨大影响，尤其是精神方面的影响，由于德国不得不和法兰西共和国打半年仗而大大削弱了。先生们，请想一想这后一阶段在人力的牺牲，请想一想那严寒的天气和长期的围城及各种事务普遍地停滞不前，你们就会承认，50 亿的赔款同所受的损失相比，远不如去年 9 月要求的 20 亿赔款合算。

有人对我说，我们得到了相等于这个价值的东西：我们兼并了洛林和阿尔萨斯。我明确地提出异议，这不是一种补偿，兼并的好处不能抵消战争中的牺牲。后者是无法弥补的，更不用说从我所遵循的反对任何暴力兼并的原则来看这个问题了。

发言人接着详细分析了法国内部的形势。他说：面对着资产阶级和无产阶级之间的鸿沟，以及无产阶级从 6 月份以后所取得的巨大进步，蓝色共和国绝对不可能在法国存在了。于是，人们思忖奥尔良分子会不会卷土重来，或者，几个月前被赶下台的那个戴

① 指拿破仑第三的帝国。——译者

皇冠的无赖拿破仑会不会重新登位。

一个王朝复辟会导致什么后果呢？后果是：所有的大城市需要实行几年戒严。这是恢复法国的繁荣，促使她及早履行其保证的办法吗？肯定不是的。

我们将不得不在法国领土上永久保持我们的占领军，这个代价极其昂贵。先生们，据我看，这就是没有在适当的时候采取克制态度的政策造成的后果。

我们的自称是自由主义的新闻界支持了这一政策，把对法国的战争说成是一场民族战争。还是这个新闻界，今天又破口大骂巴黎公社，指责她打内战。这是污蔑，公社一向采取克制的姿态。

你们今天尽管取笑我的发言好了。总有一天你们会明白我的话是对的。

到那时请不要怪罪事实，而要怪罪你们自己缺乏远见。

（接着讨论的，纯属财政问题。众所周知，借款问题，被表决通过。）

郊区各市镇近300名工作人员组成的大会于上星期六投票通过了一份请愿书。以下是这份请愿书的原文及受命呈递这份请愿书的代表名单。

塞纳省各郊区市镇的市长、副市长和议员，对当前的内战深感痛心，要求双方停火。

会议认为，所有的市镇均应完全享有市政特权，市长和副市长由议会选举产生，并在法国最终建立共和国。

会议认为，为了停止敌对行为，双方均不得对对方搞侵袭和炮击。

会议特别要求双方不要有报复行为。

指定以下代表递交本请愿书：

雅盖 ………………………………………………… 里拉镇

米诺 ………………………………………………… 万森镇

库尔丹 …………………………………………… 茹安维尔镇

鲁热德里尔 …………………………………… 圣芒戴镇

热内伏瓦 ………………………………………… 罗曼维尔镇

勒戴里耶 ………………………………………… 蒙特勒伊镇

勒布朗盖 …………………………………………… 旺夫镇

普鲁东 ……………………………………………… 伊夫里镇

勒麦特尔 ………………………………………… 圣莫里斯镇

《人民之友报》在今天(4 月 27 日)发表了一份极其重要的文件，我们及时予以转载。该文件是佛罗伦萨民主协会致巴黎公社公民们的一份祝词。

意大利民主党人祝词如下：

今天在巴黎城下展开的这场英勇的斗争，令我们激动不已。由你们指挥的这场战斗，是为了夺取 89 年大革命[①]必然而肯定的胜利。我们是世界民主运动中你们的兄弟。我们从阿尔诺河边向你们致意并祝愿你们胜利。巴黎的英勇战斗，把被色当的投降分子的同伙所损害的法国的荣誉，挽回了一大部分。巴黎——当今

① 指 1789 年法国大革命。——译者

的斯巴达克——向地球上享有特权者的利己主义展开伟大的自由之战，使人人摆脱无产者的地位，摆脱这个19世纪的奴役制。

欧洲和全世界可以一言不发地静观这一场伟大的战斗，看现代各民族高尚的斗士为那些至今受着残暴压迫的各国人民的解放抛洒着滴滴鲜血。但是，作为你们在世界民主运动中的兄弟，我们的态度却完全不同。

无论你们是胜利还是失败，你们的旗帜都不愧是未来的光荣的旗帜，我们，即使不是我们，我们的子孙也将继承你们的血和这块血染的土地，把它抛上天空，高呼：我们的时代必将到来！

米盖尔·德·朗多——那位穷苦的平民在齐昂庇人革命中让人们看到了一位人民之子的心灵是多么伟大而崇高，他因“犯有”想让人民分享属于贪婪的资产阶级特有的社会权利和政治权利之“罪”而遭流放；资产阶级最终把祖国置于梅迪奇斯家族的奴役之下，而米盖尔·德·朗多诞生的城市得知你们起义的消息后不能不兴奋和激动，不能不祝愿你们胜利，因为，请你们相信，在这个世纪里，社会正义的时刻终于来到了。

我们听到你们的敌人在讥笑你们，称你们为无能的人或无名之辈。唉！那他们又是什么人呢？他们是卑鄙的懦夫，是在色当的投降分子面前阿谀奉承的小人，是梯也尔、卡德里诺和夏来特之流的人，他们曾经吻过那位至今还被戏称为伽利略的“愚昧”信徒的不肖后代的拖鞋。

但是，法兰西会承认你们和你们的原则的。不论你们将来胜负如何，社会赎买原则不久必将成为现代社会的调节器。我们这些无学识的人，我们声明：从现在起就准备好为这个原则牺牲财富、生命和一切。

争取国际民主社会。

委员会

路易·卡斯戴拉左、安东尼·里奇奥、阿道尔夫·布鲁尼卡尔迪、弗朗索瓦·彼奇尼、安德烈·贾奈利、安东尼·马尔蒂那蒂

1871年4月14日，于佛罗伦萨

杂　　闻

第十七区社会革命俱乐部一致赞同莫里哀厅宣言，认为这个宣言内容真实，用词温和而准确。它认为巴黎的公民们应当用一切办法把这个宣言传播到外省，并号召法国的兄弟们起来战斗，痛斥那个靠武力、谎言和犯罪行为在凡尔赛执政和统治的无耻之徒。

同那些支持这个宣言的各俱乐部和团体一样，我们唯一关心的是：

共和国的存在，

公社的存在，

和法国的得救。

本会主席及助理

埃·色万、西蒙·克莱贝尔

巴黎的小学和公共救济所，以往一直是人手不够，今天可以增

加了。凡曾向这些机构求职尚未补上缺者，请再次到市政厅来联系。

凡愿做这项工作而尚未提出申请者，请向设在市政厅的教育委员会秘书处提出申请。

邀请现时在巴黎的贝尔福城及其毗邻区乡的公民们参加本月29日（星期六）晚8时在塞瓦斯托波尔大街6号"世界"咖啡厅召开的会议。

会议的议题：国家的利益。

巴黎权利共和联合同盟，向入盟时自动捐资的公民们表示感谢；现通知入盟者，请将自愿捐助的总务费送到贝朗热街3号本盟会址。

在拿到交款收据的同时，每一位入盟者将收到一张卡片，凭此卡可以进入委员会召集的大会的会场，听取委员会汇报同盟的各项工作以及它所掌握的资金的用法。

请手中持有入盟申请表的公民们及早将申请表寄往贝朗热街3号本盟会址。

因机械师工会忘记说明机械师工会全体会议开会的时间，现通知开会时间为4月30日（星期日）下午1时，地点在拉乌尔巷（女子学校）。

日程：听取调查与劳动组织委员会代表们的汇报。

在沙特莱聚会的共济会会员们决定向巴黎所有的共济会支部发出号召:于星期六上午 9 时打着会旗在卢浮宫庭院集会。

讣　告

我们获悉:摩泽尔省 1848 年的人民代表古斯塔夫·罗朗先生已经逝世。他短期患病后死于凡尔赛,享年 62 岁。

都灵消息:波丽娜·维雅尔多夫人不幸逝世。她本名加尔西亚,是玛丽勃兰的妹妹,曾在麦耶比尔的歌剧《先知》中扮演菲代斯。

她继承了大歌剧的风格,如今,这种风格只剩下一些可怜的残余了。维雅尔多夫人给所有爱好艺术美的公众留下了永不磨灭的记忆。

这位抒情悲剧的名演员享年仅 53 岁。

食 品 供 应

巴黎公社密切注意到食品问题在当前形势下的意义,因此,决定把食品供应的领导工作纳入公社行政机构的一个重要部门。

一个专门委员会此时正在集中储备各种产品与食物。我们可以说,储存的东西是相当可观的,尽管旧政府想方设法把相对的丰年搞成了荒年。

各省的贸易,过去受战乱之苦,如今又受外国入侵之苦;现在,

由于凡尔赛政府设置的重重障碍，外省与巴黎的贸易更是令人叫苦不迭，难以进行了。

切断一切通讯联系，这是至今任何一个政府不曾敢干的事，它使外省居民比巴黎居民更为恐慌不安，因为巴黎没有忘记它目前斗争的事业，它只有一个念头：脱离把法国拖入她今天所处的灾难性状态中的政府，而自己管理自己。

总之，由于巴黎的商业实力相当强，至少是在食品供应方面，因此还顶得住中断通讯所带来的困难。甚至可以说，在这一方面，这座商业城市的活动没有削弱，一直供大于求，不要忘记，一方面巴黎需要购买，另一方面它的产品亟须销售。

以下是当前主要食品的状况与价格。

面粉：目前不缺，今后相当长时间内也不会缺。甚至由于手中有面粉的人想卖而发生出售困难。用 87 到 88 法郎可以买到一袋（159 公斤）上等面粉，用后还回口袋。

北部地区普通面粉每 159 公斤售价 85 到 86 法郎。

外国面粉，即英国面粉，每 100 公斤售价 49 到 51 法郎；美国面粉每 100 公斤 47 到 48 法郎。

蔬菜：从街上人行道上小商贩的摊位来判断，蔬菜还算充足。从零售价可以了解到蔬菜的批发价。四季豆每公斤售价 40 到 60 生丁，而在菜市场，每 100 公斤售价 25 到 35 法郎。

土豆的价格也差不多。街摊按堆卖的土豆，每 10 公斤售价 1 法郎到 1 法郎 50 生丁。在菜市场，根据不同的质量，每 100 公斤售价 9 到 12 法郎。

肉类：拉维莱特菜市场不如人们预料的那样充裕，所以肉价有所上涨。叫卖菜市上屠宰出售的肉进的不多，过去这种肉是从临近省份运来充实菜市的。

鲜猪肉也日渐减少。不过，腌肥肉、火腿在街上、市场，以及熟肉铺和食品杂货店中均有出售。售价每半公斤在 1 法郎 20 生丁到 1 法郎 70 生丁之间。

酒类：酒的买卖货源不断。埃洛、波尔德莱和勃艮第的酒，每 100 升售价 30 到 35 法郎。

烈酒：甜菜 3/6 烈酒每 100 升售价 80 法郎。市场平稳，签订了协议的诺尔烧酒厂供应了一定数量的烈酒。

糖：交易数量不大，售价未变。

8 号糖每 100 公斤 64 法郎，3 号糖每 100 公斤 76 法郎。库房存货与日俱增，1871 年 4 月 25 日达到 64 436 公担。

这是指弗朗德勒街糖库房的糖而言。

精糖价仍保持在每 100 公斤 137 到 141 法郎。

食油：生意不旺。菜子油的标价纯属有名无实。购进供精炼的天然油每 100 公斤 115 法郎，精炼油每 100 公斤售价 125 到 126 法郎，亚麻子油每 100 公斤 97 法郎。

据估计，菜子油存货达 1 300 万到 1 400 万公斤。有这么多存货，就可一直用到来年了，而来年如果获得丰收，油价还要看跌。

1871年4月29日　星期六

要　　目

正式公报。——关于禁止扣发工资与薪水的决定。——关于面包房夜班劳动的决定。——关于设立一个教育组织委员会的决定。——关于免去国家图书馆馆长职务的决定。——撤销总后勤部。——关于国民自卫军中军衔的决定。——巴黎防卫力量的部署。——陆军部军医任命名单。——执达员任命名单。——归还财政部的款项。

非正式公报。——战报。——第三、第九和第十区区政府的通知和决定。——给难民的通知。——四名俘虏被杀害。——公社会议。——国外新闻。——外国报纸评论梯也尔。——杂闻。——讣告。

正　式　公　报

1871年4月28日，巴黎

执行委员会，

鉴于有些行政部门采取罚款或扣除工资或薪水的办法；

而罚款的理由，往往都是一些微不足道的事情，结果给职员和工人造成重大的损失；

从法律上看，此种罚款和扣薪的办法，毫无依据；

事实上，这类罚款等于是变相地降低工资，只对那些强行此类罚款的人有利；

没有任何一个正式的司法部门主张采取这类从内容到形式都是不道德的惩罚。

根据劳动、工业和交换委员会的提议，

决　定：

第一条　任何一个私人或政府的行政部门都不得对职员和工人实行罚款或扣发工资，原定的工资应如数全部发给他们。

第二条　任何违反本决定的行为，将送交法庭，提出起诉。

第三条　3 月 18 日以后，以惩罚为由，所处的罚款及扣发的工资，应在本决定公布之日起，15 日内退还给本人。

执行委员会

茹尔·安德里约、克吕泽烈、列奥·弗兰克尔、巴斯噶尔·格鲁塞、儒尔德、普罗托、瓦扬、维阿尔

1871 年 4 月 27 日，于巴黎

执行委员会，

为执行关于面包房夜班劳动的决定，

与各面包商、老板及工人协商后，

决　定：

第一条　自 5 月 3 日(星期三)起禁止面包房夜班劳动。

第二条　上班时间不得早于上午 5 时。

第三条　本决定，由驻公共服务部代表负责执行。

执行委员会

茹尔·安德里约、克吕泽烈、库尔奈、

列奥·弗兰克尔、巴斯噶尔·格鲁塞、儒尔德、普罗托、瓦扬、维阿尔

1871 年 4 月 28 日，于巴黎

考虑到有必要在最短期内在巴黎各区推行统一的初等教育和职业教育；

考虑到急需在所有尚未把宗教教育转化为世俗教育的地方加快这一工作；

为帮助教育委员会进行此项工作，

公社驻教育部代表，

决　定：

第一，设立一个委员会，定名为教育组织委员会；

第二，此委员会由安德雷公民、达各斯塔公民、马尼埃公民、巴马公民、桑格利埃公民组成。

爱·瓦扬

1871 年 4 月 28 日，于巴黎

公社驻教育部代表，

决　定：

免去万桑公民的国家图书馆馆长职务。

爱·瓦扬

1871 年 4 月 27 日，于巴黎

万桑公民原被当时的驻内政部代表库尔奈公民任命为国家图书馆馆长；现由库尔奈公民提议免去万桑公民的职务。

总后勤部于5月1日撤销，今后，由

一名军饷处总发饷官，

一名粮食处面包厂厂长，

一名军服长官，

一名营房长官，

一名军床长官，

一名医院长官，

一名军需品长官，

分担该部的工作；

并由一名总监察员督促命令的迅速执行；

由一个核查委员会核查所有的账目。

驻陆军部代表

克吕泽烈

1871年4月28日，于巴黎

驻陆军部代表，

鉴于军衔的自由变动将破坏国民自卫军的纪律和编制，因此，

决　定：

凡正式选出的军官，将持有团首长发的委任书。

委任书将注明此证是对选举记录进行核查之后发给。

上尉及上尉以上的军官的委任书，由驻陆军部代表签发。

一旦持有委任书，则只有经过审判或驻陆军部代表发布的特别命令，才会失去其军衔。

凡戴军官标志而不持其委任书者，将立即被捕入狱，无论其先前是经选举或经其他方式当军官的。

驻陆军部代表

克吕泽烈

1871年4月28日，于巴黎

巴黎公社的防卫力量将部署如下：

外部防卫交给作战部队。

内部防务由常驻国民自卫军负责。

承担外部防卫的军事力量将分为两大军区。

第一军区分布于圣·乌安到普安·迪·如尔之间，由东布罗夫斯基将军指挥。

第二军区分布于普安·迪·如尔到贝尔西之间，由弗洛勃列斯基将军指挥。

每一个军区下属三个分区，

第一军区第一分区包括圣·乌安和克里希，直至阿斯涅尔公路；

第二分区包括勒瓦卢阿－佩雷和纳伊，直到多菲娜门；

第三分区包括拉穆埃特，直至普安·迪·如尔。

第二军区第一分区包括伊西要塞和旺夫要塞；

第二分区包括蒙鲁日要塞和比塞特要塞；

第三分区包括伊夫里要塞以及维尔如伊夫至塞纳河之间的地带。

第一军区司令部将设在拉穆埃特古堡，第二军区司令部将设在让第伊。

所有有关军务的报告，需经军区指挥转交驻陆军部代表。直接送交的报告，将不被考虑。

各位军区指挥需立即建立各自的司令部、常设军事法庭和宪兵队。

驻陆军部代表

克吕泽烈

1871 年 4 月 28 日，于巴黎

陆　军　部

驻陆军部代表决定任命事项如下：

1871 年 4 月 28 日

任命库里耶(非力蒲)公民为第八十三营外科军医。

任命夏其诺(路易)公民为第二十一营外科军医。

任命约阿耶公民为第一百二十九营外科军医。

任命拉瓦布勒(非克斯)医生为第一百五十八营外科医生。

任命马丁・迪迪埃公民为第一百六十六营外科军医。

任命白斯医生为第一百零九营军医。

任命富来斯医生为第一百五十二营军医。

任命拉瓦布勒(费迪南)医生为第六十一营军医。

任命拉非隆医生为第六十一营军医。

任命贝尔纳公民为第一百六十九营助理军医。

任命巴尔莫公民为第二十一营助理军医。

任命迪克罗公民为第二百二十九营助理军医。

任命古贝尔（艾利）公民为第七营助理军医。

第二百一十七营外科医生赫尔兹费尔德医生调任第一百八十九营外科医生。

团外科主任医师具有少校军衔；在医务方面，他只接受军外科主任医师的命令。

军事委员会

军事委员会提醒各位团长，必须每天早上派遣其参谋长于九时正，到达圣多米尼克－圣热尔曼大街 86 号汇报室，并随身带着一份与委员会采用的样式相一致的情况报告，报告各团的人员、武器装备、服装供应及各种需要。

任何未经上述报告途径而提出的用品或武器的需要，均被视为无效。

军事委员会

阿尔诺、阿夫里阿尔、德勒克吕兹、郎维耶、古·特里东

1871 年 4 月 28 日，于巴黎

有一种弊端，将使公社付出巨大的代价，这种弊端应当扫除。某些军官竞相设法谋得武器和晋升。之后，有些武器和装备一旦被他们的部下抛弃，他们就随身带走。

各团团长及各营营长应负责将属于本团、本营的财产收回，送交中央军需库。

军事委员会

阿尔诺、阿夫里阿尔、德勒克吕兹、

郎维耶、古·特里东

1871 年 4 月 28 日，于巴黎

贝热瑞公民被委派为驻军事委员会代表，作为德勒克吕兹公民的助理。

公社委员兼驻司法部代表，

决　定：

任命以下公民为巴黎的执达员：

布丹（茹尔）

敖东（埃米尔－费尔迪南）

马勒（夏尔）

里士（让－马力）

克卢乍（让－巴蒂斯蒂）

格兰（艾德华）

阿维（路易）

公社委员兼驻司法部代表

欧仁·普罗托

1871 年 4 月 28 日，于巴黎

公共援助局局长，

决　定：

任命巴耶(吕庇散-里奥波尔)公民为主宫医院院长,接替被解职的勃勒来公民的职务。

局长

特亚尔

1871年4月28日,于巴黎

财　政　部

国民自卫军发饷员归还财政部的款项

区	营	连	摘要	数目		合计	
			4月17日	法郎	生丁	法郎	生丁
18	32		…………………………			400	50
13	42	1	驻军……………………	54	00		
		6	——……………………	15	00	79	50
		1	战斗部队………………	10	50		
3	54		鼓手……………………			75	00
11	66		…………………………			1 606	00
6	85		上士、鼓手、号手………			378	00
		4	…………………………			99	00
10	109		朵特沃上尉……………	22	50		
			里塞尔中尉……………	22	50		
			罗丹少尉………………	22	50		
			勒顿少尉………………	22	50	118	50
			朵特沃上尉……………	6	00		
			里塞尔中尉……………	11	25		
			罗丹少尉………………	11	25		
	110		误发……………………			1	50
5	119	9	男子……………………	420	00		
			女子……………………	138	00	740	00
		11	…………………………	182	00		

（续表）

20	135	1	…………………………	30	00		
		2	…………………………	45	00		
		4	…………………………	139	50		
		6	…………………………	49	50	624	50
		7	…………………………	46	50		
		9	…………………………	41	00		
		10	…………………………	273	00		
11	140	9	…………………………			112	50
18	142	1	…………………………	57	00		
		2	…………………………	42	00		
		3	…………………………	34	50		
		4	…………………………	15	00		
		5	…………………………	25	50	319	50
		7	…………………………	9	00		
		8	…………………………	48	00		
		9	…………………………	45	00		
		10	…………………………	43	50		
3	144	1	…………………………	148	50		
		4	…………………………	112	50		
		5	…………………………	30	00	709	00
		7	…………………………	400	00		
		11	…………………………	18	00		
	145		多收…………………………			110	00
20	159	2,	3,4,5,6,7,8,9 连……			400	00
13	177		…………………………			1 200	00
19	179	1	…………………………	61	50		
		2	…………………………	114	00		
		3	…………………………	132	00		
		4	…………………………	24	00		
		5	…………………………	52	50		
		6	…………………………	11	00	617	00
		7	…………………………	135	00		
		8	…………………………	39	00		
		9	…………………………	36	00		
		10	…………………………	12	00		
4	183	3	多收…………………………			3	00

（续表）

10	186	1	……………………………	69	50	839	50
		3	……………………………	80	00		
		5	……………………………	90	00		
		6	……………………………	300	00		
		10	……………………………	300	00		
18	189		……………………………			481	50
19	197		多收…………………………			8	00
20	218	6	……………………………			90	00
17	224	2	……………………………	25	00	410	00
		3	……………………………	25	00		
		5	……………………………	20	00		
		6	……………………………	40	00		
		7	……………………………	40	00		
		8	……………………………	60	00		
		9	……………………………	50	00		
		11	……………………………	150	00		
	244	6	……………………………			117	00
19	26		圣·乌安连 4 月 12 日			2 622	00
18	64	11	……………………………	21	00	114	00
		10	……………………………	22	50		
		8	……………………………	70	50		
20	74	4	战争部队………………			40	50
3	88		……………………………			421	50
12	93	1	战斗部队………………	24	00	428	00
		2	——…………………	50	00		
		3	——…………………	45	00		
		4	——…………………	48	00		
		2	驻军…………………	21	00		
		3	——…………………	42	00		
		4	——…………………	36	00		
		5	——…………………	48	00		
		6	——…………………	39	00		
		7	——…………………	36	00		
		8	——…………………	39	00		

（续表）

11	123		4月2日至19日 ……	141	00	1 144	00
		2	驻军…………………………	97	50		
		3	——…………………………	72	00		
		4	——…………………………	51	00		
		5	——…………………………	40	50		
		6	——…………………………	109	50		
		7	——…………………………	156	00		
		1	战斗部队………………………	259	00		
		2	——…………………………	6	00		
		3	——…………………………	11	00		
18	129	1,	2,3,4连…………………	577	50	5 093	00
		5,	6,7,8连…………………	973	00		
		9,	10,11,12连…………	942	50		
20	135		多收…………………………			395	00
2	148		会计…………………………	75	00	195	00
			鼓手与号手……………	120	00		
15	165	2	………………………………	35	00	175	00
		4	………………………………	80	00		
		7	………………………………	60	00		
18	166		………………………………			601	50
13	185	1	战斗部队………………………	30	00	100	00
		2	——…………………………	50	00		
		3	——…………………………	20	00		
		1	驻军…………………………	80	00	364	00
		2	——…………………………	79	00		
		3	——…………………………	70	00		
		5	——…………………………	55	00		
		7	——…………………………	80	00		
10	186	12	………………………………			51	00
11	195		军饷超额（4月5—15日）			400	00
19	197	5	………………………………			120	00

（续表）

20	208	1	…………………………	100	00	580	00
		2	…………………………	100	00		
		6	…………………………	150	00		
		9	…………………………	150	00		
		10	…………………………	80	00		
14	217		…………………………			1 365	00
11	219		…………………………	915	00	1 092	00
			军官（战斗连）…………	177	00		
4	254	1	战斗部队………………	126	00	202	50
		2	——………………………	136	50		

1871 年 4 月 28 日，于巴黎

会计主任

勒·吉耶姆瓦

非正式公报

1871 年 4 月 28 日，巴黎

战　　报

纳伊，4 月 27 日下午 1 时 5 分

东布罗夫斯基将军致陆军部及执行委员会

星期四早 7 时，我军前哨受到敌军猛烈的进攻。第八十营经过一番强烈的阻击后，被迫放弃一座新建成的街垒，但是敌人受到

第七十一营的侧面攻击，被迫撤退并放弃被其夺取的阵地。

我军占据了我们所有的阵地。

敌人全线撤退。已经停火。

东布罗夫斯基

陆军部致执行委员会

我视察伊西和旺夫后归来。伊西要塞保卫战打得很英勇。要塞可以说到处都是弹痕。

在旺夫要塞时，我亲临一场同凡尔赛人之间的枪战。持续了 3 个小时。默东城在烈火中。

---

4 月 28 日

这一夜，在穆里诺，我们击退了凡尔赛军两次进攻。在克拉马火车站，我们在晚 11 时受到了第一次攻击。1 时左右，战斗停止，直到早 4 时再开战火。

在阿斯涅尔，一夜平静，今早炮战相当激烈，中午 12 时左右减缓。下午 2 时，全线又开火。

我军设在贝郎热的排炮，打垮了凡尔赛人的排炮。

在纳伊，凡尔赛人在 4 时许退却，并失去了地盘。炮战没有结束。

第三区政府

向区属小学学生免费发放学习用品

我们告知本区小学学生的家长,今后一切学习必需品将由教师从区政府领取后免费发给学生。

教师不得以任何借口让学生付钱。

公社委员

安·阿尔诺、德麦、杜邦、潘迪

1871 年 4 月 18 日,于巴黎

第九区区政府

驻第九区区政府行政代表荣幸地通知国民自卫军逃避兵役者,自 5 月 1 日早 8 时起实行入室搜查,收回武器和装备,这种搜查将不间断地进行,直至武器全部收回为止。

因此,不愿冒搜查之苦的公民们,可在本期限到期之前的星期六和星期日,早 8 时至晚 8 时,自行将武器送往德鲁沃区政厅团长办公室。

将向每人开具收回武器的收据。

驻第九区区政府行政代表

巴尤－杜麦尼尔

1871 年 4 月 28 日,于巴黎

驻第九区区政府行政代表，

国民自卫军对本区一些宗教建筑物的占领，不能成为保安部门已无必要再去进行搜查的理由，因此，

决 定：

国民自卫军应在4月29日星期六当天内撤出其所占据的教堂、礼拜堂、犹太教堂。

本决定由第九团团长执行。

巴尤-杜麦尼尔

1871年4月28日，于巴黎

第 十 区 政 府

第十团外科主任医师布里盖尔医生呼吁第十区所有医生表现人道主义的感情，于本星期日在本区政厅集会，会上将通报有关国民自卫军医务与外科医务的重要情况。

同时，布里盖尔医生呼吁所有医科大学生发扬献身精神，于每日1时至4时到他设在区政厅的办公室报名。

第十团外科主任医师

布里盖尔医生

公社代表兼市政委员会主席

勒卢迪埃

1871年4月28日，于巴黎

邮递员及面粉商，请尽快到圣多米尼克-圣热尔曼大街60号

商业部，有重要事情通报。

公社委员兼驻商业部代表

维阿尔

给难民的通知

郊区市镇居民，凡被迫逃离其住所者，可到巴黎公社大楼二楼左廊 13 号打听消息或申请救济。

每天上午 10 时至下午 3 时。

对外援助　郊区市镇中央办公厅主任

沙·德沃

种过蘑菇的园丁或耕农，请将住址寄往圣米歇尔大道 60 号矿业学校内科学代表团办公室。

请公社全体委员上午 10 时集合，接待共济会成员并陪他们上城墙。

今日 4 月 29 日下午 2 时正，紧急召开公社委员会议。届时点名。

四名俘虏被杀害

本月 25 日，国民自卫军第一百八十五步兵营的四名战士在维尔如伊夫附近的贝勒－艾比那被大约 200 名轻骑兵撞见并包围。被勒令投降，他们放下了武器。轻骑兵俘虏了四名国民自卫军战士，并未采取任何暴力行为，突然跑来一名轻骑兵上尉，手持手枪。靠近俘虏时，他开枪当场打死其中之一，一名号手。他第二枪正中谢费尔公民胸膛，这位国民自卫军倒在战友身旁。这个坏蛋冲向剩下的两位自卫军，开两枪把他们打死。

四位受害者，躺倒在他脚下后，这个凶残的上尉带着他的惊魂不定的士兵离开了，抛下了被卑鄙杀害的俘虏尸体。

队伍离去后，被害者之一，谢费尔公民很艰难地爬起，并爬行到离其营队不远处，他的战友看见了他，立即跑去给他初步的治疗。

这位可怜人被送往比塞特收容所，从那儿又转移到第十三区救护站。一颗子弹射进胸膛并一直钻到肠子；不过医生认为有希望挽救其生命。他已经当了父亲，妻子刚生下第二个孩子。

他的一个难友爬离凶杀现场一段距离后断气。人们在那里找到了他的尸体；至于另两位，未能找到他们的尸体。

那个杀人犯上尉的名字不得而知，他冷酷地残害了四条人命。

凡能够提供有关这个凶杀犯的消息的公民，请告诉公社，以便公社用其权力范围的一切手段惩治这个坏蛋。

调查委员会委员

韦济尼埃、郎之万、冈邦

巴黎公社

1871年4月28日会议

主席　茹尔·瓦莱斯

助理　郎之万公民、特兰凯公民

会议于3时半开始。

巴·格鲁塞公民：公民们，昨天库尔贝公民发言时我不在场；他提出一份呼吁，要求你们驻对外关系部的代表向欧洲各国发出宣言，要求他们承认我们的交战者地位。如果当时我在场，我会向库尔贝公民简短地回答说：你们的对外联代表团已经想到向欧洲和世界发表一份文件。但这份文件不是什么要求，而是一份抗议书，抗议凡尔赛政府可耻地违反战时公法的行为，如：经过或不经过事先警告便炮轰我们的民房和文物建筑，使用燃烧弹和钢刺弹，杀害我方俘虏，等等。

公民们，你们的代表团认为：在目前这种情况下没有必要上诉于一个显然是没有能力管这些事情的法庭。

公民们，很不幸，我们打的这场战争不是一场普通的战争；这不是两个同属于所谓的欧洲合唱队但又互相陌生的民族之间的争夺，而是一场法国人打法国人的战争。

唉，你们的代表认为，让欧洲来裁判这样一场争论，有点儿叫人生气，求欧洲来裁判，一定会判法国人有罪。（说得好）

代表团认为，无论如何要避免外国势力干涉我们内部的争吵，去祈求这样的干涉是很不体面的。

有人会说，只不过是去寻求一种道德裁判。

在这一点上，公民们，请放心，欧洲和世界已经宣布了判决。

真相已经大白，尽管敌人力图设置种种障碍。今天事实已经很明白了，报界将它广为传播了，各文明民族的舆论已经有明确的表示了。此时，他们已经知道哪边是杀人犯，哪边是伸张正义的人。

至于“交战者”的资格，我们事实上已经具备，还要煞有介事地去索取，这岂不是可笑吗？谁敢向我们提出异议？谁能指责我们公社和公社的捍卫者们的哪一个行为不是符合文明民族的战争惯例？

我们打仗，是光明正大地打！在战争中我们不使用不可告人的手段！我们不把警察和宪兵乔装成作战部队。我们不用大炮打妇女儿童；我们不发射燃烧弹，也不使用钢刺弹，我们不会就地处死俘虏。

公民们，请相信，这些事实比一切宣言都更有说服力。欧洲现在是心里有数的。它知道，在这场兄弟相残杀的战争中，如果不承认两方中的哪一方没有“交战者”资格，那么肯定不是公社一方，不是光明正大地打仗这一方，公社决不会遭此耻辱。（大家显然表示赞同）

阿木鲁公民：作为对外关系委员会的代言人，我赞同巴斯噶尔·格鲁塞公民的发言！请大会通过表决，确认大会完全赞同他的看法。

安德里约公民：我想着重指出我们硬要这样把自己打扮成“交战者”的危险。我们不仅不是造反者，而且还高于“交战者”，我们是法官。我认为，要求得到一个低于我们实际身份的称号是很危险的。

公社通过了巴斯噶尔·格鲁塞公民的意见之后，接着便讨论议事日程上的其他议题。由秘书宣读的记录，付诸表决并得到通过。

让-巴·克雷芒公民：我来交给公社从一名被俘的警察身上找到的一样东西。这是一颗开花弹。这就是凡尔赛宪兵们用的武器。

德雷尔公民：我从纳伊带回了一大批这样的子弹。

主席公民：请若昂纳尔公民提出质询。

若昂纳尔公民：不是质询，而仅仅是要求驻公共服务部代表对北方省铁路及北站问题做出解释。在北站，没有器材也没有职工了。我要求公社采取强有力的措施，在48小时内恢复运输。

安德里约公民：公民们，执行委员会曾经收到过一份同若昂纳尔质询完全一样的报告。那份报告是由铁路监督员保尔·皮阿写的。有人告诉我们，这些担心是夸张了的。我不知道若昂纳尔公民的话是否更有根据，不过我要声明：有一些非常确切的报告曾警告我们，说北站将要陷入停业。后来查明这些事实不准确。

雷萘尔公民：我有一件重要的事情通报。在此以前，普鲁士人似乎想在巴黎和凡尔赛之间保持中立。今天他们好像要放弃中立了。一名供应商有一船货停留在圣德尼。他跑去找在圣德尼指挥普军的将军。他得到这样的答复：“公社的先生们阻拦北线火车和包裹，我就要阻拦对巴黎的供应。”这里有一个误会，需要澄清。这事要请主管的委员会去办理。

若昂纳尔公民：昨晚，北方铁路公司一名职员跑来对我说：“一周以来，站里不断来些凡尔赛的破坏分子，他们破坏了一切，火车不见了，职员走了。今天的铁路局形同虚设。火车开走了就不开回来。”我向公社提出要求，如果在 48 小时内没有恢复运营，就将公司财产没收归国家，并将高级职员送上军事法庭审判。如果你们通过一项我所要求的这一类决议。我们就可最终了结那些罪恶行为。

安德里约公民：在回答若昂纳尔之前，我要求解释雷惹尔向我们指出的那些事实。我们曾认为应当采取一项预防措施。既然凡尔赛人阻止火车来巴黎，我们就应当阻止货物运出巴黎。这一措施错误地将普鲁士人占领的线路包括在内。说普鲁士人阻止货物运进巴黎。这是一个误会，已经纠正了。现在来回答若昂纳尔，我要求公社在对北方铁路公司采取措施之前，先让执行委员会调查一下事实，弄清楚该公司是否采取过有力措施阻止破坏活动。委员会先调查事实，公社根据其报告，决定该怎么办。

安都昂·阿尔诺公民：里昂公司的情况同东方公司的情况是一样的。

奥斯丹公民：铁路部门内部有三种不同倾向：公司首脑们想在巴黎周围制造真空，下级职员、司机、机械师不愿意，还有普鲁士人。凡尔赛人向原本没有阻拦火车之意的普鲁士人说，公社不再愿意让货物，如糖、盐等运到他们那里去。听到这些话，普鲁士人才下令阻拦火车的。在这种情况下，驻外交部代表帕斯噶尔·格鲁塞可以，比如，起草一份文件，告知普鲁士人是凡尔赛人的诡计造成了这个误会。在供应问题上，与我们作对的，只有铁路上的高级行政人员。

瓦扬公民：在铁路问题上，有一系列的事实要弄清楚，如果我们要在此次会议上谈的话，开会的时间就要延长。应当让执委会了解有关铁路的事实，比如告诉弗兰克尔公民再寻找一个解决这个问题的办法。但是在这一点上，公社不能做决定。我可以说，在北方铁路问题上，普鲁士人已声明保持中立。不过，再说一遍，这些问题应该让弗兰克尔去解决。

雷蕊尔公民：关于普鲁士人的态度，我想引用一则消息来说明。普鲁士人对凡尔赛人毫无好意。我是从可靠渠道得知的。凡尔赛派了300名宪兵到圣德尼；结果被普鲁士人干脆把他们打发回去了。这表明他们完全守中立嘛。

主席公民：关于这个问题，我要告诉你们：我对今天早上《公报》上的一篇文章感到遗憾。这篇文章令人认为普鲁士人没有遵守中立。

瓦扬公民：我提请大家注意，有可能这篇文章未经龙格公民的允许就登载在《公报》上。

我要求龙格公民就此事进行调查。

安德里约公民：我曾要求发言，发表同瓦扬公民相同的意见。因此我支持他的主张。

《公报》只一名编辑不够的话，可以任命几名。

主席公民讲了几句。

勒弗朗赛公民：鉴于今天还发生这样的事情。我要求任命一个新的《公报》编辑部。龙格公民现在缺席，只有他一个人担负这件繁重的工作，同时他又主管他那个区的行政，另外还兼两个委员会的委员。很显然，他不能同时担任这么多职务。

我同我的几位同事答应参与第六区的工作，这工作很重要。但是我们会冒这样的危险：选民们说他们不承认我们，因为他们任命的是龙格公民。

我请求让龙格公民留在他的区，而由别人替换他在《公报》中的职务。

主席公民：大会是否要继续讨论《公报》的事？

阿利克斯公民：各区区政府的工作比一份报纸更重要。

韦济尼埃公民：我请求每一期的《公报》都给每一位公社委员发一份。

让－巴・克雷芒公民：我主张《公报》定价为 5 生丁。

我认为，巴黎公社的《公报》不应成为巴黎各报中售价最贵的一份。

我主张将它办成我们每一个战士都买得起的报纸。

某委员：我真不明白，怎么会对这个问题还没有做出决议。

主席公民：讨论这个问题时，我不在场。不过，我好像记得龙格公民曾经要求先派一位出纳员，把工作理顺，并确定报价。

韦济尼埃公民：我坚持每一期《公报》都给每一位公社委员发一份。

阿利克斯公民：没有必要让一位公社委员去领导《公报》的工作。

勒弗朗赛公民：正相反，《公报》的社长应当找公社以外的人来担任。

比约雷公民：我请求有一个主管部门负责出售和发行《公报》。

巴黎所有的报纸都有售报商，只有《公报》没有，而它应当是所

有报纸中发行最广的报纸。

另外，龙格公民不看一看他的报纸。今天有一条关于普鲁士人的新闻，据说他们给凡尔赛人一批大炮。我认为在公布这样的消息之前应当先核对清楚。

瓦尔兰公民：我认为，每做出一项决定之后，你们应当委托专人执行。在《公报》这个问题上，就是没有这样做。《公报》归哪一个部管？

奥斯丹公民：归公安部管。

瓦尔兰公民：好吧！请责成公安部采取必要的措施，从明天起，每份卖 5 生丁，至于财政问题，可以在两三天内解决。

格鲁塞公民：公民们，我同龙格谈过这个问题，他提请我注意，这个问题不止于此。《公报》是个人财产。在定价 5 生丁之前，你们要宣布它为公社财产才行。你们还应当编制一份财务清单，以便，如有必要，赔偿报主。因此，你们要任命一个解决这个问题的委员会。

儒尔德公民：《公报》目前属于一个私人企业。你们不能硬性规定将 1 法郎的报纸只卖 5 生丁。不过我认为，你们的财政委员会可以同《公报》的主人协商，补偿他可能遭到的损失。你们在财政部的代表，可以采取一般的办法，使得自明天开始《公报》就卖 5 生丁。

对公社来说，你们的报纸应当有个统一的领导，应让一批有头脑的和办事认真的编辑们进入《公报》编辑部为公社服务，而不是损害公社。我要问，公社委员们是否可以投稿件。

主席公民宣读以下提案：

“我要求将《公报》从公安部划归教育部”。

茹尔·安德里约公民：公民们，如果去问一问公安委员会的成员的话，他们会第一个承认公安委员会没有必要的时间仔细讨论编辑问题。我要说，不要忘记《公报》现在仍然叫做《法兰西共和国公报》，而它应当叫做《公社公报》才好。它应当属于代表公社统一行动的委员会，我指的是执行委员会。

儒尔德公民：请你委托公安部同我商谈，但是，公安部事先要同报纸目前的所有者协商，根据他们的提议补贴他们，如果所提条件都合理的话。我赞成给《公报》补贴，让这份报纸售价每份 5 生丁。

主席公民宣读如下提案：

"《公报》自明天 4 月 27 日[①]起售价 5 生丁。驻财政部代表负责依据实际发行份数向报纸行政部门拨款补贴。公安委员会负责清理《公报》行政事务，确定补偿款数，并以公社的名义管理这家报纸。"

儒尔德公民：上星期，《公报》亏损 912 法郎，我给付了。很显然，我们可以从今天起接管《公报》。但是，这样一件事情不可能一蹴而就而毫无混乱。目前，财政部将尽全力，我可以偿付收支的差额。账目清清楚楚，公社不妨允许我这样行事。请公安部尽力管好报纸的编辑工作，而我则负责财政工作。

韦莫雷尔公民：我支持儒尔德的提案，不过我主张报纸的编辑工作不是交给公安部，而是交给执行委员会。

《公报》应简要报道各委员会的工作。自然，应由执行委员会掌握它。

① 此处疑有误；应为"4 月 29 日"。——译者

主席公民：现在宣读安德里约提出的草案：

“第一条，《公报》取名为《公社公报》。”

巴斯噶尔·格鲁塞公民：我个人绝对反对《公报》换名。

目前的报名对我们来说是一种力量。假如，我们取名为《巴黎公社公报》，我们就会自我剥夺这个力量。

《法兰西共和国公报》在巴黎，我们改变它有什么好处呢？没有任何好处。

保留它有什么好处？好处就在于，对全法国来说，《共和国公报》设在，而且应当设在巴黎。而真正的政府公报不能是凡尔赛的。

我们有了这份《公报》，我们就掌握了一种抵押品：即法兰西共和国的报纸。我主张它的这个特性，而不要丢掉我们手中的这个保证。

儒尔德公民：我再说一次我提的方案，让公安部掌握《公报》，让驻财政代表付必要的补偿金。（表决！）

（儒尔德的提案付诸表决，并被通过。）

主席公民：还有另一个问题，《公报》的行政归公安部管还是……

（几个委员）：以后再说。

主席公民：按议事日程，现在该讨论当铺问题了。

让－巴·克雷芒公民：昨天，面包房老板开会讨论夜间劳动问题，工人们曾威胁砸碎他们的玻璃，今晚在第三区，他们面临这个威胁变成现实的危险。

他们情绪激动，巴斯噶尔·格鲁塞公民已告诉他们，我们做出的决定，将延期到下月 15 日起执行。

如果不发给他们一个可以贴在门上的公告，今晚在第三区必有一番骚乱。

我想，当初我们投票通过这项决定有些轻率，我要求对此有一个明确的规定。

德麦公民：昨天第三区开了面包房主会议。有人要求夜班劳动，再持续 8 天，以便备好必要的面粉。会上还决定遵守这个法令。

比约雷公民：我想没有什么可讨论的。这件事完全由执行委员会处理，我们不应干涉，让与此事有关的方面去研究好了。

维阿尔公民：我支持比约雷公民的意见，特别是在当前的情况下。这是一个严重的问题。70 名工人刚才来过，他们向特亚尔公民说：他们对我们造成的形势表示不满。我们不应介入老板与职员之间的争端，我要求推迟执行该法令。

阿夫里阿尔公民：执行委员会是应面包房工人的请求而做出这项决定的。他们早就开会讨论过了。你们没有见到他们开会的情形，你们也不知道他们是多么盼望这个决定。他们本来可以罢工而迫使老板们执行决定的。但是面包工人不能罢工，国家禁止罢工。他们的工作是一种很低贱的工作。在社会里不能制造两个阶级。不能让像我们一样是人的工人只有夜里工作而从来见不着太阳。如果你们做出新的决定，只有面包房主得利。有多少人，你们的老板，你们接到了几个老板的要求。使决定推迟执行，到头来你们会接到工人们更多的抗议的。执行委员会做出这个决定，是出于一种正义感。

瓦尔兰公民:我完全同意阿夫里阿尔的发言。

勒德鲁瓦公民:我不同意比约雷等人的意见,他们硬说我们不该管这件事。

这是个社会问题和人道问题。面包房的工作,要依靠工人们和老板们的相互谅解,完全可以白天做。这是一个个别问题,用不着我们管它。但是,在此之上,有一个刚才向你们指出过的问题,即面包工人无权罢工。因此,急需我们管这件事,因为他们自己无法得到公正的处理。

瓦尔兰公民:我刚才要求发言,提出一个动议,我认为不必再讨论下去了,因为公社已经废除了夜间劳动,除非有人明确地要求推迟执行这个决定。

泰斯公民:并不是要求推迟执行这项决定,而是要求暂缓两三天。

主席公民:刚才有十来名老板围住我。他们只要求暂缓执行,以便适应新的形势。

弗兰克尔公民:尽管原则上接受这个决定,但其形式并不令人满意。应该向居民解释一下我们采取这一措施是出于什么样的理由。我们这里有工人代表,瓦尔兰,马隆,他们长期以来关心社会问题。应该听听我们的意见,何况劳动委员会一直以一种特别方式忙于这个重要的问题呢。

在做出这项决定之前,应当先弄清楚是否急需在一个手工业行会中进行任何一项改革。应当考虑居民的需要,并告诉他们,让他们好好明白我们实行的这项改革的好处。应当解释为什么把夜间劳动改为白天劳动,应当说清楚为什么面包工人是无产者中最苦的阶层。是的,找不到比面包工人更苦的行会了。

人们整天说:劳动者应当受教育。他们夜间劳动,又怎么能受教育呢?今天来了几个老板,五个人,他们之间意见不一致。他们保证站在正义一边,大多数人一边。

我认为,这项措施一旦普遍实行,大多数面包师会同我们一致的。既然他们赞同执行委员会这个虽不十分完美的决定,他们也会同意我们要引入面包行业的改革的。

让-巴·克雷芒公民:我说,我们不能制定这样一项决定而宣告立即执行。

从道德观点看,我同意弗兰克尔的意见。但是也不要忘记,很久以来,面包房的工作就是夜间劳动。不可能立即改换他们的劳动方式。我根本不担心面包是软是硬,我关心的是面包师们在一段时期内所面对的无法克服的物质困难。

因此,我请求该决定推迟到下月 15 日实施。

韦莫雷尔公民;我曾参加这项决定的制定,我要声明,这项决定,具备了一切合乎愿望的公平保证。

我不惊讶老板们反对它。今后只要我们触动他们的特权,都将如此,不过我们不必为此而担心。然而,我们应当讲求实际,这里有个面包师之间的竞争问题,他们有权要求我们制定一条法令尽可能地保障他们的利益。我们已经做了,既规定夜间到 5 点结束,这样就可以在早上 8 点钟供应新鲜面包。

这已足够了,而延期到 5 月 15 日,等于为了老板的利益而牺牲工人的利益。为了大腹便便的贵族阶级的利益而将一个值得关心的劳动者阶级与社会隔离,这是完全违反正义的,这种做法毫无道理。

比约雷公民:我反对你这样不断提出的要求。

你怎么能掌握面包师们早5点开始,而不会4点开始?

还是让工人们自己保障自己的利益,由他们自己去对付老板吧。他们有足够的力量想怎么做就怎么做。

马隆公民:弗兰克尔说的话,我没有什么可补充的了。我认为,没有可能改变已经作出的决定。因为那样做是后退嘛,这项决定是正确的。在外省,面包是每天做的。乡下有些地方一星期做一次,面包并不因此就不好吃嘛。如果在巴黎是夜间做面包,正如刚才韦莫雷尔说的,那是为了大腹便便的贵族阶级的利益。

面包房老板们不能推说采取这项措施过于急促。这项措施已经研究两年了。他们早该做好准备,总有一天要执行嘛。

有人说,我们不能管这些社会问题。我要说,直至今日,国家没有少介入社会问题,反对工人,那不行;今天起码国家应该介入,支持工人。

泰斯公民:在这件事上,我们要做的是听听有关各方的意见。同面包房老板协商过了吗?没有!不能不听有关人士的意见就处理他们的问题。

夜间劳动应受指摘的;的确,我同意。不应当让这些工人像矿工那样被迫接受一种文明所禁止的劳动方式,但是并不由此而证明我们有权为此而做出一项决定。让我们把老板和工人都叫来,并告诉前者:工人们提出了这些要求。请你们讨论。如果你们这些老板拒绝接受,如果你们威胁我们,要关掉你们的店铺,那么,到那天我们就实行征用。我们将让工人们经营你们的事业,而给你们以公平的补偿。

我们应当这样做，而不应当在这方面由我们做什么决定。

马尔泰勒公民：假如提议的办法无法执行。我会理解你这些意见的。但是并非如此。我想我们不必受老板们的拖累。

办法是否可行？显然是可行的。只有在巴黎才夜间劳动。在外省，是白天劳动。有些消费者愿多花一点钱可以早上买到所谓花式面包，而一般地说，九点钟可以买到所要的面包。

我们不能使社会主义的利益从属于次要问题。提出的办法既然可行，那么我们就实行吧。

乌德公民：我同意泰斯的意见，我觉得在做出决定之前，应当先同工人和老板协商，以便取得一切必要的情报。

弗兰克尔公民：我已说过，现在重复说一遍：由执行委员会做出的这个决定不完善，因为对于长期以来从事社会问题的大多数人也是不可理解的。

不过，我还是为它辩护，因为我觉得这是公社做出的唯一真正社会主义的决定。其他法令可能比这一个完善。然而没有这个决定有如此完善的社会性。

我们在这里不仅仅是捍卫一些市政问题，而是进行社会改革。而进行这些社会改革，我们难道首先要安慰老板们吗？不。92 年征求过老板们的意见吗？同贵族阶级商量过吗？也没有。我接受的委任只是保卫无产阶级，一个措施是正确的，我就接受它，执行它，而用不着去同老板们商量。

根据这个决定采取的措施是正确的，我们应当执行。

儒尔德公民：我同意弗兰克尔的意见。让我们执行这个决定吧！但是，可否把执行期推迟到5月2日？

我要求的就是这一点。

朗之万公民：我同意无条件地保持这个决定，并立即予以执行。面包师行会的处境特殊，这样的处境要求采取特殊的措施。

瓦尔兰公民：不应当由公安委员会负责审查这个问题，应当由劳动和交换委员会负责办理。

公安委员会的事情很多；劳动和交换委员会可以找弗兰克尔认识的公民来协助。

主席公民：请问与会者，是按议事日程讨论下一个问题还是继续讨论这个问题。

经协商，大会按议事日程讨论下一个问题。

主席公民：在讨论下一个问题之前，我要请米奥公民发言，传达一件事。但先让我向大会转达劳动和交换委员会一名成员——帕里泽尔公民的辞职要求。

米奥公民：我受人委托交给你们一份欧洲合众国（比利时共和支部）的致辞。

米奥宣读致辞：

致巴黎公社委员公民们，

公民们：

欧洲合众国同盟（比利时共和支部）的成员们昨天4月25日上午召开大会，宣布赞同你们的纲领。

公民们，大会决定公开表示这一行动，以此响亮地揭穿那些谋求私利的人在公众中散布的种种诽谤与谎言，并且以此表示，尽管凡尔赛政府同形形色色的觊觎者建立了违反道义的联盟，散布了种种谎言，但本大会决不受其欺骗。

将来，总有一些不受他们收买的人会写一部公正的历史，并且恢复目前事实的真相，揭露所有那些反对公社解放人民的原则的卑鄙阴谋。我们谨向你们、公民们，致以兄弟般的敬礼。

我们以欧洲合众国(比利时共和支部)的名义，并代表中央委员会，向你们致意。

主席　F. A. 沃萨尔

秘书　凡德科尔科夫

这份致辞送到驻外交部代表团、准备复函。

请韦莫雷尔公民发言。

韦莫雷尔公民：为了我们在这里所代表的原则，我们应当做到受到人家的尊重，要做到这一点，我们行事应当值得尊重才行。正是为此，你们才任命了一个对公社委员进行调查的委员会。

费里克斯·皮阿有一段时期没有出席我们的会议，他利用不出席会议的机会，对我提出相当严重的指责。

单单这一点，我就要求公社将费里克斯·皮阿的指控转呈调查委员会。在坐下时，我颇感遗憾，费里克斯·皮阿没有早一些时候提出这些指责，尤其是当我被指定参加执行委员会的时候。

费里克斯·皮阿公民：我没有早些提出这些指控，是因为我只是在两三天前才收到信(已转送调查委员会)。

赛拉叶公民：我要求调查委员会也就皮阿公民对我的诽谤做出裁决。而且我对皮阿公民没有在我当上这个大会的候选人时提出这些指责表示不满。

贝雷公民：我要谈谈勒·阿弗尔城公民们委托的一项使命。

他们委托我向公社报告他们与凡尔赛人进行的活动。他们在那里逗留的两天期间,未能受梯也尔先生的接见。他们被巴特尔米·圣希莱尔先生接见,这位先生对他们说,没有任何和解的希望。他们去的时候和回来的时候的看法完全不一样。

费里克斯·皮阿公民:在我缺席期间。我荣幸地被大会任命为财政委员会委员,这事有点像博马舍的故事。我不是一个会计算的人。因此我请求大会另外派人接替我的职务。

雷蒨尔公民:我希望今晚就把我准备明天提交的书面提案列入议事日程。这项提案的大意如下:“鉴于执行委员会的组成人员都在各自的部门担任职务,并考虑到常设机构的迫切需要,因此将从公社中调五名委员增加到执行委员会,其中我将安排费里克斯·皮阿。”

儒尔德公民:要紧的是为当铺问题找到一个解决的办法。我支持阿夫里阿尔的修正案,不过我原想加入一个第三条,在其中要照顾当铺的利益和借贷人的利益。不过现在时间不够。我请求,明天两点一开会就讨论这个内容。

朗之万公民:我要求继续讨论当铺问题。这个方案再重要不过了。已经讨论三个星期了,而我们还没有解决的办法。

儒尔德公民:在这个会上,千万不要匆忙行事。我们要避免仓促投票。我认为还是推到明天两点为好。

今晚我的时间实在不够,我要去办财政部明天到期的票据,因而无法参加讨论。

勒弗朗赛公民,比约雷公民,弗兰克尔公民,让-巴·克雷芒公民提了几点意见后,决定明天再讨论。

会议于8时结束。

会议秘书
安·阿尔诺、阿木鲁

国外新闻

德国

德国劳动者协会主席施威泽尔博士在他的党的机关报《民主社会主义者》中宣布，原定于5月1日召开的协会会员大会推迟到5月17日。

英国

洛先生的预算方案，在议院内外引起的反对是众人非常关心的事。24日至25日夜，伦敦似乎处于革命状态。化学火柴制作业中，关心此事的工人和老板，前往议会夜间会议，向下议院提交一份请愿书，要求拒绝财政大臣所提出的税收。当局调动了大量的警察部队保卫议会大厦的通道。人们似乎会以为，公社（不是巴黎公社，而是一个自发成立的伦敦公社）即将占领威斯敏斯特大厅。其实，这不过是小题大作。请愿者没有举起任何政治旗帜，他们正当的和和平的要求，在议会墙内已找到许多辩护者，警察为什么要对一场在众人心目中已经打赢了的官司摆出一副对抗的架势呢？

财政大臣和格拉德斯通先生未能挽救他们的预算方案。反对派表现得精明而谨慎。狄斯雷利先生和他的支持者们预感到内阁在别无出路的情况下，将把一个实际问题变成一个内阁问题，于是他们声明，他们不抱任何派性，并且根本不打算谈论政治。新的税收不仅不得人心，更严重的是它扼杀一个几千人的工业。应当承认，国库的需要确实紧迫。重组军队需要占用大量的资金。不过这些费用是暂时的。因此财政大臣不能规定一个永久性的税收，尤其不能将这一种税压在一个工业部门上，因为这个工业部门要保障社会上一个人口众多而值得关心的阶级的生存。

这一税制被否决了。

外国新闻界评梯也尔

巴黎公社与凡尔赛乡镇议会

我们在下面转载外国报纸的几段摘要，这几段摘要很有教育意义，但是能被凡尔赛的那些所谓的政治家所理解吗？他们以为靠炮轰巴黎，靠屠杀从灾难中拯救了法国的荣誉而至今仍然受到国外钦佩的巴黎人民，就能恢复秩序，平息人们的情绪，带来法律的统治。

下面是《每日新闻》的见解：

根据大量的征兆，《每日新闻》认为议会与公社之间的斗争即将以进攻巴黎而结束，这是梯也尔经过多次犹豫后而做出的决定。这家报纸叙述了行政首脑与法布里斯将军在圣德尼的会见。这次会见后，一份给各省省长的通报宣布，一切准备停当，即将开始大规模的行动。据星期日派往的代表团中的一位共济会成员称，梯也尔甚至宣告了他炮轰巴黎的意图。他问道："**轰垮几幢房子，打死打伤几个人**①，同恢复合法权利相比，算得了什么？"这家英国报纸说，即便是一个比梯也尔更孚众望的人也难以在公众舆论面前执行**如此残酷的决定**。这可以算得上比 3 月 18 日以来发生的事件更能证明政府的**疯狂和无能**。这样做，等于是承认凡尔赛军队炮轰巴黎，是因为它没有能力攻进巴黎。

梯也尔先生的思想可能受到了这样的影响，即在巴黎包围战的末期，普鲁士的炮轰杀伤力虽不强，但对居民普遍有影响。不过对巴黎而言，遭受普鲁士国王的炮轰同遭受一个法国部长的炮轰，是两码事。我们倒是希望梯也尔先生最近的声明不过是一种威胁之词而已。

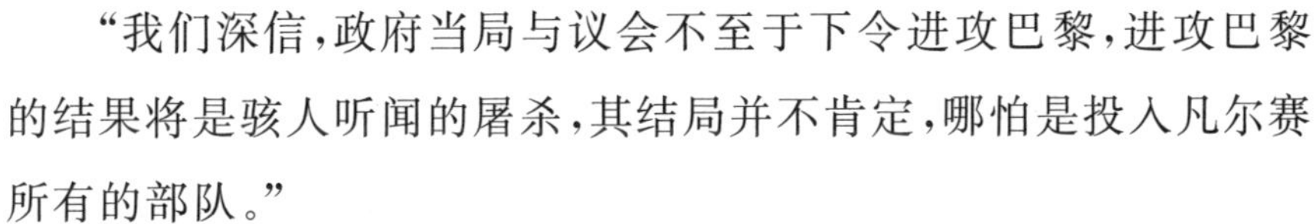

"我们深信，政府当局与议会不至于下令进攻巴黎，进攻巴黎的结果将是骇人听闻的屠杀，其结局并不肯定，哪怕是投入凡尔赛所有的部队。"

"比利时《独立报》"说：

"凡尔赛想一了百了。因为怕君主党分子，特别是波拿巴分子，利用巴黎革命，所以梯也尔下定决心，认为只有靠武力才能使当前的形势早见分晓。"

叙述了杜弗尔先生在 4 月 26 日会议上的成功和路易·勃朗先生的失败之后，《独立报》是这样评论俾斯麦先生在议会上的发

① 着重号是原文有的。下同。——译者

言："德国报界非常关心俾斯麦亲王有关法国当前形势的讲话。普遍的印象是首相的话显示出一种对梯也尔政府的意图不大掩饰的不信任，并且让人隐约看到梯也尔政府与公社之间有达成协议的可能性，这个协议当然是对付德国的。对德国政府而言，这又是一条理由，要保持一种观察姿态，并且不偏袒交战的任何一方。"

"从俾斯麦先生的声明中，明显地突出了他对布鲁塞尔最后和约谈判的进度不满意，看来他把进展迟缓的责任推到法国政府身上。总之，正如政府新闻部门清楚地指出的那样，在和约缔结并被批准之前德国人是不会从法国后退一步的。"

就里果公民辞职一事，《独立报》在其特别通讯中说："我们认为，阿尔都尔·阿尔努先生在关于公社问题的讨论中的发言，是很有水平的，并且发表了一些精辟的见解，值得凡尔赛政府在它一旦成为主人时，好好回顾一番。"

在这份报纸另一条通讯中报道说：

"当然，我很担心来自所谓'秩序党'的种种报复行动。我到处听到有人说，在这里枪毙了人，往那里流放了人；还说某某兵团不生俘敌人；自然，我不提兵团的番号，也不打算提某些军官的名字，尽管他们昨天还自夸往塞纳河里抛进了受伤的起义者。"

《比利时之星》继续其诋毁公社和巴黎人的言论。但没有什么新东西可提及。仍然是一些谎言，断章取义的报纸文章。这家报纸企图让它的读者，读了以后就对巴黎公社的行为感到可憎。

对波拿巴派报纸《北方报》的看法同上。

在杜伊勒利宫里找到的文件可以证明这一点。

杂　闻

一批巴黎工业家，以科尔迪埃先生为首，近日在巴地尼奥勒开辟了一个“人民市场”，在这里工人阶级可以以极便宜的价格买到生活必需的食品。

以杜瓦尔廉价饭店的方式建立起来的这个市场，被选定来给予在这个财政危机时代深受其害的小家庭以实实在在的帮助。

我们把它推荐给各位读者，并祝这个慈善事业的创办人幸运。

同盟向杜瓦尔店定购的用以供给纳伊穷苦人之需的食物，已经由杜瓦尔先生的遗孀免费赠送。

北方铁路的车间，根据巴黎公社的命令，恢复了火炮的生产。

围城以来，一直处于未完成状态的14门大炮近日已造好交付。

又有了新的订货。

塞纳省各市郊的市政委员们被召集于星期天上午12时在万森市镇厅，听取他们的代表们有关调停使命的报告。

军事统计的业余爱好者，做了一份目前指挥法国军队的师长的统计表。

这些军官不多不少有127名之多。

然而正规的编制据说只是80名。由此可知，军队编制中已经有了47名“黑”将军，而这样的将军还在继续产生。

再过些日子，法国将军的数量就可赶上洪都拉斯、尼加拉瓜，委内瑞拉和危地马拉各共和国了。

特莱夫的一名铁匠，设想出一种新的自杀方式。他设想了一个小型炸弹，放进嘴里，用一根电线点上火。

讣　　告

我们悲痛地宣布希腊陛下的代办富希翁－罗克先生经历一段痛苦的疾病之后逝世。

1871年4月30日　星期日

要　　目

正式公报。——关于任命两名公证人和国家图书馆馆长的决定。——成立工兵连。——军队医务部门的组成。——该部门的任命事项。——国民自卫军归还财政部的款项。

非正式公报。——战报。——驻农业部代表的通告。——第五区区政府的通告。——就小学教育问题致第八区公民书。——共济会在市政厅。——国外新闻。——圣·哥塔尔隧道。——杂闻。——艺术家协会。——阿拉斯街集会。——讣告。

正 式 公 报

1871年4月29日,巴黎

执行委员会,

决　定:

任命拉比(让-阿尔芒)公民为巴黎公证人。

执行委员会

茹尔·安德里约、克吕泽烈、列奥·弗兰克尔、巴斯噶尔·格鲁塞、儒尔德、库尔奈、普洛托、瓦扬、维阿尔抄送：

公社委员兼驻司法部代表

欧仁·普洛托

1871 年 4 月 29 日，于巴黎

执行委员会，

决　定：

任命古(儒勒－亨利)公民为巴黎公证人。

执行委员会

茹尔·安德里约、克吕泽烈、库尔奈、列奥·弗兰克尔、巴斯噶尔·格鲁塞、儒尔德、普洛托、瓦扬、维阿尔

抄送：

公社委员兼驻司法部代表

欧仁·普洛托

1871 年 4 月 29 日，于巴黎

公社驻教育部代表，

决　定：

任命艾利·邵可侣公民为国家图书馆馆长。

爱·瓦扬

1871 年 4 月 29 日，于巴黎

陆　军　部

工程兵指挥部

遵照驻陆军部代表的命令，在建有棱堡的围墙内的九个区中的每个区组建一个工兵连。

在未下达新的指示之前，这九个连队驻扎在围墙内的营房，并受各区指挥工程事务的军事工程师的指挥。

每个连队编制为 128 人，并选举下列干部：

1 名上士，

1 名司务长，

8 名中士，

12 名下士。

派往建有棱堡的城墙内的各区的工程师在各连队临时担任军官职务。

愿参加这些连队者，请于每天早 8 时至晚 6 时到下列地点报名：

第一区（贝尔西），波尼亚托夫斯基大街，4 号营房。

第二区（贝尔维尔），哈克索街 145 号。

第三区（拉·维来特），第 28 棱堡营房。

第四区（蒙马特尔），第 39 棱堡，杜加尔店。

第五区（来·戴尔纳），麦克马洪大街 74 号。

第六区（巴希），拉·穆艾特大街 1 号。

第七区（沃吉拉尔），第 71、73 棱堡营房。

第八区(蒙巴那斯),奥尔良路93号。

第九区(来·戈布兰),第90棱堡营房。

工程部队指挥罗塞利-莫勒将征招目前单独分散在巴黎城内的军人成立10个工兵连。

这些连队将在军事学校宣布成立,并用于修筑防御工事。

驻陆军部代表

克吕泽烈

1871年4月14日,于巴黎

军医处由下列人员组成:

一,军外科主任医生。

二,卫戍司令部参谋部外科主任和副主任。

三,各团或各区的一名外科主任。

四,各营一名外科军医,一名军医和一名助理军医。

只有营助理军医,可以只具有卫生官或医科学生的身份。

职　　责

团外科医生不仅负责驻守本区的营及战场上的营的医务部门的组织,而且还要负责检查和监督野战医院的工作。

各外科医生和军医长应当随营工作,并在必要时听从外科主任的命令,到危险的地方执行任务。

军外科主任

库狄里埃医生

在国民自卫军医务部门有些人佩带和穿戴他们无权享有的标志和职务制服及职衔制服，甚至打出一些未经合法授予的称号。

驻陆军部代表提醒这些人，他们会因违反规定而受到严厉的追究。

日内瓦公约通过的标志，只能在战场上佩带。在城里不执行任务时佩带，将予以逮捕。

驻陆军部代表
克吕泽烈

1871年4月29日，于巴黎

经陆军部代表决定，任命：

4月27日

郎布里约医生为第一百六十二营军医。

勒马盖医生为第九十四营军医。

布加来尔医生为第七十二营军医。

耐顿医生为第一百六十二营外科军医。

派勒当(茹尔)医生为第二十团外科医生主任。

罗吉耶公民为第一百一十六营外科军医。

克雷麦尔(列昂)公民为第九十四营外科军医。

萨巴伊德(皮埃尔)公民为第一百八十二营外科军医。

勒比费(埃密尔)公民为第二百四十一营外科军医。

沙拉散(赫克托尔)公民为第二百一十二营助理军医。

布罗公民为第一百五十营助理军医。

帕拉(米谢尔)公民为第一百八十二营助理军医。

罗吉耶公民由第一百营助理军医转任第一百一十六营外科军医,替代辞去职务的古费医生。

财　政　部

国民自卫军发饷官缴还的款项

区	营	连	摘要	款数 法郎	款数 生丁	合计 法郎	合计 生丁
			4月13日				
19	25	5	…………………………	27	00	330	00
		6	…………………………	30	00		
		7	…………………………	3	00		
		8	…………………………	51	00		
		9	…………………………	39	00		
		10	…………………………	30	00		
		11	…………………………	63	00		
		12	…………………………	87	00		
17	33	1	驻军………………………	15	00	258	75
		2	—………………………	60	00		
		5	—………………………	15	00		
		6	—………………………	9	00		
		7	—………………………	9	00		
		8	—………………………	24	00		
		2	战斗部队………………	66	00		
		3	战斗部队………………	33	00		
		4	—………………………	27	75		
3	54	7	…………………………	96	00	544	50
		8	…………………………	51	00		
		9	…………………………	114	00		
		10	…………………………	90	00		
		11	…………………………	43	50		
		12	…………………………	150	00		

（续表）

6	84		…………………………			371	25
1	113	4	…………………………	150	00		
		5	…………………………	168	00		
		6	…………………………	90	00		
		7	…………………………	483	00		
		8	…………………………	63	00	1 095	00
		9	…………………………	36	00		
		10	…………………………	9	00		
		11	…………………………	63	00		
		12	…………………………	33	00		
19	114	1	…………………………	201	00		
		4	…………………………	9	00		
		7	…………………………	12	00		
		8	…………………………	115	50	735	00
		9	…………………………	39	00		
		10	…………………………	156	00		
			侦察兵……………………	27	00		
		6	…………………………	175	50		
5	118		…………………………			500	00
	119	12	…………………………			171	00
18	125	8	…………………………			372	50
10	143	2	…………………………	100	00		
			1,2,3,4 连……………	100	00	601	30
			5,6,7,8 连……………	283	25		
			马尼昂上尉…………	118	05		
3	145		几名上士……………	180	00	325	00
			鼓手与号手…………	145	00		
5	151	6	…………………………	150	00		
		8	…………………………	118	50		
		9	…………………………	57	00	498	50
		10	…………………………	44	00		
		12	…………………………	129	00		
		9	…………………………			350	00
19	164	6	…………………………			324	00

（续表）

20	172	2	…………………………	83	50		
		5	…………………………	190	50	354	00
		7	…………………………	80	00		
	174	1	…………………………	25	50		
		2	…………………………	6	00		
		3	…………………………	4	50		
		4	…………………………	4	50		
		5	…………………………	6	00		
		6	…………………………	10	50		
		7	…………………………	4	50	94	50
		8	…………………………	3	00		
		9	…………………………	7	50		
		10	…………………………	4	50		
		11	…………………………	6	00		
		12	…………………………	12	00		
10	186	4	…………………………			37	70
18	189	2	…………………………	12	00		
		3	…………………………	13	50		
		4	…………………………	12	00		
		5	…………………………	51	00	163	50
		6	…………………………	46	50		
		7	…………………………	28	50		
6	193		…………………………			282	00
11	213		…………………………			173	50
9	229	1	驻军………………………	33	75		
		4	—………………………	71	00		
		1	战斗部队………………	45	00	292	25
		2	—………………………	90	00		
		3	—………………………	39	00		
		4	战斗部队………………	13	50		
18	261					57	00
			4 月 14 日				
	1		共和国保卫者…………			150	00
6	19		2,6 连…………………	24	00		
		2	…………………………	17	00		
		2	…………………………	48	00	302	00
		3	…………………………	126	00		
		8	…………………………	87	00		

（续表）

20	30		消防队…………………	37	50	79	50
		1	战斗部队………………	30	00		
		1	驻军……………………	6	00		
		7	………………………	6	00		
16	38	2	男………………………	360	00	484	00
		1	女………………………	124	00		
17	91	1	………………………	36	00	793	50
		3	………………………	57	00		
		4	………………………	244	50		
		1	………………………	105	00		
		2	………………………	42	00		
		3	………………………	42	00		
		4	………………………	267	00		
17	91		多收……………………			12	00
13	102		………………………			3 441	75
5	119		………………………			180	00
12	122	1	………………………	817	50	889	50
		8	………………………	72	00		
18	142	1	………………………	21	00	210	00
		2	………………………	28	50		
		3	………………………	10	50		
		4	………………………	16	50		
		5	………………………	16	50		
		8	………………………	36	00		
		9	………………………	46	50		
		10	………………………	34	50		
10	143		………………………			485	50
20	159		………………………			24	00
5	161	9	………………………			219	00
11	180		………………………			118	05
4	183		1,2,3,4,5,6,7,8,9,10 连			1 171	00
10	186	9	本月 2 至 13 日………	300	00	339	20
		11	本月 3 至 12 日………	39	20		
11	213	5		100	00	133	00
		1		33	00		
9	228		鼓手……………………			148	50
14			团………………………			1 000	00

1871年4月29日，于巴黎

会计处长

吉耶姆瓦

非正式公报

1871年4月29日，巴黎

战　　报

4月30日，晨1时

南方各要塞受到猛烈攻击。双方对射机关枪。从阿斯涅尔到巴希，还没有再开火。

两天以来，设在默顿和迪奥仁－朗特尔两地的凡尔赛大炮铺天盖地地向旺夫和伊西两个要塞发射。

设在下默顿的流动炮火选择的主要目标是普安·迪·如尔的高架桥，桥下泊有我炮艇。

昨天早9时，原第五炮艇“公社号”向驻默顿的炮队开火。我军的一枚炮弹正中其中一炮，迫使正在操作的士兵弃之而逃。

下午3时，凡尔赛军又开炮射击，更为猛烈，炮弹不间断地落在普安·迪·如尔高架桥里，有几颗炮弹落在我们炮艇的前部和第68棱堡上。

4时半，另一个设在下默顿树丛中的炮队被凡尔赛人揭去伪装，准备开火，但被我炮艇集中密集的炮火迫使停止射击。

敌军炮队设在一座作掩护用的房子后面。我们的炮艇发现了，并烧毁了这座房子。火势持续到晚 9 时左右。

今早 4 时半，我们的一颗炮弹射中敌在默顿的一处炮兵阵地，造成巨大的损失。

值得报导的事：

敌从默顿射来的一颗炮弹掉在塞纳河岸上，没有爆炸，"克来英尔"号的指挥员茹诺船长下令找回这枚炮弹并立即将其射回凡尔赛人阵地。这件事办成了，炮弹正中原发射的大炮，造成重大破坏。

此时此刻，凡尔赛大炮向我们的舰艇开火，炮弹落在普安·迪·如尔高架桥的前面和后面，桥上弹痕累累。我们的炮舰给了有力的回击。

塞纳河舰队全体官兵坚定的表现，值得大家赞扬。

秘书长

博瓦隆

代驻海军部代表签发

1871 年 4 月 24 日，于巴黎

几家报纸转载有关旺夫要塞前沿哨所一次战斗的报道。据说第八十五、一百零六和二百四十六三个团，由于指挥不当而士兵逃跑。我们尚无具体办法否认有关后两个团的事实。至于第八十五团，它自本月 25 日以来一直驻在纳伊，在副营长高代指挥下，每天都表现出极大的勇气和毅力。东布罗夫斯基将军证实此事。

警察局第一办公室主任(政治事务)告知公民们,匿名告发信,他将不予处理。

不敢在告发信上签名的人,显然是报私仇,而不是为公益。

第一办公室主任
维尔特利

1871 年 4 月 28 日,于巴黎

农业与商业部

驻农业与商业部代表通知面包师,他以每 100 公斤 20 法郎的价格向他们提供制作面包所需的盐。

驻农业与商业部代表
维阿尔

北方铁路公司今早向公社金库付了它的一笔拖欠税款 30.3 万法郎。

第五区区政府

《宇宙》和《祖国》两份刊物发表了几篇关于第五区所属小学的充满谎言的文章。或者这两家报纸的编辑们怀有恶意,或者他们是受了蒙蔽。如果他们受了欺骗,我们请他们于星期一早上 8 点半前往先贤祠市政厅。如果他们愿意的话,我们将从那里带领他们到那些由区政府办的学校去参观，让他们看一看这些学校有许多学生上学，他们根本没有吹嘘他们的老师之意。

区政府委员

阿戈兰、缪拉、阿勒马尼

1871 年 4 月 30 日，于巴黎

第八区区政府

区属小学

各位家长，各位教育之友，孩子们：

我们区的区属小学虽然数量多和管理良好，然而同需要受教育的学生人数相比，数量仍还不足。

本区的统计

根据我们对肉食配给证所做的统计，本区 7 至 15 岁学龄男女儿童人数多达 ………………………………………… 6 251 人

我们的区属学校，包括世俗学校，教会学校、新教学校，共计 14 所，只收 1 453 名男生和 1 577 名女生，总计 3 030 名学生。 ……………………………… 3 030 人

相差 …………………… 3 221 人

这里相差 3 221 个名额。还要从其中减去由父母自己花钱请人教育的孩子。

这个数字已相当可观，而且可能还会增大，如果我们把3至5岁和5至7岁的孩子也计算在内的话。不过我们在此说的只是区属小学。至于托儿所和幼儿园，我们将在其他的地方讲。

在上述3 030名学生中，我们了解到有271名孩子进了本区两所收3至7岁孩子上的托儿所和幼儿园。

本区办的区属小学数量不足，而仁爱街的女子小学校空着，关了门。我们把它重开了。

此外，在我们现今这个时候，由于私立学校办学不多，应当加紧努力使所有的孩子进入公立学校或私立学校。从本星期起，我们将考虑这件重要的工作。

所有5至12岁的孩子，不论愿意或不愿意，都应当立即入学，除非能证明正在家里受教育或请他人教育。

原有学校

至于原有的学校，我们一一检查过，它们还在办，还在正常工作。可是，原来学生人数很多的三所男子教会学校，不知何故中断了教学。为了不让孩子们留在街上，我们只好请一些私人教师上课。这样一来，虽然正式教师放弃了教学，但在三所学校中，有两所已经恢复了上课。

在这样的情况下，由于所有区属小学，除一所以外，其他都在正常教学，所以有必要考虑教育本身的变化。我们可以借重建这两所学校的机会达到目的。

新　办　学　校

仁爱街女子学校将是第一所新办学校，并且将是我们希望看到的改革的开始。为此目的，我们打算亲自对实践教育做出贡献，我们推选热纳维芙·维维安夫人任校长，她是一位功绩卓著的教师，她比任何人更明白我们新型教育的重要性。

筹备工作一结束，就将公布教学计划。让孩子们从3岁就上学，从小就受教育。

对于5至7岁的儿童，阅读、书写、算术以及拼写，都应当教了。然而，根据规定，区属学校只能招收7岁的儿童。因此，在即将进行的改革中，要建立全新的教育制度。

这所学校的课一安排好以后，即为公开课，以便家长和老师可以自愿参加。

师　范　学　校

在师范学校方面，我们已经建立了一所体育师范学校。

再过几天，我们将有条件在所有师范学校开设体育课，作为规定课程。

不久后，我们还要开设音乐和图画课。

报名与录取

按以往的惯例，学生应到区政府报名。在今天，这是一种时间的浪费，而且办不到。入学学生可以直接到学校报名入学。

我们请家长和孩子毫不耽误地亲自去报名。到仁爱街女子学校上学的孩子，从5岁开始。

然后，我们再考虑各门课程的组织工作。

最后，作为结论，我们紧急呼吁所有人的良心，以及所有人的智慧，在这一事业中协助我们，这是我们一生中梦寐以求的事业，我们希望看到它绽开“既科学又实用的儿童教育改革”之花。

以我们为创始人的“巴黎社会公社”协会，将以其学识和人才协助我们。因此，为了满足大家的愿望，在介绍我们事业的同时，也介绍这个协会。让孩子们和他们的家庭知道，我们很快就让他们开始工作。

巴黎公社委员兼区长

茹尔·阿利克斯

1871年4月27日，于巴黎

巴 黎 公 社

共济会在市政厅

昨天29日，巴黎城出现了一种人们很久以来未曾见过的热闹场面。大家知道共济会会员们试图进行最后一次争取和平的行动，到巴黎城墙上插上他们的旗帜。如果失败，整个共济会就要起来反对凡尔赛。

早9时，巴黎公社的一个代表团走出市政厅，鼓乐开道，向卢浮宫行进，迎上共济会的示威队伍。

11时，代表团回来，共济会会员们进入了事先准备好迎接他们的市政厅主庭院。国民自卫军列队筑成人墙。

巴黎公社所有的委员来到阳台上，主楼梯上，站在身挂红肩带、周围布满公社旗帜战利品的共和女神雕像前面。

共济会会旗一个接一个地安放在楼梯梯级上，向所有的眼睛展示人道主义的标语，这些格言是共济会基本准则，是巴黎公社要努力实践的指针。

其中一个白色会旗特别引起了我们的注意。这面会旗由一名炮兵举着，上面用红字写着："让我们互相爱护！"

庭院里站满了人，四面八方响起"公社万岁！共济会万岁！世界共和国万岁！"的呼声。

公社委员费里克斯·皮阿公民用洪亮而激动的声音发表了以下一段讲话：

"兄弟们，伟大祖国的公民们，我们共同的祖国的公民们，你们忠于我们共同的原则：自由、平等、博爱。你们比'巴黎权利同盟'更言行一致，你们，共济会会员，你们是有言必有行。"

"今天应少讲空话，行动就是一切。所以，你们在巴黎城墙上张贴了你们的宣言—心声的宣言—之后，接着就把你们人道的旗帜插在我们受围攻和炮轰的城市的城墙之上。"

"你们用这种方式，以人的权利和世界和平的名义对杀人的子弹和残杀骨肉兄弟姐妹的炮弹表示抗议。"（全场一致的叫好声和欢呼声：共和国万岁！公社万岁！）

"你们将向凡尔赛伸出放下武器的手，不过，只是暂时放下武器——而我们这些受人民委托的人，人民权力的捍卫者，由投票产生的代表，我们将全体加入你们这些经过考验而产生的代表的友爱的行动之中。”（再次鼓掌。—公社万岁！—共和国万岁！）

“公社决定挑选5名委员，与你们同行，有些人说得很正确，与你们同行是一件很光荣的事情，因此，派谁去，要由抽签决定。抽签指定的5名幸运者将跟随你们在这光荣的和胜利的行动中结伴同行。”

（赞同的表示。）

“公民们，你们的行动将记载在法国和人类的史册中。”

“世界共和国万岁！”

（掌声。—公社万岁！—共和国万岁！）

公社委员贝雷公民：“公民们，同你们一样，我完全赞同你们刚听到的这番友爱的话，它把所有共济会会员都聚集在这里了。”

“昨天，在抽签决定迎接共济会会员的公社委员的名单时，命运没有惠顾我。我们要求抽签决定名单，因为所有公社委员，从一开始就都要求参加这个大示威行动。我不走运，未能入选。但是，我还是一再要求前来迎接你们，我是巴黎公社中的长者，又是法国共济会的老会员，56年来，我一直荣幸地是这个组织的成员。”

“公民们，费里克斯·皮阿已经说了一番如此动人的话，我还有什么可说的呢？你们即将做出一桩骨肉亲情般的伟大行动，把你们的会旗插在我们的城墙上，并加入我们的行列反对凡尔赛敌人。”（对！对！—喝彩声）

“公民们，兄弟们，请允许我兄弟般地拥抱你们之中的一位成员吧。”

（贝雷公民拥抱他身旁的一位共济会会员。—掌声。—公社万岁！—共和国万岁！）

一位共济会会员（手持会旗）："我要求荣幸地把第一面会旗插在巴黎城墙上，这是'坚韧不拔'会旗，从 1790 年存在至今。"（喝彩声）

营乐队奏《马赛曲》。

列奥·梅叶公民："你们刚才听到的乐曲，只有这一首乐曲将伴随你们直到最后实现和平。"

"这是巴黎公社献给共济会代表团的红旗。

这面旗帜应当伴随你们的和平会旗。这是世界和平的旗帜，我们所有的人应当团结在它面前，避免将来有人在我们背上击一猛掌，使我们不是互相拥抱而是互相斗殴。"

"这是巴黎公社的旗帜，公社将把它交给共济会。面对着凡尔赛的杀人子弹，这面旗帜将冲在你们所有会旗的前面。"

"当你们把共济会会旗带回来时，不论它们是破损的还是完整的，公社的旗帜不会倒。它在炮火中与共济会会旗同在。这是它们不可分割的团结的明证。"（再次鼓掌）

提里福克公民从列奥·梅叶公民手中接过红旗，并向大会致辞：

"公民们，弟兄们，

主张到我们的城墙上插上和平旗帜，我是发起人之一。我很高兴地看到，在最前面是共济会万森分会的白色会旗，上面书有这些词：'让我们互相友爱'！"（喝彩声）

"我们将把这面会旗第一个展现在敌人面前。尽管凡尔赛不听我们的进言，我们也向敌人伸出我们的手。"

"是的，公民们，弟兄们，我们要向那些士兵们发话，告诉他们：

‘士兵们，我们有同一个祖国，让我们发扬手足之情吧！我们不会在你们开枪之前开火。过来拥抱我们吧！让和平实现吧！’”（长久喝彩声—轰动）

“如果和平实现了，我们将回到巴黎，深信我们取得了最美好的胜利，人类的胜利！”

“如果相反，他们不理会我们，而且向我们开火，我们就将采取一切报复手段，我们确信世人将听到我们的声音，法国各省份的共济会将学习我们的榜样。我们相信，在全国各处，只要我们的兄弟们看到开向巴黎的军队，他们就会迎上去劝告他们放弃敌对行为。”

“如果我们的和平努力失败了，如果凡尔赛下令不向我们而只向城墙上的弟兄们开火，到那时，我们这些至今只是作为纠察在国民自卫军中服役的共济会员们，就将加入战斗的行列。那些没有加入国民自卫军的人，和已经参加到其行列中的人一样，所有我们这些人，将加入作战连队，参加战斗，并以我们的榜样鼓舞那些保卫我们城市的勇敢而光荣的士兵。”（普遍的赞同声。—持久的掌声！—公社万岁！—共济会万岁！）

提里福克公民摇动他手中的公社旗帜，高呼：“现在，公民们，空话休说！开始行动吧！”

共济会代表团由几名公社委员伴随着走出市政厅。

在游行期间，乐队高奏《马赛曲》。

国 外 新 闻

瑞 典 和 挪 威

挪威议院经过三天讨论之后，以 92 票对 17 票否决了于 1868 年向挪威各州提出的新团结法案。人们知道这个法案试图在瑞典和挪威两个王国之间建立一种军事联盟。请看该法案的第 2 条：

“和平与战争将始终是两个王国共同的事情。向一国的进攻或侵犯，将被视为同样是针对另一国的进攻或侵犯。”

德　　国

德国帝国国会二读通过了 1.2 亿马克的战争借款法案；没有遇到反对意见，几乎一致通过。需要讨论的只是发行债券的途径和方式。

柏林上诉法院，最近批准了一审法院对《未来报》的编辑桂多威耶先生宣告无罪的判决，公共事务部对一审判决曾提出上诉。

卡尔斯鲁赫的《官方公报》发表了一篇通讯，否认有关牟罗兹可能归还法国的传闻。

英　　国

在下议院 4 月 27 日的会议上，恩费尔德勋爵宣称华盛顿的高级委员会还没有签署有关“阿拉巴马”事件的协定，格拉德斯通先生宣称政府取消财政大臣为弥补预算赤字所提出的财政措施，并提议在每英镑所得税上增加二便士。

迪斯雷利先生说当前的财政亏空应归咎于财政大臣。他两年前不顾所有的警告，坚持放弃300万的间接税。他还说，议院和全国上下都将高兴地看到撤销政府的提案。

洛先生同意将道路与交通工具委员会延期至星期一。

奥　地　利

维也纳，4月27日

传闻，俄罗斯大使诺维柯夫先生曾向我国政府要求就任命格洛乔尔斯基伯爵为无任所大使一事做出解释。这纯属谣言。

卡尔诺克基伯爵正在前往罗马的途中，他将在佛罗伦萨耽搁一天，在那里会见维斯孔地－维诺斯塔先生。

——今天众议院闭会之前，提出了两项动议。

第一项动议是要求把政府有关即将举行的代表选举的通报提交给一个委员会进行研究，并在研究后提出一份报告。以决定去年11月众院议员的选举仍然有效或是已经失效。

第二项动议是要求再次把增加众议员人数以及直接选举议员的法律提交议院审查。

佩斯，4月27日

在下院昨日的会上，司法部长宣布本次会议将于5月17日闭幕，下一次会议将于当月19日开始，届时举行代表选举。

俄 罗 斯

圣彼得堡,4月17日

奥兰治亲王今日一时到达,在火车站站台受到皇帝、皇储,诸位大公及随从的数名宫廷显贵的欢迎。

埃 及

亚历山大城,4月27日

刚刚在埃及政府和奥本海姆先生之间达成一项重大的商业交易。这一交易的基础是把旧的国库券换成新的,以铁路和公共工程作担保。奥托曼和英埃银行与此事有关。

中 国

据上海传来的消息说,4月12日,中国政府曾致函各国公使,要求取消女子学校,废除任何违背孔夫子和中国学说的教育。此外,所有的传教士,除了那些住在条约指定的港口的传教士,均应被视为中国的臣民。妇女不得参加宗教仪式。此后若发生杀害人的事件,将不予以赔偿。不过,杀人犯应受到法律规定的刑罚。消息说,公使们的答复尚未公布。

日　本

在日本发生了严重的骚乱。

在新坎，中央政府打算抽回一笔相当可观的纸币而不予等值的货币兑换。引起了居民的暴动。暴动的首领被砍头，这引起了普遍的骚动，城市遭焚，亲王府被攻占，两个宫廷大臣被钉上了十字架，亲王本人奇迹般地逃脱了。

被派去镇压暴动的部队被击溃，而天皇没有其他部队可派出。丰后县是另一场程度较轻的暴动地，这场暴动是由不均等地分摊在佃农身上的过于沉重的捐税引起的。在耶多召开了大臣大会，讨论应采取的措施。

阿尔及利亚

《阿尔及利亚箴言报》报道说，埃及－哈戴德酋长正尽最大努力煽动整个中部卡比利亚举行暴动。他派了一些密使去费尔吉乌阿，直到突尼斯边界。

从拿破仑要塞来信说，有理由担心伊洛尼亚人或马鲁人，贝尼－伊都拉尔人和贝尼－乌利腾人试图暴动。

从梯吉－乌宗传来消息说，15 日，我军一支由 120 人组成的小分队同由乌拉德家族或卡而家族率领的塔姆达人展开了一场战斗，我们的士兵立了功。

在麦加那指挥部队作战的索西耶将军，在 11 日左右也同乌列德－柯利孚人遭遇过，并追击他们，直到卡比利亚地区的巴格尼尔。在撤回时，他顶住了所有卡比尔起义部队的压力。

比斯克拉一带也处在暴动之中。

在比斯克拉，平民们决定设路障封锁城市，这座城市原来城门大开，毫无防御工程。他们还决定召集所有的莫扎比特人和苏孚人来保护他们的街垒；在要保卫的上城，他们普遍动员了所有的穆斯林产业主。

工程进度很快。

11 日或 15 日，一些部队离开了巴特纳，去比斯克拉维持秩序。

圣·哥塔尔隧道

圣·哥塔尔隧道问题，看来不久又要提上议事日程。大家知道，各国保证给予的补助金的期限最后推迟到 10 月 31 日。

由于时间短促，圣·哥塔尔委员会不久将要进行新的活动(也许已经进行了这样的活动)以便实现这一宏伟事业。一切迹象表明，德国议会秋季会议将忙于此事。

人们记得，应从德国获取的 2 000 万法郎的补助金，北方省议会表决给 1 000 万，巴德表决给 300 万，另有几家与此有密切利害关系的铁路公司提供 200 万，这样，还需 500 万才能凑足这个数目。

看来，德国帝国，作为一个大国，有可能为圣·哥塔尔隧道的建设提供资助。

此外，人们可以相信，富尔登堡和巴德的铁路公司，以及阿尔萨斯和洛林的铁路公司也会提供部分补助金的。

人们可以相信，从即日到10月30日，所需的2 000万，德方将全部付清。希望意大利也采取措施，以便提供由它承担的4 500万法郎资助的尚未兑现部分。

杂　闻

今晨9时，共济会会员们在杜伊勒利宫栅栏庭院里集会。巴黎的所有的会员，都响应了各省分会的召唤。贵宾们胸前交叉系着红色或蓝色束带，胸间围着象征性的小白皮围裙，从四面八方涌来，前面是会旗和乐队开道，从密集的人群中穿过。这些老百姓一大清早就聚集在这里，等着观看这个场面。

集会原定在卢浮宫召开。但是热情的人群挤满了利沃里街、卢浮广场、王宫广场和塞纳河码头，给这次庄严的盛会造成了交通堵塞，各分会的代表，只得经由骑兵竞技场广场赶赴杜伊勒利庭院。

几个营的国民自卫军排列成人墙，挡住看热闹的人。这些人互相推挤，高呼“共济会万岁！”，“公社万岁！”有些人高喊：“打倒凡尔赛人！”

共济会会员们四人一排，军乐队高奏《马赛曲》，游行开始了。

有55个分会的人到会，打着会旗。总共集合了约1万名不同年龄，不同地位的公民。所有这些公民，根据各自的地位，系着不同颜色的宽缎带。一个妇女分会，受到人群特别的欢迎。人群为法国共济会史上这个独一无二的场面所感动。

游行队伍在代表公社参加盛会的六名公社委员的陪同下，在音乐声中出发了。这支乐曲节奏古怪，严肃而令人印象深刻。

行进在队首的是乐队，其后是国民自卫军的将军和高级军官及首领们。

在他们后面是公社的六名委员代表。

各分会的人随后跟上，一路上响彻了“共和国万岁！公社万岁！”的口号声。

队首到达了市政厅广场。在一个高高的华盖下面，面对着共和国女神像和一排红旗，站立着公社委员们。

共济会会长莫尼埃公民和提里福克公民发表了讲话。所有在场的公社委员们，加入了共济会员的行列，要陪同他们去执行危险的使命。游行开始了，从市政厅出发，取道利沃里街，从巴士底广场，沿着林荫大道往凯旋门行进。

整个行进的路上到处是亲切的人群。到处都是欢呼声。代表团来到前哨站。

下达了停火令。14 000 名共济会会员聚集在凯旋门。他们要求按行会到城墙上去，插上他们的会旗。

炮弹如雨点般打来，而人们回报以“公社万岁！”“世界共和国万岁！”的口号声。

一个由所有分会会长组成的代表团，打着各个分会的会旗，经过大军大街，来到城墙，把会旗插到城墙最危险的岗哨上。

最后，晚 5 时 30 分左右，凡尔赛方面停火了。经过双方谈判，共济会有三名代表出发去凡尔赛。

双方商定在代表们未回来以前，不得重新开火。

在巴黎，下午流传消息说，在大军大街的弹雨之中，有两名共济会会员受伤。直到此时，根据所有的情报，我们尚未收到这方面的报告。我们可以肯定的是，在马约门，两面会旗被子弹打穿。

索勒尔的警察搜查了城郊的一座房子，一名波兰人，几年来住在此处，现在不住了。警察在这里找到了一个实实在在的假票据制作车间，以及大量的奥地利和俄罗斯的铁路公司的息票，面值分别为60卢布和100卢布。所有这些东西包好，交给伊维尔顿法院处理。一个被怀疑涉嫌此案的人，在索勒尔一家旅店里被捕。

艺术家协会

成立协会的运动在增强。在古・库尔贝公民的推动下召开的画家、雕刻家、素描画家的会议之后，演员和音乐家也组织了协会。

他们的第一个行动是为国民自卫军的伤员、寡妇和孤儿组织募捐演出，公社为他们提供了巴黎市属的空闲的剧场。

指派了一个演出组织委员会。

最近成立了一个章程起草委员会。两名作家、两名作曲家、三名话剧演员、三名乐队演奏家和两名音乐家组成这个委员会。协会的三名发起人、作家保尔・布拉尼公民、作曲家昂多南・路易公民和作家阿尔弗来德・伊士－瓦尔也加入了这个委员会。

下列人员被任命为该委员会成员：

作家：乌索公民和纳泽公民；作曲家：利多尔夫公民、维勒比绍公民、雅夫洛公民、本扎公民。

演员德朗格来(昂比古剧场)、达米安(圣·马丹门剧场)、卡尔贝斯特利(哑剧);歌剧艺术家贝兰、缪勒、贝尔热、利多尔夫、本扎。

向所有住在巴黎的艺术家发出了邀请,号召他们加入协会。600多名艺术家响应了这个号召。

我们参加了几场会。我们很高兴地看到,由帕克拉公民主持的办公室为达到艺术大家庭所有成员的联合,做出了巨大的努力。

等将来时局好转,戏剧恢复其通常面目之后,艺术家协会将团结戏剧和音乐大家庭的所有成员,从而实现梦寐以求的艺术界兄弟般的大团结。

从这样一个共和原则出发,这个协会要在艺术事业中实行迅速而有益的改革。

阿拉斯街礼堂

每晚8时半

群众交谈——国民教育大纲,由艾德蒙·多耐报告。

(任何公民均可就此问题发言。)

教育与司法一样,应当是免费的和公立的。初级教育应当是免费的、公立的和义务的;其他各级教育应当是免费的和公立的。教育应当以公德为基础。

汇　报

宣读国民初等教育完整的大纲。概述前几次关于公德及儿童的权利与义务的谈话。

家庭内的权利与义务,夫妻的权利与义务。

法兰西学院大字典对“家庭”一词的定义如下：

“同一血统的所有人，如子女、兄弟、侄甥；也可以解释为在同一个家长之下生活在同一个房屋内的人。”

这不是现代的家庭，也不是共和主义的家庭。

家庭是由婚姻建立的一个结合体，她是国家和公共道德的基础。

丈夫和妻子在法律和道德面前应当是平等的。在这个结合体内只存在体质或智力方面的不平等和分工的不同。

这个结合体，只有双方均受过国民初等教育，才能持久。

建立在情欲、私利、门当户对和一个家长统治之下的家庭是不稳定的。

共和主义家庭的敌人是独身、宗教忏悔、卖淫、专制制度，以及不遵守建立在结合体团结基础上的双方的权利和义务。

不遵守这一切，结合体将破裂。

陪嫁财产是一种不道德的制度。真正的嫁资应当是未婚妻自身的价值。

现住巴黎的卢瓦雷省籍公民，请于本月 30 日下午 2 时到沙罗尼街 51 号丁香大厅开会。

发起委员会

达维（弗郎索瓦），罗亚尔河畔博尔镇；

朗格鲁阿，罗亚尔河畔默格镇；

戈尔涅，罗亚尔河畔默格镇。

南方铁路公司

敬告各位股东先生，由于提交给1871年4月29日召开的股东大会的股份数低于章程第21条所规定的数目，大会推迟召开。

会议日期另行通知。

讣　告

据悉：

著名企业家，达尼埃尔·科士林在牟罗兹去世，享年86岁；

希腊外交部部长，克里斯托布罗斯在雅典去世。

1871年5月1日　星期一

要　　目

正式公报。——罗塞尔公民任驻陆军部临时代表。——克吕泽烈公民被解职。——军医的任命。

非正式公报。——战报。——驻陆军部代表的命令。——军需总监致驻陆军委员会代表特里东公民的报告。——致第十八区公民的公告。——劳动与交换委员会关于清理当铺的报告。——铁路总监的通报。——公社会议。——国外新闻。——各省共和联盟的示威。——贸易与商人。——讣告。

正式公报

1871年4月30日，巴黎

执行委员会，

决　定：

任命罗塞尔公民为临时驻陆军部代表。

执行委员会

菇尔·安德里约、爱·瓦扬、巴斯噶尔·格鲁塞、弗·库尔奈、儒尔德

1871年4月30日，于巴黎

克吕泽烈公民已被解除驻陆军部代表之职。

执行委员会下达的对他实行逮捕的命令，已获公社批准。

已经派人临时代替克吕泽烈公民。公社采取了一切必要的安全措施。

根据陆军部代表的决定，任命：

4月30日

阿玛尼厄医生为第二百三十营外科军医。

德勒格拉维耶（沙尔）公民为第一百七十七营外科军医。

洛朗锋（马塞尔）公民为第一百零七营外科军医。

吉拉尔（让－巴第斯德）公民为第二百七十营外科军医。

雷蒙·德·阿马斯·伊·塞斯佩戴斯公民为第一百九十五营外科军医。

贝拉尔（昂利）医生为第一百七十七营军医。

勃朗沙尔（路易）公民为第九十五营助理军医。

德维耶（雷密）公民为第十三营助理军医。

斯塔斯（费尔迪南）公民为第一百八十九营助理军医。

盖兰（沙尔）公民为第二百零二营助理军医。

莱纳尔（列翁）公民为第一百七十七营助理军医。

博格（雅克）公民为第一百零一营助理军医。

非正式公报

1871年4月30日，巴黎

战　　报

阿斯涅尔，4月29日晚

凡尔赛部队开火少，时有时无。

4月30日

休战。凡尔赛人正在部署炮位，但数量不大。

迪拉谢上校接替了受伤的奥科洛维奇上校。

伊西，4月29日晚

在我街垒附近，发生了一场由凡尔赛部队发起的猛烈进攻。公社战士有力地回击了敌人。双方使用了机关枪。

蒙鲁日，比塞特

通宵连续炮击下封特奈。早上平静。10时，凡尔赛部队炮艇六连发炮回击。12时停火。下午5时，巴尼厄方向有轻微的枪声。

旺夫，伊西

沙第雍方向展开了强有力的防御战。伊西受到来自默顿及雷·穆利诺敌军的进攻。战斗1时开始，到5时半结束。

昨日一整天，敌橘树园炮兵不断向我方炮舰猛烈开火。我炮舰非常成功地给予了有力的回击。

晚8时45分，兰特恩·迪奥仁、默顿和下默顿的敌炮集中火力向伊西要塞射击。

我炮艇和第68棱堡支持了要塞的火力，并略占优势。敌炮受到严重的损失。

晚7时到11时，右方传来密集的火炮和机关枪的枪声，并断断续续延至早3时。

总之，敌人受到了相当大的损失，而我方没有受到任何意外。

我们的炮舰在高架桥下面，得到了极好的停泊和掩蔽条件。

在此，我向各位通报“自由”号水兵郁谢特的勇敢表现。在水兵穆拉的协助下，他冒着生命危险，成功地救起了不慎落入塞纳河的小水手勒麦特。

在所有的炮舰上，到处可见蔑视敌人猛烈炮火的出色姿态及他们对公社表示的献身精神。

奉驻海军部代表命令

秘书长布瓦隆签署

1871年4月30日，于巴黎

致执行委员会委员公民们。

公民们，

我荣幸地通知你们，我已收到你们委任我临时担任驻陆军部

代表职务的命令。

我接受这一艰巨的职责，但我需要你们完全的和绝对的帮助，从而不至于被形势的沉重压力所压垮。

兄弟般的敬礼。

工兵上校　罗塞尔

1871 年 4 月 30 日，于巴黎

命　令

老盖亚尔公民负责建造街垒路障，组成防御工事后面的第二道围墙。他将指定，或通过各市镇当局指定外围各区在他指挥下从事这些建筑工程的工程师或代表。

他将受命于驻陆军部代表，决定这些街垒的位置以及它们的武器装备。

除了上述第二道围墙外，街垒将包括三个封闭围墙或城堡，位于托加戴贺，蒙马特尔高地和先贤祠区。

这些城堡的草图，将由驻陆军部代表在指定负责这些建筑工程的工程师之后，在现场划定。

弗洛勃列斯基将军的指挥，将扩展到整个塞纳河左岸，从伊西到伊夫里之间布防部队。

要塞的指挥员们，部队指挥员们，以及公社的其他军官和职员，都要承认他的这个身份，并服从他的命令。

驻陆军部代表

罗塞尔

1871 年 4 月 30 日，于巴黎

塞纳省国民自卫军

旺多姆广场少校指挥官致巴黎城防司令将军。

将军：

遵照驻陆军部代表公民的命令，我集合了第一百一十七、一百一十八、二百零八、二百零七和二百三十四营的士兵。时值 1 时 20 分，各营集中后，我下令这五个营出发，并把这个纵队的指挥任务交给第一百八十八营营长。

我告诉他，我随后跟上他们，到时，或者由我发布命令，或者由我指挥这个纵队。

2 时 15 分，我抵达凯旋门，找到了第二百零八和二百二十七营。

我让所有的女公民撤出现场，让不属于共济会的男公民远离现场，我把整个共济会的队伍布置在爱丽舍田园大街街上，他们不但无意避开危险，反而好像有意去冒危险。但是，炮弹一个接一个向我们打来，毫不间歇，因此我认为有必要把队伍转移到弗列德兰大街。

我把纵队集结到路边，有秩序地撤退。

有几颗炮弹落下来，每落一颗，共济会会员就齐声高呼："共和国万岁！公社万岁！"

我的儿子，我的兄弟西埃门，以及外科医生，陪我并协助我执行这个使命。我对他们的帮助感到满意。

我的兄弟西埃门，紧随我身边，他捡起了一个落在几米外的炮弹片。

4 时，几个使者来告诉我们，代表团要求共济会队伍到城墙上对话。从这时起，射击停止了。

我们开向多菲娜门。抵达那里后，我让所有穿便衣的弟兄们上城墙，并竖起共济会会旗，各分会都踊跃地执行了这一命令。

为了避免由于出现军人而发生不幸，我下令凡是佩戴着国民自卫军军服上任何一种标志的弟兄们，不得出现在敌人面前。

晚 7 时，我下令所有的人撤退，并做了以下部署：

我把第五十三、五十四和五十五棱堡驻军的连长或哨所长召集来。我命令他们保护各分会的代表，这些代表负责辨认因各种原因出现的弟兄们。我下令要他们派卫兵守卫每一面会旗，并向我担保这些会旗的安全。

完成这个部署后，我便把纵队开到马约门，以便一旦出现代表团今晚未归的情况而采取措施。

我还做出决定，既然会旗的安全已经得到保证，所有的弟兄就可以回去了。有几位共济会员，自愿留下组成一个常设委员会，在杜尔朗大楼待到明天早上，等候谈判的代表归来。

决定明早 9 时在公社集合，汇报这次出色行动的结果。

我向驻陆军部代表做了口头汇报。早 8 时半，我和我的部队回到了旺多姆广场。

我注意到了在场的人有茹尔·瓦莱斯和朗维耶两位公民兄弟，以及贝热瑞和昂利·福都奈两位公民。

一切顺利。应当颂扬共济会，普遍的印象是，这一天是共济会历史上最光辉的一页。

致兄弟般的敬礼。

旺多姆广场少校指挥官

麦耶尔

第十八区区政府

公民们，

我们有义务并乐于让你们了解公共事务，并向你们通报我们的感想。

3 月 18 日以来，实现了许多伟大而美好的事。但是，我们的事业还没有完成。更为伟大的事业应当并且必将实现，因为我们将不懈地，在当前和未来都将毫无畏惧地继续我们的任务。

为此，我们必须保持我们至今一直具有的全部勇气和全部毅力。再者，我们必须准备好，做出新的牺牲，不怕危险，勇于献身。我们准备得越充分，将来付出的代价会越小。

要得救，就要付出这样的代价。你们的态度，足以证明你们已充分理解这个道理。

对我们进行的是一场人类历史上尚无先例的战争。这场战争是我们的光荣，是敌人的耻辱。

你们知道：凡是真理、正义或自由，没有不是经过一番人民同武装到牙齿的，企图扼杀我们合法愿望的阴谋家、野心家、窃取者之间的较量之后才在太阳下获得一席之地的。

公民们，今天，你们面前有两个纲领：

第一个是凡尔赛保皇主义者的纲领，他们由正统主义朱安党人率领，受政变的将军们和波拿巴党代理人的控制。这三派人即便胜利，他们以后也会相互诋毁，争夺杜伊勒利王宫的。

这个纲领意味着终身的奴役，使人民堕落，扼杀智慧和正义；它意味着雇佣劳动，它是加在你们脖子上的桎梏，每一行字，都含着威胁，要你们的血，要你们妻子的血，孩子的血，要我们的头颅，似乎我们的头能够堵塞他们在你们胸膛上戳的洞，似乎我们人头落地后，可以使被他们杀死和枪毙的你们的亲人们复活。

这个纲领，把人民降到牛马的地位，仅仅为一小撮剥削者和寄生虫干活儿，养肥那些王公、大臣、议员、将领、大主教和耶稣教士。

这个纲领意味着要卖掉乡下老百姓的一切用品，从工具到窝棚木板，从老婆的裙子到孩子的襁褓，以此来交纳养活国王、贵族、神父和宪兵的沉重赋税。

另外一个纲领，公民们，就是你们为之进行过三次革命的纲领，你们今天为之战斗的公社的纲领，也就是你们的纲领。

这个纲领，要求人权，它意味着人民自由地掌握自己的命运；意味着正义和靠劳动而生存的权利；意味着暴君的幽灵将粉碎在工人的大锤下；意味着劳动与资本平等，智慧胜过诡计和愚蠢；意味着诞生与死亡面前人人平等。

公民们，我们要说清楚，任何一个人，今天没有自己一定的见解就没有资格做人。任何一个漠不关心，不参加斗争的人，决不会在子女面前，问心无愧地享受我们正在准备的社会福利。

正在完成的革命是人民的事业。不管敌人怎样说，这不是一场由一小撮乱党分子率领的暴乱行动，公民们，你们的革命有纪律严明的军队，你们有要塞，有大炮，你们营的战士自由地穿过首都，所有的小巷大街都属于你们，你们的旗帜四处飘扬，巴黎，伟大的巴黎，是你们的营地！

不，如今，我们再也不像从前那样，只有少数几个人以街垒为掩护，既缺少子弹，又没有人指挥。如今再也不是1830年，也不是1848年了。现在是一场伟大的人民起义；人民的意志是：不自由，毋宁死。

必须战胜，因为，一旦战败，你们的妻子就将惨遭凶暴敌人的追逐、虐待，成为他们发泄怒火的牺牲者；你们的孩子将受到敌人的摆布，像小犯人一样被追捕；许多人将被送到卡宴去做苦役，劳动者将同盗窃犯、制造假货犯、杀人犯系在一条锁链上，在那里度过余生。我们今天战败了，敌人明天就会把我们投进监狱，受警察的看管，在宪兵的监视下做苦役，六月的枪决场面将会再次出现，死的人更多，流的血更多。

战胜敌人，这不仅仅是拯救你们自己和你们的妻子儿女，而且也是拯救共和国和各国人民！

你们不要态度暧昧。不表态的人，没有资格自称是共和主义者。

过去害怕我们旗帜颜色的人们请放心，我们的旗帜是人民的血染红的，而不是别人的血。

保皇主义者血染了自己的白色破布，帝制主义者出卖了三色旗，他们根本不顾他们旗帜的光荣历史。只有红旗到处飘扬，人民到处受到宽容；只有红旗没有受到玷污和耻辱。

我们要振作精神，我们的苦难即将终结。巴黎不可能卑躬屈膝地容忍再一位波拿巴重新上台。我们不能让巴黎成为一片废墟，到处遗尸！我们不能再忍受叛徒们的奴役；整整几个月里，他们没有向普鲁士人开过一枪，而今天却没有一时一刻不用机枪向我们射击。

多少女人、孩子、老人、无辜的人，在他们的枪击下丧生。今天，义愤填膺的，不仅仅是巴黎人，而是全体法国人，全法兰西人民都激起满腔义愤了！美丽的法兰西被敌人毁灭了，出卖了；敌人像猛禽扑向荒野的尸体上那样争抢法兰西的遗骸。

行动起来，切莫袖手旁观。让妇女们去慰问伤员，让老人们去鼓舞年轻人，让强健的男子不论年龄大小都跟随他们的弟兄前进，与他们的弟兄共患难。

那些身强力壮而自称年高的人，总有一天将被自由的社会剥夺他们的法律权利。使他们蒙受巨大的耻辱！

令人好笑呀！公民们，凡尔赛人说你们气馁了，筋疲力尽了。他们很清楚，他们是在撒谎。当大家都向你们走来的时候，当人们从巴黎的各个角落集合到你们旗帜之下的时候，当前线的士兵——你们的兄弟、朋友——掉转枪口，向那些逼迫他们杀你们的宪兵和警察开枪的时候，当我们敌人的队伍里开小差的现象蔓延的时候，当他们中间笼罩着对混乱和暴动的恐惧的时候，你们反而会泄气，会失去对胜利的信心吗？

当全体法国人都站起来向你们伸出支持的手的时候，当你们如此英勇地忍受了8个月的痛苦，尤其是当你们经过斗争，即将获得自由的时候，难道在这样的时候，你们会感到厌倦吗？

不！我们必须战胜，尽快战胜。随着和平的到来，耕者将回去种田，艺术家将重新拿起画笔，工人将返回车间，大地将再成沃土，劳动将恢复生机。和平降临。我们就将枪支入库，重新拿起工具做工；我们有一天将怀着圆满地尽了职责的满意心情，豪迈地说：

"我是伟大革命的一名士兵公民！"

公社委员

德雷尔、让-巴·克雷芒、韦莫雷尔、克吕泽烈、巴斯噶尔·格鲁塞、阿尔诺、泰·费雷

1871 年 4 月 20 日，于巴黎

报　告

致公社委员兼驻陆军部代表特里东公民。

代表公民，

3 月 27 日，执行委员会委员兼驻陆军部代表埃德将军指定我掌管军需部并开展这个部的工作。

没有一个职工留在自己的岗位上，所有的文件都被拿走了，因此，我要在这样的混乱状态中，筹办这件如此庄严的事情：建立军需部，负责给养、服装以及对于一支即将出征的军队所需的一切服务。

任务很重，两名受命办此事的公民退了下来，或者是无能为力，或者是不愿意承担这个职位的重大责任。

怀着为我们的事业工作的强烈愿望，我着手工作。在上任的

当天，我就派了一些职员联络公众。

尽管如此，我不可能在这样一个一切都需要从头开始的巨大的部门里，一个人全管起来，所以我把我的兄弟埃里·玛伊召到我身边。他原来是烟草局局长。我请上级授他以师军需官职衔。靠他的协助，我们做好了组织工作。

我们采取的头几个措施之一，是在“政府公报”中登载一则启事，禁止一切以征调军粮的形式乱收公众的酒和食品。

军队日常给养的首要部门——军用面包厂，被它的原厂长所抛弃，尽管这位厂长曾经答应全力合作，而且还给他配备了一名军事指挥员。这位厂长在离去时，拆毁了一些机器，辞退了这个部门的主要人员，破坏了这个厂的业务和工作，使得我们部门所属的这个主要的单位无法运行。

我们靠我们的朋友德莱公民的协助，立即顶住了这一反动的打击。德莱公民立即重新运转了军需部门这一必不可少的大动脉。它中断一天就可能对我们的事业的成功造成最悲惨的结果。因为“无面包即无士兵”。

为了保证正常而迅速的分配服务，尤其是为了力所能及地制止混乱时期的不可避免的浪费，我们设立了给养特别办公室。为了保证在部队集结或军事行动时各地所需的分配服务，我们设立了一些辅助军需办公室或分配办公室。比如，我们在阿斯涅尔、纳伊、乌理什大街、多菲娜门、瓦格拉姆公园、蒙索公园、伊西要塞、旺夫、蒙鲁日、比塞时、伊夫里等处，设立了食品店。所有这些附属单位，主要从军用面包厂以及城圈内存在的小粮站进货。

所有的食品票证都经过了仔细的检验，建立了严格的检查制度。每天我们都要查处假冒行为；这种行为，由于兵员人数的变化而不可避免地发生，有些营和有些连乘机谎报人数领取配给量。

最严格的节俭精神制约着我们的支出。举一例为证：军用面包厂比 9 月 4 日政府时期多生产三分之一，而支出却少三分之一，雇员们的工资却比过去优厚得多。

这项工作进行得很好，你可以从本报告附件三中得到一个确切的了解。

现在这个部门组织得很完善，而且工作得十分认真，因为征调食品的检查工作也归它管。

我们集中了所有分散在巴黎各兵营的拉车的马和辎重车，这项服务现在组织得相当好，因此我们可以不再使用大部分被征集的公共汽车和其他车辆，从而每天至少节约 2000 法郎。

在这些服务项目之外，我们还有一个主管通行证和情报的处。这个单位虽然只有次等重要性，但也有它的用途。

总之，一切都运转起来了：军需处、服装和装备处、医院与野战医院、军饷处、委任手续处、辎重处等等。

以上是我们已经做的事。但是还有些事要做，为此我们需要有更为广泛的权力，“因为我们经常受阻”。我们不想无休止地为这个问题伤脑筋。我们希望给我们派来两名公社委员，考察和评议我们的行政工作，并听取我们的意见，看看还需要改进什么，以及我们必须具备的权力的性质，以便保证我们领导的行政工作的正常运行。

我们的结论是：我们希望你亲自来检查我们的工作，我们真心诚意地盼望你来检查。　　　　此致敬礼和平等。

军需总监

古·玛伊

师军需官

艾里·玛伊

1871年4月28日，于巴黎

劳动与交换委员会关于清理当铺的

报　　告

无法给历史上高利贷的产生确定一个准确的日期。一旦人们用货币代替了纯粹的交换，利欲就孕育了高利贷。

在中世纪，民众在放债的犹太人、伦巴底人、加奥辛人的盘剥下挣扎。这些高利贷者同教会一起用捐税、债务和利息压榨民众。在早期，实行拘禁，抵押贷款和抵押。

在1234年的诏令中，路易九世曾这样说过：

“业已严令所有的大法官，基督徒之人身不得因欠犹太人之债而受拘禁，也不得因此而被迫出卖遗产。”

其他一些法令试图制定规章限制高利贷，许多规定触及了高利贷者的利益。但是这些措施并没有产生有效的作用，因为在所有的君主统治时期，滥用权力和敲诈勒索的行为一代一代流传下来。这些由领主、教会或国王下令进行的迫害，其动机不外乎没收犹太人或伦巴底人积聚起来的财富，据为己有。

1382年5月，国王给议会的诏书，特许伦巴底人及其经纪人可以开设押贷款铺，限定了利率，并用 26 个条款以法律形式确认他们有诈取公众财富和劳动收入的残酷特权（利息定为 43.6%）。

在卢浮宫敕令中，路易十一不折不扣地确认了上述的 1382 年诏书。此后就再也没有制定过新的法令。

当铺起源于意大利，并首先传到荷兰：佩鲁茨，1467 年；萨沃纳，1479 年；切泽纳，1488 年；等等；罗马，1590 年。罗马的当铺发展到了可以像银行那样办理大宗款项借贷。

这些当铺当初的活动很丑恶。一位作家在谈到一些学者所著的充满错误的书时说：

“让这些犹太人向他们的对象放高利贷，开设公开的高利贷钱庄，甚至利滚利地盘剥也可以。”

有几位教皇和有些教派的修道会还传授了关于当铺的教义，并在拉特兰主教会议期间（1512—1517 年），教皇还颁发了谕旨确认可以搞抵押贷款。

在那时代，贸易扩展得很快，而且新近的航海发现促使交易飞跃发展。资产阶级（虽然，当时这个阶级还只是刚刚出现）一方面压榨人民，另一方面却力图逃脱犹太人的利爪。当铺实际上成了汇兑所。

只是到了 1626 年，在巴黎召开的全国三级会议颁布了一项法令，才建立了当铺。这项法令执行得并不完整。路易十四于 1643 年重申这条法令，于是从这个时期起，真正建立了巴黎的当铺。

12 月 9 日，在财政大臣内克尔的主持下，发布了一些新的法令，专门确定了当铺及其分店的管理和组织，尽管内克尔本人将当铺视为“一种对邪恶的调解”。

此时，老百姓已经难以忍受过度的贫困。当然，单单“以几件破衣烂衫去借几个铜板”并不能减轻这种贫困。因此，路易十六为了满足一些人紧急的和一再提出的急迫要求，命令把 80 法郎以下的金额典押的内衣和冬季服装归还给典押人。

另一项法令，即共和历二年雨月四日国民议会颁布的法令，也意在减轻公众的贫困，它允许金额不超过 20 里弗尔的当票持有者有权免费取回典当在当铺里的衣服。第九条说：“公共救济和财政委员会将尽快向国民议会提交一份报告，阐述保留名为当铺的设施是否有益于公共利益。”

还有一项共和历三年雨月一日的法令，下令向贫穷的物主归还他们典当的 100 里弗尔以内的物品。

后来，革命的冲击波把当铺一扫而光，但是并没有能力恢复信贷，也没有能力给劳动者他们维持生活所必需的**劳动工具**。

在督政府时期，正当一位专制君主怀着主宰世界的明确的意图出现时，高利贷的盘剥达到了不可收拾的地步。雷枭·德·圣-让-唐热利找不到任何办法纠正这些新出现的敲诈勒索行为，而只得恢复当铺。共和历十二年获月二十四日，一项帝国法令批准了这位元老院议员的意见。

从波拿巴一世至今，当铺发展史上的重要事件只不过是变来变去的规章条文。对它的研究肯定是有意思的，不过这超出了本报告的范围。

清理当铺；当铺的经济状况；当铺的道德价值——对当铺给予劳动者的帮助的评估

正如在君主制时代设立的所有的金融机构一样，当铺是一种垄断的行业。因此，公社的干预是必要的。

当铺把自己说成是济贫机构一类慈善事业。它们同济贫所、收容院、储蓄银行、皇太子会有密切的联系。这五个公共慈善机构每天都在相互进行资金周转。

当铺的金融业务如下：

它们以平均3%的利率，用不记名票据或记名期票借入贷款。这些钱大部分来自储蓄银行的受托人。

业务活动结算差额产生的利润归给收容院的行政部门。所签发的票据的总金额以收容院的不动产作抵押。

这样看来，给当铺的贷款的有效保证是国家的财产。

1869年，利润达784 737法郎53生丁。1869年行政账结算表明当铺征税平均税率为6%。而各种当票上所标明的税率为12%或14%。由此可见，这份报告，由于一些我们无法知道的动机，对一部分业务活动秘而不宣。

当铺行政部门行事可以说是由收容院作合伙人，只给出借人3%的利息。可是，为了使隐名合伙人（有限责任股东）的利润可以意外增多，当铺管理部门对借出的钱要征收各种税，以便尽量减少总的支出。

在总的支出中，当然不包括由国家负担的场地租金。

所签发的记名期票和不记名票据大多数是为了照顾不富裕的阶级的人们。这些人恰恰都是贷记储蓄银行账户的人。这种微利投资之所以可行，是因为当铺的行政管理令人无限信任。

利息只占总支出的微弱部分。而在这个部门的整个组织中，总的支出是很惊人的;各类职员的薪水每年多达96万法郎。

国家使有息抵押贷款合法化,国家以赞同的态度认可了高利贷活动,而不论其形式或动机如何。

事实上,抵押贷款暂时接济了处于失业或伤病困境的劳动者。这些困境会经常出现,一个公道的社会组织应当预计到这种现象,以便无私而有效地加以防止和救济。

在出现危机的岁月里,抵押贷款没有理由再存在下去了。在这些日子里,社会承受的负担应当正常地分摊。

确实,劳动者靠当铺的介入可以解一时的困难,但是这些家庭被剥夺了无法替代的物品;这些物品以贱价卖掉了。

以下是在当铺制度庇护下的许许多多流弊中的几个,在此只作提醒,不加详述:

商业单位为了推迟破产而转移商品,以便凑足到期应付的款额;

当铺靠大量出卖未赎取的物品做投机买卖;借贷人靠出卖当票做投机买卖;

在家庭内,轻易得来的借贷对劳动无益,对家庭代价太大,因此造成家庭经济混乱;

等等,等等。

公社是真诚为社会服务的机构;它支持劳动、信贷和交换活动,它要努力废除当铺,因为当铺将导致经济混乱和堕落。

回到眼前的情况,委员会认为:

当铺拥有数量可观的抵押品,它们为此借出了一笔3 800万的款。在围城期间借款的数目少,而实际借款应达到1.8亿。因此为每件寄存物所付的借款平均不超过实际价值的1/5。

由于公社的法令禁止买卖典当物品，延长赎当期限，加之围城期间储蓄银行四散，这一切迫使当铺中止其业务活动。当铺不再只是库存抵押品事实上的保管者，并剥夺了相当一部分居民日常生活中必不可少的物品。

假如当铺在公社执政之下要继续它的高利贷活动，它们就必须求助于其他信贷机构。假定有这种可能性，则当铺就要至少多付出4%的利息，也就是说到了年终结算要损失许多收入。

因此，当铺非清理不可。理由有二：一是当铺的原则是不道德的，二是当铺的经济功能是绝对无意义的。

清理当铺首先要碰到很大的困难：偿付3 800万法郎，这是当铺对那些把多年劳动成果作抵押的人们所欠的一笔巨款。

扰乱一些公民的经济生活，那是不对的，他们可以说是干了过分的互相接济行为，但并不是投机活动。

另一方面，目前的金融状况也不允许用一笔特别支出来了结这笔债务。

不过，如果实事求是地分析这个问题，就可看出：当铺尽管借出了3 800万法郎，但手中却掌握了价值1.8亿法郎的物品；

分析还表明，在目前状况下如果延期的话，就会加重一个已经受到损害的阶级的负担；

分析也表明，任何部分的清理，在这个时期都将损害借贷双方的利益。

结果是票据签发人所保证的只不过是当铺贷款的价值；这种担保，是一种随机的担保。

当铺贷款所提供的这个担保，可以由任何其他担保所替代；如果公社由于上述理由而代替当铺，则双方的利益都不会受到损失。

公社应当委派一个清理工作组，在劳动与交换委员会监督下仔细检查当铺债权人的证券。凡无舞弊或不正当行为的证券将被兑换成由公社担保的票面价值，分季度，用抽签的方式，五年内偿清。

当铺的债务人将收回他们的抵押品，即：服装、床上用品、家具和工具。他们要签字保证将全部欠款还给公社，五年还清，每月付一次期票。

对人民的这种信任，表明劳动人民有权进行信贷活动。

当然，清理工作组将要透支一笔未付的抵押票据的款项，这是以往与整个社会有连带关系的政治事件所造成的必然结果。

给予劳动者的这种信用和信任，将会得出积极的结论。到那时，一切妄图玷污这种信用和信任的诽谤都将破灭。

金银物品只具有附带价值；它们将作为担保，保留下来。同时让借债人有能力分几部分赎取。

商人抵押的商品也将被保留，因为它们本身就是债权人的担保。然而，清理工作组将被允许用这些商品交换其他担保。

第三者所掌握的当票，将不归还；它们将归入金银物品一类。

最后，清理工作开始以后一年，凡是完全留在工作组手中的抵押品都将在经过广泛宣传后被变卖，由清理工作收益。

结　论

考虑到有关当铺的各项法律和法令均有利于私人经营；

考虑到公社不能因袭旧制度的传统，去维护一个信贷机构的高利贷活动；

考虑到当铺不能代替劳动者在劳动工具和信贷方面享有的权利；

考虑到劳动者从抵押借贷中虽获得暂时解难手段，但往往造成家庭贫困，家庭积蓄之成果日渐消失；

考虑到处境拮据的商人往往要向当铺借贷，大多数商人的破产就是由此而造成的，这样的行为应当被视为一种欺诈行为，用这样的手段侵吞债务人的抵押品。

此外，还考虑到巴黎居民刚刚经受的危机之后，大多数在当铺当了东西的家庭，将失去许多必需的用品，而且在很长一段时间内也找不到其他的代用品。

公社，

决　定：

第一条　宣布清理当铺。

第二条　任命一个清理工作组，成员有……〔人名略〕。清理工作组在劳动与交换委员会监督之下进行工作。

第三条　当铺的债权人，将手中的票据换成由公社担保的借据，五年之内，按季度以抽签方式偿还。

第四条　衣物、床上用品和工具将被归还，债务人需签字保证，五年内按月向工作组偿还借贷的总额。

为保卫公社而牺牲的公民的家庭的物品，将无偿归还。

这个办法，同样适用于受重伤而失去劳动能力的国民自卫军战士。

第五条　金银物品将作为担保保留下来，直至全部偿还借款

（可以每天至少缴款一法郎进行偿还）。

第六条　来自拍卖行的商品，亦应保留，但可用其他担保作交换。

第七条　本法令仅适用于当票持有者。他们需证明其身份符合当铺登记簿中所记录的申报。

第八条　一年期满，第四条所列的物品将被公开拍卖。

第九条　第五条和第六条所列的物品，若未被赎回，将在工作组活动结束时被拍卖。

清理当铺的决定的附件

以上各种考虑归纳如下：

首先，归还由当铺掌握的所有抵押品、工具、衣物、被服、床具。

为避免靠购买当票的不法商人钻公社的决定的空子，凡受益的当票持有者，应证明其身份，并符合抵押登记处所收到的申报。

为公社而战死的国民自卫军的遗孀和遗孤，将无偿收回其抵押品。

以上规定，同样适用于受重伤而无法恢复健康的国民自卫军战士。

各市镇当局，可以在公社委员担保之下，向绝对贫穷者无偿归还其抵押品。

但是，有许多劳动者，国民自卫军战士，目前处境艰难，而生活必需品又当在当铺里，却迟疑而不表明自己是贫困者，不去沾本决定的好处！

正是考虑到了人数众多的这些人的利益，委员会在报告中建议取出他们所当的物品，由他们保证在五年内按月分期偿还。

这个措施是社会主义的，所以信仰社会主义的人凭自己自尊心，是不会轻易申请一份施舍的，哪怕是改头换面的施舍。

因此，对为保卫公社而战死的自卫军战士的遗孀和遗孤，应绝对地无偿归还他们所当的物品。

对伤员也无偿归还。

对绝对贫穷者也绝对地无偿归还。

剩下要解决的问题是照顾那些没有生计而又不愿申明自己贫困的人。

金银物品保留至完全偿清当款为止。

出自拍卖行的新商品也同样保留。

除了这些工作之外，就要考虑彻底清理当铺的问题了。当铺纯粹是高利贷窝，其行为被清理委员会揭露出来后，必将泄露一些重要的事实。

必须清理，因为当铺由于缺乏信贷资金已无法继续其业务。

必须清理，因为官方许可的这种抵押贷款是不道德的。

必须清理，因为信贷借款是每个劳动者享有的权利，但这种权利应当以其他的方式实现，而不应使劳动者失去他们的生活必需品。

必须清理，因为放贷人，本身也是贫困者；他们的利益，可能由于一个与人民和公社为敌的政府的阴谋诡计而受到损害。

当然，在清理当铺之后，应当有一个社会组织接替之，以保证给失业和生病的劳动者以实际的救济和支持。当然，取消这种机构，不应当对任何人造成任何担忧。我们应当深信，公社建立后，要求建立与机构不同的新的机构，使劳动者不受资本的剥削，不去借高利贷，从而使其家庭置于平静与安宁之中，这种气氛能够重新锤炼人的勇气并提高人的德性。

劳动与交换委员会
沙兰、隆格、马隆、
赛拉叶、泰斯

代表

列奥·弗兰克尔

铁道总监致各铁路公司经理的通报：

1871 年 4 月 30 日，巴黎

各位经理公民，

执委会 1871 年 4 月 27 日的一项决定规定，任何机构，不论是公共机构或私人机构，今后不得对职员和工人强制罚款或扣留工资，有约在先，他们的薪水，应当全部发给。决定还规定自 1871 年 3 月 18 日以后所处的罚款和扣留的工资，需在两周内归还原主。

做出此项决定之前所阐述的理由很充分，无须我在此做任何评论。我只强调指出，这项决定表明公社的明确意图是，即使在严重关注目前的斗争时，也决不放弃实行那些最高的原则，使劳动者，不论他是工人、职员还是农民，应当拥有其全部权利和全部劳动产品。

我并非不知道，在铁道部门，至今罚款金额都放入一个救济金库，这样可以援助不幸的职员和工人。但是一方面分配救济时，往往过于主观或受各种势力的影响，另一方面，这种救济本身是对劳动者尊严的一种冒犯，对其品德的一种伤害。

因此救济金库应取消，让劳动者恢复他们的全部的权利，他们会凭自己的首创精神，对付未来可能发生的意外。

3月18日的革命，有着不可动摇的基础，那就是正义。这场革命因对正义的呼声而生，必将由正义而胜利。

4月27日的决定是这场革命的合乎逻辑的一个结果。这样说，是为了说明公社要坚决执行这个决定。因此，公民们，请你们在回函通知收到此件的同时，告知我，你们采取了哪些措施，保证归还自3月18日以来所处的罚款和扣留的工资。

此外，我还非常感兴趣地想读到你们认为有必要借此机会向你们下属各单位发出的指示。

致兄弟般的敬礼！

铁道总监

保尔·皮阿

电　报　局

因官方服务之需要，私人电报业务暂停，直到有新的指示。

世界共和国野战医院总监卢塞尔医生，得到公社委员兼驻公共事业部和公安部代表之许可，通知男女艺术家们，下星期四，5

月4日,在杜伊勒利宫大厅举行援助野战医院音乐会,并请愿意促成这项慈善事业的艺术家从即日至5月3日(星期三)下午2时之前到工业宫第四门报名。

巴　黎　公　社

1871年4月30日会议

主席:布朗舍公民。

助理:昂·杜邦公民。

会议于3时半开始。

正当一位书记准备宣读上次会议的记录时,有人报告说,外省共和同盟的一个代表团请求公社接见。

会议暂停,公社委员聚集到主楼的楼厅接见代表团。

4时10分复会。

主席公民:我收到了第十九区浦热公民的一封信,他向我报告说,由于军事指挥事务繁忙,他不能按时参加会议,他深感遗憾,并请求我转请大会考虑,是否接受他的辞呈为好。

我认为公社可以通过第十九区他的一位同事告诉他,我们赏识他的工作,他没有必要提出辞职。

某委员:在做出决定之前,我们应当知道信的内容。

主席公民宣读浦热公民的信。

拉乌尔·里果公民:目前形势要求我们遵守早先做出的关于公社代表兼军事长官双重职务的决定。我提请大会注意,对我们而言,浦热公民可以说是陌生的人,他被任命为营长,又被任命为公社委员。我认为，他的选民推举他到公社，意在让他出席会议并参加各项工作。

如果他仅任营长，那么他的区就缺少一名代表。

韦济尼埃公民：我们不要先下结论。浦热公民是他自己行为的最好裁判。我要求不要浪费更多时间进行这种完全无益的讨论。

让－巴·克雷芒公民：我要求发言，想纠正会议记录中的一处记录。记录中我和阿尔诺发言要求不要拆毁布雷阿将军的小教堂。事实上，我是要求不必为此专门做出一项决定，而没有要求不要拆毁小教堂。相反，我赞成拆毁它。因此我并没有发表《公报》说是我的言论。对此，我表示最强烈的抗议。我要求记下我的抗议。

此外，前天提到《公报》售价改为 5 生丁，至今未改。为什么？在所有报纸中它最贵，而它是一份社会主义报纸。

总之，我要求记录我对《公报》提出的抗议。

龙格公民：我很高兴在我在场的情况下谈到《公报》。我要让你们了解一些关于《公报》的奇谈怪论。

（插话）

米奥公民和郎维耶公民：请宣读会议记录。

会议记录由一位秘书宣读。

茹尔·米奥公民：公民们，我曾发言要求宣读会议记录，记录正确无误。我不满意的是《公报》对我提交大会的议案只字不提。

沙兰公民：公民们，我非常不想让我的名字出现在《公报》里。

不过，请问，为什么参与讨论米奥方案的各位公民的名字未刊登在《公报》里？总之，一句话，为什么关于公安委员会的问题被删掉了？我并不责备秘书和编辑们，他们是尽职尽责的。但是，我要问，为什么在公社没有宣布为秘密会议的情况下，不把整个会议的情况公之于世。我是我们会议公开性的反对者之一，但是既然问题已经决定了，一切都应当公布。

龙格公民：我不能回答这个问题，因为，我不属于《公报》编辑部，我一个字也未曾写过。

（喧哗—谁也没有指控你呀！—各方插话。）

打断我的话的委员们，我承认你们为我考虑，但请你们听我解释。在《公报》方面，给我送来一些报告，写得相当不好，我不得不主动删去几个不适当的词。如果说我在《公报》只具有消极的价值，那么，这个价值谁也不能否认。再者，我保存了这些报告，我可以向你们出示。现在，我认为米奥公民同意我的话了。

但是那天《公报》的问题被提出来了，关于这个问题，我提出了一项议案，是非正式地提出的。在深入分析这个我觉得是难以忍受的形势之前……（喧哗声）

米奥公民：重要的是，答复我的问题。

主席公民：两位秘书现在不在场。不过一位代理秘书提示我，有时候急需删掉某些段落。

龙格公民：我说，我要求，况且一切传统允许我这样做，我要求答复在我不在场的情况下涉及《公报》的言论。我没有出席会议，你们讨论了，而谁也没有提出抗议。

比约雷公民：我提请龙格公民注意，他试图插进的记录的内容，纯粹是一个枝节问题。现在的问题是，通过会议记录，然后再谈枝节问题，反正我到时候再回答。还是不要把时间浪费在枝节问题上。

帕里泽尔公民：我对刚才宣读的记录，没有什么补充的。但是，对《公报》上所登的记录有意见。我辞去了后勤委员会的职务，而不是辞去劳动与交换委员会的职务。因为，我负责的是一个很重要的代表团。

主席公民：是的，不能让人认为我们辞职是因为我们什么也不想干。

米奥公民：全部删掉了会议上有关我的提案的内容，我对此不满意。

里果公民：我要求按日程程序表决会议记录。

主席公民：速记记录稿完整地反映了会议的发言，只是秘书们在《公报》上贪污了一部分。

奥斯丹公民：我提议把“贪污”一词记录在案。

主席公民：奥斯丹公民，不该你发言。

（抗议声再起）

若昂纳尔公民：你无权用“贪污”一词污辱公社。

让-巴·克雷芒请求发言，被拒绝。

阿尔都尔·阿尔努公民：有人向我提出，列奥·梅叶在他的关于布兰教堂和鲁里大赦的决议草案中提到希拉斯和居济尼埃两个名字，而事实上应当是戴克斯和拉尔二人。

我要求《公报》予以纠正，前两人只是三年以后才上了断头台，即 1851 年 12 月尼埃弗起义时期。

主席公民：我请各位表决，通过会议记录。

会议记录被通过。

阿尔都尔·阿尔努公民：大会是否同意听取有关《公报》的枝节问题。

几位委员：按日程进行！

主席公民：请表决日程……

从各方面有人发言：不！不！

勒弗朗赛公民：我要求发言反对日程。（对！一不！）

某委员：我认为从公道出发，应当让龙格公民答复有关《公报》的言论。（喧哗）

几位委员：我们要求发言。

某委员：有些言论我们显然不应当公布于众，但是此时，发生了一些重大事情，需要立即解决，并且应优先解决，许多其他问题，推迟几天也不要紧。

（喧哗声和多种插话）

勒弗朗赛公民：（在喧哗声中），我要求就普罗托提案发言。

龙格公民：我痛苦地感到吃惊，对于一个诚实而正直的问题都要坚持……（插话）

我并不指控任何人，但是每当提到《公报》时，总出现混乱，我认为有必要听我解释。（插话）

如果不愿听我讲，那我就不在这个大会上发言了，而我也不提出辞职了……（日程！）

主席公民：公民们，日程表上列的是讨论有关公安委员会的问题。（不！不！《公报》问题！）

韦济尼埃公民：执行委员会一位委员要求发言，传达一件重要事情。我要求大家立即听取。

几位委员:对! 对! 我们要求开秘密会。

(5 时,大会开秘密会议。)

国 外 新 闻

西 班 牙

共和党人曾要求代表大会就从巴塞罗那驱逐被怀疑是属于国际联合委员会的几名法国人的问题质询政府。

奥洛扎加先生未允许质问,因为议会尚未组成。

——马德里《政府公报》登载了 20 日会议的记录。此次会议上发生了一件事,值得注意,译载如下:

卡斯特拉先生:对祖国的爱同我们生活中的各种各样的爱混在一起了。但是,这个祖国是西班牙民族的祖国;这个民族以自己享有的独立和自由而自豪,尽管它曾经怀着恐惧的心情看到萨贡特的姓氏被一个外国的姓氏所取代,但它在隆色沃峡谷战胜过中世纪最强大的战士查理大帝,在帕维打败过文艺复兴时期最伟大的统帅弗朗索瓦一世,在拜隆塔拉维拉击败过近代的伟大将军拿破仑;这个民族的光荣超越了空间;同上帝一样,这个民族的天才具有一种创造力,能够在大洋彼岸的荒野建立一个新世界;这个民族的人曾坐在自己的战车上观看法国的国王、德国的皇帝和米兰的公爵们备受屈辱地跟在他们的军旗后面走;这个民族曾经有一批人为他们当持戟的步兵和雇佣军,而这批人乃是萨瓦的贫穷无

名的小公爵，也就是当今王朝的创始人……（掌声，极大的骚动。）

奥洛扎加主席先生：卡斯特拉先生，请听我说，攻击一个家族就是攻击个人。

几排座位上的人：不！不！

奥洛扎加先生：卡斯特拉先生，如果您还要往下说，我就要提醒您遵守秩序，甚至请大会取消您的发言权。

卡斯特拉先生：随您的便，主席先生，您可以提醒我遵守纪律，但我在此地维护的，不是我个人微不足道的身份。此时此刻，我要维护我的不可侵犯的尊严和这个讲坛上的自由；自卫权是合法的和神圣的权利。在普通的法庭上，人们都要尊重这个权利，何况在这里；我同国王一样是不可侵犯的。

在几排座位上的人：更加不可侵犯！（几排座位上的人骚动）

加尔西亚－洛佩斯先生：国王是一位公务员，仅此而已。

主席：您可以捍卫您的观点，卡斯特拉先生，至于我，我要按规章办事。您是不可侵犯的，法院管不了您，但您不能超过国家的宪法。

卡斯特拉先生：我没有冒犯宪法。我可以引证历史，在塔西托和苏埃托尼笔下，史书秉笔直书，鞭打了暴君尼禄和加里古拉之流。我刚才说了，这是历史。费尔贝尔托·德·萨瓦、卡尔洛斯－马努埃尔·德·萨瓦，所有的萨瓦公爵，过去贫穷，靠乞讨过日，跟随在我们祖先的胜利的战车后面。

主席：请您遵守纪律！（低语议论声）

费格拉斯先生：宪法哪一条说过萨瓦公爵们不可侵犯？

主席：秩序！议员先生们！

卡斯特拉先生：主席先生，如果我没有权利谈国王们的祖先，那要说什么样的话才不得罪人呢？如果君主们的人身是神圣的，那么，伊莎贝拉·德·波旁夫人在经过这个城门入城时，为什么又看到了马里亚诺·德·比涅达、里耶戈、拉希、波尔里耶及艾姆贝希那多这几个被她父亲害死的人的名字呢？（掌声）

我再说一遍，萨瓦的公爵们过去曾穷到讨饭的地步，跟随在卡尔五世、菲力普二世和菲力普五世的战车后面走。

奥　地　利

格洛却尔斯基伯爵担任西拉伊塔政府不管部部长一事，在维也纳引起不同的反应。这位新部长是加里西亚人。各种政治色彩的报纸视此项任命为对波兰分子做出的第一个让步，是今后一系列让步的保证。

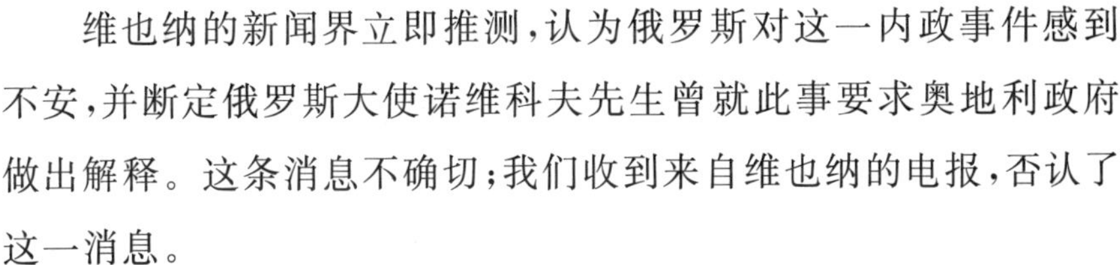

维也纳的新闻界立即推测，认为俄罗斯对这一内政事件感到不安，并断定俄罗斯大使诺维科夫先生曾就此事要求奥地利政府做出解释。这条消息不确切；我们收到来自维也纳的电报，否认了这一消息。

比　利　时

4 月 29 日布鲁塞尔来信说：

会议上出现的有关停战以来执行税收和征调的某些困难，是造成谈判进展缓慢的原因。

埃　　及

总督拒绝 7 000 名土耳其士兵进入埃及。这些士兵来自也门，打算假道埃及返回土耳其。土耳其苏丹政府认为总督无权反对其君主采取的军事安排。

各省共和同盟的示威

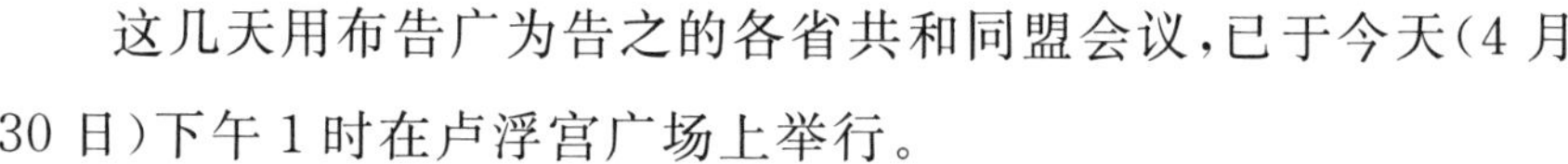

这几天用布告广为告之的各省共和同盟会议，已于今天(4 月 30 日)下午 1 时在卢浮宫广场上举行。

在广场上设立了一个办公室，通过了一项决议，并推选几名代表把这一决议送交巴黎公社。

下午 3 时 1 刻，人数众多的代表在市政厅庭院内受到巴黎公社的接见，公社的委员们特地为此中断了正在举行的会议。

代表之一，米里耶尔公民在呈交《各省共和同盟决议》时，发表了如下讲话：

公社委员公民们！

我们成立“各省共和同盟”，目的是促使外省加入巴黎公社，以便对坚持拒绝我们合法要求的人施加遭德上的压力。现在，我把大会一致欢呼通过的决议呈交巴黎公社；这次大会大约有五万人参加，后来在格来夫广场上举行的大会，参加的人比这还多。

决议如下：

各省共和同盟

1871年4月30日(星期日)在卢浮宫大庭院,居住在巴黎的外省籍公民10万人举行了一次大会。

决　议

考虑到负责国防的那些人,在为他们各自的政党和教派的利益及自身的野心而牺牲了法国之后,又企图在巴黎扼杀阻碍他们享受叛国的成果的独立精神;

考虑到国民议会中的君主主义多数派及其行政权力机构向巴黎人民挑衅,并指使其十二月罪恶的同伙波拿巴党的首领们攻击巴黎人民;

考虑到凡尔赛政府利用一些波拿巴主义的将军们对巴黎重新开展比普鲁士人所进行的更为野蛮的轰击,并杀害被解除武装的俘虏,从而对法兰西又一次发动可怖的外来战争和国内政变;

考虑到,当政府对巴黎进行一场残酷的战争时,巴黎内部却十分平静,以其勇敢和正直的英雄主义进行自卫,毫不优先考虑自己之意。为了全法兰西的利益,巴黎坚决认为:

第一,统一不可分的共和国,是能够结束暴力革命的唯一政府;

第二,公社的独立,是人权的保障;

兹宣告:

本同盟庄重地重申加入巴黎公社的爱国主义事业,并恳请各省的善良的公民们给巴黎以道义上的支持,并在可能的范围内给以实际的协助,帮助首都争取我们民族的和城市的权利。

大会授权

办公室成员签发

公社委员勒弗朗赛公民:公民们,昨天我们在这里愉快地接待了所有共济会各分会的代表们,并看到如同今天你们看到的那个场面,欢呼世界共和国。可以说大家公认巴黎公社就是世界共和国。

公民们,今天你们作为各省的代表,以全法兰西的名义,特来表明加入这个公社。要让凡尔赛知道,巴黎公社不仅仅是表达了巴黎一个党派团体的意志;巴黎公社恢复了 93 年的伟大传统,代表着整个法兰西大革命。因此,公民们,感谢你们来到我们这里,带来了你们加入公社的决议。你们要立即采取加入巴黎公社这一伟大的行动,这说明从此你们同设在凡尔赛的党毫无共同之处了。(持久的欢呼声。)

公民们,你们加入巴黎公社的行动应当表现为一种有效而实际的行动,那就是:你们代表每一个省,勒令那些仍谎称自己是普选出来的代表,那些无耻地用机枪扫射法兰西首都(它是欧洲大革命的大本营,十九世纪文明的象征)的人,立即交出早已完结的权责。公民们,你们都清楚,他们是怎样履行他们的权责的。你们应当勒令他们立即放弃这种权责,否则就是背叛法兰西,背叛全人类。这种权责已经没有存在的理由了,在现时,他只意味着毁灭和破坏。(说得好!好!好极了!)

公民们,几天前,巴黎权利同盟邀请了几位公社委员参加他们的讨论会,他们也是这样看的。

你们想为 3 月 18 日开始的运动做些有益的事。只需做一件

事：问题不在于讨论凡尔赛和巴黎谁是谁非，而只是要知道正义在哪一方面，革命在哪一方面就行了。（赞同的表示）

对所有的人而言，很显然，凡尔赛代表着对正义与公正之否定。（对！对！）无论怎样看待公社的行为，不管公社的某些行为受到什么样的批评，可以肯定，她代表着公正和正义。（再次表示赞同。）

巴黎公社代表着真理和 1789 年至 1794 年的所有原则。她恢复了由热月 9 日中断的伟大运动，是 1789 年胜利的运动的社会认可。

今天的问题不仅仅是某一个特定阶级的解放，而是法国人民的解放，全世界劳动者的解放。

各省的公民们，请你们给你们的代表们发出强制性命令，强制他们照你们的意愿立即放弃他们于 2 月 8 日获得的议员身份。你们都知道，他们在巴黎城门前是如何滥用这个身份的。

你们将以这样的举动向全法兰西表明，巴黎公社不是一个党派或一个团体的代言人，而是法国革命的代表。（持久的掌声—公社万岁！）

各省共和同盟成员米里耶尔公民：

公社委员公民们，

我们和你们的思想感情完全一致，你们的叮嘱，我们已经理解，并且已经执行了。

下面就是我们在外省代表的书面声明的结论。

声明的结论对各省同乡说：

“你们和我们团结起来，告诉议会，它的任期已满，没有存在下去的理由了。我们要向政府大声疾呼：‘不要再流血了！不要再犯罪了！不要再侵害伟大首都的自由了，这个都市长久以来战斗、受苦，不仅仅为了自己的得救，更是为了拯救整个法兰西。’”

请看，公民们，我们已经走在你们意愿的前面了。更确切地说，所有革命者和我们的意愿是共同的。如果我们能够根据每个省的性格，用公众表达的舆论，发动法兰西人民；表达的方法，或者是用简单而恭敬的请愿书，或者是由公社发表宣言。总之，要采取一些有效的行动，让全法国的人根据正在巴黎的各省同乡的见证，知道不仅仅是一个党派，一种舆论，而是全体人民要求维护共和国，要求公社的独立。

巴黎为这两大原则战斗，就是为法国战斗。（掌声—公社万岁！）

各省共和同盟成员达尔布瓦公民：

公民们，

我代表阿尔萨斯和洛林发言。

从巴黎公社为之战斗的伟大原则中，我看到了被出卖给外国人的我的家乡的更美好的未来。

公民们，感谢你们的努力，巴黎公社万岁！（好！很好！）

各省共和同盟成员勒－姆·德里东公民：

公民们，

我们一定会完成我们的计划。如果凡尔赛拒绝和解，那么我们剩下的就是尽最后一个义务了。我认为，我们可以用这样的措辞来表达这个义务：如果凡尔赛拒绝和解，我们将手持剑和枪出现在它的面前。（同意！对！对！）

贝雷公民：公民们，我是布列塔尼人，我深感遗憾，在这里聚集的代表中间没有人代表布列塔尼。

[听众中某人]：公民，我是布列塔尼人。

贝雷公民：很好，公民，我很高兴自己错了。我那样说话，是因为我要声明，虽说在近来的事件中我的某些同胞确实应当受到巴黎的指责，但在布列塔尼，也的确是还有最真诚的共和分子。

昨天，我读了一本89年美好革命的一位见证人写的书，巴伊主席的书。我以一种说不出的愉快心情读到，是布列塔尼人最早创立了雅各宾俱乐部，也是布列塔尼人最先宣布成立共和国。

他们是共和分子。他们自然受到一种坏影响的支配，但是请相信，靠着受教育，靠着推动我们社会革命的高贵思想，这个坏影响不久会消失的。(热烈赞同。)

公社委员沙尔·热腊尔丹公民：我无比高兴地看到你们中间有阿尔萨斯人。我是公社委员中唯一的阿尔萨斯人。正如在保卫法兰西的战斗中阿尔萨斯在思想和性格方面是表现得最坚强的省份之一，在代表公社方面，在毅力和性格方面我绝不会逊色。(好啊！)

如果我们抱有希望，那是因为我们记得这个省为法兰西和共和国做出过很大的牺牲。如果我们能够怀有再生的实实在在的希望，那是因为我们寄希望于公社来实现它。

所以，我们要支持公社，这样，我们就可以恢复被凡尔赛的懦夫们卑鄙地出卖了的阿尔萨斯和洛林的完全自由和解放。(热烈鼓掌。)

公社委员勒弗朗赛：公民们，希望不久以后我们将庆祝法兰西共和国的伟大节日。(持久的欢呼声。)

贸易与商人

巴黎的商业,尽管局限于军需和一些军事供应,而且处于斗争时期,但是它仍然保持了某种势头。不过新的障碍出现了。由于凡尔赛政府阻碍开往巴黎的火车的运行,目前由陆上发送的货物到达量很少,这自然就降低了交易的规模和数量。

不过,我们要赶紧安定人心,在我们这个怪事层出不穷的新阶段中,我们丝毫没有使巴黎人的处境更严重。恰恰相反!

由于军需供应委员会采取了措施,被那些自称是所有权捍卫者而实为其推翻者射来的暗箭射中的,只是一些大投机商的活动而已。

巴黎已经被剥夺了邮政,不久,梯也尔、法夫尔和皮卡尔几位先生还将下命令剥夺巴黎的铁路。

这些公共财产的保护人,昨天还认为关于房租和到期债券的决定过于激进,难道今天他们看不到必将发生的事吗?既然生产活动受到了阻碍,付房租和偿付到期债券也同样不可能。到7月偿还的期限已过了一个月,由于这些人的行为,取消限期偿付,今天是不可避免了。

所有一切诚实的商人,所有一切有良心的业主,都对那些针对巴黎所使用的手段感到气愤。

然而存在这样一类商人,他们并不责难对首都采取的严酷措施。他们是一群像猎犬一般贪婪的人,专门为帝王君主们效劳。

尽管他们也说那些在统治法国的20年间，使他们大发其财的自命不凡的人大多是一些腐败分子，但是这些人毕竟让他们赚钱，因此他们对这些人也颇为怀念。

这一类唯利是图的商人实在无知。他们是从一些有势力的人的亲信中或过去的家仆中招募来的。他们同仆人们互相勾结，用他们赚取的巨额利润收买这些仆人，靠这种关系，他们很快发了财。他们是一群奴颜婢膝、毫无尊严，缺乏独立感情的人。在巴黎真正的商界里，他们是毫无威信的。

很不幸，我们应当承认，巴黎许多商人缺少智慧，大多数年轻的伙计，尤其是那些装得最文雅，最自命不凡的伙计，是无知透顶的。他们毫无是非感。在私利和责任之间，他们毫不犹豫地牺牲后者，选择前者。他们施诡计赚了钱，反而感到自豪。某些老板堕落到鼓励手下人采取完全违背光明正大原则的手段。为什么直到3月18日，权力一直在最为诡诈者手中而不在最为诚实者手中，其原因就在于此。

我们在此提到的商业界人士，他们一心一意地追逐利润，来满足他们自己贪得无厌的需求，结果，也使他们自己沦为无止境的需求的奴隶。同觉悟了的工人阶级相反，他们完全失去了政治意识。他们认为从事政治活动的人是危险分子，他们把那些说自己是社会主义者的人视为坏人。

我们是怎样以及为什么要搞今天这场革命的原因，就在于此。这也表明这场革命来得及时。衰退、无知和完全失去责任感的这一代人，应当在这场革命中重新得到磨炼。

讣 告

近闻有才华的画家卡尔·吉拉尔代先生已去世。

人们都认识这位不知疲倦的画家，他在《绘画》期刊上发表了一系列令人赞赏的作品和图画，其中大多数是留传后世的世态画。

卡尔·吉拉尔代年仅60岁。

1871年5月2日　星期二

要　　目

正式公报。——关于成立社会拯救委员会的决定。——关于公社委员不能被传唤到不属于公社的法院的决定。——关于缴纳环城铁路欠税的决定。——关于任命遗产管理人的决定。——归还财政部的款项。

非正式公报。——战报。——驻陆军部代表的命令。——致发明专利证持有人的通知。——国外新闻。——德国社会主义者的宣言。——杂闻。——组建一支步兵自由射手部队。——艺术家同盟。——关于公共公证人职务的通知。——讣告。——戏剧。

正式公报

5月1日　巴黎

公社，

决　定：

第一条　立即成立社会拯救委员会。

第二条　委员会由5人组成，经个人投票后，由公社任命。

第三条　委员会只对公社负责，并被授予高于所有的代表及委员会的最广泛的权力。

公社，

决　定：

公社委员只能受公社法院的传讯；

以下公民被任命为社会拯救委员会委员：安都昂·阿尔诺、列奥·梅叶、郎维耶、费力克斯·皮阿、沙尔·热腊尔丹。

由于驻陆军部代表的疏忽大意，几乎危及我们占据的伊西要塞。执行委员会认为有义务建议公社拘捕克吕泽烈公民，并已发出拘捕令。

公社还采取一切必要的措施保住了伊西要塞。

由阿尔都尔·阿尔努和韦莫雷尔两位公民协助龙格公民起草一份关于《公报》的报告，提交大会。

公社委员兼驻财政部代表，

根据处理各铁路公司与国家关系的法令和规章；

根据我们1871年4月27日的决定；

考虑到环城铁路公司所属的各机构均在巴黎公社管辖范围之内，

决　定：

第一条　环城铁路公司在一星期内将各种税收的拖欠款交到公社各个有关职员手中。

第二条　从上一次付款到1871年4月30日之间所有拖欠税款，包括4月30日在内，应全数交清。

自5月1日起，环城铁路税将每10日按时结账付清。

1871年5月1日，于巴黎

公社委员兼驻财政部代表　儒尔德

财　政　部

国民自卫军发饷员归还财政部款项

区	营	连	摘要	数目		合计	
			4月15日	法郎	生丁	法郎	生丁
8		8	炮兵…………………………			24	00
18	32	1	………………………………	45	00	225	00
		4	………………………………	180	00		
3	54	4	………………………………	117	00	268	00
		12	………………………………	151	50		
3	80	1	………………………………	462	00	2 115	50
		2	………………………………	343	00		
		3	………………………………	96	00		
		6	………………………………	423	00		
		7	………………………………	256	50		
		8	………………………………	285	00		
		11	………………………………	50	25		
		12	………………………………	190	75		
			………………………………				
10	100		3月23日至26日……	490	50	2 739	50
			3月27日至31日……	1 268	80		
			4月1日至5日………	960	35		
5	118	11	………………………………			500	00
5	119	11	………………………………			129	00
12	121	3	野战…………………………			194	00
15	131	1	………………………………	500	00	3 513	00
		4	………………………………	300	00		
		5	………………………………	500	00		
		6	………………………………	99	00		
		6	………………………………	700	00		
		7	………………………………	200	00		
		8	………………………………	300	00		
		10	………………………………	650	00		
			号手…………………………	264	00		

（续表）

20	135	4	女战士…………………			30	00
11	140		…………………………			66	00
10	143		…………………………			216	50
3	145	1	…………………………	39	00	155	00
		8	…………………………	116	00		
10	170		误………………………			4	50
20	172	4	…………………………			100	00
13	185	1	…………………………	255	00	851	00
		2	…………………………	176	00		
		3	…………………………	100	00		
		5	…………………………	35	00		
		6	…………………………	250	00		
		7	…………………………	35	00		
10	186		4月2日至4日…………			200	00
		8	…………………………			158	00
11	195	1	…………………………	250	00	757	50
		3	…………………………	120	00		
		4	…………………………	262	50		
		8	…………………………	100	00		
			鼓手……………………	25	00		
11	209		…………………………			900	00
11	213		…………………………			225	50
9	229	2	…………………………	30	00	285	50
		5	…………………………	33	50		
		6	…………………………	42	00		
		8	…………………………	43	50		
			号手……………………	136	50		
3	239		…………………………			1 056	00
17	244	2	…………………………	36	00	123	00
		4	…………………………	9	00		
		7	…………………………	78	00		
9	253		4月5,9,13,17日……			240	00
1	13	1	…………………………			78	00
12	52	1	作战部队………………	297	75	493	75
		2	——…………………	106	00		
		3	——…………………	90	00		
		4	——…………………	366	00	645	50
		4	驻军……………………	252	00		
		7	——…………………	27	50		

（续表）

3	54	3	………………………………			168	00
18	61		………………………………			510	50
20	74	1	作战部队…………………	41	00		
		2	——……………………	50	00		
		3	——……………………	33	00	214	05
		2	驻军……………………	63	00		
		3	——……………………	27	05		
6	84		至 4 月 1 日拖欠………	222	00		
			缺勤军官………………	451	35	2 254	35
			其他……………………	1 581	00		
3	88		鼓手及上士……………			84	00
3	89		军官和士官……………	1 409	10		
		9	………………………………	97	35	1 684	25
		10	………………………………	177	80		
2	92	1	驻军……………………	174	00		
		2	——……………………	168	00		
		3	——……………………	560	00		
		4	——……………………	330	00		
		5	——……………………	234	00		
		6	——……………………	171	00		
		7	——……………………	530	00	3 573	50
		8	——……………………	234	00		
		1	作战部队…………………	264	00		
		2	——……………………	18	00		
		3	——……………………	498	00		
		4	——……………………	306	00		
			参谋部…………………	36	00		
14	103		………………………………			2 100	00
10	108		3 月 2 日至 4 月 1 日……			1 585	00
10	110	1	………………………………			51	00
1	113	4	………………………………	105	00		
		6	………………………………	39	00	171	00
		8	………………………………	27	00		
		9	………………………………	30	00	96	00
		12	………………………………	66	00		
5	118	5	………………………………			300	00
5	119	7	………………………………	351	00	387	00
		12	………………………………	36	00		

（续表）

12	122		驻军3连和4连………	117	00		
		1	驻军…………………	126	00		
		2	——…………………	111	00		
		4	——…………………	66	00		
		5	——…………………	54	00	1 000	00
		6	——…………………	232	00		
		7	——…………………	21	00		
		8	——…………………	136	00		
		4	作战部队………………	87	00		
18	129	1	…………………………	227	00		
		2	…………………………	39	00		
		3	…………………………	265	00		
		4	…………………………	186	00		
		5	…………………………	144	00		
		6	…………………………	70	00	1 890	00
		7	…………………………	33	00		
		8	…………………………	191	00		
		9	…………………………	350	00		
		10	…………………………	224	00		
		11	…………………………	94	50		
		12	…………………………	66	00		
13	133		作战1,2连……………	708	00	1 000	00
			作战3,4连……………	292	00		
20	135	2	…………………………	70	00		
		5	…………………………	39	00		
		6	…………………………	60	00		
		7	…………………………	143	00	291	00
		9	…………………………	66	00		
		10	…………………………	108	00		
		11	…………………………	129	00		
10	143		兼职军官………………	2 016	00	2 016	00
			作战2连………………	150	00	660	50
			作战1,2,3,4连………	510	50		

（续表）

2	149	1	驻军…………………………	180	50	1 941	50
		2	——…………………………	125	00		
		3	——…………………………	63	00		
		4	——…………………………	39	00		
		5	——…………………………	310	00		
		6	——…………………………	163	00		
		7	——…………………………	129	00		
		8	——…………………………	392	00		
		1	作战部队………………	66	00		
		2	——…………………………	168	00		
		3	——…………………………	168	00		
		4	——…………………………	138	00		
18	152	1	………………………………	46	50	1 706	00
		2	………………………………	90	00		
		3	………………………………	66	00		
		4	………………………………	39	00		
		5	………………………………	105	00		
		6	………………………………	165	00		
		7	………………………………	103	00		
		8	………………………………	177	50		
		9	………………………………	711	50		
		10	………………………………	141	00		
			军官…………………………	61	50		
19	157		误…………………………			13	50
5	161		多收…………………………			2	50
5	163	11	………………………………			175	00
15	165	3	………………………………	70	00	834	00
		6	………………………………	300	00		
		7	………………………………	114	00		
		8	………………………………	200	00		
		9	………………………………	150	00		
20	172	2	………………………………	150	00	192	00
		6	………………………………	42	00		
20	173		4月10日至12日……			204	00
18	189	2	………………………………	12	00	12	00

（续表）

		3	…………………………	3	00	224	50
		4	…………………………	24	00		
		5	…………………………	70	50		
		6	…………………………	67	00		
		7	…………………………	60	00		
11	194	1	…………………………	22	00	499	00
		2	…………………………	15	00		
		3	…………………………	40	00		
		4	…………………………	73	50		
		5	…………………………	8	50		
		6	…………………………	75	00		
		8	…………………………	69	00		
		9	…………………………	65	50		
		10	…………………………	85	50		
		11	…………………………	45	00		
17	207		军官………………………	25	50	296	25
			鼓手与号手…………………	192	25		
		6	…………………………	30	00		
		10	…………………………	48	00		
18	215	1	…………………………	129	00	1 504	50
		2	…………………………	108	00		
		3	…………………………	106	50		
		4	…………………………	235	50		
		5	…………………………	120	00		
		6	…………………………	127	50		
		7	…………………………	342	00		
		8	…………………………	276	00		
10	224	1	…………………………	10	00	310	00
		3	…………………………	35	00		
		4	…………………………	10	00		
		5	…………………………	35	00		
		6	…………………………	35	00		
		7	…………………………	35	00		
		8	…………………………	50	00		
		9	…………………………	40	00		
		11	…………………………	60	00		
20	234	7	多收………………………	417	00	1 040	00
			八个连……………………	623	00		

（续表）

14	243	3	…………………………	210	50	599	00
		4	…………………………	153	50		
		5	…………………………	28	50		
		6	…………………………	30	50		
		7	…………………………	31	50		
		8	…………………………	145	50		
14			蒙鲁日志愿军…………			1 302	50

1871年4月30日，于巴黎

会计处处长

L.吉尔穆瓦

非正式公报

5月1日　巴黎

战　　报

伊西要塞

敌人勒令要塞投降。我们回答凡尔赛军队说，我们宁愿炸毁要塞，也不把它交给保皇分子。

阿尼埃尔

从昨晚8时至今天上午11时，凡尔赛军一直向我进攻，现已被我击退，敌军伤亡惨重。我第一百七十四营牺牲2人，伤3人。

蒙鲁日，比赛特尔

10时前，一直很平静。10时，从炮场方向发出猛烈射击，持续了一整天，无重大伤亡。射击于下午4时半停止。

昨天白天十分平静，几乎没有听到大炮的声音。

4时许，默顿城堡右侧的敌炮队开始猛击伊西要塞。

我炮艇射击准确，打哑了敌方炮火；每一发炮弹都给敌人造成伤亡。

5时，公社炮队指挥官发现在克拉马尔树林里和西边铁路桥左侧有部队移动，于是下令炮击：树林遭到了密集轰击，敌方部队移动立即停止。

今晨7时，敌人首先开火，子弹如雨点一般向我飞来。

我炮艇进行还击，并取得了极其出色的战绩。

1871年5月1日，于巴黎

秘书长

布瓦龙

（代驻海军部代表签发）

奉命调往伊西的共和国保卫者营（外号人称“公社狙击兵”），已按时到达目的地。上午10时，当该营士兵正要开饭时，突然听到一阵猛烈的枪声，知道敌方已开始向炮场左侧和格兰德街的街垒发动进攻。共和国保卫者营的指挥官按照下达给他们的命令前往搜索炮场（该炮场于昨夜被国民自卫军某营放弃，现在敌人手中），以第一、二、三连投入战斗，留第四连于最右翼作后备，由国民自卫军第二百三十四营和第六十七营组成的分队予以支援。头三个连悄悄进入炮场，夺回前夜失去的阵地。他们把已被两发子弹

打穿了的军旗插上街垒，但两名士官因此而牺牲。该营在街垒处一直坚持到战斗结束。第一连由朗塔拉中尉率领，按照我的命令向伊西要塞进发，夺回了被守军完全放弃的要塞。

临时委任的第一百一十营营长接见了一名军事谈判代表：该代表要他下令给朗塔拉中尉，在一刻钟之内放弃要塞，否则就予以炮击。尽管当时要塞守军只剩下二十三人，但中尉仍然拒绝了叫他投降的命令。

要一一列举我营无数的英勇行动，这是很困难的。我要特别感谢贝尔若中尉，他在枪林弹雨中想方设法为士兵们补充急需的弹药。

在火线上任命的赛比尔上尉，和马赛叶上尉一起竭尽全力保卫了军旗（军旗已被三发子弹打穿）。在此，我要特别提到现伊西要塞指挥官——营副马丹上尉、勒图上尉和纳皮埃上尉，他们都表现得特别突出；还有一个叫梅纳尔的少尉和德伏里尼，也表现了罕见的毅力。至于士官，我要表扬的有：第一连的洛朗（他已经牺牲）和法布尔（也是第一连的，负伤）；此外还有第二连的上士，他已身负重伤。我在下次报告中将呈报全部伤亡名单（共六十人）。借此机会我再次请求发给我营沙士波枪和全部武器装备。

我已给团首长寄去报告两份；一份请他转报陆军部，另一份给首长本人，希望他将办理结果通知有关负责人。

一连连长奥本海，在军长和医生的坚决阻止下，未能参加战斗，他对此感到遗憾。

1871 年 5 月 1 日，于巴黎

指挥官

纳兹

戈巴中尉同两名国民自卫军上尉去与敌人进行谈判，但敌人不顾战争法的规定，卑鄙地将他们扣押。此种行径是不值得评论的。

命　令

凡在选举中未获得军衔的参谋部官员，不论是否已被委派职务，均请立即到圣多米尼克街 86 号陆军部人事处报到。

来报到时请随身携带证件与考绩表；经审查后，将委派正式职务。

经过这次敦促仍不来报到者，将以非法佩戴军徽论处。

鉴于目前需要集中使用炮兵，

所有各炮队的大炮不论是否安装完毕，只要目前不参加战斗或用于城防，均须在明日午前送到军事学校。

违令者，将无权领取军饷。

1871 年 4 月 30 日，于巴黎

驻陆军部代表

罗塞尔

公社委员兼驻农商部代表，现通知公众：军需处已集中到圣多米尼克－圣热尔曼大街 60 号农商部内；原设在市政厅的军需委员

会已经撤销。

本代表特再次重申，凡未经我本人签字的一切条约、合同和契约，均一律无效。

请各位持有发明专利证书但因最近发生的政治事件未能交纳发明专利年费的公民注意：驻财政部代表团内现已设立专门收款处，因此，今后请勿再延误，把应交纳的年费立即送交该处。

当然，在 1871 年 5 月 1 日以前延期未交年费的发明与改进专利证书的持有者，其权利不受任何影响。

东方铁路公司、奥尔良铁路公司和里昂铁路公司于今天上午向公社金库交纳它们延期交纳的税款金额如下：

东方铁路公司：　35.4 万法郎

奥尔良铁路公司：37.6 万法郎

里昂铁路公司：　69.2 万法郎

凡公安部的职员公民，生病时请务必到克劳塞尔街 23 号找公安部职工医师勒隆斯・勒沃劳诊断病情。

职员公民如病情严重，则可在下列时间到勒沃劳医师家里就诊，或者写信通知他登门诊断。

凡因病缺勤，则须有医师证明，方可被认为是合法的。

应诊时间：中午 12 时至下午 2 时。

更　正

——1871年4月29日正式公报刊登的4月28日由公社委员兼驻司法部代表任命的执达员阿维(路易),应为阿维(路易-洛朗)。

——1871年4月30日正式公报刊登的由驻陆军部代表任命的第二百一十二营助理军医沙拉散(赫克托尔),应为沙拉散(费德里克)。

——1871年5月1日非正式公报刊登的军需总监的报告第二、三和四段原措辞如下:

第二段:"这项工作进行得很好,你可以从报告附件三中得到一个确切的了解。"

第三段:"现在这个部门组织得很完善,而且工作得十分认真,因为征调食品的检查卫作也归它管。"

第四段:"我们集中了所有分散在巴黎各兵营的拉车的马和辎重车。"

应改为:

第二段:"医院的工作进行得很好……"

第三段:"军饷处的工作组织得很完善,还增加了更为重要的任务,即检查征调食品的工作。"

第四段:"在运输工作上,我们集中了……"

国外新闻

德国

联邦制宪委员会已经对将阿尔萨斯-洛林并入德意志帝国的法律草案提出报告。按照这个报告的措辞，德意志帝国的宪法将于1874年1月1日在阿尔萨斯-洛林地区生效。但宪法的某些部分，可由帝国发布一项命令，经联邦议会同意，提前在该地区施行。帝国宪法中需要进行的修改和补充，将通过宪法手续予以修订和厘定。在帝国宪法未生效之前，阿尔萨斯-洛林地区的立法权，由皇帝在联邦议会的协助下行使。宪法在阿尔萨斯-洛林地区施行之后，除非帝国颁布一项法令另作安排，该地区的立法权由帝国行使；此规定同样适用于各联邦内不属于帝国立法范围的事务。其他一切主权，概由皇帝行使。阿尔萨斯-洛林一经并入帝国，首相即有该地区责任大臣的资格。

——《国民日报》发表文章赞成阿尔萨斯和洛林并入普鲁士。这家日耳曼主义机关报最后说："在犹豫不决的时候，我们要充分相信这样一个原则：阿尔萨斯-洛林地区的主权，就像帝国的尊严一样，永远和普鲁士国王本人联系在一起。"

意大利

意大利商会代表大会将于6月5日在那不勒斯举行。

本届代表大会的宗旨是，根据原先确定的基础，彻底修改商业法规。

有关付款期限、定期合同、海上保险、贵重金属交易、工业调查、商业船舶和经纪业诸条，均需进行修订。

商学教授兼农业部秘书长吕扎蒂先生，已经向部长呈交修订提纲，交那不勒斯会议审议。

奥　地　利

我们正在研究意大利蒂罗尔城镇代表们要求特朗丁自治的备忘录。该备忘录要求特朗丁完全自治，设立议会和特别议会委员会；要求自行管理当地财政。为了陈述这一要求的理由，备忘录援引了国家的基本法规，有保证各民族有完全平等的权利，有保卫和发展民族特点和语言的不可侵犯的权利。备忘录说，权利的最高准则的实际意义在于：各市镇和地区的人民有权按照自己的意志，根据自己的需要和民族特点与自然爱好，保护他们的利益；而要实现这一目的，国家的行政管理机关必须由不同民族的成员组成；各成员必须处于完全独立的地位，不受讨论时的优势势力对于另外一个其事务、需求和利益都自然不同的民族的决定的影响。备忘录对于这个问题的具体解释如下：

我们的人民坚持原则，不与善良的和忠诚的北蒂罗尔居民为敌，但是，他们已感觉到，而且完全承认，在国家的行政管理中，北蒂罗尔在许多方面的观点是与他们的观点完全对立的，其原因是由于两个民族天生的气质全然不同。我们地区的人民认为，国家有许多法律对某些人适合，而对另一些人则不适合，因此他们不能

参加其成员的组成将不可避免地要使我们的地区遭受失败的代议机关。

我们无意提出一些与帝国的统一不相容的要求。但我们深信，由于这两个民族的利益和需求有本质上的差别，因此，在只是与两个民族居住的省份有关的事务中建立这种违背两个民族的天性的联合机构，是根本不可能的，而且，我们相信，根据我们刚才阐述的观点，实现完全的和受尊重的权利平等，对各省和整个国家的发展，是绝对有利的。

德国社会主义者不断致函祝贺，并发表谈话鼓励巴黎人民。柏林的《社会民主主义者报》最近发表了一封《致法国工人》的信。这家报纸说，这封信是在汉诺威举行的一次大约有三千人出席的会议上一致通过的。

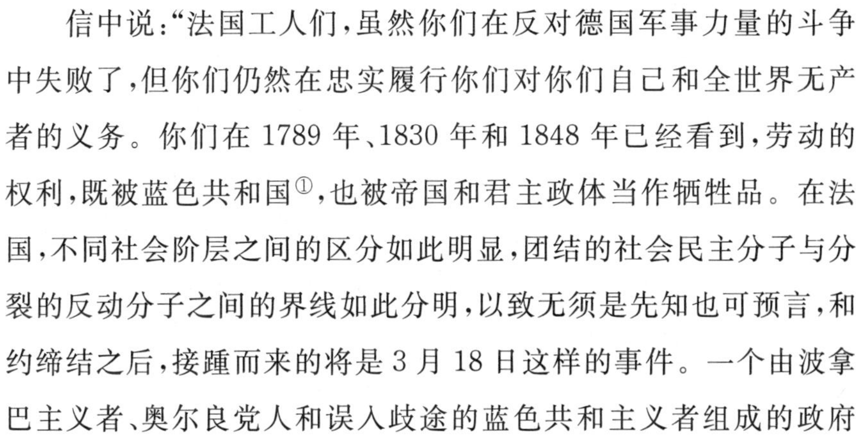

信中说："法国工人们，虽然你们在反对德国军事力量的斗争中失败了，但你们仍然在忠实履行你们对你们自己和全世界无产者的义务。你们在 1789 年、1830 年和 1848 年已经看到，劳动的权利，既被蓝色共和国[①]，也被帝国和君主政体当作牺牲品。在法国，不同社会阶层之间的区分如此明显，团结的社会民主分子与分裂的反动分子之间的界线如此分明，以致无须是先知也可预言，和约缔结之后，接踵而来的将是 3 月 18 日这样的事件。一个由波拿巴主义者、奥尔良党人和误入歧途的蓝色共和主义者组成的政府

---

① 法国大革命时期，共和国士兵的服装为蓝色。故称当时的共和国为蓝色共和国。——译者

是不能够长久存在下去的，因为它自身就孕育着解体的胚胎。在政府正准备采取罪恶行动的时刻，你们奋起抗击它，完成了你们最神圣的任务，因为政府的行动一旦成功，你们就会蒙受最大的耻辱和随意的侵凌，并受到那些买卖官职与王位的掮客们的统治。不，你们不是强盗集团，不是杀人集团和抢劫集团，我们认为你们是为人权而斗争的无产阶级。法国工人们，在为全世界的解放而进军的部队中，你们是先锋队，全世界人民的眼睛都看着你们，他们坚决支持你们，信任你们。"

《德国北方日报》在报道这封信时，提请人们回想在战争时期，法国报界，甚至 9 月 4 日政府的外交官，对于几位声明反对兼并阿尔萨斯和洛林的德国爱国者都做出了尊敬的和友好的表示。普鲁士报纸怀疑，在当时的法国被认为是杰出人物的倍倍尔先生和李卜克内西先生，当他们现在赞扬中央委员会和市政厅政府的行动时，是否仍然享有同样的声望。

此外，汉诺威社会主义者的信不仅赞扬了 3 月 18 日巴黎人民的运动，而且同时宣告，德国的民主主义者正在焦急地等待他们能够仿效这一光辉典范的时刻的到来。汉诺威的信上还说："法国工人们，你们已经摆脱了帝国的统治，但现在却轮到我们要身受帝国的压迫了。我们在日耳曼帝国看不到任何和平与自身的保证。我们有被反动的黑暗势力包围之虞。"

杂　　闻

巴黎储蓄银行从 4 月 25 日（星期二）到 5 月 1 日（星期四）共

收170个存户(其中7个新存户)的存款4 507法郎。

上星期付给1 134个存户(其中120户已结清)58 349法郎79生丁。

兹定于5月4日(星期四)晚7点半在沃尔他街14号市镇小学举行会议,请现在在巴黎的世界各国的BB∴[①]、CC∴、FF∴和CHARB∴届时参加。

议　题

停止内战的途径与方法。

南特的正统派报纸《人民希望报》发表文章说:

"不,应当明确地说明,梯也尔先生不是受24个省委任来巩固共和国的,而是委任来筹备君主政体的。"

《北方回声报》报道:

"我们获悉,北方军副参谋长,原麦茨学校的防御工事教师科斯隆·德·维莱努瓦齐上校(他在巴赞卑鄙地投降时冒着生命危险逃跑了)最近被停职,维莱努瓦齐上校与曾经同普鲁士人作战到底的全体军官们,尤其是北方军的军官们都遭到了不幸的打击。我们开始琢磨。他们到底打算到凡尔赛去干什么;在凡尔赛受欢迎的,几乎都是波拿巴分子。"

我们现在把加来海峡省《秩序报》发表的看法转载如下:

只要我们的同僚还记得北方军总司令在一些公告和命令中谈

① ∴为共济会会号。——译者

到共和国时根本没有不高兴的语气，只要还记得他检阅了那个由乡村派往凡尔赛去代表这个省的代表团，我们的同僚就会明白我军两名最受人尊敬的和最勇敢的军官遭到不幸的打击的原因。但是，应该承认，凡尔赛对上述两件事的反应是出乎我们的预料的。而且，这还只是开始！

普鲁士并未通知凡尔赛政府说它已停止遣返我们的部队，因为它害怕有人利用这些部队重新发动战争！

因此，大批轮船开进了波罗的海，去运载我们不幸的士兵。

这些轮船空船回来。轮船空跑一趟花费了国家一大笔钱——共 80 万法郎！

我们每天都得到有关普鲁士人正式接管我阿尔萨斯和洛林省的消息。今天的《斯特拉斯堡报》报道说，不久即将公布一项法令，命令阿尔萨斯人必须学习德语。

据不完全统计，从 4 月 2 日到 8 日一星期内，由邮电局发往联合王国的信件为 74 302 件。前一星期为 65 914 件，增加了 8 388件。

外省共和联盟

居住在巴黎的塞纳-马恩省公民们，请你们务必于 5 月 3 日(星期三)晚 7 时半到蒂尔比戈街蒂尔戈咖啡馆参加紧急会议。

迪蓬，朗波落街 12 号；

卡洛，勒萨热街 11 号；

默尼埃，福堡-迪-唐普尔街 83 号；

勒费弗尔，什罗纳街19号；

拉佩尔，勒瓦卢瓦街18号。

汝拉省人协会

兹定于5月3日晚7时半，在沃尔他街14号市镇小学举行特别会议，请在巴黎的全体汝拉省人届时参加。

议　题

停止内战的途径与方法：

一般会议每星期日1时半举行。

下面是关于目前在凡尔赛军医院里的国民自卫军伤员的新消息（请参见4月18日大版和小版《公报》公布的第一份名单和4月23日与25日《公报》公布的送往贝尔－伊斯勒和戴克斯岛的国民自卫军战士名单）。

4月24日入院名单：

托马（爱德加尔），雕刻工，波潘库尔街55号；第一百三十八营，两处轻伤，18岁。

本周死亡名单：

吉龙（夏尔），昂古莱姆街53号；

朱连（路易），纸板制造工，第九十营；

库科（弗朗索瓦），费尔街121号；

克莱尔；

富凯，蒙鲁日志愿兵。

1817年4月30日报市政厅。

战地医院院长

H.诺特

第　六　团

行军的游击队员

最后的时刻已经到来。拿起武器战斗吧！

原南特——夏托登游击队尉官、加里波第统率的游击队指挥官波蒂尼公民奉命在第六区组织一支志愿军；志愿军将在三天内由陆军部发给武器和装备。

老志愿军战士及其妻子的军饷和军粮，从即日起由公社供给。

请志愿军战士立即到第六区区政府为办理此事而特别设立的办公室登记。

凡在战斗中牺牲的志愿军战士，其家属有权享受公社付给国民自卫军战士家属的津贴。

征募工作将于5月3日下午6时截止。

志愿军战士报名登记后，一律听从波蒂尼队长的指挥。

公民们，目前的局面应该结束了！

共和国万岁！公社万岁！

艺术家协会

戏剧演出组织委员会

为了给孤儿、寡妇和国民自卫军伤员演出节目，公社根据今年4月22日的决议，凡市属剧场目前空闲未用的，艺术家协会可免费使用。

负责组织此次演出的委员会已迅速开始工作，并决定于5月7日在夏特莱大剧院举行盛大的音乐和戏剧活动，为此次演出揭开序幕。

艺术家协会已向目前在巴黎的戏剧演员、歌剧演员和乐器演奏家发出恳切的号召，请他们无偿地为这次演出做出贡献，因为这次演出的全部收入将用于减轻许多不幸的人的痛苦。

目前有许许多多家庭的景况十分困难，艺术家协会和该协会的成员有责任尽快去消除这种苦难。

艺术界的人本身也是很贫穷的，但他们有激励他们的心胸和丰富的感情，所以他们也是很富有的；正是由于这个缘故，他们应该在很大的程度上为使那些穷苦的人们的家里看到光明，看到一线希望和得到一点儿幸福做出贡献。

愿意参加这次演出者，请到富堡－波瓦索尼埃街10号与戏剧演出组织委员会主席接洽。

艺术家协会委员会特通知各位公民：有许多未经本委员会的协助，而以为战争的受害者谋福利的名义组织的演出，与本委员会

完全没有关系。

本委员会既不能掌握这些演出的收入，也不能确定这些演出的组织者究竟应拿出多少款额分配给在战争中牺牲的人的家属。

本委员会尚须声明：艺术家协会成员对于艺术家协会所组织的演出所得的收入，只提取很小一部分付给小雇员。

总之，艺术家协会所要达到的目的不是帮助某一营或某一地区的公民，它的目的比这个大，而且更具有人道主义的意义；这些演出的全部收入将由公社选一个委员会来统一掌握，分发给巴黎20个区的受难者。

委员会的通知的开头标有明显的："艺术家协会"五字。

秘书 TH.贝尔特兰热

（代组织委员会签发）

社会公证人协会

致巴黎全体公民，

致在首都避难的郊区居民，特别是纳伊镇公民。

为了解决由于巴黎的公证人死亡或拒绝履行其职务和郊区被炸的村镇里的公证人遇到障碍而产生的严重困难，执行委员会不得不任命若干公证人。

这些公证人为公众服务，公众可以信任他们。

他们在市政当局的监督下执行公务，并为市政当局的利益工作。

在目前形势下，凡欲清理自己的事务的明智的公民，请与巴提诺尔区布勒瓦尔街13号社会公证人J.古特公民接洽(尽可能在中午以前)。

纳伊区公证人事务所设在克利西,在该事务所的正式负责人尚未到职期间,由公民古特临时兼管该所的行政工作。

我们以公共利益的名义,敬请各家报纸不管自己的观点如何,均转登这个通知。

讣　告

原工兵部队将军,资格最老的少将多莱,于上星期日在卡尔多斯省大兵营里逝世。

多莱将军终年89岁半。

多莱将军一生专门致力于各种武器的研究,并取得了成绩。

有膛线炮的制造方法,尤其是装甲兵舰的制造方法,在很大程度上应归功于他。

作为城防委员会委员和主席,他为巴黎的防务建设做出了积极的贡献。

1871年5月3日　星期三

要　　目

正式公报。——关于海军部与水兵的决定。——关于中央菜市场和集市的批发业务划归税务局领导的公告。——关于向肉商提供售货场地的布告。——关于驻司法部代表团秘书长的任命。——关于治安法官和书记官的任命。——驻陆军部代表的命令。——归还财政部的款项。

非正式公报。——战报。——第五区区政府有关国民自卫军的决定。——公社会议记录。——我军士兵在凡尔赛受到的待遇。——《社会报》刊登的文件；致《祖国报》总编辑的信。——波尔多的市镇选举。——国外新闻。——杂闻与开会通知。

正　式　公　报

5月2日，巴黎

社会拯救委员会，

鉴于：

从巴黎的防务来看，将所有的水兵划归海军部指挥，乃目前的当务之急和最符合公众利益的事。

特决定：

一、在一切有关围城的军事行动方面，海军部仍由陆军部领导；

二、各营营长应将他所属各连的编入水兵的干部的名字从花名册中划去，并在 24 小时内将他们带到海军部，交给驻海军部的代表指挥；

三、被编入水兵的国民自卫军各连战士，即所有的炮手和水手，应在 24 小时内离开所在连队，到海军部报到，接受驻海军部代表的指挥；

四、舰艇炮手应立即组成登陆连；

五、水手亦应组成登陆连，作为后备连队，在组成塞纳河炮艇队的各炮艇需要他们的时候，由驻海军部代表抽调他们，派往各炮艇。

六、从即日（1871 年 5 月 2 日）起，由公民布洛克指挥的国民自卫军水兵营只接受驻海军部代表的绝对领导；

七、由驻海军部代表在该营中选拔组成塞纳河炮艇队所需要的有能力的军官、士官和水手；

八、该营其余人员，与第四和第五条中提及的射手和水手一起，迅速组成登陆连。

费・皮阿、安・阿尔诺

（代社会拯救委员会签发）

1871 年 5 月 2 日，于巴黎

驻财政部和公安部代表，

鉴于为了改善供应情况和增加公社的收入，必须对经纪人在中央菜场进行的批发业务实行统一管理；

而这种统一管理，如果由公社税收人员和警方税收人员共同参与，则对业务的开展必将带来影响，不必要地加重公社的预算，而且还将引起本应避免的舞弊行为；

鉴于经纪人和其他几个部门的人员的工作主要是管理批发业务，其任务基本上是负责行政管理，因此，倘无公社税收部门的委任，任何人都不能担任此种职务。

兹决定：

在菜市场和集市管理批发业务的各部门，以及公共计量处、屠宰场和公社财产管理处，自即日起成为公社税务局的下属机构，并由该局统一领导。

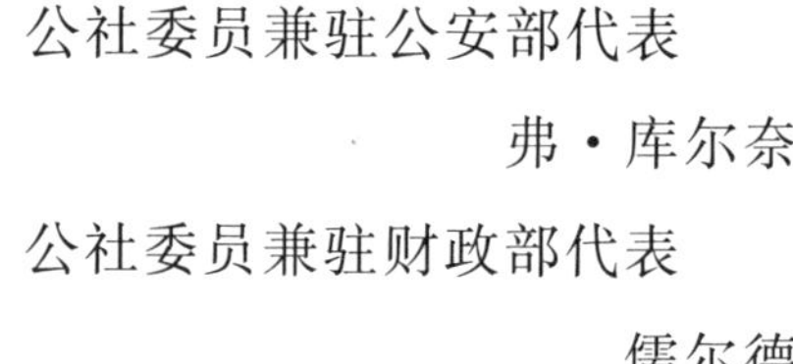

公社委员兼驻公安部代表

弗·库尔奈

公社委员兼驻财政部代表

儒尔德

1871年5月1日，于巴黎

驻财政部和粮食部代表，

鉴于长期以来，一些肉商要求开放自由集市，不通过市场上的叫卖商贩，而由他们本人或他们挑选的代理人售卖他们的货物；

鉴于五号商场南半部已专门划为自由集市用地，目前即可在该处进行贸易；

鉴于肉食品进入该商场应交的行商税和营业时间尚待确定；

兹决定：

第一条　自本月6日起，所有的肉商均准予进入五号商场南半部。

第二条　进入该商场的上述肉类，同叫卖出售的肉类一样，每公斤应交行商税 2 生丁。

第三条　肉市每天都开放，但除特殊情况外，任何季节均应在中午以前收市。

公社委员兼驻财政部代表
儒尔德
公社委员兼驻粮食部代表
维阿尔

1871 年 5 月 1 日，于巴黎

公社委员兼驻司法部代表，

决　定：

任命德塞盖尔（弗朗索瓦－爱德蒙）公民为驻司法部代表团秘书长。

公社委员兼驻司法部代表
欧仁·普罗托

1871 年 4 月 30 日，于巴黎

执行委员会，

决　定：

任命：

1.戴纳瓦尔（杜森－西尔文）公民为第一区治安法官。

2.什拉达姆（路易－爱德蒙）公民为第二区治安法官。

3.勒夏瑟（奥古斯特）公民为第三区治安法官。

4.贝尔纳(贝努瓦)公民为第九区治安法官。

5.德孔沃南斯(爱德蒙－约瑟夫)为第十八区治安法官。

6.卢贝里(塞扎尔－勒内)公民为第二区治安法院书记官。

7.勒塞姆(阿道夫)公民为第三区治安法院书记官。

8.勒费弗尔(若斯－阿尔弗雷德)公民为第九区治安法院书记官。

9.普瓦松(阿尔丰斯)公民为第十八区治安法院书记官。

执行委员会

抄送：

公社委员兼驻司法部代表

欧仁·普罗托

命　令

所有的军事指挥官、一般军官或为公社服务的其他官员，均不得与敌人有任何联系。

为此，驻陆军部代表特在此重申对于各军事部门的规定，望切实遵照执行：

敌方的司号员和谈判代表绝对不许越过第一道岗哨；他们必须转身，背部向我哨所或部队。必要时可蒙上他们的眼睛。为使他们遵守这些规定，可派一士官在旁监督。

前哨指挥员，签收急件后，应立即将急件送给将军，并马上将敌方代表遣走。

派遣军事谈判代表，有时候是为了掩盖某种作战策略。因此，在接待敌方军事谈判代表的同时，即使敌方已经停火，我军也不得停止射击。

陆军部的军官或职员，如对军事行动有所披露，或公布官方文件，致使公众知道公社的军事手段及其使用方法，应解除职务，并按照纪律处以一个月的监禁。高级军官和将军应负责监督本命令的执行。

驻陆军部代表

罗塞尔

1871年5月2日，于巴黎

给面包商和客栈主的通知

巴黎公社提请各面包商注意：由于1870年10月7日的决定仍然有效，所以，你们应同过去一样，照收难民优待券。

本通知也发给各客栈主。

公社委员兼驻社会服务部代表

茹尔·安得里约

炮兵勤务部队和军需勤务部队之间屡屡发生不快的龃龉。

驻陆军部代表认为应该明确规定他们各自的权限。

所有的炮队均归城防司令部直接指挥，接受城防司令部的调遣。

只有城防司令部才有权批准领取三法郎高额军饷的证明。

发往炮场的弹药和大炮，须经下列人员签字：

器材总局局长阿夫里阿尔；

陆军部罗塞尔将军、斯甘和拉留司令；

城防司令部拉·塞西利亚将军、昂利上校；

炮场指挥官应每天11时派一副官向城防司令部（军事学校）呈送报告。

炮兵器材总局局长

阿夫里阿尔

1871年5月2日，于巴黎

军需总监马伊公民和另一位担任师军需处长的马伊公民，均因重要原因被解职；但是，他们趁《公报》总编不在之时，设法将赞美他们行动的文章刊登在《公报》上，这种赞美完全是虚假的。

已对此事进行公开调查。

军事委员会委员兼给养检查负责人

古·特里东

财　政　部

国民自卫军发饷员归还财政部款项

区	营	连	摘　要	数　目	合　计
			4月18日	法郎　生丁	法郎　生丁
6	19	1	……………………………	60	223
		2	……………………………	97	
		6	……………………………	48	
		8	……………………………	18	

（续表）

12	48		消防队员……………………	198		648	50
		1	作战费………………………	105	25		
		2	——……………………	84	75		
		3	卡宾枪手……………………	40	50		
		2	常驻部队……………………	45			
		3	——……………………	5			
		4	——……………………	66			
		5	——……………………	75			
			鼓手…………………………	31			
11	58	1	常驻部队……………………	174		2 155	50
		2	——……………………	142	50		
		3	——……………………	78			
		4	——……………………	204			
		5	——……………………	289	50		
		6	——……………………	300			
		7	——……………………	115	50		
		8	——……………………	178	50		
		1	作战费………………………	54			
		2	——……………………	259	50		
		3	——……………………	162			
		4	——……………………	198			
	67	5	………………………………	555		1 094	
		7	………………………………	530			
		9	………………………………	9			
15	81		上士…………………………	195		3 924	
			鼓手和号手…………………	264			
			其他…………………………	3 465			
17	91		参谋部………………………	26		188	
		1	作战费………………………	6			
		3	——……………………	54			
		1	常驻部队……………………	6			
		3	——……………………	96			

（续表）

18	142	1	…………………………	42			
		2	…………………………	34	50		
		3	…………………………	28	50		
		4	…………………………	7	50		
		5	…………………………	34	50	301	50
		7	…………………………	6			
		8	…………………………	43	50		
		9	…………………………	52	50		
		10	…………………………	52	50		
10	143		缺勤军官………………	14		70	
			第 1,2,3,4 连………	56			
11	153		预付款………………			1 000	
15	165	9	…………………………			45	
10	167	2	…………………………	231			
		3	…………………………	105			
		4	…………………………	105			
		9	…………………………	63		987	
		10	…………………………	210			
		11	…………………………	84			
		12	…………………………	189			
	170	4	…………………………			12	
20	172	3	…………………………			130	
2	100	1	作战费………………	168			
		2	——………………………	138		480	
		3	——………………………	174			
		4	——………………………	303			
		1	常驻部队……………	186			
		2	——………………………	120			
		3	——………………………	33			
		4	——………………………	117		1 038	
		5	——………………………	30			
		6	——………………………	177			
		8	——………………………	72			
10	107		…………………………			1 000	
5	118	7	战士………………………	363			
			妇女………………………	129		642	
		11	战士………………………	150			

（续表）

	119	5	缺勤……………………	300			
		10	——……………………	120		443	
			其他……………………	23			
11	123	1	作战费(缺勤)…………	153			
		2	——……………………	120			
		4	——……………………	185			
		1	常驻部队………………	45			
		2	——……………………	303			
		3	——……………………	53	50	1 594	25
		4	——……………………	61	50		
		5	——……………………	173			
		6	——……………………	76	50		
		7	——……………………	30			
			军官(归还款)…………	393	75		
18	123	2	………………………………			395	40
10	128	10	………………………………			400	
11	141		………………………………			1 009	
4	150	1	常驻部队………………	120			
		2	——……………………	66			
		3	——……………………	304	50		
		4	——……………………	349	50	1 002	
		5	——……………………	102			
		6	——……………………	60			
		1	作战费………………………	256	50		
		2	——……………………	107	50	718	
		3	——……………………	105			
		4	——……………………	249			
5	163	10	………………………………			115	
18	169		预付款………………………			1 000	
20	172	9	………………………………			100	50
19	179	1	………………………………	360			
		2	………………………………	270			
		3	………………………………	174			
		4		222			
		5		39			
		6		75		1 653	
		7		258			
		8		183			
		9		42			
		10		30			

（续表）

13	184	4	…………………………	129	75	668	62
		5	…………………………	40	75		
		7	…………………………	497	75		
10	186	9	…………………………			200	
11	195		…………………………			1 088	50
20	208	1	…………………………	3		46	
		7	…………………………	33			
		9	…………………………	10			
2	227		…………………………			332	50
19	230		军官，参谋部…………	245		560	
		1	军官………………………	35			
		2	——………………………	35			
		3	其他人员………………	245			
			4月19日				
18	32	3				412	50
17	33	1	常驻部队………………	6		114	
		2	——………………………	48			
		5	——………………………	33			
		7	——………………………	27			
		8	——………………………	30		373	
		2	作战费…………………	141			
		3	——………………………	57			
		4	——………………………	132			
			鼓手………………………	13			
12	51		参谋部…………………	18		351	
		2	作战费…………………	91	50		
		3	——………………………	99			
		4	——………………………	72			
		1	常驻部队………………	39			
		2	——………………………	9			
		3	——………………………	1	50		
		4	——………………………	10	50		
		5	——………………………	1	50		
		6	——………………………	9			
3	54		营长………………………	49		130	
		1	…………………………	81			

（续表）

18	61		…………………………			1 733	
11	65		…………………………			2 000	
6	83	10	…………………………			22	
3	86		上士………………………	108		148	
		11	…………………………	40			
17	90	1		325	50		
		2		320			
		3		37	50	1 814	50
		4		390	50		
		7		74			
		8		659			
4	95	2		18			
		3		10			
		4		6			
		5		136	50	1 140	50
		6		369			
		7		385			
		9		168			
		10		48			
		11			240	573	
		12			333		
13	185	4	作战费………………………	50			
		2	常驻部队………………	112	50		
		3	…………………………	100		303	
		5	…………………………	25			
		6	…………………………	15	50		
10	186	4	…………………………			135	
18	189		…………………………			104	
19	197	1	…………………………			114	50
17	222		…………………………			292	
19	224	1	…………………………	20			
		2	…………………………	25			
		4	错收款………………………	36			
		5	…………………………	12			
		6	…………………………	12		237	50
		7	…………………………	18			
		8	…………………………	15			
		10	…………………………	15			
		12	…………………………	65			
			…………………………	19	50		

（续表）

3	239	4	军官，未发的军饷 4 月 15—30 日 …………………………	913 03 30	943 03

1871 年 5 月 1 日，于巴黎

会计处处长

L·吉尔穆瓦

非正式公报

1871 年 5 月 2 日，巴黎

战　报

阿尼埃尔

傍晚，炮击猛烈。

夜间，十分平静。

上午，大炮和各种枪支射击未停。

2 时，两枚炮弹在火车站爆炸。

3 时半，公社炮队向凡尔赛军打了几炮。

旺夫，伊西

夜间，平静。

11 时，大炮继续向木兰－德－皮埃尔和夏提荣轰击。

2 时，伊西由公社战士严密防守，人员充足。

白天，炮击轻微。

蒙鲁日、比塞特尔

5 月 1 日，晚 9 时，蒙鲁日受到下丰特内棱堡敌军的袭击，我军予以猛烈回击。

5 月 2 日，晨 3 时，格朗热－奥里受到巴尼厄敌军的袭击，凡尔赛军被击退。

1 时，蒙鲁日两次受到下丰特内敌军的袭击，战斗进行了一小时，形势对我有利。

夏提荣敌军向我旺夫要塞射击，默东敌军向我伊西要塞射击。

部队的士气很好。

昨天早晨 6 时，普安迪儒尔旱桥和邻近的房屋遭到敌军猛烈轰击。

我炮艇进行了有力回击；片刻之后，设在上默东左方的敌炮队被迫停止射击。

到下午 3 时，一切都很平静；双方偶尔以大炮互击。

下午 3 时，我炮艇发现圣热耳曼岛上有敌军。

我各炮奉命开火，炮弹像雨点一样向试图在圣热耳曼岛仓库左侧设立炮台的凡尔赛工兵打去。

今晨 3 时，企图占领伊西和木里诺墓地的凡尔赛军，在我军的炮击下，已被迫停火，向后撤退。

秘书长　布瓦龙

（代驻海军部代表签发）

1871 年 5 月 2 日，于巴黎

巴黎公社驻各部的代表，请你们协助科学代表团团长帕里泽尔完成他所承担的任务。

第五区区政府

第五区区政府，

根据公社 1871 年 4 月 16 日的如下决定：

“第一条　各营报废的武器要立即送交区政府。

第二条　凡经纪律委员会查明是逃亡分子或逃避兵役的人，其武器亦应送交区政府。

第三条　为了尽快收回上述武器，区政府将派人仔细地挨街挨户进行搜查。

第四条　看门人如谎报情况，应立即逮捕。”

根据军事委员会 1871 年 4 月 26 日报告的第一节的如下叙述：

“遵照 4 月 16 日驻陆军部代表的命令，各区政府必须保证武器收缴工作的进行。公社代表团应严格地和全面地监督公社的决定的执行；有权收缴隐藏的或报废的武器；有权追捕逃避兵役的人，并将他们编入部队；有权建立逃兵花名册，以充分保证罚款制度和其他制度的实行。”

鉴于在巴黎遭受敌人可耻的进攻的时候，第五区虽已经表示了明确的革命态度，但仍有少数公民拒绝交出废弃不用的武器，并拒绝在国民自卫军中服役：

这样的事情是不能容忍的。

当国民自卫军战士在前线为共和国和公社进行战斗的时候，个别表现不好的公民竟完全逃避兵役，甚至嘲笑那些为我们全公社的自由而献身的人们，这是不能允许的：

理智和公正的人们，反对这种令人不快的不正确现象。

大部分犯有这类轻微过失的人虽打着信仰不同的幌子，不服兵役，但真实的原因是由于他们害怕危险和有一种可耻的心理：让其他的公民去为收回我们共同的财产——权利和自由而战斗。

在战争时期，在我们内部是不能容忍这类逃避兵役的人和制造混乱的人存在的。

因此决定：

第一条　限在48小时内将报废的武器收缴完毕；并将公民登入国民自卫军名册。

第二条　先贤祠区政府内设立专门办公处，负责名册的登记。

第三条　在48小时限期过后，将严格执行公社的上述决定：对逃避兵役的人，将予以逮捕，并编入部队，或者交送第三团军事委员会惩处。

公社委员兼驻区政府代表

德奥多尔·雷若尔医生

第　十　团

寡妇孤儿赡养费委员会

受伤的和失踪的国民自卫军战士的寡妇和孤儿的赡养费调查委员会，从今天起在圣马丁郊区第十区区政府院内右边靠后的第一号房间开始办公。

凡有权享受寡妇和孤儿的赡养费者，请携带身份证明于上午9至11时或下午2至5时，到该处联系。

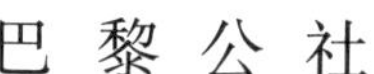

巴　黎　公　社

1871年4月28日会议

会议主席　茹尔·瓦莱斯公民

茹·米奥公民向主席台递交了如下一份提案：

“鉴于局势严重，必须紧急采取最彻底的和最有力的措施，公社，

决　定：

第一条　立即成立社会拯救委员会。

第二条　该委员会由公社提名，通过逐个投票，选出五名委员组成。

第三条　该委员会只对公社负责，而对其他各委员会享有最广泛的权力。

茹·米奥”

瓦扬公民：公民们，我不相信你们今天能表决如此一份重要的提案。我认为，在全体委员没有到齐的情况下，不论提案如何迫切，会议不能在今天做出决定，因为在各部门负责人缺席的情况下，会议无权这样做。这就是我的意见，我想，与会的许多同事们会同意的。要全面反映大家的心愿和大家的意志，就必须有各个部门的人来参加会议，至少执行委员会的人要出席会议。这样的问题，开一次会是不能解决的。

雷惹尔公民：提案人向你们提出的，并没有什么过多的东西。我们对于德勒克吕兹提案，我们虽投了赞成票，但并不等于就建立了政府，政府应当是集中的。刚才提出的提案符合这种要求，因此，我建议赶快对这个提案进行表决。我认为，只有当公社有一个负责将公社的命令下达给各部的由五名委员组成的常设机构的时候，公社才能承担起拯救和保卫巴黎的任务。我建议赶紧讨论这个问题。

米奥公民：有人向你们说，不能对这个提案立即投票表决，我现在很荣幸地来回答提这种反对意见的委员，大概公社的会议从来没有像今天有这么多人出席。

巴斯噶尔·克鲁塞公民：我要郑重问一问米奥公民，他的提案是否具有责难执行委员会的性质，或者，是否含有对执行委员会有不信任的意思。

五天前由你们任命的执行委员会，就是按照你们所说的真正的社会拯救委员会的样子组织的。请你们解释一下，你们是根据什么事实提出这个提案的。我是代表那些很可能是有失职守的委员们说这些话的，至于我，我声明：我已把我的全部时间，全部智慧和全部精力都贡献给了我们正在为之奋斗的事业;我不明白,你们怎么能随意提出这样的问题而不加以说明。

米奥公民:有人要求我起诉,但是,在我能够这样做之前,必须事先成立一个最高法庭。

巴斯噶尔·克鲁塞公民;你们公社本身就是最高法庭嘛;你们难道要放弃自己的权利不用吗?

我再说一遍,我们作为执行委员会的委员,是有责任的;我愿意人们对我们提出控诉,并在罢免我们之前审判我们。

主席公民:关于是否要立即解决此事的问题,已经有几个人要求发言,但是,我认为在这个问题上各人都有自己的看法,所以我建议把这个问题提付表决。

提案人关于立即解决此事的主张,经过表决被通过。

雷惹尔公民:我建议明天再讨论这个问题。

主席公民:作为主席,我觉得应当这样来理解:既然大家都赞成立即解决此事,那就应该马上开始讨论。

腊斯都尔公民:一星期前我曾向你们说过,我们正在朝着你们想要避免的专政迈进。你们任命了九名委员,我反对这样做,我建议只任命三名委员,最多不超过五名。你们称之为专政机关,或称之为社会拯救委员会,这无关紧要,但是,你们要把全部权力交给他们。

因此,我附议成立一个社会拯救委员会。

我的提案与米奥公民的提案不同:我主张由三名委员,而不是由五名委员来实行专政。

比约雷公民:我主张成立社会拯救委员会。在德勒克吕兹公民的提案提出的第二天，我就提出了类似的主张。

我们不能让陆军部去实行专政。在这个部门里，的确有人在拿公社开玩笑，不把公社的决定放在眼里。

我们不仅是在走向个人专政，而且是在走向无能的专政。如果某种专政确实能够把我们引向胜利，我也许就会接受它的。（抗议声）

可是，指挥作战的机关成了一个混乱不堪的机关。

我们需要有一个享有最高权力的委员会来推动所有各部门的工作。

巴比克公民：除公社本身的专政外，我不赞成公社还有另外一种专政。执行委员会感到这一提案伤害了它，这是可以理解的。如果委员会里确有不称职的人，当然要用其他的人去替换他们；我反对由三个人、五个人或九个人组成的委员会来专政。

我希望局势由公社自己来挽救，而不是由社会拯救委员会来挽救。

朗之万公民：我认为我们过分拘泥于词句了。至于我本人，我仔细考虑了米奥的提案之后，认为这个提案是难以实现的。与像现在这样进行工作的公社搅在一起，社会拯救委员会也会陷入重重困难的。

一个星期以来，情况怎么样呢？大会成立一些委员会，接着就在这里研究它们全部工作的细节，不信赖自己选出来的人，对他们进行工作的方法没完没了地谈论。

即使你们成立一个名为社会拯救委员会的执行委员会，那也会出现同样的情况的。（叫喊声）

我是第一个指出执行委员会这个机构不完善的人，要各部门负责人在一起举行会议是有困难的。

我认为成立一个委员会，由它去负责采取必要的措施，可能是大有益处的。但是，我个人有一个看法：这个委员会不会比其他的委员会更能开展工作。（喧哗声）

列奥·梅叶公民：我完全赞成米奥公民的提案；的确需要采取有力的措施，但是，只有一个不受琐碎的行政事务干扰的专门委员会才能采取这样的措施。

为了集中全部权力，我建议成立社会拯救委员会。我不愿意它对于在这里参加会议的人构成一个威胁，我认为执行委员会抱怨这个新委员会是非常错误的，因为这个新委员会归根到底将对执行委员会的工作起到保证作用：它把一切责任都承担起来，成为执行委员会本身的屏障。

勒德鲁瓦公民：我附议梅叶公民刚才发表的意见。我认为人们不应当责难执行委员会的委员；按他们担负的工作来说，要他们处理打仗的事情，那是行不通的。需要一些精力充沛而又不怕让公社了解其成员的行为的人才行。

尚皮公民：我对米奥公民的提案完全赞成。

福都奈公民（昂利）：我也赞成这个提案，并建议交付表决。

巴斯噶尔·克鲁塞公民：成立了一个由五个委员组成的执行委员会，但不到两个星期，各种性质的冲突都发生了；执行委员会下达的命令没人执行，每一个专门委员会都认为自己是有权力的，也下达命令。因此，执行委员会不能担负实际责任。它做出了非凡的努力去办种种事情，但最终一件事情也没有办成。

不久，你们就不得不撤销这个机构，用另外一个机构去代替它。在这个新的机构中，执行委员会是由其他委员会所代表的各个部门的负责人组成的。

今天，你们又要撤销这个新的机构。我再次请求你们，在做出这样的决定之前，不要把本来应该对两三位委员提出的指摘转移到全体委员身上。你们要责难某人，就责难某人，但是，在未请每一个委员对自己在委员会里所做的工作加以说明之前，不要谴责原来的委员会。

瓦扬公民：我只是想进一步证明克鲁塞公民提到的某些情况。

毫无疑问，方才向你们提出的提案，旨在恢复以前的机构，只不过要扩大新委员会的权力罢了。我认为，这样做会使群众产生极坏的印象，会被认为是令人惋惜的动摇。

实际上，新委员会才刚成立六天，我真不相信在这期间发生的事情竟严重到要我们回到早先的状态。我甚至可以断言，形势不但没有恶化，反而有所好转；我很高兴地指出这一事实，尽管我不想把它归功于委员会。

如果现在有人要提出控诉，就请提出来吧，作为最高法官的公社会做出决定的。

六天前任命的执行委员会体现了公社的意志，至今尚无人对它提出过任何责难。既然从它当选以来情况有了好转，那又有什么根据要推翻它呢？

韦莫雷尔公民：我同米奥公民有同样看法：必须加强监督和积极行动；但绝对不能给人以一种我们过于频繁地改组政府的印象。

我认为，有一种办法可以使方才提出的提案和目前的实际情况一致起来。

现在发生的情形是早就预料到的;而且,特别是我本人,我曾经说过,应当使执行委员会在某种形式下成为一个中央监察委员会,而不像公社代表们那样,忙于日常琐事和文牍工作。

我认为,我们可以重新讨论成立一个中央监察委员会的主张。我看可以由五位委员组成,不把它叫作社会拯救委员会,以免使人以为发生了什么危险;可以把它叫作监察委员会或调查委员会,或另外起一个比较合适的名称。不过在此之前,我认为最好是,并且也应该是让执行委员会向你们提出一个它已经做过的工作的报告,以便你们对它进行审查。(喧哗声)

我确信必须在更大程度上统一行动和统一管理,但我同样认为,从政治观点出发,我们不应当让外界——我们的敌人,甚至我们的朋友——觉得,我们在今天要把刚刚几天以前建立的机关推翻掉。

巴比克公民:韦莫雷尔公民表达了我们的一部分想法。

如果对执行委员会有什么指摘的话,为什么不现在就说出来呢?那些声称有事实可以证明责难理由的人,如果不把事实摆出来,那是错误的。

至于我,我不认为现在有什么危险;我对公社的理想深有信心,它是任何人也背叛不了的。我相信共和国,相信被公社复兴了的祖国的命运。这就是我为什么不同意成立社会拯救委员会的理由。

茹尔·瓦莱斯公民:我认为我们现在的争论完全是出于一场误会。我们现在应该讨论的,是战争问题。(全场活跃)

沙兰公民：有人说，群众看到我们改变过去的决定，会认为我们做得不好。我的看法则相反，我们取消错误的决定，群众反而会拍手叫好的。我们有责任改变我们错误地做出的一切决定，我不赞成解散执行委员会，但我认为成立一个对它下达命令的委员会是有益处的。（叫喊声）我同意成立一个社会拯救委员会，并主张给它以全部权力，甚至有权管理公社委员，我希望该委员会能够清除一切经它查明有变节行为的委员。（叫喊声）

艾·克雷芒公民：我只想再讲一下大家天天都在讲的话。社会拯救委员会是个什么机构？是一个政治机构。执行委员会的全体委员都与这次讨论没有关系。这个委员会将像今天这样继续存在下去。各个委员会的代表都是专家，他们埋头于专门的细节问题，因此管不了各种各样的政治问题。

安都昂·阿尔诺公民：问题的关键，显然在此。我觉得与执行委员会没有关系。每一个委员会都有自己的专门职权。社会拯救委员会完全是政治性质的，它的职权与其他各个委员会都不相同。这里不涉及对人有怀疑的问题。每一个委员会都应有一定的目的，而这个社会与革命拯救委员会则有另外一种目的，因此，我不明白韦莫雷尔公民为什么要这个委员会成为一个监察委员会，并要求九个委员会都向它提出报告。

阿木鲁公民：我觉得韦莫雷尔公民害怕“社会拯救委员会”这个名称，我们要勇敢提出我们的主张。在 9 月 4 日政府时期，人们对“公社”这个名称还害怕哩！我们不要在名称问题上有害怕的心理。

比约雷公民：可是，我们可以把它叫作公安委员会。现在，我就这一点向公民巴斯噶尔·格鲁塞说明一下，因为我认为我们是要取消原先的机构。各部的工作已经分别划归各委员会了，而执行委员会过去是和分别由五六名委员组成的各个委员会并存的。而现在的方案则大不相同。我们现在要做的只是使德勒克吕兹公民提出的，并经你们批准的方案臻于完善；你们将使一个尚不完善的机构趋于完善。

沙兰公民：我建议结束会议。我认为大会已经把这个问题讨论得相当清楚了。（是的！是的！——不！不！）

龙格公民：如果有人提议闭会，我要求发言表示反对。因为虽然经过讨论，我还是不明白这个问题。因此，我建议辩论明天继续进行，让人们能够提出一些新的见解。

比约雷公民：有人提议闭会，如果这个提议没有被通过，则可就是否改期辩论进行表决。

奥斯丹公民：我反对闭会，因为我还没有把问题弄得十分清楚。

龙格公民：公民们，我保留我的权利；我不能容忍人们说我曾发言反对闭会。

虽说我反对闭会，那也不是出于任何成见，我这番话是向那些往往提出很轻率的（喧哗声），或至少是临时想到的提案的人说的；我要向他们声明，就我本人来说，我还没有感到我已弄懂了他们的论据。我对这个提案并没有成见，但我认为，无论是你们还是我本人，都不能说已经对它十分明白了。

我们没有办法弄明白，因为在开了很长时间的会议之后，我们不可能在会议上对一个刚刚提出来的提案深入思考，并做出自己的决定。牵涉的问题很大，需要有更多的时间和更安静的气氛，进行认真的考虑。因此，我认为，你们不能在这个时候进行表决。

主席公民：我把闭会的提议提付表决。

（闭会的提议经表决，未被通过。）

主席公民：你们刚才已表决要继续进行讨论；现在有人提议改到明天讨论，我提议对这个意见进行表决。

（改到明天讨论的提议经表决，被通过。）

主席公民：讨论改到明天进行。

会议于8时15分结束。

4月30日会议

会议主席　梅叶公民

按照会议议程，继续讨论米奥公民提出的关于成立社会拯救委员会的提案。

雷蕙尔公民赞成成立社会拯救委员会。他没有指摘驻各部的代表不称职，他认为，他们事实上已经做了他们能做的一切，但是，由于他们埋头于一些琐碎的事务，因此没有执行公社的决定。现在缺少的是一个能使防务工作更加协调的常设机构。

维阿尔公民认为，如果要成立这个委员会的话，那就要十分严格地推选其委员。

阿尔诺德公民希望认真拟定这个委员会的工作纲领。

若昂纳尔公民主张，应把委员会的职权范围规定清楚，并主张完全选拔年纪轻、精力充沛和办事果断的青年人参加该委员会。

阿利克斯公民指出，按照公社的想法，新的执行委员会就是真正的社会拯救委员会。他担心人们将被字面所迷惑;这个社会拯救委员会的背后隐藏着专政。

夏尔东公民认为,在不侵犯公社权力的情况下,可以成立这个委员会。

奥斯丹公民坚决反对成立任何形式的社会拯救委员会;他认为这是伪装的君主政体。如果大家要成立这个委员会,他要求把这个委员会的权力规定得非常明确。

韦济尼埃公民说,这个社会拯救委员会,实际上是高于现在的各个委员会的执行委员会。在不侵犯现有的各委员会权力的情况下,可以成立这个委员会。行政管理工作,占去了各位委员和各委员会的代表们的全部时间和精力;这个委员会可以保证政治领导工作。它会不会带来什么危险呢?不会,如果该委员会不下设有权逮捕公社委员的最高法庭,它就不会带来什么危险。如果不设立这种法庭,则专政的危险就能避免,并且能达到两个目的:公社不受侵犯,各项工作有坚强的领导。

沙兰公民认为,如"社会拯救委员会"这个名称使人害怕,则可以称之为"领导委员会"。

(沙兰公民因必须离开会场,所以把自己的一票请主席代投。)

安德里约公民认为,在有了使人感到震惊的消息之后来进行投票,那是不好的。他觉得社会拯救委员会这个名称倒没有什么,而他感到吃惊的是这件事本身。他提议今天只讨论米奥公民的提案的论点。

比约雷公民证明说,提案绝对不是在获悉伊西要塞失守之后才提出来的。社会拯救委员会,或者叫"领导委员会",其任务是执行公社的决定，并监督各个代表的工作。

巴比克公民反对成立社会拯救委员会，他认为，这等于是重新回到君主政体的错误道路上去。

杜邦公民认为，成立一个以审讯和惩办叛徒为唯一任务的委员会，是没有任何危险的。

腊斯都尔公民建议选出三位行动绝对自由的并对他们的行动负责的委员。

朗之万公民希望明确规定这个委员会的职权。

皮约公民认为，必须集中所有人的意志。公社的决定，有时候，甚至经常变为一纸空文。在群众中出现了一些小集团，他们力图在共和主义的幌子下扼杀公社，并打算以类似1848年那样的共和国来取代公社。

瓦扬公民要求不要制造革命的丑剧。当前重要的问题是：改造公社本身，使它像第一个巴黎公社[①]那样，是一个由若干个协同工作的委员会组成的联合会议，而不是一个七嘴八舌的议会。

特里东公民担心领导委员会会成为一个制造障碍的委员会。法令不能由一个独立的委员会来执行，而要由整个公社来执行。另外，他认为目前还找不到能组成该委员会的适当的人。

阿尔诺德公民希望这个委员会纯粹是一个执行决定的委员会。

① “第一个巴黎公社”指1792—1794年的巴黎公社。这个公社为了机动地领导各行政部门的工作，设立了好几个委员会（民政委员会、军事委员会、财政委员会、粮食委员会等等），再由这些委员会最后组成两个委员会，即革命委员会和监察委员会。——译者

米奥公民提请人们注意说，他的提案不是在听到伊西失守的坏消息之后提出来的。他坚持公社要成立社会拯救委员会，而不成立领导委员会。人们普遍指责公社软弱无能，没有作为，亟须一个既能给防务工作以新的动力，又能在必要时有勇气砍掉叛徒的脑袋的委员会。

皮阿公民声明他原则上同意成立一个新的委员会，但他认为新的执行委员会的组成本身是有毛病的；它管的工作太多，权限不清，会起到相反的作用。

宣布停止一般性辩论。

主席公民宣读米奥的提案。

阿尔诺德公民和龙格公民提出如下提案：

“巴黎公社，

鉴于公社的所有决定必须迅速施行；

鉴于从这一观点出发，必须成立一个以监督执行公社所做的一切决定为唯一任务的委员会；

特决定：

第一条　成立一个称为‘执行委员会’的委员会。

第二条　该委员会由五位委员组成，专门负责执行公社所做的一切决定。”

公社决定逐条讨论米奥公民的提案。提案的理由暂不讨论。

开始讨论米奥公民的提案的第一条。

瓦莱斯公民同意米奥公民的提案，但他建议另外给委员会起一个名称，不叫“中央监察委员会”。

乌尔班公民不理解人们为什么害怕一个名称，他建议保留“社会拯救委员会”这个名称。

马隆公民提出下面的修正案：

“第一条　成立一个领导委员会。”

有人提议记名表决提案的第一条。

赞成叫作“社会拯救委员会”的有：公民阿木鲁、阿尔诺（安都昂）、布朗舍、尚皮、夏尔东、克雷芒（艾米尔）、让－巴·克雷芒、克洛维斯·杜邦、昂·杜邦、杜朗、费雷、福都奈（昂利）、冈邦、欧仁·热腊尔丹、格鲁塞、若昂纳尔、勒德鲁瓦、梅叶、米奥、乌德、皮纳、鲍狄埃、皮阿、雷惹尔、乌尔班、韦济尼埃。

赞成叫作“执行委员会”的有：公民安德里约、阿尔诺德、阿尔都尔·阿尔努、阿夫里阿尔、阿利克斯、巴比克、比约雷、库尔贝、德麦、德雷尔、弗兰克尔、朗之万、勒弗朗赛、龙格、马隆、莫蒂埃、奥斯丹、潘迪、普罗托、腊斯都尔、赛拉叶、秦斯、瓦扬、瓦莱斯、瓦尔兰、韦尔杜尔。

26 票对 26 票。

决定对第一条的表决推迟到明天进行。

腊斯都尔公民对第二条提出如下的修正案：

“选出一个由三位委员组成的委员会，该委员会对各项工作享有最高领导全权，保证各项工作迅速地、及时地、有效地和坚决地进行。现有的各委员会都要完全接受这三位委员的领导，以便对内对外均可采取坚决、彻底、有效和全面的行动。该委员对公社负责，公社对该委员会起到最高委员会的作用，对它的工作实行监督和检查，并加以及时指导，但不直接干涉该委员会的管理和行政工作；在必要时，公社有权解散和改组该委员会。”

这个修正案被否决。

第二条交付表决，被一致通过。

费·皮阿公民提议在第三条中加“代表团和委员会”。

本修正案已为原提案人采纳，故无须进行表决。

龙格公民提出如下修正案：

“需要成立一个进行监督和检查的权力机关。”

本条通过表决，以 33 票对 16 票通过，未加修改。

韦济尼埃公民提出的如下补充条款也被通过：

“第四条　公社委员不得交予除公社自己的法庭以外的任何其他法庭审理。”

公社听取了公民鲍狄埃、乌尔班、让-巴蒂·克雷芒、朗之万、勒弗朗赛和赛拉叶等人对整个提案提出的意见之后，决定推迟到次日进行表决。

会议于 9 时半结束。

下面是一个英国人寄给驻陆军部代表的一封信的译文，谈的是凡尔赛人如何对待公社战士的事。

我们未加任何评论地把它公布于众。

将军，

我认为我有责任告诉您如下的事实：

我有一个朋友曾在国民自卫军里待过，他已在前些时候辞职。

上星期，他到凡尔赛去领他二月份的军饷，营部发饷官叫他过几天再去。

星期四上午，我陪他一起去。

我们从蒙鲁日城门出去，经过伊西；可当时有许多炮弹在周围爆炸，所以我们不得不立即改道经过斯索。

到达普莱西比凯时，一位警察向我们迎面走来，要看我们的通行证。

我的朋友出示了他的证件，接着，这位警察便把我们带到旁边的一个木头房子里，在那里，一位警察总队的警官发给了我们通行证。

到了凡尔赛，我的朋友领到了200法郎，当天晚上我们就离开这个城市；到布尔日－拉－海恩时，有人拦住我们的去路，不许通过，并强迫我们在那里过夜。

第二天早晨，我们又上了路，可到达斯索时，有一位陆军上尉叫人把我们抓了起来，理由是：我们仅有去凡尔赛的通行证，因此不能返回巴黎。

我们被由一个哨所带到另一个哨所，最后于下午4时又被带回凡尔赛。

他们把我们带到警察局，在那儿，我们看见了一个16岁的男孩、一个50岁上下的老妇和两名工人，他们都是在封特奈的圣巴尔博中学办完了事情后，在回家的路上被逮捕的。

我之所以细述这些经过，是要使您对于已经发生的事情有一个明确的了解，请您本人评判一下：凡尔赛政府如此行事，是不是该受到文明世界的谴责。

我们到达半小时之后，宪兵把我方才向您讲到的那几个不幸的人用铁链锁起来，并把他们锁在一起。

我说，我宁愿被就地枪决，也不愿意受如此的待遇。在我们的抗议下，他们同意不把我们锁起来，但是，看守人却增加了一倍。

过了一会儿，我们到了法院，在那里，我们被关进了地窖，里面大约有250至300人拥挤在一起。

当时的情景实在难以描绘。里面有国民自卫军战士，有普通百姓，其中有许多人是专业人员，他们乱哄哄地挤在这个可怕的地方（“专业人员”，指医生、律师、法官或军官）。

这些不幸的人等待对他们的判决已经10天或半个月了，每天除了有极坏的面包和水之外，再没有别的食物。

尿桶散发出来的臊味儿实在使人难以忍受。一位六七十岁的老人可以说是被虫子活活地咬死的。

当天晚上，一个约15岁的男孩满脸是血，被带了进来。他被俘之后，一个前线军官冲他打了一枪，他幸而只受了点伤。

对我来说，那天夜里真正是令人恐怖的一个夜晚。

第二天，我又吵又闹，所以，他们只好把我和我的朋友带到警察分局的局长面前，这位名叫纳斯的局长态度和蔼，通情达理，十分令人尊敬，但很遗憾，他对于我们的命运没有做出任何决定，只是将违警通知转交给宪兵队司令，看样子这个宪兵司令是首席法官。

我当天就被释放了。

以上只是关于凡尔赛如何对待俘虏的一个简短的叙述；让大家知道这些情况是有益的。我本想昨天就给您写信的，但又怕由于过分的激动而不自觉地夸大了事实。今天我拟给梯也尔先生写信，我并不希望得到他的答复，只是觉得我理应对这种连世界上最野蛮的民族都已经放弃了的做法，表示反对。

请原谅我写得这样冗长，然而就我告诉您的这些事情来说，连我所见到的情况的一半都不到。

请您认真考虑一下我们那些在凡尔赛的可怜的巴黎人所受的苦难。

谨致敬意。

奥利里·奥布雷恩

封特奈街 88 号专科学校英语教师、记者

又及：我当时随身带有罗塞尔公民从万森写给我的一封信，他邀请我到他的办公室去。我曾去过两三次，但可惜未见着他。在我被捕的时候，趁他们还未看到这封信，我就把它毁掉了。

《社会报》发表了下列文件：

1. 星期日晚寄给伊西要塞司令的敦促书：

“敦促书

奉军团司令、元帅阁下的命令，本前沿阵地长官，谨以他的名义，敦促此刻挤在伊西要塞的叛军统领率固守要塞的全体官兵弃械投诚。

给你们一刻钟时间考虑答复本敦促书。

如果叛军统领以他个人及伊西要塞全体守军的名义，正式具函宣布响应本敦促书，除要求保全性命和人身自由外，不附加其他条件，也不谋求定居巴黎，则本军可答应他们的要求。

在上面指定的时限内倘不答复，全部守军将被武力歼灭。

上校参谋、前沿阵地长官

赫·勒贝尔什

1871 年 4 月 30 日,伊西要塞前沿阵地。”

2.驻陆军部代表罗塞尔上校的答复:

1871 年 5 月 1 日,巴黎

“致伊西要塞前沿阵地长官勒贝尔什公民

我亲爱的同僚,

如果您下次再敢送来像您昨天亲笔写的那么放肆的敦促书,本人将按战时通例,下令枪毙你派来的军使。

您忠诚的同僚,

罗塞尔,

巴黎公社代表。”

致《祖国报》总编辑

您死心塌地扮演煽动分子和公社的公开敌人的角色,说阿尔及利亚发生了骚乱,而且夸大事件的严重性,企图在舆论界制造紧张空气。

更加丑恶的是,您含沙射影地说这次骚乱是公社在阿尔及利亚的许多朋友策划的。

我谨以阿尔及尔市选出的代表的名义向您宣告:

1.全体侨居阿尔及利亚的居民都要求在他们那里和法国成立公社;

2.全体侨居阿尔及利亚的居民都希望在本地居民中保持安宁和良好的秩序,而且,如果他们成立了公社,并享有公社所带来的一切自由,他们最终是能轻而易举地达到这一目的的;

3.在阿尔及利亚历次发生的骚乱，都是阿拉伯事务局预先策划的。这种情况是如此之真实，以致政府也发布命令，要那些在暴乱期间担任军事指挥的军官到法庭受审；然而此项命令始终未能执行。

谨致敬礼和友谊。

阿尔及尔代表

亚力山大·朗贝尔

1871年5月1日，于巴黎

电　　报

波尔多，5月1日

波尔多市镇选举的结果如下：

参加投票人数：25 000，

选出下列23人，组成本届市议会：

爱弥尔·富尔高 ………………………… 18 000票

保莱 ………………………………………… 17 750票

斯米奥 …………………………………… 17 540票

斯特林 …………………………………… 17 285票

塞尔 ………………………………………… 17 275票

达奈 ………………………………………… 17 256票

富加纳 …………………………………… 17 722票

法热 ………………………………………… 17 077票

勒让德尔 ………………………………… 16 884票

吉贝尔 …………………………………………………… 16 349 票

多尔德 …………………………………………………… 16 348 票

梅塔迪埃 ………………………………………………… 16 124 票

茹弗尔 …………………………………………………… 16 054 票

高龙 ……………………………………………………… 15 582 票

斯凯斯塔 ………………………………………………… 15 938 票

布伦 ……………………………………………………… 14 501 票

巴尔科森 ………………………………………………… 14 343 票

洛朗多 …………………………………………………… 14 316 票

谢瓦利埃 ………………………………………………… 13 859 票

罗兰 ……………………………………………………… 13 791 票

米荣 ……………………………………………………… 13 131 票

德卢瓦 …………………………………………………… 12 211 票

还有人待选出。

十分平静。

国 外 新 闻

英　　国

下议院 4 月 27 日会议

B.科克伦先生请内务大臣（布鲁斯）就有关游行（公众游行）的法律的性质做出说明；他问：为什么一次有神职人员参加的温和的公众游行竟在距离下议院两英里多的地方遭到逮捕，而过去民众在星期日下午举着共和国的旗帜游行，堵塞街道，也往往是允许的。

萨缪达先生：请议院允许我提请全体议员注意，我要借此机会询问内务大臣，以下的事实是否属实：据我的选民告诉我说，在伦敦东面，距离下议院四英里的地方，有一群保持安静并排成整齐行列的可怜的火柴制造商，因担心自己将要完全破产而向西游行，抗议征收火柴税，竟遭到手持棍棒的警察的毒打。我想知道，令人十分尊敬的大臣在大量印发通知来说明这些游行不符合宪法规定的同时，是否考虑过这样一个问题：要想达到阻止类似性质的游行的目的是很不容易的；即使这些游行不符合宪法的规定，也不能用武力来对待一些本来以为不会触犯法律的人，因为他们常常看到许许多多的共和主义者和别的行会因其他事情在街上游行，并未受警察的干扰。对于警察的行为是否要进行一次调查？

埃肯先生：另外，请问令人十分尊敬的布鲁斯先生，在未得到通知之前，你是否已经知道有两位先生（其中一位是报刊工作者，另一位是医生）遭到殴打，其原因，据一位警察说，因为他们是喝醉了酒。

布鲁斯先生：要我向尊敬的朋友说明有关游行（公众游行）的法律的性质，那是很容易的。就一般游行（排成行列的）而言，如果安安静静地前进，不制造恐怖、不冲散通衢大道上的行人，都是合法的，我认为这是毋庸置疑的。尽管星期天发生的某些游行对他人有所冲击，我们还是不能认为它们是非法的；它们组织的很好，虽然是星期天，它们也没有影响街上和通衢大道上的交通；虽然它们曾给人以某种其他的感觉，也很难说它们是令人感到可怕的事情(笑声)。而星期一的游行,其性质则全然不同。我第一次获悉游行的消息是在发生游行的当天上午。据说星期天有人在维多利亚公园举行了一次集会,企图组织一次人们称之为骇人听闻的游行。游行的目的是要向议会递交某种请愿书。

警察总监不知道对于这类事件有专门的法律;因此,他没有提醒警察局长注意有人策划非法游行这件事。可是,星期一,公告已经贴出,我们作了努力,为了使民众知道这些行动是非法的,法令里已尽可能具体地说明:凡组织以向议会递交请愿书为意图的游行,如人数在十人以上,则不管请愿的性质如何,均是非法的。根据乔治第三的一项法定的规定,无论任何时候,只要议会在开会,都是不准许在距离议会所在地威斯敏斯特一英里的地方举行任何公众集会的。这不是一个涉及集会本身的问题,而显然是因为这种行动的方式从一开始就是非法的。

我要强调指出,当我们一知道这次游行的策划者们的意图时,我们就立即宣布说这次游行是非法的。但由于我们得到通知太晚,未能更详细地说明我们的观点。

我们是从戈洛布里奇警察分队那里第一次得到消息的。公众是预先就知道当局不允许举行这种游行的。虽然有过一些争执,但没有发展到殴打的地步。有一位先生(我想是梅伊先生)走在游行队伍的前头,他对警察说:"与您在此相见,我对您无所指责,但我并不认为您也对我无所指责。"而警察确实没有对他进行任何指责。

在默勒街口,已通知游行的人们说这次游行是非法的,可当时没有发生任何斗殴和暴力行为。游行队伍曾一度散了,但后来在距离议会100码的塔米斯拦河坝上又重新集合起来。警察挨了打，但不是被参加游行的人们打的，而是被那些叫做“蛮干分子”的人扔石头打的。有一名警官受重伤，许多其他警官也挨了打。这个区的警察长向我保证说，无论在那里还是在别的地方，警察虽然挨了很多打，但他们没有打任何人。（鼓掌声。）我认为警察出动部队是为了阻止非法的，并且是他们有责任去阻止的行为，这是绝对必要的。

另外，我从汉德森上校那里得知，尽管警察阻止，还是有许多妇女和儿童进入了大厅。

汉德森上校成功地阻止了那些无权进入大厅的人们。所有的人都事先得到了不许进入大厅的通知。听说有人以最强硬的（惹人生气的）语言指责警察，有人试图鼓动人们闯进大厅，警察出动部队也仅仅是为了阻止那些试图闯进大厅的人，如果对他们表示容忍的话，他们是会进入大厅的。

B.科克伦先生：为了防止类似星期日下午发生的游行，政府是否至少是应该提一个法案？

布鲁斯先生：我并不希望由政府来采取这样的措施。（笑声。）

争论到此结束。（《晨邮报》）

——4月30日，有人从伦敦给我们写信说：

不久前收到一份从布鲁塞尔发来的电报。这份电报使人对普鲁士新提出的要求产生了许多猜想。法国代表和日耳曼联邦代表的工作进度缓慢，使人感到严重的担忧。在草签的和约中，法国方面承担的赔款已达50亿法郎之多，会不会提出更苛刻的条文？看来俾斯麦先生将同意从使被侵占的省份受尽其苦的强行摊派的税款和赔款中减少500万法郎。俾斯麦先生似乎不愿做出任何让步，因此，谈判可能要延长时间。

德　　国

《奥格斯堡》刊登了慕尼黑天主教会在教坛上公开宣读了开除多林格议事司铎教籍的决定之后向全体德国天主教徒发出的呼吁书：

"来自各阶层的天主教徒在此汇聚一堂，以各种合法手段反对1870年7月18日主教会议做出的各项决定和由这些决定所产生的一切政治后果。这一行动赢得了全体天主教教徒的支持。因此，本呼吁书的署名者友好地吁请所有愿意与他们共同努力的德国天主教教徒，与他们取得联系，以便采取统一行动。"

这家报纸还同时刊登了多林格议事司铎给一位劝他收回前言的朋友的回答：

"在这个世界上，我没有什么希求，也没有什么担忧，我绝对不能带着谎言进入坟墓"。

——巴伐利亚国王给多林格议事司铎寄去一封亲笔信，表示他对这位反对教皇不犯错误的信条的人被开除教籍感到遗憾。

意　大　利

在众议院4月25日的会议上，结束了关于治安条例的辩论。几位议员在会上先后发了言，对于这个法律草案，有赞同的，也有

反对的。(《皮埃蒙特日报》)

——梅诺蒂·加里波第将军[1]已于昨晚抵达我们的城市。(热那亚《运动报》)

——本月23日,在国王主持下召开了内阁会议,阿克通先生和达加先生被召回佛罗伦萨参加会议。据悉,会议讨论了是否应当推迟将首都迁往罗马的问题。

大臣们分为两派,一派以兰扎为首,倾向于推迟;另一派以塞拉先生为首,要求对内阁应严格执行议会投票通过的法律进行辩论。(《意大利日报》)

——加达大臣在好几个场合向人们保证说,首都于6月底至少将部分地迁往罗马。(同上)

奥 地 利

几天来,维也纳和佩斯的官方报纸就匈牙利内阁总理安德拉西伯爵和帝国首相伯斯特先生的关系展开了激烈争论。这场争论是由于一个矛头指向伯斯特先生的小册子的发表而引起的,据认为,这个小册子的作者是安德拉西先生。维也纳的报纸指责安德拉西拼命把奥匈帝国的政治单单向匈牙利方面转移,以便把帝国的真正重心移至佩斯。维也纳报纸说:"然而,这种政策乃是一种冒险的政策,其结果,甚至在奥地利还来不及得到德国的援助之前

[1] 梅诺蒂·加里波第(Menotti Garibaldi,1840—1903年),意大利革命家、意大利民族解放运动领袖朱泽培·加里波第的长子。——译者

就会把奥地利拖进可怕的与俄国的战争中去。”维也纳报纸还指责安德拉西先生背着伯斯特先生与拿破仑第三和俾斯麦先生暗通情报；甚至说他今天来维也纳的目的纯粹是企图在霍亨瓦特先生和格罗乔尔斯基先生的帮助下推翻帝国首相。

——《新自由报》谴责比迪吉耶主教制造了反对初等教育法的林茨动乱。这家报纸还说，这位高级教士已由皇帝召到维也纳，向皇帝陈述他自己的态度。

瑞　士

《洛桑日报》认为建立一所联邦大学的时机已到，其理由之一是，斯特拉斯堡大学近来已经日耳曼化；到目前为止，这所大学已成为法德之间重新碰头的地点。它是法国前来学习德国的科学、民族气质和风俗习惯的中间地带。从此以后，斯特拉斯堡大学，将和其他许多大学一样，只是德国的一所普通大学了。

因此，对于瑞士来说，现在的问题不是建立一所联邦大学，而是要建立一所主要是国际性质的大学了。

瑞士对于拿破仑第三为了巩固自己的统治，而使用的虚假的民族自治原则不能再置若罔闻了，因为这个原则最近已把他从皇帝宝座上推下来了。在当前四分五裂、凡事都带有野蛮气息的形势下，瑞士应当努力团结一切贤明之士，共建欧洲的文明。中立的瑞士最适合扮演这种协调的角色，而且，由于它版图狭小，所以也不会给王朝的或其他任何人的利益带来损害。

杂　闻

国际博览会将于明天在伦敦开幕。

《世界报》做了如下的详细报道：

国际博览会开幕的新的准备工作已告结束。代表法、意、德、英四国音乐的四个节目将分别演出。法国音乐，古诺德准备了一首圣诗；锡内隆加（锡耶纳省）的意大利艺术大师奇科·京古蒂为圣歌的英语歌词作了曲，这是一支由 1 200 个歌唱家无伴奏演唱的大型赞美歌；梅叶贝尔先前的学生费尔迪诺·伊莱博士将由大型管弦乐队伴奏演唱一支进行曲；英国音乐家亚瑟·萨利文专门为英国女王准备了“康塔塔”大合唱。

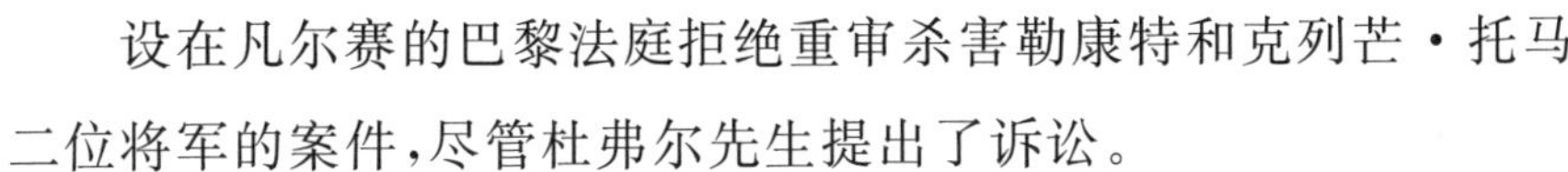

设在凡尔赛的巴黎法庭拒绝重审杀害勒康特和克列芒·托马二位将军的案件，尽管杜弗尔先生提出了诉讼。

部长的答复是，决定撤销这一诉讼。

昨天，凡尔赛传说里昂发生了流血斗争。

省长很可能受了重伤。

《莱茵河报》报导说，不久前，波恩中学教师，克某某博士被代主教曼斯特尔拒绝在教堂举行结婚仪式，原因是他前些时候在一份对教皇绝不犯错误的教条表示反对的文件上签了名。

教规学者舒尔特知道这件事以后，起草了一份陈情书，指出这种拒绝是不合法的和没有道理的。承舒尔特的协助，克某某博士已与有关的部接洽。全波恩人都在以极大的兴趣等待该部做出的决定。

烟草工厂工人代表团向公社送来他们在工厂里为那些因保卫巴黎和共和国的利益而受伤的公民所募捐的捐款，今天中午，他们在市政厅受到社会拯救委员会委员们的接见。

朗维耶公民讲了话，他以热烈而激动的语言对这些男女公民的忠诚表示了诚挚的谢意。在目前如此困难的时刻，他们自己节衣缩食，省吃俭用，来帮助为公社而战斗的、拥护共和主义的兄弟们。这次捐款总额为 683 法郎。

各省共和联盟

原籍瓦兹省的公民，凡欲参加共和联盟者，请于本月 3 日（星期三）晚 8 时到杜尔比戈街杜尔哥小学开会。

议　题：

关于停止内战的途径与方法。

凡目前在巴黎的涅夫勒省公民，请于 5 月 3 日晚 8 时到让-朗蒂埃街 15 号市镇小学（城堡附近）参加全体会议。

公民加涅尔，奥贝尔坎帕夫街 85 号；

米尼埃，奥赛沿河街 103 号；

夏巴奈，奥尔良街 14 号（贝尔西）；

迪库德雷，恩弗尔街 61 号；

迪朗，夏罗纳街 171 号；

布朗丹，夏托－戴－朗蒂埃街10号；

勒日耳，罗什街101号。

涅夫勒省代表每天晚8时到10时在让－朗蒂埃街15号接待到会人士。

秘书

肖迪乌

阿尔萨斯——洛林兵团

（卢夫尔兵营，科贝尔营房）

阿尔萨斯和洛林的居民们！

你们已被凡尔赛人出卖和抛弃，请你们过来团结在我的旗帜下，与凡尔赛人战斗。

要拯救我们的国家，必须首先消灭帝国主义分子和保皇分子。

唯有公社式的共和国，我们才应当不惜一切代价为它奋斗，因为没有它，就没有自由，也没有祖国。

兵团司令

雅克·威斯特

前莱茵部队独立一连副连长

给纪龙德人的通知

全体纪龙德人，请你们于本月4日（星期四）下午2时到圣乔治街50号萨克斯大厅，有事情通知你们，并请你们讨论和表决一项十分重要的政治决定。

加　尔　省

为了就选举省代表问题取得一致意见，请加尔省公民于1871年5月3日晚8时到杜尔比戈街杜尔哥小学开会。

1871年5月4日　星期四

要　　目

正式公报。——关于建立战士荣誉登记簿的决定。——关于面包房的劳动的决定。——关于准许商品运出巴黎的决定。——对铁路的监督工作由粮食委员会负责。——关于取消军需官职称的决定。——关于执达官的委任令。——关于向自然博物馆委派行政特派员的决定。——关于授权B.卡斯蒂诺公民领导马扎兰图书馆工作的决定。

非正式公报。——战报。——对外联络代表与保皇党人的报纸。——驻陆军部代表的通知。——邮政管理局布告。——选举市镇委员会。——外省市镇选举。——公社会议记录。——讣告。——开会通知。

正式公报

5月3日，巴黎

公社，

决　定：

在各区区政府建立一个登记簿。

建立这种登记簿的目的是，将那些在为保卫共和国和公社自由的战斗中立下了卓越功勋的公民的名字登记造册。

巴黎公社

巴黎公社，

根据劳动与交换委员会的建议；

并参照执行委员会 4 月 20 日关于取消面包房夜间劳动的命令，

决 定：

第一条 凡违反本决定者，其夜间烤制的面包一律没收，并交各区区政府分发给需要面包的人。

第二条 本决定应张贴在各面包商店的醒目之处。

第三条 本决定由各区区政府负责执行。

巴黎公社

社会拯救委员会，

根据执行委员会 1871 年 4 月 25 日关于除面粉、武器和军需之外的其他商品准许运出的决定；

考虑到应尽量使巴黎防务的需要和法国与外国的贸易利益互相协调，

决 定：

第一条 从即日起，各种商品均准予运出。

第二条 第一条所说的商品，不包括粮食、面粉、饮料、食品、军事装备、武器和弹药。

社会拯救委员会

安·阿尔诺、沙尔·热腊尔丹、费里克斯·皮阿、列奥·梅叶、加·朗维耶

1871年5月3日，于巴黎

社会拯救委员会，

决　定：

第一条　将劳动与交换委员会对铁路的全面监督工作，移交粮食委员会负责。

第二条　粮食委员会今后更名为粮食与运输委员会。

社会拯救委员会

安·阿尔诺、列奥·梅叶、沙尔·热腊尔丹、费里克斯·皮阿、朗维耶

根据军事委员会的建议，

第一条　取消军需官的职称和职务。

第二条　任命瓦尔兰公民为给养与军需总监，享有处理公务的全权。

第三条　瓦尔兰公民应立即就职。

社会拯救委员会

安·阿尔诺、列奥·梅叶、沙尔·热腊尔丹、费里克斯·皮阿、朗维耶

1871年5月2日，于巴黎

公社委员兼驻司法部代表，

决　定：

〔仅此一条〕紧急审理庭庭长在诉讼代表人缺席时，有权接收执达官呈交的诉状和申诉书。

公社委员兼驻司法部代表

欧仁·普罗托

公社委员兼驻司法部代表，

决　定：

任命维尼亚（让-克劳德）公民为巴黎执达员。

公社委员兼驻司法部代表

欧仁·普罗托

1871 年 5 月 3 日，于巴黎

更正：1871 年 4 月 29 日正式公报第三栏，由公社委员兼驻司法部代表签发的 4 月 28 日的决定中，“任命公民布丹（茹尔）和马勒（夏尔）为巴黎执达员。”应为“任命公民布丹（约瑟夫）和马勒（阿尔芒）为巴黎执达员。”

驻教育部代表，

考虑到战争对巴黎自然博物馆带来的影响；

鉴于必须在可能的情况下应付最迫切的需要；

决　定：

厄内斯特·缪累公民以行政特派员的身份，任驻自然博物馆代表。

他将为最近的复课与馆长和教师们进行合作，抓好资料、藏品等的收藏工作；并将为确保公共利益和自然博物馆的利益采取一切有效的措施。

公社委员兼驻教育部代表

爱·瓦扬

驻市镇图书馆监察处代表，B.卡斯蒂诺公民受权重新开放法兰西学院的马扎兰图书馆，并负责领导该馆的工作。

公社驻教育部代表

爱德华·瓦扬

1871年5月3日，于巴黎

通　　知

为了加速部队建设，国民自卫军骑兵部队的若干连队将穿轻骑兵服。

西卡尔公民任军火制造调查委员会委员阿西公民和让-巴蒂斯特·克雷芒公民的助理。

公社准备尽快迁到一个合适的地点，让公众参加它的会议。现责成比约雷公民和库尔贝公民寻找这个地点，并将找到的地点呈报公社。

非正式公报

5月3日,巴黎

战　　报

5月3日的电报

阿尼埃尔

5月2日晚,炮击猛烈。人们以为敌人要发动进攻,结果敌人没有进攻。

乡下人继续对铁路射击。

中午,平静。

装甲车搜索阿尼埃尔。

2时,战斗激烈,敌人被击退。

3时半,发现纳伊教堂有信号。我军进行了搜查。

凡尔赛军发射了汽油弹,一种不爆炸的炸弹。

纳伊

4时,炮战;公社战士取得了辉煌胜利。

1时,凡尔赛军继续向我炮击。

2时,双方停战。

旺夫·伊西

旺夫，夜间平静。

炮击从3时开始，到8时止。乡下人被猛烈的炮火击退。克拉马尔战斗十分激烈。

伊西，夜间炮击猛烈。

蒙鲁日、比塞特

凡尔赛军从巴尼厄方面进攻；敌人被击退。

昨日，下午3时前，一切平静。

3时，突然开始十分猛烈的炮击；默东、布兰博尔翁、奥朗热里、克拉马尔墓地和克拉马尔宪兵营的凡尔赛军炮队的炮弹如雨点一般向伊西要塞飞来，伊西要塞进行了有力的还击。

我炮艇配合第67号和68号棱堡进行战斗，由于炮手帕里埃、韦尤和古隆的射击特别准确，使居于下游的布勒特伊炮台差不多被摧毁，敌人的大炮只好停火。

5时许，发现穆利诺方向有部队移动，“自由”号炮艇打了几发炮弹，敌军即撤退。

整个夜间，步枪和大炮的射击，断断续续，没有停止过。

“自由”号（原“法兰西”号）炮艇艇长贝尔什上尉对下列公民的勇敢无畏的精神提出表扬：炮手默兰、水手瓦莱、炮长科勒尔、机械师勒费弗尔、司炉戈夏、驾驶员穆通和水手莫莱。

代驻海军部代表批注：

至于艇上的其他船员，艇长对他们的坚强意志和良好的表现，甚为满意。

秘书长

布瓦龙

1871年5月3日，于巴黎

在昨天的公社秘密会议上，有人特别向驻陆军部代表提出了这样一个问题：以团为单位组织国民自卫军的动机是什么，驻陆军部代表何以认为这种曾一度使舆论为之哗然的办法应当采纳？

罗塞尔公民回答说：

“以团为单位进行组织的办法，和以军团为单位进行组织的办法根本不矛盾。军团是区一级的政治和行政单位。它不是战术单位；在巴黎，有一个军团由7个营组成，而另外有一个军团则由28个营组成，这就是理由。我之所以下令以团为单位组织国民自卫军，只是想把少数属于同一个军团的营组织起来，称为团或联队[①]，组成真正的战术单位。”

人们在好几家报纸上看到这样的消息：

“驻外交部代表巴斯噶尔·克鲁塞公民，由于职务的关系。颇有余暇；他说，他曾经接受了厄瓜多尔共和国公使的殷情拜访。”

“可是，这个遥远的共和国的副领事写信通知巴斯噶尔·克鲁塞先生说，他被人欺骗了，目前厄瓜多尔共和国没有公使在法国。”

巴斯噶尔·克鲁塞公民不是“驻外交部代表”，而是“对外联络

① 联队，原文demi-brigade，一般系由两三个营组成，其指挥员为上校。——译者

代表”,他既负责公社与法国外省的联络工作,也负责公社与外国的联络工作。

因此,他空闲的时期是非常有限的。

对外联络代表从来没有说过他曾经接受过厄瓜多尔共和国公使的殷情拜访。

这个遥远的共和国的副领事也从来没有给公社的对外联络代表写过任何信。

因此,巴斯噶尔·克鲁塞公民没有受任何人的“欺骗”,而且,他和大家一样,早就知道厄瓜多尔公使安托尼奥·弗洛雷先生已多年不在法国,因此根本用不着到今天才告知他这个事实。

总之,以上讲述的情况,是真实的。通过这个事例,人们就可以看出保皇党人的报纸发表这些消息的居心何在了。

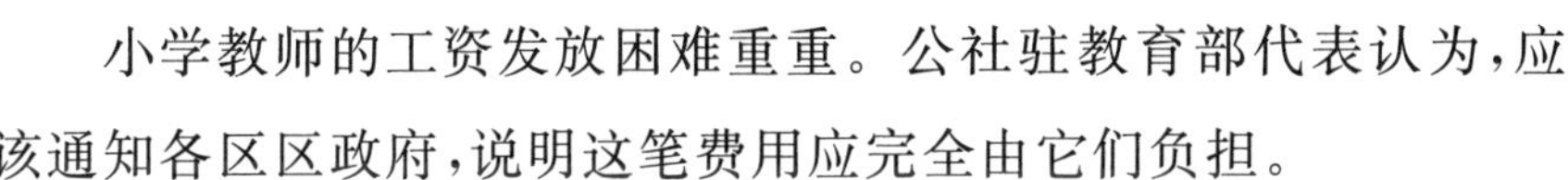

小学教师的工资发放困难重重。公社驻教育部代表认为,应该通知各区区政府,说明这笔费用应完全由它们负担。

目前,代表团尚未掌握教育机关和教育工作者的总的情况,尚未制定出合理的预算,以保证给学校必要的资金,给教师与他们的重要职务相应的待遇,因此,小学教师的工资仍暂按原来的规定发放。

陆　军　部

贪污舞弊,是对国家财物的盗窃行为,而这种令人憎恶的行径,在城里却屡屡发生。

某些有辱于国民自卫军战士这个称号的人，向比他们的罪恶更大的共犯贩卖属于人民财产的装备和军服。

我们现在警告那些无耻的奸商，他们的买卖是完全无效的。凡从事上述活动者，不但其非法购买的物品要被扣押，而且还要依法严加惩处。

各区区政府、各团首长和各营营长，负责执行本决定。

军事委员会

阿尔努[①]、阿夫里阿耳、贝热瑞、

朗维耶、古·特里东

邮 政 总 局

根据4月6日的决定，暂时准许办理邮件运输的私人代理行和私人企业营业。

目前开业的代理行和企业应立即向邮政总局秘书处申报。今后开设的私人代理行和私人企业亦应办理同样手续。

从5月4日星期四起，向各烟铺供应价值1至20生丁（包括20生丁在内）的邮票，并对首次要求的数量照数供应。

凡愿申请的公民，请与让－雅克－卢梭街邮政局接洽。

驻邮政总局代表

---

① 此处原文有误。应为阿尔诺德（Arnold）；阿尔努（Arnould）没有担任过军事委员会委员。——译者

阿·泰斯

第十二区区政府

根据公社 1871 年 3 月 31 日如下的决定：

巴黎公社，

决　定：

第一条　公社委员在他所在的区内有行政领导权。

第二条　公社委员可自行挑选人员组成一个委员会，办理公务。

第三条　只有公社委员才有权签发户籍证明。

第十二区公社委员任命下列公民为区政府委员会委员：奥迪贝尔、康斯唐医师、丹德维尔、德康（雅克）、迪布勒伊、弗朗科尼、弗雷诺、加托、戈瓦泽、拉卡特、勒戈尔约、利亚兹、马戈、马甘、索瓦热（尼古拉）、托尼－穆瓦兰。

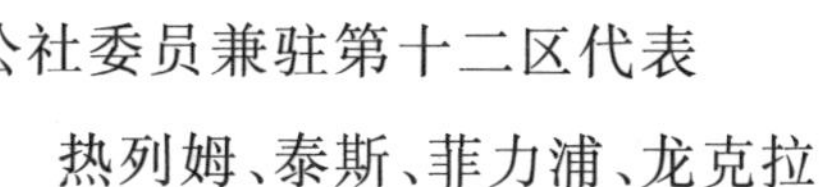

公社委员兼驻第十二区代表

热列姆、泰斯、菲力浦、龙克拉

里尔市 4 月 30 日市政府选举

下面是《北方回声报》公布的共和派名单：

第　一　选　区

费戴尔伯将军 ………………………………………… 9 159 票

卡斯泰尔-贝甘 …………………………… 7 167 票
卡斯特兰 ………………………………… 6 497 票
莫里松 …………………………………… 6 370 票
泰斯特兰 ………………………………… 6 543 票
勒梅特尔 ………………………………… 4 924 票
勒格朗 …………………………………… 6 537 票
爱·德邦奈 ……………………………… 4 701 票
默兰 ……………………………………… 6 501 票
布拉萨尔 ………………………………… 4 784 票
布舍 ……………………………………… 6 387 票
让-巴德邦奈 …………………………… 6 053 票
昂·韦尔利 ……………………………… 5 785 票
巴龙 ……………………………………… 6 346 票
博尼法斯 ………………………………… 6 343 票
里戈 ……………………………………… 6 309 票
马絮尔 …………………………………… 6 477 票
布尔东 …………………………………… 6 419 票

全部当选。

第 二 选 区

戈朗文德 ………………………………… 2 334 票
库尔蒙 …………………………………… 2 397 票
沙尔 ……………………………………… 2 294 票
苏安 ……………………………………… 2 530 票

韦尔甘 ………………………………………………… 2 407 票

迪蒂耶 ………………………………………………… 2 407 票

马泰尔 ………………………………………………… 2 360 票

马利亚热 ……………………………………………… 2 278 票

斯蒂韦纳尔 …………………………………………… 2 302 票

奥利维埃 ……………………………………………… 2 302 票

萨洛梅 ………………………………………………… 4 205 票

全部当选。

第 三 选 区

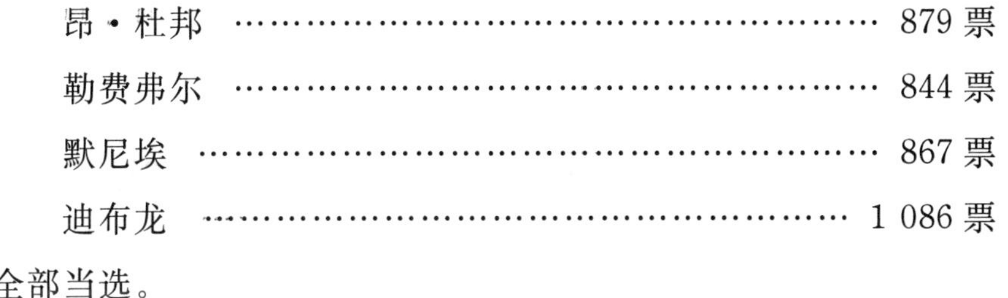

昂·杜邦 ……………………………………………………… 879 票

勒费弗尔 ……………………………………………………… 844 票

默尼埃 ………………………………………………………… 867 票

迪布龙 ……………………………………………………… 1 086 票

全部当选。

反对派名单上的候选人仅获 300 票。

费戴尔伯将军已交出辞呈，并拒绝接受任何指挥权，其原因，不是由于健康，而是由于他有感到不满意的事情。这就是为什么要把他的名字列在当选者名单的第一位的缘故。

候选人几乎全部是原市议会成员，他们的再次当选，使共和国有了保证；但是，他们差不多全都属于资产阶级，只不过情况略有不同而已。

革命派的候选人一个也没有。

阿拉斯选举结果

登记选民 …… 5 820
投票人数 …… 3 143
登记选民的四分之一为 …… 1 455
投票人数的过半数为 …… 1 572
朗格莱 …… 2 799 票
勒格雷尔 …… 2 745 票
德西 …… 2 663 票
勒迪厄 …… 2 622 票
瓦塞尔 …… 2 601 票
莫里斯·科兰 …… 2 255 票
朗图瓦纳 …… 2 217 票
盖拉尔 …… 2 195 票
布朗热 …… 2 159 票
奥克塔夫·珀蒂 …… 2 137 票
格朗纪尧姆 …… 2 134 票
布扬瓦尔 …… 2 013 票
奥维纳 …… 2 007 票
瓦尔泰勒 …… 1 976 票
德·布瓦里 …… 1 960 票
蒙瓦赞 …… 1 877 票
德埃·布兰纳 …… 1 859 票
巴里 …… 1 807 票

万雄 ………………………………………………… 1 806 票

热尔布尔·皮埃龙 ………………………………… 1 791 票

梯也尔尼 …………………………………………… 1 740 票

普里雄 ……………………………………………… 1 678 票

全部当选。

塞纳－马恩省几个市镇的选举结果

勒　贝　镇

居民人数 …………………………………………………… 2 500

投票人数 …………………………………………………… 30

库 洛 米 埃 市

选民人数 …………………………………………………… 1 200

投票人数 …………………………………………………… 600

在5月1日至2日的夜间，人们在“公社万岁！”和“共和国万岁！”的口号声中种植了自由树。

6人被依法扣留。

5月2日晚间的凡尔赛《公报》摘录：

蒂埃　星期日，下午3时半，占领市政府的暴徒被困在市政府内，未经交手即被迅速解除武器。两名宪兵被石头严重砸伤，团部副官和代理总检察长负轻伤。

里昂　星期一早晨，部队控制着整个局势。

夏托鲁　秩序党名单占优势。

卡奥尔　多数同意温和派名单。

阿让　多数赞成温和共和派。

里尔　多数赞成温和共和派。

杜埃　多数赞成温和派名单。

利摩日　选举结果十分混杂。

奥塞尔　温和共和派名单占优势。

马赛　多数同意市政派，激进派获得的选票不多。

卡昂　秩序党名单中有几个自由派人士。　、

佩里格　激进派名单占优势。

第戎　没有结果，需进行第二次投票。

贝藏松　联合名单的 15 人中 13 人当选。

波尔多　市政派名单占优势。

图卢兹　选举结果对秩序党和温和共和派有利。杜波塔尔先生和卡斯特邦先生没有当选。

勒芒　激进派名单占优势。

初步的估计只是，而且也只能是一个大概的情形。此外，我们还必须考虑到凡尔赛《公报》是有欺骗性的，它说在图卢兹落选的杜波塔尔先生根本没有列入候选名单。一俟我们获得新的情报，我们将对上述初步报道加以补充、更正和加以确切的说明。

新闻处处长

亚历山大·兰贝尔

昨天，巴黎收到了来自各省的好消息。4月30日的市镇选举在各地都成了一次对“革命”表示热情支持的事情。

在大多数城市里，都是最激进的名单获胜。在大多数城市里，居民们投票表明，凡尔赛政府对3月18日革命的意义和性质的诽谤，是欺骗不了他们的。

在一些工商业中心，运动更是风起云涌。

里昂市和蒂埃市为了成立自己的公社，已经武装起来进行反抗了。

在勒阿弗尔，选举是在“打倒梯也尔，巴黎万岁！”的口号声中进行的。

在第戎，居民们驱逐了市镇委员会，占领了市政厅。

在敦刻尔克，港口工人在“公社万岁！”的口号声中进行投票。

在利亚蒙，居民们高呼“公社万岁！”撕掉了凡尔赛的选举布告。

在整个北方，市镇骚动日益扩大。

总地说来，有这样一个特征：在城市里，甚至在一些表面上显得最平静和最漠不关心的城市里，凡尔赛政府也已经威信扫地了，它在各个墙壁上贴满了骗人的公报，说它战胜了公社社员；它这种公报，也没有人去看了。

这些情况，本身就很说明问题，而且，这种情况到处都出现，所以就更加说明问题了。它们足以表明，那些当初怀疑3月18日革命的性质的省，今后对它将作出正确的评价，而且会毫不迟疑地给这次革命以全力的支持。

法国的各个城市终于明白：巴黎是不愿意再压迫它们的，是再也不愿意把它的意志强加给它们的；巴黎只不过是要为它们树立一个学习的榜样，希望它们宣布自己获得了自由，并与巴黎结成联盟。

另外，它们还懂得了：在巴黎与凡尔赛之间，信仰共和国的人，何去何从，是不能犹豫不决的；巴黎现在是，将来也永远是通向世界共和国的康庄大道；而凡尔赛只是，而且也只能是拥护君主政体的人的联合大本营。

巴 黎 公 社

1871 年 5 月 1 日[①]会议

会议主席　梅叶公民

根据会议议程，对米奥公民提案的第一条，即关于设立社会拯救委员会的那一条，进行表决。

根据要求而进行的唱名表决，结果如下：

同意设立社会拯救委员会的有：

阿木鲁、安·阿尔诺、贝热瑞、比约雷、布朗舍、尚皮、夏尔东、艾·克雷芒、让-巴·克雷芒、德麦、杜邦(克)、杜朗、费雷、福都奈(昂利)、冈邦、热列姆、克鲁塞、若昂纳尔、勒德鲁瓦、龙克拉、列·梅叶、米奥、乌德、帕里泽尔、皮约、菲力浦、费·皮阿、朗维耶、雷若尔、里果、特兰凯、乌尔班、韦济尼埃、维阿尔。

---

① 此处原文误为 4 月 1 日。——译者

同意设立执行委员会的是：

安德里约、阿·阿尔努、阿夫里阿耳、阿利克斯、巴比克、贝雷·克雷芒斯、维·克雷芒、库尔贝、弗兰克尔、热腊尔丹、儒尔德、朗之万、勒弗朗赛、龙格、奥斯丹、潘迪、鲍狄埃[①]、腊斯都尔、赛拉叶、西卡尔、特里东、泰斯、瓦扬、瓦莱斯、瓦尔兰、韦尔杜尔。

投票人数：62；——绝对多数：32票。

同意设立社会拯救委员会的：34票。

同意设立执行委员会的：28票。

会议通过采用"社会拯救委员会"这个名称。

在表决整个草案之前，公社决定将草案第四条与其他各条分开，作为一项单独的决定。

整个草案经过表决，结果如下：

投赞成票的有：

阿木鲁、阿尔诺、阿利克斯、贝热瑞、比约雷、布朗舍、布津涅尔、尚皮、夏尔东、克雷芒（艾）、库尔奈、德麦、德雷尔、杜邦（克）、杜朗（阿）[②]、费雷、弗兰克尔、福都奈（昂）、热腊尔丹（沙）、热列姆、格鲁塞、勒德鲁瓦、龙克拉、马尔泰勒、梅叶、米奥、乌德、帕里泽耳、皮约、鲍狄埃[③]、菲力浦、皮阿、朗维耶、雷葱尔、里果、西卡尔、特兰凯、乌尔班、瓦扬、韦济尼埃、维阿尔、韦尔杜尔。

投反对票的有：

安德里约、阿·阿尔努、阿夫里阿耳、巴比克、贝雷、克雷芒斯、

① 此处原文将 Pottier 误为 Pothier。——译者

② 此处原文误，应为：雅克-路易·杜朗（jacques-Louis Durand）。——译者

③ 此处原文将 Pottier 误为 Pothier。——译者

克雷芒(维)、库尔贝、热腊尔丹(欧)、儒尔德、朗之万、勒弗朗赛、龙格、马隆、奥斯丹、潘迪、腊斯都尔、赛拉叶、特里东、泰斯、瓦莱斯、瓦尔兰、韦莫雷尔。

投票人数:68;——绝对多数:35 票。

赞同票:45 票

反对票:23 票

提案被通过。

对投票理由的说明

我接受了选举人的郑重委托;我认为,对设立"社会拯救委员会"投赞成票,是符合我的发言和我所承担的义务的。

泰·费雷

我没有参加关于社会拯救委员会的名称的讨论;但在保留对这个名称尚有意见要发表的情况下,我投票赞成设立"社会拯救委员会"。

弗·库尔奈

因为祖国面临危险,所以,我认为"社会拯救委员会"这个名称是最合适不过的。

我认为"社会拯救委员会"不会是一个危险的专政机关,因为它受公社的监督。

帕里泽尔

因为"社会拯救"这个词与"法兰西共和国"和"巴黎公社"这两个词完全是出于同一个时代的,所以我投赞成票。

皮阿

根据我的选民对我的郑重委托，我投票赞成设立社会拯救委员会，因为使公社保持它成立时候的最广泛的革命运动的意义，是目前的当务之急。

热腊尔丹

我投票赞成设立社会拯救委员会。因为这是在目前形势下所必须采取的革命措施。

沙·勒德鲁瓦

鉴于公社在目前形势下不能采取任何有力的措施，而我要继续忠于我的选民对我的郑重委托，所以，我投赞成票。

乌尔班

我们投票赞成设立社会拯救委员会，因为，虽说公社赢得了所有诚实的人们的爱戴，但它并未采取惩办懦夫和卖国贼的必要措施；由于采取了这种不恰当的姑息态度，所以才让敌人渗透了我们政府的各主要部门。

布朗舍、杜邦

敌人毫无道理地对我们进行无情的攻击，我认为，我们应当尽最大的力量保卫这个受威胁的共和国。

德·雷惹尔

我对这个提案投赞成票，但主张公社将来在它认为需要的时候，解散社会拯救委员会。

茹·阿利克斯

我投票赞成设立社会拯救委员会。因为我们目前的局势比我们1793年的先辈们面临的局势更为可怕；这一点，那些攻击社会拯救委员会的人还没有看清。

艾米尔·乌德

因为我相信，我们要成立的是1871年的社会拯救委员会；而人们往往误认为我们要成立1793年那样的社会拯救委员会，所以我投赞成票。

拉乌尔·里果

鉴于社会拯救委员会的设立，其主要的结果将形成一个专政机关，这丝毫无助于公社力量的增加。

建立这样一个机关必将与公社所代表的广大选民的政治愿望发生矛盾；

由此可见，公社成立任何专政机关，都是对人民主权的真正篡夺，所以我们投反对票。

安德里约、朗之万、奥斯丹、韦莫雷尔、维·克雷芒、泰斯、赛拉叶、阿夫里阿耳、马隆、勒弗朗赛、库尔贝、欧仁·热腊尔丹、克雷芒斯、阿·阿尔努、贝雷、瓦莱斯、儒尔德

如果我出席了昨天的会议，我一定会反对成立社会拯救委员会，因为我认为它是一个专政机关。

现在要我对此事拿出定见，我就投票赞成用“执行”二字。

维·克雷芒

因为身体不舒服，我在6点半以前就离开了会场。如果我当时在场，我对这个提案会表示反对的。现在，我赞成那个在我看来是危险性最小的提案，投票赞成成立执行委员会。

沙·贝雷

如果要我就名称问题发表意见，我就赞成用“执行”二字；另外，我还要声明，我对整个米奥提案保留我的意见。

儒尔德

我投赞成票，因为“社会拯救”这个名词无论在过去、现在或将来，都永远是恰当的。

热列姆

对整个提案投赞成票

我投赞成票。因为最近一个月以来表现的犹豫不决，给我们带来了损害，今后，如果在需要采取坚决措施的时候再动摇不定的话，那是要毁灭公社和共和国的。

加·朗维耶

当前的形势要求我们办事果断，行动一致，所以，不管用何名称，我都投赞成票。

欧仁·鲍狄埃

因为我已接受我的选民的郑重委托，所以我投赞成票。

艾·克雷芒

鉴于局势严重，必须迅速采取最彻底和最有力的措施，以镇压那些可能毁灭我们共和国的叛徒，我投赞成票。

茹·米奥

尽管我看不出这个委员会有什么用处，但是，因为我不愿意使人有诋毁我的社会主义革命信念的借口，所以在保留可以反对这个委员会的权利的情况下，我投赞成票。

列奥·弗兰克尔

采取最有力的措施，以争取革命的胜利，这是我的选民对我的郑重委托；我认为，只有社会拯救委员会才有能力做到这一点。有鉴于此，我投赞成票。

阿・龙克拉

我投赞成票：

因为我认为需要采取最严厉的措施。但是，我讨厌空洞洞的漂亮字眼，所以在投票表决时，我反对用“社会拯救”这个词。

阿・西卡尔

我投赞成票：

因为我知道目前的形势，而且要始终不渝地忠于我对选民的义务。

雅克・杜朗

我和我的选民行动一致，并和他们一样，希望在采取任何必须采取的措施时，不要犹豫不决。所以我投赞成票。

昂・尚皮

我投票赞成整个提案，尽管我投票反对第三条和“社会拯救委员会”这个名称（因为，按照提案人的意思，这个名称限定了提案的性质）。按照我前几天的主张，不管公社有什么想法，它也只能补充它所缺少的组织和机构，并对权限进行必要的划分，对各个委员会的工作进行更为有效的监督。（我在反对第三条的同时，也反对公社的错误：以为自己实现了自己所说的话，其实它所做的决定都是没有执行的。）

可是，我不赞成公社的这种错误看法：以为自己已经建立了一个发号施令的政治委员会——社会拯救委员会，而实际上只是给早先的执行委员会换一个新的标签而已。如果公社希望有一个确实能够掌握全局和防止偶然的政治事件的真正的执行委员会，那就应该从改进自身开始，不要再成为一个七嘴八舌的小议会，头一天做出的决定，第二天就任意加以破坏，对执行委员会的决定的实行设置障碍。公社必须是各个委员会的联合组织，集中讨论每个委员会提出的决定和报告，听取自己的执行委员会的政治报告，并对该委员会是否尽到自己的职责、是否有效地推动了领导工作、是否具有为公社创造福利所必需的毅力和能力做出判断。

应该把政治工作交给执行委员会，而把属于各委员会职权范围的工作交给各委员会。这样，开会的时候就不会提出一些没有用处的临时动议，就会解决问题，而不夸夸其谈地发表长篇议论。

只有这样的执行委员会才能确实配得上"社会拯救"这个名称，其实这个名称并没有什么重要意义，它反而有字眼重复的缺点。我不再说了，我投"赞成"票。

一句话，应当整顿公社，加强它的活动；应当进行战斗，推动革命，而不应当吵吵闹闹，彼此效尤。

艾·瓦扬

对整个提案投反对票

听了安德里约所陈述的意见，尤其是我本人，我是不相信社会拯救委员会的作用的；它只是一句空话；人们长期以来一直在光说空话。我投反对票。

阿·韦莫雷尔

我认为，社会拯救委员会的设立，侵犯了公社委员得自选民的权利。所以我投反对票。

阿·克雷芒斯

巴比克公民投反对票。公社现在并未处于危急之中，故没有必要成立社会拯救委员会。公社能自己拯救自己。

巴比克

我对整个草案投反对票，因为它实际上会使权限混淆，从而引起冲突，造成紊乱和无政府状态。我赞成划分职权，并要求对其他委员会享有全权的执行委员会要对公社确实负责。整个公社应发挥最高监察委员会的作用，它有权取消或解散执行委员会，但对该委员会的具体领导工作不直接参与。

腊斯都尔

我投反对票，因为我不喜欢无用的和可笑的古董，它不但不能给我们增添力量，反而会减少我们现有的力量。

古·特里东

我同意弗兰克尔的意见，作为公社委员兼驻财政部代表，我投反对票。

儒尔德

我不相信什么匡时济世的话，也不相信什么护身符和咒语；根据安德里约阐述的关于维护秩序和权利的道理，和巴比克所指出的凭情理和合理政策办事的重要性，我投反对票。

沙·龙格

一个提案

我希望，1789 年和 1793 年革命时期的种种名称和词儿只用来讲那个时代的事。今天，它们已不再具有昔日的意义，不能再以同样的准确性和同样的含义来使用了。

社会拯救、山岳派、吉伦特派和雅各宾党等名称，都不能在共和的社会主义运动中使用。

我们所代表的，是从 1793 年到 1871 年这个时代；这个时代应该体现我们的特点，表现我们的气质。

我觉得，我们在这个问题上显然是在抄袭前人，重新实行不应在我们这个时代实行的恐怖政策来危害自己。让我们使用我们的革命给我们创造的语言吧。

古・库尔贝

进行社会拯救委员会五名委员的提名。

由 37 人投票选举，当选者为：

安都昂・阿尔诺，33 票；列奥・梅叶，27 票；朗维耶，27 票；费里克斯・皮阿，24 票；沙尔・热腊尔丹，21 票。

主席宣读没有参加委员会委员提名的公民提出的如下声明：

下列签名人

对建立所谓“社会拯救委员会”一事，已投了反对票，并认为这个委员会将使人忘却 3 月 18 日公社革命所奉行的严肃的社会改革原则；

重演过去的事，那是危险的，也是不必要的，无论是用暴力重演或用不伤害人的手段重演，都不适宜；对于过去的事，我们只能从中吸取教益，而不应当完全照抄；

兹声明，他们将不提任何候选人，并认为弃权是唯一恰当的、合理的和明智的办法。

沙·龙格、勒弗朗赛、阿尔都尔·阿尔努、安德里约、奥斯丹、儒尔德、贝·马隆、奥·赛拉叶、贝雷、巴比克、克雷芒斯、库尔贝、欧·热腊尔丹、朗之万、腊斯都尔、路易·瓦莱斯、瓦尔兰

因为我们不能向一个我们认为是无益的和必然带来不幸的机构提名，所以我们弃权。

阿夫里阿耳、维·克雷芒、韦莫雷尔、阿·泰斯、古·特里东、潘迪、欧·热腊尔丹[①]

鉴于社会拯救委员会是一个与公社所奉行的本质上是民主的原则相违背的专政机构，我声明不参加这个委员会的委员提名。

卡·朗之万[②]

议程上的议题讨论完毕，会议于9时结束。

1871年5月2日会议

会议主席　巴斯噶尔·格鲁塞公民

会议于4时开始。

主席公民：我们可以在会议上另找时间宣读记录，现在要马上讨论各位代表要求迅速实施的几项决定草案，特别是驻陆军部代表提出的决定草案；这一草案要求各区立即按街区组织起来，每个

---

① 此处原文E.GERADRIN有误，应为E.GERARDIN。——译者

② 此处原文G.LANGEVIN有误，应为C.LANGEVIN。——译者

街区要有一位副代表。(说得对!)

好,我们另找时间宣读记录,现在让我宣读方才提及的决定草案:

巴黎公社,

决　定:

每个区政府都应在它的区内按它所包括的街区数组织代表团分团,分团的任务是:进行精确的人口普查;填发身份证;清查和追究逃避兵役的居民;编制本街区现有的马匹清册和空房清册;领导搜查武器和弹药的工作;在敌人炮击时指导居民进行隐蔽。

分团的人员将立即由区政府任命,在24小时后开始工作。

奥斯丹公民:我提请你们注意,我们区已有这种分团了。

主席公民:在某些区里也许有这种分团,但在其他区里还没有。

你们是否愿意马上讨论我方才向你们宣读的决定草案?

阿尔都尔·阿尔努公民:公民们,我认为在目前的形势下,用不着颁布一项决定,我们应该让各区政府自己想办法。要办好这件事,只通知各区政府去办理就行了。

此外,我提醒你们注意,这项决定似乎与以前通过的一项决定相抵触;那个决定规定成立一个七人委员会,以监督执行关于改组国民自卫军的命令。

腊斯都尔公民:依我看,以前的那项决定不像今天的这项决定这样内容广泛和全面,因为它只涉及逃避兵役的人的武器,而今天的这项决定则提到年龄和住址,并要求记明逃兵的特征。各区区政府都应办理每人必带的身份证的颁发工作,凡没有这种身份证的公民，要编入他们现住街区的营队。这项决定要求登记居民人数和空房屋数，我本人认为，迅速通过这项补充前一项决定的决定是非常有益的。

皮约公民：我完全同意公民腊斯都尔的意见。是的，我们已经任命了一些完全是军事性质的委员会；我在这里顺便说一句：这些委员会的委员向我们要薪饷，我认为他们的要求是合理的。

我希望公社对这些公民的薪饷数目做出具体的规定。应该扩大这些军事委员会的权力，并按每个区的街区数，定委员会的委员数；不是七人，而应当多一些，比如八人。

西卡尔公民：我认为不需要颁布一项决定，只给各区区政府发一份详细的通知就可以了。

奥斯丹公民：我也有这样的看法。至于皮约公民说的经费和薪饷问题，我认为一切劳动均应有报酬。这是真正的民主原则。分派我们做的任何一项工作，都应当给予报酬。

主席公民：驻陆军部代表的意见是这样的：他要求公社按街区组织城市工作，以易于了解每所房屋的情况，看它是否可以作为掩蔽体。

因此，罗塞尔公民要求按街区建立负责此项调查工作的区政府代表团分团。

奥斯丹公民：我不同意建立这种组织。

阿尔都尔·阿尔努公民：你的意思是要求我们建立分区政府吗？

西卡尔公民：应当给各区政府以全部的自由，它们认为哪儿合适，就让它们在哪儿建立分支机构。

奥斯丹公民：在建立街区代表团分团之后，你们还需要建立每一条街的，然后是每一个住宅的代表团分团。

雷惹尔公民：我们的区政府是这样办的：团委员会为我们工作，任务完成得很出色，而区政府和国民自卫军为此付出的经费则微乎其微。我希望其他的区也照我们这样办。

德康公民：每一个区应该有一个警备委员会，下设若干分会，由知名人士组成；它们可以给我们最有效的帮助。

勒德鲁瓦公民：我认为身份证是非常有用的，因为在街上碰见一些年轻人，他们不参加任何一个营，却瞧不起当兵的。因此，必须在所有各区采取这一措施，以便使那些负责办理人口登记的人员容易地查出在街上闲逛而丝毫不想履行自己的公民义务的年轻人。

至于颁布专门决定的问题，我并不赞成；我也认为只发一份通知就可以了。

特兰凯公民：我也反对颁布一项决定，每区只需设立四个委员会，它们在必要时可以动用警察力量。

德雷尔公民：对于这一点，我要声明，我不明白各区为什么不仿效第十八区的做法。

在17日，我们就组织了一个委员会，由它负责办理所有居民的登记事宜，并负责查明那些没有参加国民自卫军的人。这种办法也同样适用于建立选民名册的工作。

我有一次曾提出过这种办法，但未引起人们的重视；我看你们今天不能不讨论这种办法了。

此外，第十八区区政府的委员们也可以向那些愿意仿效他们的人提供有关这种组织的必要资料。

阿夫里阿尔公民：我们遇到了一个恶性循环。公社的首先任务应该是改组各区区政府。如果你们一开始就愿意讨论瓦扬公民提出的决定草案，现在就不必去寻找纠正这种错误的办法了。

你们今天虽做了许多决定，但你们并没有实行决定的办法。区政府的职权尚未确定，它们彼此推卸责任，没有做一件有益的事情。

我们需要有更加严密的组织。如果我们要健全公社，我们就应该在这方面做出努力。

安·杜邦公民：我认为，我们身为驻各区区政府的代表，应该像当公社委员那样对我们的行动负责；至于我，我要承担起这种责任，并反对那些企图推卸责任的言论。

依我看，没有在各区政府建立与我们平行的权力机关，这是正确的；另外建立权力机关，就等于是在制造严重的障碍，人们将对我们说："你们看，你们跟茹尔·法夫尔一样，把区政府变成政府的代理人了！"

我重说一遍，我要对第三区的工作负责。

阿夫里阿尔公民：我不想责难各区政府的委员，我已经说过，我们实际上不可能什么工作都做，我们不能既做部队工作，又参加会议，在区政府办事，又当代表团的成员。如果我们要牢固地建立公社，就应该划分权力；否则我们的工作就太多了。公民们，你们是体会到了这一点的；当一个人工作负担过重的时候，他是什么工作也做不好的。

阿尔诺德公民：在罗塞尔公民提出的决定的草案中，细节多，概括性不强。

我认为德雷尔公民所举的例子是非常好的。

每个区政府都应设立军事处，以便追查逃避兵役的人和负责一切有关军队的组织问题。

主席公民：几位委员。有几个区已有这种机构。驻陆军部代表之所以提出我们现在讨论的提案，是因为他已经认识到按街区而不按区组织工作的必要性。

阿尔诺德公民：在某些区政府的机构中显然是有缺点的，但我认为没有必要再做出一项专门决定，至多发一份通知，提醒各区注意上次做出的决定，并进行检查，保证执行就行了。我认为，在这个决定中已经说明了要追查些什么人。例如，在第十八区，区政府对所有逃避兵役的人都了如指掌，我们营就接收了许多被查出来的公民，我已将他们立即编入营里。因此，我们只需要做一件事，那就是建议罗塞尔公民向各区政府发一份通知，要求它们严格遵守决定，并在通知中准确地注明决定的日期。

浦热公民：我不同意阿尔诺德公民的意见，我认为应该制定一些实际的措施。有一些区已经选出七名委员组成委员会。这种委员会没有用处，光有它是不够的。假如有 4 个街区，每个街区有 4 个营；每个营选出 1 名代表，就有 4 名代表；这样，就可很快查出逃避兵役的人。代表团分团由 4 名委员组成，向区政府的七人委员会汇报工作。剩下的只是我们已经通过的身份证问题了，这项办法必须普遍实行，要求各区都采用。

腊斯都尔公民：人们向你们提出的决定包括四个内容：进行全民普查；登记外出不在家的居民；登记逃兵；登记逃避兵役者持有

的武器和弹药。

有的区进行了武器登记,有的区进行了马匹登记,这是事实,可不是所有的区都这样做了。只发一个通知是不会有什么结果的;人们怎样看待通知,你们是知道的。要使驻陆军部代表马上得到他所需要的资料,我们最好投票通过一项总的办法。

社会拯救委员会应当负责使我们的决定付诸实施;我们要减少它的工作。

阿尔诺德公民:蒲热公民不同意我的意见。一个由五个人组成的部门是不能胜任这项工作的。决定中说,团委员会应当协助区政府。当然,我们是相信它们能够给予大力协助的。我不知道罗塞尔公民的草案的内容是否像腊斯都尔公民所说的那样内容广泛……

几位委员:——是的!是的!

某人:应当用另一种方式提这项草案。

奥斯丹公民:不应当由驻陆军部代表团来提。

主席公民:陆军部只是说它有用处。

若昂纳尔公民:公民们,我方才听了宣读的草案,在我们的区里正是这样做的。我们从第一天起就办理户口登记、搜查逃避兵役的人、收回重发的武器。如果今天要我们建立一个新的机构,一个星期之后又另外建立一个,那我们就会乱得一塌糊涂。因此,我建议每星期开会不超过三次或四次,给我们腾出更多的时间去处理区政府的工作。我们在一星期内所做的工作,比帝国时期两年所做的工作还要多。

主席公民:我觉得大家的意见是发一份通知,而不颁发决定,

是这样吗？（赞成声）

阿利克斯公民：人们向你们说的代表团，现在就存在，在工作；正是通过它们，我们才得到了需要了解的情况。因此，做出一项划分责任（这是十分令人惋惜的）和破坏目前大体上是完善的区政府组织的决定，是无益处的。为上述目的而设立的代表团，从理论上说可能是很好的，可我认为它们根本行不通。（停止辩论吧！）

主席公民：可见大家都主张发一份通知，而不用法令来解决这个问题。

比约雷公民：我认为，在这方面应该怎样去做，最好是让每一个区政府都有一定的自由。

巴黎的各区政府彼此都不相同，有的区居民较多，有的区居民较少；完全应该让它们按他们自己认为大体上合适的方法去做。

我认为只发一份通知就可以了。

主席公民：谁来负责发这份通知呢？

阿尔诺德公民：我不认为社会拯救委员会应该负责这项工作，它的委员没有参加会议，而且，草案是由陆军部提出来的。在草案未被通过的时候，通常要由原提案人作解释。

腊斯都尔公民和阿尔努公民提出一些意见以后，会议决定由公社秘书起草一份说明这个问题的通知。

宣读一封信，在这封信中，德勒克吕兹公民请求原谅他因病未能出席公社的会议，并要求派人接替他在军事委员会的工作。

阿西公民：我所在的委员会工作负担太重，我的同事让－巴·克雷芒可以向你们证实这一点；因此，我请求西卡尔公民协助我，由他负责军需制造工作。

主席公民:公社是否同意委派西卡尔公民去协助阿西公民?

全场:同意!

某委员:我也请求批准给炮兵委员会增派一个能够大力协助该委员会的人,一个技术人员……

主席公民:你们有这个权利,不必请求公社批准。

勒弗朗赛公民:昨天的会议讨论了成立社会拯救委员会的问题。这个委员会是经过全体唱名表决通过的,把这项决议登在《公报》上,并列举大多数委员提出的投票理由,这似乎是理所应当的,可是,我们看到《公报》对此只字未提,所以感到十分惊奇。这是奉命这样办的,还是忘了?

主席公民:如果勒弗朗赛公民是等到会议结束才离席的话,那他就会知道,公社决定不发表会议记录,或者更正确地说,决定延期发表。(喧哗声)

列·梅叶公民:我十分不安地看到25名弃权的委员在表决以前,或者至少是在计算票数以前就离开了会场;另一些委员在表决之后也立即随着他们离开了大厅;因此,当我们征求如何决定在《公报》上发表记录意见的时候,会场上只剩下不多几个人了。当时收到一份抗议书,你们没有听到宣读它。我是在你们缺席的情况下宣读的,我征求过公社的意见:是否要在《公报》上发表这份抗议书,公社决定只公布当选委员名单,关于发表记录的问题,则留待以后讨论。如果你们当时在场,这个问题就不会被拖延下来。

宣读记录。

龙格公民:记录未说明社会拯救委员会是以多少张票当选的,我觉得这是一个需要纠正的疏忽。

雷惹尔公民:他们都是以绝对多数票当选的。

龙格公民:这一点,我当然知道,不过他们得到的票数多少,应当告诉大家。

我要对《公报》提的意见,也就是这一点。

我请求委派两名委员协助我,不是为了编辑公报,而是为了起草一份有关《公报》的组织机构的报告,公社审查这份报告后,可以对《公报》采取它认为适当的措施。

朗之万公民:记录里列举了一些说明弃权理由的声明,其中没有我的声明。我记得,我是提出了说明弃权理由的声明的。

主席公民:秘书提请大家注意,他说,如果刚才宣读的记录中弃权声明不全,那就在简报上详细发表。

韦莫雷尔公民:我要对这次会议的一部分人郑重表明我的不满:他们认为,由于我们缺席,我们提出的抗议便是无效的,便不予以公布。而公布投票情况是记名表决后必须做的事情。这是有先例的。我坚决要求加以公布。不过,我觉得梅叶公民的解释是令人满意的,我不相信会议会拒绝满足我们有权提出的合法要求,会拒绝向我们全面公布会议情况。

阿尔都尔·阿尔努公民:我同意全部公布昨天会议的情况;今天早上,我没有在《公报》上看到昨天会议的报道,感到很惊奇。通过列奥·梅叶的解释,我满意地知道昨天的会议只不过是决定延期公布罢了。

确实,我认为会议不能做出其他的决定;在开始讨论之前,可以决定不公布;而在讨论之后,就不能这样做了,因为这样做,就完全损害了少数人的权利了。

的确，如果少数人提出的论据遭到多数人的反对，多数人就决定不公布讨论的内容，那就等于是剥夺了少数人的权利。然而，这种权利是神圣的，因为它不是凭暴力行使的权利，而是根据法律行使的权利。

因此，我要重申，少数人的权利是不可侵犯的，这是关系到我们每一个人的尊严问题。

这不仅对我们来说是有关人的尊严问题，而且对我们的选民来说也是这样一个问题，因为我们要对他们负责；而履行他们交给我们的权责的真正办法，就是公布我们的辩论和表决的情况。

会议对这一点是完全了解的，所以它只是决定把公布的时间延期。我希望会议今天就做出决定，将讨论情况在《公报》上予以公布。

现在，请允许我说几句话，回答列奥·梅叶公民。

昨天我不是在进行表决的时候离开会场的；在离开之前，我就想到要提出声明弃权的理由，可是，没料到会议在投票以后还在继续进行。

此外，我也不知道会议已做出决定，每个与会者都必须从会议开始一直要待到会议结束，特别是，即使我们在各部门和区政府有公事要办，也应当留下来。

阿尔都尔·阿尔努公民[①]：既然会议昨天认为它对是否公布秘密会议的情况难以决定，那么，我建议就在今天的会议上予以公布。如果有人由于对这样或那样的做法不满，而提出过某种看来

① 此处原文 Athur Anould 有误。应为 Arthur Arnould。——译者

是很强烈的抗议，那么，就请谁提出来，谁把它收回去，只要他认为合适。至于我，我是毫不犹豫的。关于我亲笔签字的抗议书，我要补充说明一下，抗议书中没有任何一句话有侮辱出席这次会议的委员的性质。我相信与会的所有委员是绝对真诚的，我也请他们相信我是真诚的。

若昂纳尔公民：我尊重少数人的意见，如果我昨天在场，我一定投票要求公布会议的全部情况。

乌尔班公民：昨天，我要求公布会议经过，今天我还要要求这样做。然而，阿尔努公民刚才号召大家办事公允，我觉得这种说法是站不住脚的。会议决定不公布会议的某些部分的事，已经有好几次了。这种先例可以使昨天的表决合法化，如果在秘密会议上已经表决了的话。如果要公布昨天会议的情况的话，那我就要要求公布以前每一次会议的情况（赞成声），因为如果不了解以前的情况，就不可能理解昨天会议上的一些发言。

帕里泽尔公民：公社现在有碍举行秘密会议的倾向，我反对这样做，因为这种倾向将给公社历史上的最美好的篇章蒙上阴影。因此，我主张全部公布昨天的和今后的一切会议的情况。

主席公民：下面我们就是否公布讨论设立社会拯救委员会的会议记录进行表决。

特里东公民：我要提醒大家注意，关于这个问题，应该进行两次表决。

阿尔都尔·阿尔努公民：我们要求全文公布。

主席公民：实际上有两个问题：

1. 是否公布昨天的会议记录？

2.是否公布关于社会拯救委员会的会议记录？

后面这个问题涉及面最广，我先把它提付表决。

该项提案以大多数票通过。

儒尔德公民（驻财政部代表）：我请求公社允许我宣读收支平衡表。

雷惹尔公民：你是以驻财政部代表的身份，还是以财政委员会的名义发言？

勒弗朗赛公民：代表是负责任的人。

儒尔德公民：我做任何一件事情，都要和我的同事们商量，公民比约雷、克雷芒[①]、勒弗朗赛和贝雷都已审阅过我向你们宣读的这份收支平衡表。

我现在把这份财政状况表交给公社，希望公社进行审查。

这是我们详细的财政状况，我认为能否拯救公社和共和国，取决于我们的财政。

现在，我感谢公社对我的信任，我特请公社委派一个三人委员会来审查我方才宣读的收支平衡表，并感谢公社准备找人代替我的职务。

瓦扬公民：我要求发言，我请求公社不要接受儒尔德公民的辞职。

我认为，在目前我们所处的困难情况下，能够以我们所具有的很小的财源应付我们必须负担的巨大开支，这是很了不起的本领。

要达到这样一个结果，必须具有卓越的才能。

① 指维克多-约瑟夫·克雷芒。——译者

应当考虑到，如果接受了儒尔德公民的辞职，我们是找不到一个有能力代替他的人的。

因此，我认为，他改变自己的决定，是他的公民职责；如果他觉得社会拯救委员会不会给他留下充分发挥他的主动精神的余地，那我们希望他牺牲一点儿自己的自尊心：我再重复一遍，他已经表现了真正的才能，我请他一定收回辞呈。（对！对！好极啦！）

贝雷公民：我对儒尔德公民的全部评价，和瓦扬公民刚才说的一样。我所要补充的是，作为委员会的一名委员，我看见过儒尔德公民如何工作，我认为，他能为你们作出这样的预算，那简直是奇迹；另外，我认为，我们当中没有任何人能代替他。因此，我请求他收回辞呈。（儒尔德公民的辞职未被通过。）

儒尔德公民：我感谢会议刚才对我的信任的表决，但是我不能收回我的辞呈，其理由我在会议同意我发言时将做出说明。昨天的投票不可能使我接受我应承担的责任。首先，我要向你们声明，我不是一个人工作的，还有瓦尔兰公民协助我，他和我做了同样多的工作。因此，我以他和我自己的名义对会议表示感谢。

现在，我必须把这一点说清楚，因为不管正确与否，这是我内心的想法，我认为我考虑的不是我个人，而是委员会能够给予我的经费和财源这样一个大问题；我认为，从昨天对于社会拯救委员会表决以后，你们驻财政部代表的处境，已不像以前那样了。也许我在这方面的担忧，不像经济界对于委员会及其结果的推测更有根据。但是，在我看来，我是不能接受委托给我的任务的。

韦济尼埃公民：请允许我说几句话，回答儒尔德公民。如果儒尔德公民认为他辞职的重要原因是昨天的表决引起的，那么，我认为他应该明白，表决已经是既成事实，已被会议通过，我们已经无法更改了。这次表决会不会对经费问题发生有害的影响，这我们无法断定。因此，我请儒尔德公民仍然担任驻财政部代表，做原来的工作。

我们希望他忠于他的共和主义信念，发挥他对事业的忠诚。

安德里约公民：公民们，刚才我也赞成儒尔德公民收回他的辞呈。但是，我在投票的时候发现了一件我认为所有和我一起投票的人都没有发现的事情。

要让儒尔德继续担任驻财政部代表，就必须给他可能的财源，我现在说明我的想法。经费是在一定的条件下存在和出现的。要具备这个条件，就应当取消赋予社会拯救委员会"充分权力"的第三条[①]。如果是这样理解的话，我将第一个向我的朋友儒尔德说，他的看法是错误的，他的抱怨是没有根据的。不过，"充分权力"这个词的确是令人害怕的；我本人认为，如果不取消这一条，儒尔德公民是不会承担这项工作的。

勒弗朗赛公民：我只有几句话要补充。刚才所谈的一切，都清楚地说明了问题。儒尔德公民已向你们说明，他对筹措经费和恢复货币流通所采取的措施有独特的看法。如果社会拯救委员会的观点与儒尔德公民的观点不同，那可想而知，是会发生冲突的。如果你们同意安德里约公民向你们说的取消第三条，那你们就破坏了整个提案的精神。另一方面，我对儒尔德辞去驻财政部代表的

① 指米奥提案的第三条，该条规定社会拯救委员会"对其他各委员会享有最广泛的权力。"——译者

职务表示遗憾。

米奥公民:我对这种因设立社会拯救委员会而产生的顾虑感到十分惊讶。我认为应当打击背叛行为。(喧哗声)既然我们让公社享有全权,我觉得这就有了足够的保证,儒尔德公民可以留任,也可以随时辞职。

比约雷公民:有一种完全没有根据的推测:有人说,社会拯救委员会将使我们的处境更加困难。可是,公民们,3 月 19 日曾经是我们在经费方面最困难的日子,而银行给了我们一百万。经费会有的,既然儒尔德公民有一定的影响,那他的辞职显然会使形势恶化。不能断定他与委员会之间一定会发生意见分歧。

儒尔德公民:我什么事都无法办,无法进行;因为,在你们昨天通过提案以后,毫无疑问,驻财政部代表就只能给社会拯救委员会当一个雇员了。

正是由于这个缘故,我不能接受你们委托给我的任务。

毫无疑问,换一个人会比我工作得更好的。

你们昨天所做的决议,是危险的。然而,我真诚地向你们表示,我服从这些决议。不幸的是,在社会拯救委员会享有最广泛的权力的情况下,我的智慧和能力已经不足以使我担负我现在所担负的工作了。

不过,我还是给我的后任创造了非常有利的条件:昨天我只有 14 万法郎,而今天,金库里存有 200 万法郎。

我要回答比约雷公民:法兰西银行没有义务再像 3 月 19 日那样做了;对公社来说,最重要的是爱惜,而且还要帮助这个机关。你们昨天通过了第三条,根据这一条规定,各位代表就只不过是社会拯救委员会的雇员而已。我们大家都或多或少地懂得点政治，所以，如果我们知道在什么问题上将使同一个政权之下的权力机关发生人们所说的冲突，则我们中间的任何一个人都会懂得，担负责任的代表与社会拯救委员会之间总有一天要发生冲突。为了维护公社的威信，我绝对不能留住了。

你们要清楚，没收的财产不会给我带来什么帮助，没收的有价证券也不会给我带来什么帮助；比如，普鲁士人将对我们说："你们正在建设新的、社会主义的事业，这很好，但是，我们对此事的后果不承担责任，你们向我们提出的建议，不能使我们得到足够的保证，我们要的是钱。"因此，为了拯救我们的公社，我曾经提出过这样的主张：让我设法保证债券的信用；力行节约，让货币回笼；并把入市税减少 50%，把国民教育预算增加一倍。这样，我每年至少可以减少城市预算 5 000 万。

要做到这一点，我就要发行完全有保证的债券了；这样，我就可以向工人们说："你们需要劳动工具吗？你们看，这就是！"

我们不能再回到 1793 年去；经济条件完全不同了：在 1793 年，国家是依靠自己的产品生存，而现在，国家主要是靠外国的产品生存，而要把这些产品弄来，首先必须保证产品的交换。只有这样做，才能使工人得到劳动和斗争的工具；而且我认为，这样做才是建设实际的社会主义。但是，要达到我的目的，我认为必须是各个代表只受公社的监督，并可以在欧洲各地签订商约。

你们希望我今后做些什么呢？我能提出什么保证呢？人们一定会回答我说："你是一个微不足道的人，你只不过是社会拯救委员会的雇员而已。"在这种情况下，是什么也做不了，什么也干不成的。

主席把再次选举儒尔德公民担任驻财政部代表的提议，交付表决。

经过唱名表决，结果如下：

参加投票人数：44人

儒尔德 …………………………………… 38票

勒弗朗赛 ………………………………… 2票

雷惹尔 …………………………………… 2票

瓦尔兰 …………………………………… 1票

弃权 ……………………………………… 1票

进行秘密会议。

（会议于7时45分结束。）

讣　　告

伦敦昨天获悉著名钢琴家和作曲家萨尔贝尔逝世的消息。萨尔贝尔先生在那不勒斯患病，起初，病情并不严重，反而有一种会在迅速康复的样子。萨尔贝尔先生终年59岁。（《派尔麦尔新闻》）

解放同盟

兹定于5月4日晚7时在工艺美术学院举行全体阿尔萨斯－洛林人会议。

驻财政部代表团

国库中央出纳局

3月20日至4月30日(含4月30日)现金收支表

收入	
4月4日在第一和第二出纳处及各出纳科查出 …………	721 342 法郎
4月7日在金库查出纸币、黄金和白银 ……………………	3 879 585 法郎
同时找到一个钱柜，钱柜内的塔勒①共值 …………………	37 833 法郎 75 生丁
19日在一个金库里发现一小箱黄金，价值 ………………	12 000 法郎
另外在一个金库里发现一包金币 …………………………	1 000 法郎
散在地下室的辅币(不包括4月4日发现的285 000法郎)…………………………………………………………	500 法郎
搜查时陆续发现的各种款项 ………………………………	1 336 法郎 46 生丁
救济炮轰受难者的捐款余额 ………………………………	4 515 法郎
合　计	
记入中央出纳处收方和前中央财政出纳处付方 …………(所发现的款和1871年3月18日账面应有款项之间的差额另见附表。)	4 658 112 法郎 21 生丁

各行政机关和公用事业的收入

结转金额 ……………………………… 4 658 112 法郎 21 生丁

法兰西银行——各项交款 ………………………… 7 750 000 法郎

电报局——包括卖旧证券收入的500法郎 ………… 50 000 法郎

入市税——交款 ………………………… 8 466 988 法郎 10 生丁

直接税——首席出纳员交款 ……………… 110 192 法郎 20 生丁

① 塔勒，日耳曼帝国时期的一种大银币。——译者

关税——赫维翁交款 …………………………… 33 010法郎

中央菜市场和其他市场——驻中央菜市

　　场代表交款 ……………………… 519 599法郎19生丁

垃圾场代表交款 …………………………………… 2 077法郎

烟草工厂——货物入库经收人交款 …… 1 759 710法郎55生丁

公共工程处——杜维维埃交款 ……………………… 5 980法郎

注册税和邮票税——局长交款 …………………… 560 000法郎

制鞋工人协会——杜朗代表交款 ……………… 775法郎50生丁

市政厅出纳处——若干人交款 ………… 1 284 477法郎85生丁

国民自卫军退还款——根据各出纳

　　科的明细表 ……………………… 480 840法郎30生丁

第六区区政府——秘书交款 ……………… 17 305法郎95生丁

市政厅职员退休金金库——从薪金中扣款 …… 28法郎35生丁

保证金——安德里约夫人 ………………………… 1 000法郎

保证金——芒特伊 ………………………………… 1 000法郎

保证金——芬布留克 ………………………………… 50法郎

查封或征用财产所得的款项——

　　大主教(硬币) ……………………… 1 308法郎20生丁

维莱修道院 ………………………………………… 250法郎

在多蒙和德莫尔兄弟处发现的硬币(根据记录) …… 7 370法郎

铁路——执行4月27日法令的交款 ……………… 303 000法郎

包裹通行税 ………………………………… 341法郎30生丁

　　总计 ………………………………… 26 013 916法郎70生丁

支　出

1871 年 3 月 20 日至 4 月 30 日[①]

付给各区区政府：

区	金额	合计
第 1 区	15 000 法郎	1 445 645 法郎 64 生丁
第 2 区	5 000 法郎	
第 3 区	42 000 法郎	
第 4 区	122 939 法郎 49 生丁	
第 5 区	25 000 法郎	
第 6 区	45 531 法郎	
第 7 区	25 000 法郎	
第 8 区	4 000 法郎	
第 9 区	16 000 法郎	
第 10 区	27 000 法郎	
第 11 区	162 500 法郎	
第 12 区	44 000 法郎	
第 13 区	20 000 法郎	
第 14 区	137 500 法郎	
第 15 区	160 250 法郎	
第 16 区	32 261 法郎	
第 17 区	85 095 法郎	
第 18 区	48 396 法郎 10 生丁	
第 19 区	200 173 法郎	
第 20 区	228 000 法郎	

① 此处原文误为“1872 年 3 月 20 日至 4 月 80 日”。——译者

驻陆军部代表团…………………………20 056 573 法郎 15 生丁
军需处 ……………………………………1 813 318 法郎 25 生丁
驻内政部代表团 ……………………………………303 730 法郎
驻海军部代表团 …………………………29 259 法郎 34 生丁
驻司法部代表团 ……………………………………5 500 法郎
驻商业部代表团 ……………………………………50 000 法郎
驻教育部代表团 ……………………………………1 000 法郎
驻对外联络部代表团 ……………………112 129 法郎 96 生丁
中央委员会 ………………………………15 651 法郎 20 生丁
劳动与交换委员会………………………………4 000 法郎[①]
市政厅和巴黎市政府 ……………………91 753 法郎 48 生丁
执行委员会 ………………………………90 675 法郎 16 生丁
治安委员会 ………………………………253 039 法郎 40 生丁
货币与徽章制造委员会 ……………………………8 000 法郎
塞纳省产业管理局 ………………………20 934 法郎 91 生丁
电报局 ……………………………………………50 100 法郎
野战医院管理局 ……………………………………10 000 法郎
注册税和印花税管理局 ……………………7 777 法郎 46 生丁
桥梁公路工程局 …………………………27 516 法郎 71 生丁
军用医院管理局 …………………………182 510 法郎 91 生丁
杜伊勒利宫警卫队长 ………………………………6 000 法郎

① 此处原文误为“000”法郎，根据《巴黎公社会议记录》应为“4 000”法郎。——译者

市政厅警卫队长 ………………………………………… 5 000 法郎
援外管理局 ………………………………………… 105 175 法郎
五金工人协会 ………………………………………… 5 000 法郎
消防队 ………………………………………… 90 943 法郎 45 生丁
国立图书馆 ………………………………………… 30 000 法郎
《公报》 ………………………………………… 3 122 法郎
烟草工厂 ………………………………………… 91 922 法郎 78 生丁
铁路稽查处 ………………………………………… 2 000 法郎
街垒委员会 ………………………………………… 44 500 法郎
国立印刷厂 ………………………………………… 100 000 法郎
邮政局 ………………………………………… 5 000 法郎
直接税管理局 ………………………………………… 2 300 法郎
服装工人协会 ………………………………………… 20 000 法郎
制鞋工人协会 ………………………………………… 4 662 法郎
一般支出 ………………………………………… 197 436 法郎 99 生丁
杂费 ………………………………………… 57 910 法郎 83 生丁

---

25 138 089 法郎 12 生丁

差额 ………………………………………… 875 827 法郎 58 生丁

合计 ………………………………………… 26 013 916 法郎 70 生丁

1871年3月20日至4月30日[①]共收入26 013 916法郎70生丁

1871年3月20日至4月30日共支出25 138 089法郎12生丁

收支余额 ………………………………… 875 827法郎58生丁

余额现款分配如下：

中央出纳处 ……………………………… 673 600法郎98生丁

第一出纳科 ……………………………… 72 968法郎70生丁

第二出纳科 ……………………………… 56 627法郎85生丁

第二出纳科(第二笔) …………………… 45 223法郎15生丁

第三出纳科 ……………………………… 19 650法郎90生丁[②]

特别基金处 ……………………………… 7 756法郎

与收支余额平衡 ………………………… 875 827法郎58生丁

1871年5月1日，于巴黎

校对无误。

中央出纳处处长

G.杜朗

① 此处原文误为“39”日。——译者

② 原文此处无“第三出纳科”字样，将现款分配额误记于“特别基金处”栏下，而将特别基金处的分配额记于“与收支余额平衡”栏下，现根据《巴黎公社会议记录》予以更正。——译者

1871年5月5日　星期五

要　　目

正式公报。——关于废除政治宣誓的决定。——关于劳动与交换委员会向各军需部门委派代表团的决定。——野战医院管理人员的委任令。——驻陆军部代表的命令。——致陆军部代表团所属各位将军、上校和部门首长。——国民自卫军归还财政部的款项。

非正式公报。——战报。——关于北方铁路局货物发送处恢复营业的通知。——《口令报》的报道。——公社会议记录。——张贴在里昂城里的布告。——卢昂共济会的宣言。——第二百二十三营营长的报告。——社会革命俱乐部成立典礼。——杂闻。

正式公报

5月4日，巴黎

根据驻司法部代表普罗托公民的建议，

巴黎公社，

决　定：

〔仅此一条〕废除政治宣誓和职业宣誓。

巴黎公社

1871年5月4日，于巴黎

根据劳动与交换委员会的建议，

公社，

决　定：

第一条　劳动与交换委员会派代表到各军需部门进行工作。

第二条　这些代表应了解各军需部门首长所签订的合同，并对合同执行情况做出报告。

巴黎公社

1871年5月4日，于巴黎

根据5月1日的决定和公社检察官拉乌尔·里果公民的提议，社会拯救委员会任命下列公民：

费雷（泰奥菲尔），

达科斯塔（加斯东），

马丹维尔，

雨格洛，

为公社代理检察官。

根据公社授予我们的权力，

兹委派赛莫里医师接替库蒂叶公民，担任平民医院和野战医院管理局局长；

委派让-贝尔纳医师担任平民医院和野战医院管理局总监；

委派尤利斯·朗接替鲁塞勒医师，担任国际野战医院管理局局长。

免去各代表的职务。

上述公民应立即就职。

免去国民自卫军主治医师和外科主治医师的职务。

军事委员会

阿尔诺德、阿夫里阿耳、贝热瑞、朗维耶、特里东

同意。

驻陆军部代表

罗塞尔

1871年5月4日，于巴黎

命　令

任命原卫戍区参谋长昂利公民为陆军部编制室与调动室主任。

任命梅叶上校为编制副主任；调动室副主任，由昂利公民委派，报驻陆军部代表批准。

巴黎市入市税管理局上尉参谋皮肖(阿尔丰斯)公民，应将陆军部官员、职员或士兵阻碍该局工作的行为详细记录，并将记录送交军事法庭检察官格瓦公民，以便对违法者根据其情节轻重予以纪律处分，或送交法院审理。

1871年5月4日，于巴黎

任何马匹不准放出巴黎；任何马匹不得通过前哨。本命令由各城门哨所长官和各作战部队指挥官负责执行。

凡奉有陆军部长或将级军官手令的传令兵和持有正式路条的运输粮食、弹药和军用物资的车队，可例外放行。

凡私自从巴黎或前线放走坐骑或驮马者，处以三倍于马价的罚款。

致陆军部代表团所属各位将军
上校和部门首长

公民们，

我荣幸地通知你们，经与社会拯救委员会商定，我已原则上同意，立即让国民自卫军联盟中央委员会，与陆军部代表团所属各行政管理部门和绝大部分机构进行全面合作。

此次职权划分，可能要引起人事变动，这一点，我特事先通知你们。

我所以同意这样做，有如下的理由：

在我们所需要的时间内，不可能找到管理部门所需要的行政人员；

行政管理与军事指挥完全分开，便于开展工作；

不仅需要以最有效的方法运用联盟中央委员会的善良愿望，而且还须利用它巨大的革命权威。

谨致敬礼和友谊。

致伊西要塞上校韦特米尔公民

公民，

您曾多次既不通过您的直接上级拉·塞西利亚将军，甚至也不通过驻陆军部代表,便向市政厅军事指挥官或海军司令要求援兵。

您这样做是完全不合法的,我不得不因此撤销您的指挥权利。

在接到拉·塞西利亚将军关于重新安排您的工作的命令之后,请您回巴黎听候我的调动。

致敬礼和友谊。

驻陆军部代表

罗塞尔

为了加快向军官和士兵发放军服、装备和必需的武器;并对此项工作进行管理和监督,特成立由四十名委员组成的委员会。

这个委员会由区政府代表团从每个团抽调两位公民组成。被抽调的公民,请到圣多米尼克-圣热尔曼大街 86 号陆军部第八处集中。

这个委员会负责对各营提出的要求进行审查与发放。

这个委员会受军事委员会委员领导,负责武器、服装和组织工作。

军事委员会

阿尔诺德、阿夫里阿耳、朗之万、

贝热瑞、古·特里东

1871 年 5 月 4 日,于巴黎

根据上述命令,驻各区政府的代表将于明天(5 月 5 日)1 时派出他们所抽调的公民。

财　政　部

国民自卫军发饷员归还财政部款项

区	营	连	摘　要	数目 法郎	数目 生丁	合计 法郎	合计 生丁
			4 月 20 日				
20	27		8 名军官(3 月 2 日—15 日)			180	
		6	…………………………			120	
5	59		28 名军官………………			154	
18	61		…………………………			1 050	
	78		第 1,2,3,4 连…………	203	50	1 028	50
			第 5,6,7,8 连…………	265			
			第 9,10,11,12 连………	260			
6	85	5	…………………………	405		604	50
		6	…………………………	97	50		
		8	…………………………	102			
	88	3	…………………………	360		1 157	50
		4	…………………………	40	50		
		9	…………………………	550			
		12	…………………………	207			
10	110	5	4 月 6 日—13 日…………			183	
13	120	1	作战费用………………	316	50	5 337	50
		2	——…………………	375			
		3	——…………………	210			
		4	——…………………	325			
		1	常驻军费用……………	475			
		2	——…………………	828			
		3	——…………………	519	50		
		4	——…………………	279			
		5	——…………………	358	50		
		6	——…………………	532	50		
		7	——…………………	784	50		
		8	——…………………	334	50		
18	125	2	…………………………			200	
12	126		4 月 1—18 日…………			778	

（续表）

18	142	1	…………………………	40	50		
		3	…………………………	24			
		4	…………………………	18			
		5	…………………………	18		193	50
		8	…………………………	27			
		9	…………………………	42			
		10	…………………………	24			
10	143		4 名副官（16—19 日）	32			
			18 日收款余额…………	54	50	154	
			19 日——………………	67	50		
15	165	4	…………………………	65			
		5	…………………………	800		970	
		3	…………………………	105			
18	166	1	…………………………	11	75		
		2	…………………………	143	25		
		3	…………………………	126	75		
		4	…………………………	14	25	624	50
		5	…………………………	69	75		
		6	…………………………	45	75		
		7	…………………………	104	25		
		8	…………………………	108	75		
13	185		超收军官们的款额			110	50
10	186	4	到 4 月 19 日止…………			346	50
		10	从 4 月 2—19 日			200	50
	188		…………………………			78	50
11	195	3	…………………………	255			
		5	…………………………	469	50	846	50
		4	…………………………	75			
		8	…………………………	50			
20	208	4	第 5,7,8,10 连…………			800	
11	209		从 4 月 15—19 日………			1000	
17	244		到 4 月 2 日止…………	223			
		3	…………………………	192			
		4	…………………………	60		342	
		7	…………………………	36			
		8	…………………………	30	50		

（续表）

圣但尼区	23		超收款项………………			7	50
	62	1	从 4 月 26—30 日…………	121	50		
		2	…………………………	147			
		3	…………………………	144			
		4	…………………………	78			
		5	…………………………	121	50	1 419	
		6	…………………………	166	50		
		7	…………………………	201			
		8	…………………………	135			
		9	…………………………	219	75		
		10	…………………………	84	75		
		1	从 4 月 1—15 日…………	87	75		
		2	…………………………	125	25		
		3	…………………………	151	50		
		4	…………………………	116	25		
		5	…………………………	99			
		6	…………………………	12		975	25
		7	…………………………	170	25		
		8	…………………………	63	75		
		9	…………………………	131	25		
		10	…………………………	18	75		
			当日结算	………………		19 060	75
			4 月 21 日				
18	32	4	…………………………	185		243	
		11	…………………………	63			
3	54	2	…………………………	30			
		3	…………………………	90		270	
		10	…………………………	150			
11	66	1	…………………………	48	50		
		3	…………………………	50			
		4	…………………………	30			
		5	…………………………	43		327	50
		7	…………………………	9			
		8	…………………………	69			
		10	…………………………	78			

（续表）

	67	1	…………………………	234	50		
		2	…………………………	245	25		
		3	…………………………	126			
		4	…………………………	72			
		5	…………………………	250		2 479	25
		6	…………………………	500			
		7	…………………………	200			
		8	…………………………	296			
		9	…………………………	270			
		10	…………………………	285	50		
6	81		4 月 2—5 日			1 439	
			到 4 月 1 日止			313	50
2	100	1	作战费用………………	300			
		2	——……………………	120			
		3	——……………………	72			
		4	——……………………	363			
		1	常驻军………………	66			
		2	——……………………	156			
		3	——……………………	39		1 668	
		4	——……………………	153			
		5	——……………………	81			
		6	——……………………	198			
		7	——……………………	15			
		8	——……………………	108			
14	103		…………………………			1 000	
1	113	4	…………………………	24			
		5	…………………………	63			
		6	…………………………	57			
		7	…………………………	51			
		8	…………………………	39		432	
		9	…………………………	18			
		10	…………………………	6			
		11	…………………………	51			
		12	…………………………	123			
5	118	5	…………………………	241	50		
		6	…………………………	200		673	50
		8	…………………………	232			

（续表）

10	128		第 5 和第 9 连…………			105	
5	163	9	………………………	147	50	569	50
		5	………………………	422			
10	167	1	………………………	361		682	
		10	………………………	321			
	186	3	………………………			150	
		3	………………………			28	
		2	………………………			163	
		1	………………………	15		267	
		2	………………………	6	50		
		3	………………………	22	50		
		4	………………………	60			
		5	………………………	63			
		8	………………………	100			
13	185	2	………………………	50		455	
		3	………………………	299			
		5	………………………	40			
		6	………………………	36			
		7	………………………	30			
3	205	1	作战费………………	120		911	
		4	——………………	228			
		3	………………………	200			
		5	………………………	33			
		7	………………………	93			
		8	………………………	234			
17	257					503	
18	261	6				27	
			当日结算	12 707	法郎	45 生丁	

1871 年 5 月 2 日，于巴黎

会计处处长

L.吉尔穆瓦

非正式公报

5月4日，巴黎

战　　报

旺夫·伊西

凡尔赛军一哨所10人被俘。

凡尔赛军损伤200人；各狙击兵联队伤亡最大。

2至3时，枪炮声大作，联盟的炮队压倒了敌人的火力。

纳伊

夜间，十分平静。早晨5至7时，进行炮战，梯也尔的士兵在我炮火轰击下，伤亡惨重。

敌两个炮台被毁。

我方阵地非常坚固。

5时，凡尔赛军已无力作战。

阿尼埃尔

3日傍晚，平静。

11时至3时，平静。

早晨4时，子弹雨点般地向我阵地飞来；我军没有伤亡。凡尔赛军的炮火被迅速压倒。

5时,队长(炮兵队)罗歇使敌人受到重大伤亡。

9时至中午,平静。

1时,装甲车重新投入战斗。敌军撤退。

3时,射击断断续续。

4时,双方交战,公社战士获胜。

蒙鲁日,比赛特尔

平静。

远处有枪声。

炮击断断续续;下丰特内的炮火被压倒。

普安-迪-茹尔

无特别情况。

我炮艇和第67、68号棱堡,昨天与设在默顿、布兰博里荣和克拉马尔的凡尔赛大炮交火若干次。

战斗从早晨10时许开始,下午4时结束。

5月3日到4日夜间,穆兰-萨凯棱堡由第五十五营和第一百二十营的分队守卫着,凡尔赛军一小分队伪装成巡逻队到了棱堡门口,他们照例回答了口令后,就被准允进入棱堡。于是,他们对守卫该棱堡的部队进行了突然袭击,把他们驱逐出棱堡,并立即用预先准备好的车辆拉走了6门大炮。

据有关这一事件的初步调查,普遍告发第五十五营指挥官加利安向敌人透露或出卖了口令,或者至少是在维特里一家咖啡馆里公开泄露了口令。

第一百二十三营指挥官基尼约几乎在转瞬间即把棱堡夺了回来，并在今天重新武装了该棱堡。

公社部队于3日到4日夜间重新占领了克拉马尔火车站。4日下午3时，伊西要塞被敌人烧毁，要塞里的人被敌人带走。

伊西要塞的修复工程，正全力以赴地进行。

驻陆军部代表

罗塞尔

北方铁路局

根据5月4日的决定，巴黎火车站快件和慢件货物托运处从即日起恢复营业；夏佩勒火车站只恢复快件包车厢托运。

托运货物不包括粮食、面粉、酒类或食品、军事装备、武器和弹药。

所有退职的或辞职的原海关职员，凡愿重新在巴黎新海关总署工作者，请及早于每天下午2至4时到昂特溥街14号海关总署报到。

杜伊勒利公园里的营房和马棚于5月8日(星期一)下午1时开始出售，出售办法：逐号就地拍板成交。

本月 3 日《口令报》报道说，有一营部队大约于晚 10 时许打着战鼓进入巴黎。《口令报》指的是第十一区的第一百八十一营；其实，该营是从旺夫、奥特伊、帕西回来的，不是像《口令报》的简明新闻说的那样，使人以为他们是受到凡尔赛军的袭击而离开自己的阵地回来的。第一百八十一营已经进行了 34 天战斗，此次回来是进行休整，以便重新接受公社调遣，光荣地保卫公社的原则和权利。

巴 黎 公 社

1871 年 5 月 3 日会议

会议主席：腊斯都尔公民；主席助理：若昂纳尔公民。

会议于 3 时 15 分开始。

秘书宣读昨天的会议记录。

主席公民：有人要对会议记录发表意见吗？

沙·贝雷公民：我发觉记录中有严重的遗漏。记录中没有昨天儒尔德关于财政状况的报告，这是一个很重要的文件。

我建议把儒尔德的报告与出纳处的报告一起在《公报》上发表。

阿木鲁公民：公民们，昨天有人同我商量立即发表儒尔德的报告是否适时的问题，而且有人问我说，现在公布儒尔德辞职的理由有无危险。

我不愿意对一项决议承担责任，因此暂时把它交给了社会拯救委员会，同时保留今天向公社报告此事的权利。现在，公社必须决定是否有必要，是否迫切需要发表儒尔德公民的报告。

茹尔·安德里约公民：我认为发表儒尔德公民的报告只能使公社得到好处。我觉得，使商界知道儒尔德公民是经过一番讨论才留任，是有好处的。

朗之万公民：我建议在发表报告之前，先征求一下儒尔德公民的意见。

沙·贝雷公民：我觉得发表这个报告只会带来好的结果，因此，如果根据这个意义来处理问题，我是非常高兴的。

梅叶公民：我们仔细研究过这个问题，虽然我们觉得形势是再好不过了，但我们要考虑一下：在我们的 2 800 万收入中，现在剩下 80 万法郎现金，把这一情况公布出去是否合适。

我认为，最好是说驻财政部代表团付出的经费，总数 2 600 万或 2 700 万法郎，而不提至 4 月 30 日止的收入和库存现金。

比约雷公民：不错，在草拟报告时，库存现金为 842 万法郎；但是在提出报告时，库存现金有 200 万法郎了。

沙·贝雷公民：对于关心财政的人来说，很容易看出公社的财政状况是非常好的。再说，我们在银行还有未动用的信用贷款。我认为，在《公报》上全部发表报告和报表，无论对公社还是对儒尔德公民的管理工作，都是一件极好的事情。

主席公民：昨天，儒尔德公民要求在《公报》上发表他的报告，你们想等他来了以后再表决发表的问题吗？

沙·贝雷公民：不，我可以替他做出答复。

比约雷公民：最好是把他今天准备告诉我们的数字与昨天的数字同时发表。

主席公民：我现在征求会议对于发表报告的意见。

会议投票通过在《公报》上发表报告。

主席公民：我把记录提付表决。

记录被通过。

巴斯噶尔·格鲁塞公民：公民们，我们得到外省的很多消息，这些消息十分令人满意。在所有的城市里，选举都进行得很好，而且，几乎在所有的城市里都通过了最激进的候选人名单。在两三个城市里，特别是在里昂，共和党采取了弃权的办法。我无须对这种办法做出评论，但不管怎么说，这种办法在里昂引起了新的起义，而且现在已经取得胜利。截止到我们的代表收到的最后一份电报，也就是说截止到昨天晚上，公社一直是在胜利前进。

现在，国外对公社的运动有了正确的估价。在德国、瑞士、英国和意大利的报刊中和公众集会上，公社已得到很好的评价。

欧洲已开始理解公社的运动，甚至准备对公社给以支持。

一周以来，外省的形势已有好转，由于出现了这样的选举结果，即使我们明天从凡尔赛得到的消息与头几天所得到的消息全然不同，我也不感到惊奇。此外，我建议公社与妥协派断绝关系。

几位委员：同意！同意！

列奥·梅叶公民：我通知公社，今天早晨有一个代表团来到市政厅，我接待了这个代表团，我说，我是把他们当作助理人员而不是调解人员接待的，有一个工人甚至说，凡是谈论调解的人都是叛徒。

主席公民：这儿有送给主席团的一份通知：

1871年5月1日在圣－马丁街尼古拉－迪－尚教堂举行了民众会议，约有五千公民参加，通过了如下决议：

“一、会议请求公社对已经辞职的委员和在最近的选举中没有获得相对多数票(投票人数的一半加 1)的人留下的缺额进行补选,并请求公社对这第一个意见作出答复。

“二、这次民众会议,一致对公社成立社会拯救委员会一事表示祝贺;会议要求公社坚定不移地沿着唯一能够挽救公社和保证共和国取得决定性胜利的革命道路前进。

“会议在一片‘公社万岁!’的呼声中和热情洋溢的气氛中,将本项决定提付表决,并一致通过。

“三、圣-尼古拉-迪-尚会议还要求公社允许各区的公民在晚上利用教堂举行民众会议,或进行俱乐部的活动,以便对公民进行文化教育和政治教育,让他们了解公共事业的工作情况。

“会议要求公社将这条意见发表在《公报》上,以便使 20 个区政府的代表都允许公民利用教会的房屋在每天晚上举行民众会议。

“会议委托与会的公社委员韦济尼埃公民把会议的愿望转达给公社,请公社对会议的每一项决定表示意见,并把公社通过的决议通知会议。

“会议主席将上述各条提付表决,至少有五千公民参加的这次会议,一致予以通过。

“公社委员

韦济尼埃

“1871 年 5 月 1 日”

会议要不要现在就对这个通知进行讨论?(不!)

韦济尼埃公民:我不要求马上讨论,我只要求在记录中提及这个通知，把它列入议程，以后再进行研究。

我不愿意打乱你们的议程。

乌德公民把第一百九十一营的一面被子弹打穿的旗子交给公社。人们在会议的一片掌声中把这面旗子插在主席台的后面。

比约雷公民宣读如下提案：

“公社将尽快迁移到一个适当的地点，并将准许公众参加它的会议。公社将委派两位委员寻找这样的地点，并负责把找到的地点报告公社。”

主席公民把比约雷的提案提付表决；提案被一致通过。

列奥·梅叶公民：在市政厅里是不可能找到合适的地点的。

阿尔都尔·阿尔努公民：情况固然是这样，但我认为，我们不能离开市政厅。

若昂纳尔公民：我不理解为什么大家不愿意把公社的会议场地改在别的地方。

勒弗朗赛公民：请问梅叶公民，找一个通风良好的大厅，例如圣－让大厅，这怎么不可能呢？

列奥·梅叶公民：我们和公社都一直认为，在市政厅周围必须有街垒和一个军事指挥部。为了保证我们的会议宁静，我们不得不腾出国民自卫军占用的庭院。我们曾经四处寻找过；圣－让礼堂是不可能给你们的。为了让公众参加我们的会议，有必要对会场进行布置，但我认为我们不应该乱用经费。

主席公民：公社已决定派一个两人委员会去调查他们认为适宜的各处的礼堂，并将调查情况报告公社。人们没有说在市政厅里找一个大厅。

西卡尔公民:这不由你们来决定……

比约雷公民:可以选出一个两人委员会,由他们把他们所看到的各个地点的情况报告公社,然后公社再做出决定。

主席公民:你们选举谁参加这个委员会呢?

(提出许多人的名字。)

茹尔·安德里约公民:我听见有人提我的名字,我声明我不能接受这个任务,因为我有这么一个想法:我认为我们不应该离开市政厅。

主席公民:我把对公民库尔贝和比约雷的提名提付表决。

(会议选出这两人为上述委员会委员。)

主席公民:在这两位公民前去寻找大厅之前,应该首先知道公社是否愿意在市政厅开会。我所以提出这个问题,是为了不让他们去白费劲。

主席公民宣读公民皮约关于拆除旺多姆纪念柱的提案。

雷蕙尔公民:这个提案早已通过了!

列奥·梅叶公民:雷蕙尔对我们说,这个提案早已通过。这件事我清楚;可你们不是不知道,要办一件事情,只投票通过是不够的。

巴斯噶尔·格鲁塞公民:几位工程师正在研究这项工作,拆除工作应该在5月5日进行。关于这个问题,明天将在《公报》上登一个简讯。

列奥·梅叶公民:社会拯救委员会希望在拆毁巴黎的铜像的同时推倒纪念柱。

工程师们劝阻我们说,5月5日进行这项工作是不可能的,要等到5月8日才行。

有人似乎认为推倒整个纪念柱跟拆除一个铜像一样容易。

德麦公民：如果你们依靠工程师，那你们永远也不能拆毁这个纪念柱；他们为了自己的利益，会长期拖延下去的。

巴斯噶尔·格鲁塞公民：我们已经签订了包工合同。

主席公民宣读：

“各区区政府都要设立一个登记簿。

“登记簿的用途是，把为保卫共和国和公社的自由而立下了卓越战功的公民的名字登记下来。

“昂·杜邦、费雷”

阿夫里阿尔公民：要不要讨论有关当铺的问题？

主席公民：明天讨论这个提案。

费雷公民：我和大家一样，是赞同这个提案的。对这个提案没有必要进行很多的讨论，用不着拖到明天。

勒弗朗赛公民：关于这个问题，我要向公安委员会作汇报。

今天，我在中央菜市场附近和圣但尼街遇见国民自卫军部队的一批军乐队队员。他们拿出可以在街上进行募捐的许可证给我看。

我觉得这批人的样子实在可怜，既给公社丢脸，也给那些作为募捐对象的人们丢脸。

我请公安委员会收回这种许可证。

公社应当完全消灭一切带有行乞性质的现象。（一致赞成）

龙格公民：我完全同意上述意见，我还要补充说明：我没有让库尔奈公民对这种滥用职权的行为负责的意思。

为了证明方才提到的事实，我再举一件事。

有一批妇女，其中大部分人的品德十分可疑，她们从公安委员会那里得到了（我认为是得到代表的同意的）挨户募捐的许可证。这些事实是永远不应该存在的，在库尔奈的管理下，应当完全杜绝这类事情。

驻公安部代表库尔奈公民。对方才提出的意见，我只说几句话予以回答，而且，到会的人可以看出，驻公安部代表对上述事实是毫无责任的。

实际上，我从来没有签发过任何募捐许可证；我只知道是公安委员会（主要是第十八区），而不是公社发过许可证。

费雷昨天就告诉了我这件事，他本人也反对这种事情。

因此，既不是你们的委员会，也不是你们驻公安委员会的代表批准这种事情的。

西卡尔公民：我要说明，我们已禁止在我们区进行募捐。

费雷公民：我要说明的是，我证实库尔奈公民说的情况是真实的。

克雷芒[①]公民：确实批准过军乐队队员为尚未加入国民自卫军的士兵进行募捐。许可证上盖有公安委员会的印章，但确实是区公安委员会的印章，而不是公社公安委员会的印章。

现在，在印章上端有韦莫雷尔公民的批示；批示的内容是，或者大概是："请找库尔奈，看他是否同意批准进行募捐。"

库尔奈公民也许没有注意到这个批示。

我们希望贫穷的公民能够得到区政府机关的帮助，而不能采

① 指社会服务委员会委员，让-巴蒂斯特·克雷芒。——译者

取任何变相的行乞的办法。

我请求勒弗朗赛公民不要抓住了这个问题不放。据我看，刚才会议听取的各种解释，已经解决了这个问题。

勒弗朗赛公民：下面是我所收集到的关于这些事实的材料。我在乌尔街遇见过这样一个乐队，这个乐队的领队声明他叫佩尔蒂塞；他有一张4月13日签发的只在第十八区有效的许可证。我还遇见过另外一个乐队，他们有一张4月13日由德雷尔签发的许可证和一张5月2日由絮埃与萨布尔迪签发的许可证。这也是两张只在第十八区有效的许可证。

费雷公民：这些材料证实了我刚才说的：这种事情不是由我们批准的：如果公民勒弗朗赛早和我们商量一下这个问题，他就不会与公社谈这些琐碎的事了。

德雷尔公民：关于这个问题，我要做一些说明。3月18日拒绝作战的士兵解散时，他们没有钱，没有住处，国民自卫军军人在每个街垒上都摆上些盘子，让过路的人把他们给这些士兵的捐款扔到里面。我下令禁止了这种募捐。

事情的经过是这样的：团委员会打算组织这些乐队进行募捐。他们要求我发给他们许可证，我拒绝了。他们又去找让-巴·克雷芒，他发给了他们许可证。于是就出现了这样的募捐。不过，这种募捐也有它的好处，它使我们得到了4 000法郎，在有人被打死或打伤的时候，我马上就发给死者的遗孀每人100法郎；伤员每人25或50法郎。我没有为这笔钱向财政部请求拨款。很遗憾，竟然发生了行乞的事，不过它也使我们做了一件好事。

腊斯都尔公民：现在有一项提案，要每个区政府都设立一个登记簿，把那些为共和国和保卫公社而立下了卓越战功的人的名字登记下来。会议是否愿意通过这项提案？

德雷尔公民：我建议把受伤和战死的人的名字也登在簿子上。（有人附议）

提案被提付表决并被通过。

库尔奈公民：有一天，你们声明要拆除布雷阿教堂和释放努里[①]。我收到一封努里的母亲的来信。我建议你们为这位过去真正坚贞不屈的女共和主义者做一些事情。她请求把她安置在一所使年迈妇女可以舒适地生活的房子里。我认为公社尤其应该发给她一笔养老金，使她能体面地生活。

龙格公民：我借此机会建议《公报》对布阿雷事件[②]做一次全面的，而且是第一次真正历史性的报道。

帕里泽尔公民：我建议公社把原耶稣教会会址改为养老院，并请努里的母亲主持这件事。

维阿尔公民：我支持帕里泽尔的建议。今天早晨我收到国民自卫军烈士们的遗孀的几份申诉书。

到目前为止，我们虽已做出了决定，但什么事情也没有做。我们只满足于把这些决定从一个机关送到另一个机关。我们应该利用这个机会。我们再也找不到比这更好和更符合卫生要求的场所了。有许许多多这样的不幸者需要我们去帮助他们，我们必须采

---

① 布雷阿教堂是为纪念参加镇压1848年6月巴黎工人起义的布雷阿将军而建立的。布雷阿于6月25日被街垒的保卫者之一努里打死；后来努里一直被监禁在当时法属圭亚那首府凯恩。——译者

② 指1848年6月25日布雷阿被街垒保卫者打死一事。——译者

取有力的措施去救济他们。

当然，除了采取措施外，我们还有教会和一些别的机构。我们应该筹款救济这些不幸的人，必须让作战的人知道，他们的妻子的未来是有保证的。

如果你们不愿意颁布一项法令，那就另外采取什么办法好了；你们不久就可看到它所产生令人满意的结果的。

雷惹尔公民：请允许我来谈一下这个重要的问题。

耶稣会教堂准备用来办学校。我认为我是知道瓦扬对这个问题的意见的。这个地方可用来搞科研工作。因为它拥有极好的实验室和价值昂贵的天文仪器。我们曾经临时利用这个地方安置过难民。

瓦扬公民：我同意给予女公民努里一笔使他能够独立生活的养老金。我再补充一句话，公社完全有必要把这个地方留供教育事业使用。

库尔奈公民：我以驻公安部代表团的名义（我相信公安委员会的委员没有一个人会反对我的意见），请求公社颁布一项法令，宣布巴黎所有的教堂均为公社的财产。我再补充一点。为了承认许多人的妻子和母亲是在为共和国服务这样一个事实，我请求选出一个调查委员会，了解一下现在的香烟店归谁所有。希望公社马上就选出一个调查委员会。

沙·贝雷公民：我同意宣布教堂为公社的财产；同时，我还要提醒你们注意，奥斯芒[1]已变卖了四五所教堂，我有这方面的证

---

① 乔治·奥斯芒（1809—1891 年），法国行政官，于 1853—1870 年任赛纳省省长，曾领导过改建巴黎的工程。——译者

据。因此,我们可以完全自由地行动,因为帝国已经做了现在有人建议我们做的事情。

至于香烟店,财政委员会已经接管了;有几家香烟店已有正式职员经营,但是大部分都租出去了,有好几个香烟店的租金相当高,竟达 15 000 法郎。

勒弗朗赛公民:我们不必忙于做奥斯芒所做的事情。虽然他卖过教堂,但这与我们无关。我认为,我们在采取人们向我们提出的措施方面,已经拖延了时间。现在我们所看到的情况怎样呢?有的教堂里有活动,有的教堂关了门;必须采取一个共同的措施,必须宣布这些教堂为公社的财产,公社方可理直气壮地使用这些教堂。如果公社觉得合适,也可以把这些教堂租给那些能够自己办理宗教仪式的人。(赞成声)

主席公民:在转入讨论别的问题之前,我建议你们对努里的问题做出决定。会议是否同意给努里的母亲一笔养老金。

公社通过这项提案。

某委员:应该确定这笔养老金的数目。

勒弗朗赛公民:我建议这笔养老金不超过我们给国民自卫军烈士的遗孀的抚恤金。(喧哗声。——讨论议程上的事情吧!)

韦济尼埃公民:请你们注意,努里的母亲已经过了二十年不幸的生活,我们给国民自卫军烈士遗孀的抚恤金对她来说是不够用的,何况是在目前的情况下。

勒弗朗赛公民:国民自卫军烈士的遗孀对给予她们的抚恤金是非常满意的。

韦济尼埃公民:是的,但努里的母亲年纪很大,不能靠这么少的养老金生活。另外，她可能还有债务，她可能生过病，受过很多苦。每月 100 法郎不算太多，再说，这也不会是长期的事情。

我们是根据她的穷困和苦难的情况才这样做的，因此不算违反合理的规章。

勒弗朗赛公民：我认为这位老妇人被人遗忘了 20 年之久，我们现在补偿对她的这种忘怀是理所当然的；可是，我们要用符合今天情况的救济金来补偿她。至于养老金，不应超过发给国民自卫军烈士遗孀的抚恤金。

阿尔都尔·阿尔努公民：我要求发言是要提请大家注意，我们似乎完全忘记了我们所做的决定。其实，在已经做出的关于抚恤为公社而牺牲的国民自卫军烈士的遗孀的决定中，就有有关直系亲属的条款。努里的母亲是属于这一范畴的，我们可以在不违反我们法令的情况下发给她 600 至 800 法郎的养老金。这样，我们就把给努里母亲的养老金增加了 200 法郎。

雅克·杜朗公民：我们可以从努里母亲失去她儿子的那一天起发给她养老金吗？（不能！——喧哗声。）

主席公民：如果我们采取这种有追算效力的措施，我们就有许许多多的家庭需要救济，因为牺牲的人一共有 5 万之多。

朗之万公民：我反对阿尔都尔·阿尔努公民的提案。

是的，我们有关抚恤金的法令中有一条规定，可给予在对敌斗争中牺牲的国民自卫军烈士的直系亲属 800 法郎的抚恤金，可那是因为有人说，国民自卫军烈士的遗孀负担很大，比如，有孩子需要抚养。

总之，我同意勒弗朗赛公民的意见。

阿尔都尔·阿尔努公民：努里的母亲已经老得不能工作了，因此，她应当得到比国民自卫军烈士的19岁到40岁的遗孀的抚恤金更高的养老金。我们可以这样说，她们还很年轻，还能够工作嘛。

主席公民：我认为最简单的办法是：把这个问题交给努里的母亲所在区的代表——公社委员去审查。（就这样！赞成！）

因此，会议决定：由努里的母亲所在区的代表做出关于她的情况和应给予她的养老金数字的报告。

主席公民：下面是一份关于教堂的决定草案。

巴黎公社，

决　定：

所有一切宗教建筑均为公社的财产，各区政府必须根据公社的认可才可使用。

库尔奈、布朗舍等

比约雷公民：我们刚才听到宣读的草案说，教堂将被认为是公社的财产。到现在，我总觉得这些建筑物应当归市政府所有，而且，我认为完全没有必要宣布它们为公社的财产。

市政府恢复了它对这些建筑物的所有权，就能使用它们，就完全有权利随意支配它们。

我要说明的，就是这一点。

拉乌尔·里果公民：我认为比约雷公民在他刚才所说的话中犯了一个实质性的错误。

许多教堂在过去奥斯芒统治时期就已被变卖。（插话声）

勒弗朗赛公民：我们没有考虑到这一点。（喧哗声）

拉乌尔·里果公民:这些建筑物有的不属于市政府所有,而是属于一些表面上是民间团体的宗教团体。

把这些建筑物也列入决定之中,我认为这绝没有什么不妥的,但是,我确实认为比约雷公民是犯了一个必须改正的实质性错误。

勒弗朗赛公民:你们是怎样理解"公社的教堂"一词的呢?很明显,即使有私人教堂,你们也不能负担这些教堂的管理费用。

里果公民:我们可以区别对待大教堂和小教堂。可是也有些属于民间团体的大教堂,人们称之为教会财产,而它一点宗教的性质也没有。但国家也要分担它们的部分管理费用。

某委员:如果国家分担它们的管理费用,它们就属我们所有。(插话声)

阿尔都尔·阿尔努公民:我要求发言,不是为了要参加辩论,而是看出了一个基本问题,向你们建议:你们不要匆忙地讨论和表决交到主席团的一切提案。比如,对于这个问题,会议似乎实际上已经同意了,只不过还有些具体问题需要进行深入研究,这一点,改日讨论就可以了。今天,我们可以讨论一下关于当铺的问题。每天都有成群结队的穷人来问我们通过了什么决议。这是一个极为迫切、今天就需要讨论的问题。我们改日再讨论教堂的问题吧。(赞成声)

主席公民:我们改日再讨论这个草案。

会议是否同意选出一个委员会来审查烟草店问题?

朗之万公民要求发言。

主席公民:不是讨论问题的发言吧?

库尔奈公民:我向你举出一个事实,作为证明。

某人:财政委员会正在研究这个问题。

库尔奈公民:要是这样,我就不说了。

安德里约公民:我已经向公社建议过,请公社将提到这里的所有草案都按照程序加以排列,以便按照程序进行讨论。

主席公民:在讨论议程上的问题之前,有人要求我宣读两个提案。

第一个提案是安德里约公民提出来的,他建议设立一个登记簿,把要讨论的所有提案均按时间顺序登记下来。

第二个提案是弗兰克尔公民提出来的。

主席公民宣读提案。

提案建议没收夜间烤制的面包。

弗兰克尔公民:公民们,请你们回想一下你们上次做出的关于取消夜间劳动的决定。从明日起就不应该再有夜间劳动了。第二条规定没收一切夜间烤制的面包;我认为只有用这个办法,才能防止彼此竞争的业主不采取不合乎卫生的,因而也是不合乎道德要求的制作方法。我觉得,这件事应当在几天之内就要办好,如果日班制安排得当,大家都会同意的。

潘迪公民:劳动委员会没有必要在这里要求颁布新法令。关于如何执行公社已经做出的决定,这要由公社来决定。

弗兰克尔公民:但是,在没有取得公社同意的情况下,我不能下令没收。

腊斯都尔公民:公社不能颁布执行某项决定的法令。

维克多·克雷芒公民:采取刑事制裁的办法,但刑事制裁的办法现在还没有。

弗兰克尔公民:那就只公布第二条好了。

里果公民:我建议用“执行委员会决定……”,而不用“公社决定……”字样。我只要求人们注意一件事情,那就是委员会不能提出具体的惩罚意见。

安德里约公民:我想指出这个决定所疏忽的一点,我同意里果公民的意见:关于没收的决议应该由公社开会做出。我已将调查人员交劳动与交换委员会指挥,以便对面包房的工作进行调查。但我不知道由什么人去执行没收任务。

龙格公民:我作为劳动与交换委员会委员,支持里果公民刚才的意见。

实际上,没收面包就是一种惩罚,这是唯独只有公社才能宣布的惩罚办法。至于执行问题,我认为应当由各区政府采取必要的措施。

沙·贝雷公民:在对面包房执行决定时,应该考虑到,面包工人为了发面必须在夜间工作,否则你们早上就吃不到面包。这种情况应当例外。

主席公民:我向你们宣读关于面包房的决定。我认为必须立即把它张贴出去。

决定由主席提付表决,并被通过。

若昂纳尔公民:请允许我告诉你们一件事。阿尼埃尔要塞最近几天已被提到议事日程,他们的人在下面已等了一个多小时。我建议派几位委员去接待他们。

主席公民:我建议公社派乌德公民和浦热公民去接待他们。

建议被通过。

主席公民：公民们，根据议程，下面讨论当铺问题。

儒尔德公民：请问，为什么总是在会议快结束的时候才讨论这个问题？（喧哗声）

主席公民：现在宣读决定的前两条。

（宣读前两条[①]）

阿夫里阿尔公民：当我将决定草案提交讨论时，我没有考虑到在执行中会有什么困难。后来，我与儒尔德和财政委员会谈过，如果公社愿意，我准备完全放弃把最高额定为50法郎的意见。如果儒尔德公民有更切实可行的方案，请提出来，我重申不坚持我提出的数字。

巴斯噶尔·格鲁塞公民：我建议典押物品的发还工作，规定在本决定公布后两三周内办理，这样，那些在两三个月，或者6个月之后才回到巴黎的逃亡分子就不能利用我们所采取的措施了。（赞成声）

德雷尔公民：刚才听到阿夫里阿尔声明说，在一定范围内降低50法郎这个数目，不会有什么不妥的地方。与此相反，我认为这种办法会产生极坏的结果。

人们已经在巴黎传说规定为50法郎，如果降低这个数字的话，其后果是很坏的。

雷惹尔公民：这一点，是很明显的。

---

① 关于当铺的决定草案共四条，前两条是："第一条在当铺典押的各种动产、衣服、各种劳动工具和家具，价值不到50法郎者，均无偿发还。第二条限于提出区长发给的证明文件，才得发还典押品。"该决定草案是由列奥·梅叶公民在公社4月25日会议上提出的。——译者

德雷尔公民:如果起初就定为20或30法郎,我觉得那倒没有什么关系,可现在要这样做,就太晚了。

巴比克公民:关于格鲁塞公民发表的意见,我认为应该向你们指出,这个办法完全不足以剥夺那些逃亡分子利用你们的决定谋取利益的机会。因为,如果说9月4日,即巴黎被围前不久离开巴黎的全都是妇女,那么这种办法还是可行的,可现在情况则相反:男人逃走了,女人留了下来,无论怎样都不能防止他们利用这项决定。

阿夫里阿尔公民:我认为有一个办法可以避免产生这种令人遗憾的结果,同时也可以奖励国民自卫军给予我们的帮助。通过一次普查就很容易在各区发给每一个国民自卫军战士和以某种方式为公社服务的所有的人一张身份证。

只有持这种身份证的人才能按这项法令办理。

这个问题,可以研究。

阿尔都尔·阿尔努公民:请您向我们提出一份书面建议。

维克多·克雷芒公民:公社凭感情解决政治经济问题和财政问题,这样做不好。

比如德雷尔公民对我们说,如果我们不把典当品的退当额定为我们已经公布的50法郎[①],我们的决定就会产生不良的结果。

这种说法,没有根据;造成值得我们担心的最坏结果是,我们的财政不能使我们履行我们所承担的义务。如果我们不顾我们的财政力量而行动,那就等于破坏了公社的信誉,就等于毁灭公社。

我和儒尔德公民商量过,他说即使把典当品的退当额降到20

① 指价值不到50法郎的典押品无偿退还原主。——译者

法郎，要在短期内补偿当铺，他也会碰到很大的困难；如果我们把补偿金额的利息计算在内，那么，市政预算将要增加一笔很大的开支。

我认为应该做点事情，就是说为贫民做一切可能做到的事情，我同意儒尔德的意见。他说他可以满足政治与人道的要求，但是，我建议会议不要提高驻财政部代表所规定的典当品发还限额。

因此，我不赞成德雷尔的意见。

雷惹尔公民：我看不出这里有什么感情问题；我只看到明确的义务，如果我们逃避这个义务，那是令人惋惜的。居民们已经知道我们要做的事情，以前已经有人两次这样做了[①]。是的，9 月 4 日政府的人们已经做了你们不能下决心做的事。如果有人向你们提出数字，如果有人对你们说："我们需要几百万法郎，你们到哪儿去弄这些钱？……"那么，我才能理解所提出的这些反对意见。（插话声）

阿尔都尔·阿尔努公民：可是已经有人这么说了！

雷惹尔公民：请不要打断我的发言。我告诉你们，你们都有道义上的责任。（插话声）居民在等待你们的决定。

龙格公民：我要求就议程问题发言。我认为现在讨论的不是委员会的报告所作的结论，而是以前提出的提案，即阿夫里阿尔公民的提案。

应该首先讨论委员会做出的结论，然后再回头讨论相反的结

① 1870 年 10 月 1 日和 12 日，"国防政府"先后两次许诺把在战争开始之后典押的物品从当铺无偿取回。——译者

论，例如阿夫里阿尔公民所作的结论。只有这样才讨论得好。

（公社转入秘密会议。）

勒弗朗赛公民宣读《复仇者报》刊登的一篇关于任命儒尔德的文章。

我请大家注意皮阿公民的一句话，他说儒尔德公民是根据社会拯救委员会的一项建议被派到财政委员会的。这是错误的，我特请皮阿公民改正。儒尔德公民是公社任命的。（喧哗声。——这没用，报纸上还登有许多其他的东西呢！）

雷荖尔公民：皮阿，不要回答，这与你无关。

皮阿公民：对于不是我做的事，我不能承担责任。昨天，我没有参加会议，直到夜里 3 点钟，我一直在执行委员会开会。

此外，我可以拿我的名誉作保证，如果是公社提出任命儒尔德公民的，那它就等于窃取了社会拯救委员会的荣誉，因为社会拯救委员会在前一天就提出了保留儒尔德公民职位的要求。我本人也曾要求发言提出这个建议。

有一个人说：梅叶在昨天的会上提出过这个建议。

会议于 7 时半结束。

对于设立社会拯救委员会的投票理由的说明

（5 月 2 日会议）

关于名称问题，我声明我投的是空白票，因为，我认为会议通过的决定，将使那个会给我们带来重大损失的所谓**分权原则**神圣化，从而使各代表团之间，社会拯救委员会与公社之间发生冲突，实际上它最终根本不能改变目前这种以骚动、混乱和无政府状态为主要的和基本的特征的情形；而造成这种情形的原因，是由于缺乏真正的共和政体的组织和管理。

鉴于这种情况，还有其他一些原因，我对整个草案是持反对态度的；我坚决主张权力集中，但要实行专职分工，使每个官员都要负实际的责任。基于这些理由，所以我对这个提案，只能往票箱内投一张空白票，以此来表达我惋惜公社没有赞同我关于修正第二条的提案。我的提案主张，在我们所处的这种特殊形势下，选出一个类似古罗马三头政治的三人执行委员会，使它独立于公社之外，对其他各委员会享有全权；对于处理各种事务，享有最高领导权和执行权，以便对内对外采取果断有力的行动。

在三位委员中，一人为驻陆军部代表，由他负责陆军部的行政管理和各营的组织工作；另一人主管一切常备军，进行有效的和坚定的领导；第三个人的职权和任务是，专门负责内务工作，掌管财政与行政。这三个人均对公社负责，而公社在对凡尔赛作战期间，临时改组为最高监察委员会，有权全部或部分地解散他们或免除他们的职务。

腊斯都尔

鉴于我们不能向一个我们认为是既无用而且有害的、实际上是一个妥协委员会的机构提任何人选，所以我们弃权。

特里东、韦莫雷尔、阿夫里阿尔、
维·克雷芒、泰斯、潘迪、热腊尔丹

我投票赞成成立社会拯救委员会，让它来负责执行公社的决定和采取紧急措施。

阿木鲁

更　正

昨天《公报》发表的 5 月 2 日会议的报告中有若干印刷和编辑错误，需要更正。

在儒尔德公民的发言（最后一行）中，“昨天我只有 14 万法郎，而今天金库里存有 200 万法郎。”应为：“昨天我只有 84.2 万法郎，……”；

“因此，为了拯救我们的公社，我曾经提出过这样的主张：让我设法力行节约，让货币回笼，并把入市税减少 50%，把国民教育预算增加一倍。这样，我每年至少可以减少城市预算 5 000 万。”应为：“因此，我要求让我保证债券的信用，使货币回笼。通过节约的办法，把入市税减少 50%，把国民教育预算增加一倍。这样我也许每年至少可以减少城市预算 5 000 万。”

“在 1793 年，国家是依靠自己的产品生存，而现在，国家主要是靠外国的产品生存；”应为：“在 1793 年，国家靠自己的产品生存，现在，国家主要靠自己的产品与外国的产品进行交换来生存。”

我们现将里昂公社贴遍全城的布告转载如下：

公民们，

我们忍耐到最后的时刻已经到了：9 月 4 日第一个争回公社权利的里昂居民，再也不能容忍英雄的巴黎兄弟姐妹们惨遭屠杀了。

凡尔赛的叛徒们已经越出他们的权限；他们不仅未经谈判就

代表法国接受了敌人提出的全部条件，并进而想把自己当作合法政府强加于我们，以作为他们实现君主政体的阶梯。

里昂居民本想看看这些叛徒们能厚颜无耻到何等地步，但现在已经忍无可忍了，再也不能长期容忍一个背叛人民的议会在法国摇旗呐喊，制造内战了。

市镇选举是对共和国的最后一次打击，它是我们的压迫者们行将灭亡的预兆。

因此，里昂的革命人民举行集会，选出了具有最广泛权力的临时委员会。

本公社秘密准备了今天业已完成的革命；在不久的将来举行合理的和适时选举之前，公社是一切权力的行使者。

目前的形势十分困难，公民们，我们需要得到你们的大力支援；临时公社的委员们已决心要利用自己职权范围内的一切成功因素，并已下定决心，宁愿使一个软弱到任凭别人拿巴黎和共和国开刀的城市成为一堆废墟，也不愿把胜利让别人夺走。

民主的、社会的和世界的共和国万岁！

有人请我们公布卢昂共济会的一份文件，现公布于下：

参加共济会全体会议的卢昂会员们确信，法国的当务之急是实现和平，即缓解社会怨恨，恢复劳动与贸易，重建财政经济，开展工业生产和科学研究，加强高尚的农业劳动。

他们声明：他们完全赞同法国共济会协会委员会的正式宣言，并把它作为自己的宣言。

法国共济会宣言

1871年4月8日，巴黎

种种令人忧伤的事件使整个法国在痛苦中呻吟；人们宝贵的鲜血已流成了河。面对此情此景，代表人道主义思想，并把这种思想传播于天下的共济会，再一次向你们——政府和议会，向你们——公社的委员们宣告，伟大的原则就是它的法律，而且应当成为每个有良心的人的法律。

共济会的旗帜上和信封上均有如下的崇高铭言：

自由。——平等。——博爱。

共济会向人们宣传和平，而且从人道主义出发，宣告人的生命是不可侵犯的。

共济会憎恨一切战争，它不能再忍受内战造成的种种苦难了。

它有义务、有权利到你们中间向你们说："以人类的名义，以博爱的名义，以被蹂躏的祖国的名义，请你们制止流血事件；我们请求你们，请求你们听听我们的呼声！"

我们不是来向你们宣读一个纲领，我相信你们的智慧；我们只是告诉你们："请停止这种使双方都流出宝贵鲜血的事情；请为创造一个崭新的未来打好最终能实现和平的基础。"

这就是我们向你们提出的强烈要求，如果我们的呼声不能为你们所领会，那我们要在此告诉你们：这是人类和祖国要求你们这样做的，而且非要你们这样做不可的。

与原文核对无误。

卢昂共济会名誉主席

德　索

百艺共济分会主席，　爱地阿尔

真理共济分会主席，　F.代商

忠贞共济分会主席，　A.罗龙

保荣共济分会主席、秩序委员会委员，　E.维也诺

百艺共济分会会议秘书处首席秘书，　爱地阿尔

保荣共济分会会议秘书处首席秘书，　古革

哲学委员会主席，　狄厄泰

根据共济会卢昂分会联合支部命令，

秘书茹尔·古德弗鲁瓦签发。

下面是第二百二十三营营长呈送第十七团团长的报告：

“上校，

“我很荣幸地向您报告在4月30日到5月1日夜间荣立战功的我营战士们的令人敬佩的行动。由于当时各炮组必须动用所有的大炮向敌开火，因此，设在两碉堡之间护墙上的四门大炮和设在碉堡正面的三门大炮的炮手均需配备全心全意的副手。

“在自愿报名参加的人当中，尤其应当提出表扬的有下列公民：二连战士高雷和布里儒瓦；排长吉勒干；六连战士雷德、布朗和杜蒙；七连战士波雄和帕迪厄。

“在大半个夜里，他们沉着冷静地协助炮手进行战斗，表现出顽强的毅力，因此他们受到参加战斗的炮手们和他们的首长迪厄

公民的赞扬，而且，迪厄公民还坚决要求我在全营提名表扬上述公民。现在，我请求您在《公报》上公布他们的名字。

“上校，请接受我的兄弟般的敬意。

“杜普拉”

昨天，5月3日晚，在巴黎提诺尔区圣让街圣米歇尔教堂成立了一个俱乐部。

该俱乐部取名“社会革命俱乐部”。

教堂里挤满了人，大都是妇女。看来，做丈夫的到前线为公社战斗的时候，便在自己家里撒下了革命思想的种子。

有好几位公社委员出席了会议。

由公民法野、赛万、西蒙和列奥·安热万组成的会议办公处就设在教坛（当然也是讲台）的对面。

会议开始时，俱乐部的男女公民由管风琴伴奏，满腔热情地高唱了《马赛曲》。

爱国歌声在教堂里回荡，产生了巨大的效果。

在公民孔博、赛万、萨森和法野作了十分精彩的革命性演讲之后，人们把一块红色桌围挂在讲台前面，此后，这里便成了人民的讲坛。

这时，全场唱起了《出发歌》。接着，在《马赛曲》的歌声中结束了开幕式。人们一起高呼着“公社万岁！社会革命万岁！”的口号离开会场。

社会革命俱乐部今后将每天举行活动。

根据公民法野和孔博的提议，会议的议题为：

信教的妇女与投身革命的妇女。

为了资助那些主张结束当前的冲突和避免再次发生类似的动乱的人进行活动和出版印刷品，商业和工业协调委员会现在举办募捐，愿意捐款者，请与塞巴斯托波大街82号本委员会财务负责人J.尚联系。

杂　闻

在《布雷斯尔信使报》上有如下一篇报道：

目前，在厄欧市和市郊，人们在纷纷议论一个非常少见的诉讼案件。

这个案件与修道院院长库尔贝先生有关系。他在放弃了自己已担任多年的教职之后，要与一位当过公寓总管的女人结婚。

库尔贝先生以前住在韦尔农，现在定居厄欧市，并已叫人在厄欧市和韦尔农公布了他的婚事。

法律对这种事情是不管的；可是，1806年1月14日的司祭通报上却有禁止修道士正式结婚的规定。

由于这种事情十分少见，又难以处理，于是厄欧市市长就这一问题请示了主管部长，部长回答说，没有理由举行这种婚礼。

因此，尽管执达员送达了催告，市长还是不得不拒绝批准他们的婚姻。

在这种情况下，这一对未来的配偶便向迪埃普民事法庭控告了厄欧市市长。

上星期二对本案进行了审理，到5月10日进行宣判。

第一百零一营于昨天将他们被子弹打穿了的军旗送到市政厅。

公社让他们把这面军旗留在了市政厅，并给他们发了新军旗。

奥斯丹公民首先发了言；接着是茹尔·瓦莱斯公民发言，第一百零一营是在他的指挥下，在围城时期组织起来的。他回顾了当时令人忧郁的年代，并与在公社旗帜旁又一次见面的全体军官亲热拥抱。

第一百零一营新营长宣誓要为保卫红旗贡献自己的生命，大家一起朗诵了誓词。

昨天，共济会分别于2时和4时半在市政厅广场上放了两个气球。

这两个气球上分别有结合在一起的共济会三种礼节形式的标志，载有给各省共济会支部的传单。

两个气球随风飘向北方。

1871年5月6日　星期六

要　目

正式公报。——关于驻陆军部代表团下设两个处的决定。——关于拆除路易十六的赎罪小教堂的决定。——关于铁路公司职员免服兵役的决定。——关于查禁几家报纸的决定。——航海与港口警察分局局长的委任令。——关于划分各不同军事指挥部门权限的命令。——关于增补瓦尔兰公民为军事委员会委员的决定。——发明专利税务局局长的委任令。——国民自卫军归还财政部的款项。

非正式公报。——战报。——驻陆军部代表的命令。——对各不同军事指挥部门权限的划分。——告遭受炮击的乡镇居民书。——给各炮场主任和火药库等保管员的通知。——关于预交店面租金的通知。——第三、第十和第十一区区政府的布告。——凡尔赛警察总监的通知。——公社会议记录。——杂闻与开会通知。——关于国民自卫军各团兵员情况的报告。

正式公报

5月5日，巴黎

社会拯救委员会，

决　定：

第一条　驻陆军部代表团下设两个处：

军事处。

行政处。

第二条　由罗塞尔上校负责军事行动的运筹和指挥。

第三条　国民自卫军中央委员会，在公社军事委员会的直接监督下，负责各军事部门的行政工作。

社会拯救委员会

安・阿尔诺、沙・热腊尔丹、费里克斯・皮阿、列奥・梅叶、加・郎维耶

共和历 79 年花月 15 日

社会拯救委员会，

鉴于称作路易十六的赎罪小教堂的建筑物是对第一次革命的永久侮辱，是反动派对人民法庭的永久抗议的象征，

兹决定：

第一条　拆除路易十六的赎罪小教堂。

第二条　拆下的全部建筑材料，公开拍卖，收益归公社财产管理局。

第三条　公社财产管理局局长应在一星期内负责执行本决定。

社会拯救委员会

安・阿尔诺、沙・热腊尔丹、列奥・梅叶、费里克斯・皮阿、朗维耶

共和历 79 年花月 16 日，于巴黎

社会拯救委员会，

鉴于铁路公司的运输业务是一种不能受任何干扰的公用事业；

另外，鉴于必须协调这一事业与国防事业之间的利益，同时还必须满足各不同军团的合理要求。

特决定：

第一条　在今天之前发给铁路职工和警察（不管是否为政府所任命）的免予在国民自卫军中服役的一切证书，一律无效。

第二条　今后，只有被认为是铁路经营和管理工作必不可少的铁路职工和警察，方可免予在国民自卫军中服役。

第三条　只有铁路总监签署的，并由国民自卫军中央委员会特派代表核准的免服兵役证，才有效。

第四条　凡去国民自卫军中服兵役的铁路职工，其薪金照发。

第五条　凡企图逃避兵役的职工，铁路公司必须立即开除之，并取消其一切待遇。

第六条　绝对禁止军团委员会直接干涉火车站、铁路局或铁路管理局的工作。

第七条　望各铁路公司在本决定于《公报》公布之后的一星期内迅速执行之。

第八条　国民自卫军中央委员会负责监督本决定的执行。

社会拯救委员会

安・阿尔诺、沙・热腊尔丹、列奥・梅叶、费里克斯・皮阿、朗维耶

共和历 79 年花月 16 日，于巴黎

公社委员兼驻公安部代表，

鉴于在战争期间，只要巴黎公社还须同包围它和屠杀巴黎公民的凡尔赛集团进行战斗，就绝对不能容忍敌人的帮凶进行犯罪阴谋活动；

鉴于在他们的一切阴谋活动中，我们应当首先指出的是某些报纸对巴黎居民和公社进行的诽谤性攻击。虽然巴黎居民和公社对这种攻击只是嗤之以鼻，但它毕竟对我们公民们的勇敢、忠诚和爱国主义是一种极端的侮辱；

如继续允许这些报纸对于我们的权利的捍卫者进行诽谤和侮辱，便违背了公共道德，因为他们为保卫公社和法兰西的自由，献出了他们的鲜血；

鉴于设在凡尔赛的事实上的政府，在被它欺骗的全国各地禁止出版和发行捍卫公社革命原则的报纸；

鉴于《小通报》、《国民小报》、《良知报》、《新闻小报》、《小日报》、《法兰西报》和《时报》每天都在煽动内战，成了巴黎和共和国的敌人的最积极的帮凶，

特决定：

第一条　查禁下列报纸：《小通报》、《国民小报》、《良知报》、《新闻小报》、《小日报》、《法兰西报》、《时报》。

第二条　负责执行本决定的代表团专员勒穆修，应将本决定通知上述各家报纸及其印刷者，今后如再出版上述报纸，将由它们负全部责任。

公社委员兼驻公安部代表

弗·库尔奈

1871 年 5 月 5 日，于巴黎

驻原巴黎警察局代表，根据自己拥有的必要的权力，

特决定：

〔仅此一条〕任命朗多夫斯基公民为航海与港口警察分局临时局长。

代表

库尔奈

根据社会拯救委员会共和历 79 年花月 15 日的决定，请驻作战处和军事行动总指挥部代表罗塞尔上校在最短时间内划分各军事指挥部的权限。

社会拯救委员会

加·朗维耶、列奥·梅叶、

热腊尔丹、安·阿尔诺

驻军需处临时代表瓦尔兰公民被增补为军事委员会委员。

军事委员会

阿尔诺德、阿夫里阿尔、

贝热瑞、古·特里东

劳动与交换委员会代表，在与社会服务委员会的同僚磋商后

决　定：

第一条　把设在原塞纳省警察局的发明专利税务局迁至圣多米尼克－圣热尔曼大街62号。

第二条　任命马尔盖特为驻该局代表，由他根据现金收据接收一切专利申请书。

公社委员兼劳动与交换委员会代表
列奥·弗兰克尔

同意。

公社委员兼驻社会服务委员会代表
茹尔·安德里约

1871年5月6日，于巴黎

财　政　部

国民自卫军发饷员归还财政部款项

区	营	连	摘　要	数目 法郎	数目 生丁	合计 法郎	合计 生丁
			4月20日				
6	19	7	……………………………	30		87	
		3	……………………………	57			
17	36	2	……………………………	111		1 992	50
		3	……………………………	179			
		4	……………………………	119			
		5	……………………………	37			
		6	……………………………	10	50		
		7	……………………………	1 536			
12	48	1	作战费…………………	25		193	05
		2	……………………………	25			
		3	……………………………	25			
			罗热鲁上尉……………	118	05		

（续表）

12	48	1	作战费，4月3—10日	42	153
		1	常驻部队………………	9	
		1	…………………………	18	
		4	…………………………	24	
		5	…………………………	60	
11	67	3	…………………………		626
18	78	2	4月2—20日…………	49　50	2 141
		3	…………………………	249	
		4	…………………………	71	
		5	…………………………	172	
		6	…………………………	319　50	
		7	…………………………	589　50	
		8	…………………………	69　50	
		9	…………………………	126	
		10	…………………………	134　50	
		11	…………………………	144	
		12	…………………………	216	
3	88	1	…………………………	117	729
		2	…………………………	112	
		3	…………………………	500	
3	88	5	…………………………	1 000	1 644
		7	…………………………	144	
		11	…………………………	100	
6	85	7	…………………………	95	180
		11	…………………………	85	
17	91	2	…………………………	567	627
		3	…………………………	60	
14	104		4月10—18日…………		2 500
10	110	11	4月2—15日…………	228	258
		12	…………………………	30	
19	114	3	…………………………	93	697
		6	…………………………	282	
		8	…………………………	19	
		10	…………………………	141	
		12	…………………………	162	
18	125	10	…………………………	300	800
		6	…………………………	500	

（续表）

	142	1	…………………………	22	50	151	50
		3	…………………………	16	50		
		4	…………………………	15			
		5	…………………………	18			
		8	…………………………	22	50		
		9	…………………………	25	50		
		10	…………………………	31	50		
		1	…………………………	84		665	
		2	…………………………	78			
		3	…………………………	48			
		4	…………………………	98			
		5	…………………………	45			
		6	…………………………	180			
		7	…………………………	87			
		8	…………………………	45			
			5 名军官………………	112	50	180	50
		3	司务长…………………	18			
		5	连长……………………	6			
			重复记账………………	44			
17	244	8	…………………………			24	50
		5	…………………………			162	
18	261		营长……………………			5	
11	272	1	…………………………	72		746	
		2	…………………………	141			
		3	…………………………	226			
		4	…………………………	205			
		5	…………………………	30			
		6	…………………………	72	50		
圣但尼区	23		军官（军事）…………			67	50
			4 月 24 日				
20	17	3	消防队员………………	12		41	
		6	…………………………	29			
3	54	2	…………………………	48		213	
			第 5、6 连………………	39			
		9	…………………………	126			
5	59	1	…………………………	450		750	
		2	…………………………	300			

（续表）

20	74	1	超收款额………………	30		33	
		2	……………………………	3			
		3	……………………………	38	10	64	10
		4	……………………………	16	50		
		2	……………………………	9	50		
	80	1	3月25—4月24日	200		1 726	50
		2	……………………………	180			
		3	……………………………	30			
		4	……………………………	60			
		5	……………………………	500			
		6	……………………………	344			
		7	……………………………	115	50		
		8	……………………………	115	50		
		9	……………………………	57			
		10	……………………………	124			
3	88	4	上士巴莱………………			107	
4	96	6	……………………………			60	
12	121	1	……………………………	53		728	50
		4	……………………………	168			
		5	……………………………	20			
		6	……………………………	39			
		7	……………………………	30			
		8	……………………………	388	50		
		2	作战费…………………	135		324	50
		3	……………………………	60			
		3	……………………………	45			
		4	……………………………	84	50		
11	237		3月23—4月22日			1 417	
11	241		……………………………			300	
20	1	7	工兵部队………………			300	
			4月25日				
8	4	2	……………………………	261		639	
		6	……………………………	48			
		7	……………………………	330			
8	4	4	4月1—25日作战费			256	50

（续表）

8	4	1	…………………………	180		2 284	
		2	…………………………	451	50		
		4	…………………………	95			
		1	…………………………	58	50		
		3	…………………………	103	50		
		4	…………………………	19	50		
		8	…………………………	22	50		
2	10	8	及第7连，号兵…………	75		290	
		1	3名军官………………	60			
		7	司务长…………………	12			
		6	超领款额………………	30			
		7	哨兵……………………	10			
		7	1名少尉………………	27			
		8	…………………………	52	50		
		1	号兵，超领款额…………	24			
19	24	10	超领款额………………			42	
12	52	1	…………………………	49	50	1 649	50
		7	…………………………	579			
		4	…………………………	348			
		3	…………………………	105			
		5	…………………………	60			
		2	…………………………	36			
		8	…………………………	100			
		7	…………………………	372			
3	54	3	作战费…………………	29		50	
		8	…………………………	54			
11	57		…………………………			1 559	50
18	61		…………………………			430	
18	64	4	…………………………	15		990	50
		10	…………………………	34			
		8	…………………………	236	50		
		12	…………………………	111			
		4	…………………………	35			
		7	…………………………	27			
		10	…………………………	6			
			会计员卢瓦棱…………	9			
		12	…………………………	36			
		1	…………………………	462			
		10	…………………………	18			

（续表）

11	67	2	4月21—25日	130		130	
18	125		4月19日所扣之款……	43	50	714	50
			4月20日所扣之款……	74	50		
			4月21日所扣之款……	58	50		
3	54		4月22—23日所扣之款	197			
			4月24日所扣之款……	41			
		5	…………………………	300			
17	132		消防员……………………	216		2 794	
		1	常驻部队…………………	329			
		2	…………………………	165			
		3	…………………………	162			
		4	…………………………	284			
		5	…………………………	216			
		6	…………………………	283	50		
			卡宾枪骑兵………………	264			
		1	作战费……………………	216			
		2	…………………………	216			
		3	…………………………	216			
		4	…………………………	226	50		
3	145		鼓手和号兵………………	10		157	50
		3	作战费……………………	27			
			军官………………………	111	50		
			妇女………………………	9			
5	151		担架兵……………………	24	50	175	
			军服总管…………………	5			
		2	作战费……………………	69			
		4	…………………………	76	50		
5	151		鼓手………………………	10		785	50
		1	作战费……………………	139			
		1	常驻部队…………………	150	50		
		4	…………………………	77	50		
		3	…………………………	404	50		
			侦察兵……………………	4			
10	157	8	…………………………			230	

（续表）

5	163	2	…………………………	85			
		3	…………………………	250			
		5	…………………………	447			
		6	…………………………	500			
		7	…………………………	120		1 601	25
		9	…………………………	9	25		
		10	…………………………	130			
		11	…………………………	60			
11	181	1	…………………………	93			
		2	…………………………	120			
		3	…………………………	120			
		6	…………………………	13			
		8	…………………………	140		1 155	50
		9	…………………………	140			
		10	…………………………	120			
		11	…………………………	100			
		12	…………………………	309			
13	184		超领款额………………			160	
10	143	3	第1,2,3,4连,作战费…			61	
18	152	1	…………………………	34			
		2	…………………………	61			
		3	…………………………	12			
		4	…………………………	63			
		6	…………………………	164		708	
		7	…………………………	124			
		8	…………………………	97			
		9	…………………………	100			
		10	…………………………	50			
10	167	8	…………………………	150		591	
		11	…………………………	441			
	170		误收……………………			100	
20	172	1	…………………………	120			
		5	…………………………	193		463	50
		7	…………………………	50			
		12	…………………………	100			
10	186	2	…………………………	6	50		
		3	…………………………	22	50	530	
		5	…………………………	301			
		7	…………………………	200			

（续表）

7	187	5	…………………………	61		243	
		6	…………………………	155			
		9	4 月 10—16 日…………	27			
6	193		…………………………			576	
11	206		…………………………			1 400	
14	217	1	…………………………	109	50	1 170	50
		2	…………………………	34	50		
		3	…………………………	39			
		4	…………………………	77			
		5	…………………………	153			
		6	…………………………	63			
		7	…………………………	63			
		8	…………………………	96			
		9	…………………………	75			
		10	…………………………	190	50		
		11	…………………………	171			
		12	…………………………	99			
19	224	1	…………………………	10		310	
		2	…………………………	25			
		3	…………………………	15			
		4	…………………………	20			
		5	…………………………	20			
		6	…………………………	30			
		7	…………………………	10			
		8	…………………………	30			
		9	…………………………	25			
		10	…………………………	25			
		11	…………………………	60			
		12	…………………………	30			
			军官军饷余额	10		184	
2	227	1	4 月 7 日—10 日	96			
			…………………………	78			
2	227	3	…………………………	48		557	
		4	…………………………	128	50		
		5	…………………………	48			
		6	…………………………	72			
		7	…………………………	183			
		8	…………………………	78			
18	125	7	…………………………			200	

（续表）

	129	1	…………………………	114			
		2	…………………………	204	50		
		3	…………………………	60			
		4	…………………………	299			
		5	…………………………	77			
		6	…………………………	75		1 564	
		7	…………………………	159	50		
		8	…………………………	46	50		
		9	…………………………	119	50		
		10	…………………………	199	50		
		11	…………………………	89			
		12	…………………………	120			
15	131	1	…………………………	600			
		3	…………………………	200			
		5	…………………………	390			
		6	…………………………	800		3 831	
		7	…………………………	441			
		9	…………………………	550			
		10	…………………………	351			
14	136					2 500	
11	140		侦察兵…………………	61	50		
		1	作战费…………………	15			
		2	…………………………	59	50		
		3	…………………………	16			
		4	…………………………	100	50		
		1	常驻部队………………	64	50		
		2	…………………………	49	50	805	50
		3	…………………………	100			
		4	…………………………	15			
		5	…………………………	100	50		
		6	…………………………	100	50		
		8	…………………………	55	50		
		9	…………………………	60			
		10	…………………………	7	50		
11	141		4月11—20日				

（续表）

5	160	5	…………………………	528			
		6	…………………………	508			
		7	…………………………	338		2 200	
		8	…………………………	153			
		11	…………………………	45			
		12	…………………………	250			
20	172	2	…………………………			100	
13	185		军官………………………	39			
		1	…………………………	83	50	194	50
		2	…………………………	72			
	186	5	…………………………	126			
		12	…………………………	233	45	574	50
		1	…………………………	15			
		1	3、4 名妇女………………	200			
20	208	3	3 月 29—4 月 17 日			65	50
20	228	6	…………………………			112	50
9	229	3	…………………………	132			
		4	…………………………	88	50	330	50
		6	…………………………	69			
		8	…………………………	41			
		3	…………………………	118			
		5	…………………………	250			
		6	…………………………	500			
		7	…………………………	300		2 334	50
		8	…………………………	342			
		9	…………………………	409	50		
		10	…………………………	285			
6	84					1 617	
6	85	6	…………………………			251	
3	86		第 1、2 连………………	201			
			第 3、4 连………………	114			
		4	2 名鼓手………………	27			
			第 5、6 连………………	174			
		7	…………………………	408		2 738	
		7	…………………………	13			
		8	…………………………	174			
		8	…………………………	13			
			第 9、10、11、12 连……	1 614			

（续表）

3	86	10	8名鼓手………………	108		207	
		9	…………………………	33			
		11	…………………………	66			
2	92	1	…………………………	117		2 688	50
		2	…………………………	342			
		3	…………………………	234			
		4	…………………………	186			
		5	…………………………	156			
		6	…………………………	395			
		7	…………………………	216			
		8	…………………………	266			
		1	作战费………………………	141			
		2	…………………………	26			
		2	…………………………	100			
		3	…………………………	299			
		4	…………………………	200			
			鼓手长………………………	10			
4	96	10	…………………………			154	50
18	104		…………………………			196	50
10	110	1	…………………………			300	
1	113	1	贝尔蒙………………………	78		189	
		3	特卢巴………………………	27			
		4	比利………………………	48			
			德拉瓦莱营驻部队……	36			
5	119	1	…………………………	87		726	
		2	…………………………	351			
		3	…………………………	39			
		5	…………………………	99			
		6	…………………………	150			
11	123	1	作战费………………………	129		645	50
		2	…………………………	17	90		
		3	…………………………	40			
		4	…………………………	30			
		2	常驻部队……………………	49	50		
		3	…………………………	169	50		
		4	…………………………	40	50		
		2	原常驻部队………………	168			
10	186	1	…………………………	15		46	50
		2	…………………………	15			
		3	…………………………	16	50		

（续表）

10	186	4	…………………………	24		44	
		10	…………………………	20			
11	190		…………………………			2 161	95
19	224	2	…………………………	95		321	
		3	…………………………	21			
		4	…………………………	22	50		
		5	…………………………	6			
		7	…………………………	36	50		
		6	…………………………	25			
		9	…………………………	20			
		11	…………………………	60			
		12	…………………………	35			
19	230	1	…………………………	110		870	
		2	…………………………	90			
		3	…………………………	59			
		4	…………………………	108			
		5	…………………………	120			
		6	…………………………	147			
		7	…………………………	120			
		8	…………………………	116			
	242	2	…………………………	31	50	106	50
		5	…………………………	75			
14	243	1	…………………………	27		533	25
		2	…………………………	36			
		3	…………………………	79	50		
		4	…………………………	73			
		5	…………………………	118	50		
		6	…………………………	48			
		7	…………………………	151	75		
4	250	1	…………………………	269	50	3 512	50
		2	…………………………	538	50		
		3	…………………………	439	50		
		4	…………………………	428	50		
		5	…………………………	154	50		
		6	…………………………	412	50		
		7	…………………………	174			
		8	…………………………	470			
		1	作战费………………………	156			
		2	…………………………	57			
		3	…………………………	352			
		4	…………………………	60			

（续表）

18	261	1	…………………………			46	50
11	272		…………………………		557		
	23	1	…………………………	49	50		
		3	…………………………	25	50		
		4	…………………………	39			
		5	…………………………	78	75	529	50
		6	…………………………	24	75		
		7	…………………………	22	50		
		8	…………………………	289	50		
	62	1	…………………………	63	75		
		2	…………………………	84			
		3	…………………………	64	50		
		4	…………………………	166	50		
		5	…………………………	163	50		
		6	…………………………	114		1 266	
		7	…………………………	46	50		
		8	…………………………	48			
		9	…………………………	70	50		
		10	…………………………	47	25		
			若干军官………………	180			

1871年5月3日，巴黎

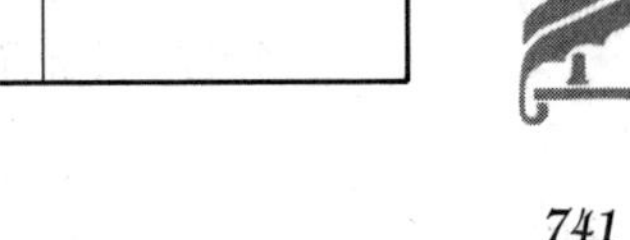

会计处处长

L·吉尔穆瓦

非正式公报

5月5日，巴黎

战　　报

旺夫

夜间平静。

凌晨1时半，凡尔赛军开始向我堑壕猛烈射击；已被我军击退。

伊西

晚4时：埃比恩炮场被公社战士烧毁，阵地被我占领。

旺夫和伊西炮台不断遭到炮击，但情况良好。

纳伊

炮击不激烈。

3时半：第一百九十四营把凡尔赛军从比诺林荫大道的街垒上赶走，尽管敌方死命抵抗，仍被迫撤退。街垒被我占领。

4时：其他街垒；凡尔赛军力量薄弱。

阿尼埃尔

4日傍晚，平静。

阿尼埃尔白屋着火；附近另一所房子也因遭保罗・杜邦印刷厂方面的炮击而着火。

凌晨1时：公社战士在大雅特街占领了一个街垒，而且保住了阵地。

下午1时：保皇党人的兵营无动静。

东布罗夫斯基上校接替了杜拉西埃的职务。

蒙鲁日

早晨平静。

11时:凡尔赛军向下丰特内进攻。蒙鲁日炮台将其击退。

1时:敌人断断续续向我堑壕射击。有些凡尔赛兵躲在树后,墙壁被摧毁。

比塞特

早晨:小型战斗继续进行。

1时:战斗激烈;凡尔赛人火力甚猛。

5时:伊西城堡继续燃烧。

命　　令

国民自卫军参谋部军官军衔考试,将在圣多米尼克-圣热耳曼大街86号陆军部办公大楼举行,由负责组织考试委员会的公社委员兼中央委员会委员阿尔诺公民主持。

每个军官须呈交考绩表与军职证书。

此次考试之后,考试委员会将颁发由驻陆军部代表签署的委任状,委任名单将在《公报》上公布。

但是,鉴于国民自卫军内没有广泛进行军事知识与军事技术的教育,因此,此次考试将主要考查应考者的智力、道德修养和政治素质,但两个月后仍须进行单纯的军事测验以考查应考者在军事条令、作战原理和战斗布置方面的知识;经过考试,才最后发给可以担任士官、尉官和高级军官的合格证书。

凡申请报考,并寄交了军职证书者,考试委员会将把准考通知书寄到他们家里。

1871 年 5 月 4 日，于巴黎

国民自卫军各位司令与军官，由艺术协会所颁发的免服兵役的红卡，因未经陆军部批准，故一概无效；特此通知你们。

1871 年 5 月 5 日，于巴黎

根据社会拯救委员会共和历 79 年花月 15 日决定，

驻陆军部代表决定将各地的作战指挥权划分如下：

东布罗夫斯基将军，亲自坐镇纳伊，直接指挥塞纳河右岸的作战。

拉·塞西利亚将军，负责指挥塞纳河与比埃沃尔河左岸之间的作战。他拥有指挥中央战线的将军军衔。

弗洛勃列斯基将军，继续担任左翼指挥。

贝热瑞将军，负责指挥后备部队第一纵队；埃德将军，负责指挥后备部队第二纵队。

上述各位将军在市区均设立留守处，地点如下：

1. 东布罗夫斯基将军的留守处在旺多姆广场；

2. 拉·塞西利亚将军的留守处在军事学校；

3. 弗洛勃列斯基将军的留守处在爱丽舍宫；

4. 贝热瑞将军的留守处在立法大厦；

5. 埃德将军的留守处在荣誉军团宫。

关于陆军部部长拨给各位将军指挥的军队，以后再发布命令确定之。

驻陆军部代表

罗塞尔

1871年5月5日,于巴黎

5月4日关于取消国民自卫军主治医师和外科主治医师的职务的决定,不包括各团的现任外科主治医师在内。

致遭受公社炮击的各乡镇居民

公民们,

自从我到驻陆军部代表团以来,多次有人致函我说炮弹击中了你们村里无辜的人们。

在战争结束之前,我至少要尽量避免造成一切不必要的伤害。但是要我命令某个炮台的指挥官停止向某一地区炮击,那就须要及时地准确告诉我说,那个地方没有被敌人占领。反之,如果那个地方被敌人占领了,那就要把他们占领的消息告诉我。

凡能向我作如上的担保的市镇或村庄,均可免遭这种令人痛心的和无益的轰击。

你们知道,我不是要求你们简单地保持中立,而是要求你们和我们结成同盟。

致敬礼和友谊。

驻陆军部代表

罗塞尔

为了整顿炮兵部队的后勤工作和健全后勤组织,炮兵器材管

理局局长命令各炮场主任、巴黎市内和各炮台的火药库保管员、枪弹、弹药筒和各种子弹制造工厂的厂长于5月7日(星期日)早晨9时到圣多米尼克街86号局长办公室开会。

各工厂厂长、仓库保管员和炮场主任均应交出一份详细的生产情况报告和现存军需品与子弹的清单。

上述人员不执行本命令者,将免去其职务。

炮兵器材管理局局长

阿夫里阿尔

1871年5月4日,于巴黎

关于预交店面租金的通知

酒类批发商们丝毫没有因围城而遭受损失,反而大发横财,其根本原因在于巴黎的生活困难日趋严重。

因此,公社出纳处恢复征收各种酒窖和酒店的营业税,是公平合理的。

我们信任酒类批发商们的正义感,并通知他们,店面租金应在六个月前预先交清。

直接税局局长　孔博

同意。

驻财政部代表

儒尔德

1871年5月4日,于巴黎

根据驻教育部代表的指示，马扎兰公社图书馆从 5 月 8 日（星期一）重新开馆，每天上午 10 时至下午 4 时接待读者，特此通知。

图书馆馆长

B. 卡斯蒂诺

为了重新整顿国立图书馆，居加尔公民临时协助厄利・莱克留公民的工作。

为了确保军用电报畅通，民用电报曾被中断。现在军用电报已有保证。各民用电报局可在近期内恢复营业。因此，驻电报局代表团要求在电报局关闭之后离职而现在又愿意继续在本局工作的新职员，于星期一、二、三下午 2 至 4 时参加一次简单考试。考取者，将予以安排工作与职务。

驻财政部委员会代表通知他所在区的各机关负责人：卢森堡大街的物资处于 5 月 5 日开始办公，并受间接税局的领导。

今后，一切书面申请，都要先寄到迪福街 12 号间接税局，由该局局长或主任秘书审批。

---

4 月 14 日夜间，上尉参谋布伦希维格公民头部和手部受了伤，但这位勇敢的军官仍继续坚持战斗。

4 月 29 日，凡尔赛军向伊西要塞发动进攻，在敌人的枪林弹雨中，这位军官又一次左胸侧被炮弹严重炸伤，他当时有一份电报要送到陆军部。

他以一种令人钦佩的勇气忍受着伤口的巨大疼痛，拾起炸伤他的弹片，继续前进，去送他所带的电报，要亲自完成他的任务。

我们受权在此郑重揭露某些报纸就所谓罗塞尔公民受伤一事散布的种种谎言，它们的用心，我们无须加以评论。

驻陆军部代表昨天还参加了伊西要塞大战，现已安全返回。

第三区区政府

为保卫公社而牺牲者募捐

男女公民们，

过去我们号召你们发扬爱国主义精神，结果都取得了成效；今天，我们以团结的名义，要求你们来捐助那些为保卫公社而牺牲的人的家属。

第五十五、一百四十四和一百四十五营的军乐队员公民们已慷慨地向我们捐款800法郎；这笔钱已分发给一些在为公社服役期间受伤或牺牲的人的家属。

男女公民们，请你们来帮助我们，并以你们热忱的心证实你们对于我们事业的胜利是多么关注。

安·阿尔诺、德麦、
克洛维·杜邦、潘迪

1871年5月5日，于巴黎

公社委员办公室设有一本有存根的捐款登记簿。

第十区区政府

有些别动队队员公民以某种借口逃避为共和国服兵役，然而他们手中仍然保留着枪支。

第十团团长现通知全体别动队队员公民，不论手中是否保留有枪支，都要立即加入国民自卫军战斗连，否则将送交军事法庭审判。

至今手中还保留有两件武器的公民，必须将其中的一件武器送交福堡－圣马丁街76号团部，特此最后通知。

最近将进行一次最严格的搜查，违反上述命令者将严加惩处。

为了避免发生有损国民自卫军自身尊严的沿街募捐；为了及时捐助每天被反动派打死打伤的人的家属，第十团必须齐心协力，建立本区国民自卫军救济金总管理处。

该管理处，由每营选派一名出纳员组成，并从这些出纳员中选出一名总出纳，负责监督。

通过每天从每人身上扣5个生丁的简单办法，加上自愿捐献的款，我们就可以马上减轻第十区许多人的苦难。

请各连代表于本月7日（星期日）上午10时到福堡－圣马丁街64号协和厅参加会议，以便就这一问题做出决定。

第十团团长
布律涅尔

参谋长
沙弗农

第十一区区政府

公社委员兼驻第十一区区政府代表，谨通知本区同胞：凡是没有某一公社委员签字和第十一区区政府盖章的授权书，都是完全无效的。今后，任何一个公民若再使用本通知以前颁发的授权书，均将依法逮捕，并追究责任。

公社委员
莫蒂埃、阿夫里阿尔、
韦尔杜尔、德勒克吕兹

下面是凡尔赛政府发给铁路沿线各火车站行政监察专员的通知，我们认为应该公之于英勇的巴黎居民。

我们在不加评论地公布这个文件的同时，要声明我们的食品供应一直是很正常的。

凡尔赛，1871 年 4 月 25 日

先生，

政府首脑阁下刚才做出决定，从即日起，运往巴黎的粮食和供应物资，一律加以扣留。

为了执行本决定，请您立即采取您认为有效的措施。凡开往巴黎的列车和其他车辆，您要特别严加检查，凡供应物资，一经查获，立即退回原处。

致此，云云。

巴黎警察总监

瓦伦顿

巴 黎 公 社

1871 年 5 月 5 日会议

会议主席：若昂纳尔公民；主席助理：雅克·杜朗公民。

拉乌尔·里果公民：你们记得，我们曾经规定，如果逮捕我们的某一位同事，必须向公社报告；我今天就这样做，但不是 24 小时之后报告，而是两小时之后就报告了。

今天，我们叫布朗舍公民来到你们面前。我们早就知道这不是他的真名字，他曾用别的名字担任过公职，并且受过不能让他留在我们中间的处分。

尽管他经常投票赞成多数人和公安委员会的意见，但我正就是由于这一点而不能宽容他（赞成声）。费雷公民曾经作过调查。布朗舍公民今天也到会了，我认为最好是向你们宣读这次谈话的笔录。

“1871 年 5 月 5 日，

“站在我们这些驻公安委员会代表和该委员会委员面前的，是一位名叫布朗舍的公社委员。

“他在回答费雷公民的问话时说，他不叫布朗舍，叫帕尼耳（斯塔尼斯拉）。

“在第二次审讯时，帕尼耳回答说，他确实担任过里昂警察局的秘书，1860 年，他在布勒斯特的嘉布遣会的一个修道院里当小修士，在那里待了八九个月。

“他还说：‘我后来到了萨瓦，又进入拉罗什的一个嘉布遣会修道院，时间是 1862 年。’

“‘回到里昂以后，我在城里当教师。有人请我到法院担任翻译，我接受了这个工作。后来又有人对我说，警察局需要一位秘书，我就又去当了秘书；我是在 1865 年前后到警察局工作的，在那里大约工作了两年。’

“‘后来，我请求升级；要求派我担任铁路专员，可是我的申请没有下文，因此我呈请辞职，并获得了批准。我是在做过这些事情之后才回到巴黎的。’

“‘在里昂，我曾因破产被判过六天拘役。因为根据法律规定，破产之后不得在报上署名发表文章，所以，我在被释放之后便改了名字。’

“我们——驻公安委员会代表兼该委员会委员，将帕尼耳送交马扎斯监狱。”

库尔奈[①]、泰·费雷、奥·韦莫雷尔、拉乌尔·里果、安·杜邦、特兰凯

① 此处原文将库尔奈误为洛兰。——译者

里果公民：经过的情况就是这样。我不想再多谈细节了，除非会议要求。（谈吧！谈吧！）现在，既然你们希望我谈，我就再谈一谈有关细节。不久前，有两位公民在大门口看见布朗舍走出去，于是他们对我说："您认识这位公民吗？我们都是里昂人，我们觉得他好像以前是里昂警察局的秘书。"我们进行了调查，发现叫布朗舍的和叫帕尼耳的两个人年龄、特征完全相符。

那两个人我不认识，但我们这里有他们的名字。经他们证实了布朗舍与帕尼耳是一个人之后，我们又进一步作了调查。我们从收到的其他材料里发现，这位布朗舍曾经是嘉布遣会的修道士，他选择了修道生活，做了这种生活所要求做的一切。

昨天，我们弄来一份犯罪记录摘要，其中说，这个名叫布朗舍的人曾在1868年因故意破产而被里昂法院判处6天拘役。我们把布朗舍找来，我们大家都在场，而且一致同意必须首先叫他呈请辞职（我已把他的辞呈转交主席团了）。后来，因为我相信他还会冒用布朗舍的名字去干违法乱纪的事，所以我认为应该把他送到马扎斯监狱去。我就是根据这个控告下令逮捕他的。

他承认了这一切事实；我没有要求他签字，但我们六个人全在场，而且他当着我们的面承认了我刚才向你们宣读的全部事实。因此，我请求你们批准关于逮捕布朗舍的命令，并接受他的辞呈。

主席公民宣读布朗舍的辞呈。

"我，签名人，冒名布朗舍担任公社的代表，现呈请辞去公社委员职务。"

"改名布朗舍的帕尼耳。"

龙格公民：选举作废了。

1871年5月6日会议议程：

就社会拯救委员会的权限问题和对该委员会委员的要求进行讨论。

2时整会议开始。

电　　报

里昂，5月3日晚

4月30日的市镇选举被宣布无效。政府的这一决定的理由是，在举行选举的当天，里昂有一个区曾发生骚动，选举受到了干扰。新的选举将在本月7日（星期日）举行。

（哈瓦斯通讯社）

杂　　闻

根据公民艾杜阿尔·洛克罗瓦本人的要求，他将被送到夏尔特尔。

路易·勃朗公民向议会递交了五份请愿书。

前四份的署名者是：沃韦尔（加尔省）市镇委员会的委员、埃格－维弗镇（同一省）和蒙彼利埃市的居民，他们请求国民议会放弃一切制宪的打算，尽早地组织人民进行新的普选；第五份的署名者是海叶－德斯卡尔镇（安德尔－卢瓦尔省）的居民，他们请求正式承认共和国和共和国在巴黎和全国所有城市成立市镇委员会和任命正副市长的权利。

来自南非钻石矿之一——卡乌兹－霍普的一封信告诉我们如下详细情况：

最近，我们从地下挖出第八块钻石，其体积、质量与外形均超过了我们在此以前所发现的其他钻石。这块钻石现寄放在斯汤达尔银行，准备送到欧洲。人们称这块钻石为“克兰·威廉与维多利亚之星”，其外形之美胜过著名的“南非之星”。

这块钻石的重量为 92 克拉，无任何斑点，估计价值 3 万到 6 万英镑。矿工们纷纷跑来观看这块漂亮的宝石，我们的帐篷几乎被他们全部挤破了。幸好我们早已把它寄放到克利普德卢瓦的一个安全地方了。

我们在博斯霍夫县瓦尔河岸又发现一个新矿。矿藏非常丰富，仅三天之内就采到了重量分别为 23.5、14.5、12、27.5 和 107 克拉的钻石，而且，最后一块是迄今为止在南非所发现的最大的一块钻石。我们已给它取名为“迪阿蒙迪阿之星”，估计可值 25 000 英镑。

最后，《格拉夫里诺先驱报》选登了 9 日从霍普托恩写来的一封私人信里的一段话，说在这个钻石蕴藏地区，发现两块重量分别为 52 和 115 克拉的钻石。

雅各宾俱乐部

1871年5月6日(星期六)8时正,雅各宾俱乐部和沃吉拉尔支部的男女公民们将在沃吉拉尔镇沃吉拉尔教堂地下室举行会议。

给音乐演奏家的通知

巴黎各音乐堂的交响乐演奏家,请你们于5月8日(星期一)下午2时到巴黎歌剧院集中,有要事协商。

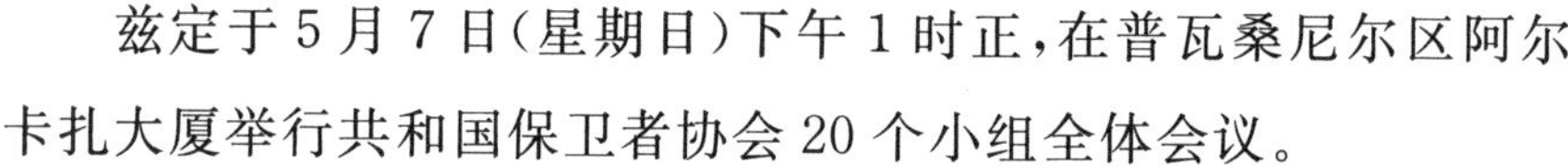

兹定于5月7日(星期日)下午1时正,在普瓦桑尼尔区阿尔卡扎大厦举行共和国保卫者协会20个小组全体会议。

请中央共和联盟、共和同盟和20个区的代表团成员前来参加会议,以便共同协商,采取统一行动。

摩泽尔省公民们,现定于5月6日(星期六)晚8时正在坦普尔区区政府举行爱国会议,请届时参加。

1871年5月7日 星期日

要 目

正式公报。——关于无偿发还典当金不超过20法郎的典当品的决定。——关于任命宗教团体财产保管员的决定。——关于禁止以任何形式向商人征用服装和装备的决定。——塞纳河舰队参谋长的委任令。——关于举办职业教育的通知。——国民自卫军归还财政部的款项。

非正式公报。——战报。——给驻阿尼埃尔部队的感谢信。——炮兵器材管理局的通知。——告铁路职工和发明专利证持有者。——第十和第十一区区政府的命令。——告第十一团各营书。——公社会议记录。——日内瓦国际工人协会致巴黎同胞书。——招募通知。

正 式 公 报

5月6日，巴黎

公社，

决 定：

第一条 凡在1871年4月25日典当在当铺的衣服、家具、内衣、书籍、被褥和劳动工具等物品，其典当金额不超过20法郎者，一律从本年5月12日起根据当票无偿发还。

第二条 当票持有人须出示身份证，证明为原典当人，才能发还上述物品。

第三条　关于规定赔偿费和执行本决定的事宜，由驻财政部代表和当铺管理局协商办理。

公社委员兼驻司法部代表，

决　定：

任命封丹(约瑟夫)公民为巴黎公社管辖地区宗教团体或修道会的全部财产(动产和不动产)的保管人。

公社委员兼驻司法部代表

欧仁·普罗托

1871 年 5 月 7 日，于巴黎

服装和军事装备供应商的货物每时每刻都在被一些人奉营长、团长或别的长官的命令征用。

这样做，给我们造成了极大的麻烦。为此，军需处曾多次做出决定，现在必须提醒那些头脑过分发热或按不合规定的命令行事的公民注意这些决定。

为了又迅速又最经济地满足国民自卫军的需要，我们已经采取了一切措施。

为此，

公社委员兼驻军需处代表，

决　定：

[仅此一条]绝对禁止以任何形式征用服装和装备供应商的货物。

公社委员兼驻军需处代表

欧·瓦尔兰

兹代表公社，

任命海军中校杜索(贝尔特朗－保罗－艾都阿尔)公民为塞纳河舰队参谋长。

杜索公民从即日起到职。

驻海军部代表

拉塔皮

职 业 教 育

第一所职业学校即将开学，校址设在前耶稣会教士占据的第五区罗蒙街 18 号。

凡年龄在 12 岁左右或 12 岁以上的儿童，不分住在哪一个区，均可入学，以便充实他们在小学所受的教育，同时学习某种专门技术。

请各位家长到先贤祠(第五区)区政府为自己的孩子报名，同时选定每个孩子所要学的手艺。

凡年龄在 40 岁以上的愿意担任传艺师傅的工人，也请到该区区政府报名，并请说明自己的专长。

我们同时向那些愿意协助我们举办这种新型教育的现代语言教师、自然科学教师、绘画和历史教师发出呼吁，请他们也来参加这一工作。

教育组织委员会委员

欧格・安德烈、E. 达科斯塔、

J. 马尼埃、拉马、E. 桑格利埃

驻教育部代表同意。

爱·瓦扬

财　政　部

国民自卫军发饷员归还财政部款项

区	营	连	摘　要	数目 法郎	数目 生丁	合计 法郎	合计 生丁
			4月26日	法郎	生丁	法郎	生丁
14	46	1		125	50		
		3		43	75		
		5		144			
		6		170		970	25
		7		31	50		
		8		67	50		
			发饷官	388			
3	54	3		72		226	50
		4		154	50		
5	59		第5和第10连			1 845	50
	60					2 895	50
18	6	6		280		580	
		8		300			
11	66	4		67	50		
		5		55	50		
		7		72		481	50
		8		70	50		
		11		108			
		12		108			
8	69	1		97	50		
		2		217	50		
		3		86		502	25
		4		22	50		
		6		78	75		
18	77	5		600			
		7		342	05	1 442	05
		8		200			
		9		300			

（续表）

3	87	3	作战费	150		421	
		1		27			
		2		44			
		3		200			
3	87	4		1 591	50	1 163	50
		5		418			
		6		162			
		7		78			
		8		414			
3	88	2		4		154	
		6		150			
17	91	1		48		1 033	
		2		96			
		3		123			
		5		295			
		8		54			
		2		81			
		3		21			
		3	作战费	315			
13	185	4	作战费	60		447	
		3	常驻部队	147			
		5		50			
		6		150			
		7		40			
10	186	1		15		499	50
		2		15			
		3		16			
		4		27			
		5		126			
		9		300			
11	195	6		787		1 070	
		8		233			
		10		50			
12	198	1		54		241	50
		5		124	50		
		7		45			
		8		18			

（续表）

11	204	1		69		449	
		2		129			
		3		87	50		
		4		72			
		5		46			
		6		45	50		
11	204	7		198		295	50
		8		97	50		
	213					94	50
17	223		参谋部	27		579	90
		2		340	50		
		1		18			
		3		75			
		4		90			
		7		29	40		
2			旗手	10			
		1		12	50	708	
		2		54			
		5		49			
		8		22	50		
		1		72			
		2		68			
		3		12			
		4		108			
		5		54			
		6		150			
		7		57			
		8		39			
9	228		重复登记			914	
11	232	1		34		1 819	45
		2		279	75		
		3		222	75		
		4		285	75		
		5		202	95		
		6		328	50		
		7		202	50		
		8		263	25		

（续表）

3	89	1		414	75		
		2		475			
		3		151	55		
		4		141		2 336	35
		5		228			
		6		263			
		7		300			
		8		363	05		
3	89	9		249			
		10		143	50		
		11		87	85	575	85
		12		45			
			各种余额	50	50		
17	90	1		140	50		
		2		269		938	50
		5		174			
		8		155			
	95	5	4 月 19 日	54			
		10		30			
		11		78			
		12	4 月 21 日	69			
		10	——	18			
		7	——	9			
			上士（错收）	10			
		7		122	25		
		5		21		1 140	75
		7		84			
		10		24			
		11		54			
		5		96			
		7		66			
		11		99			
		9		174			
		6	4 月 26 日	132	50		
	96	2				67	50

（续表）

7	105		参谋部	20		1246	50
		2		22			
		4		205	50		
		6		432			
		7		150			
		8		207	75		
		9		185	25		
		12		24			
10	110	2		150		550	
		4		400			
1	112					1344	
5	118	3		250		425	
		5		175			
5	118	9		60		316	
		11		145			
		6		96			
			中尉	15			
3	144	1		58	50	599	50
		5		57			
		6		399			
		7		85			
18	154	2		325		1 838	
		3		135			
		4		172			
		6		15			
		7		133			
		8		500			
		9		325			
		10		222			
19	157		错收			29	50
4	162					600	
10	167	10				359	
		1		465		4 000	
		2		375			
		3		315			
		4		412			
		5		329			
		6		225			
		7		606			
		8		225			
		9		402			
		11		565			
		12		81			

（续表）

	186	5		64	50	243	50
		11		179			
3	205	11	作战费(4 月 25 日)	200		363	
		3	多收款	30			
		7	常驻部队(4 月 24 日)	48			
		11	作战费(4 月 25 日)	85			
11	211	1				36	
4	211	1	作战费	117	50	197	50
		2		80			
4	211	3		358		918	50
		4		70			
		1	常驻部队	100	50		
		2		34	50		
		3		200			
		4	（旧军）	30	50		
		5		69	50		
		6		55	50		
17	223	8	一名鼓手			5	
18	225		多收款			180	
20	233		第 4、5 连			413	
19	242	2		21		348	
		7		124	55		
17	244	3		210			
		5		138			
5	248					500	
10	110	9				120	
9	116	3		249	50	565	
		4		315	50		
9	117		错收			30	
12	121		第 4、8 连			306	
	122	1	作战费	199	25	2225	
		2		143			
		3		370	75		
		4		219			
		1		492			
		4		252			
		6		222			
		7		64			
		8		263			

（续表）

18	125	3		500		593	
		9		93			
13	133	1		101	50	1 258	50
		3		78	50		
		4		193	50		
		6		237	50		
		7		342	50		
		2	作战费	105			
13	134	1		446		1 139	
		2		264			
		3		200			
		6		229			
14	136					7 320	95
18	142	1		126		503	
		2		105	50		
		3		31	50		
		4		21			
		5		23			
		7		21			
		8		7	50		
		9		115	50		
		10		42			
4	150	1		187	60	733	60
		2		30			
		3		171			
		5		142	50		
		6		57			
		1	作战费	145	50		
10	170	5		71		387	85
		6		167	85		
		7		67	59		
		8		37	50		
		9		41			
		10		3			
13	176					2 626	

（续表）

4	182	1	常驻部队	507	50	3 785	75
		2		273			
		3		595			
		4		780			
		5		345			
		6		371	75		
		2		178	50		
		3		414			
		4		321			
9	247	1		115		1 578	
		2		192			
		3		1 065			
		4		206			
9	247	5		97	50	513	
		6		45			
		7		88	50		
		8		157	50		
		1	作战费	124	50		
11	271					300	
	1		第 1、2 连	228		244	
			中士梅雅尔	16			
			4 月 27 日				
18	32	4		827	75	846	75
		8		19			
17	23	1		6		206	50
		2		15			
		5		45			
		6	一名军官	32	50		
		7		15			
		8		30			
		4	作战费	63			
	35	1		104		203	
		8		99			
3	54	6				150	
1	70		错收			88	50

（续表）

20	74		消防队员	47	50	178	
		4	作战费	130	50		
	76	2		127	50		
		3		309	85		
		4		123		2 020	35
		7		660			
		8		800			
18	77	10				440	
6	83		若干军官	457	50		
		1		119			
		2		187			
		3		102		1 587	75
		4		340			
		5		237	50		
		6		9			
		7		135	75		
6	83	8		106	50		
		9		17		255	
		10		131	50		
	85	8					50
	119	1		51			
		3		21		183	
		4		111			
10	128	1		90			
		2		200			
		3		780			
		4		184			
		6		300		2 564	
		7		130			
		8		300			
		9		375			
		10		200			
17	132		参谋部				66

（续表）

		1	从4月2—19日	256	50		
		2		249	50		
		3		520			
		4		785			
		5		804			
		9		85		3 321	
			卡宾枪骑兵	56			
		1	作战费	120			
		3		246			
		4		135			
10	137	1		45			
		2		52	50		
		4	常驻部队	52	50	591	
		5		324			
		6		117			
		7		33			
		8		25	50		
		10		66	50		
		11		22	50	238	
		12		25	50		
			未付款	62	50		
			若干鼓手、号手	32	50		
18	142	1		93			
		2		75			
		3		18		279	
		4		6			
		9		63			
		10		24			
10	143	1	4月21日	89			
		2		42			
		3		16	50		
		4		13	50		
		1	4月22日和23日	54		599	50
		2		54			
		3		28			
		4		29			
		8		100			

1871 年 5 月 1 日，于巴黎

会计处处长

吉尔穆瓦

非正式公报

5 月 6 日，巴黎

战　　报

1871 年 5 月 6 日，纳伊

夜间十分平静。

早晨，炮击非常猛烈。

下午，无战斗；几次炮击和很少的火枪射击。

原阵地无变化。

阿尼埃尔

夜间平静。

早晨，一所房屋因遭凡尔赛军炮击而倒塌，埋在里面的一位妇女已被救出，仅有几处受伤。

中午至下午 3 时，凡尔赛军炮击克利希镇，未给我方造成任何损失。

3 时，敌围城炮兵连和装甲车向阿尼埃尔和让纳维利埃射击。凡尔赛军炮火被打哑。

多比要塞司令部指挥官全力以赴，积极指挥，受到嘉奖。

旺　夫

敌炮彻夜射击；我损失甚微。

伊　西

敌穆兰－迪－比埃尔和默东一线炮兵对我不断射击；我军进行了有力还击。

克拉马

上午 10 时半，敌人利用堑壕向我猛烈射击，并在克拉马火车站向我发动进攻；公社战士获胜，现占领着火车站。

蒙鲁日

5 日傍晚 6 时，下丰特内敌人向我猛烈炮击，直至 8 时方停；我要塞有力地回击了敌人，并打灭了敌人的火力。

11 时半，我各炮兵连开始向下丰特内炮击，敌还击火力不强。

3 时，巴涅方面的敌人断断续续地向格朗日－奥利射击；未给我方造成任何损失。

比塞特尔

1 至 3 时，向巴涅猛烈炮击；敌方未还击。

给驻阿尼埃尔部队的感谢信

在勇敢的奥科洛维奇将军受伤之后，我受命担任了驻阿尼埃尔部队司令。现在，我必须离开你们去担任其他部队的指挥职务。你们在过去执行我的命令中给予了我忠心的帮助，在此，请接受我的诚挚的谢意。

我荣幸地证明你们全体官兵都尽到了自己的责任。

各位营长、各位军官、各位士官和各位国民自卫军战士，以及炮兵部队和工兵部队战士，我以公社和自己的名义，请你们接受我的由衷的感谢，并请相信我对于我们所捍卫的神圣事业的忠心。

上校参谋，前阿尼埃尔部队指挥官，

A. 杜拉西埃，

现旺夫要塞指挥官

1871 年 5 月 5 日，勒瓦卢瓦－佩雷

陆　军　部

炮兵器材管理局

在给国民自卫军军官配备武器时，常常发生滥发武器的严重现象。有五万支手枪不是按照规定的身份发的。这种情况不能再继续下去了。今后只能按照名单分发武器；名单要一式两份，一份留在各团团部。

我提醒各位团长注意，武器申请书必须交给连长、营长或团长处，由他们每天送到圣多米尼克街 86 号军备办公室。

炮兵器材管理局局长

阿夫里阿尔

社会拯救委员会共和历 79 年花月 16 日关于铁路职工和警察免予在国民自卫军服役的条件的决定，从公布之日起，在一周之内开始执行。

这一限期不得超过，但从即日起至花月 24 日（1871 年 5 月 4 日），即为严格执行上述决定而采取必要措施之前，允许铁路公司的职工和警察根据自己一贯从事的职业自由选择工作。

劳动与交换委员会

原设在市政厅的发明专利局，现迁至圣多米尼克－圣热尔曼大街 62 号，前公共工程部。

专利申请人须持财政委员会颁发的证书，该局才予以接待。

公社委员兼驻劳动与交换委员会代表

列奥·弗兰克尔

1871 年 5 月 6 日，于巴黎

商业部号召腌肉食品商腌制肥肉与火腿。

请上述商人到圣多米尼克－圣热尔曼大街 60 号农商部洽谈。

一个真正的共和主义者，如因某种原因而不签名，可以口头或

书面形式预先申明。

从即日起，凡在第十团辖区内发现军帽上没有番号的国民自卫军官兵，一律逮捕。

第十团团长　布律涅尔

少校参谋　沙沃农

1871 年 5 月 6 日，于巴黎

第十一区区政府

第十一区各营医务人员尚有缺额，我们热烈呼吁各位医师、开业医生[①]和有 8 至 16 个实习生的医院的实习生，发扬献身和人道主义精神，给予我们帮助；并请各位主动于每天下午 1 至 2 时到奥贝尔康街 52 号和雅卡尔街 3 号外科主治医师诊所报到；或于每天下午 3 时到沃尔泰广场第十一区区政府国民自卫军军团医务室报到，接受步兵营的调派。

外科主治医师

阿·恩贝尔

公社委员兼驻第十一区代表

莫蒂埃、韦尔杜尔、阿夫里阿尔

---

① 法国 1892 年以前一种没有取得医学博士学位，但政府允许开业的医生。——译者

致第十一团各营官兵

公民们，

公社委员兼驻第十一区的代表，对你们在凡尔赛匪帮的屠杀面前表现的爱国热诚和英雄气概，公开表示敬意。凡尔赛分子企图再一次扑灭巴黎人民的正当愿望，同时以暴力破坏我们的社会原则。他们丧尽廉耻，终于撕下面具，不再掩饰他们破坏自由的计谋了。

他们的报纸沾沾自喜，自以为取得了一次胜利，公然说什么议会（说它是“国民的”，其实根本不是）不是为了在法国巩固共和制度而成立的。

这不是昭然若揭了吗？既然这样，今后谁敢肯定，现在的斗争不是共和制与君主制、无产阶级和资产阶级，进步与狂热，光明与黑暗之间的斗争？

当这个无法形容的政府——其成员大多是9月4日的那批懦夫和无能的人——利用波拿巴的同谋犯来实现其卑鄙的勾当的时候，是什么样的人才敢大言不惭地说这个政府是真心要共和国的呢？

国民自卫军战士们，

你们是英勇的；你们英勇作战，向全世界宣告你们是在为权利和正义而战斗。对于这种权利和正义的胜利，你们疯狂的敌人是抵挡不了的。无论他们怎样拼命挣扎，这种胜利也将到来。他们的阵营已经乱作一团：麦克马洪本想以巴黎人民的血来洗雪其色当之耻，但在绝望之余，只好辞职。杜克罗（他目前在凡尔赛）也一样，他“吃了败仗，苟且偷生”；军官之间的火并现象屡见不鲜，整个部队士气十分低落。

在这个昔日受君主统治的城里①，今天有一批坏蛋在那里耀武扬威。他们卑鄙地出卖了法国；他们把本应用来驱逐侵略者的武器送给侵略者之后，还觉得不够，还要不惜一切代价把一个君主——这个君主是国王还是皇帝，这对他们来说，无关紧要——扶上宝座，还要把我们至高无上的权利和最神圣的自由踩在脚下。

公民们，这是我们不能容忍的！如果没有这些坏人，外敌早被我们打败了；像我们93年的先辈一样，我们也早把普鲁士人赶回莱茵河那边去了。我们要正告这些卖国贼，如果巴黎下定决心，要不惜一切代价洗雪法国沦陷所蒙受的耻辱，我们就宁愿死一千次也不接受可耻的奴隶枷锁。我们将向他们证实，巴黎作为文明世界的首都和世界科学艺术的中心，为了获得合法的市政权利，是知道怎样战斗和取胜的。

茹尔·法夫尔这个骗子，在他那份臭名昭著的9月4日通告中说：“我们的堡垒后面是城墙，城墙后面是街垒，街垒后面是胸膛！”公民们，我们要把这几句话当作口号，并保证言行一致，同时还要补充两句：“街垒后面是房屋，房屋后面是地雷！”

保皇党人已经拒绝任何形式的和解，他们已经向我们宣战，要打一场无休无止的残酷战争。那好，就打吧！我们应战：谁打败谁倒霉！让我们在不朽的《马赛曲》的雄壮歌声中勇敢地向敌人进

① 指凡尔赛。——译者

军，无畏地歼击他们！

无论敌人怎样造谣诬蔑，怎样对外省实行恐怖政策，法兰西已经觉醒了！法国已本能地感觉到，我们不仅仅是为自己而战，而且，主要是为法兰西而战。法国人民已经看到，如果卑鄙的凡尔赛政府的阴谋得逞，法兰西就永远没有希望了。

外省对此已经很清楚了，因此，不管凡尔赛分子说什么，里昂、里尔、瓦朗西纳、第戎、佩里格、勒芒和所有其他聪明的城市，都对我们的公社运动拍手叫好；正是因为这个道理，市政选举才到处都有利于我们的神圣事业，即共和国的事业。

公民们，我们要提高勇气，坚持到底，最后的胜利即将到来，为权利而战斗的人民是不可战胜的！

公民们，

你们是共和国的功臣！

我们所捍卫的事业是正义的事业：它是建立在永恒的原则基础上的；发扬你们不屈不挠的战斗精神，胜利就一定属于我们，我们一定要胜利！

公社万岁！

共和国万岁！

公社委员兼驻第十一区代表
莫蒂埃、韦尔杜尔、德勒
克吕兹、阿夫里阿尔

巴 黎 公 社

1871 年 5 月 6 日会议

会议主席：奥斯丹公民；主席助理：巴斯噶尔·格鲁塞公民。

会议于下午 4 时开始。会议以抽签方式选出国民自卫军 80 名代表，组成陪审团。

1871 年 5 月 6 日公社会议通过抽签选出组成陪审团的 80 名国民自卫军代表名单：

第　一　组

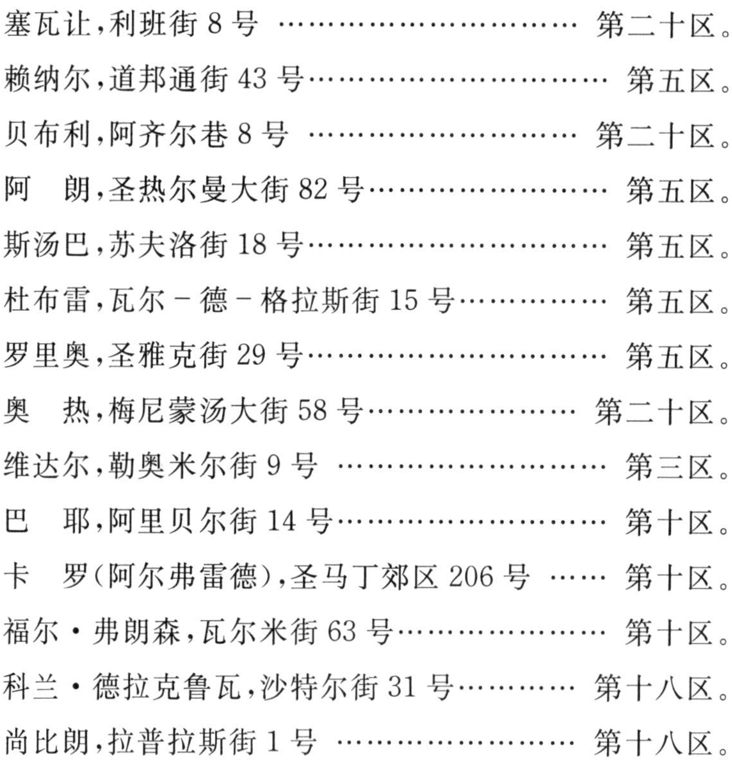

塞瓦让，利班街 8 号 ………………………… 第二十区。

赖纳尔，道邦通街 43 号………………………… 第五区。

贝布利，阿齐尔巷 8 号 ……………………… 第二十区。

阿　朗，圣热尔曼大街 82 号…………………… 第五区。

斯汤巴，苏夫洛街 18 号………………………… 第五区。

杜布雷，瓦尔-德-格拉斯街 15 号…………… 第五区。

罗里奥，圣雅克街 29 号………………………… 第五区。

奥　热，梅尼蒙汤大街 58 号………………… 第二十区。

维达尔，勒奥米尔街 9 号 ……………………… 第三区。

巴　耶，阿里贝尔街 14 号……………………… 第十区。

卡　罗（阿尔弗雷德），圣马丁郊区 206 号 …… 第十区。

福尔·弗朗森，瓦尔米街 63 号………………… 第十区。

科兰·德拉克鲁瓦，沙特尔街 31 号………… 第十八区。

尚比朗，拉普拉斯街 1 号 …………………… 第十八区。

韦鲁瓦，特鲁瓦－库隆街46号……………… 第十一区。

弗朗克，特鲁瓦－库隆街46号……………… 第十一区。

普尔热，舒瓦西路165号 …………………… 第十三区。

艾勒奥纳，茹安维尔街1号 ………………… 第十九区。

迪　索，旺夫街14号………………………… 第十四区。

沙　尔，库隆胡同8号 ……………………… 第二十区。

第　二　组

科尔姆，梅尼蒙汤街86号…………………… 第二十区。

当塞热，萨贡街18号………………………… 第十八区。

贝尔纳（让），塞登街76号………………… 第十一区。

皮雄，普蒂－卡罗街38号…………………… 第二区。

拉尼昂，格勒内塔街51号…………………… 第二区。

布迪亚尔，卡斯卡德街59号………………… 第二十区。

索夫雷，鲍阿奈街5号 ……………………… 第十一区。

萨索，瓦佐街3号 …………………………… 第三区。

贡德维尔，马让塔大街50号………………… 第十区。

卡森，拉塞佩德街15号……………………… 第五区。

德尚，乌尔克街53号………………………… 第十九区。

利尼昂，圣日尔街9号 ……………………… 第三区。

卡赛，马让塔街36号………………………… 第十区。

米叶，圣麦达尔街21号……………………… 第十四区。

鲁安（昂利），提克托恩街15号…………… 第一区。

维洛克，伯利维尔街241号 ………………… 第十九区。

皮弗(路易)圣吕西街 9 号…………………… 第十五区。

维尔麦茨，普瓦索尼埃街 16 号……………… 第十八区。

拉加尔德，昂方－鲁日街 2 号 ………………… 第三区。

茹迪埃，哥白尼街 6 号 ……………………… 第十六区。

第　三　组

朗德里耶，拉庇巷 8 号 ……………………… 第二十区。

科提纳尔，马隆尼特街 7 号 ………………… 第二十区。

鲁盖特，阿尔科尔街 ……………………………… 第四区。

罗曼，朗蓬街 13 号……………………………… 第十一区。

乌蒂尔，帕努瓦约街 12 号…………………… 第二十区。

德勒维，阿尔古街 51 号………………………… 第二区。

杜图尔，提克托恩街 7 号 ……………………… 第一区。

勒塞内沙，桑西埃街 16 号……………………… 第五区。

帕罗，西贝尔街 9 号 ………………………… 第十二区。

勒费尔夫(艾米尔)，汤普尔街 177 号 ………… 第三区。

布雷，圣－昂图安郊区 283 号 ……………… 第十一区。

勒鲁特，热奥弗鲁瓦－圣伊莱尔街 17 号……… 第五区。

米歇尔，圣－昂图安郊区 227 号 …………… 第十一区。

巴隆，蒙马特尔郊区 65 号……………………… 第九区。

马冈，圣马丁郊区 172 号 ……………………… 第十区。

皮卡尔(西蒙)，丰丹－奥－鲁瓦街 60 号…… 第十一区。

佩罗蒂，奥泽伊街 6 号 ………………………… 第三区。

瓦米(伊莱尔)，布雷街 82 号……………… 第十一区。

若瑟，帕利卡奥街17号…………………… 第二十区。

第　四　组

泰弗诺，罗西埃街15号…………………… 第四区。

帕蒂，蒙马特尔街32号…………………… 第一区。

萨缪埃尔，隆巴尔街8号 ………………… 第四区。

万克雷，昂利-谢夫罗街25号……………… 第二十区。

肖森，沙朗通街193号 …………………… 第十二区。

勒维克，帕日万街38号…………………… 第二区。

方舍尔，维耶-杜-汤普尔街120号 ………… 第三区。

德夫莱斯，特拉维西埃尔街78号…………… 第十二区。

沃尔帕恩，孟德斯鸠街31号……………… 第一区。

勒尔，雅科博街6号 ……………………… 第六区。

伯夫，勒塞尔胡同3号 …………………… 第十区。

马尔沙尔，圣吉尔街10号………………… 第三区。

马莱，普拉迪埃街30号…………………… 第十九区。

比果，库斯农街6号 ……………………… 第十四区。

多利热，圣雅克大街16号………………… 第十四区。

杜蒙，德隆多街56号……………………… 第二十区。

马尔丹，克洛德-维尔弗街15号…………… 第十区。

沃马尔，阿瓦尔街13号…………………… 第十一区。

内克托恩，圣麦达尔街 ………………… 第四十四区。①

---

① 原文误，应为“第十四区”。——译者

布朗舍(约瑟夫),梅叶街1号 ………………… 第六区。

主席公民:请米奥公民宣读决定草案。

米奥公民:下面是我的提案。

“公社,

决　定:

“第一条　废除隔离关押制度。

“第二条　犯人只是在夜间被关在牢房。

“第三条　判决前的羁押,不能超过10天。

“第四条　从本决定颁布之日起,判决前羁押的天数,要从判定的刑期中扣除。

“第五条　凡与本决定抵触的条例,一律作废。

茹·米奥”

拉乌尔·里果公民:我请求发言。

主席公民:我提议把米奥公民的提案送交司法委员会审核。(对！对！)

帕里泽尔公民:这个提案缺少一条。

主席公民:那好,请你补充。

有人要求为我们的会议寻找礼堂的委员会,在明天会议开始时汇报情况。

库尔贝公民:我请求发言。

主席公民:明天,请你给我们做一个汇报。

主席公民宣读下面两个提案:

“把公社分为监督各项工作的若干委员会,公社全体会议每星期召开三次,时间为下午2时至5时。

维阿尔”

“公社每星期不超过两次会议；公社委员参加各委员会的会议，在各自的区政府工作，并在驻陆军部代表和军事委员会的领导下，在本区采取大家认为是必要的组织措施。

比约雷”

公社决定把这两项提案列入明天的会议议程。会议转入讨论当铺问题。

韦济尼埃公民主持会议。

财政委员会委员勒弗朗赛公民：我曾与一家当铺的经理安德列·科舒公民联系过，下面是他告诉我的情况：如果按照法令草案上说的发还典当金额50法郎以下的物品，仅是衣服、床上用品和劳动工具就大约有120万件物品需要发还，这些物品的典押款是1 200万法郎，也许还会更多一些。至于每天最多能发还多少件呢？尽最大的努力，也不会超过4 000件。现只有三个仓库，还要进行清查，因此，发还的件数不会超过这个数字。这样，每天以4 000件计算，120万件就约需10个月或一年的时间才能发还完毕。

如果只发还30法郎以下的典当品，那也要发还价值900万法郎的100万件物品，也需要9至10个月的时间。以上是问题的基本情况。

我曾问过，是否能再增加每天发还物品的件数？

他回答说，绝对不能。在9月4日政府时期，最后发还典押品的情况就是这样的。

有人还告诉我们，在规定发还物品的件数时，数目规定得小了，那就没有意思了；在很早以前，行政当局就为了自己的利益，企图消除由于每天发还件数少而造成的物品积压现象，但没有成功。

我也问过，如果规定只发还20法郎以下的物品，情况会怎样呢？他回答说，应发还的典押品的件数也不会少于90万件，这一点是很容易解释的，因为典押品的件数远不能与每件物品的典押款额的大小成比例，典押3法郎的物品，要比典押50法郎的物品多得多。

你们可以看出，我是不愿意参加讨论的，我只是要向你们指出你们所需要解决的巨大的实际困难。

主席公民：勒弗朗赛公民，你所得出的结论，能不能告诉我们？

勒弗朗赛公民：儒尔德公民会谈这个问题的；不过，你们可以看到，总之，没有及时公布我们最初辩论这个问题的情况，已使公社进入一条很难走出的死胡同。

主席公民：请儒尔德公民发言。

儒尔德公民：你们想知道的结论，是很不容易说清楚的。

与会的一位委员曾经问过，能否通过某种办法增加当铺每天发还典押品的件数？

不行，这是不可能的。因为必须切实做到让典当人自己来取；而要做到这一点，当铺的职员就必须手头备有账簿；可人们不可能把记有120万件典押品的账簿重抄一遍，抄起来那是要花很长的时间的，而且很可能弄得乱七八糟，令人头疼。

我能向你们提出什么解决的办法呢？

你们提出了发还典押品的问题，我很明白，这个问题应该解决，因为这个问题不能老这么争论下去。现在，我觉得有一种办法可以解决这个问题,但不太切合实际。

我们应当寻找一种进行清理的办法,但要有一个条件,即建立某种机构,亦即建立一种取代当铺的机构。

阿夫里阿尔公民:那就请你来建立这种机构吧!

儒尔德公民:有人说:"请你来建立这种机构吧!"这说起来很容易,但在成立之前要有时间来进行研究。

如果有人对阿夫里阿尔说:"请你来造炮架和大炮吧!"他就会要求给他时间的,我也要求给我时间。(很好!)

因此,我们必须研究清理当铺的方法,或者更确切地说,研究一套如何利用和改造这个机构的办法,使之真正能够向确有困难的人进行帮助,但不要贪图高利,坑害穷人。

实际上,我的草案,也就是安德里约提出的草案,只退还典当金额在20法郎以下的物品。

20到50法郎的典当物品,都是一些奢侈品;事实上,被褥之类的物品是很难当到20法郎的;一套礼服也只能当20法郎;其实,这类生活必需品的典当款数,是只占其实际价值的1/4的,而贵重物品要占到2/3。

再说,如果把退还的物品限制为20法郎以下的,我们的财政损失也可能小一些,而且也会大大有利于我们所关心的阶级。

你们知道,当铺的收入靠两种办法:先向储蓄银行贷款,然后从典当品上获利。既然这样,我们就不能慷他人之慨。我们不能向债主们说:"这是典当物品,你们和典当者商量去罢!"鉴于这种情况,我建议在改组机构之前这样做:比如,我们可以每星期拨给当铺10万法郎,然后向借款人付利息。

如果我们一定要通过这个草案，我就提出我草拟的下列条款：

第一条　典当金额在20法郎以下的物品，才予以发还；

第二条　领典当物品时，必须出示能证明其为原典当人的证件。

最后，

第三条　从保证各方面的利益出发，你们应责成你们驻财政部的代表与当铺合作，以确保本决定的实施。

勒弗朗赛公民代表财政委员会发言：我认为，只退还典当金额在20法郎以下的物品，那你们就没有什么可怕的了。

在你们的决定所要帮助的那部分巴黎居民中，持20法郎以下的当票者，要多于持20法郎以上的当票者。一个工人家庭可能有好几张不到20法郎的当票；他们可以领回全部典当的东西。20法郎以上的当票所当的东西，都是贵重物品，不能认为退回这些物品是为了改善劳动居民的生活。降至20法郎以下的物品，则劳动人民就可以领回他们的全部典当品，如果他们有好几张不到20法郎的当票的话。

儒尔德公民：我甚至认为，我们只能采取一种近乎抽签的办法来发还典当物品。比如说，姓氏以E开始的人，在某日去领自己的东西，等等。总之，我认为我们会解决这个问题的。

阿尔都尔·阿尔努公民：公民们，听了你们刚才的解释之后，我没有多少要说的了。我对儒尔德公民作的解释十分满意。在这个问题上，可以说他是最有权威的。

当铺问题包括两个方面，一是清理当铺问题；二是发还穷苦阶级的典当品的问题。

我们已经答应无偿发还50法郎以下的典当物品。两个星期过去了，由于发生了种种事件，这个问题至今尚未解决。穷苦居民已有8个月无工作可做，他们焦急不安地等待着，我们应该给他们以一种物质的证明，说明我们懂得自己对他们应负什么责任。

因此，我们应暂时把有待深入研究的当铺问题放在一边，而且，这个问题应交财政委员会去研究，而我们则应研究如何发还典当物品的实际方法。

所以，我同意儒尔德和勒弗朗赛向我们提出的方法，请你们规定只发还典当金额在20法郎以下的物品。

除金银什物以外，当铺放出的典当借款是非常有限的；比如，一件大衣在服装商店可值120法郎，而在当铺里只能当10法郎，而且还必须是从未穿过的大衣。穷人和工人只能典当他们已经穿过的衣服，因此，典当借款尤其微小。被褥、内衣和大部分劳动工具也是如此。由此可见，降到20法郎以下的物品，就可以使我们达到想要达到的目的。

发还典当物品唯一的困难是物质方面的困难，而且，这一困难似乎十分严重。

然而，无偿地发还典当物品，这种做法已不止一次了，人们已经有了相当迅速和极为简便的方法，这种方法是应该有的。

不管怎样，我们是承担了道义上的责任的。而这种责任也是我们应该承担的；因为我们承担了责任，因为这是对于穷苦的工人阶级的正义行动，所以我们必须做。发还工作的进行，不是一件好玩的事情；应当迅速完成。

阿夫里阿尔公民：我不再坚持把最高典当金额定为50法郎

了，因为财政部已说明不能提高到这个数字。我放弃我的意见。

但我认为，从我提出报告一个月以来，如果我的报告被研究过，我们早就会找到把最高典当金额提到50法郎的妥善办法了。如果我们执行了关于逃亡分子的决定，并愿意对那些老板逃走而留下妻子经营的商店征税，我们是一定能够发还典当金高达50法郎的物品的。

我要向财政部提出这样一个简单的问题：当铺的高级领导人、经理、副经理的职权是什么？我要问，当铺经理的薪金是多少？

如果公社委员们视察过当铺，亲眼看过那里的浪费现象，他们就会感到惊讶的。我不关心发还的问题，这项工作将会稳妥地进行的。我只补充一句：今天晚上做出的决定应该在明天早上就生效。

几位委员：哦！哦！

阿夫里阿尔公民：这是完全可能的，财政部应在做出决定的当天就采取措施。

儒尔德公民：当铺管理局一方面是政府的机构，但从其职工的工资来说，又是私人机构。

我要对你们说，你们要求我做的工作太多，仅抱怨我做的工作不够，这是十分令人遗憾的，我现在可以告诉你们，关于发还问题，我需要几天的时间与当铺协商。

让－巴·克雷芒公民：每当我们求助于财政部时，他们总是对我们说，拿不出钱来。为了对那些为我们的事业进行战斗，而需要帮助的人表现出更大的慷慨精神，他们是应当采取一些措施的。我希望我们尽可能地慷慨一些；关于当铺的决定是人民唯一可受惠的决定，如果你们同意把最高的典当金额定为 20 法郎（我不要求定为 30 法郎，因为那样我们就得发还奢侈品），那我请你们做出规定，凡超过 20 法郎的劳动工具一类的典当品，只要偿付超过 20 法郎的差额也可以发还。采取这种措施，还可以使我们收入少量的现金。

主席公民：请把你的意见草拟成书面提案。

儒尔德公民：先请允许我向你们宣读关于当铺的决定草案。草案的全文如下：

“公社，

决　定：

第一条　凡在 1871 年 4 月 25 日以前典当的衣服、家具、内衣、被褥和劳动工具，其典当金额不超过 20 法郎者，一律可以从今年 5 月 12 日起无偿领回。

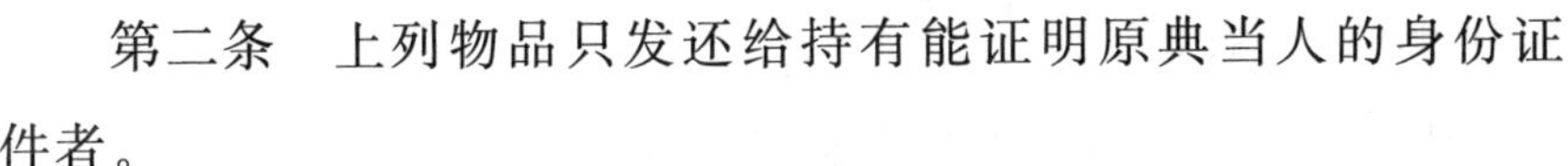

第二条　上列物品只发还给持有能证明原典当人的身份证件者。

第三条　关于赔偿金的规定和本决定的执行事宜，由驻财政部代表与当铺管理局协商处理。”

德雷尔公民：阿夫里阿尔在他的提案中说，关于最高的典当金额的规定问题，他信赖财政委员会。前两三天我就要就他的提案发言。我没有太弄明白，我以为他指的是每一个人领回的物品的最高典当金额。既然财政委员会告诉我们说，20 法郎以下的所有当票，均可以领回原物，那我就只好同意了。我只想指出一点，我认为，如果当铺各营业所都办理发还工作，每天发还的物品件数可能会大大超过4 000件。

勒弗朗赛公民：我知道有24个大的营业所，但我还要说一次：只有3个仓库可办理发还工作。以前我经常去赎东西，但即使是我去得巧，也至少要等半个小时。（确实是这样。）

某委员：是这样的，可那时候是什么人在做这个工作呢？他们根本就不想让公众满意。

德雷尔公民：我们区一月份共发还了1.8万法郎的典当物品；我可以肯定地说，如果分别由各营业所，而不是由中央营业所办理发还工作，那一定会进行得很快的。应该把中央营业所的工作下放到各个营业所去。

某委员：以后就应该这样办。

德雷尔公民：我们已经提出了许多要发还的物品，如家具、工具和衣服，但我认为你们忘记了还应当发还书籍。

帕里泽尔公民：书籍是劳动的工具，因此，我们的决定中也包括了书籍。（对！对！）

某委员：只是科学书籍才能算工具。

儒尔德公民：如果我们纠缠这些细节问题，我们的讨论就会没完没了。我们的任务本来就有困难，那就更将无法完成了。我说，凡是20法郎以下的典当物品，不管它是什么东西，都包括在内。毫无疑问，可能有一些非急需的物品也发还了，但是，即使我们开列一份物品名称清单，那也免不了会出现这种情况的。

关于每天发还4 000件物品的问题，我只是把事实如实地告诉你们，因为我认为不可能超过这个数字。如果你们能找到一种办法，那好极了，我马上就采纳。

勒弗朗赛公民：我们每天最多才发还这么多物品，我曾问过科舒公民，如果财政部负责拨经费，可否设立几个分支机构来加速发还工作的进行。

他回答我说，问题的关键不在各营业所，而在于仓库和检查工作。对此，我们是无能为力的。

帕里泽尔公民：十分遗憾的是，我们原先说的50法郎以下的物品，如果今天的决议规定为20法郎以下的物品，我提议向公众详细说明理由。

此外，我提请大家注意，有些物品典当金额虽然超过50法郎，但它不是奢侈品，而是日用必需品，比如，缝纫机就是这样。

我提议我们也发还这类物品。

关于这项工作的进行问题，唯一的困难是物品登记簿太少；如果只有三个仓库，那就只能有三本登记簿。

如果登记簿太少，是发还工作顺利进行的唯一障碍，那我认为这个障碍是可以消除的，要使登记簿多起来，我们叫人去印制就是了。

既然我们要进行身份验证，那就多预备一些登记簿，问题就解决了；如果现在必须复制签字，那也不会存在实际上办不到的问题，只要对签字照相就可以了。

列奥·弗兰克尔公民：我不久前曾同意过阿夫里阿尔提出的决定，我甚至还声明过，人们有权把典当金额为80法郎的机器和劳动工具也退还。

在驻财政代表作了解释之后，我觉得这样的决定是不可能实施的。

但是，我又碰到了另外一个问题。

我们之所以要做出一项关于当铺典当物品的决定，显然是要给居民们以好处，既然这样，就应该采取一些更为迫切和必要的措施。

最近，我对儒尔德说过，巴黎的妇女们现在没有工作；国民自卫军战士依靠他们每天的30个苏来维持生活；巴黎的女工普遍地生活困难，我建议和劳动与交换委员会商量一下，组织一些工场，但不是国营工场，而是一种分配工作的工场，妇女们可在家里接收要做的工作，因为我们在安排工作的同时，要对妇女工作进行改革。

听驻财政部代表说，为发还典当物品，他可以拨款800到1 000万法郎，我心里想，如果我们给妇女们都安排工作，推迟一些时候接受劳动与交换委员会关于清理当铺的总结报告，那不是更好吗？

劳动委员会在起草报告时，并没有提出立刻清理当铺的建议。我们如果今后改善了我们的经济状况，这种局面就可以结束了；但是，要改善经济状况，就必须给人们安排工作，如果你们不给人们安排工作，那只能是暂时改变情况。

其实，即使人们从当铺里取回了典当的物品，过两个星期，穷还是照样穷。

如果我们采纳儒尔德的建议，我同意；但是，我认为要给巴黎居民以好处，最好是给妇女们安排工作。

儒尔德公民：我要求回答弗兰克尔，他向我本人提过这个问题。

若昂纳尔公民：我要求发言，提反对意见。

主席公民：我们不能每次都妨碍驻财政部代表和委员会[①]代表回答问题。儒尔德公民，请你发言。

儒尔德公民：下面是我的回答：我已说过，所提及的 800 万法郎，将每星期交付 10 万法郎。我们不能立即把 800 万法郎全部用来安排妇女的劳动；但是，我并不拒绝拨款组织妇女劳动，因为最近我已对马隆说过，财政部无论如何可以每星期拿出 10 万法郎来组织妇女劳动。给你们拨点经费总是容易办到的。我不能够给弗兰克尔以更好的回答，在这件事上，我完全听他的，但正如我已经说过的，拨给当铺的 800 万法郎要按每星期 10 万法郎分期支付，这 800 万资金不是马上就能凑齐的。

主席公民：弗兰克尔公民，请你发言。不是让你作一次演说，而只能讲几句话。

弗兰克尔公民：我收回我的提案，因为儒尔德公民已答应说，不但要使典当物品的发还工作顺利进行，而且还每星期拨 10 万法郎来保证工人领回劳动工具。

茹·阿利克斯公民：这个当铺问题之所以如此严重，就是因为我们没有进行清理工作。如果你们要解决不仅仅是经济方面的，而且是工作方面的困难，你们就应当组织劳动，消除贫困；应当考虑尽可能地满足人们所需要的东西。如果在当铺里当了物品的人能证明他现在需要这些东西，他们可以拿这笔借款去购置新的物品，代替原来使用过的旧的物品。这样，你们就能摆脱使你们为难的 1 000 万法郎所造成的困境。对于那些需要赎回其物品的人来

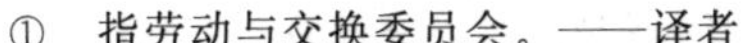

① 指劳动与交换委员会。——译者

说，发给他们贷款，或者发还给他们在当铺里典当的物品，这没有什么关系。你们为只发还 20 法郎以下的物品费了很大的力量，结果是增加了困难。因此，请你们注意一下组织劳动的问题，告诉那些在当铺里典当物品并证明他们需要这些物品的人们，我们会把他们的物品重新还给他们的。请你们相信，在各工场里都有这样的人，而且在你们组织劳动的同时，你们还将清理商界的问题，商界的问题至少是与当铺的问题有着同样的重要性的。

不论是以贷款的形式，还是以组织劳动的形式，或者以其他任何一种形式，请你们满足人们的需要吧，并请你们相信，这样做是正确的。

我们做出决定，不是为了让人感激我们，我们首先是为了自己的利益，为了正义，请相信，无论如何，人们会因为这些决定而感激你们的。（各种不同的插话）

有人指责我说，我经常在这里打断别人的发言，那么，现在我要证实，打断别人发言的并非只是我一个人，而且，我相信，如果允许公众旁听我们的会议，人们就不会忘记我们重新提出的伟大原则。

阿利克斯公民：我不知道你们是怎样看这个问题的。但我请求你们允许我说明我的全部理由。我是说，如果我们有经济困难，我们就要把时间用在寻找一切有利的方法上。就像儒尔德所做的那样。瓦尔兰公民曾告诉他说，要从现实出发，从实际情况出发，不应该拿出这1 300万法郎。（喧哗声）

阿尔杜尔·阿尔努公民：结论是什么呢？

阿利克斯公民：我请你们来做结论吧。

乌尔班公民：很遗憾，我看我们不能采纳阿夫里阿尔公民提出的数字；但我认为，儒尔德提出的 20 法郎，这也是错误的。不过，从他所说的话却看出了一个问题。他每星期要拿出 10 万法郎。如果采纳勒弗朗赛提出的数字，他发还 20 法郎以下的物品，一共需要 800 万法郎；按每星期 10 万法郎计算，就需要 20 个月或 21 个月才发得完。我认为在目前情况下，我们不能成为当铺的债务人。

儒尔德公民：我没有讲过这个话。

乌尔班公民：如果我完全弄错了，我一定会纠正的。

儒尔德公民：我曾经说过，我可以拨 10 万法郎帮助当铺。毫无疑问，我是主张清理当铺的，但是，清理当铺会带来一个责任问题。我已经表示过，过些时候我们就进行清理，但是，由于我不知道你们打算怎样做，所以就无法提什么建议。（人们表现出不满情绪！）

乌尔班公民：定为 20 法郎，我们支付 800 万；如果定为 30 法郎，就要支付1 000万。多这 200 万法郎，也不会严重到使我们只能把最高的典当金额定为 20 法郎。下面是我提出的修正案：

“第一条　在当铺典当的物品，凡典当金额在 30 法郎以下者，一律从 5 月 10 日起无偿发还原主。

“第二条　凡典当金额超过 30 法郎的劳动工具，只要交付 30 法郎以上的差额，亦可领回。”

修正案经表决被否决。

若昂纳尔公民：关于当铺问题，我建议凡持有 20 法郎或 20 法郎以下当票者，一律照票发还原物，即使一个人有许多张这样的当票，也应照样发还。

比约雷公民：我提一个修正案，措辞如下：

“发还工作从×月×日起，至×月×日止，过期即不受理无偿发还典当物品的申请。”

有许多公民当时认为离开巴黎好，而过些时候他们又觉得还是回来的好，可以享受无偿领回典当的物品的权利。但必须防止他们利用我们的措施牟利。我提议规定期限，其目的就是为了这一点。

主席公民：公民阿夫里阿尔已要求发言；但在他发言之前，我提醒大家注意，我们现在可以停止一般性讨论，有些修正案放到以后再审查。（对！停止讨论！）

现在，我把停止一般性讨论的提议提付表决。

（停止一般性讨论的提议经表决被通过。）

主席公民：我们现在正式转入逐条讨论。

我宣读第一条。

比约雷公民：我建议把我刚才宣读的修正案列入第一条，因为我坚决主张，不能让逃出巴黎的人利用这一条。

朗之万公民：我本想反对比约雷的修正案，但又觉得这几乎是无用的。

会议好像已经明白，如果采取过多的预防措施，我们就会使草案太复杂。

儒尔德公民：我必须指出，比约雷的修正案没有什么依据。

请相信，当20法郎物品的，不是那些离开巴黎的人。如果你们要专门找一些特殊情况，那就没完没了了。每一个人都能找出一些来，我自己也能向你们举出一些例外，可是，我们这样做，草案就无法实现了。(表决吧!)

赛拉叶公民:为了不没完没了地延长我们的讨论,我建议对于每一个修正案只允许两个人发言:一个是提案者本人,说明其理由;另一个是第一个要求发言反对修正案的人。然后就进行表决。(有人支持。)

主席公民:会议刚才听到了赛拉叶的提案,大家同意用这样的办法来限制讨论吗? 我千万要求不要使这种做法成为先例。

会议经过征求意见,通过了赛拉叶公民的提案,但仅以这一次为限。

德雷尔公民:我同意这个修正案,因为在两个星期或一个月的规定日期内,按当票号码发还完毕,是很容易做到的。

比约雷公民:在此修正案中,有两点应该引起我们的注意:第一点,是不让逃亡分子从这项措施中得到好处;另外还应该注意的一点,我本来是不愿意指出来的,那就是,我认为,如果真的规定发还典当品的期限,那反而会有许多逃亡分子回巴黎来领他们的物品。(插话声。——提付表决吧!)

主席公民:我现在把比约雷公民的修正案提付表决。

(此修正案被否决。)

下面我宣读其他修正案:

乌尔班的修正案建议把发还物品的当票最高金额定为20法郎。

乌尔班公民:我只补充一句话,我忘记说了,关于发还日期,我同意定为5月12日。

(修正案提付表决:表决的结果值得怀疑。)

龙格公民：我认为，在对修正案进行表决之前，本来应该征求我们驻财政部代表儒尔德公民的意见，问他是否认为这个修正案可以实行。

主席公民：我认为，对于草案的内容进行表决，我们应当是非常谨慎的和认真的。

乌尔班公民：请重新进行表决。

主席公民：应该使会议和公众相信，我们是办事认真的，以严肃的和公正的方式进行表决的。因此，我请求会议重新进行表决，而且，我现在要问，会议是否愿意先听一听儒尔德的意见？

儒尔德公民：我要对已提出的和将要提出的所有的修正案作一简短的答复。我之所以把发还物品的当票的最高金额降到 20 法郎，是因为这样可以使我们节约 250 万法郎；是因为工人们典当的物品最多也超不过这个数字。其理由我已经向你们讲过了。如果你们要反复进行修正，那我就收回我的草案。我已经向你们指出我们为什么要把草案订得如此简单；如果你们要过分地加以修正，那我宁愿收回它。

乌尔班公民：我不同意儒尔德的这种答复："如果有人提出修正案，那我就收回自己的草案。"我不怀疑他的意图，但他也不应该怀疑我们的意图。

我认为，说出"我收回这个草案"的话来，是不好的。（喧哗声）

儒尔德公民：我收回我说的话，但请你们谈问题的本质，并形成决议。

主席公民：有人要求对把退还物品的当票的最高金额定为 30 法郎的修正案进行唱名表决。

奥斯丹公民:我建议把最高金额定为50法郎。

克雷芒公民:我同意定为30法郎。

主席公民:我现在把30法郎的修正案提付大家唱名表决。

维·克雷芒公民:还有我提出的50法郎的修正案呢?我提议我的修正案也提付表决。

勒弗朗赛公民:在主张通过阿夫里阿尔草案的大部分委员看来,这意谓着所有利用这个决定的人都只能得50法郎的好处。这项草案侧重的是当票的数量,因此,如果我有五六张不超过20法郎的当票,那么我领回的物品的总价值就是可观的了。

我想,我们会不会把这个问题弄成为一个政治问题:这首先是个良心问题,我提议,当票的最高金额定为20法郎。

阿夫里阿尔公民:人们只能领回20法郎以下的物品,这已经是说明了的。如果你们愿意,就可以进行唱名表决,但是,你们应该想到,也许正是由于这30法郎而不能使草案实现。

儒尔德公民:而且,它将使我无法采取别的更加有效的有利于工人的办法。

乌尔班公民:我曾提出过一项决定草案,而且,是一项非常公正的草案。我现在声明,如果那些曾经怀疑(具体的情况,我不想一一说明)过我的草案的公民现在仍然持怀疑态度,我就收回我的草案。

主席公民:请大家对当票的最高金额数进行表决,提出了三个数字:50、30和25法郎。

某委员:还有20法郎。

主席公民:是的,但现在,我只提修正案中提出的数字。修正案中提出的最高数字为50法郎。毫无疑问，如果会议不赞成25法郎，那它也不会通过50法郎。你们同意进行唱名表决吗？

某委员：同意，但只同意对50法郎进行表决。（对！）

维克多·克雷芒公民：我要求宣读我提出的关于草案的理由说明。我坚持这些理由。

主席公民：修正案的全文如下：

“鉴于急需考验公社委员们在财政方面的才能，我提议把当票的最高金额定为50法郎。”

赛拉叶公民：我反对表决。这是对会议无礼的表现。

阿尔都尔·阿尔努公民：有人不愿意在今天表决草案。

主席公民：现在我们表决修正案，如果会议被触怒，它可以通过自己的表决来表示它对于修正案没有好感。

赛拉叶公民：我们不能这样做，我可能会赞成50法郎的修正案，但是，我坚决不赞成条文中带有侮辱性的词句。（各种插话）

若干人说：表决吧！

主席公民：我把修正案提付表决。

维克多·克雷芒公民：我反对这种不许我发言的专横作风。

主席公民：我希望到会的人证明我没有施加过任何压力。（没有！——喧哗声。）

现在有一个把当票的最高金额定为30法郎的提案。

勒弗朗赛公民：关于“办事认真”的问题，我提一个简单的意见。

比约雷公民曾经认为，不应该对50法郎这个数字进行唱名表决，在大家已经表示反对这个数字之后，现在又要进行唱名表决，因此我感到惊讶。(许多人插话。——表决吧!)

比约雷公民:根据有人向我们提供的材料来看,30法郎这个数字是更为可取的。这样不至于造成开支上的巨大差额。

儒尔德公民:二三百万。

比约雷公民:把当票最高金额定为30法郎,我们便可以发还人们需要的大批工具。但是,因为会议迫不及待地要进行表决,又听了大家的意见,我现在收回我要求唱名表决的提案。

(关于30法郎的修正案经表决没有通过。)

主席公民:下面是鲍狄埃公民[①]的修正案,主张把当票最高金额定为25法郎。

鲍狄埃公民[②]:我提的是一个折中的修正案,依我看,大家都应该同意,因为这样做不会给财政造成很大的负担。

儒尔德公民:我愿意摆脱目前这种被人误解的处境。我也赞成50法郎这个数字,甚至定得再高一些,我也高兴。

主席公民:我现在把鲍狄埃的修正案提付表决。他提议定为25法郎。

两位委员:可是这个修正案已经收回去了!

主席公民:比约雷公民又提出了这个修正案。

某委员:这是为了追求廉价的声望。(喧哗声)

乌尔班公民:我提议主席要求讲这句话的委员遵守秩序。

比约雷公民重新提出的修正案被否决。

---

① 此处原文误为potier,应为pottier。——译者

② 同上。

主席公民：下面我把定为20法郎的提案提付表决。

这个提案被通过。

主席公民：下面是关于第一条的修正案：

“关于工具、机器和普通劳动工具，如果典当金额超过30法郎，当票持有者可以享受减免待遇，只要交付差额即可领回上述典当物品。

让－巴·克雷芒、
乌尔班、比约雷”

阿夫里阿尔公民：如果我们以后能办好这件事情，我们一定把它办好。在儒尔德提出的20法郎之外，如果你们再增加20法郎，那就成为40法郎了。可是，我请你们谅解，因为我们目前的财政状况不允许我们这样做。我们不要尽量阻碍草案的实施，因为提高数字，草案就不可能实施。

儒尔德公民：如果你们把工具和机器的当票的最高金额提到30法郎，就会出现这样的情况：工具商和老板将利用这项决定。我什么时候能够定得高一些，我会把它定高的。

阿·阿尔努公民：听了儒尔德的解释，我以修正案的签名人的名义声明，我撤销我的签字。

勒弗朗赛公民：这里面还有一个政治问题，因为你们还有许多条文要加到草案中去，这将使得草案特别难以实施。应当进行监督，这方面的监督工作还没有完。

韦济尼埃公民：听了这些人的发言，我撤销我的签字。因此，只剩下让－巴·克雷芒和比约雷两人的签字了。

让－巴·克雷芒公民：我不明白在这个修正案中有什么困难。

同样也有好些服装商人把衣服当在当铺里，有些工具是工人用20法郎买不到的，如车床、老虎钳等。

阿夫里阿尔公民：这种看法不对。

朗之万公民：你们收回的草案也一样多。

（经表决修正案未被通过。）

（儒尔德草案的第一条经表决被通过。）

主席公民宣读德雷尔公民建议增列“书籍”的修正案。

修正案被通过。

主席公民：在将整个草案提付表决之前，我有必要向你们宣读关于实施草案和发还物品的方法的三个修正案。

有一个人说：这是我提出的条例草案，请把它交给委员会处理。

关于交委员会处理的提案经表决被通过。

整个草案经表决被通过。

冈邦公民：大家知道，昨天我们曾要求去马扎斯监狱看望克吕泽烈。我已经去过，并见到了将军；他告诉我说，他没有见到过任何一个人，他要求提审他。这是完全合理的，而且，我认为必须迅速选择一个委员会，立即对克吕泽烈进行审讯。他的身体欠佳，他住的监狱影响健康，他在里面闷得喘不过气来，我们应当尽快地去看看他，越快越好。

阿夫里阿尔公民：我们应当按照公社的法令办事。公社的法令宣布，被控告的公社委员应当在24小时内受审讯。

奥斯丹公民：我同意阿夫里阿尔刚才的话。

某委员：逮捕将军一事，是潘迪曾经负责的，因此，他现在还应负责对这个案件进行审理。

瓦扬公民：现在的问题与当时逮捕贝热瑞和阿西时不一样；当时公社的法令规定，只有公社才能通过一个委员会来审查对它的委员的逮捕。可是，已经这样做了，我也只能同意冈邦的意见。

米奥公民：我认为现在不能讨论如此严重的问题，我提议延期讨论。

冈邦公民：我同意推迟到明天讨论，如果推迟到明天讨论，我提议公社现在选举自己的三人委员会。

推迟到明天讨论的提案被通过。

会议于8时45分结束。

国际工人协会

日　内　瓦

4月15日在独具特色的汤普尔教堂举行的工人大会。

致巴黎工人书

工人兄弟们！

面对耶稣教会和特权集团向你们发动的恐怖战争，面对反动派的御用报纸对你们进行的恶毒诽谤，所有的工人团体都应理直气壮地表明：我们要超越一切国界，像兄弟般地团结在一起。反动派把工人阶级诬蔑为强盗和“面容丑陋的”窃贼，我们认为，这是对全世界工人诽谤和侮辱。我们向你们明确表明:你们的事业是神圣的,你们的事业就是我们的事业。

3 月 18 日公社革命爆发之后,我们曾为工人阶级登上政治舞台而欢呼,我们认为它为重新组织社会开始了新纪元。你们的名字,对于无知的旺代保皇党人来说是陌生的,但对我们来说,则已经是很亲切的了,因为你们对于我们共同事业的献身精神已众所周知,久经考验了。你们在无产者的共和国宣言中所陈述的原则,在国际协会的各大会上也一再宣读过了。我们认为,这些原则对于巴黎目前为建设新的社会大厦——不是极少数特权人物而是大家都在其中生活的真正的自由、平等、博爱的社会大厦——奠定了坚实的基础。最可恨的是那些自以为能够通过血腥屠杀而毁灭你们的事业的家伙们。

巴黎的兄弟姐妹们,无论发生什么情况,你们的事业都不会失败,因为这是国际工人解放的事业;我们一定要尽到我们的责任,无论在什么时候,什么地方,我们都将追求同样的目标,继续同样的战斗,而这种战斗的先驱战士就是你们。

在我们的国际团结面前,在你们发动的伟大战斗面前,旺代反动派每伤害你们一个人,他都必须付出很大的代价,工人是永远不会向两手沾满鲜血的我们共同的压迫者伸出和平之手的。反动派不懂得他们现在进行的是一场没有出路的战争。如果他们想把法兰西变成一块大墓地,那他们遇到的问题将是没完没了的,因为活着的人将从全世界的四面八方蜂拥而来,向他们讨还血债。

巴黎的兄弟姐妹们！你们在世界各国工人中间激起的极大热

情和热烈的同情心，就已证明你们的事业是永存不朽的。将来，外省的人也会在愤激之余奋起反抗保皇党反动派的；他们应该与我们大家同仇敌忾，团结起来。在里昂、圣艾蒂安和图卢兹，大大小小的刽子手们正在杀害他们；在马赛、波尔多和其他城市，正在用大炮对他们进行轰击。他们尚不能摆脱这些刽子手之手，但是，如果他们懂得了自己的命运将同全世界工人的命运一样地取决于目前巴黎城下的这场战斗，他们将会重新掀起革命的热潮的。

社会革命与国际革命的先驱者们，请接受我们兄弟般的谢意和工人们真诚而坚决的保证：尽管我们在地理上相隔万水千山，但我们全世界的工人都站在你们一边，只要我们有一个人在，反动派的胜利就不能实现，我们要为此贡献出我们的全部力量。

巴黎公社万岁！

无产者革命万岁！

以大会的名义：

F. 冈多、谢纳兹、戴博纳、
迪普莱克斯、泰奥多、迪瓦尔、
L. 加兰、盖塔、吉约梅、E. －H. 热利、
尤尚、L. 马宁、L. 勃朗、J. 莫热内、
马尔格利塔斯、J. －ph. 贝克尔、
N. 乌蒂纳、珀利斯埃、H. 珀雷、
ch. 珀勒努、F. 罗沙、罗尔、
B. 罗斯蒂、J. 斯泰纳、A. 特罗索夫、
维阿尔舍、女公民马丽·卢韦尔、
Nap. 珀雷、M. 珀蒂皮埃尔、

M.萨特莱、M.香德莱、C.维图

称为公社狙击兵的共和国的保卫者们已经与正义与人道之敌，与凡尔赛军队多次交战，现在，他们需要补足缺额。

因此，他们请求一切真正勇敢的和忠于共和国的人们给予他们援助。招募工作定于每天上午8至11时，下午1至5时在“国家营房”——前“拿破仑营房”进行。特此通知。

招募工作将在短期内结束。

艺术家协会

艺术家营，经驻陆军部代表和执行委员会的特别批准，已经成立，并已编入第三团。

5月6日的《公报》刊登了一个通知，要求国民自卫军各团团长和军官拒绝承认艺术家协会颁发的免服兵役的红色证件。按照这个通知的规定，蒙帕罗营长向我们传达了如下命令：

“我以驻陆军部代表的名义，特准艺术家营营长蒙帕罗公民调用武器、装备和服装，以便使他的营迅速作好参战准备，并尽量作好这一安排所必需的工作。

“驻陆军部代表

罗塞尔”

按照这个命令，今天，5月7日，星期日，在夏特莱剧场召集艺术家营会议。

艺术家协会委员会通知公众，它已迁至利沃里街前美术部办公处。

每天有代表为公众服务。

1871年5月8日　星期一

要　　目

正式公报。——关于撤销异议的决定。——两名预审法官的委任令。——国民自卫军军医和助理军医的委任令。——召集公社委员开会的通知。——国民自卫军发饷员归还财政部的款项。

非正式公报。——战报。——驻陆军部代表的命令。——告逃亡者书。——关于发信的通知。——巴黎公社。——在凡尔赛医院的伤员名单。——妇女宣言。——第三区区代表关于炉灶配给证和第八区区代表有关学校的决定。——杂闻。——讣告。——召集通知。——揭秘："黑房间"。

正式公报

5月7日，巴黎

社会拯救委员会，

决　定：

负责紧急审理的庭长公民，可以撤销一切既无理由又无法官准许而提出的异议。

对于3月18日以来颁布的法令、决定或任何一项决议相违背的判决所提出的各种异议，尤其是有关房租和票据的异议，该庭长有权予以撤销。

社会拯救委员会

做副本用。

公社委员兼驻司法部代表

欧仁·普罗托

1871 年 5 月 7 日，巴黎

社会拯救委员会，

决　定：

任命下列公民为公社刑事法庭预审法官：

1. 4 月 6 日以来一直负责预审工作的穆瓦雷公民（弗雷迪里-约瑟夫）。

2. 勒卢（弗利克斯）公民，律师，前共和国副省长。

社会拯救委员会

做副本用。

公社委员兼驻司法部代表

欧仁·普罗托

1871 年 5 月 7 日，于巴黎

根据 1871 年 5 月 5 日的决定，任命：

勒尼奥（欧仁）医师为第五十九营外科军医。

安博卢医师为第十五营外科军医。

贝斯纳尔医师为第一百零六营外科军医。

皮内尔（阿）医师为第六十九营外科军医。

达尔纳医师为第一百零二营外科军医。

马特利埃尔医师为第十一营外科军医。

勒·比内泰尔医师为第一百二十七营外科军医。

德布雷医师为第五十二营外科军医。

卡戴(泰奥多尔)医师为第一百八十三营外科军医。

雅克(克劳德)医师为第八十三营外科军医,接替被解职的比亚尔医师。

蒙梭医师为第八十五营外科军医,接替已被任命为第十四团外科主治医师的拉比托医师。

维日耶公民为第十七营外科军医。

莫瓦赞(阿尔贝尔)公民为第六十营外科军医。

福斯公民为第二百四十八营外科军医。

雅乌尔公民为第五营外科军医。

拉米公民为第十三营外科军医。

鲁塞尔公民为第七十营外科军医。

迪蓬公民为第五十八营外科军医。

马斯龙公民为第一营外科军医。

巴泽公民为第一百八十四营外科军医。

马絮尔公民为第四十六营外科军医。

德特雷公民为第五十三营外科军医。

戴雷卡盖公民为第一百零三营外科军医。

芒戎公民为第一百四十六营外科军医。

米奥(阿里斯蒂德)医师为第二百四十八营军医。

夏皮梭医师为第一百零六营军医。

皮若尔医师为第一百零五营军医。

居里医师为第十七营军医。

索塔医师为第十五营军医。

蒂里－米公民为第二十二营军医。

萨盖公民为第一百零二营军医。

波托尼埃公民为第一百零一营军医。

贝努瓦(皮埃尔·艾米尔)公民为第一百六十四营外科军医。

皮约(马塞尔－爱都阿尔)公民为第一百六十四营助理军医。

卡亚尔戴医师为第七十四营军医。

莫莱医师为第二百五十四营军医。

阿利克斯医师为第五十三营军医。

德拉吕医师为第十一营军医。

帕拉医师为第二百二十七营军医。

朗格卢瓦医师为第一百二十七营军医。

卢瓦耶公民为第二百三十营军医。

阿尔吕雄(欧仁)公民为第二百四十九营军医。

德博卢斯－拉图尔公民为第一百一十七营助理军医。

巴罗(布瓦若利)公民为第五十九营助理军医。

戈尔热(安都昂)公民为第一百零六营助理军医。

格迪雅(马利尤斯)公民为第七十一营助理军医。

库尔戴公民为第八十三营助理军医。

陶赞(阿奇尔)公民为第六十营军医。

瓦尔蒂耶公民为第五十二营助理军医。

布瓦(艾都阿尔)医师为第二百营外科军医。

若贝－迪瓦尔公民为第一百九十八营外科军医。

勒韦克公民为第二百四十八营助理军医。

现紧急通知各位公社委员于今天（1871 年 5 月 8 日）下午 2 时到原会议大厅开会。

财　政　部

国民自卫军发饷员归还财政部款项

区	营	连	摘　要	款　数		合　计	
			4 月 28 日	法郎	生丁	法郎	生丁
9	7	1	…………………………	144		359	50
		2	…………………………	215	50		
18	32		以前付款………………			210	
16	38	1	…………………………	490	50		
		4	…………………………	2 014			
	72	8	…………………………	137			
		2	…………………………	130	50		
		3	…………………………	40			
		4	…………………………	219		3 827	
		5	…………………………	117			
		6	…………………………	238	50		
		7	…………………………	174			
		9	…………………………	194	50		
		10	…………………………	74			
12	48		卡宾枪手………………	98	20		
			4 月 11—18 日…………	147			
			消防队员………………	135			
		1	作战费…………………	33			
		2	…………………………	48		542	20
		1	…………………………	9			
		2	…………………………	9			
		4	…………………………	42			
		5	…………………………	9			
	49	6	…………………………			787	
	56		…………………………			2 850	
5	59	8	司务长…………………			5	

（续表）

48	61	1	…………………………	100			
		7	…………………………	152	50	450	
		14	…………………………	197	50		
8	71	2	…………………………	279	40		
		3	…………………………	217	50	626	90
		4	…………………………	130	50		
8	71	5	…………………………	67	50	831	90
		6	…………………………	764			
12	73	6	工兵……………………	510			
		1	作战费…………………	18			
		2	…………………………	103	50		
		3	…………………………	264			
		4	…………………………	208	50		
		1	常驻部队………………	858		2 979	90
		3	…………………………	661			
		5	…………………………	56			
		6	…………………………	12			
		7	…………………………	133	90		
		8	…………………………	155			
20	76	6	…………………………			209	
18	77	8	…………………………			200	
			连长交来………………			1 035	
6	85	1	…………………………			273	
4	94	3	作战费…………………	400			
		4	…………………………	140			
		2	常驻部队………………	100		1 410	
		3	…………………………	300			
		4	…………………………	190			
		6	…………………………	280			
14	146		…………………………			1 000	
5	161		…………………………			911	50
4	162	4	作战费…………………	200			
		7	…………………………	58	50	370	50
		11	…………………………	112			
5	163	3	…………………………	50			
		5	…………………………	130		322	50
		6	…………………………	142	50		

（续表）

18	166	1	…………………………	52			
		2	…………………………	88			
		3	…………………………	122		360	50
		4	…………………………	47			
		5	…………………………	51	50		
		6	…………………………	220			
		7	…………………………	56		339	
		8	…………………………	63			
4	183	1	…………………………	300			
		2	…………………………	140			
		3	…………………………	117			
		4	…………………………	168			
		5	…………………………	145		1 045	
		6	…………………………	105			
		7	…………………………	30			
		8	…………………………	57			
		9	…………………………	147			
		10	…………………………	196			
7	187	1	…………………………	40			
		3	…………………………	33			
		4	…………………………	43			
		6	…………………………	45	50		
		9	…………………………	130			
11	192	1	…………………………	312			
		2	…………………………	117			
		3	…………………………	339		3 312	50
		4	…………………………	425			
		5	…………………………	429			
		6	…………………………	350	25		
		7	…………………………	292	50		
		8	…………………………	595	75		
		9	…………………………	140			
		10	…………………………	492			
	193	1	…………………………	240			
		2	…………………………	186			
		3	…………………………	234		960	
		4	…………………………	252			
		5	…………………………	36			
		6	…………………………	18			

（续表）

11	194	1	…………………………	117		923
		2	…………………………	275	50	
		3	…………………………	60		
		4	…………………………	164		
		5	…………………………	12		
		6	…………………………	180		
13	101	1	作战费………………………	520		4 100
		2	…………………………	370		
		3	…………………………	480		
		4	…………………………	500		
		1	常驻部队……………………	500		
		2	…………………………	150		
		3	…………………………	390		
		4	…………………………	400		
		5	…………………………	180		
		6	…………………………	290		
		7	…………………………	175		
		8	…………………………	145		
14	104		军官和鼓手……………	72		2 460
		10	4 月 20 日………………	48		
		4	4 月 22 日………………	66		
		1	4 月 24 日………………	739		
		2	…………………………	339		
		3	…………………………	120		
		4	…………………………	423		
		5	…………………………	84		
		6	…………………………	93		
		7	…………………………	152		
		8	…………………………	99		
		9	…………………………	189		
		10	…………………………	36		

（续表）

6	115	1	…………………………	90		1 155	50
		2	…………………………	200			
		3	…………………………	105			
		4	…………………………	65			
		5	…………………………	78			
		6	…………………………	55			
		7	…………………………	350			
		8	…………………………	80			
		9	…………………………	75			
		10	…………………………	57	50		
12	122		…………………………			117	50
11	123	1	作战费………………………	60		455	
		2	…………………………	171			
		4	…………………………	82	50		
11	123	1	常驻部队……………………	46	50		
		3	…………………………	87			
		4	…………………………	18			
18	125	1	…………………………			800	
20	135		4月26日………………	269	50	539	
			4月27日………………	269	50		
11	138	1	作战费………………………	185		2 459	50
		2	…………………………	810			
		3	…………………………	320			
		4	…………………………	318			
		7	…………………………	38			
		1	…………………………	73	50		
		3	…………………………	4	50		
		4	…………………………	274	50		
		5	…………………………	28	50		
		6	…………………………	21	50		
		7	…………………………	268	50		
		8	…………………………	7	50		
		9	…………………………	50			
		10	…………………………	60			
		7	…………………………	19			
		8	…………………………	10			
		9	…………………………	52			
		10	…………………………	33			
11	209		4月20—28日			1 008	50

（续表）

	211	2	……………………………	57		366	50
		4	……………………………	30			
		9	……………………………	27			
		10	……………………………	30			
		11	……………………………	54	50		
		12	……………………………	168			
	213	1	……………………………	47		120	50
		3	……………………………	6			
		4	……………………………	18			
		6	……………………………	10			
		7	……………………………	21			
		8	……………………………	3			
			马尔格拉医师…………	15			
	214	1	……………………………	231		1 101	
		2	……………………………	15			
	214	3	……………………………	40	50		
		4	误收………………………	222			
		5	……………………………	212			
		6	……………………………	173	50		
		7	……………………………	100	50		
		8	……………………………	106	50		
14	243	1	……………………………	19	50	252	50
		2	……………………………	25	50		
		3	……………………………	13	50		
		5	……………………………	101	75		
		6	……………………………	9			
		7	……………………………	83			
18	216		军士长…………………			5	
			鼓手和号手…………			22	50
11	270		……………………………			34	50

1871 年 5 月 6 日，于巴黎

会计处处长

L.吉尔穆瓦

非正式公报

5月7日,巴黎

战　报

旺夫和伊西

夜晚很平静。

白天也很平静,双方仅不时互射几发炮弹,无伤亡;未发生枪战。

比塞特

6日夜,向驻守在姆兰-撒格的凡尔赛军炮击一阵,歇一阵。

清晨,5时至8时,再次对上述敌阵地开炮。

白天全天平静。

6日夜,下丰特奈敌军向蒙鲁日发动进攻,我军猛烈反击,压倒了凡尔赛军火力。

凌晨3时,巴黎公社战士向守卫夏蒂雍街垒的凡尔赛分子猛烈射击。

阿斯涅

6日夜,贝贡城堡向我装甲车发射了几枚火箭筒,未造成

损失。

清晨平静。

3时，敌向阿斯涅桥猛烈射击，未造成伤亡。我固守原阵地。

纳伊

夜晚非常平静。

清晨，仅互射几发炮弹。

晚上，全线平静。

昨天，全天遭到来自夏莱、上默东和布兰布博里翁敌军的猛烈射击。

普安－杜茹尔，特别是高架桥，好像是敌方炮击的主要目标。

炮弹雨点般地落在我炮兵战士周围，我军猛烈回击。

浮艇“公社号”被一颗落在艇边的水中爆炸的炮弹击中。

我方无重大损失。

命　　令

在日落和日出这段时间，除事先通报并约定好了的以外，同时进入要塞和堡垒的人数不得超过两人。对进入要塞的人，须令其站在一定的距离，并经过仔细辨认，方允许其进入要塞。

第一百零一团的杜蒙上校是一个很沉着和坚强的人，在大雅特事件中即以他的勇敢而受到人们的称赞。现在，这位上校已被

任命为伊西要塞司令。这一任命，将结束几天以来导致要塞守军情绪不安和力量薄弱的情况。

这几天，工程师李斯特公民领导要塞的土木工程，加紧修复要塞被破坏的地方。

由于塞西利亚将军生病，塞纳河右岸的战事由弗洛勃列斯基将军指挥。

右岸各要塞司令、负责守卫要塞围墙的军官以及集结在围墙外面的部队指挥官，都要服从左翼部队指挥官弗洛勃列斯基将军的指挥，执行他的命令。

围墙外面的民政机关，也须服从这位将军的调遣。

驻陆军部代表

罗塞尔

1871 年 5 月 7 日，于巴黎

兹通知各位难民，凡需打听消息及有关住房和救济的事情，请到巴黎公社对外援救处联系。由于我们这段时间经历的痛苦事情给你们造成的特殊情况，你们可得到该处的帮助和救济。

请务必携带能证实你们身份和有申请救济之权的文件。

公社委员兼驻公共服务部代表

茹尔·安德里约

1871 年 5 月 6 日，于巴黎

邮政总局

邮政总局现通知公众，为确保寄往国外和各省的非保价信件能每天发送，本局已采取措施。

公众可完全放心，将所寄信件投入信箱。

公社委员兼驻邮政总局代表

阿·泰斯

1871 年 5 月 6 日，于巴黎

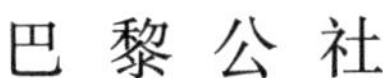

巴黎公社

莫蒂埃公民提出以下提案：

一、除《公报》外，其他任何报纸均不得以任何借口刊登有关军事行动的消息。

凡违反本规定的报纸，着即没收，并将其负责人送交法庭追究。

二、鉴于凡尔赛军的许多军官和士兵之被逮捕，完全是由于他们感到前途渺茫，因而强烈地希望与公社的战士友好。现在，公社已决定取消常备军，并特别强调紧急帮助我们的弟兄们加入我们的队伍，因此，

公社，

决　定：

一、凡尔赛军的军官、士官及士兵，只要志愿捍卫公社的社会原则，均可加入国民自卫军；

二、根据公社4月28日的决定，凡加入国民自卫军的军官、士官及士兵，均可得到这一决定所规定的军阶和退役金等待遇。

更正：在昨天的会议记录中，在谈到当铺问题时，弗兰克尔公民的发言："我收回我的提案，因为儒尔德公民已答应说，不但要使典当物品的发还工作顺利进行，而且还每星期拨十万法郎来保证工人领回劳动工具。"应更正为："我收回我的提案，因为儒尔德公民已答应说，不但要使典当物品的发还工作顺利进行，而且还每星期拨十万法郎，如果需要的话，甚至可拨几百万法郎，让人们领回组织妇女劳动所绝对需要的物品。"

凡尔赛陆军医院

（下面是4月18日《公报》中公布的首批国民自卫军阵亡及负伤战士名单）

40名伤员已痊愈出院，其中25名任其自由行动，另外15名被送到奥尔良岛和布雷斯特附近的格勒恩要塞。有5名已死亡。

痊愈出院并任其自由行动的伤员名单

巴拉。

巴尔（让），第一百二十六营。

比东（弗朗索瓦）。

达拿（安托万），第一百二十七营。

达拉（扎-埃），第一百六十八营。

达尼埃尔（路易），第二百三十四营。

德雷福（让）。

德曼（莫德斯特），第一百六十营。

多雷。

格拉马里(阿尔泰蒙),第一百三十一营。

戈比翁(亚历山大)。

格罗让(尼古拉),第一百零五营。

古塞。

埃尔迪。

雅克让(亚历山大),第一百二十六营。

利比(亚历山大),第一百九十二营。

穆拉(夏-艾米尔),第一百四十六营。

佩诺耶(贝尔纳)。

波埃特(茹尔),第九十一营。

里歇。

勒布森(奥古斯特),第二百一十三营。

萨勒蒙(德西雷),第九十一营。

蒂博(普律当),第一百二十六营。

瓦朗坦(弗朗索瓦),第一百二十七营。

维热埃(弗郎索瓦),第七十三营。

痊愈出院被送到奥尔良岛和布雷斯特附近的格勒恩要塞的伤员名单

布泰尔。

布瓦耶。

夏普龙。

古伏勒尔。

当纳兰。

迪福尔。

昂格兰热。

戈德西希(埃米尔)。

伊尔塞雷。

伊尔波德(雅各布)鞋匠。

梅托(约瑟夫-艾蒂安),砌炉子的工人。

穆然。

普安图(夏尔),锅炉工。

皮提涅(费利克斯)。

罗伯尔(费朗索瓦)。

死亡5人

巴士提德(让)。

德尔佩什(菲利普),铁匠,家住格雷奈尔,维奥雷街47号。

让纳塞尔。

利萨德。

雷甘巴尔(皮埃尔),锅炉工,家住卢瓦尔大道,80号。

1871年5月2日入院的国民自卫军伤员

塔尔迪(加斯东)。

格朗多姆(朱利安)。

埃尔维厄(皮埃尔)。

马涅(皮埃尔)。

布里雅(费朗索瓦)。

比托(伊萨克)。

夏特兰(昂利)。

德穆兰(茹尔-阿尔贝)。

德罗凯(让-巴蒂斯特)。

弗朗索瓦(费雷德里克)。

梅雷斯特(于勒)。

格罗雷奥(斯塔尼斯拉-德西雷)。

埃莱维(德西雷)。

国民自卫军伤员名单——5月3日

勒萨热(埃米尔)。

莫里塞(乔治)。

若阿尼(雷奥纳尔)。

巴朗辛(雅克)。

勒鲁(康斯坦)。

波莱(约瑟夫)。

莫瓦赞(阿尔方斯)。

斯图本罗克(欧仁),第七十九营。

拉伊普(莱昂-约瑟夫)。

巴朗西安(雅克)。
法费尔(昂利)。
布雷(阿利克斯)。
迪卡斯(贝尔纳)。
于雷翁(奥古斯特)。
马丁(埃米尔)。
科博(弗朗索瓦)。
昂利·诺特。

宣　言

保卫巴黎及护理伤员妇女联盟中央委员会

以我们迎来的社会革命的名义,以争取劳动权、平等及正义的名义,保卫巴黎及护理伤员妇女联盟强烈抗议一小撮匿名的反动分子前天张贴的侮辱女公民的传单。

该传单说巴黎的妇女们乞求凡尔赛的宽容,要不惜一切代价地要求和平……

要什么卑鄙的刽子手的宽容!

要什么自由与专制、人民与刽子手之间的和解!

不,巴黎的劳动妇女要的不是和平,而是决一胜负的战争!

今天,和解便意味着背叛!……意味着否认工人阶级的一切愿望;工人阶级要求彻底的社会变革,打破一切现有的社会与法律的关系,消灭一切特权和剥削,以劳动阶级取代资产阶级,总之一句话:劳动者要自己解放自己!……

巴黎被围期间,长达六个月的痛苦和背叛,长达六个星期的反对剥削者的艰苦卓绝的斗争,为争取自由而流的鲜血,证明了我们的事业是光荣的，报复了我们所受的屈辱！

当前的斗争必须以人民事业的胜利而告终……，巴黎绝不后退，因为它高擎着未来的旗帜。神圣的时刻来临了……刽子手走开吧！让位给劳动者！……

行动起来，打起精神！……

自由之树要用敌人的鲜血来浇灌！……

全体妇女们，社会危机使我们饱尝痛苦，我们要团结起来，下定决心，在痛苦中成长，在痛苦中变得聪明；我们坚决相信只有公社才是人民革命和国际原则的代表，才是社会革命的萌芽。巴黎的妇女将向法国以及全世界证明，在极端危急的时刻，假如反动派敢来攻打巴黎的城门，她们将同样战斗在街垒，战斗在巴黎的城墙上；她们将像她们的父兄一样，为了保卫巴黎，为了公社的也就是为了人民的胜利，她们将不惜抛洒鲜血甚至献出自己的生命！

男女劳动者们，为了我们共同的利益，只要我们团结起来，互相支持，我们一定能够胜利，齐心协力地永远消灭一切剥削者和他们的剥削行为！

全世界社会共和国万岁！……

劳动万岁！……

公社万岁！……

中央委员会执行委员会

勒梅尔、雅基耶、勒费弗尔、勒卢、迪米特里耶夫

1871 年 5 月 6 日，于巴黎

第三区区政府

为了简化对炉灶及面包制作许可证的检查工作，为了避免由此而引起的不可避免的排队现象，

决　定：

第一条　取消新亚伯镇、夏蓬、费迪南－贝图和皇家花园街这四个地段的面包供应点。

第二条　凡持有炉灶及面包卡的公民必须每周交验一次，并加盖专门的查验章。

第三条　面包卡如有丢失，不再补发。

第四条　无论何人，如持有数张炉灶及面包卡，将被没收并依法追究。

第五条　不再需要公社救济的公民，请务必把面包卡交回区政府。

安·阿尔诺、德麦、潘迪、克洛维·杜邦

1871 年 5 月 7 日，于巴黎

第八区区政府

通过本周所进行的拜访家长及准确统计，发现我区内尚有很多需要接受教育的孩子，其人数比最初估算的人数多。

必须加紧开办几所新学校。

新女子学校

慈善大街14号

位于慈善大街14号的新女子学校需要进行修缮。由于时间紧急,该校将在现有状况下,从下周一起,立即开始招生。

学校招收5至7岁、7至9岁及9至12岁的孩子入学。

从下周一(5月8日)起,可直接在本校(慈善大街14号),也可在区政府报名。——新的课程将从5月15日星期一开始,授课时间,将按照直接交给学生的课程表进行。

待课程安排妥当后,将按通知的规定,予以公布。

招收3至5岁孩子的校舍目前尚不能启用。

新专科学校

从本周起,新的专科学校将向男女生开放,并立即开始招生。

原在慈善大街14号上的图画课改在蒙索大街24号上。

位于库尔塞尔大街34号的教会学校,将从“新教育”的观点出发,招收男生。莱维克公民从现在起负责此事。学生可直接到校报名。本周即开始上课。

另外,蒙索大街24号的校舍已分配给“巴黎社会公社”,做妇女劳动车间,同时开办一所孤儿和失业青年学校。该车间已准备就绪,将从本周起开始工作,并相应地开办一个新食堂。

临时讲课班

最后,本区各街道将根据需要,视需要受教育的学生的多寡,开办若干个临时讲课班。这类临时讲课班以后可以合并成新的正规学校。

“免费的义务教育”不应该是一句空话；为了认真地办好义务教育，就必须做到一方面尽可能让教师满意，另一方面，也要让家长充分利用这个机会。

各校的报名和学生录取工作，可直接到学校办理，也可到昂儒－圣－诺尔岛大街11号第八区区政府办理。

巴黎公社委员

茹尔·阿利克斯

1871年5月5日，于巴黎

阿尔及利亚

阿尔及尔，5月2日

直至今日，我们仍未得到关于德莱、拿破仑要塞和提济乌祖的正式消息，但我们初步获悉，这三地的驻军已打垮了暴乱的卡比尔人向他们发起的各次进攻。虽然他们的力量太弱，不足以将敌人赶到山里去，但至少有足够的力量把敌人拦阻在一定的距离之外。两周以来，国民自卫军会同仅有的几个士兵，在城墙上向敌方猛烈射击。开头几天，德莱受到的威胁可能是最大的，我们曾特别为它担忧，但今天，我们完全可以对它的形势放心了。战舰停泊在海湾，运来了登陆的部队，这些勇敢的海军们，像所有其他地方的海军一样，非常出色地完成了他们的任务。

几天以来，德拉和米赞观察哨被严密地封锁了，因此未与阿尔及尔取得直接的联系,郊区和村子里的移民带着他们的家禽、家畜和所有物品躲进要塞里,那里有足够的食物储备。塞雷斯将军率部一直战斗在奥马尔军分区,通报了德拉和米赞的形势,并与该地区的指挥官取得了联系,在一封致政府的电报中,这位将军说他正向布维布伊纳堡前进,我们希望,他的行动会把卡比尔人的注意力吸引到他那里,从而可以为德拉和米赞的驻军解围。

我在上封信中对你们述及的对巴勒斯特罗民众的屠杀,至今仍受到公众的议论,并激起了大家的愤慨。富罗克律上校在这个村庄的废墟上找到了约40具尸体,大部分已被烧焦和残缺不全,但其中没有发现有老人、妇女和孩子!人们所找到的全是精壮的男人的尸体。那些不幸的老人、妇女和孩子到哪里去了呢?他们是否幸免于难?

塞雷斯将军的一份电报多少使我们不能不有所焦虑。他说,25个人逃脱了巴莱斯特罗的屠杀,目前已逃到一个部落里!但那里又没有消息传来。他们在那个部落里的处境怎么样呢?是被监禁起来了还是被一个未变心的部落收留了?对此,我们全然不知道。

据奉指挥官之命去验尸体的医生报告说,这些不幸的人可能是真正的殉道者,战斗持续了至少两天,在本堂神甫的住宅内进行了最长时间的抵抗。在神甫的尸体旁边,躺着一名工兵上尉的尸体。

巴莱斯特罗的本堂神甫,名叫穆吉诺,于1851年在阿尔及尔被任命为教士,他主持这个教堂的工作已有多年,现任桑斯的大主教的贝尔纳东阁下,曾当过这个教堂的教士。穆吉诺先生,也是阿尔及尔教区的荣誉教友，赢得了全体公众的尊敬；他死得这样凄惨，使此间的人们感到十分悲痛。

我们获悉，前几天，哈达酋长的部队，人数众多，曾试图向驻布日伊的守军进攻。在获知一部分部队和拉帕塞尔将军出发去阿尔及尔的消息后，卡比尔人还以为进逼布日伊城的时刻来临了。可这一次，他们懂得了光靠人数众多不能永远取胜的道理；他们被打退了，并且损失惨重。不幸的是，我们各处的兵力都不足，只好被迫采取守势。

下面是布日伊高级指挥官关于此事的报告：

雷拉克指挥官致地面部队司令的报告

布日伊，1871 年 4 月 26 日

将军阁下，

我荣幸地向您报告，昨天，4 月 25 日，下午 4 时左右，阿齐兹的长兄，穆罕默德・本・希凯尔・哈达，从勒迈谢和克洛泽尔要塞一侧，率梅兹雅、贝尼・阿穆朗、图迪阿和阿伊特・阿穆尔、贝尼・奥吉斯等部队，向我发起进攻。因事前就了解敌方的计划，所以我并不惊讶；我把皮尔隆上尉和第四十五团的两百名国民野战军士兵安排在忠实的部队后侧，这些部队据守在阿雷亚塔和克洛泽尔要塞之间；然而在前方约两百米处，密集的敌军，以鼓队开路，前进得很快；比多上尉勇敢地迎击敌人。

我立即派出第八十团的三个连去支援，卡比尔人被击退了，第八十团的一个连靠拼刺刀夺回了一块阵地。从山顶直到平原地，到处都在交火。

克洛泽尔要塞的大炮，把敌人阻挡在相当远的地方。

夜幕降临时，为准备撤退，我部署了一个连在奥雷雅克塔前面，两个连和两门四膛线过山炮埋伏在福塞要塞的前面。采取了这些措施后，我便下令撤退。士兵们一致高呼“乌拉”。这时，卡比尔人蜂拥向我方阻击兵冲了过来。但他们却吃了大亏，埋伏的后备连，山炮以及克洛泽尔要塞的大炮，使卡比尔人为自己的野蛮和疯狂付出了沉重的代价。

晚 8 时，一切都结束了。这场战斗，使许多人经受了战火的洗礼，取得了辉煌的战绩。尽管卡伊德·乌·达巴兄弟不幸牺牲，英勇阵亡，还有几个本地人和第八十团的一名士兵被打死，另外还有九人受伤，然而我们使敌人遭到了惨重的损失。

高级指挥官

雷利雅克

我听说敌方死伤数百人，今天战场之所以静悄悄的原因，就在于此。

电　　报

法兰克福，5 月 6 日

茹尔·法夫尔和普野-克尔蒂约先生于昨晚 7 时 15 分抵达这里，俾斯麦先生于 8 时到达。

布鲁塞尔，5 月 6 日晚

《北方报》发表了一篇来自法兰克福的通讯：

“据可靠消息说，一旦就战争赔款的偿付方式达成协议，和平条约便将在法兰克福签字。”

第九团第七营的军官们，对他们所属连队的大部分人在我们即将获得解放的时刻所表现出的淡漠，感到很气愤，希望通过一种无愧于我们先辈的果断行动，来提高他们营的声誉和鼓舞士兵的士气。因此，他们来到陆军部，请求驻陆军部代表同意他们带着自己的营徽，作为普通志愿兵加入即将开赴前线的第一营。

我们希望这些有勇气的人做出的榜样不会毫无作用，并且能够激励那些自豪感还未丧失殆尽的人们。

我们相信士兵们不会在他们上司的榜样行为下无动于衷，我们坚信他们会立即团结在这些勇士的周围，绝不允许第七营的战士在自己内心的惭愧和民众的轻视中变得黯然无光。

1871 年 5 月 7 日，于巴黎

（军官们的签名略）

共和联合同盟收到了贝济耶市市长转来该市市议会致凡尔赛政府的信。

在 4 月 24 日星期一的会议上，该市议会做出了以下决定：

致共和国行政首脑和国民议会议长，由 8 月 7 日投票自由选举产生的贝济耶市市议会，在获悉在外国人眼皮底下，在巴黎城中竟发生兄弟相残的战争消息后，深感痛心。

市议会认为有责任表明自己的愿望，希望冲突各方应超于情感和仇恨之上，倾听爱国主义及理智的呼声。

全体法国人衷心希望局势缓和，但须具备一些主要的条件。

必须刻不容缓地通过一部市政法来表达全体人民的一致愿望，让所有的市镇，不论大小，都有选举市长的权力，并通过一部选举法，让城市有足够的代表，以免因农村的代表多而被压倒。

必须不惜一切代价使我们英雄的首都免遭新的磨难。

最后，必须明确无误地肯定共和国的存在，并不惜一切代价地保卫它。

如果这样做，我们便会进入和谐与安定的轨道，并给法兰西带来秩序与自由。

法兰西万岁！

唯一而不可分割的共和国万岁！

市长

埃·佩雷雅勒

代全体市议会议员签名

请求我们发表下面这封信的公民，成功地逃脱了诺曼底反动派的追捕，在我们发动革命前夕来到我们中间，参加共同的事业。

从那个时候以后，反动派发出了一张追捕他的传票，他的家庭留在卢昂，为了惩罚这个家庭的一个成员参加了公社，普鲁士士兵把他的家庭捣毁了。

《卢昂新闻报》是一家为历届败坏法国名声的专制政府效劳了四十年的报纸，现在，请看它在26日的报纸上报道发生在诺曼底老市区的这桩逮捕事件是怎样说的：

“星期一晚，在鲁昂工会联合会大厅（奥布里先生常在这里举行报告会)召开了一次由几个蛊惑人心的、激进的国际工人协会联合举行的会议。

“这个会议中发生了什么事呢?我们一点也不知道。然而司法部门对此感到忧虑,检察院对几个参加会议的人发出了传票,其中有戈尔多玛、沃康、蒙戴、克吕佐、布朗热、弗里希等人。我们刚才点到姓名的这几个人,目前已在司法部门的手中。”

关于会议的经过,现报道如下:

500 多人响应联合会的号召,在一封致巴黎公社的信上签了名,并决定次日下午 2 时,在联合会大厅聚会。

检察院得到了消息,在预定开会的时间包围了联合会大厅所在的街道,并派甘必大先生不顾共和人士的强烈抗议而任命的帝国中央特派员吉拉尔先生率 25 名警察前往。这些先生们一心希望把参加会议的人一网打尽;但非常幸运的是,会议提前了 3 个小时召开,警察们吃了个闭门羹;他们打开了门,进行仔细的搜查,只发现了联合会的一些书和文件;他们去逮捕联合会的主要成员。正在工作的委员们都被逮捕了;我们应该补充一点:所有的老板(除两个外)表现得像个地道的警官;大部分会员,因及时得到通知,得以逃脱了凡尔赛政府的这一暴行,并来到这里处于公社的保护之下了。

就在我给你们写信的时刻,检察官还在继续签发传票。有人告诉我说,逮捕了好些人。约 20 个公民目前已被监禁,与他们的妻子失去了一切联系;甚至有谣传说犯人们将被押往其他监狱:据说是贝尔岛。

卢昂市尽管被普鲁士人占领着,但凡尔赛的先生们,出于害怕公社在卢昂发表的宣言,认为最好还是制造一件这样的丑闻,逮捕投身人民事业的公民。

另一件使凡尔赛政府不满意的事,是卢昂社会主义民主派发表声明,拒绝参加星期天举行的市政选举,当地的显要人物,是特罗胥的忠实同伙,在 12 月 5 日,随便就把他们的城市拱手交给了敌人,以便顺利进行计划中的投降,他们还认为必须逮捕一切反对梯也尔的分子;随后,由于害怕人民大众不与他们一个鼻孔出气,省长利佐先生还张贴了一张公告,禁止召开任何选民会议,并且取缔了一张敢于在如此专制的统治下出版的民主派小报。

公民们请看,特兰士诺南的这位矮个子男人就是这样办理自由的市政选举和保卫他非常喜欢的共和国的。有些人曾经认为可以与凡尔赛达成和解,现在,在经历了这些事情之后,就应该懂得,真理绝不会与谎言调和的,所有的人也应该懂得:凡尔赛人一片谎言,真理在我们这边。今天,除了胜利,别无其他选择,要么战胜凡尔赛,否则就会葬身在伟大首都的城墙下,除此以外,别无他途;要么正义获胜,否则就永远被奴役,这就是 3 月 18 日大革命提出的两种选择。人道主义不会后退,革命终将占上风,因为普鲁东曾经说过:“这是上天注定的”,正义是不会消亡的。

让我们继续对革命运动充满信心,在无产阶级确实获得解放之前,不要停止斗争。

革命万岁！公社万岁！

埃·奥布里

卢昂工人联合会通讯秘书

5 月 5 日的凡尔赛的《公报》刊登了以下决定：

经国民议会通过，部长会议主席、法兰西共和国行政首脑公布如下决定：

第一条　国民议会授予行政首脑在各省（国民议会所在的省除外）宣布戒严之权。

该授权限于三个月，行政首脑在宣布戒严后应立即向国民议会报告，并请求议会加以支持。

第二条　批准几位将军宣布上维埃纳省和罗讷河口省实行戒严的命令，从宣布之日起即生效。

以上决定，已由大会通过。1871 年 4 月 28 日，于凡尔赛

主席

茹尔·格雷维

秘书

德莫子爵、纳·琼斯东、

德·巴朗特男爵、卡斯特拉纳、

保尔·雷米萨

部长会议主席，法兰西共和国

行政首脑

阿·梯也尔

有人从凡尔赛写信给《比利时独立报》：

不管怎样，必须承认的是，起义者战斗出色，他们中间有一个坚强的领导核心。否定这一点有什么用呢？凡尔赛的报纸不应该仿效公社的报纸，不应该像它们那样进行庸俗的诽谤。报上天天

都在说巴黎的军队不过是一伙流氓、强盗，一帮领30个苏的男人。错了；事实是他们没有用棍子打战俘和拥戴亨利五世嘛。难道凡尔赛的报纸就感觉不到自己本心是想蔑视国民自卫军，但反而恰恰击中了我们军队的要害，击中了这六个星期来没有完成任务的将军？

杂　闻

4月26日，在慕尼黑剧院发生了一起反映反对巴伐利亚主教团和政府的斗争的典型事件。

这天上演克莱斯特的《打碎的水罐》。饰演马尔泰夫人的女演员演到过场处，正好剧情里说在打碎的水罐上画着一个皇帝和一个主教，于是，演员指着主教说："现在，这个人的脑袋到哪里去了呢？"观众哄堂大笑，还夹杂着喝彩声和鼓掌声。

国王也在观看这场演出，对观众的反应付之以意味深长的一笑，并且在皇家包厢内一直看到剧终。

目前，在泰晤士河内停泊着一条北方港制造的用来勘测亚马孙河的蒸汽小铁船。溯亚马孙河而上后，这条船还要驶入马德拉河的急流中，再进入玻利维亚内部及马耳他格罗索的巴西省。在沿马努斯塔拉大河而上后，船即将抵达著名的印加人的库斯科城。这条船仅吃水30寸。然而，它却将打开一条直路，大大增加我们与亚马孙河沿岸国家的贸易往来。(《环球报》)

几家报纸曾登载了出生在卡尔夏的波丽娜·维阿多女士享年54岁的死讯。然而，维阿多先生却请我们通告大家，他的夫人并没有死，现正在伦敦，而且年龄也不是像报纸所说的54岁，因为她出生于1821年7月18日。

《吉伦特报》发表了关于波尔多中学火灾的新细节，我们转载如下：

星期天下午5时左右，火势被控制在与学校毗邻的小教堂和房舍内。

火灾对其他建筑物的威胁已被排除。

消防队员奋战了一整夜。星期一，一台消防泵还在运转，向小教堂仍在冒烟的部分喷射水龙。

唱诗台（祭坛）上堆满了烧毁的大梁、碎石和熔化了的金属。主祭坛被烧毁，殿堂与祭坛隔开的栏杆也倒了。

着火的建筑物主体被严重烧坏。七间宿舍中，有两间被完全烧毁，另两间损失也非常大。

由于学生们的配合，家具完全保住了；不过，这些毛手毛脚的年轻人还是打碎了少量的东西。尽管这些年轻的中学生一直冲在前面，但万幸的是未有任何大事故发生。

我们还要指出的，是教师们的勇敢表现，特别是学监表现得尤为出色。

英勇的消防队员们，总是像往常一样，出现在最危险的地方。其中两人脸部轻度烧伤。

损失估计达20万法郎。

据《罗亚尔河灯塔报》报道：

4 月 23 日星期日上午，建于博亚城（奥莱隆岛）的鱼雷学校，发生了一起可怕的事件。

十几个男人在校长、海军上尉雷纳尔的带领下，在操场上拆卸一个特大的水雷。

大家已经为安全地拧开了水雷盖的螺丝而鼓了掌，因为这被认为是这件危险事情中最危险的部分；大约 150 公斤炸药，也就是说，水雷容积的一大半，在万分小心的情况下，用一个小铜杯子取出来了。但正在这时，一个负责拆除的水手喊道："炸药冒烟了！"

话音未落，只听见一声爆炸声，两位司机，戈达尔和马利维，被炸飞在沙地上，肢体残缺不全，惨不忍睹，当场死亡。雷纳尔海军上尉的胸部、臂部和腿部多处重伤，海军中士布里盖，也负了伤，不太重。海军下士西奥和水手佩尔菲松的伤势较轻。

海军军区司令，海军准将闻讯后，立即派出快艇，载着医生杜普鲁教授和另一名医生前往。

在杜普鲁医生到达博亚市之前，奥莱隆岛的洛特和朗格莱大夫已先一步到达，并对伤员做了初步的处理，杜普鲁医生一到，他们便全力配合。

杜普鲁教授检查后认定已不可能保住雷纳尔上尉的右臂和右腿，必须连夜做这个双截肢手术。

布里盖中士于星期一被送到罗什海军医院，伤势不太严重。戈达尔和马利维的尸体也一起送到了医院。

人们弄不明白导致发生这场可怕的灾难的原因。就这些习惯于与危险打交道的男人来说，有没有不谨慎的地方呢？是不是因为接触炸药和鱼雷的金属及空气潮湿的影响而爆炸呢？在博亚没有人能对此做出解释。

昨天，2时左右，在铁路北线，距圣德尼不远的地方，发生了一起列车相撞事件，一方是两点从巴黎发出的火车，另一方是到站的货车。

机械师未及时发现普鲁士士兵对他发出的信号；撞车后，机械师和火车司机均受了伤。

许多名旅客受重伤或轻伤。

据《议会回声报》报道：

巴伐利亚人在乡下非常愿意使用的韦尔德尔枪，被进行了多次仔细的试验。普鲁士已经打算在军队进行100项改进计划。这些改进计划必将带来可观的效益，因为克虏伯先生希望在他的厂房里摆一把锤子，就可以为他带来400万法郎的收入。

霍乱正在圣彼得斯堡流行，虽然官方报告只承认死了100人，实际上每天死亡达200多人。流行的还有天花和伤寒病，上周已发现95例这类病和10例霍乱。

一名军械工人（可能是无业人），选定在大星广场从事拆卸未爆炸炮弹的工作。

今天早晨，一枚炮弹落在罗马国王大街9号门前，未爆炸。

看门人跑来了，说炮弹是他的，但又不敢拿走。

该军械工人就在此时来到了;他愿提供帮助,获同意后,即拿起炮弹并把它放在9号的院子里,开始进行拆卸工作,尽管这工作既细致又危险。

大家害怕出事,大家赶快离开现场,如果不是这样,肯定会有更多的人受伤的。

事实上,当这个工人刚把炮弹夹在两膝中间,炮弹就爆炸了,炸掉了他的一条腿和肚子里几乎所有的内脏。

大家把工人送到埃洛大街急救站,尽管进行了全力抢救,他受了不少罪,还是没有保住性命。(法国)

讣 告

炮兵上尉费利克斯·泰斯公民,系公社委员兼邮政总局局长阿尔伯·泰斯的兄弟,在纳伊为保卫巴黎人民的权利而负伤后,不幸在立法团野战医院去世。

葬礼将于5月8日星期一下午3时举行。上尉的众多朋友若未收到通知,请以此讣告作为邀请出席葬礼的请帖。

送葬的人在死者家庭住址夏伯尔大街61号集合出发。

比利时经济学家、《战斗报》和《经济杂志》的撰稿人,摩里纳里先生数日前在巴黎死于天花。

艺术家协会

营部命令

自今日起，营参谋部设在小城堡剧院。

参谋部每天下午3时办公，凡需解决武器、服装、装备以及营内组织问题者，请到该处联系。

营长

蒙普洛

艺术家协会民事办公室、剧场演出组织者委员会办公处和俱乐部，仍在鱼贩镇街16号(阿尔卡扎)办公。

中　心　组

请安德尔省、歇尔省、涅夫勒省、阿利埃省、克勒兹省、上维埃纳省和科雷兹省的居民于5月8日星期一晚8时到维多利亚大街3号开会。

共济会联合会

请各分会和支会的共济会员和一切有责任心的同胞，务必于5月8日星期一下午2时正到十字架之女大街国家马戏团出席集会。

意大利公司

关于南方铁路公司

董事会决定，按公司章程第二十五条的规定，于 6 月 10 日星期六中午 12 时，在佛罗伦萨维亚·勒内街 17 号，总公司召开股东代表大会。

会议日程：

1. 董事会报告。
2. 1870 年财务报告、1871 年指令性计划和关于股息的决定。
3. 按照公司章程第四十一条的规定改选董事会成员。
4. 选举三名审计员和两名副审计员。
5. 对董事会收存公司股票和息票的授权。
6. 关于在布林迪西港建一千船坞的建议。
7. 增加社会资金。
8. 修改章程第五十二条第 4 段 B 节。

根据章程第二十二条的规定，股票的存放于 5 月 27 日至 31 日晚间在下述地点办理：

佛罗伦萨本公司中心银行；

那不勒斯开发分行；

都灵意大利信贷银行；

米兰茹尔·贝兰扎吉先生寓所；

热那亚通汇银行；

里窝那阿·巴斯托吉先生和其儿子寓所；

伦敦巴兰·布罗泰兄弟公司。

有关存放上述股票需办的手续，已于本月29日的第118期《意大利政府公报》上公布，各位股东可到上述各银行或佛罗伦萨本公司查询。

1871年4月30日，于佛罗伦萨

揭　秘

"黑　房　间"

剧本《黑房间》是公社驻邮局代表在邮局某一办公室里发现的。剧本显然是一个邮局职员在帝国时期写的。我们不知道剧本是为谁而写，但我们认为发表它是非常有意义的。

黑房间位于邮政大厦二层，有两个房间，中间用隔板隔开，互不相通。两个房间的窗户均开向让－雅克·卢梭大街。其中一间的房门上漆着一个大大的"3"字，里面住着邮局职员西蒙奈尔先生，下面我们将说明他做些什么工作；另一间里住着警官马赛先生。

西蒙奈尔先生平时是经过科克－埃隆街到他的房间；他有一把栅栏门的钥匙，从E楼梯上去，悄悄地穿过前厅，然后穿过两侧是办公厅主任和行动处处长办公室的细长通道，最后来到3号门前。

马赛先生为了躲避行动处职员的注视，先从 B 楼梯上去，通过赛纳局局长的办公室前厅，然后沿着一条通向前院的玻璃走廊走。

总局信件处分为以下主要部门：一、巴黎处（投递处）；二、总分捡处，细分为法国国内处及巴黎市郊处；三、国外处。

在第三处工作的人，是经过精挑细选的，在三个处中显得很突出。各处之间的工作人员禁止往来交谈，由于有这条禁令，再加上办公处的布局，西蒙奈尔先生的副手普鲁斯特可以直接进入到这三个不同的部门，而又不特别引起职员们的注意，把信件从那里拿走再送回到那里去；被拆读过的信件，谁都知道，往往要被扣留到最后允许的时间界限时才发出去。

尽管采取了这些措施，但秘密还是尽人皆知的，所有的人都不禁暗中好笑。补充一点，出于羞耻心，"黑"这个字，从不说出来，而只说："把这封信送到那个房间"，"这封信在那个房间看过吗？"

现在我们来看看西蒙奈尔先生所做的工作。当一批信到达总分捡处时，副手普鲁斯特[①]便得到通知，把邮包取来，一包一包地交给西蒙奈尔先生，然后又到另一个处去，做同样的工作。

这时候，西蒙奈尔先生便打开邮包，从中挑选出应被检查的信；一包检查完了又换另一包，而普鲁斯特则把前一个先检查完了的那一包送到别处去。被挑出来的那些信，马上送交给马赛先生，由他去按他的特殊方式处理。

为了讲得更明白些，让我们举个例子。1868 年秋，梯也尔先

① 他生病期间，即 1860 年春季，多米西尔先生曾代替他。——作者

生曾在卢扎谢附近的一个城堡里住了一段时间；他一到那里，马上就对发自和到达卢扎谢的信件实行检查。普鲁斯特到信件分拣处，把信件取走，几分钟后又来取一次。另一方面，他拿走寄到卢扎谢的邮包，直到该投递前几分钟，才把信送到投递处。

目前铁路的高速度不允许现在以帝国时期那样慢的速度进行检查，因此，尽管那些职员极其能干，但他们永远也不能把所有的信都通通检查到[①]。

有时候某一条路线的邮递员接到命令要等到最后一刻才出发去投递，单单一封信就可以耽误巴黎整个一个区的信件的投递。巴黎商界经常抱怨信件迟到的原因就在于此。

公众一般以为信件检查是专门对共和党人的。这个看法大错而特错；实际上大部分被拆检的信，是针对那些由于所处的地位而难免不受到怀疑的人，如各兵种的高级军官、与城堡里的人过从甚密者，甚至某些贵妇人的打扫房间的女佣和议员、主教，等等。

谁能相信，拿破仑亲王亲手写给克洛蒂尔王妃的信也没有比其他人的信更受到尊重，也遭到了一个警察的无礼的检查呢？

另一方面，那些通过法国转口的信件，也要经过检查，由英国政府机关密封得那么严实的信件；也被拆开，看后再盖上封印，封印盖得之好，绝不比原来差。

为了做好信检工作，信件检查处专门配备了一套设备和英国制造的细绳与蜡。

---

① 这几句话，今天似乎令人费解，其实，它指的是《号召报》的一篇文章引用的《圣赫勒拿岛回忆》中意思大体相同的一段话：拿破仑在谈到信件检查时曾经说过：不可能把所有的信都拆开看，那样检查的话，是永远也检查不完的。——作者

信件检查处终归还是有无法检查的时候。有一封从伦敦寄给加里波第将军的挂号信，他们就没法检查。这封信随早晨的邮件到达巴黎，晚上才投递，当然有充裕的时间检查；但是，信上的防范措施实在是做得很出色；信的体积很大，信的封口处的折皱一个压一个地交错在一起，一个挨一个地粘在一起，封口处还盖着那么多布局巧妙的封印，因此令一切想拆信的企图都徒劳无功，无法看到信的内容。这使得西蒙奈尔先生和信件检查处的人很伤脑筋，周围的人也没法子，生气得很。

西蒙奈尔先生干的是秘密事，所以正像我们前面所说的，他从不去信件投递处。他的薪金五千法郎直接由财政部长签字发给。另外还有警察局的夸奖；他的名字的出现在维科尔和迪福尔两位先生的名字中间；其实这个部门的真正负责人是这两位。（请见由萨戈塞先生的邮局年鉴第 37 页）难怪这两位首长看到自己的名字与一个警察的名字并列要大发雷霆。至于那些普通的职员，看到这本该列入国家预算使他们受益的五千法郎，进了一个秘密警察的腰包，当然是愤愤不平，认为这简直就是真正的偷窃。

图书在版编目(CIP)数据

巴黎公社公报集.第2集/李平沤等译.—北京:商务印书馆,2017
(汉译世界学术名著丛书:120年纪念版:珍藏本)
ISBN 978-7-100-14387-5

Ⅰ.①巴… Ⅱ.①李… Ⅲ.①巴黎公社—公报—选集 Ⅳ.①K565.44

中国版本图书馆CIP数据核字(2017)第152313号

汉译世界学术名著丛书
(120年纪念版·珍藏本)
巴黎公社公报集
第二集

狄玉明 何三雅 侯 健
李平沤 孟庆奎 施安宜 译
李平沤 校

商 务 印 书 馆 出 版
(北京王府井大街36号 邮政编码100710)
商 务 印 书 馆 发 行
北京新华印刷有限公司印刷
ISBN 978-7-100-14387-5

2017年12月第1版 开本710×1000 1/16
2017年12月北京第1次印刷 印张53¼
定价:268.00元